U0933916

宁德市

档案史料

丛书

闽东抗日战争档案史料

第九辑 防护团

宁德市档案馆 厦门大学马克思主义学院 编

主 编 郑 伟 李小平 张 侃

执行主编 董兴艳 王高勇 陈久诚 叶召法

厦门大学出版社
XIAMEN UNIVERSITY PRESS
国家一级出版社
全国百佳图书出版单位

图书在版编目(CIP)数据

闽东抗日战争档案史料.第九辑/郑伟,李小平,张侃主编;董兴艳等执行主编.—厦门:厦门大学出版社,2021.12

ISBN 978-7-5615-8426-2

Ⅰ.①闽… Ⅱ.①郑… ②李… ③张… ④董… Ⅲ.①抗日战争—历史档案—福建 Ⅳ.①K265.06

中国版本图书馆 CIP 数据核字(2021)第 265728 号

出 版 人 郑文礼
责任编辑 韩轲轲
装帧设计 李夏凌
技术编辑 朱 楷

出版发行 厦门大学出版社
社　　址 厦门市软件园二期望海路 39 号
邮政编码 361008
总　　机 0592-2181111 0592-2181406(传真)
营销中心 0592-2184458 0592-2181365
网　　址 http://www.xmupress.com
邮　　箱 xmup@xmupress.com
印　　刷 厦门集大印刷有限公司

开本 787 mm×1 092 mm 1/16
印张 36.25
插页 4
字数 800 千字
版次 2021 年 12 月第 1 版
印次 2021 年 12 月第 1 次印刷
定价 180.00 元

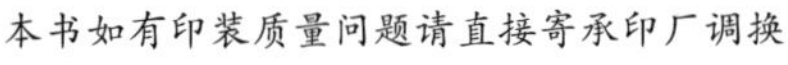
本书如有印装质量问题请直接寄承印厂调换

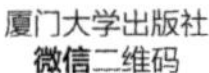
厦门大学出版社
微信二维码

厦门大学出版社
微博二维码

前　言

1931年的“九一八”事变后，中国人民经过十四年艰苦卓绝的浴血奋战，最终赢得了抗日战争的胜利，这是中国近代以来抗击帝国主义入侵的第一次完全胜利，也是为世界人民反击法西斯主义暴政和争取和平所做出的重大贡献。抗日战争中，中国人始终洋溢着自信、自立、自强的民族精神；而抗日战争的胜利，也开启了古老中国凤凰涅槃、浴火重生的新征程；如今，鲜血写就的抗日战争历史，其精神已凝结为中华民族走向伟大复兴的核心价值。

历史是一个民族的灵魂，不是任人打扮的婢女。维护历史的尊严，就是维护人类良知，就是要留下正义、善良与仁慈，将邪恶、血腥和残暴钉在历史的耻辱柱上；坚守真实的共同记忆，就是坚守理性火炬而照亮自我，念念不忘，必有回响，才可穿越丛林，走向未来。

20世纪像一列轰轰烈烈的火车，正渐渐地驶离我们的视野。但它依旧是未曾合上的书，与现实生活仍有千丝万缕的联系。习近平总书记在中共中央政治局第二十五次集体学习时强调，坚持正确的历史观，就是“让历史说话，用史实发言”。[①] 史料是一切历史阐述的基础，前辈学者早就指出：“只有掌握了更丰富的史料，才能使中国的历史，在史料的总和中，显出它的大势；在史料的分析中，显出它的细节；在史料的升华中，显出它的发展法则。”[②]有人比喻，历史解释犹如果肉，历史事实犹如果核，严肃、负责的历史解释都必须建立在“事实的硬核”之上。[③] 缺乏基本史实的支撑，任何历史描述和历史解释只能是没有生命的空壳。

一直以来，日本极右翼分子不顾历史事实，美化战争，甚至走向否认历史、推卸战争责任的极端。清代龚自珍说：“欲知大道，必先为史。灭人之国，必先

---

① 习近平：《让历史说话，用史实发言》，《人民日报》2015年8月1日。

② 翦伯赞：《略论中国文献学上的史料》，翦伯赞：《史料与史学》，北京大学出版社1985年版，第17页。

③ [英]爱德华·霍列特·卡尔：《历史是什么？》，商务印书馆1981年版，第4页。

去其史。”因此，如何遏制解构、歪曲、篡改历史的行为，已成为社会各界必须面对的问题。在纪念世界反法西斯战争胜利和中国人民抗日战争胜利70周年之际，习近平总书记高屋建瓴地指出：“抗战研究要深入，就要更多通过档案、资料、事实、当事人证词等各种人证、物证来说话。”[①]此论切中要害。敬畏历史，尊重事实，才能守住记忆。

1937年“八一三”事变后，日本除在华北各地进一步扩大侵略和进攻上海外，还加紧在沿海地区的侵略活动。8月25日，日本海军宣布对中国海岸实行封锁，企图占领福建，变其为侵略华南地区乃至东南亚地区的基地。宁德俗称闽东，南靠福州市，北邻浙江省温州市，东临东海，西接建阳，现辖蕉城、福鼎、霞浦、福安、寿宁、周宁、古田、屏南、柘荣9县(市、区)。宁德人民素有光荣的革命传统，为了抗击日本帝国主义的野蛮侵略，开展了多种形式的民众抗日运动，实行全民抗战。

闽东抗日战争档案史料丰富，为了使整理、编辑工作细致有序地展开，本辑以“防护团”为主题进行相关档案的汇编。1931年10月日本战机轰炸锦州，此为日本帝国主义利用飞机轰炸我国重要城市之始。1932年上海“一·二八事变”中，日机轰炸工厂区、文化机关和居民区，因没有防空组织，民众亦无防空知识和防空意识，损失惨重。1933年7月南京成立我国首个正式防护团。1938年6月国民政府军事委员会颁发《各省市县防护团组织规程》，各省市防空司令部指挥各地防护团的防空工作。1938年后日本飞机频繁空袭福建沿海城镇，为督导民众实施防空，减少空袭损失，1940年成立福建全省防空司令部，各县建立的防护团下设警报、消防、灯火管制、交通管制、救护、防毒等业务班组。本辑主要为抗战时期福安县、霞浦县防护团编组和开展消极防空[②]的档案。

闽东抗日战争档案现在被保存在宁德市各级档案馆中，它们既是“闽东之光”的历史见证，也是宁德人民的精神财富和文化遗产。为了充分发挥档案“存凭、留史、资政、育人”的作用，宁德市各级档案馆与厦门大学马克思主义学院合作，编辑出版《闽东抗日战争档案史料》，谨以为志。铭记历史，用史实发言；开创未来，中华民族走在复兴路上。

---

① 习近平：《让历史说话，用史实发言》，《人民日报》2015年8月1日。

② 消极防空(passive air defense)是以实施对空隐蔽、防护和消除空袭后果为主要手段的防空。目的在于将敌空袭造成的损害减小到最低程度，有效地保存人力、物力资源，迅速恢复作战力量和正常生活秩序。

编辑说明

“宁德市档案资料丛书”汇编宁德市、县(市、区)的珍贵馆藏档案。宁德市档案馆民国档案历经辗转,接收时大部分已虫蛀、破损。从1986年开始,档案馆逐卷进行整理、托裱、编制卷内目录和案卷目录,更换案卷皮,重新编制全宗号和案卷号。目前已有案卷目录和全引目录两种检索工具。

本辑《防护团》所用档案资料以宁德市档案馆藏民国档案资料辑成,为了便于利用,采取了两种方式处理。

一、分类排列,给每份档案定名并确定时间。第一部分为福安县防护团编组,第二部分为福安县防护团救护队,第三部分为福安县防护团消防队,第四部分为福安县防护团各种任务队。按时间归类排列。

二、保留每份档案的馆藏档号,以维护档案的原有属性和归档系统。

宁德市档案馆藏民国档案档号为:0008、0158、0159、0161、0164、0165、0166、0168。

影印出版闽东抗战档案资料,既保持了文献内容的原汁原味,又可呈现史料原貌,亦为抗战史研究提供了颇具特色、细致翔实的历史文献。

为便于阅读,将部分较大页面分为a、b面排版,并尽可能保留原档案所载信息。只是,档案文稿底色、印鉴颜色等因黑白印刷之故,无法保留原色。

由于经验及水平限制,我们在编辑与考订上难免存在缺漏。本书的错误和缺点必定不少,诚恳地希望各方面提出批评和指正。

目 录

一、福安县防护团编组

二、福安县防护团救护队

三、福安县防护团消防队

四、福安县防护团各种任务队

福安县防护团编组

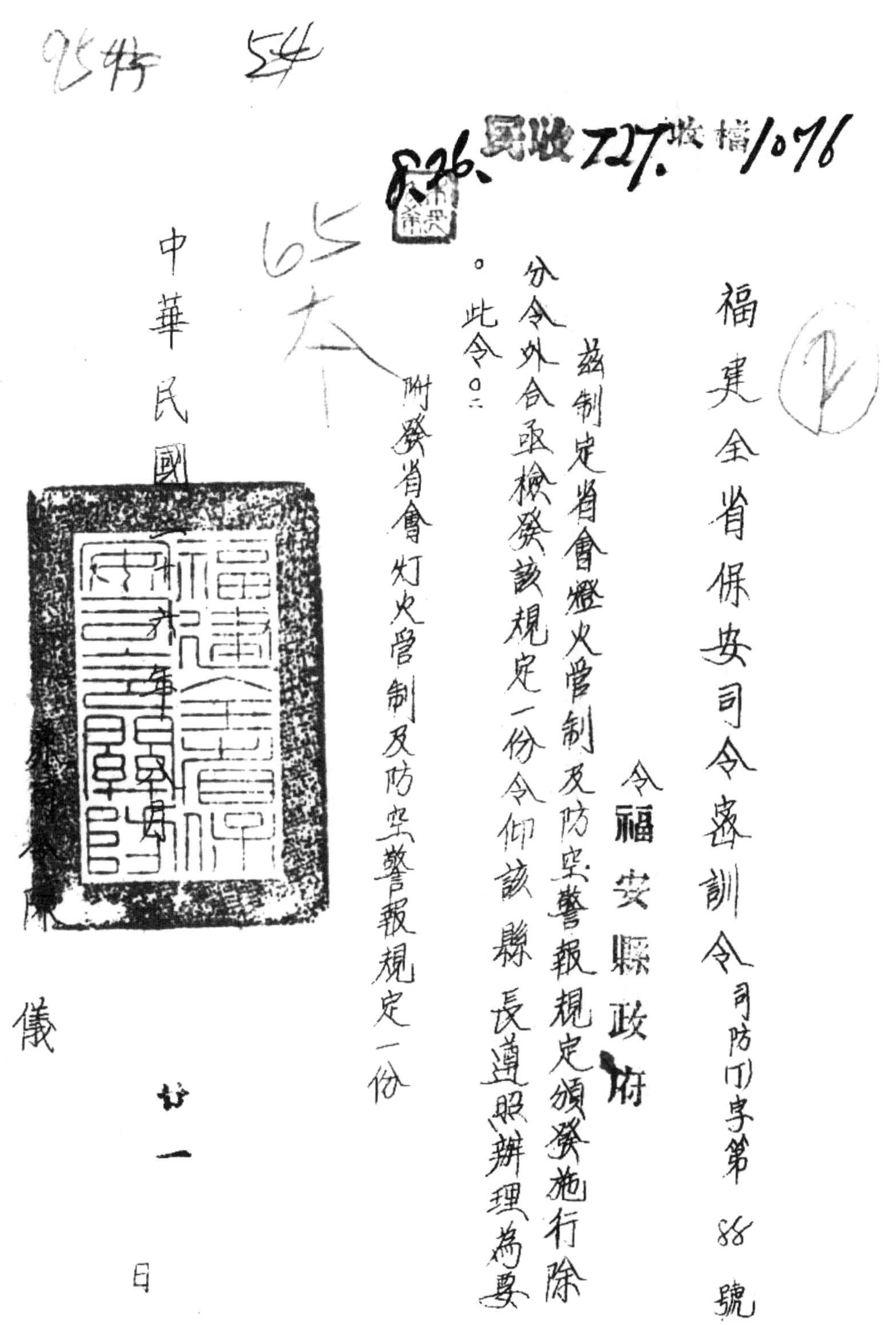
福建全省保安司令部密訓令 司防门字第88號

令福安縣政府

茲制定省會燈火管制及防空警報規定，須發施行，除分令外，合亟檢發該規定一份，令仰該縣長遵照辦理為要。

此令。

附發省會灯火管制及防空警報規定一份

中華民國二十六年八月廿一日

司令陳儀

福建全省保安司令部关于制发省会灯火管制及防空警报规定的密训令(1937年8月21日)

a面　0158-001-0824

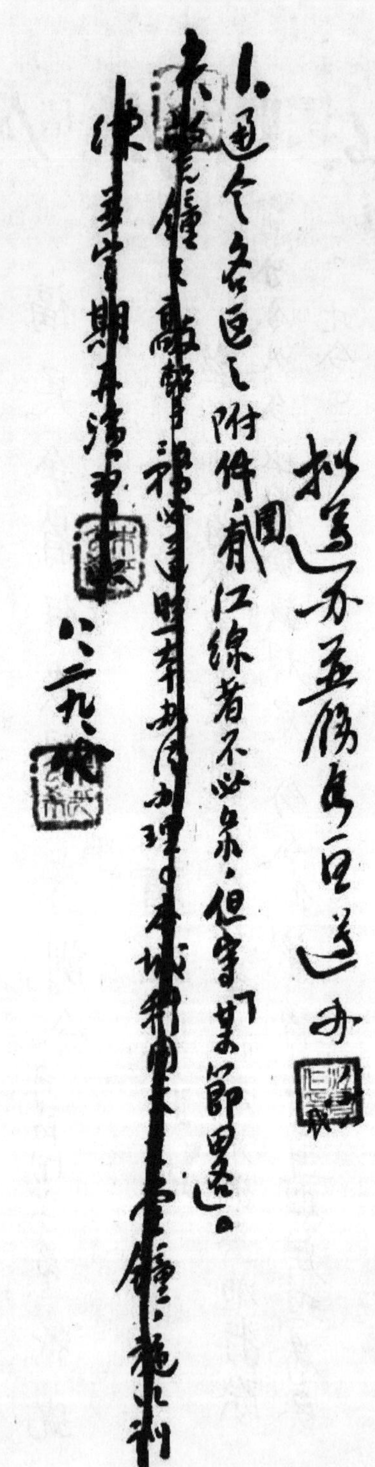

福建全省保安司令部关于制发省会灯火管制及防空警报规定的密训令(1937年8月21日)

b面 0158-001-0824

96

省会灯火管制及防空警報規定

第一章　總則

第一条　省会及其附近之灯火管制及防空警報悉依本規定實施之。

第二条　凡在灯火管制區域内之軍隊、机関、社团、電氣公司及一般民衆均須照本規定、自動实施灯火管制。

第三条　省会警察局水警總隊及灯火管制區域内之各縣政府負灯火管制实施之責，必要時並得根据本規定擬定实施細則。

第二章　灯火管制

第四条　灯火管制依管制之程度、分為警戒管制與非常管制。

警戒管制、乃在有敵機来襲之虞時、於管制區域内、繼續实施、以作非常管制之準備行為、其实施由全省保安司令部命令之、不發警報。非常管制、乃在敵机来襲之際、於管

省会灯火管制及防空警报规定(1937 年 8 月 21 日)a 面　0158-001-0824

制區域內，迅速实施使敵機不易發現我都市之所在，其实施依空襲（緊急）警報行之

第五条　灯火管制，以統一管制為主，以各個管制補助之。統一管制之方法乃由電氣公司停止送電使灯火同時熄滅。各個管制之方法，乃個人團体用熄灯、遮蔽、隱蔽、限制等各種手段以秘匿對空之灯火。

第六条　警戒管制及非常管制之灯火種類及管制方法，如附表第一。

第七条　灯火管制區域如附圖。

第三章　防空警報

第八条　防空警報分為空襲警報、緊急警報與解除警報，其傳達方法及符號如附表第二。但在情況緊急時，得畧去空襲警報，逕發緊急警報。

省会灯火管制及防空警报规定(1937 年 8 月 21 日)b 面　0158-001-0824

97　56

第九条　空襲警報及緊急警報，乃使一般民衆週知敵机之来襲，若在夜間則实施非常管制。用電話或口頭傳達空襲（緊急）警報時用「空襲（緊急）警報」一語。

第十条　解除警報，乃使一般民衆週知敵機之已去若在夜間，則解除非常管制，而回復警戒管制狀態。用電話或口頭傳達解除警報時，用「解除警報」一語，若在夜間更加「恢復警戒管制」一語。

第十一条　為防空警報之傳達及灯火管制之实施計，將灯火管制區域，如附圖分為省会区、要港区、閩侯區、連江区、長樂区。

第十二条　空襲警報之實施要領如左：

一、空襲警报由保安司令对全区（除要港区）發令行之，对要港一区保安司令通知行之。

二、省会警察局、水警總隊及灯火管制区域内之各縣政府根據

省会灯火管制及防空警报规定(1937年8月21日)a面　0158-001-0824

保安司令之命令对各该管地区传达之。

若情况紧迫，不及等待保安司令之命令或通知时，各区得自行发警报，惟须迅速报告或通知保安司令。

第十三条　解除警报，由保安司令同时对全地区或各地区发令（通知）行之。

第十四条　空袭警报之传达手续，如附表第三。

第十五条　类似附表第三中所规定之音响，在某期间禁止使用，其期间由保安司令另令规定之。

第十六条　使用广播无线电传达防空警报，须由保安司令部使用特设之电话机通知广播电台，广播电台依下面之语意反覆广播数次，并采加必要之说明。

「现在省会全区（或某区）的空袭（紧急）警报命令已经发出了。」

「现在省会全区（或某区）的解除警报命令已经发出了，一切灯火请恢复警戒管制的状态。」

省会灯火管制及防空警报规定（1937年8月21日）b面　0158-001-0824

附表一

灯火管制之方法

灯火之种类		管制方法：警戒管制	管制方法：非常管制	備考
電灯	路灯广告灯装饰灯等	熄灯	熄灯	
	门灯廊下灯等	仝	仝	
	室内灯火	限制	仝	
油灯煤气灯蜡烛		仝	遮蔽或隱蔽	
車輛船舶灯	前照灯尾灯	限制	完全遮蔽	有灯火管制区域外進入区域内之車輛須于管制区域外的灯火加以管制后方能進入
	車内灯	仝	熄灯或遮蔽	
	桅灯船尾灯舷灯	對上空遮蔽	熄灯	自灯火管制区域外進入区域内之船舶須于管制区域外將灯火加以管制后方能進入
	室内灯	限制並遮蔽	遮蔽隱蔽或熄灯	
個人携帶灯火（電筒燈籠等）		仝	熄灯或遮蔽	

附記：限制遮蔽隱蔽之方法參看附錄灯火管制之具体方法

附表一　灯火管制之方法(1937 年 8 月 21 日)a 面　0158-001-0824

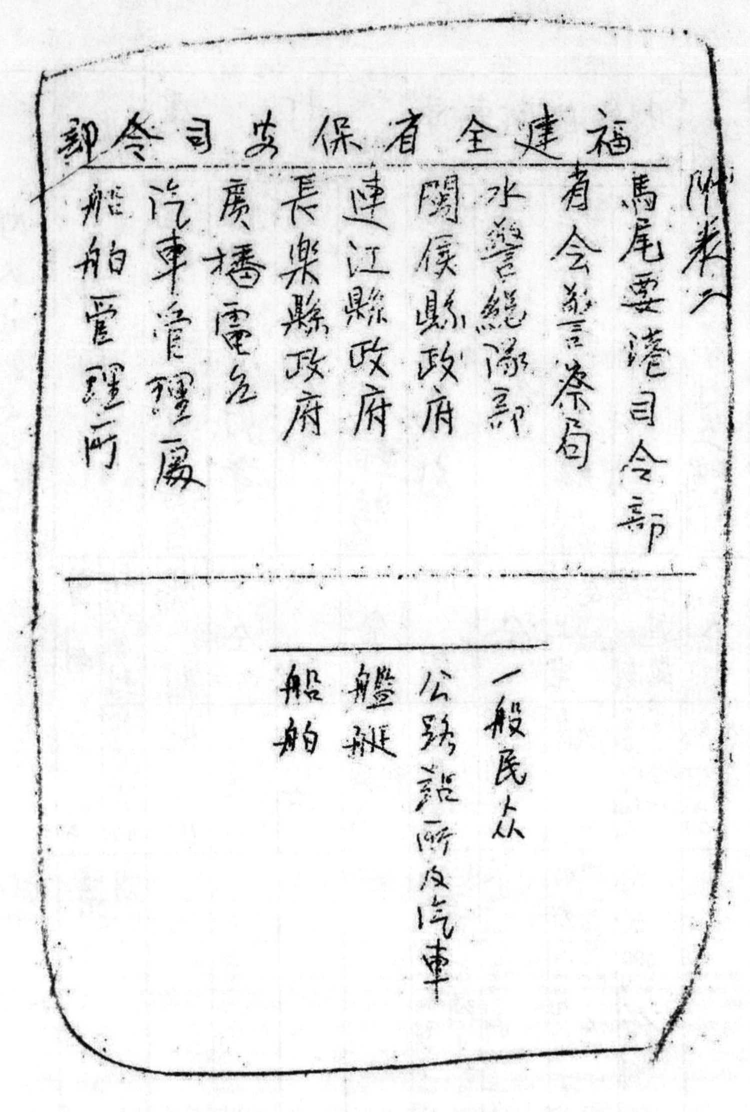

附表二

福建全省保安司令部

馬尾要港司令部
省会警察局
水警總隊部
閩侯縣政府
連江縣政府
長樂縣政府
廣播電台
汽車管理處
船舶管理所

一般民众
公路站所及汽車
艦艇
船舶

附表二　防空警报传达方法及符号(1937 年 8 月 21 日)

b 面　0158-001-0824

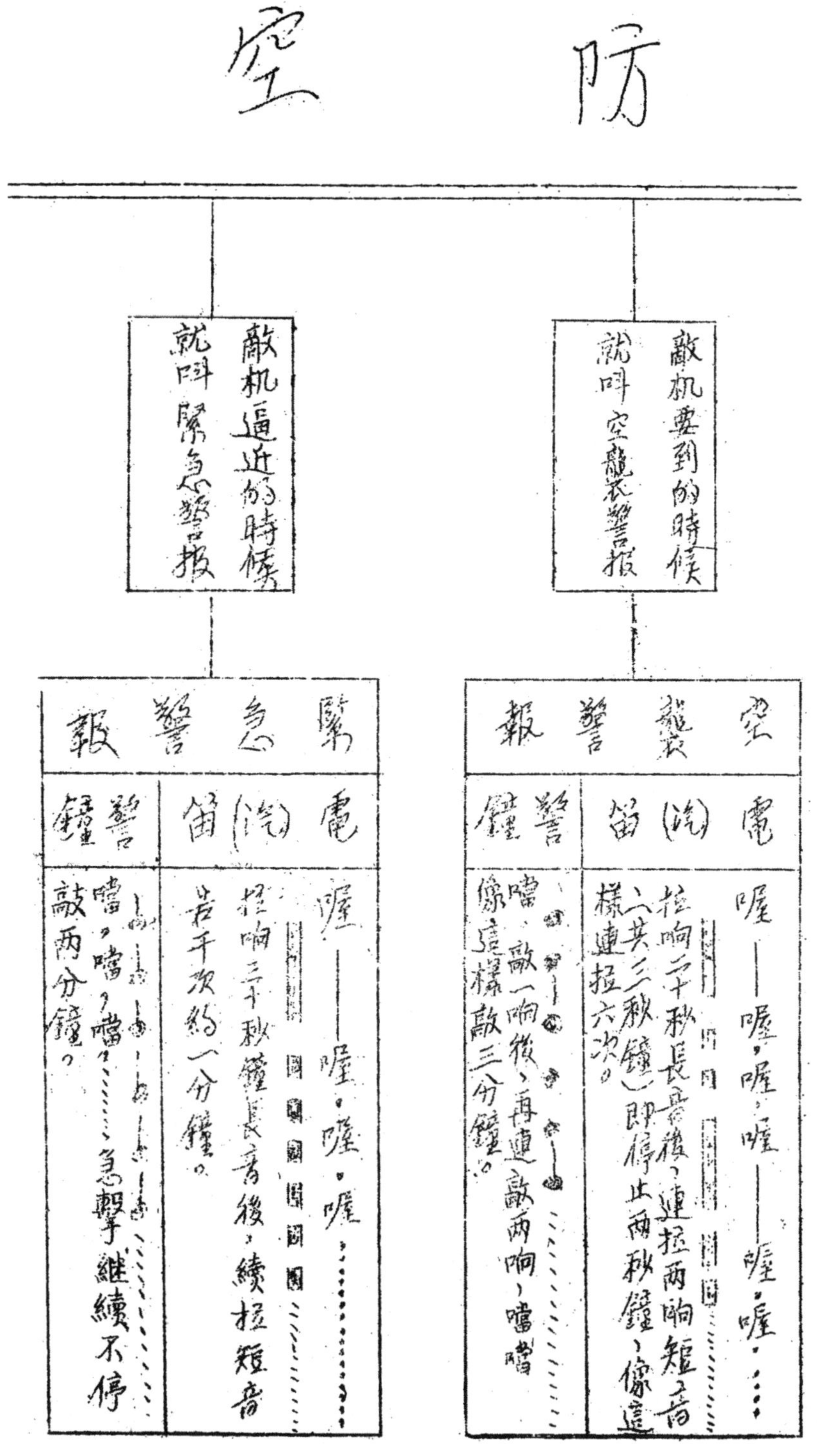

防空

敵机逼近的時候 就叫緊急警報

敵机要到的時候 就叫空襲警報

緊急警報	
電(汽)笛	警鐘
喔——喔。喔。喔…… 拉响三十秒鐘長音後，續拉短音若干次約一分鐘。	噹，噹，噹……急擊繼續不停敲兩分鐘。

空襲警報	
電(汽)笛	警鐘
喔——喔，喔，喔——喔，喔…… 拉响二十秒長音後，連拉兩响短音(共三秒鐘)即停止兩秒鐘，像這樣連拉六次。	噹，敲一响後，再連敲兩响，噹噹 像這樣敲三分鐘。

附表二　防空警报传达方法及符号(1937 年 8 月 21 日)

a 面　0158-001-0824

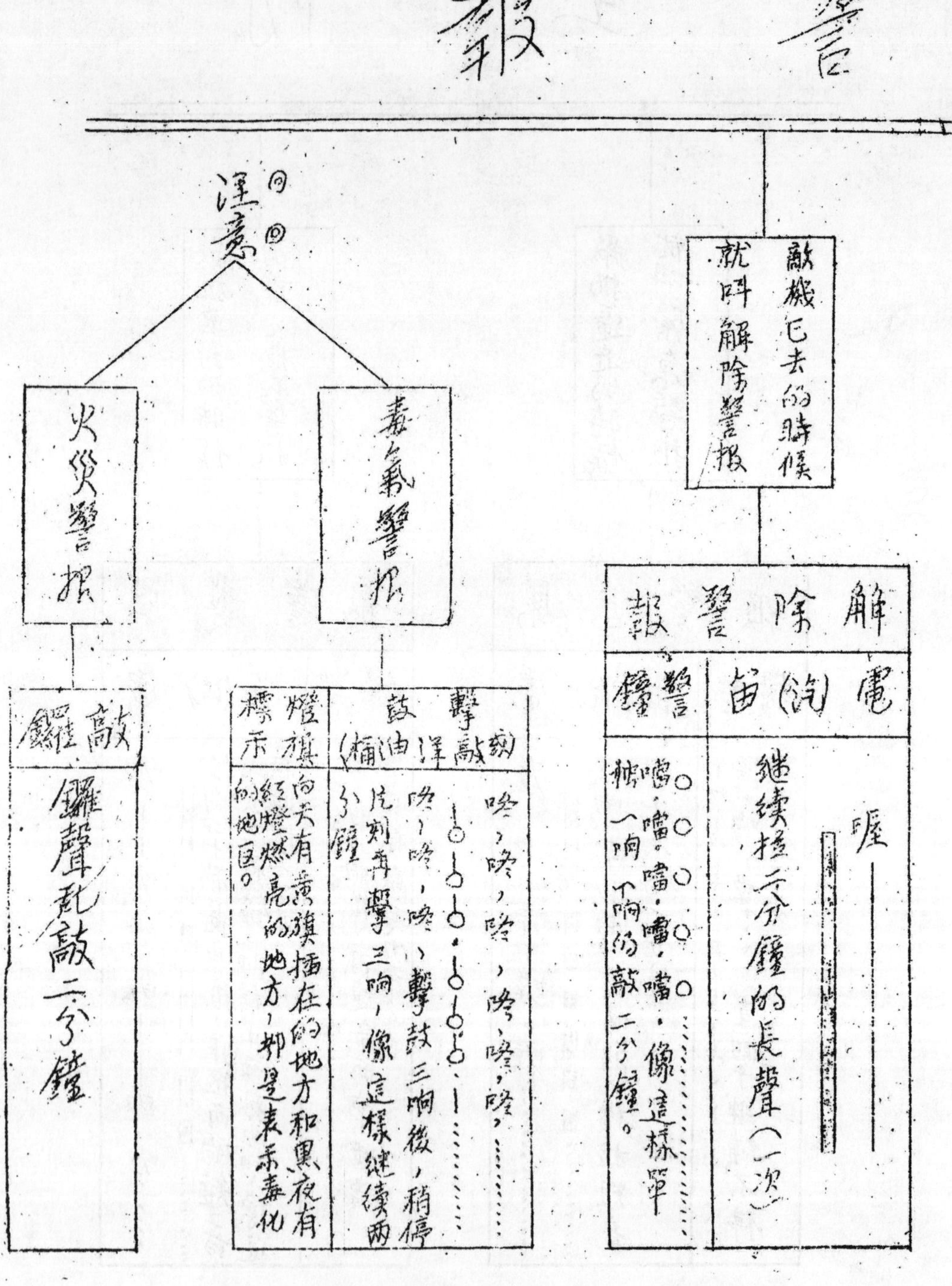

附表二 防空警报传达方法及符号(1937年8月21日)

b面 0158-001-0824

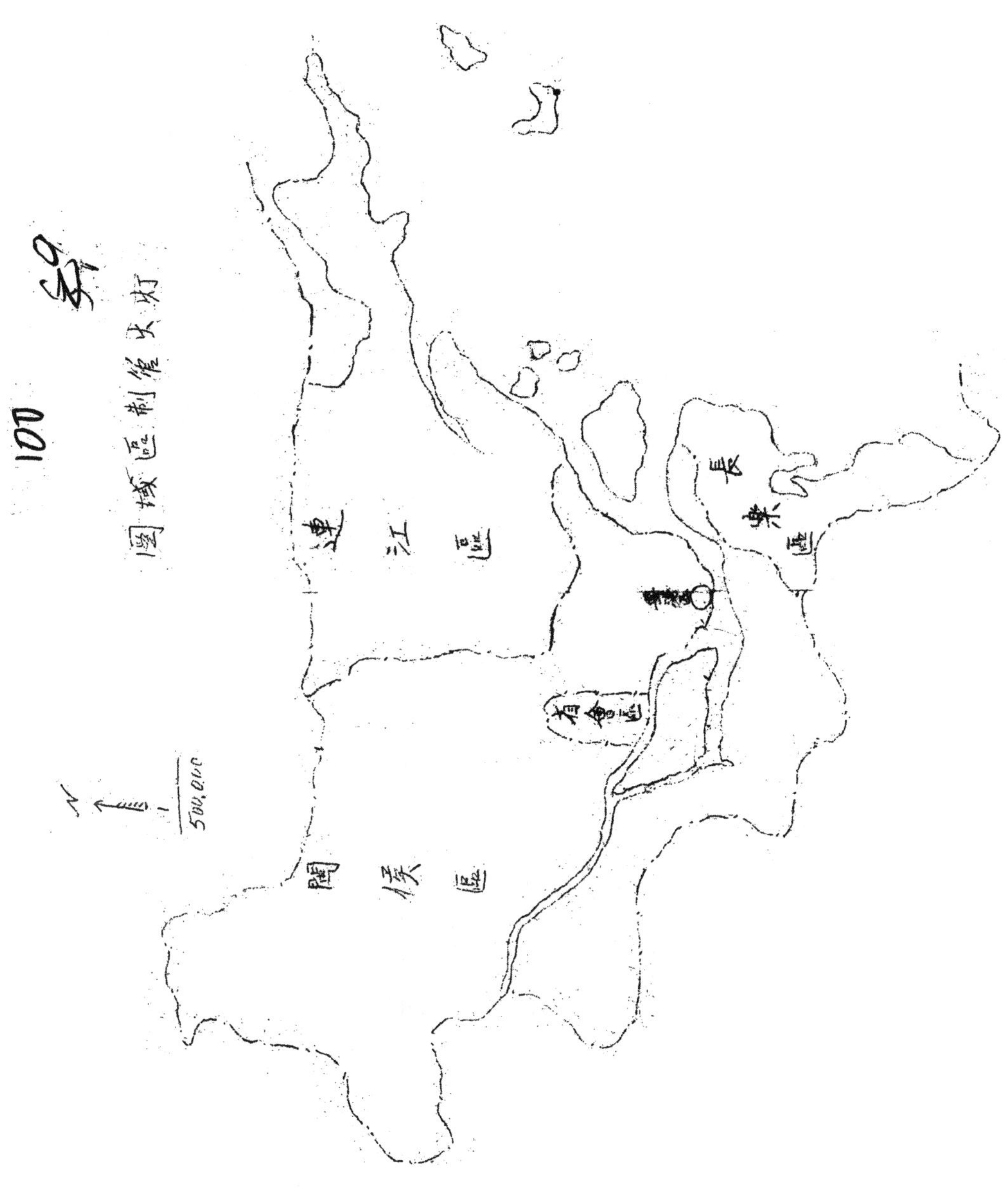

灯火管制区域图(1937 年 8 月 21 日)　0158-001-0824

101

附録

灯火管制之具体方法

实施灯火管制、掩蔽灯光之具体方法，有下列四種：

1、熄灯 即将灯火熄滅。

2、遮蔽 用不透明之物体、（黑色纸布）直接罩於灯火使灯光不致外漏。

3、隐蔽 用不透明之窗板或窗簾，使室内灯光不致外洩。

4、限制 減少灯数，減低光度。（或换用有色灯泡）。

各種灯火管制方法如下

1、屋内灯 屋内灯之不必要者，熄滅之，其必要者，依下列要领適宜遮蔽或隐蔽之。（或遮蔽、隐蔽两法並用）

甲、屋内電灯、（煤氣灯）遮蔽法

附录 灯火管制之具体方法(1937年8月21日)a面 0158-001-0824

用黑色厚质土布製之灯罩遮蔽之。在廿五瓦以下之灯泡，只须黑布一層，二十五瓦以上者须用两層重叠作成之。灯罩之長度，约三十公分至六十公分，罩之下面開口，（如第一图）或用綫縫成皺摺，使罩口缩小，（如第二图）。

第一图

30cm60cm

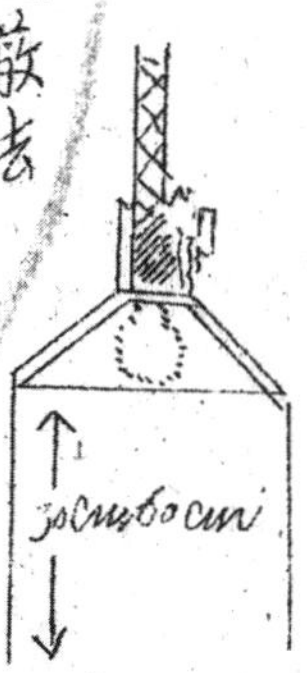

第二图

黑色布絞条

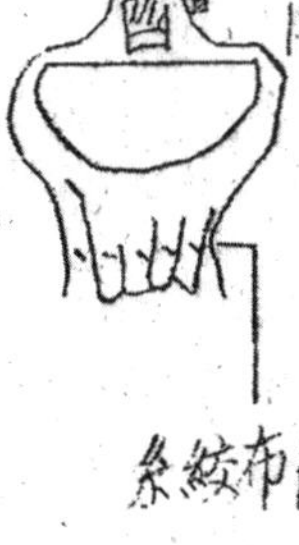

乙、屋内油灯遮蔽法

屋内洋油灯之不必要者，一律熄滅，其必要者，须用黑紙作成灯罩以遮蔽之。其法将黑色紙或粗紙（四张重疊）之中心，剪成一孔，套入原有灯罩之上，使紙之各边下垂，其長短以能将全灯遮蔽為宜。其式樣如第三图。或用特製之鍍鐵灯罩，如第四图。

附录　灯火管制之具体方法(1937年8月21日)b面　0158-001-0824

第三圖

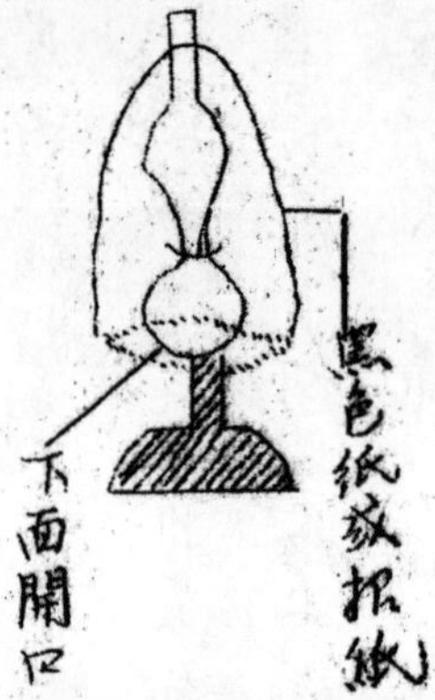

黑色纸或报纸

下面開口

丙、屋内灯隱蔽法

窗户之外、加用窗板、或用黑色厚質土布双層作成窗簾、隱蔽室内灯光、使不外漏

第四圖

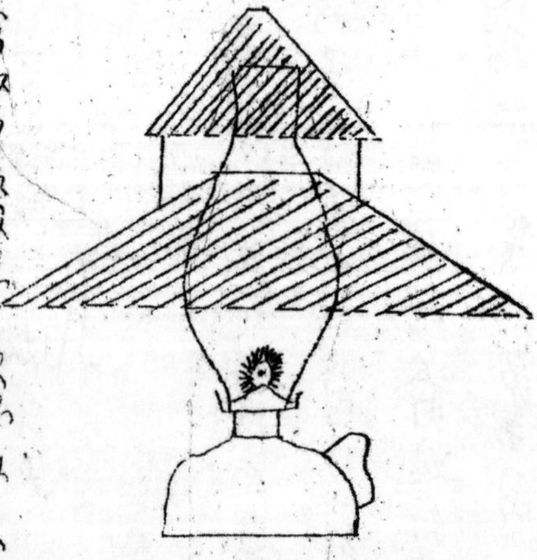

六、屋外灯　屋外灯火、以全部熄滅為原則。但為維持治安、整理交通計、得酌留少数灯火、加以適宜遮蔽後、作為永久灯。此等灯火、宜用金属灯罩、或黑色布罩遮蔽之、其式樣如第五圖至第八圖。如用上述方法、尚不能達到遮蔽目的、須再加以限制、滅火灯光為要。

附录　灯火管制之具体方法(1937 年 8 月 21 日)a 面　0158-001-0824

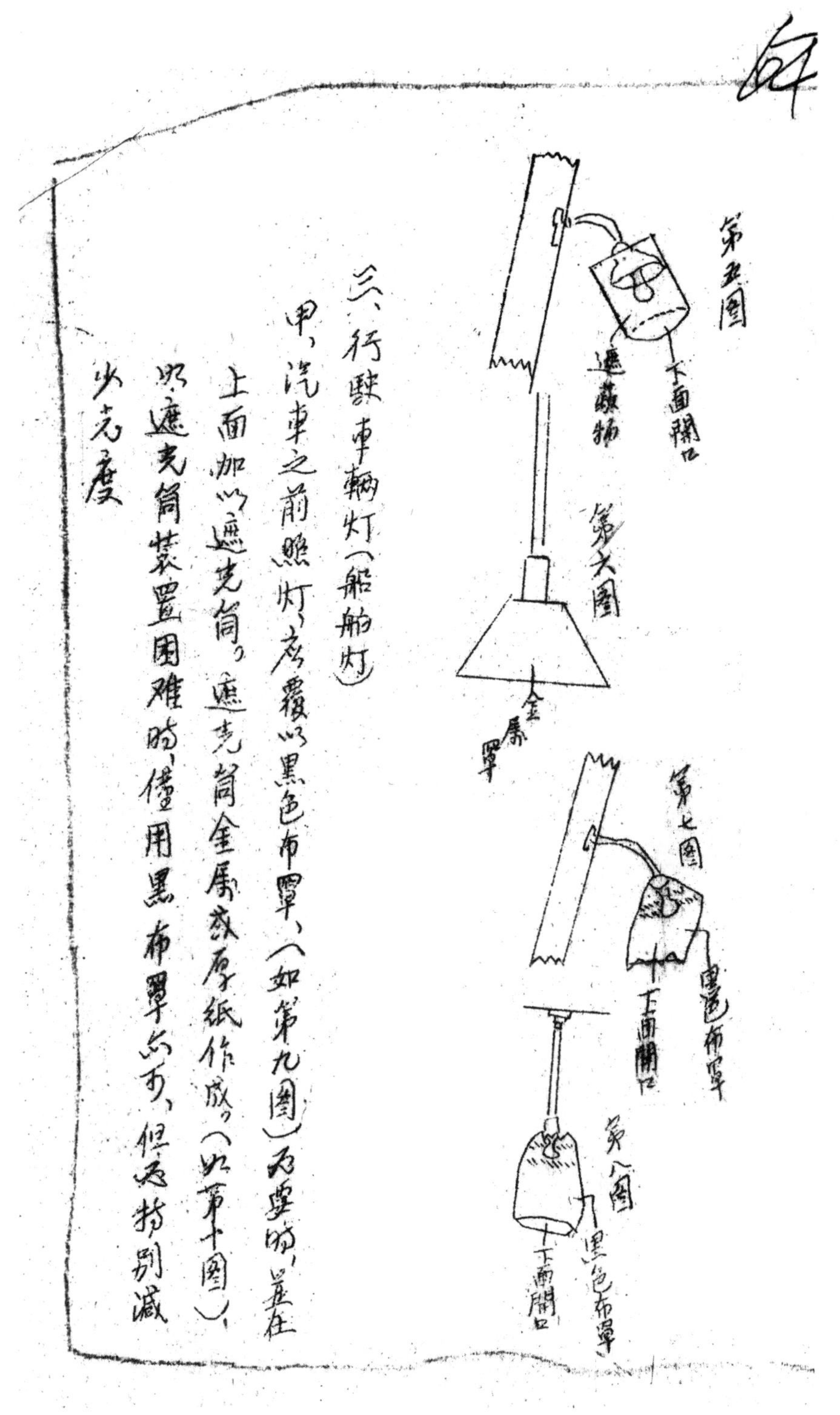

附录　灯火管制之具体方法(1937年8月21日)b面　0158-001-0824

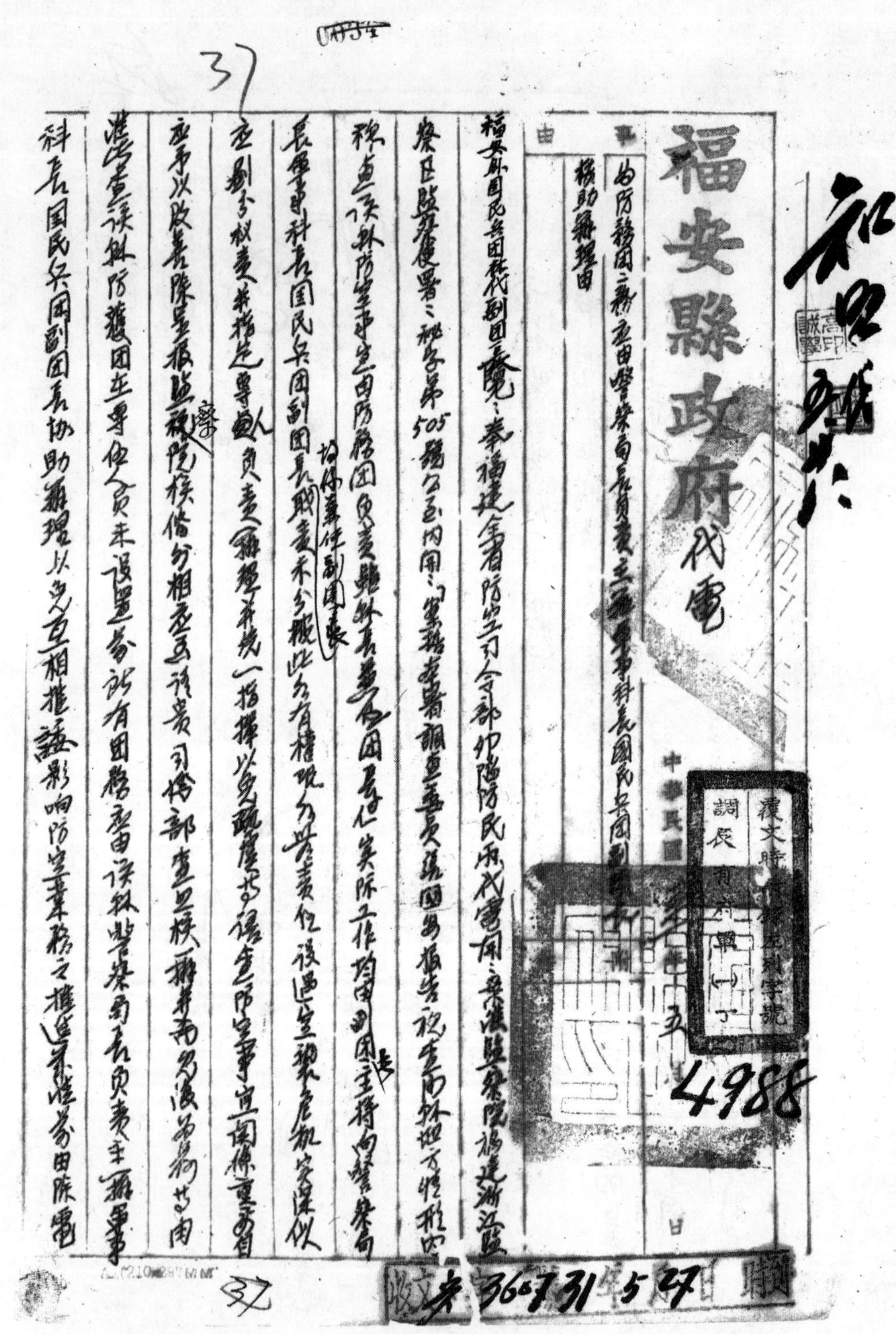

福安縣政府代電

事由：為防務團團務應由警察局長負責主辦，軍事科長國民兵團副團長協助辦理由

福安縣國民兵團林代副團長覽：奉福建全省防空司令部卯陽防民丙代電開：案准監察院閩浙監察區監察使署秘字第505號公函內開：案據本署調查員張國勳報告稱：查閩東沿海各縣防空業務查該縣防空事宜由防務團負責，縣長兼團長，但實際工作均由副團長主持，而警察局長、軍事科長、國民兵團副團長（均係兼任副團長）職責未分，職此各有權限，各無責任，設遇空襲危機，實深[illegible]，應劃分權責，並指定專人負責辦理，并統一指揮，以免疏虞。等語。查防空事宜關係重要，前應予以改善，除呈報監察院[illegible]分[illegible]查照外，[illegible]遵照。查該縣防護團並專任人員未設置，嗣後所有團務應由該縣警察局長負責主辦，軍事科長、國民兵團副團長協助辦理，以免互相推諉，影響防空業務之推進。[illegible]田[illegible]電

4988

收文 來 3607 31 5 27

福安县政府关于防务团团务应由警察局长负责主办，军事科长、国民兵团副团长协助办理的代电（1942 年 5 月 25 日）　0158-001-0319-0037

福安县政府关于防务团团务应由警察局长负责主办，军事科长、国民兵团副团长协助办理的代电（1942年5月25日） 0158-001-0319-0037

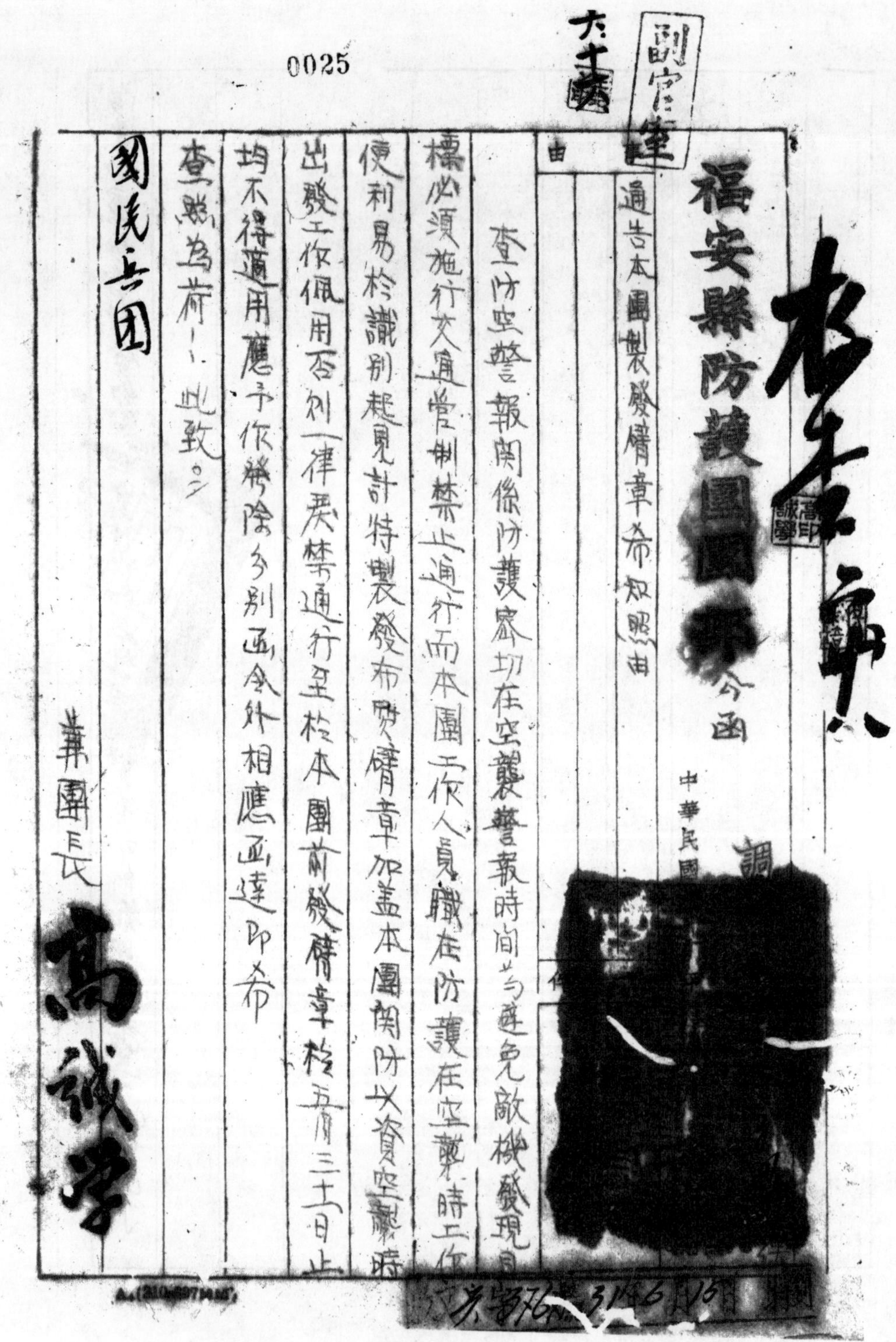
0025

副官室

福安縣防護團團部公函

由：通告本團製發臂章希知照由

查防空警報關係防護密切在空襲警報時間爲避免敵機發現目標必須施行交通管制禁止通行而本團工作人員職在防護在空襲時工作便利易於識別起見計特製發布質臂章加盖本團關防以資空襲時出發工作佩用否則一律嚴禁通行至於本團前發臂章於五月三十日止均不得適用應予作廢除分別函令外相應函達即希

查照爲荷！此致

國民兵团

兼團長　高識學

福安县防护团关于本团制发布质臂章并加盖本团关防的通告函

（1942年6月）　0158-001-0319

0026

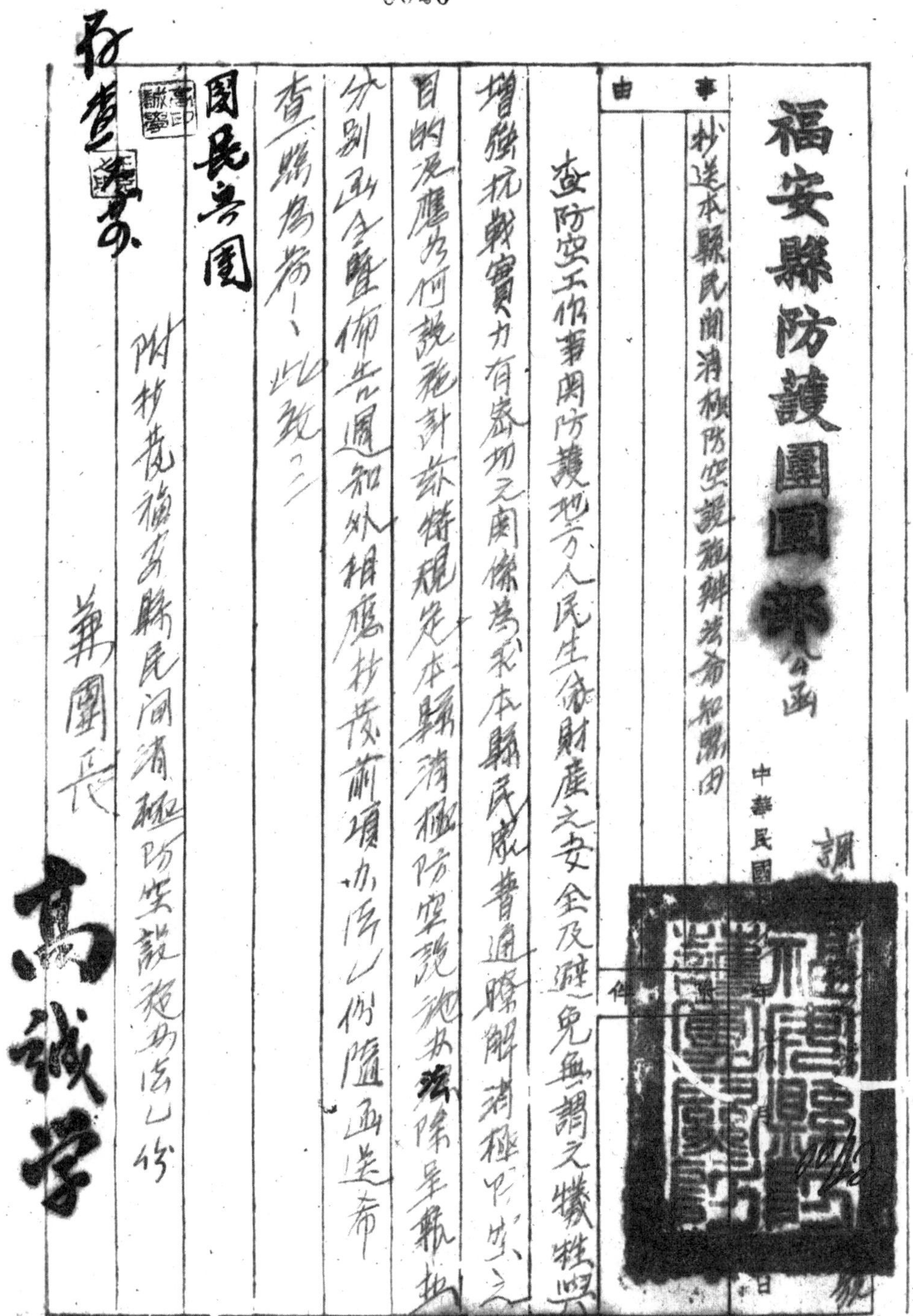

福安縣防護團團部公函

事由：抄送本縣民間消極防空設施辦法希知照由

中華民國……年……月……日

查防空工作事關防護地方人民生命財產之安全及避免無謂之犧牲，與增強抗戰實力有密切之關係，茲為本縣民眾普遍瞭解消極防空之目的，及應如何設施計，特規定本縣消極防空設施辦法，除呈報批分别函令暨佈告周知外，相應抄發前項辦法一份，隨函送希查照為荷！此致

國民兵團

附抄發福安縣民間消極防空設施辦法乙份

兼團長 高識學

福安县防护团关于抄发福安县民间消极防空设施办法的公函

（1942年6月） 0158-001-0319

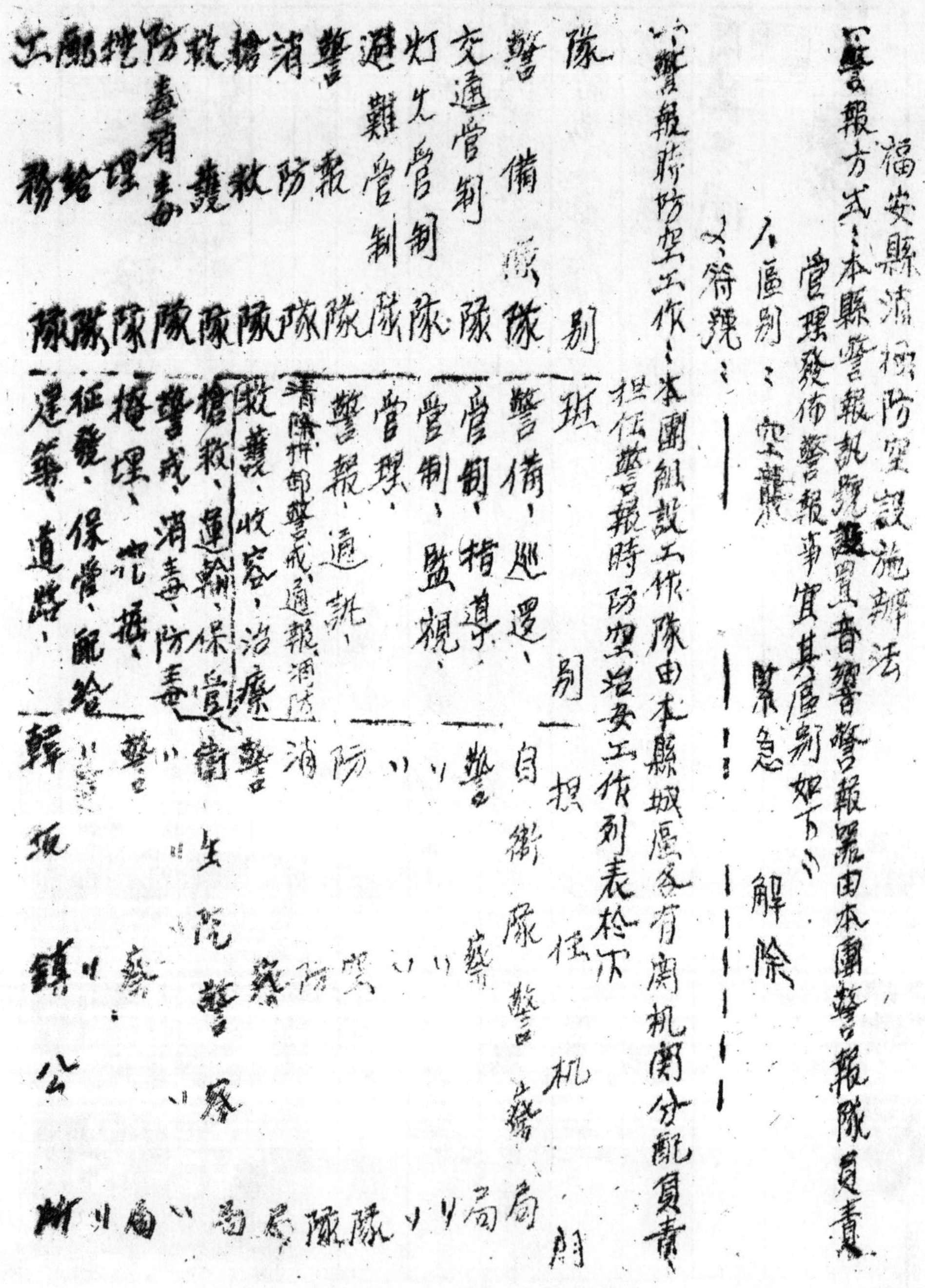

0027

福安縣消極防空設施辦法

一、警報方式：本縣警報訊號設置音響警報器由本團警報隊負責管理發佈警報事宜其區別如下：

子、區別：空襲 緊急 解除

丑、符號：—— ｜! ! ｜ ｜｜｜

二、警報時防空工作：本團組設工作隊由本縣城區各有關機關分配負責担任警報時防空治安工作列表於下

隊別	班別	担任機關
警備隊	警備、巡邏、	自衛隊、警察局
交通管制隊	管制、指導、	警察局
灯火管制隊	管制、監視、	〃 〃 〃
避難管制隊	管理、	〃 〃 〃
警報隊	警報、通訊、	防空隊
消防隊	清除拼卸警戒通報消防	消防隊
搶救隊	救護、收容、治療	警察局
救護隊	搶救、運輸、保管	衛生院、警察局
防毒消毒隊	警戒、消毒、防毒	〃 〃 〃
掩埋隊	掩埋、挖掘、	警察局
配給隊	征發、保管、配給	〃 〃 〃
工務隊	建築、道路、	韓城鎮公所

福安县民间消极防空设施办法（1942年6月）a面 0158-001-0319

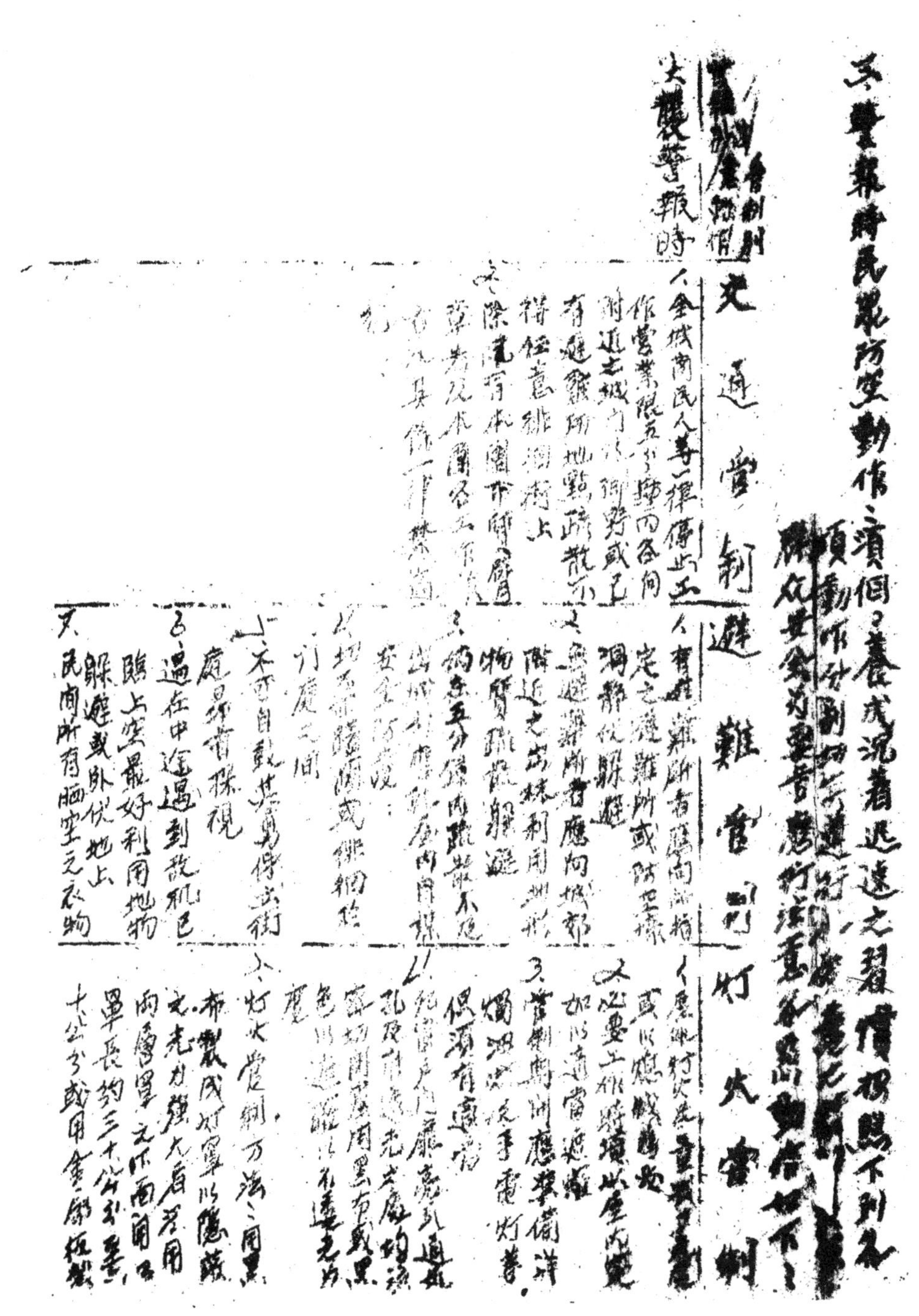

福安县民间消极防空设施办法(1942 年 6 月)b 面　0158-001-0319

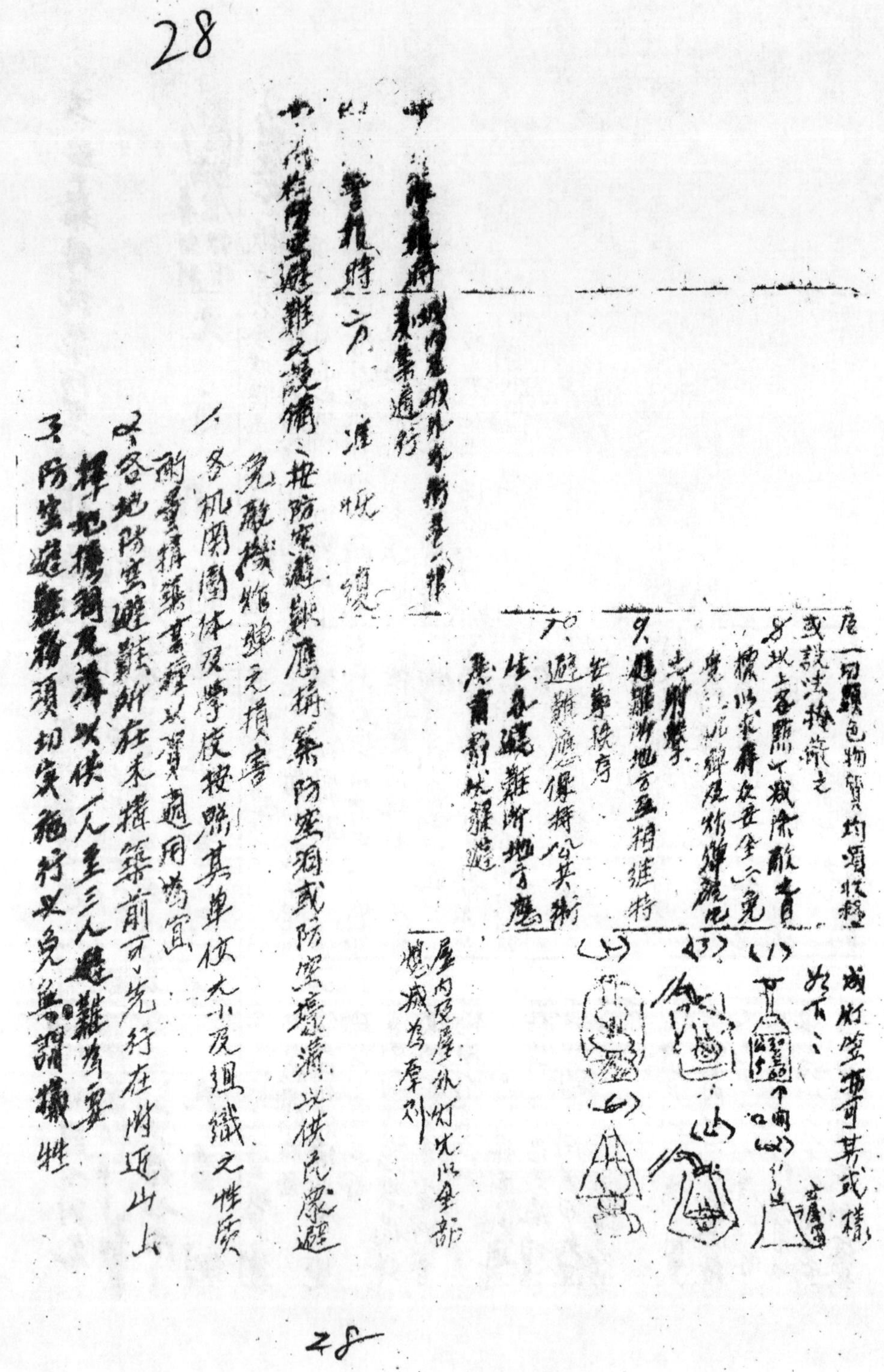
28

十一、[illegible]城內[illegible]城外[illegible]辦事[illegible]
業遵行

十二、警報時方准[illegible]

十三、對於防空避難之設備，一經防空避難處應構築防空洞或防空壕溝，以供民眾避免敵機炸彈之損害

1、各机關團体及學校按照其單位大小及組織之性質，酌量構築，以質實適用為宜

2、各地防空避難所在未構築前可先行在附近山上擇地構築，以供一人至三人避難為要

3、防空避難務須切實施行，以免無謂犧牲

七、一切顯色物質均須收檢或設法掩蔽之

八、以上各點[illegible]除敵[illegible]，擇以求存在全可免受敵機炸彈[illegible]

[illegible]

九、避難離開地方互相維持安寧秩序

十、避難應保持公共衛生，住未避難離開地方應[illegible]

屋內及屋外燈光以全部熄滅為原則

或用燈罩，其式樣如下：

（1）（2）（3）（4）（5）（6）

28

福安县民间消极防空设施办法(1942年6月)a面　0158-001-0319

叁、關於消防及防毒設備之

甲、消防設備：(1)各團體機關及各學校按照其範圍大小及組織之性質，盡舉辦適消防機關之責，并可酌施消防之設備

(2)關係於自身消防之用，也每戶均須切實設備各項如下：

1、要設消防時水桶或水缸及水桶，并置於門前或天井走廊空隙之地，便於應用

2、貯存消防沙包於適當地點，以為熄滅投下之燒夷彈，以供引起火災時消防之用

3、關於危險性易於着燃之物品，如石油揮發油火藥等，均須設置安全處所

4、各戶附近之水源及食用水池井等，均須預先明瞭，並相保護，以為消防之用

5、關於消防各項器材，在可能範圍內可自行盡量購置備用

乙、防毒設備：關於防毒消毒亦於自身生命有密切之關係，應行注意設備如左：

1、個別防毒

[illegible]防毒面具[illegible]

29

4、購備細紙油布以為防毒包裹物料之用對於食物尤宜注意

5、防毒衣兜防毒靴套等可酌量亦可相當準備

六、公衆防毒

1、團體機關設置公衆防毒避難室若干

2、選定適當地點之一室將門窗全部密閉使外間毒氣不得侵入出入口加設防毒帘布

3、室內多設濾毒及排氣裝置以供室內清淨空氣之交換

4、避難室不宜過大可增設多處縱或中彈不致損害全部生命

5、如濾毒通風器購置不易可利用我國舊有之風箱加以各種消毒藥品以為濾毒通風之設備

6、防炸彈破片及其威力起見可在室之牆外堆積一公尺至二公尺厚之沙包護牆離牆約二尺許並在內方以厚木板隔離之蓋如此不獨使外界光線可於隙間照入室內且可增強抵抗力量又在進出口處應特別以沙包護牆圍繞之以防彈片之衝破門戶並由周護牆須外加白鐵罩以遮風雨之浸壞

福安县民间消极防空设施办法(1942年6月)a面　0158-001-0319

7、避難室應選擇獨立屋或靠外邊有堅固牆壁之房間構架之用此不易倒塌且易於搬設

甲、消毒用劑均須盡量購置以為消毒實施之用

1、消毒用漂白粉撒粉車——以為被毒區消毒之用

2、消毒用手携式噴霧桶——以為局部被毒消毒之用

以上兩項係屬團體及防毒機關須用

3、持久性毒氣消毒劑——用漂白粉石灰等

4、一時性毒氣中和劑——用肥皂水石灰等

5、人員用之消毒劑——用石油漂白粉等

6、消毒用熱水（須在攝氏三〇度以上者）

八、關於偽裝遮蔽：各機關團體及學校等對於自身之偽裝遮蔽須特別注意施行

1、器具物件可製成偽裝掩蔽

2、建築物之顏色及材料須施以迷彩或變化

3、偽裝材料可利用樹木或土沙等

福安县民间消极防空设施办法(1942年6月)b面　0158-001-0319

30

六、警报期中注意要点：下列各点倘有故违应受警戒部队送请县府依法议处：

1、不遵法令　2、造谣惑众

3、行为不检　4、扰乱治安

福安县民间消极防空设施办法（1942年6月）　0158-001-0319

福閩師管區司令部代電

福安國民兵團高專員團長崔鑒：案奉福建省軍管區司令部抄編(一)未字第
四九七八號訓令開：「案奉軍政部三十一年五月倫渝役僉字第四四[illegible]代
電開：案奉軍事委員會三十一年四月二十[illegible]規
定(一)國民兵團仍保持原狀(二)將防護團改隸於國民兵團[illegible]團
調查國民兵團防護團之組織成效甚[illegible]
兼受縣防空指揮部之指導防護團以下之組織不變除分電外合行檢
發指揮系統表一份電仰遵照辦理並飭屬遵照辦理具報為要等因附發
防護團改隸國民兵團之指揮系統表一份聞應遵照除呈復並分電各戰區各省
存各軍區外並檢發該項系統表一份電仰遵照並飭屬遵照辦理具報為要
等因附防護團改隸國民兵團之指揮系統表一份奉此除分令各師管區外合
行抄發原附件一份令仰遵照並轉飭遵照具報為要」等因附發防護團改隸國
民兵團之指揮系統表一份奉此除分電外合行抄發原系統表一份電仰遵照辦理
具報為要[illegible]巳（局）編乙附抄發防護團改隸國民兵團之指揮系統表一份

福闽师管区司令部关于抄发防护团改隶国民兵团之指挥系统表遵办具报的代电
（1942 年 6 月 24 日）a 面　0158-001-0319

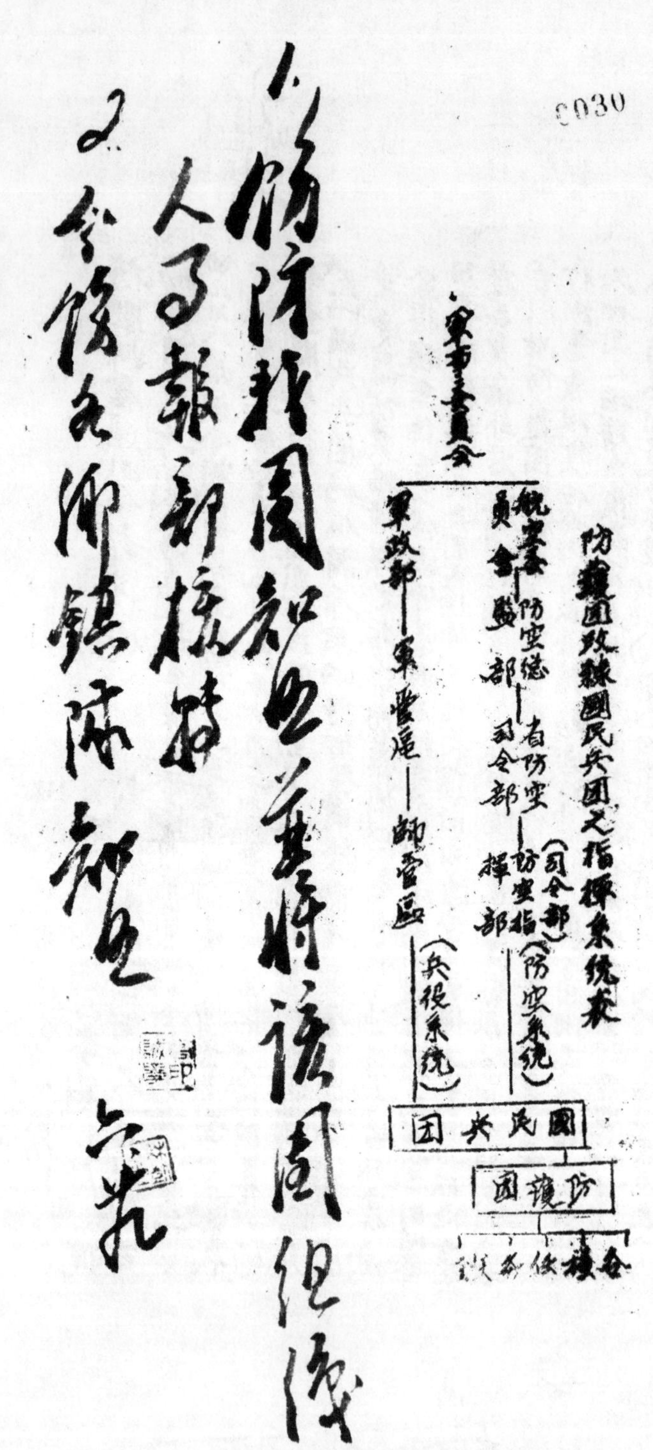

防护团改隶国民兵团之指挥系统表(1942 年 6 月 24 日)b 面　0158-001-0319

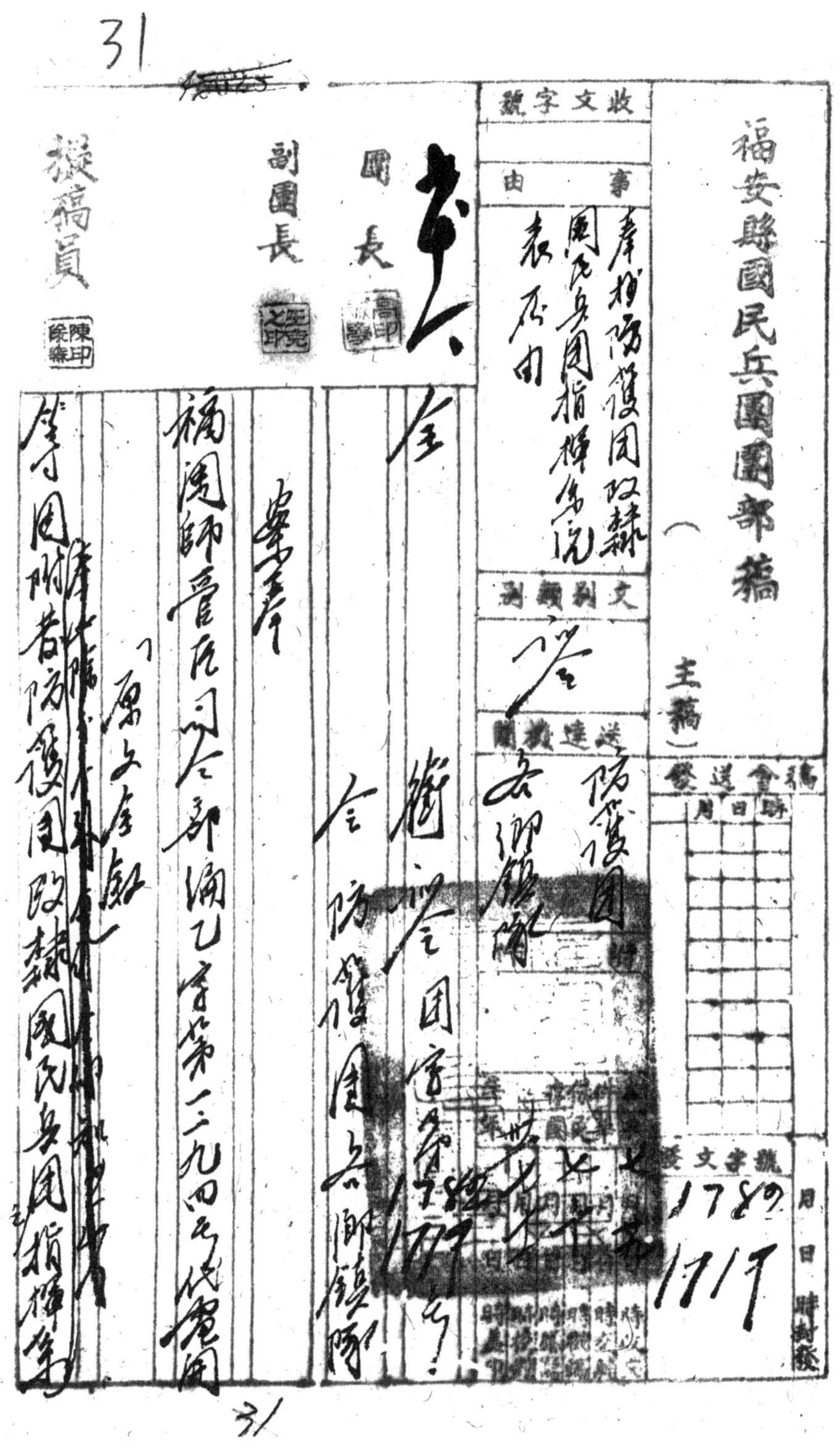

31

福安縣國民兵團團部稿（主稿）

收文字號

事由：奉抄防護团改隸国民兵团指挥系统表原由

文別副類：訓令

送達機關：防護团、各鄉鎮

團長

副團長

擬稿員

稿會送發

發文字號

福安县国民兵团关于抄发防护团改隶国民兵团之指挥系统表并将该团组织情形及人事造册报部核转的训令（1942 年 7 月 11 日） 0158-001-0319

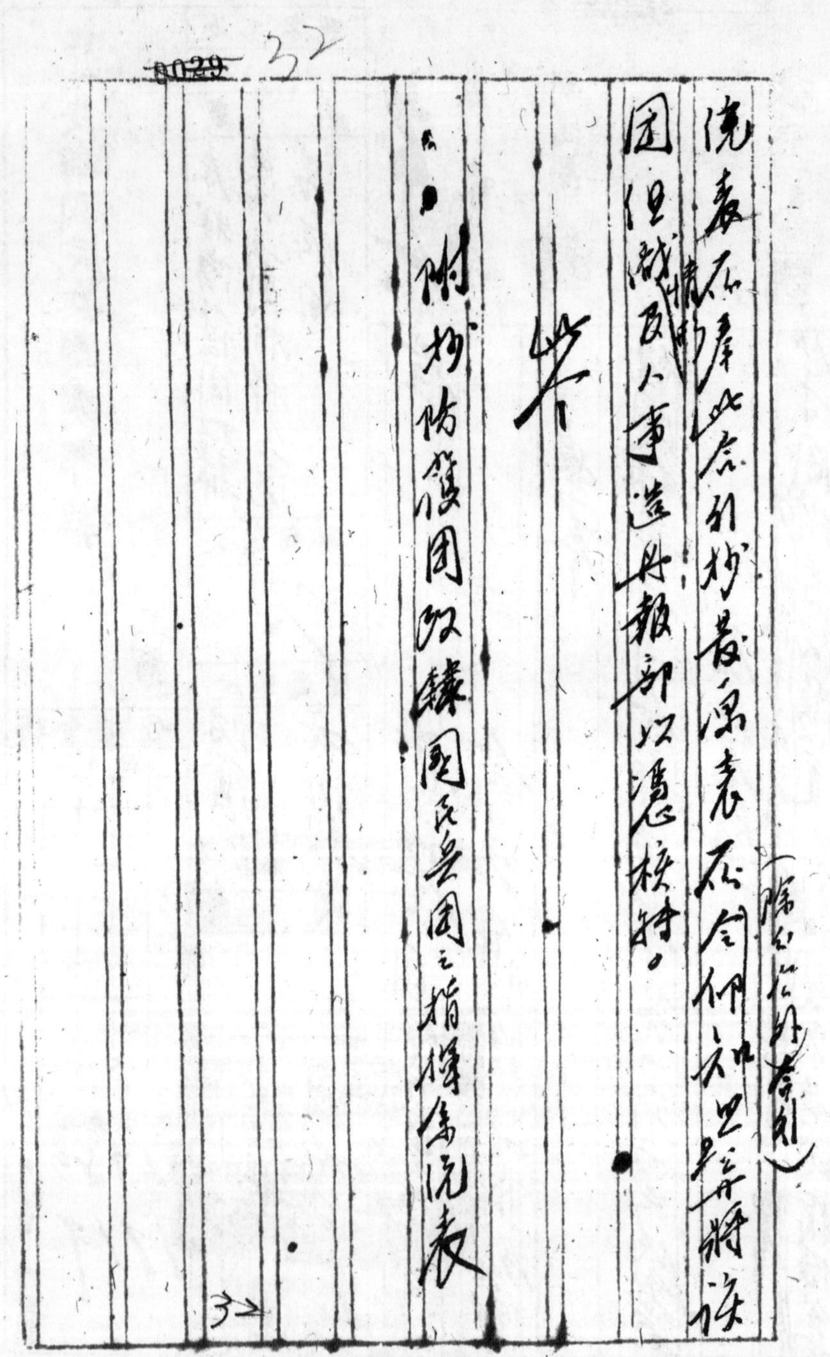

福安县国民兵团关于抄发防护团改隶国民兵团之指挥系统表并将该团组织情形及人事造册报部核转的训令(1942 年 7 月 11 日)　0158-001-0319

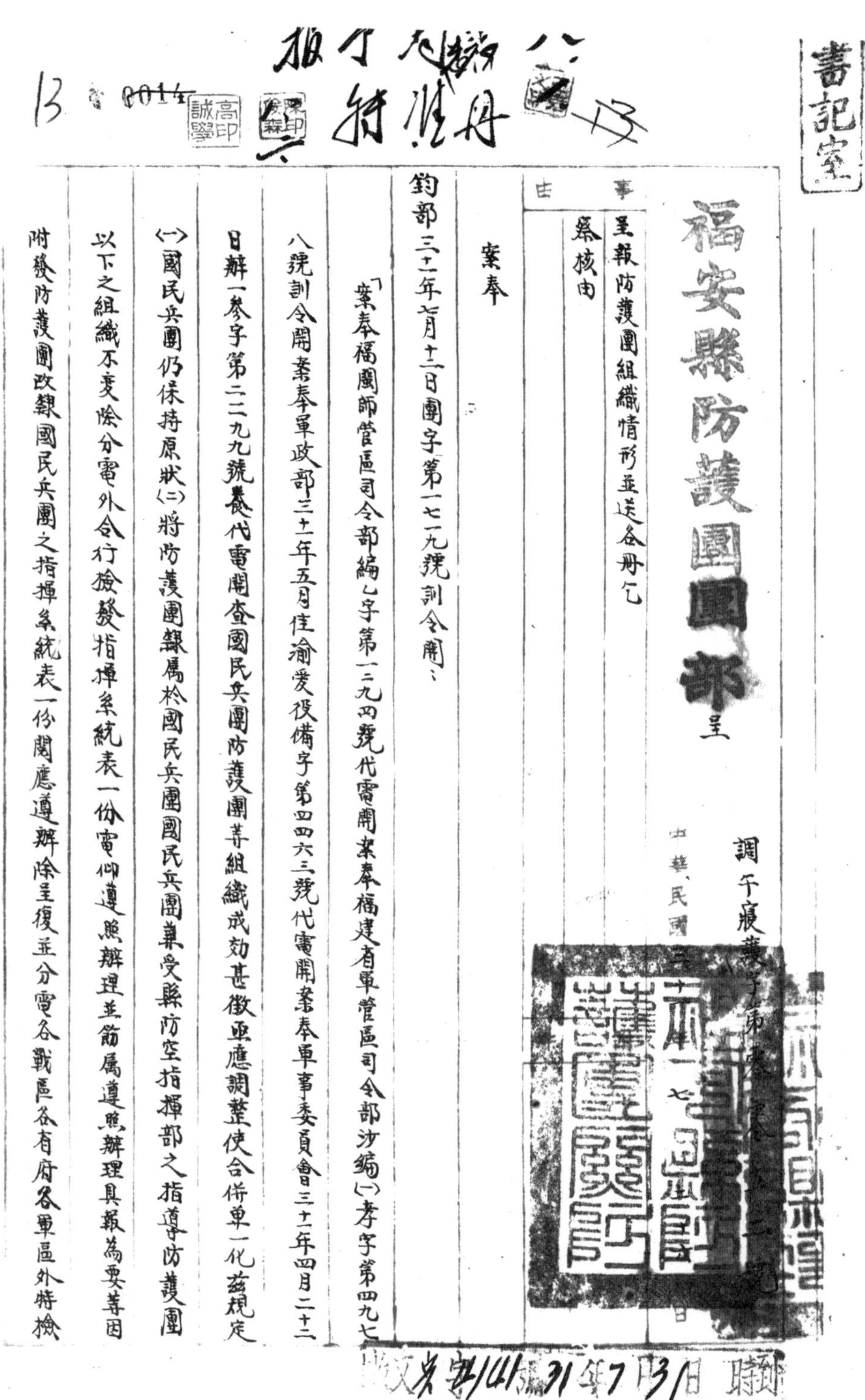
書記室

福安縣防護團團部呈

調千宬護字第　號

中華民國三十一年七月　日

事由：呈報防護團組織情形並送各冊乞察核由

案奉

鈞部三十一年七月十二日團字第一七一九號訓令開：

「案奉福團師管區司令部編乙字第一二九四號代電開案奉福建省軍管區司令部汐編(一)孝字第四九七

八號訓令開案奉軍政部三十一年五月佳渝爰役備字第四四六三號代電開案奉軍事委員會三十一年四月二十二

日辦一參字第二二九九號養代電開查國民兵團防護團等組織成効甚微亟應調整使合併單一化茲規定

(一)國民兵團仍保持原狀(二)將防護團隸屬於國民兵團國民兵團兼受縣防空指揮部之指導防護團

以下之組織不變除分電外合行檢發指揮系統表一份電仰遵照辦理並飭屬遵照辦理具報為要等因

附發防護團改隸國民兵團之指揮系統表一份閱應遵辦除呈復並分電各戰區各省府各軍區外特檢

收文　字第141號　31年7月31日

福安县防护团关于遵令造具防护团组织情形并送各册的呈文

（1942年7月26日）　0158-001-0319

~~0015~~

14

發該項系統表一份電仰遵照並轉飭遵照辦理具報為要等因附防護團改隸國民兵團之指揮系統表一份奉此除分令一師管區外合行抄發原附件一份令仰遵照並轉飭遵照具報為要等因附發防護團改隸國民兵團之指揮系統表一份奉此除分電外合行抄發原系統表一份電仰遵照辦理具報為要等因附發防護團改隸國民兵團之指揮系統表一份奉此合行抄發原表一份令仰知照並將該團組織情形及人事造冊報部以憑核轉」等因附發防護團改隸國民兵團指揮系統表一份奉此查本團組織係照各縣市防護團組織規程甲種編制於三十年十一月一日正式成立業經呈報

福建全省防空司令部在案奉令前因理合造具本團團部兼任暨專任各職員名冊一份各工作隊分配表一份各區分團正副團長名冊一份隨文呈請

鑒核備案實為公便！謹呈

福安縣國民兵團兼團長高

附呈：本團團部兼任專任職員名冊一份各工作隊分配表一份各區分團正副團長名冊一份

福安縣防護團兼團長高誠學（印：高印 誠學）

福安县防护团关于遵令造具防护团组织情形并送各册请察核备案的呈文

（1942年7月26日）　0158-001-0319

18

0019

福安縣防護團兼任暨專任職員名冊

福安县防护团兼任暨专任职员名册(1942 年 7 月)　0158-001-0319

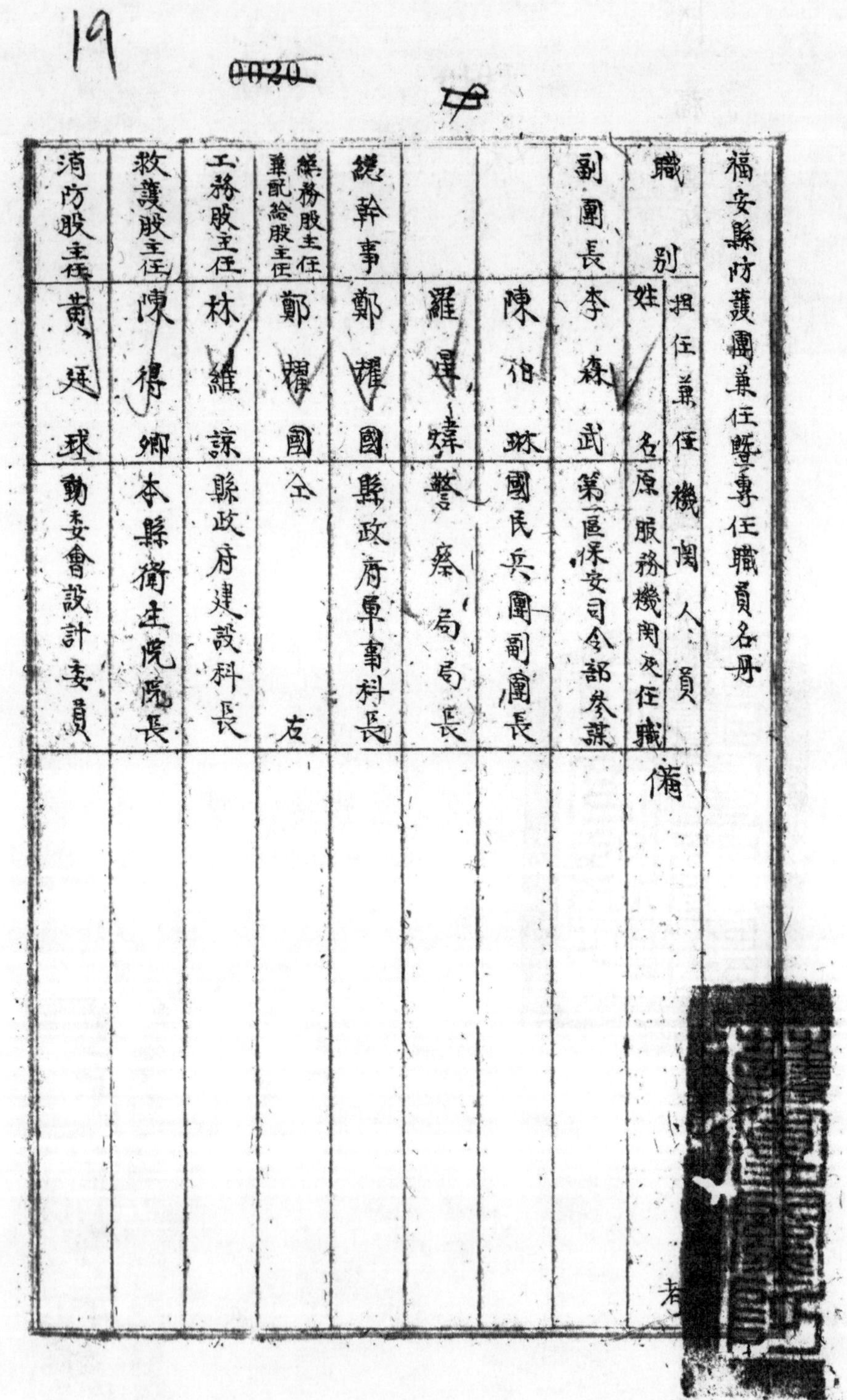

福安縣防護團兼任暨專任職員名冊

職別	姓名	担任兼任機關人員原服務機關及任職	備考
副團長	李森武	第一區保安司令部參謀	
	陳伯琳	國民兵團副團長	
	羅昆煒	警察局局長	
總幹事	鄭耀國	縣政府軍事科長	
總務股主任兼配給股主任	鄭耀國	仝右	
工務股主任	林維諒	縣政府建設科長	
救護股主任	陳得卿	本縣衛生院院長	
消防股主任	黃廷球	動委會設計委員	

福安县防护团兼任暨专任职员名册(1942 年 7 月)a 面　0158-001-0319

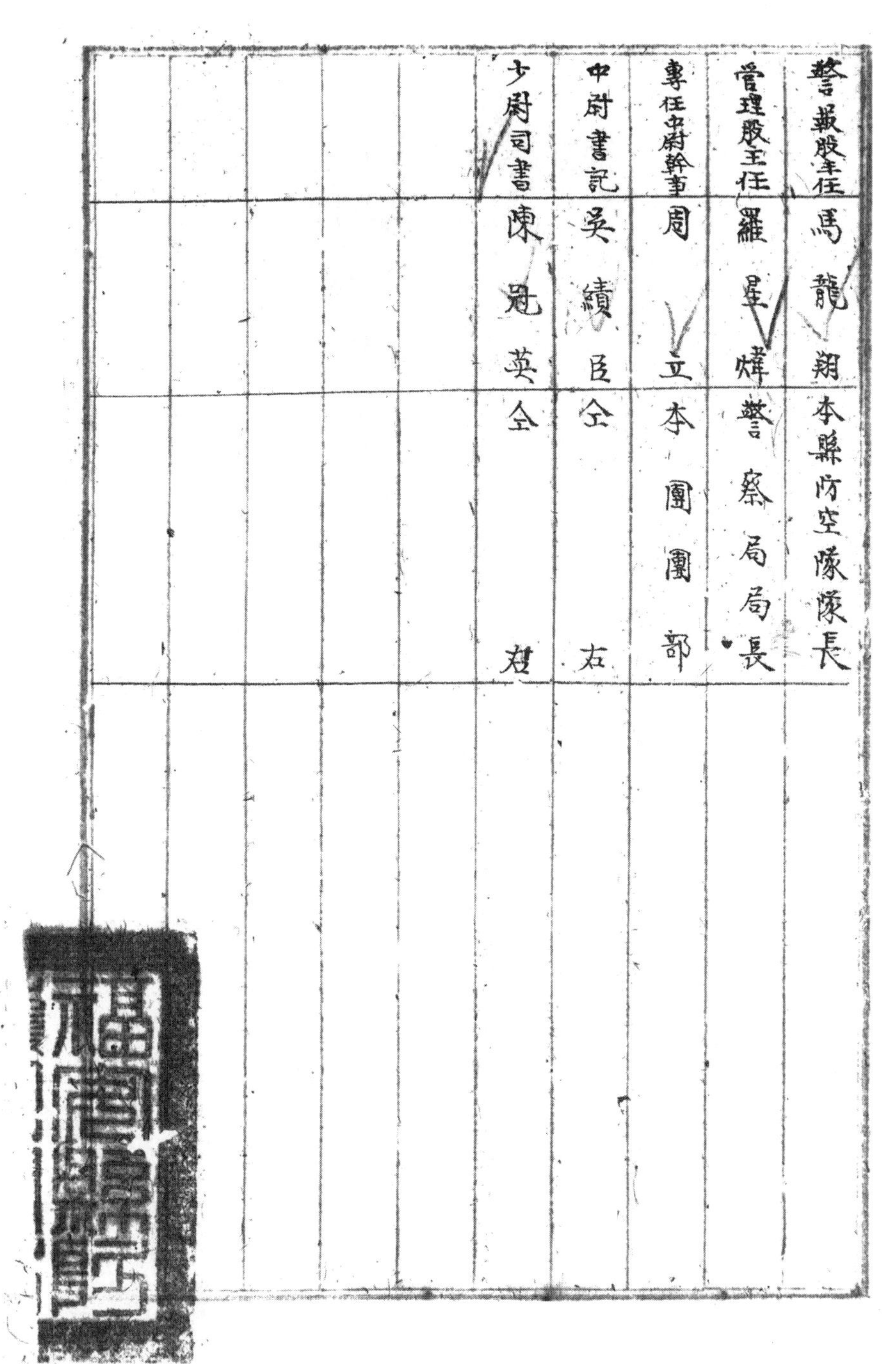

警報股主任	馬龍翔	本縣防空隊隊長
管理股主任	羅星煒	警察局局長
專任中尉幹事	周立	本團團部
中尉書記	吳續臣	仝右
少尉司書	陳冠英	仝右

福安县防护团兼任暨专任职员名册(1942年7月)b面　0158-001-0319

中華民國三十一年七月 日

福安縣防護團兼團長高誠學

福安县防护团兼任暨专任职员名册(1942 年 7 月) 0158-001-0319

福安縣防護團各隊班担任分配表

0016 15

福安县防护团各队班担任分配表(1942 年 7 月) 0158-001-0319

16　~~0017~~

福安縣防護團各隊班担任分配表

隊别班		别担任機關	備攷
警備隊	警備、巡邏、	自衛隊 警察局	駐本縣縣城者
交通管制隊	管制、指導、	警察局	
燈火管制隊	管制、監視、	仝右	
避難管制隊	管理、	仝右	
警報隊	警報、通信、	防空隊	
消防隊	清除拆卸、警戒通報消防、	消防隊	
搶救隊	搶救、運輸、保管、	警察局	
救護隊	救護、收容、治療、	衛生院 警察局	

福安县防护团各队班担任分配表(1942年7月)a面　0158-001-0319

隊別	任務	擔任機關	備考
防毒消毒隊	警戒、消毒、防毒、	衛生院 警察局	
挖埋隊	掩埋、挖掘	警察局	組織挖埋隊
配給隊	征發、保管、配給、	仝右	
工務隊	建築、道路、	韓城鎮公所	組織工務隊

一、按照編制各隊設隊長一人副隊長一人至三人各班設班長一人副班長一人至三人每班團員十人、

福安县防护团各队班担任分配表(1942年7月)b面 0158-001-0319

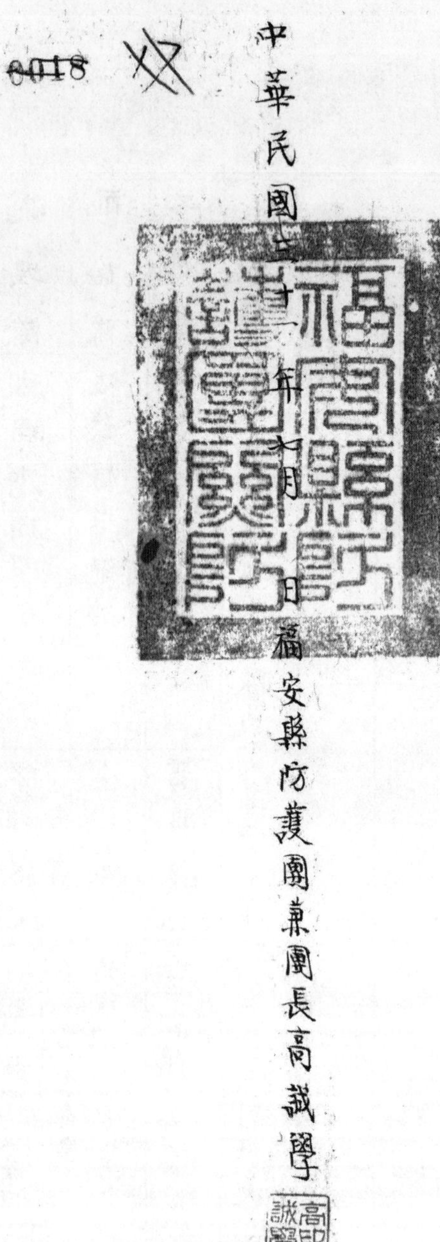

中華民國三十一年七月　日　福安縣防護團兼團長高誠學

福安县防护团各队班担任分配表(1942 年 7 月)　0158-001-0319

福安縣防護團所屬各區分團團長及副團長名冊

福安县防护团所属各区分团团长及副团长名册(1942 年 7 月)　0158-001-0319

22

福安縣防護團所屬各區分團團長及副團長名冊

團別	兼團長姓名	副團長姓名	團址	備攷
第一區團	鄭長清	林斯彬	甘棠區警察所	
第二區團	林天民	趙彥中	杜口區署	
第三區團	盧懷植	高鵬程	穆陽區警察所	
第一區團第一分團	林斯彬	林崇錡	三塘鎮公所	
第一區團第二分團	陳激雲	張建如	雙留鄉公所	
第一區團第三分團	吳承周	繆玉秋	奎藤鄉公所	
第一區團第四分團	高敬	劉祖卿	太荷鄉公所	
第一區團第五分團	任炳元	韓國定	石馬鄉公所	

福安县防护团所属各区分团团长及副团长名册(1942年7月)a面　0158-001-0319

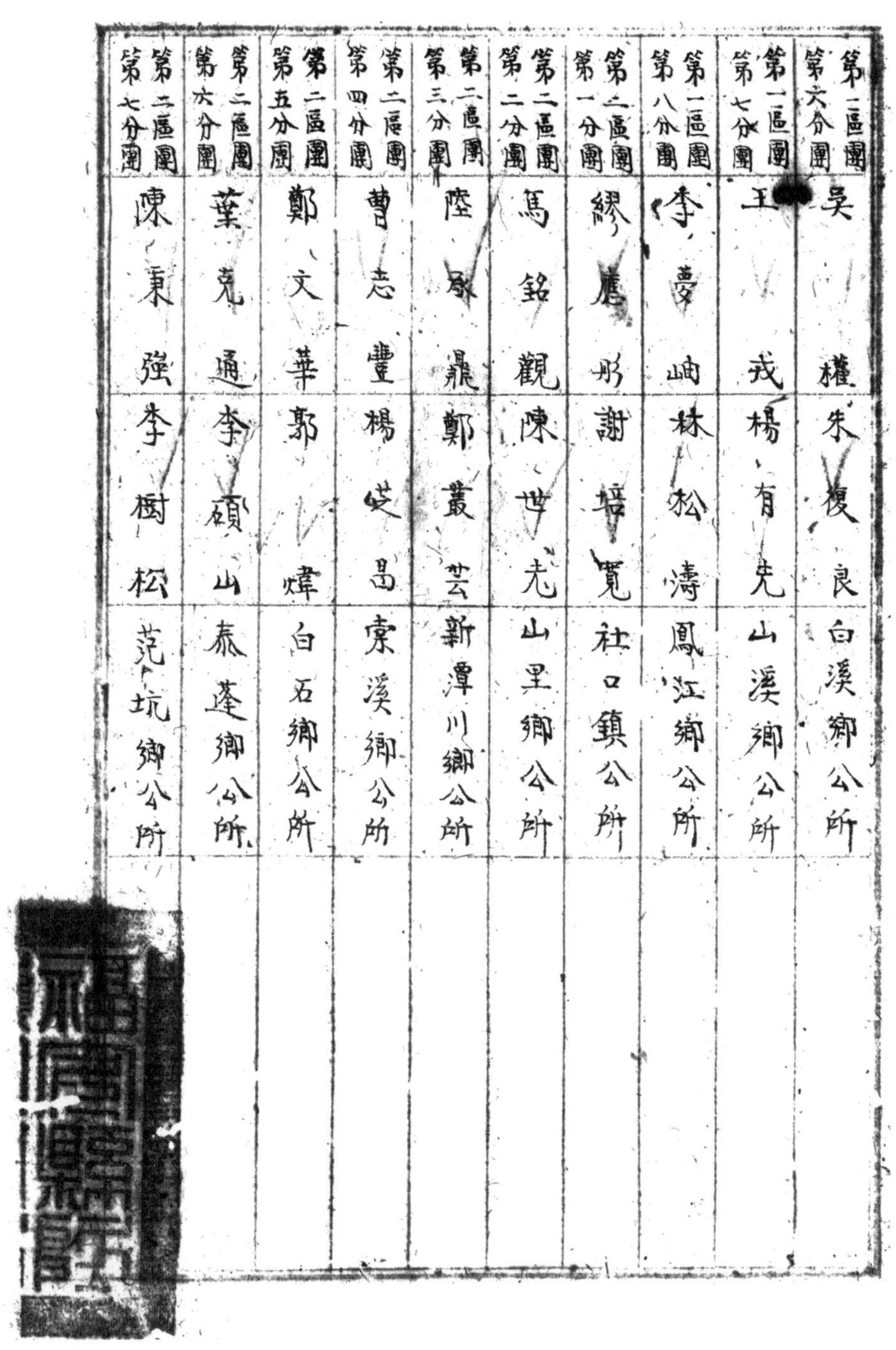

分團	團長	副團長	地址
第一區團第六分團	吴權	朱復良	白溪鄉公所
第一區團第七分團	王戎	楊有先	山溪鄉公所
第一區團第八分團	李夢岫	林松濤	鳳江鄉公所
第二區團第一分團	繆應彤	謝培寬	社口鎮公所
第二區團第二分團	馬銘觀	陳世光	山里鄉公所
第二區團第三分團	陸承鼎	鄭叢芸	新潭川鄉公所
第二區團第四分團	曹志豐	楊定昌	棠溪鄉公所
第二區團第五分團	鄭文華	鄭煒	白石鄉公所
第二區團第六分團	葉克通	李碩山	泰蓬鄉公所
第二區團第七分團	陳東強	李樹松	范坑鄉公所

福安县防护团所属各区分团团长及副团长名册(1942 年 7 月)b 面　0158-001-0319

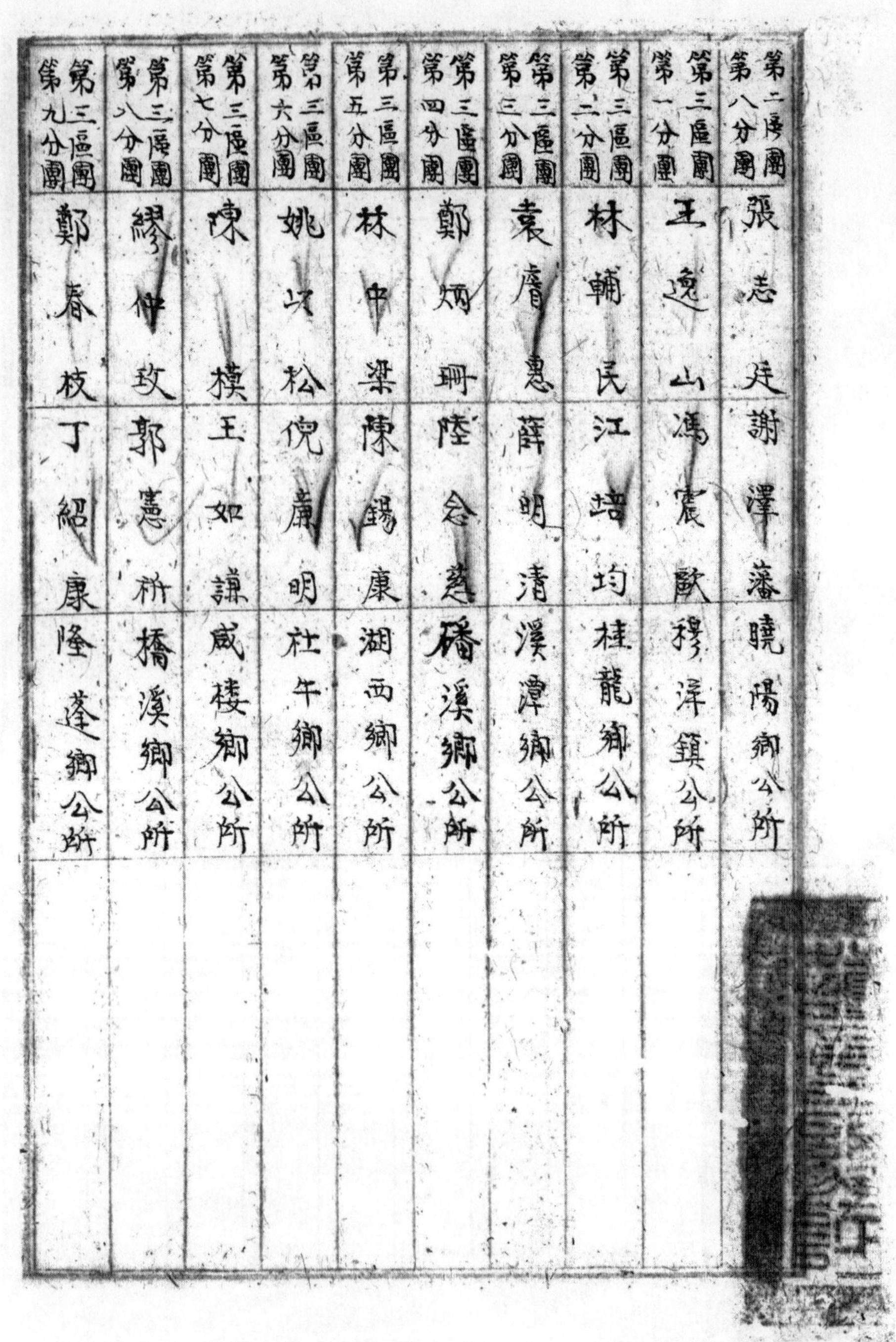

0023

第二區團第八分團	張志廷	謝澤藩	曉陽鄉公所
第三區團第一分團	王逸山	馮震歐	穆洋鎮公所
第三區團第二分團	林輔民	江培均	桂龍鄉公所
第三區團第三分團	袁詹惠	薛明清	溪潭鄉公所
第三區團第四分團	鄭炳珊	陸念慈	磻溪鄉公所
第三區團第五分團	林中梁	陳錫康	湖西鄉公所
第三區團第六分團	姚以松	倪庸明	社午鄉公所
第三區團第七分團	陳模	王如謙	咸棲鄉公所
第三區團第八分團	繆仲玫	郭憲祈	橋溪鄉公所
第三區團第九分團	鄭春枝	丁紹康	隆逢鄉公所

福安县防护团所属各区分团团长及副团长名册(1942年7月)a面　0158-001-0319

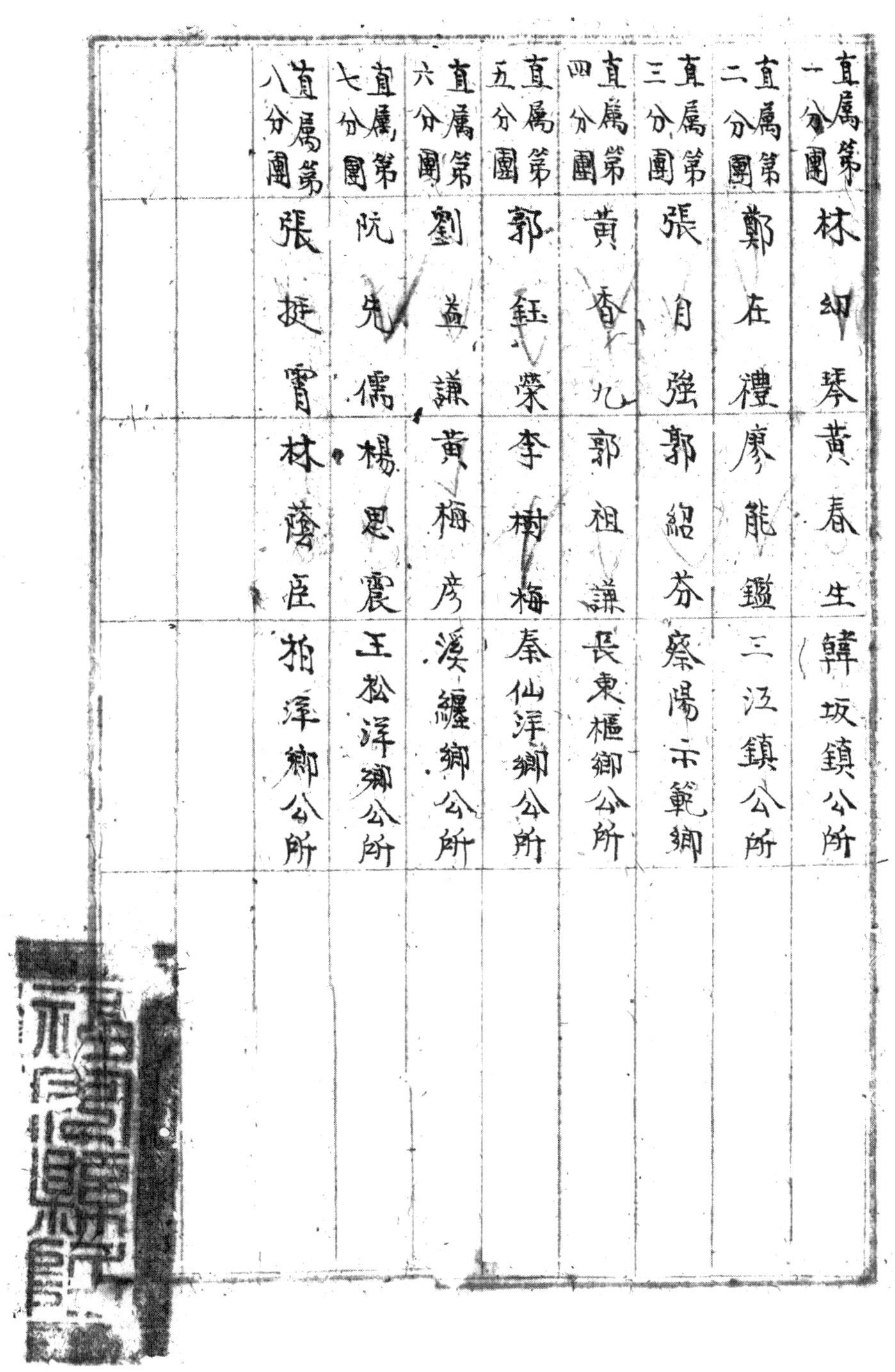

直屬第一分團	林卯琴	黃春生	韓坂鎮公所
直屬第二分團	鄭在禮	廖能鎰	三江鎮公所
直屬第三分團	張自强	郭紹芬	穆陽示範鄉
直屬第四分團	黃香九	郭祖謙	長東樞鄉公所
直屬第五分團	郭鈺榮	李樹梅	秦仙洋鄉公所
直屬第六分團	劉益謙	黃梅彥	溪纏鄉公所
直屬第七分團	阮先儒	楊思震	王松洋鄉公所
直屬第八分團	張挺霄	林蔭臣	柏洋鄉公所

福安县防护团所属各区分团团长及副团长名册(1942 年 7 月)b 面

0158-001-0319

福安县防护团所属各区分团团长及副团长名册(1942年7月)

0158-001-0319

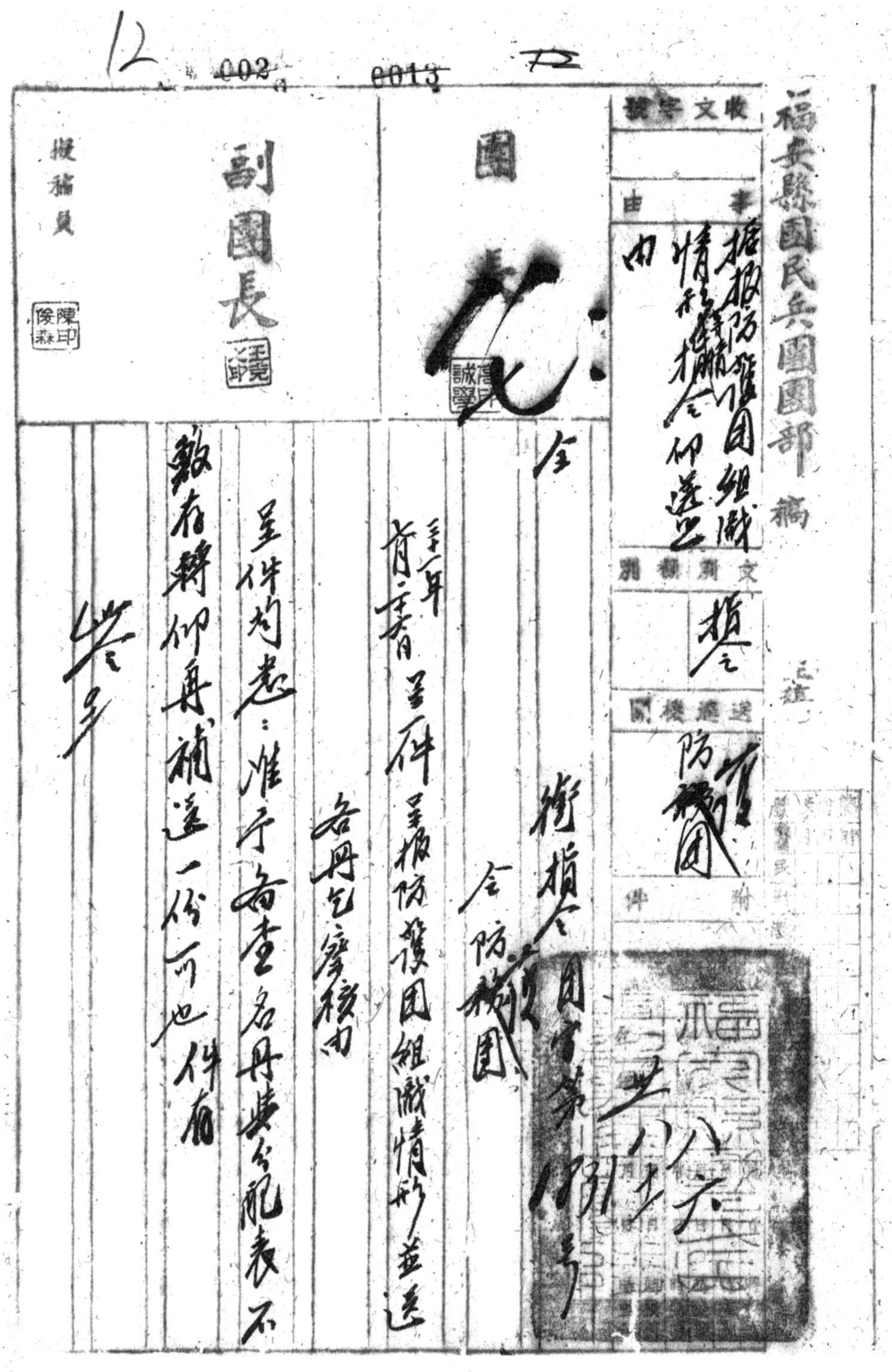

福安县国民兵团关于所报防护团组织情形等准予备查并补送名册与分配表以凭存转的指令

（1942 年 8 月 11 日） 0158-001-0319

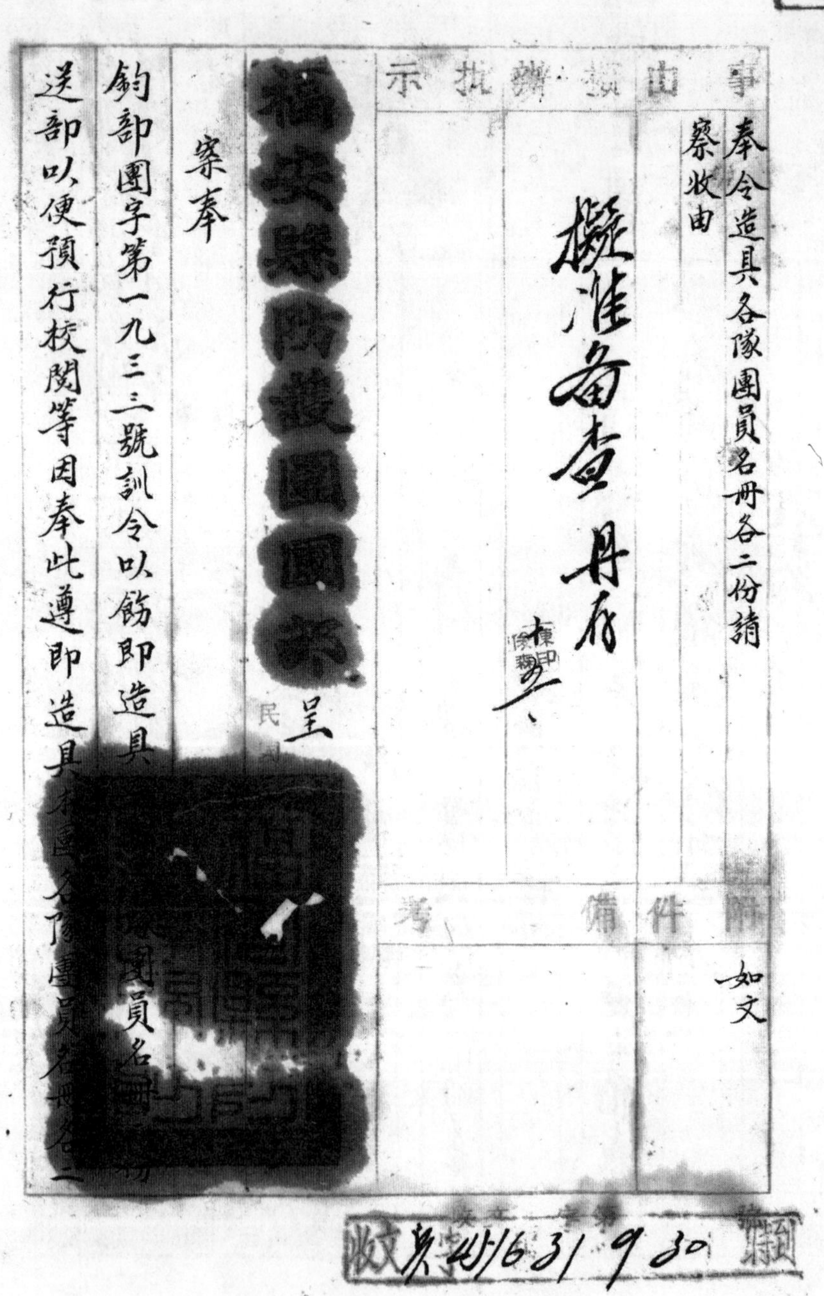

福安县防护团关于遵令造具本团各队团员名册报请察核的呈文(1942 年 9 月)

a 面　0158-001-0319

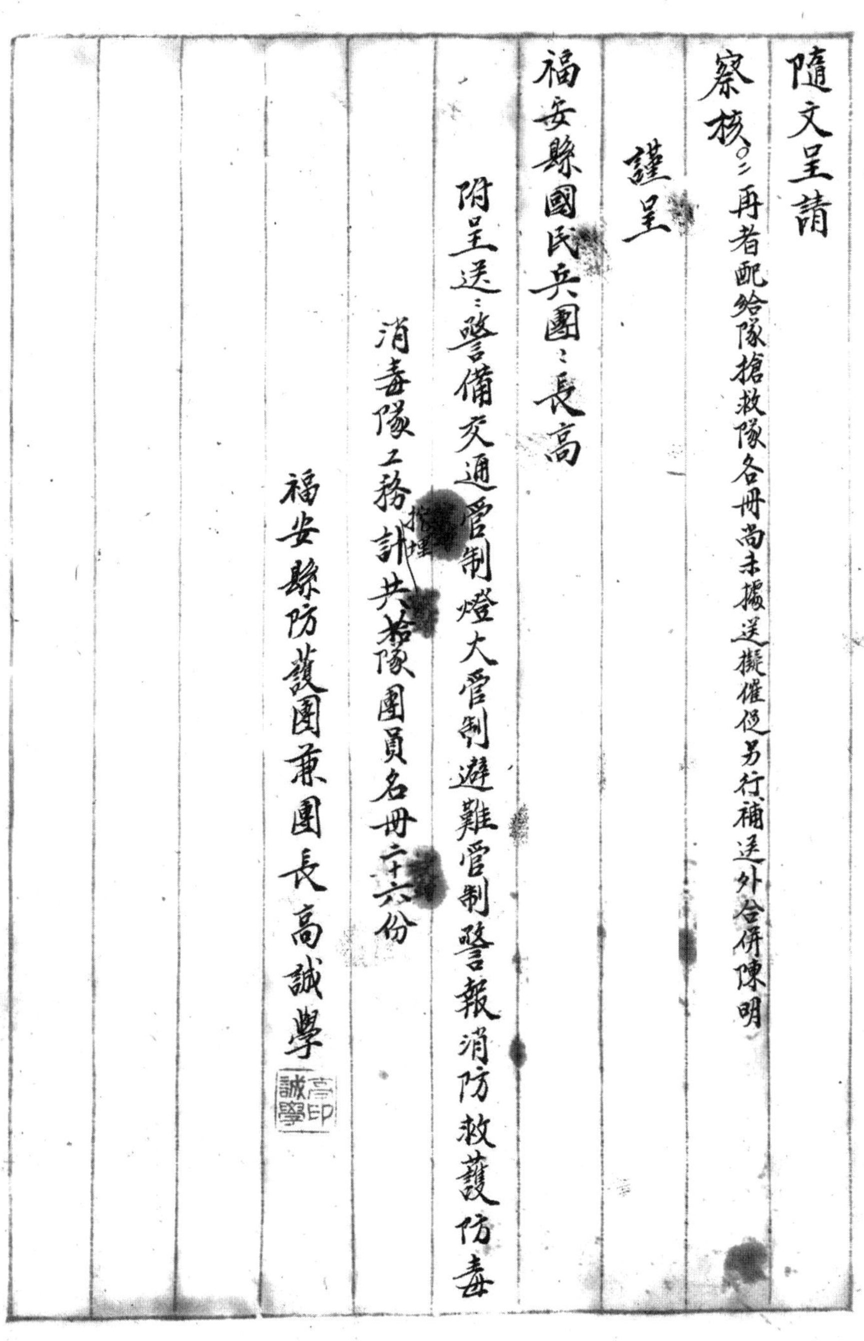

隨文呈請

察核。再者配給隊搶救隊各册尚未據送擬催促另行補送外合併陳明

謹呈

福安縣國民兵團團長高

附呈送警備交通管制燈火管制避難管制警報消防救護防毒

消毒隊工務挖埋計共拾隊團員名册六十六份

福安縣防護團兼團長高誠學

福安县防护团关于遵令造具本团各队团员名册报请察核的呈文(1942 年 9 月)

b 面　0158-001-0319

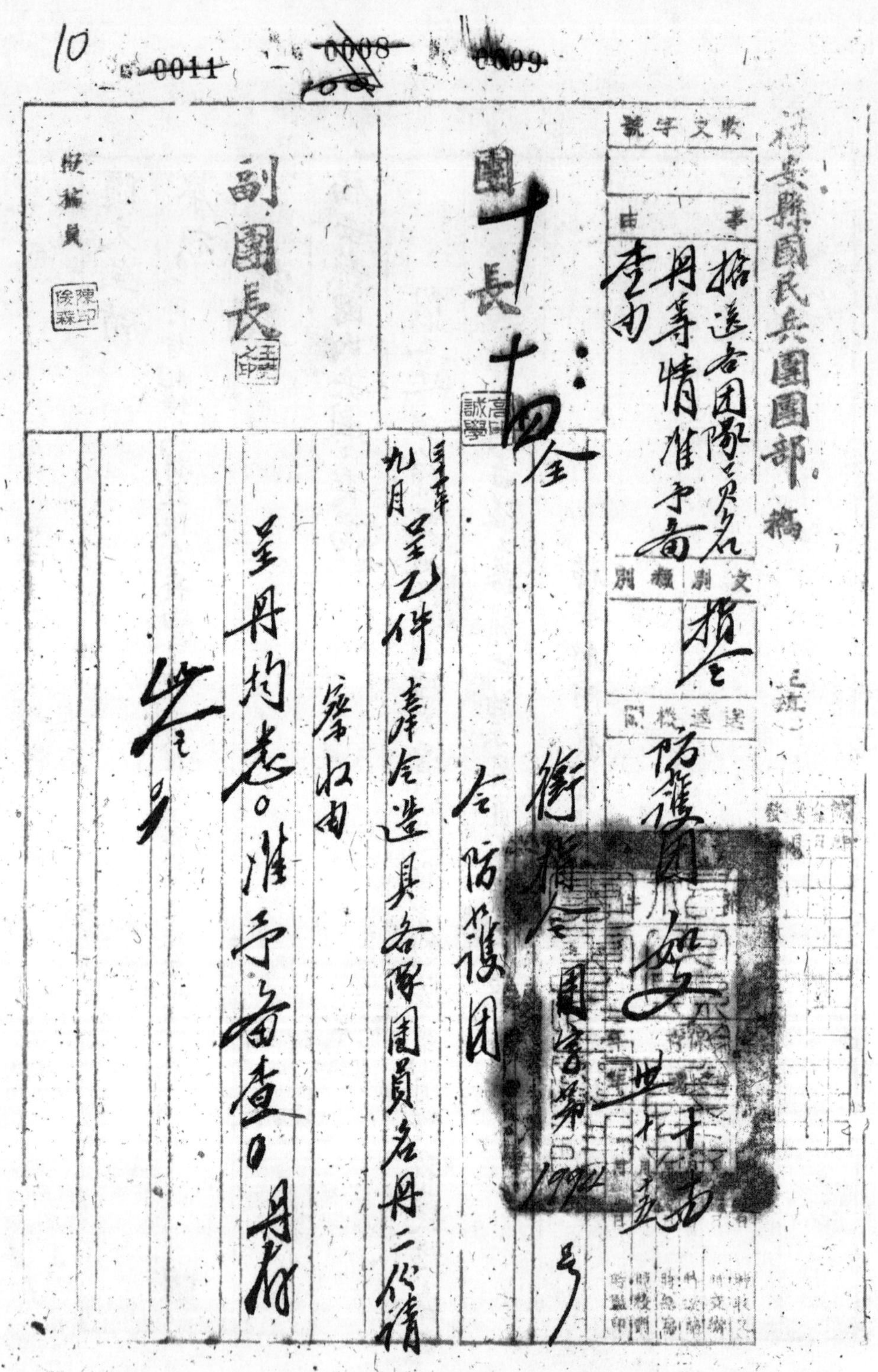
福安县国民兵团团部稿

事由：据送各团队员名册等情准予备查由

文别：指令

送达机关：防护团

衔　指令　团字第1992号

团长　十月十五日

副团长

拟稿员

令防护团

三十一年九月呈乙件，本年九月呈乙件，为造具各队团员名册二份请鉴核由

呈册均悉。准予备查。册存。

此令。

福安县国民兵团关于防护团所报各团队员名册等准予备查的指令

(1942年10月15日)0158-001-0319

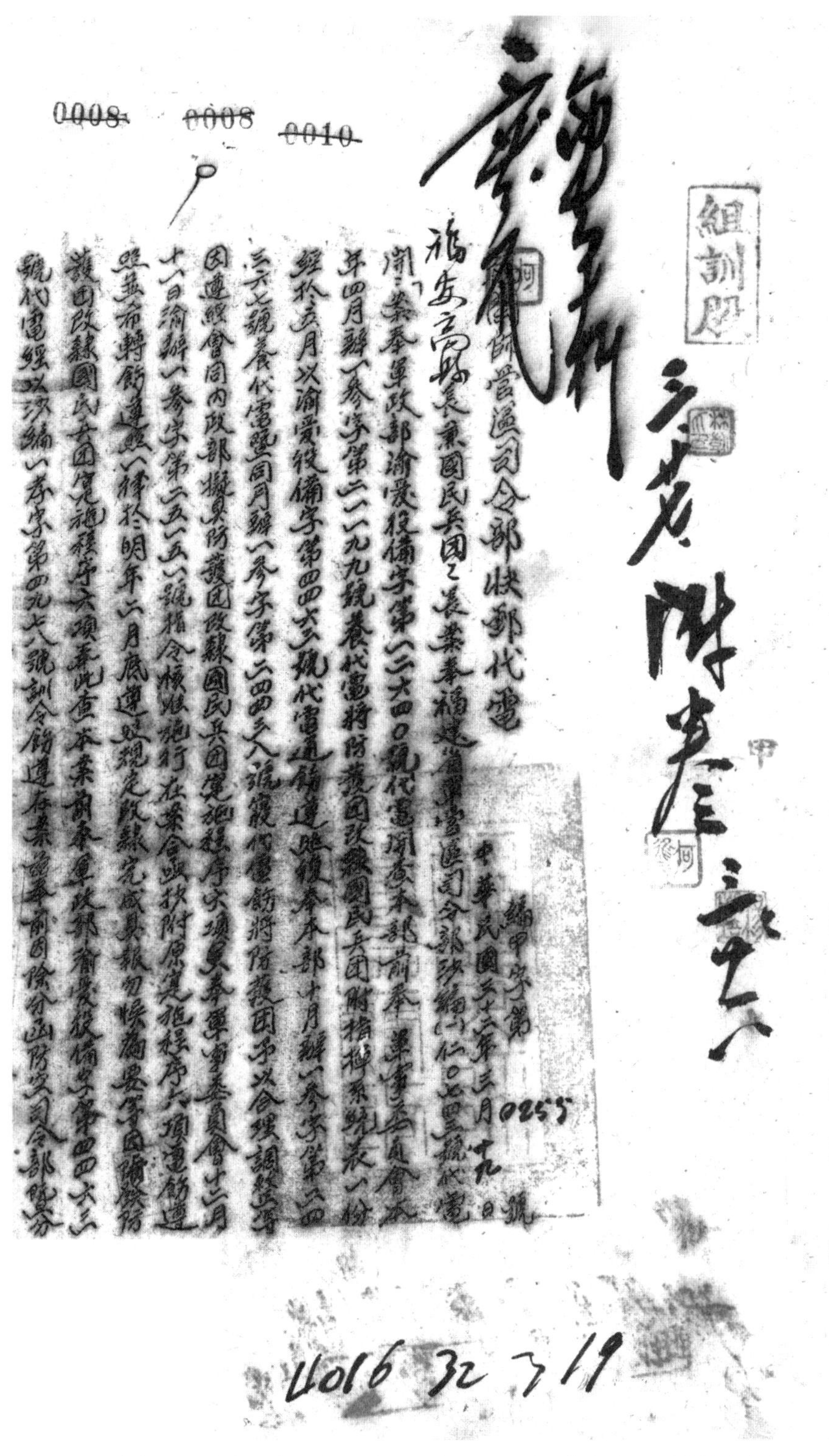
福閩師管區司令部快郵代電

福安縣縣長兼國民兵團團長：案奉福建省軍管區司令部防編(一)仁〇七四號代電開：「案奉軍政部渝役備字第(二)六四〇號代電開：案本部前奉 軍事委員會本年四月辦(參)字第二一九九號養代電將防護團改隸國民兵團附擬系統表一份，經於五月以渝役備字第四六三號代電通飭遵照。復奉本部十月辦(參)字第二四三六七號養代電暨同月辦(參)字第二四四三八號寢代電飭將防護團予以合理調整等因，遵經會同內政部擬具防護團改隸國民兵團實施程序六項呈奉軍事委員會十二月十八日渝辦(參)字第二五一五[illegible]號指令核准施行在案，合亟抄附原實施程序六項通飭遵照並希轉飭遵照，一律於明年六月底遵照規定改隸完成具報勿誤為要」等因，隨發防護團改隸國民兵團實施程序六項奉此查，本案前奉軍政部渝役備字第四六三號代電經以防編(一)參字第四九七八號訓令飭遵在案，茲奉前因，除分函防空司令部暨分

中華民國三十二年三月十九日 編甲字第 號

福闽师管区司令部关于抄发各省县市防护团改隶国民兵团实施程序六项并将改隶办理情形限期翔实具报的快邮代电(1943 年 3 月 19 日)a 面　0158-001-0319

令外合行檢發原條文六項令仰知照並仰將辦理情形於三月底以前具報以資彙轉為要。案因附抄發防護團改隸國民兵團實施程序六項奉此查防護團改隸國民兵團指揮系統本部前奉軍區政編（二）未四九七八號訓令頒下業於上年六月微日編乙（二）九四號代電印發飭遵在案茲奉前因除分電各國民兵團（隊）外合再抄發原條文六項令仰遵照並將改隸辦理情形限四月半以前翔實具報以憑彙轉為要。周銘金徐鵬九代行（巧）編甲附抄發實施程序一份

各省縣市防護團改隸國民兵團實施程序六項

軍事委員會辦一參字第六五六五號指令核准施行

一、各縣市防護團除重慶市暨未設國民兵團之縣市暫依照原有隸屬系統辦理外（律限）一部令頒佈後兩月內實施行改隸完成並將其組織經費設備職員等列冊彙轉備查。

二、防護團改隸國民兵團後其團長一職縣市警察局長或警佐兼任防護團長之警察局長或警佐並得兼任國民兵團團附。

三、國民兵團在防護業務上並受所在地防空指揮部之指導防空指揮部對防護團命令之下達須經由國民兵團承轉。

四、防護團應與國民兵團聯合辦公以資指揮便利。

五、防護團員之召集以曾受國民兵教育者為限仍須參加常備兵被徵抽籤。

六、防護訓練加入國民兵訓練課目內合併舉行以免參差紛歧。

福闽师管区司令部关于抄发各省县市防护团改隶国民兵团实施程序六项并将改隶办理情形限期翔实具报的快邮代电(1943 年 3 月 19 日)b 面　0158-001-0319

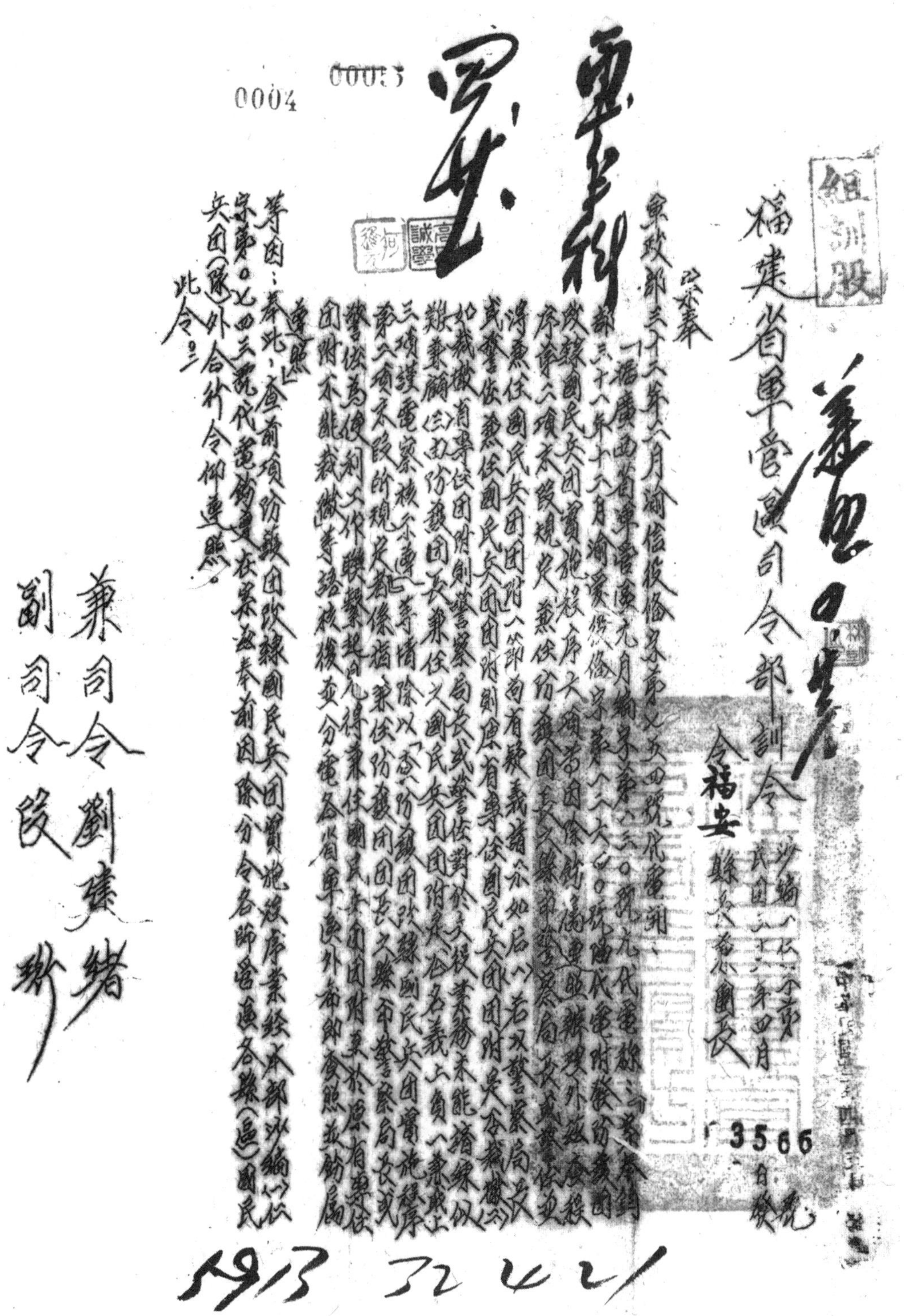

0004

福建省軍管區司令部訓令　沙編八[illegible]字第[illegible]號

民國三十二年四月[illegible]日

令福安縣長兼國民兵團長

案奉

軍政部三十二年二月渝信役條字第[illegible]號代電開：[illegible]

[illegible]

等因；奉此，查前項防護團改隸國民兵團實施辦法業經本部沙編(八)字第〇七四三號代電飭遵在案。茲奉前因，除分令各師管區、各縣(區)國民兵團(隊)外，合行令仰遵照。

此令。

兼司令　劉建緒

副司令　段琳

1913 32 4 21

福建省军管区司令部关于防护团改隶国民兵团，原有专任团附不能裁撤的训令

（1943年4月5日）　0158-001-0319

福建省軍管區司令部代電

福建省军管区司令部关于三日内将防护团改隶国民兵团之组织、经费、设备、职员等列册报部核转的代电(1943 年 5 月 18 日) 0158-001-0319

~~0006~~ 0005

福閩師管區司令部代電 編甲字 0449 號

為奉令轉飭務將防護團改隸國民兵團之組織經費、設備職員等名冊速報，遵照限令逕報軍區並另報一份備查由。

福安高縣長：案奉軍管區沙編（一）仁五一（八三）號代電開：「查各縣（市）防護團改隸國民兵團一案，前奉軍政部渝愛役倫字第一二六四〇號令頒實施程序六項，並經本部沙編（一）仁字第〇七四三號代電轉飭遵辦具報在案。乃近據各縣呈報，業將防護團分承繳呈報者亦復不少，以致本部無從彙報，殊屬不合。茲再電令務將防護團改隸國民兵團之組織經費設備職員等列冊二份，限文到三日內呈報本部，以憑核轉為要。」等因。查軍區沙編（一）仁〇七四三號代電業經本部於三月間編甲〇一五五號代電轉飭遵照，並限四月半以前具報，奉令兩月，未據呈轉。奉令前因，除分電外，合再電仰遵照軍區限令，文到三日內將防護團改隸國民兵團之組織經費設備職員等列冊二份，逕送軍區部核轉，並以一份呈報本部備查為要。周紹金。編甲

中華民國三十二年六月 六日

9157.32.6.8

福闽师管区司令部关于转饬务将防护团改隶国民兵团之组织、经费、设备、职员等名册速报的代电（1943 年 6 月 6 日） 0158-001-0319

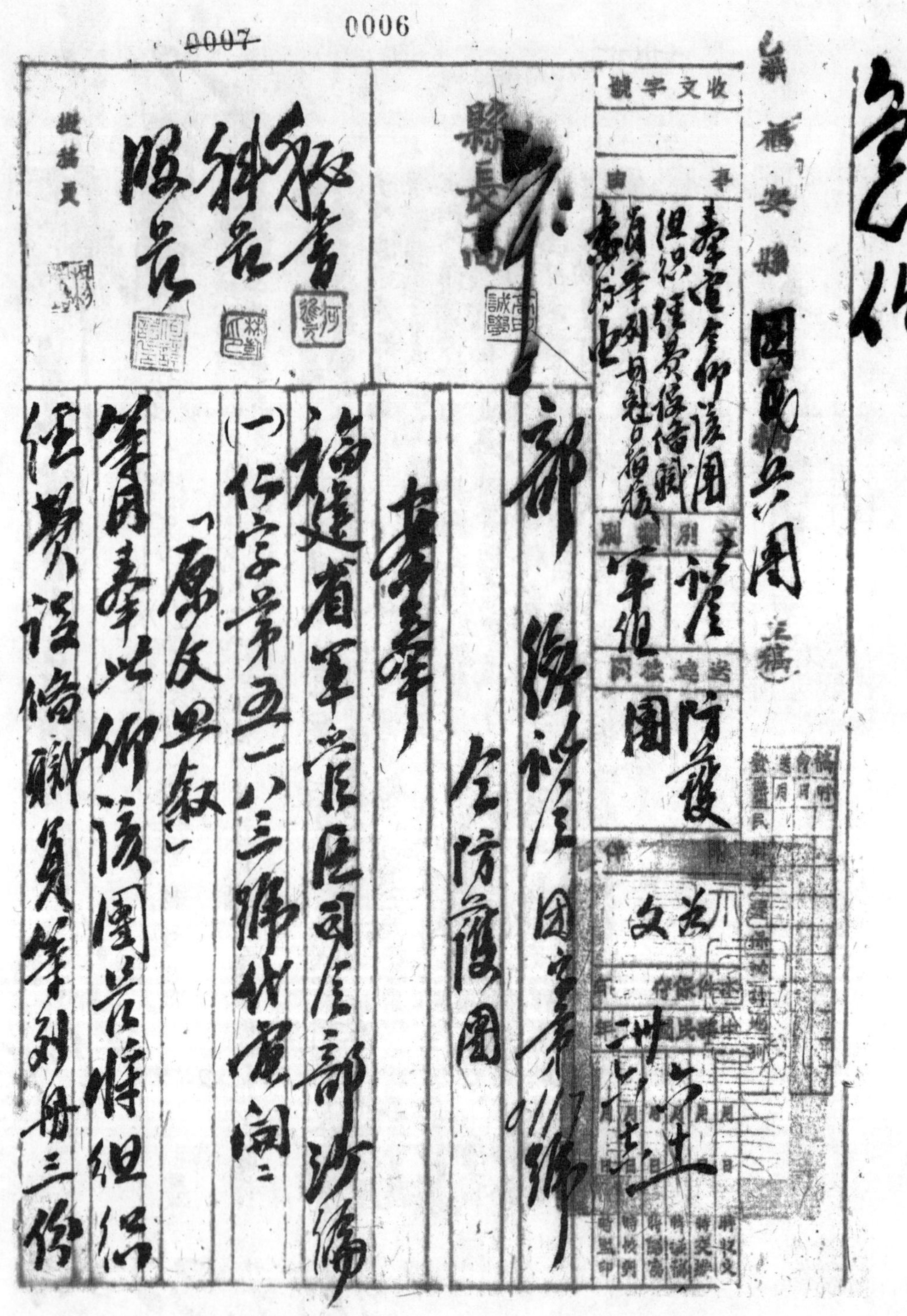

福安县国民兵团关于令防护团团长将组织、经费、设备、职员等列册克日报呈核转的训令

（1943年6月12日） 0158-001-0319

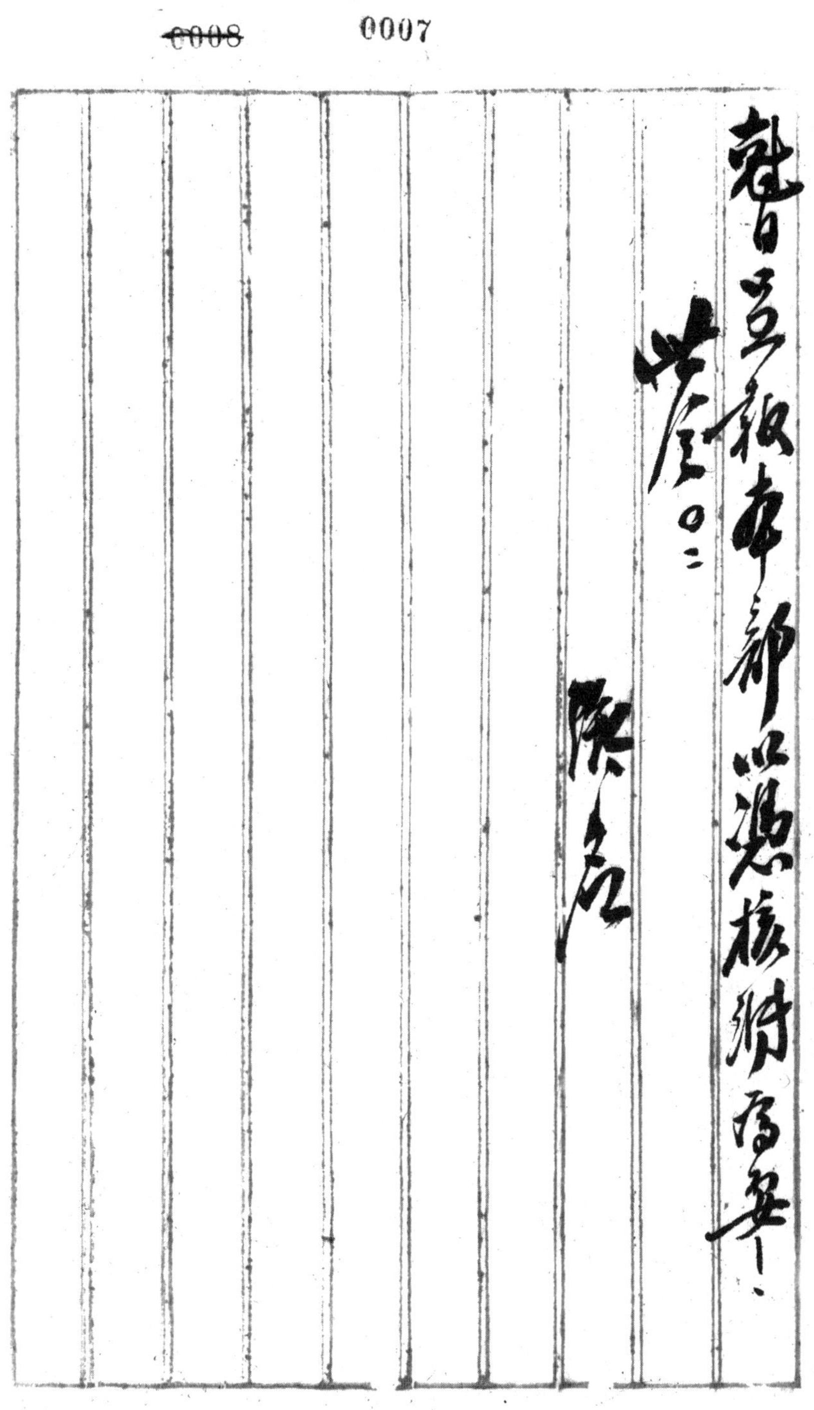
0007

暨呈報本部以憑核轉爲要！

此令。

福安县国民兵团关于令防护团团长将组织、经费、设备、职员等列册克日报呈核转的训令

（1943 年 6 月 12 日） 0158-001-0319

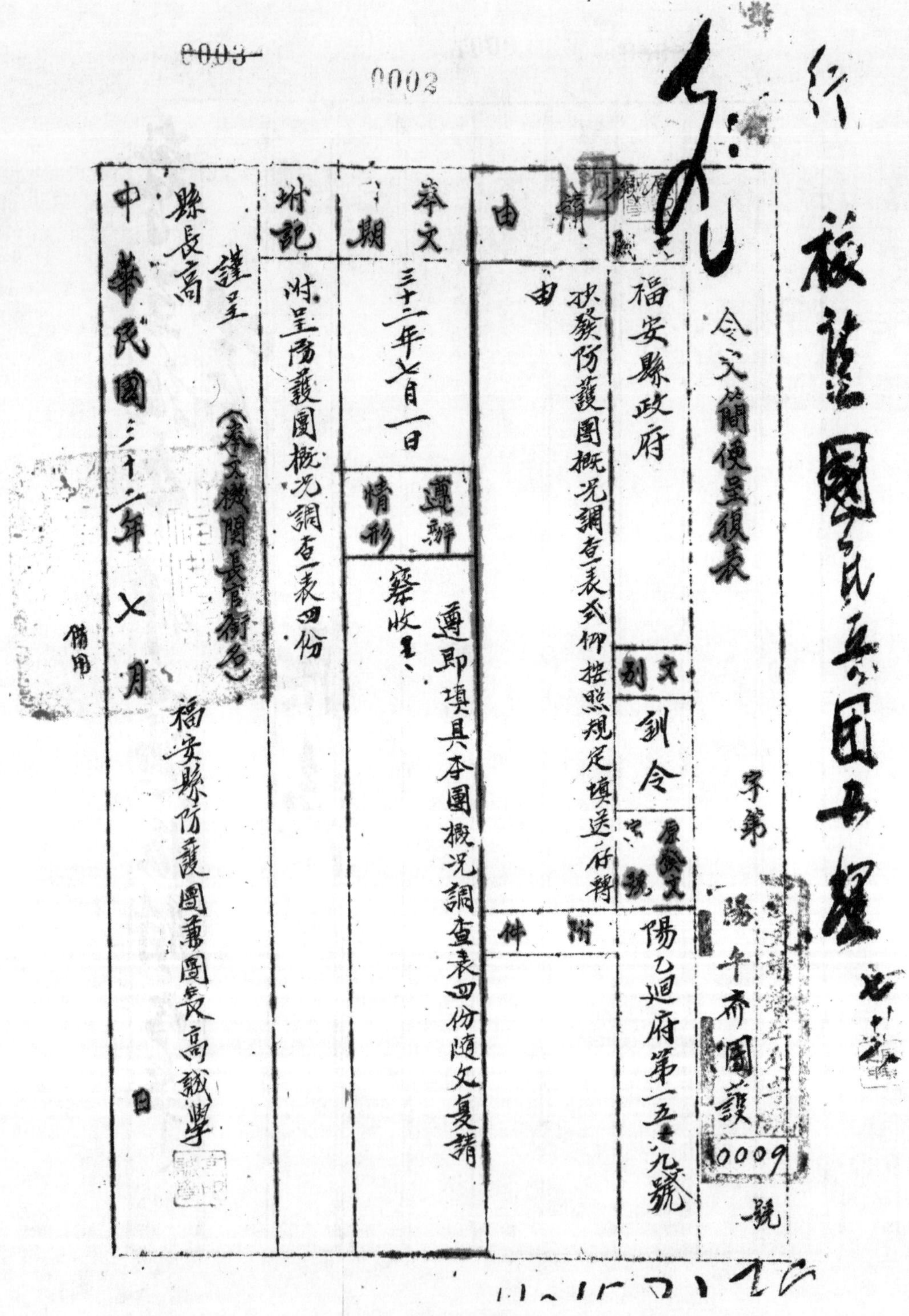
令文简便呈复表
福安县政府
事由：伏发防护团概况调查表式仰按照规定填送府稽
文别：训令
原发文字号：阳乙廻府第一五九号
字第 0009 号
奉文日期：三十二年七月一日
遵办情形：遵即填具本团概况调查表四份随文复请察收
附记：附呈防护团概况调查表四份
谨呈
县长高
福安县防护团团长高
中华民国三十二年七月 日

令文简便呈复表 福安县防护团填具本团概况调查表请察收(1943 年 7 月 8 日)

0158-001-0319

0003

福建省福安县防护团概况调查表

名称	
隶属	[illegible]
现任正副团长姓名	(正)
	(副)

本团成立简史

(一)最[illegible]	(二)历任团长姓名	(三)[illegible]人来源	[illegible]人数目	(四)新[illegible]团及分团数目	人区团	人分团	(五)开战以来参加防护工作大概情形	(六)[illegible]情形

警

附件　福建省福安县防护团概况调查表(1943年7月8日)a面　0158-001-0319

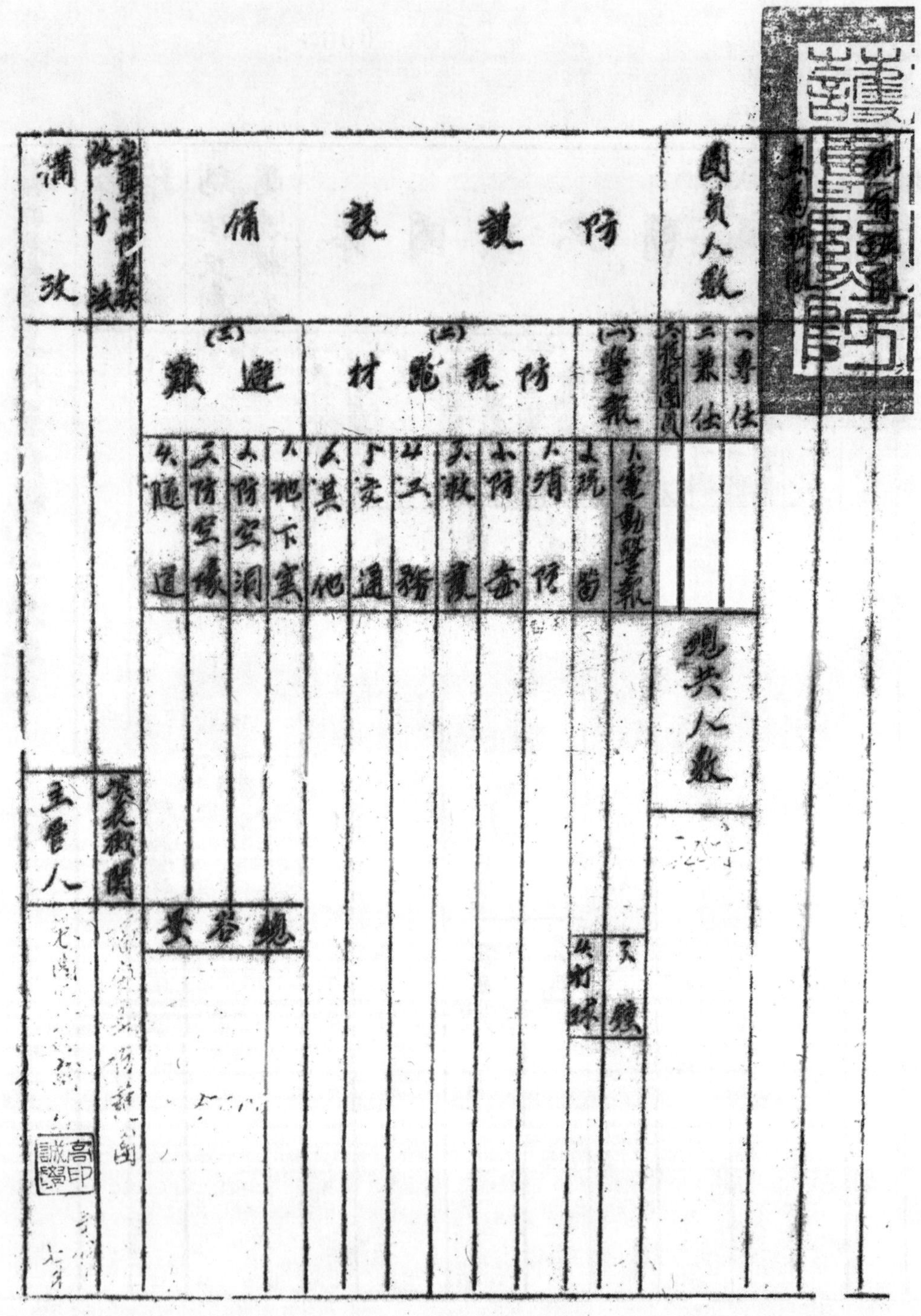

團員人數			防護設備												特種救護力量	情況
一、專任	二、兼任	三、後備團員	(一)警報		(二)防護器材						(三)避難					
			1.電動警報	2.汽笛	1.消防	2.防毒	3.救護	4.工務	5.交通	6.其他	1.地下室	2.防空洞	3.防空壕	4.隧道		
總共人數			3.鐘	4.打球							總容量				主管機關	主管人

附件　福建省福安县防护团概况调查表(1943年7月8日)b面　0158-001-0319

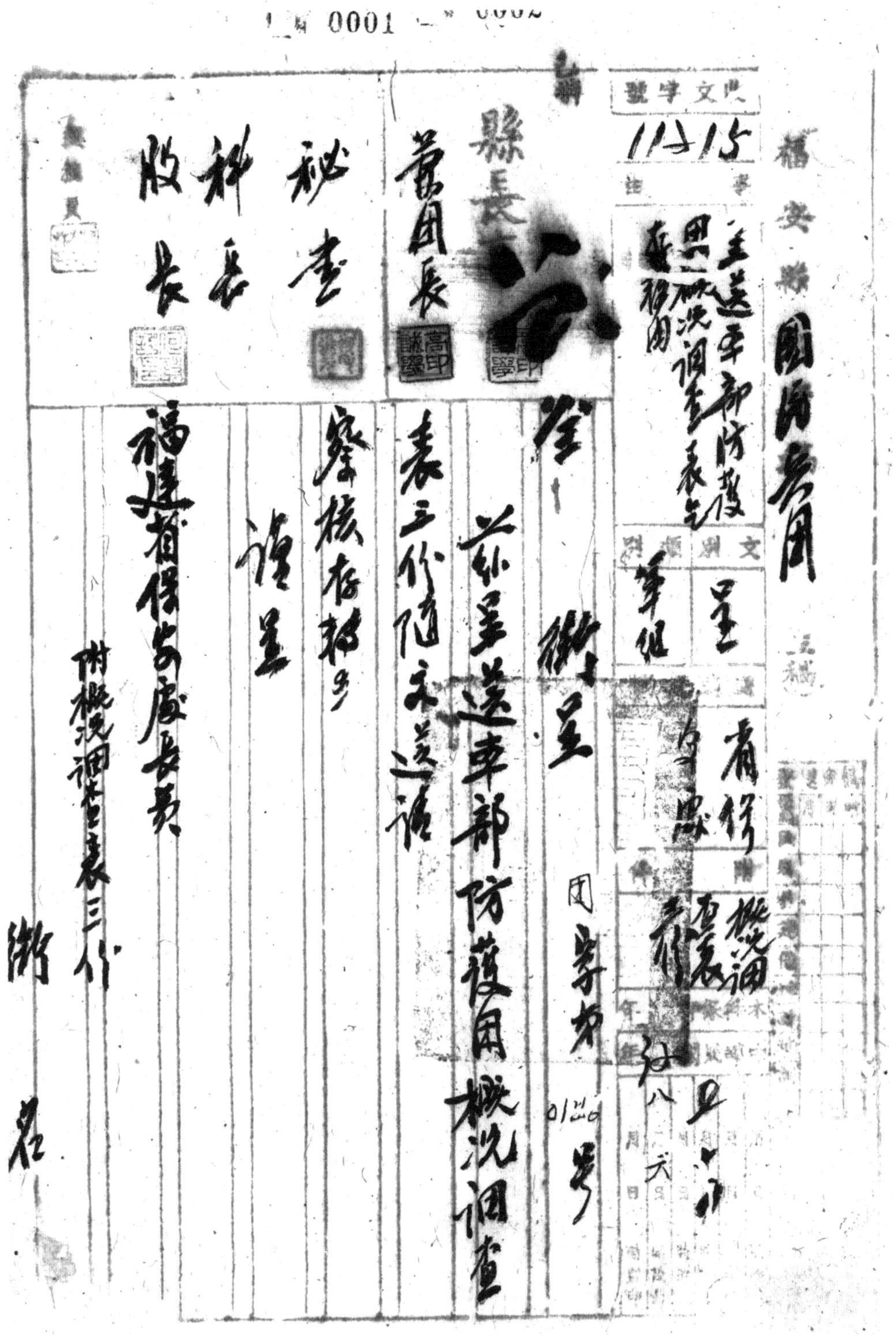

福安县国民兵团

事由：呈送本部防护团概况调查表乞鉴核备由

文别：呈

附件：附概况调查表三份

县长

团长

秘书

科长

股长

呈 衔

兹呈送本部防护团概况调查表三份随文送请

鉴核存转

谨呈

福建省保安处长黄

附概况调查表三份

衔 名

福安县国民兵团关于报送本部防护团概况调查表的呈文（1943 年 8 月 6 日）

0158-001-0319

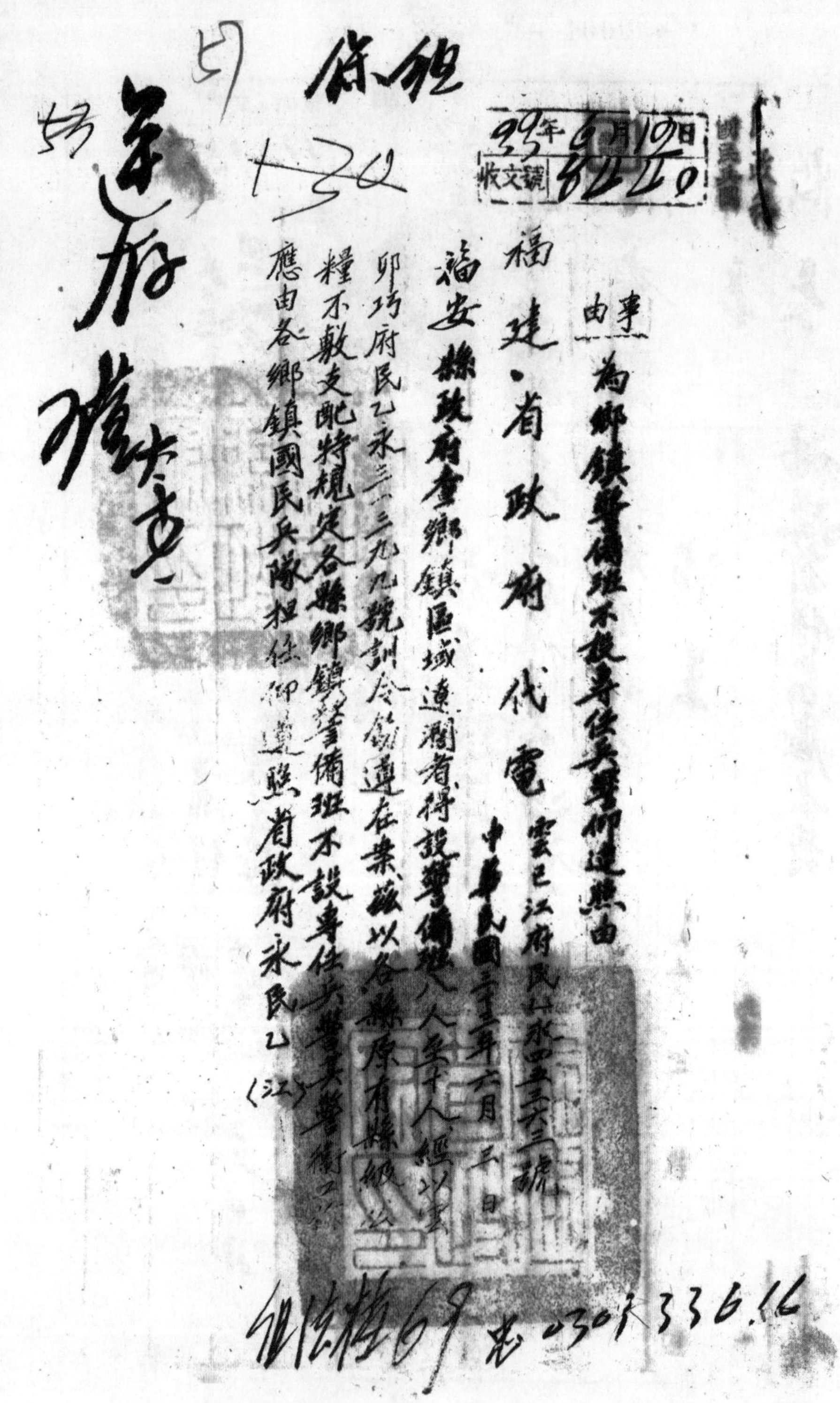

事由：為鄉鎮警備班不設專任兵警仰遵照由

福建省政府代電 雲巳江府民乙永四五三六三號

福安縣政府：查鄉鎮區域遼濶者，得設警備班八人至十人，經以[illegible]卯巧府民乙永三一三九九號訓令飭遵在案。茲以各縣原有縣級公糧不敷支配，特規定各縣鄉鎮警備班不設專任兵警，其警衛工作應由各鄉鎮國民兵隊担任，仰遵照。省政府永民乙〈江〉

中華民國三十三年六月三日

福建省政府关于乡镇警备班不设专任兵警的代电(1944 年 6 月 3 日)

0161-001-0137

福安县防护团救护队

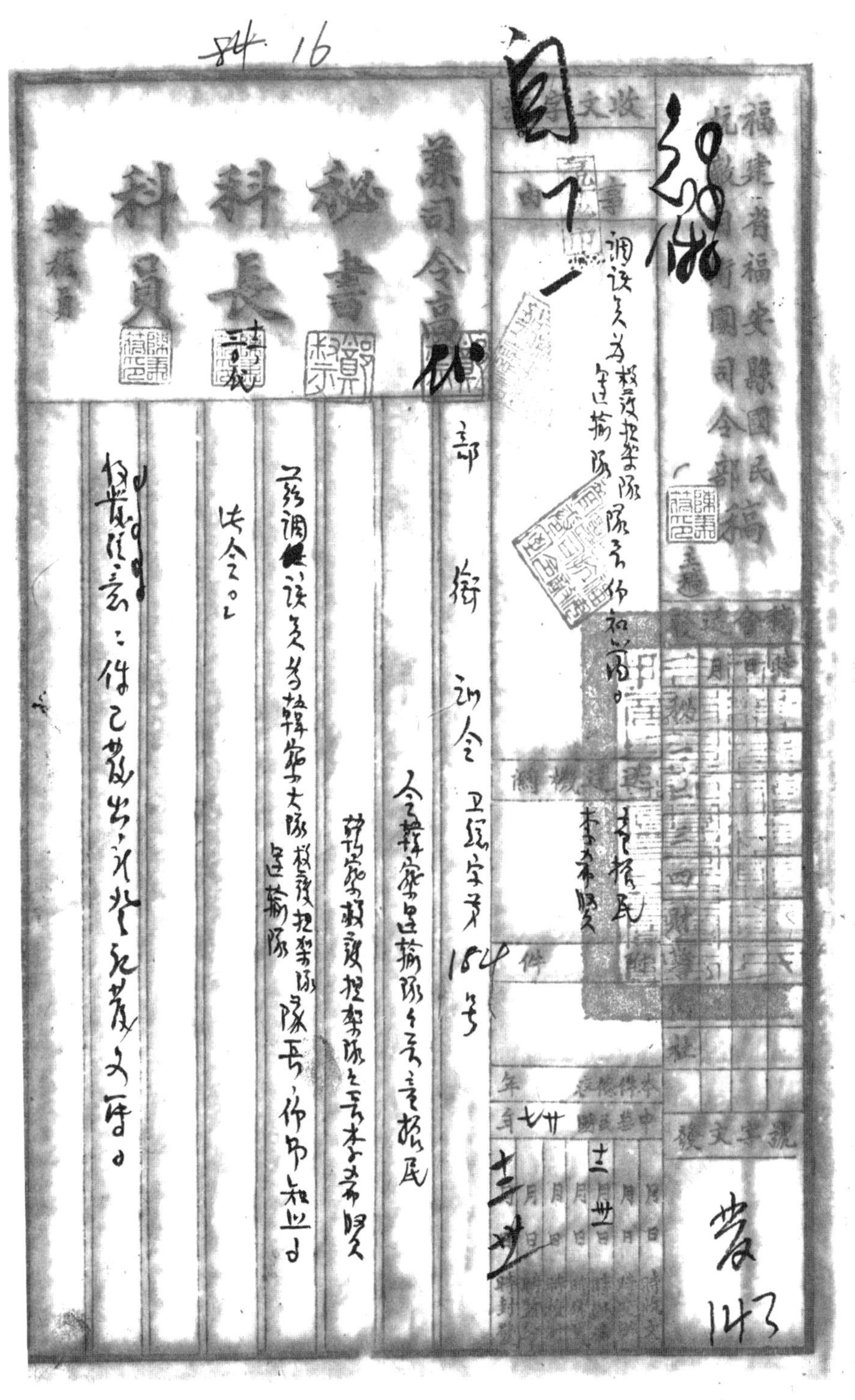

福建省福安县国民抗敌自卫团司令部关于童振民为运输队队长、李希贤为救护担架队队长的训令(1938 年 12 月 31 日) 0161-001-0128

4774

存

第一科

核

事奉令以敌机狂炸民众受伤各县应迅速立救护队及
由临时医院救急并须办法六项请查照具复由

福建省政府训令

令福安县政府

案奉

第三区司令部元卫电以近来敌机到处狂炸民众受伤颇多各县应迅成立救护队或临时医院藉期急救并须组织法六项：(一)沿浙赣线闽浙海岸线各公路线之城市应速着手组织救护队或临时医院以为空袭后受伤民众之收容治疗；(二)救护队或临时医院之组织由驻在地专员县长负责督促地方自卫团体在最短期间迅速成

28.8376 土

福建省政府关于各县应迅即成立救护队及临时医院救急并颁办法六项的训令

(1939年5月14日)a面　0158-001-0710

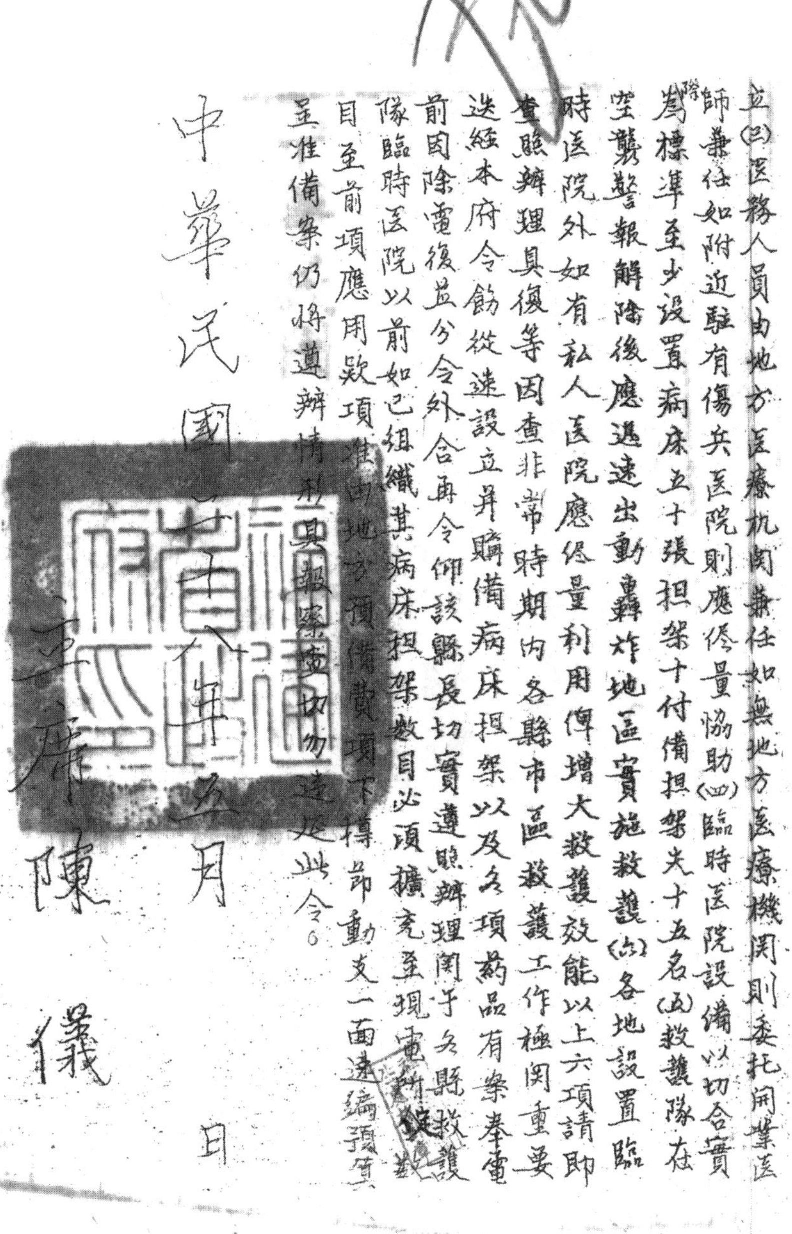

立（三）医務人員由地方医療机関兼任如無地方医療機関則委托開業医師兼任如附近駐有傷兵医院則應儘量協助（四）臨時医院設備以切合實際為標準至少設置病床五十張担架十付備担架夫十五名（五）救護隊在空襲警報解除後應迅速出動轟炸地區實施救護（六）各地設置臨時医院外如有私人医院應儘量利用俾增大救護效能以上六項請即查照辦理具復等因查非常時期内各縣市區救護工作極関重要迭經本府令飭從速設立并購備病床担架以及各項藥品有案奉電前因除電復並分令外合再令仰該縣長切實遵照辦理関于各縣救護隊臨時医院以前如已組織其病床担架數目必須擴充至現電所規定數目至前項應用款項准由地方預備費項下撙節動支一面迅編預算呈准備案仍將遵辦情形具報察查切勿違延此令

中華民國二十八年五月　日

主席　陳儀

福建省政府关于各县应迅即成立救护队及临时医院救急并颁办法六项的训令

（1939年5月14日）b面　0158-001-0710

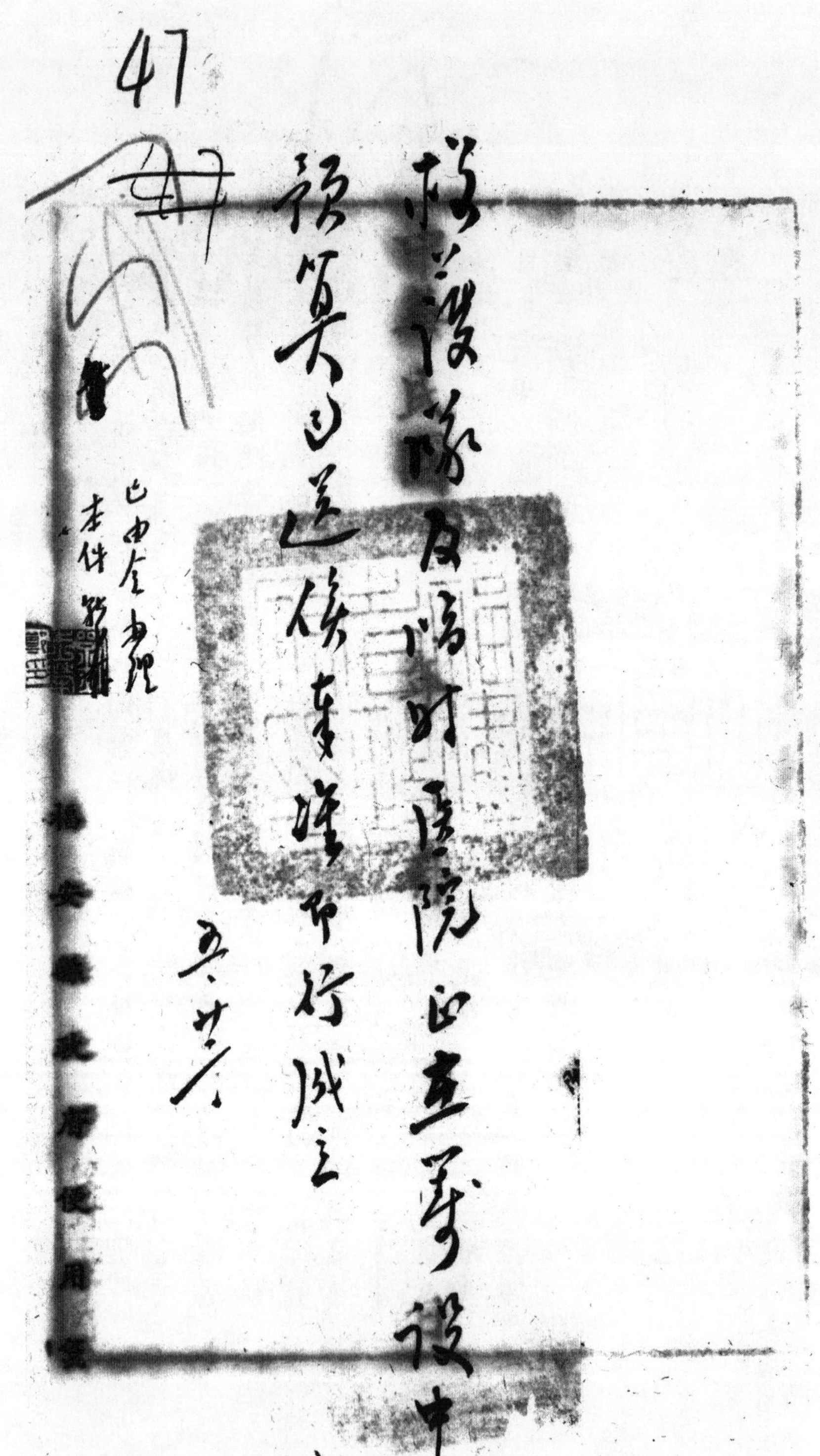

救护队及临时医院正在筹设中
预算已送候查核即行成立

福安县政府便用笺

福安县政府关于救护队及临时医院正在筹设中的便笺(1939 年 5 月 21 日)

0158-001-0710

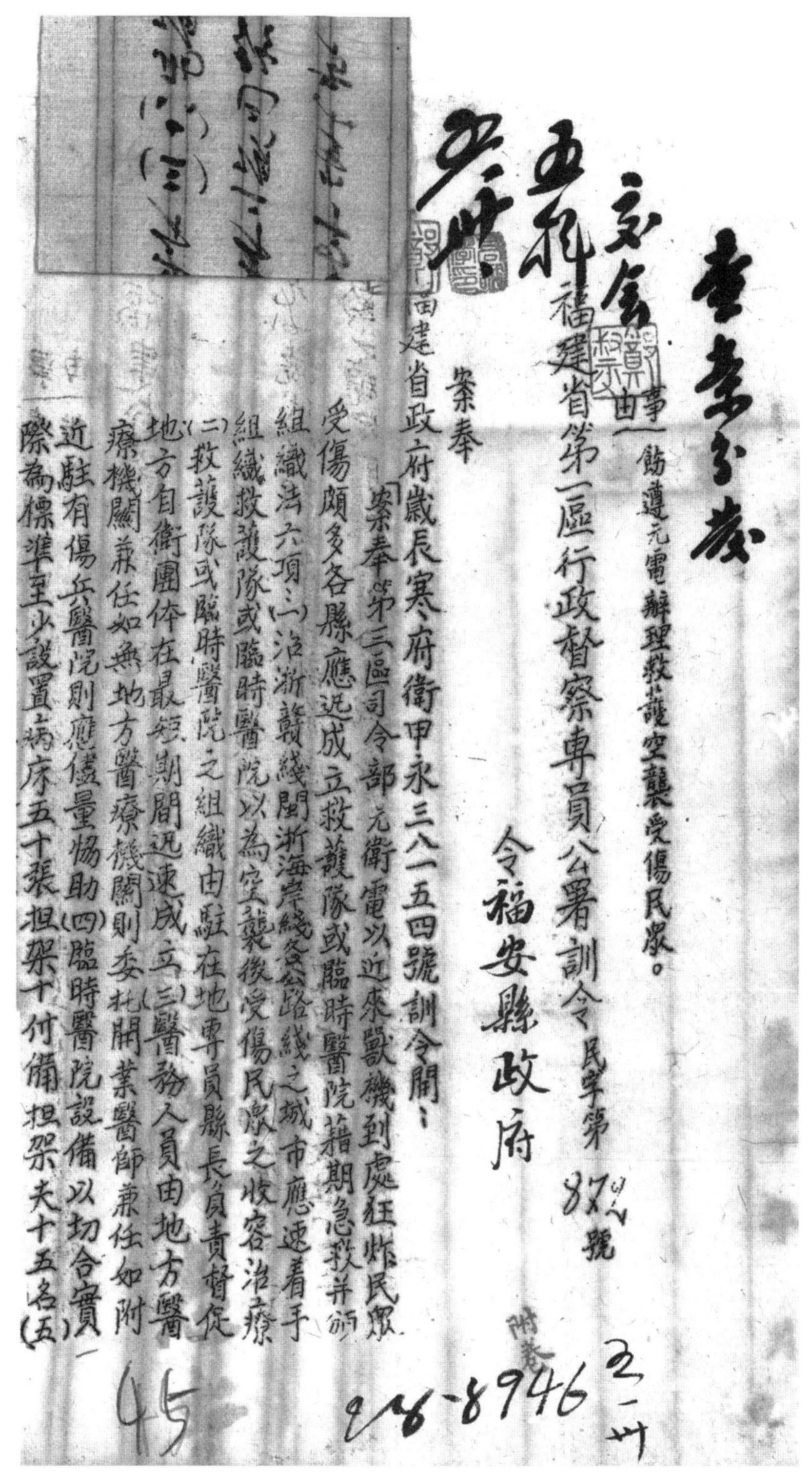

查案分發

事由：飭遵元電辦理救護空襲受傷民衆。

福建省第一區行政督察專員公署訓令 民字第878號

令福安縣政府

案奉

福建省政府歲長寒府衛甲永三八一五四號訓令開：

案奉第三區司令部元衛電以近來敵機到處狂炸民衆受傷頗多各縣應迅成立救護隊或臨時醫院藉期急救并飭組織法六項：（一）沿浙贛綫閩浙海岸綫及公路綫之城市應速着手組織救護隊或臨時醫院以為空襲後受傷民衆之收容治療（二）救護隊或臨時醫院之組織由駐在地專員縣長負責督促地方自衛團体在最短期間迅速成立（三）醫務人員由地方醫療機關兼任如無地方醫療機關則委托開業醫師兼任如附近駐有傷兵醫院則應儘量協助（四）臨時醫院設備以切合實際為標準至少設置病床五十張担架十付備担架夫十五名（五）

福建省第一区行政督察专员公署关于救护队或临时医院组织法六项并将办理情形分报备查的训令(1939 年 5 月 21 日)a 面　0158-001-0728

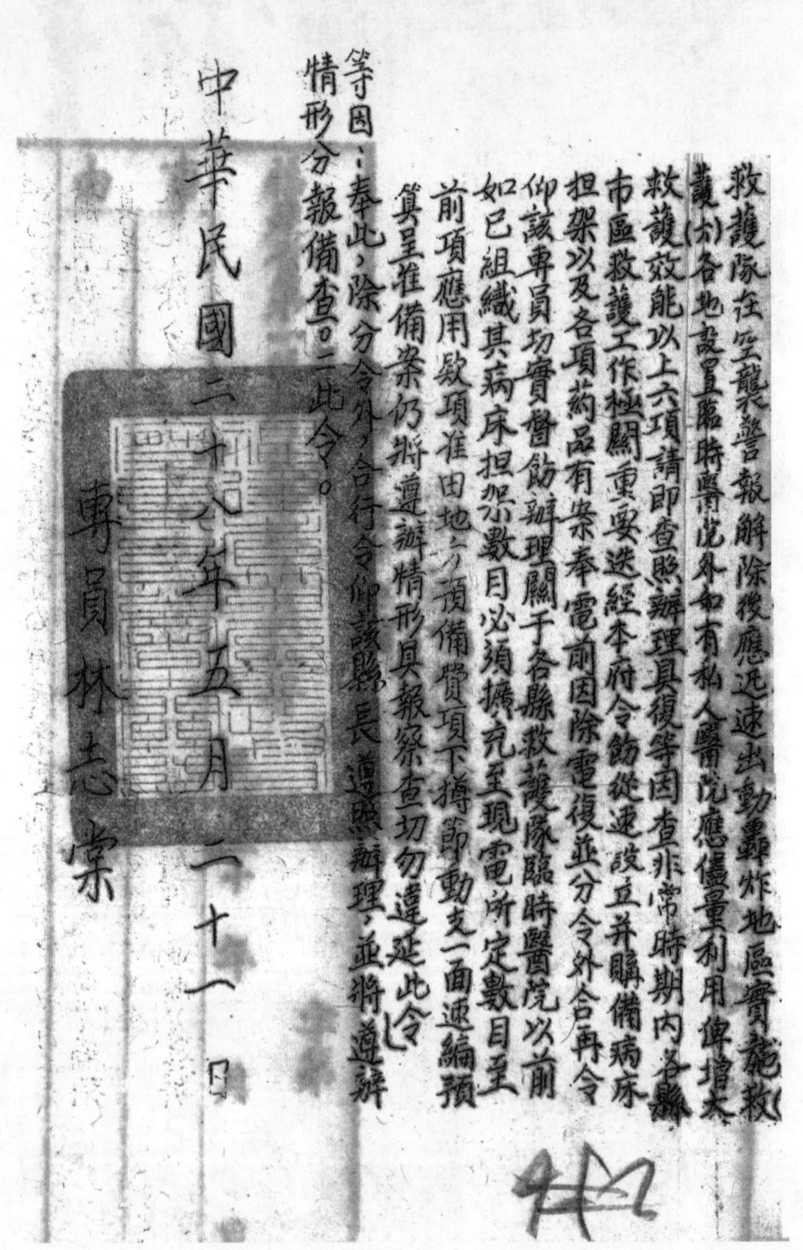

救護隊在空襲警報解除後應迅速出動轟炸地區實施救（
護（六）各地設置臨時醫院外如有私人醫院應儘量利用俾增大
救護效能以上六項請即查照辦理具復等因查非常時期內各縣
市區救護工作極關重要迭經本府令飭從速設立并購備病床
担架以及各項葯品有案奉電前因除電復並分令外合再令
仰該專員切實督飭辦理關于各縣救護隊臨時醫院以前
如已組織其病床担架數目必須擴充至現電所定數目至
前項應用欵項准由地方預備費項下撙節動支一面速編預
算呈准備案仍將遵辦情形具報察查切勿違延此令
等因，奉此，除分令外，合行令仰該縣長遵照辦理，並將遵辦
情形分報備查。二此令。
中華民國二十八年五月二十一日
專員林志宗

福建省第一区行政督察专员公署关于救护队或临时医院组织法六项并将办理情形分报备查的训令(1939年5月21日)b面 0158-001-0728

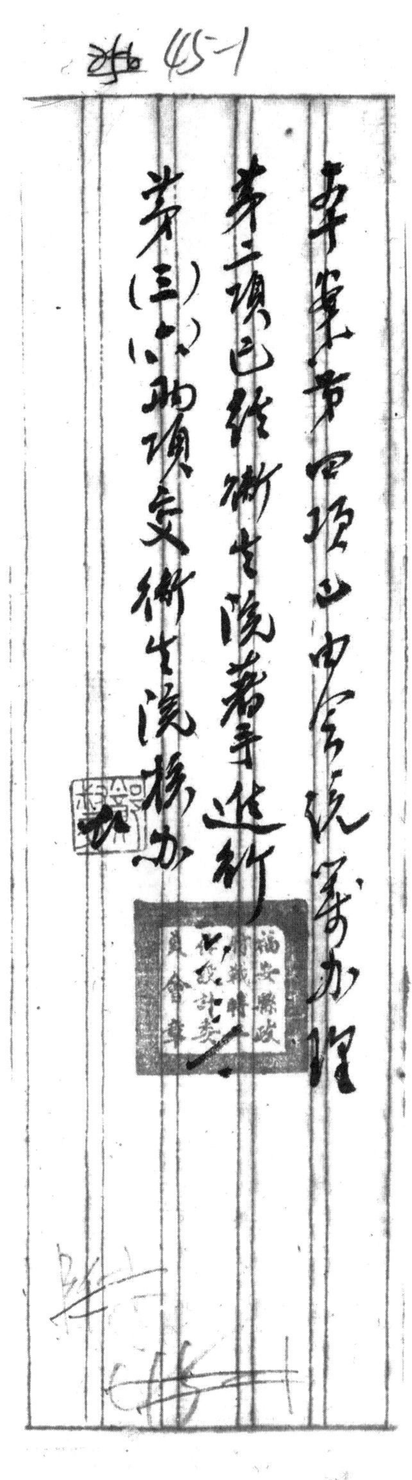
本案第四項已由分院籌辦理
第二項已經衛生院著手進行
第(三)(六)兩項交衛生院核辦
福安縣政府戰情工作設計委員會章

福安县政府战情工作设计委员会关于办理情形的便笺(1939 年 6 月 3 日)

0158-001-0728

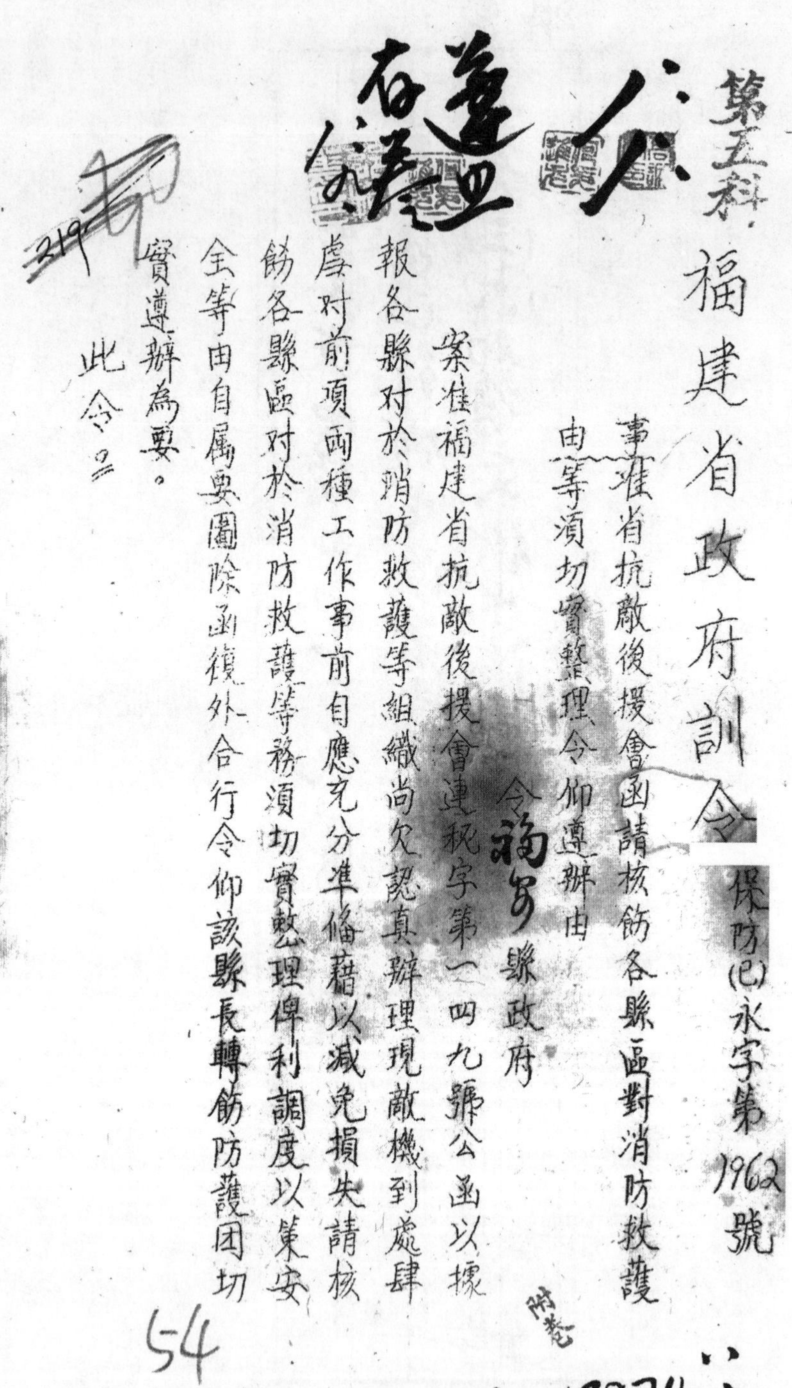
福建省政府訓令　保防(已)永字第1962號

事准省抗敵後援會函請核飭各縣區對消防救護等須切實整理令仰遵辦由

令福安縣政府

案准福建省抗敵後援會連秘字第一四九號公函以據報各縣对於消防救護等組織尚欠認真辦理現敵機到處肆虐对前項兩種工作事前自應充分準備藉以減免損失請核飭各縣區对於消防救護等務須切實整理俾利調度以策安全等由自屬要圖除函復外合行令仰該縣長轉飭防護团切實遵辦為要。

此令

福建省政府关于省抗战敌后援会函请核饬各县区对消防救护等须切实整理的训令

(1939年7月7日)a面　0158-001-0070

中華民國二十八年七月七日發
主席陳儀
校對林鑄藩

福建省政府关于省抗战敌后援会函请核饬各县区对消防救护等须切实整理的训令

(1939年7月7日)b面 0158-001-0070

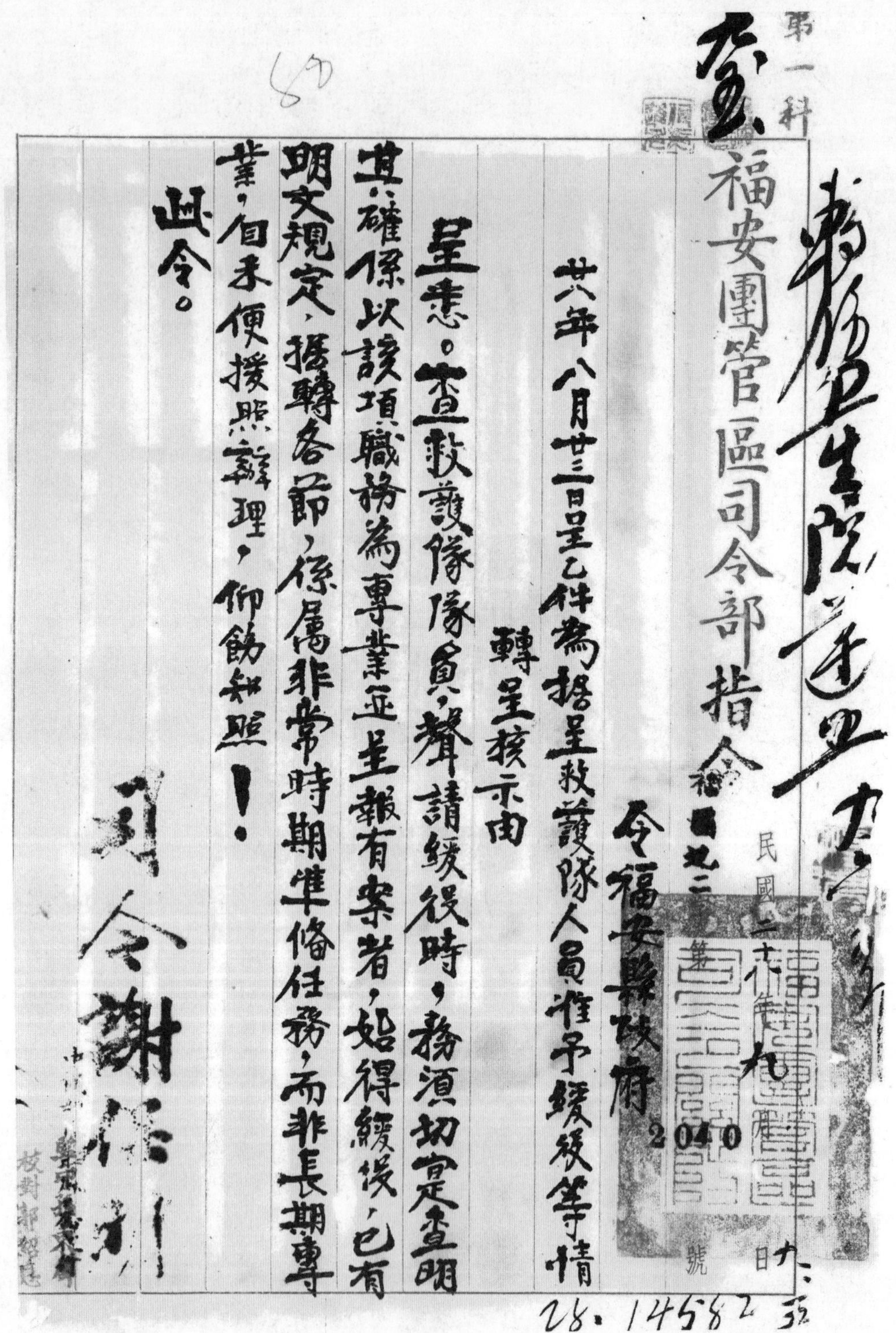

第一科

福安團管區司令部指令

民國二十八年九月　日

令福安縣政府

廿八年八月廿三日呈乙件為據呈救護隊人員准予緩役等情轉呈核示由

呈悉。查救護隊隊員，聲請緩役時，務須切實查明其確係以該項職務為專業並呈報有案者，始得緩役，已有明文規定，據轉各節，係屬非常時期準備任務，而非長期專業，自未便援照辦理，仰飭知照！

此令。

司令　謝

2040

28.14582

福安团管区司令部关于救护队队员确以该职为专业并备案者始得缓役的指令(1939 年 9 月)

0158-001-0796

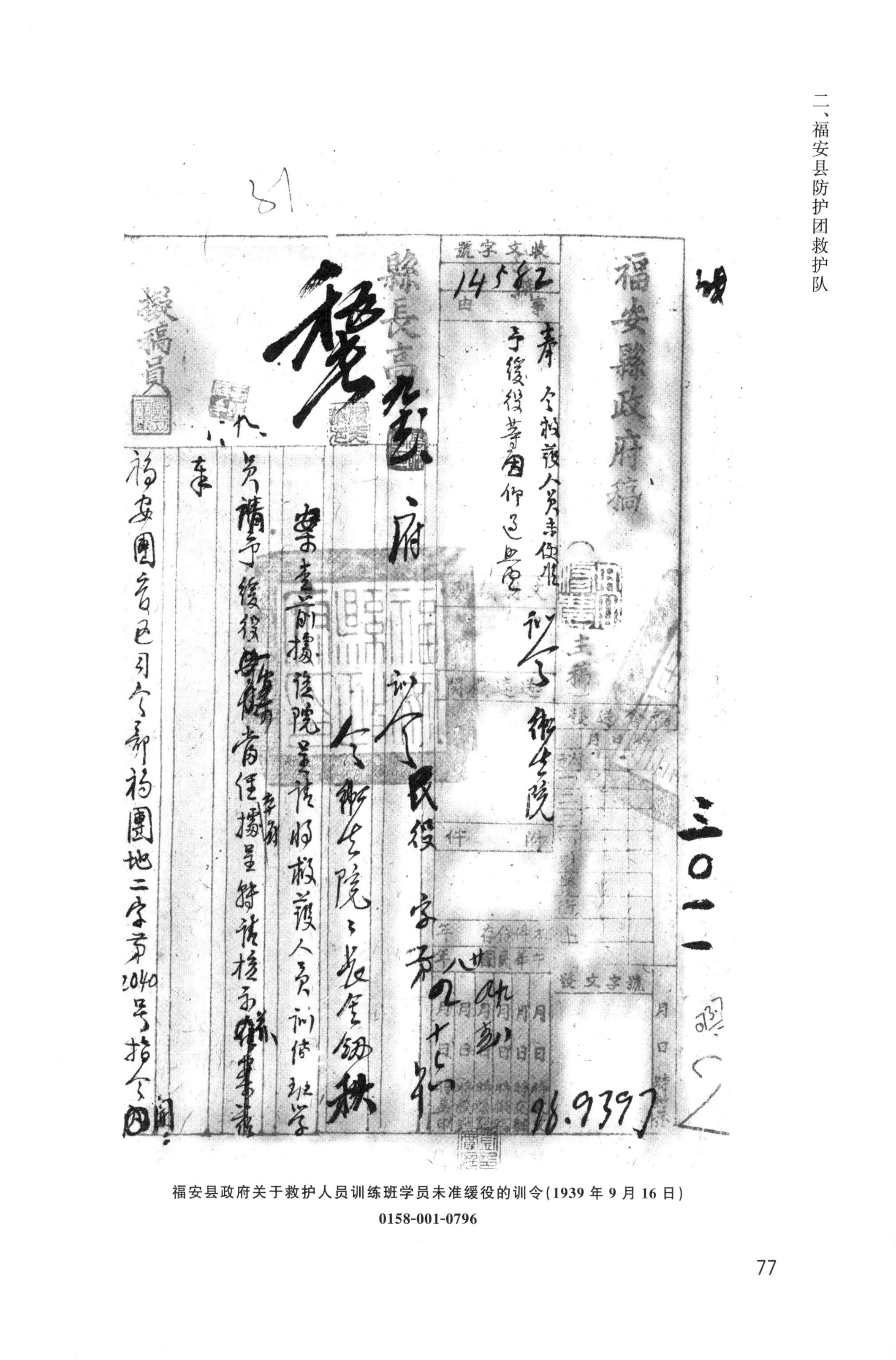

福安县政府关于救护人员训练班学员未准缓役的训令(1939 年 9 月 16 日)

0158-001-0796

廿八年八月廿三日呈一件为据呈救护队本期学员缓役等情
呈核由
（原文全叙）
等因；奉此，合行令仰遵照办理。
此令。

福安县政府关于救护人员训练班学员未准缓役的训令(1939 年 9 月 16 日)

0158-001-0796

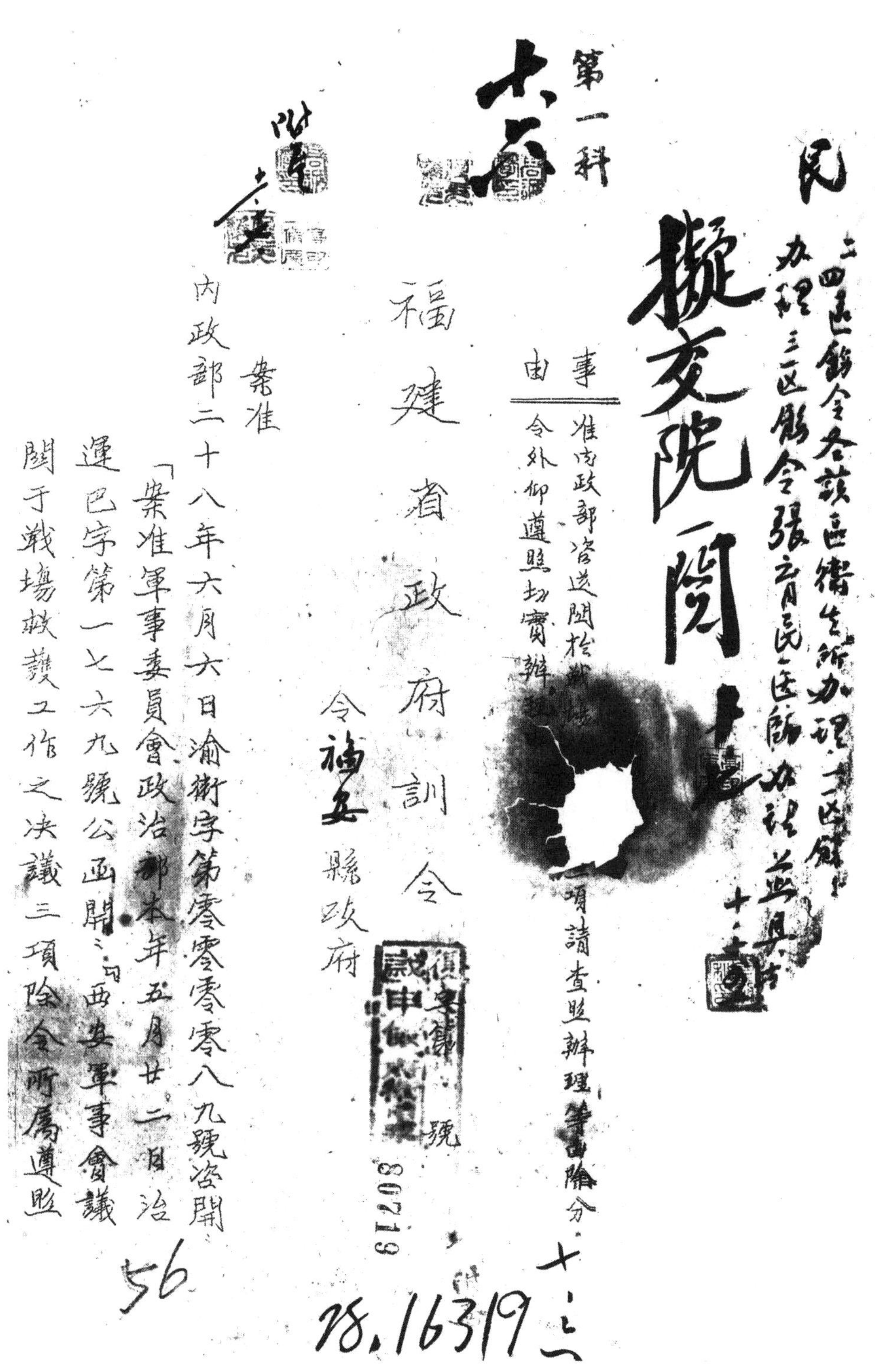
民

擬交院閱

事由　准内政部咨送關于戰場救護工作……三項請查照辦理等由除分……令外仰遵照切實辦理

福建省政府訓令

令福安縣政府

建申　字第　　號

案准

内政部二十八年六月六日渝衛字第零零零零八九號咨開：

「案准軍事委員會政治部本年五月廿二日治

運巴字第一七六九號公函開：『西安軍事會議

關于戰場救護工作之決議三項除令所屬遵照

56

28.16319

福建省政府关于抄发内政部战场救护工作三项并将办理情形具报的训令

(1939 年 9 月 28 日)a 面　0158-001-0070

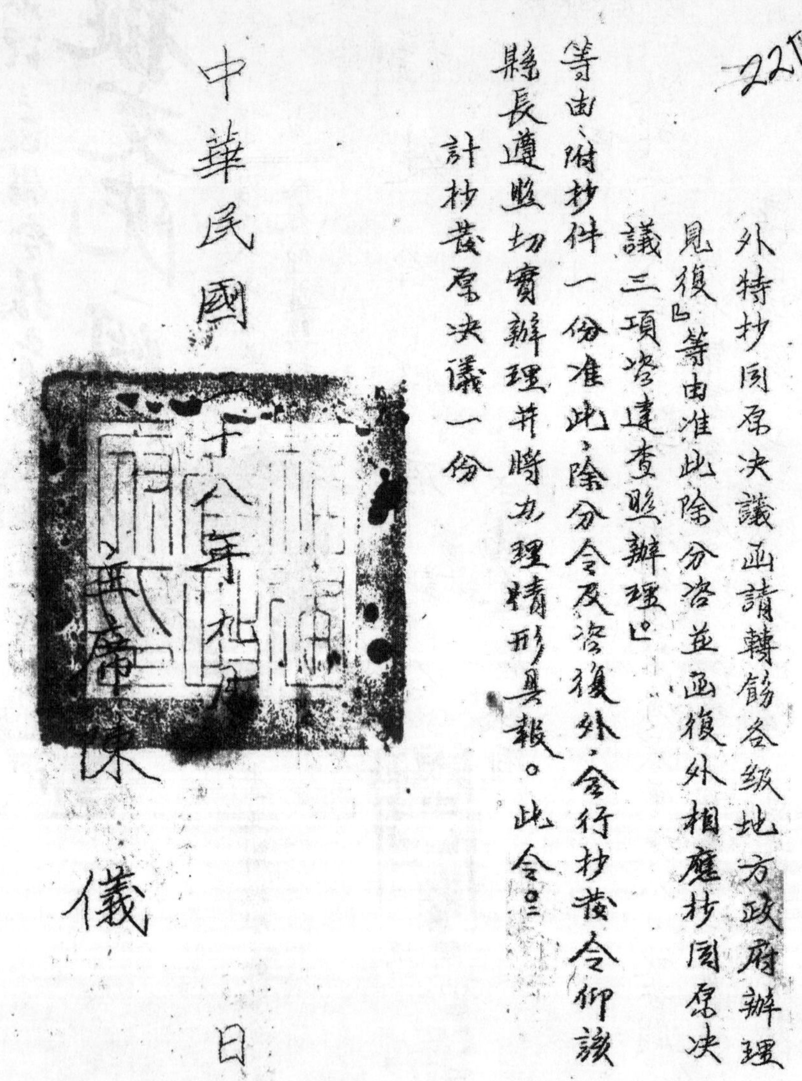

外特抄同原决議函請轉飭各級地方政府辦理見復」等由准此除分咨並函復外相應抄同原决議三項咨達查照辦理」等由附抄件一份准此除分令及咨復外令行抄發令仰該縣長遵照切實辦理并將办理情形具報。此令！

計抄發原决議一份

中華民國二十八年九月　日

主席陳儀

福建省政府关于抄发内政部战场救护工作三项并将办理情形具报的训令

(1939年9月28日)b面　0158-001-0070

福建省福安縣防護團第四區救護技術隊隊員名册

福建省福安县防护团第四区救护技术队队员名册(1940 年 3 月 21 日)

0158-001-0311

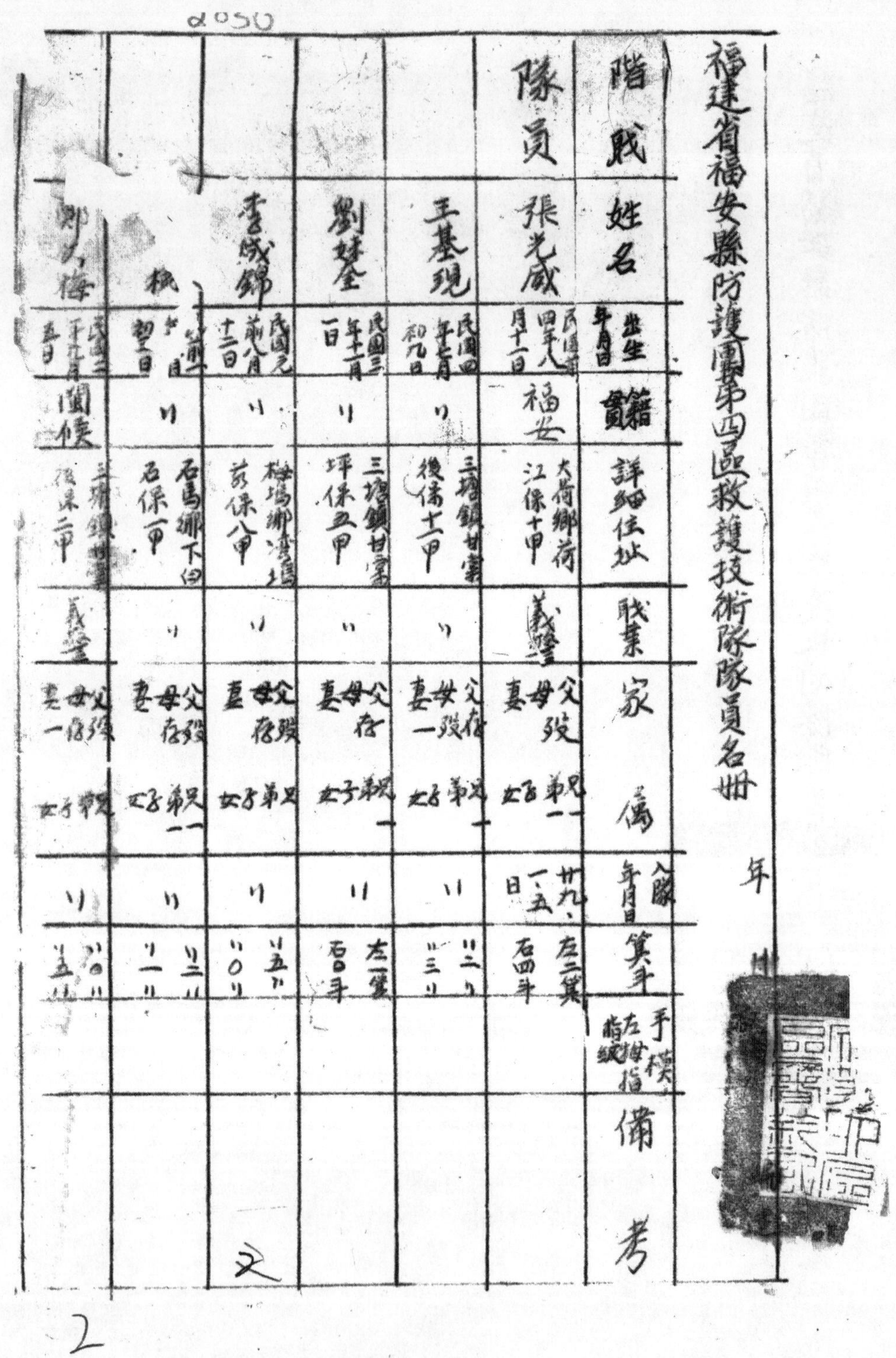

福建省福安縣防護團第四區救護技術隊隊員名冊 年

階級	姓名	出生年月日	籍貫	詳細住址	職業	家屬	入隊年月日	箕斗	手模（左拇指紋）	備考
隊員	張光威	民國前四年八月十一日	福安	大崙鄉荷江保十甲	義警	父殁 母 妻 兄弟一一 女子	廿九、一、五日	左二箕 右四斗		
	王基現	民國四年七月初九日	〃	三塘鎮甘棠後儲十一甲	〃	父存 母殁 妻一 兄弟一 女子	〃	〃二 〃三		
	劉妹荃	民國三年十一月一日	〃	三塘鎮甘棠坪保五甲	〃	父存 母 妻 兄弟一 女子	〃	左一箕 右四斗		
	李成錦	民國元前八月十二日	〃	松塢鄉溪塢蘇保八甲	〃	父殁 母存 妻 兄弟 女子	〃	〃五 〃〇		
	林[illegible]	民國前[illegible]月智日	〃	石馬鄉下白石保一甲	〃	父殁 母存 妻 兄弟一一 女子	〃	〃三 〃一		
	鄭大梅	民國三年九月五日	閩侯	三塘鎮[illegible]後保二甲	義警	父殁 母存 妻一 兄弟 女子	〃	〃四 〃五		

福建省福安县防护团第四区救护技术队队员名册(1940 年 3 月 21 日)a 面

0158-001-0311

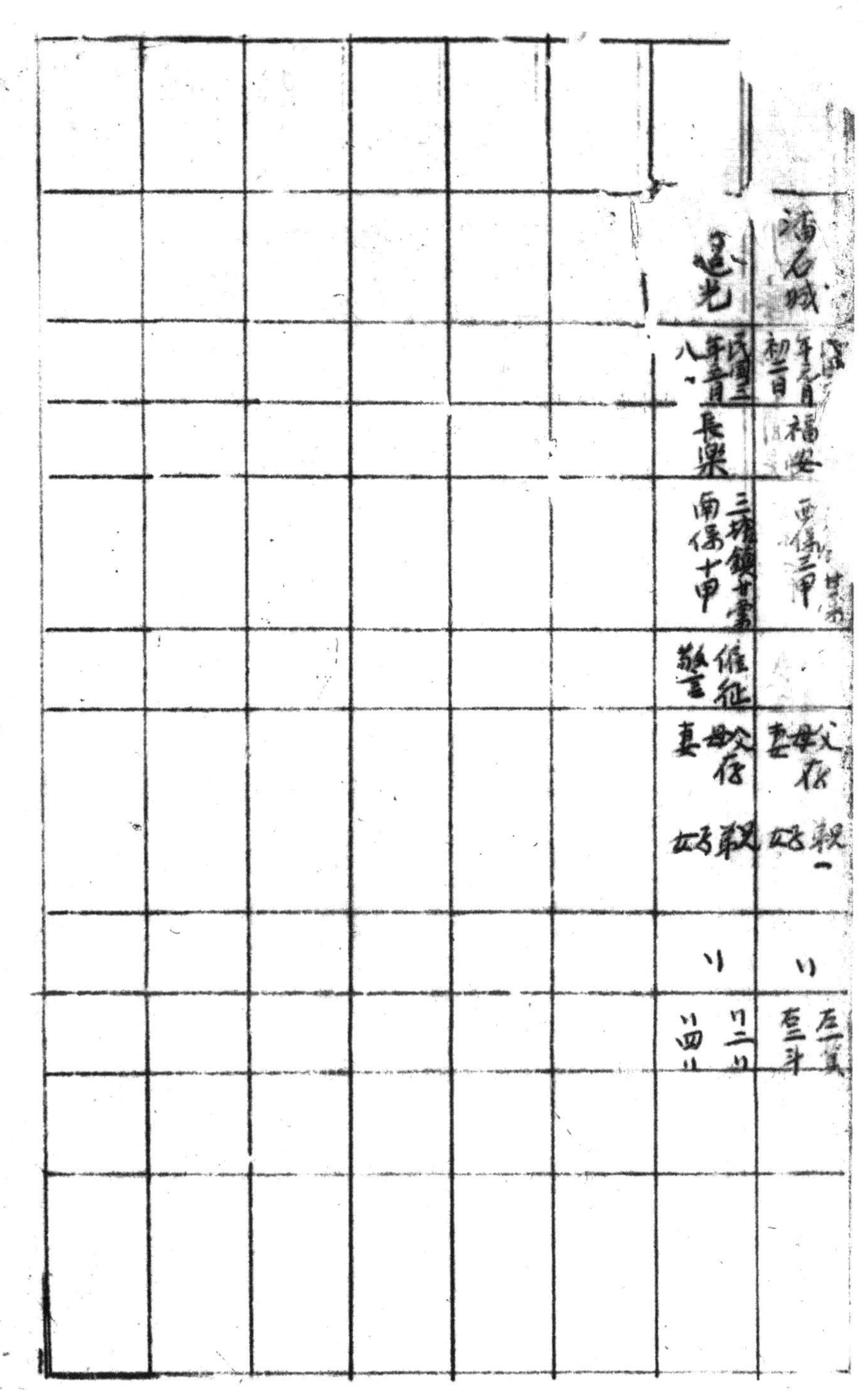

福建省福安县防护团第四区救护技术队队员名册(1940年3月21日)b面

0158-001-0311

07

福建省福安縣防護團第四區救護技術隊隊員名册

階職	姓名	出生年月日	籍貫	詳細住址	職業	家屬	入隊年月日	箕斗	手模 左手拇指	備考
隊员	張克威	民前四年八月十二日	福建福安	大荷鄉荷江保十甲	義警	父殁 母 妻 [illegible]	廿九年二月五日	左二箕 右四斗		
	王基琅	民國四年七月九日	〃	三壇鎮甘棠[illegible]保十甲	〃	父存 母殁 妻一 〃〃〃 兄一	〃	〃二〃 〃三〃		
	刘妹奎	民國三年十二月一日	〃	三壇鎮甘棠坪保五甲	〃	父存 母 妻 〃〃〃〃 兄一	〃	〃一〃 〃〇〃		
	李威錦	民國元年八月十二日	〃	梅塢鄉湾塢新保八甲	〃	父殁 母存 妻 〃〃〃 [illegible]	〃	〃五〃 〃〇〃		
	陳興樹	民前一年十二月二日	〃	石馬鄉下白石保一甲	〃	父殁 母存 妻 〃〃〃 弟二	〃	〃三〃 〃一〃		
	鄭乃梅	民國元年九月十一日	閩侯	三壇鎮甘棠後保二甲	〃	父殁 母存 妻 〃〃〃〃 [illegible]	〃	〃〇〃 〃五〃		
	潘石城	民國四年九月二日	福安	三壇鎮甘棠西保三甲		父存 母 妻 〃〃 弟一	〃	〃一〃 〃七〃		
	游超光	民國三年二月[illegible]	長樂	三壇鎮甘棠南保十甲	催征警	父存 母 妻 〃〃〃〃 [illegible]	〃	〃二〃 〃四〃		

年 月 日 編造

福建省福安县防护团第四区救护技术队队员名册(1940 年 3 月 21 日)　0158-001-0311

08

福建省福安縣防護團第四區消防技術隊隊員名冊

年　月　日編造

階職	姓名	出生年月日	籍貫	詳細住址	職業	家屬	入隊年月日	箕斗	手模（左手拇指之紋）	備考
隊員	鄭成金	民國前一年七月十二日	福建福安	三塘鄉甘棠北保五甲	農	父存 母殁 妻一 弟[illegible] 子[illegible] 女[illegible]	廿九年十二月	右手箕 左一斗		因本區自衛團第一期集訓壯丁調用
	薛元硯	民國元年十一月七日	〃	三塘鄉甘棠前保九甲	〃	父存 母〃 妻〃 弟一	〃	〃五〃 〃〇〃		〃
	林炳哩	民五年四月一日	〃	三塘鄉南塘後保七甲	〃	父殁 母〃 妻一 子一	〃	〃四〃 〃三〃		〃
	鄭為细	民前三年一月十三日	〃	三塘鄉外塘後保一甲	〃	父殁 母〃 妻一 子二	〃	〃五〃 〃〇〃		〃
	張波国	民四年十一月廿八日	〃	三塘鄉外塘前保二甲	〃	父存 母〃 妻一 [illegible]	〃	〃〇〃 〃五〃		〃
	劉法利	民前二年五月十二日	〃	三塘鄉甘棠後保四甲	〃	父殁 母〃 妻一 兄一 子〃 女〃	〃	〃一〃 〃二〃		〃
	刘成養	民國八年十二月廿四日	〃	三塘鄉甘棠後保九甲	〃	父存 母〃 妻〃 兄一 子〃 女〃	〃	〃二〃 〃三〃		〃
	林岩田	民前一年十二月十五日	〃	三塘鄉南塘前保八甲	〃	父殁 母存 妻一 女一	〃	〃五〃 〃〇〃		〃

福建省福安县防护团第四区消防技术队队员名册（1940 年 3 月 21 日） 0158-001-0408

0002

中華民國二十九年三月二十一日

福安縣政府第四區署區長李開楨編造

3

福建省福安县防护团第四区消防技术队队员名册（1940 年 3 月 21 日） 0158-001-0408

福安县第三区穆黄镇救护队官佐履历表(1940 年 7 月)　0161-001-0064

卅22

福安縣第三區穆黄鎮救護隊官佐履歷表

隊別	級別	姓名	年齡	籍貫	資歷	備考
救護隊	隊長	鄭長清	二三	甯德	警訓班畢業	
	隊副	黄麟祥	三五	福安縣第三区	私立福建法政預科畢業	
	文牘	吳晋容	二七	福安縣第三區	湖山高級小學畢業 曾任聯保處録事	
	會計	張松周	二六	仝	文英高級小學畢業 曾任閩華茶業公司會計	
	庶務	黄廣川	三三	仝	湖山高級小學畢業	

福安县第三区穆黄镇救护队官佐履历表(1940 年 7 月)　0161-001-0064

福安县第三区穆黄镇救护队官佐履历表(1940年7月) 0161-001-0064

福安縣第三區穆黄鎮救護隊職員名冊

福安县第三区穆黄镇救护队职员名册(1940 年 7 月) 0161-001-0064

9

福安縣第三區穆黃鎮救護隊職員名册

隊別	級別	姓名	年齡	籍貫	地名	保甲戶	備考
救護隊	隊長	鄭長靖	二三	寧德			區員兼巡官
	隊副	黃麟祥	三五	福安	黃坂	一五四	
	文牘	吳普睿	二七	仝	仝	一五八	
	會計	張松周	二六	仝	仝	一六三	
	庶務	黃虞川	三三	仝	仝	一八四	
第一班	正班長	羅梅春	二五	仝	仝	一五十	
	副班長	黃柏長	二五	仝	仝	一六六	
	隊員	黃柏疇	二六	仝	仝	一六六	

福安县第三区穆黄镇救护队职员名册(1940年7月)a面　0161-001-0064

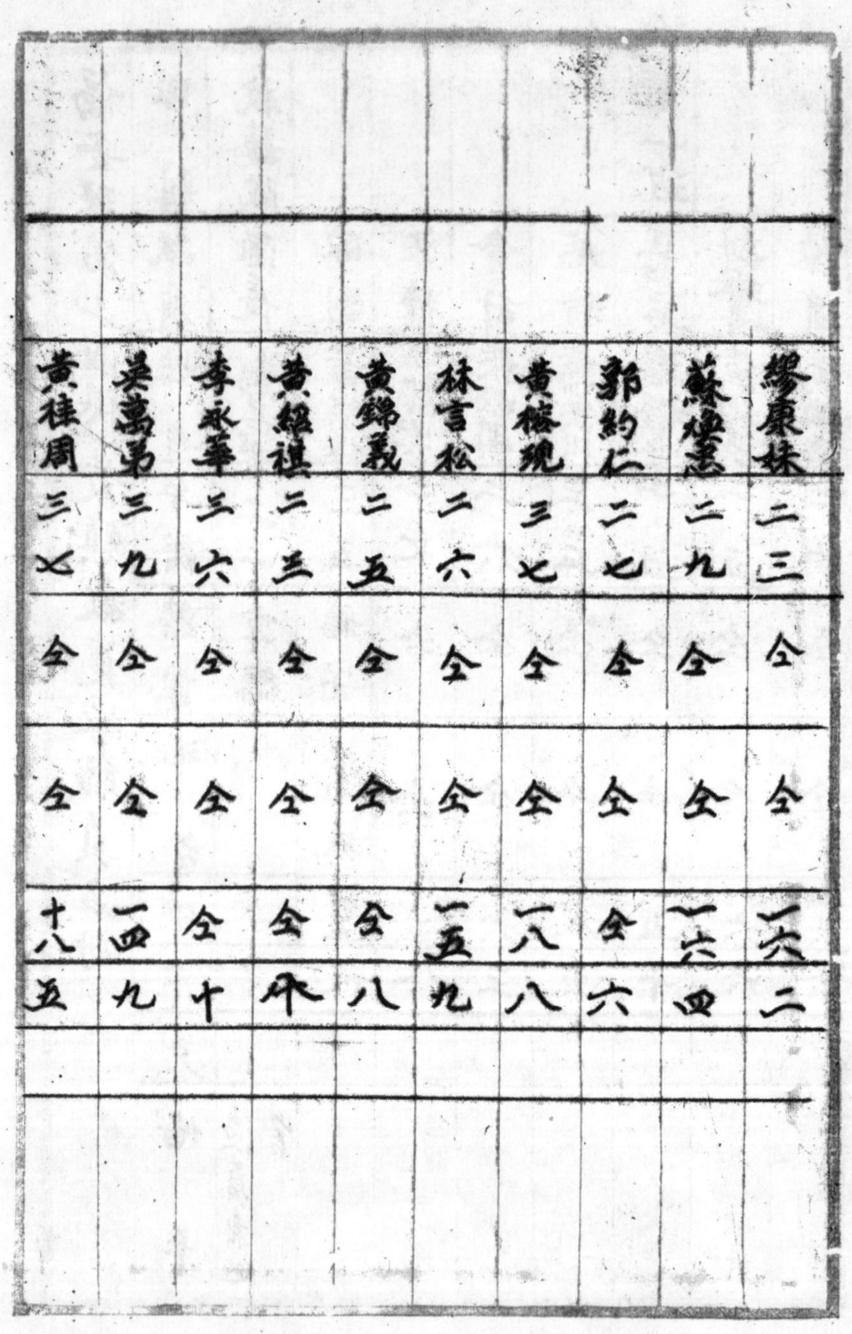

繆康妹	二三	仝	仝	一六	二	
蘇煥忠	二九	仝	仝	一六	四	
郭約仁	二七	仝	仝	仝	六	
黃榕現	三七	仝	仝	一八	八	
林言松	二六	仝	仝	一五	九	
黃錦義	二五	仝	仝	仝	八	
黃經祺	二三	仝	仝	仝	木	
李永華	三六	仝	仝	仝	十	
吳萬弟	三九	仝	仝	一四	九	
黃桂周	三七	仝	仝	十八	五	

福安县第三区穆黄镇救护队职员名册(1940 年 7 月)b 面　0161-001-0064

第二班

正班	王禧铨	三二	仝	仝	一四九
副班	黄康禄	四六	仝	仝	一五二
	羅振尚	二一	仝	仝	一四九
	黄友生	三五	仝	仝	一五二
	黄宜寀	三二	仝	仝	一五三
	黄穆生	三九	仝	仝	一五四
	黄子龄	二五	仝	仝	一七二
	林粹禄	二之	仝	仝	一五四
	陳普金	二六	仝	仝	一五六
	袁章泰	三六	仝	仝	一五二

福安县第三区穆黄镇救护队职员名册(1940年7月)a面　0161-001-0064

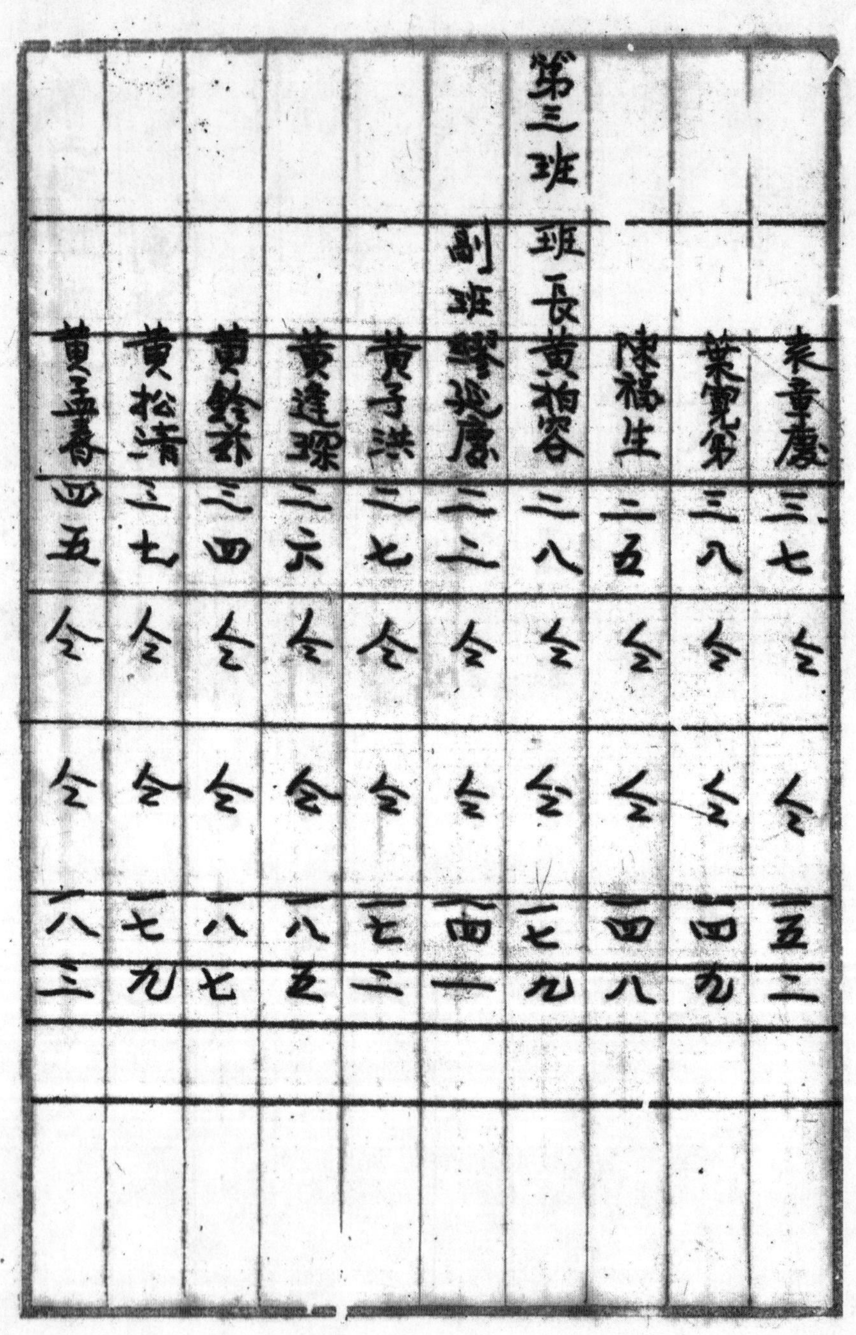

第三班						
	袁童慶	三七	仝	仝	五	二
	葉寬弟	三八	仝	仝	四	九
	陳福生	二五	仝	仝	四	八
班長	黃柏容	二八	仝	仝	一七	九
副班長	繆延慶	二二	仝	仝	一四	一
	黃子洪	二七	仝	仝	一七	二
	黃達琛	二六	仝	仝	一八	五
	黃銓孫	三四	仝	仝	一八	七
	黃松清	三七	仝	仝	一七	九
	黃[illegible]春	四五	仝	仝	一八	三

福安县第三区穆黄镇救护队职员名册(1940年7月)b面 0161-001-0064

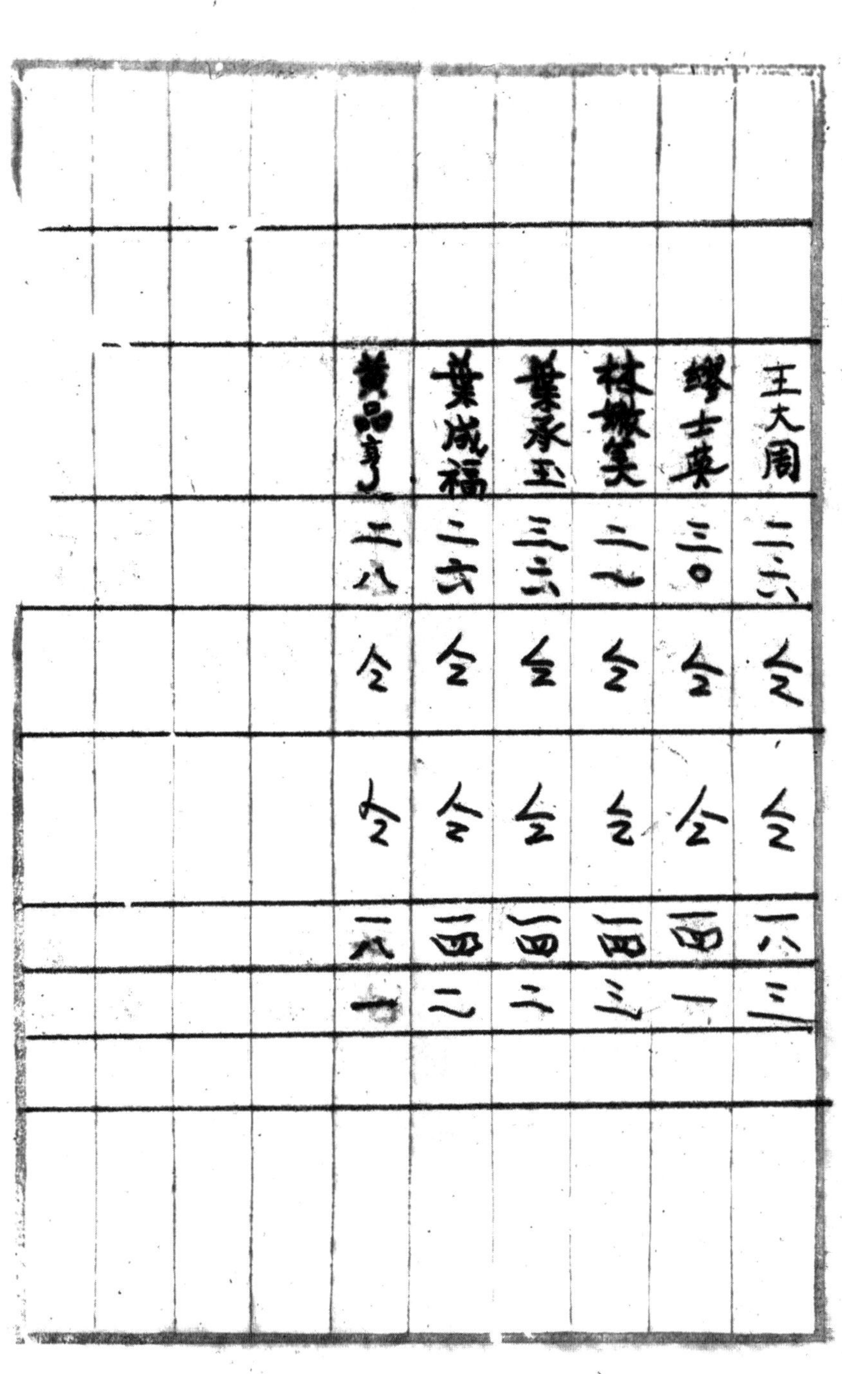

二

王大周	二六	仝	仝	一八	三
缪士英	三〇	仝	仝	四〇	一
林[illegible]美	二一	仝	仝	四〇	三
叶承玉	三六	仝	仝	四〇	二
叶成福	二六	仝	仝	四〇	二
黄品亨	二八	仝	仝	一八	一

福安县第三区穆黄镇救护队职员名册(1940 年 7 月)　0161-001-0064

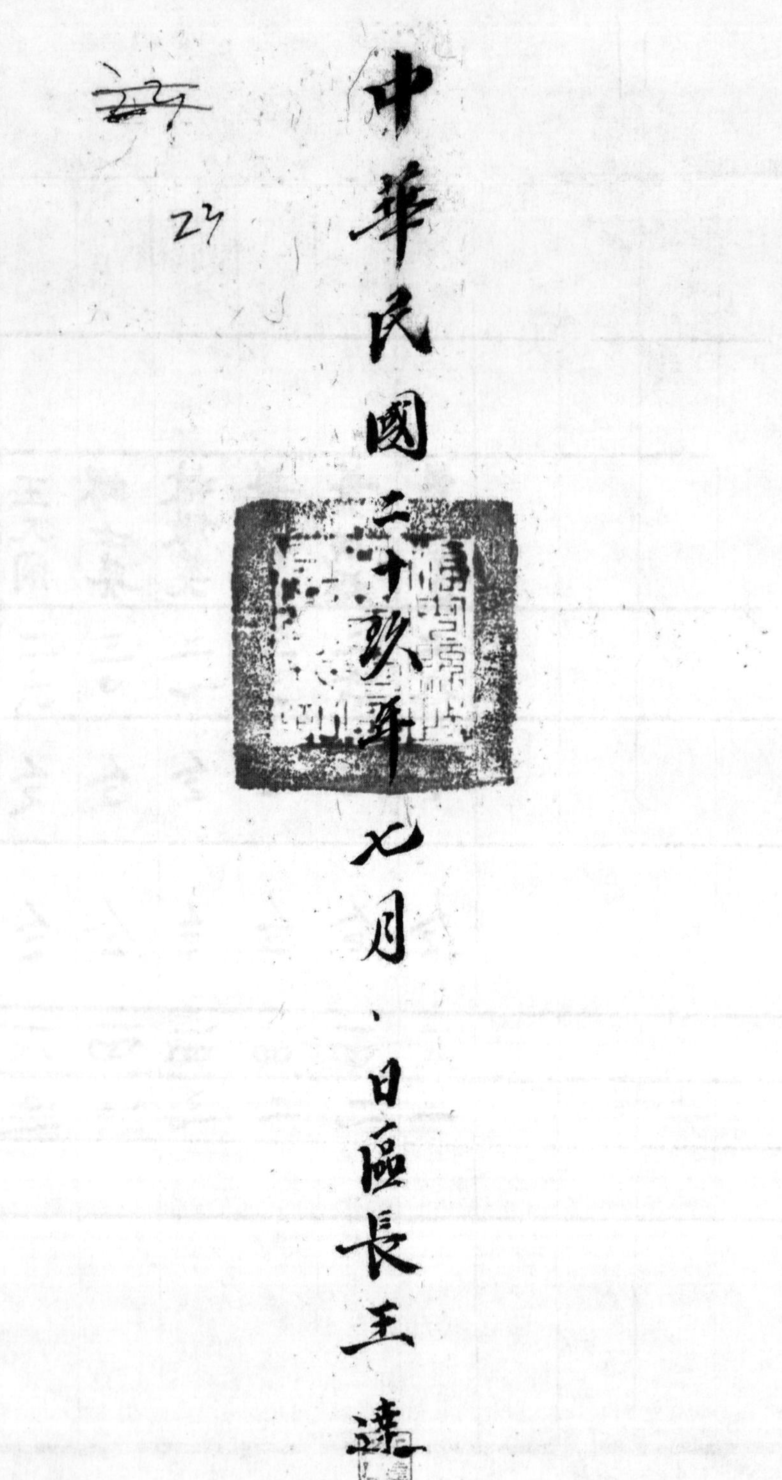

中華民國二十玖年七月 日區長王達

福安县第三区穆黄镇救护队职员名册(1940 年 7 月) 0161-001-0064

福安县防护团消防队

第一科

福建省軍管區司令部訓令 役(一)乙字第0252號

令福安縣政府

案准

内政部渝警字第〇〇五一八六號篠代電開：「案准廣東省政府感二兵代電略以據廣東省第五區行政督察專員劉錫添電請核示消防隊掩埋隊是否與救護隊員同准緩役一案請核明見復以便飭遵等由到部，案查關於紅十字會職員及救護隊隊員如確係以該項職務為專業者准予緩役，不准緩訓，前經本部於二十七年六月九日分咨各省政府查照在案，准電前由，業經與軍政部會核以消防隊及掩埋

28.1417

福建省军管区司令部关于消防队掩埋队员确为专职者准予缓役，惟年龄以31至40岁为限的训令

（1939年1月19日）a面　0158-001-0796

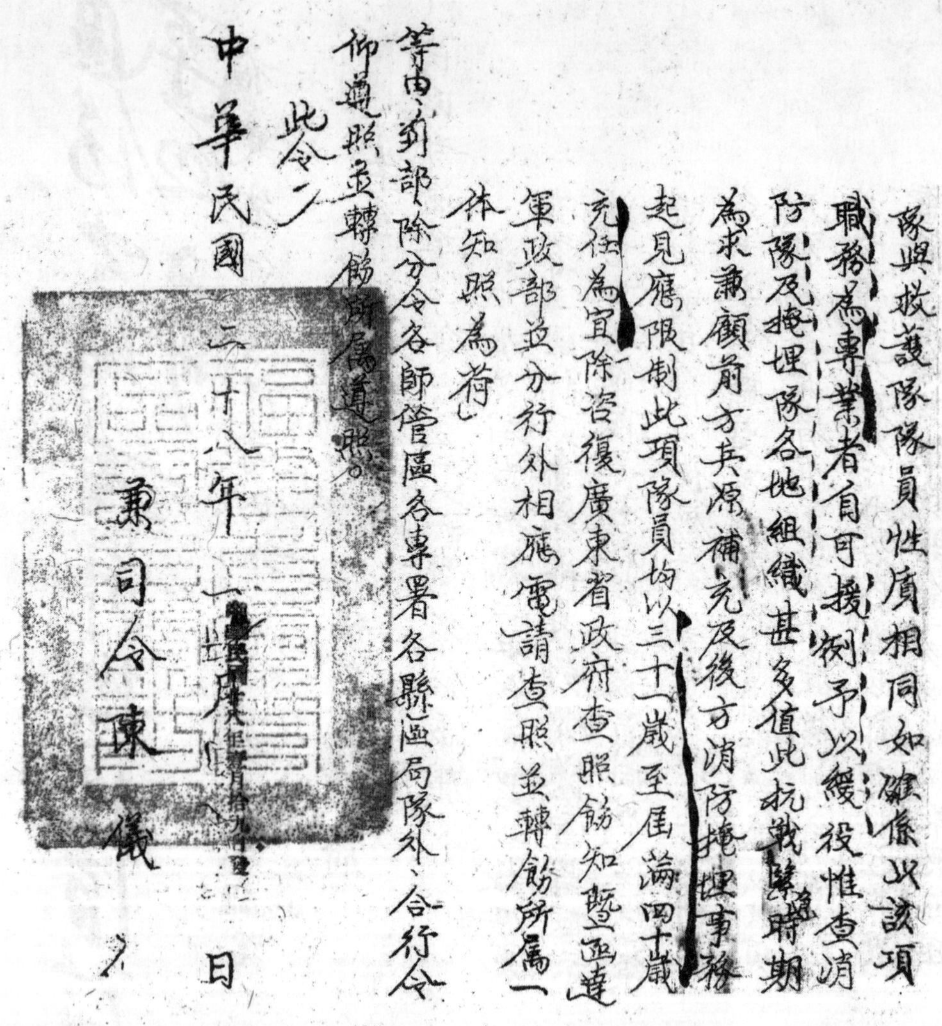
隊與救護隊隊員性質相同如確係以該項職務為專業者自可援例予以緩役惟查消防隊及掩埋隊各地組織甚多值此抗戰緊急時期為求兼顧前方兵源補充及後方消防掩埋事務起見應限制此項隊員均以三十一歲至屆滿四十歲充任為宜除咨復廣東省政府查照飭知暨函達軍政部並分行外相應電請查照並轉飭所屬一体知照為荷」等由。到部。除分令各師管區各專署各縣區局隊外，合行令仰遵照並轉飭所屬遵照。

此令。

中華民國二十八年一月　日

兼司令陳儀

福建省军管区司令部关于消防队掩埋队员确为专职者准予缓役，惟年龄以31至40岁为限的训令

(1939年1月19日)b面　0158-001-0796

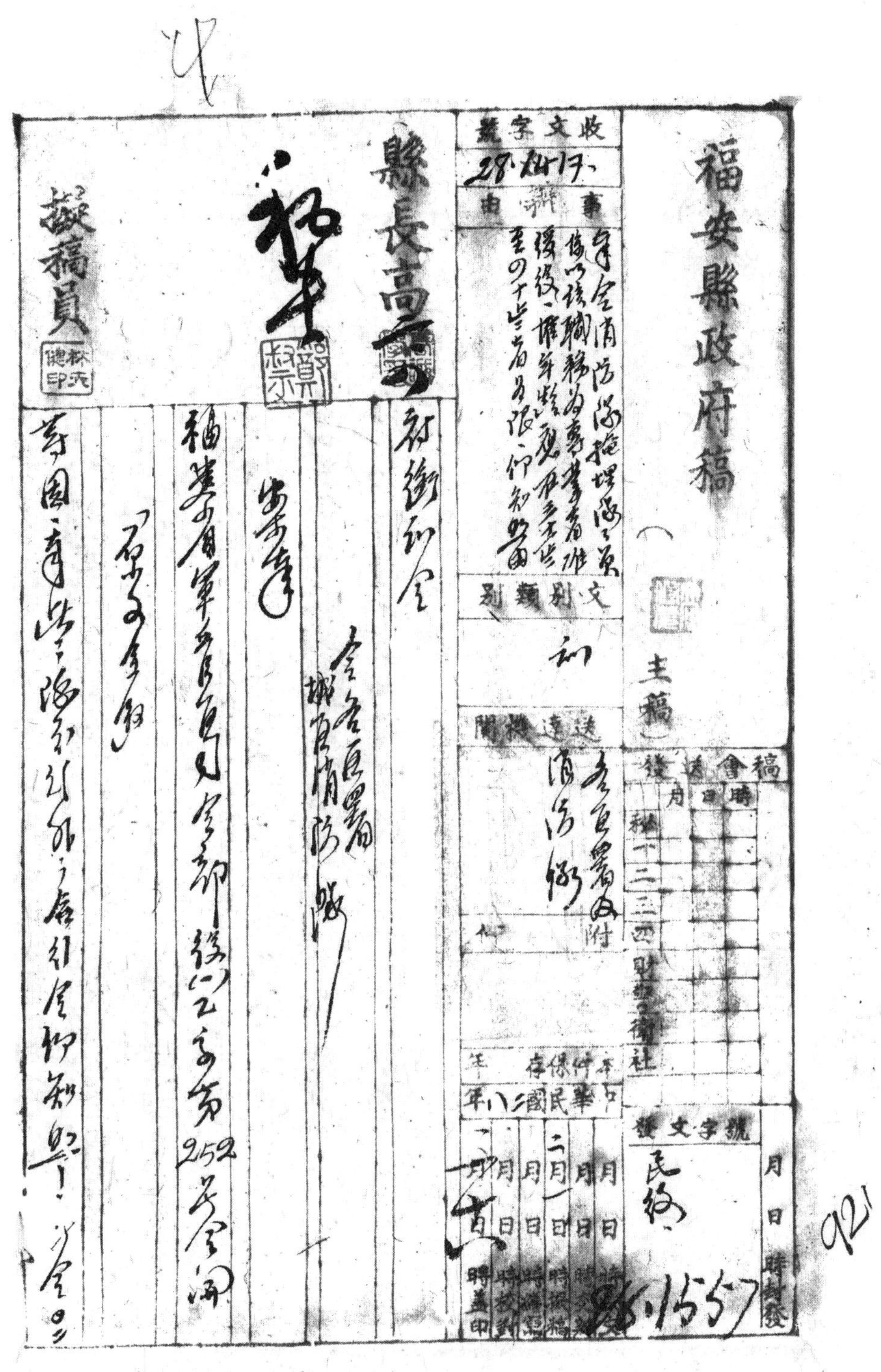

福安县政府关于消防队掩埋队队员确为专职者准予缓役，惟年龄以31至40岁为限的训令

（1939年2月18日） 0158-001-0796

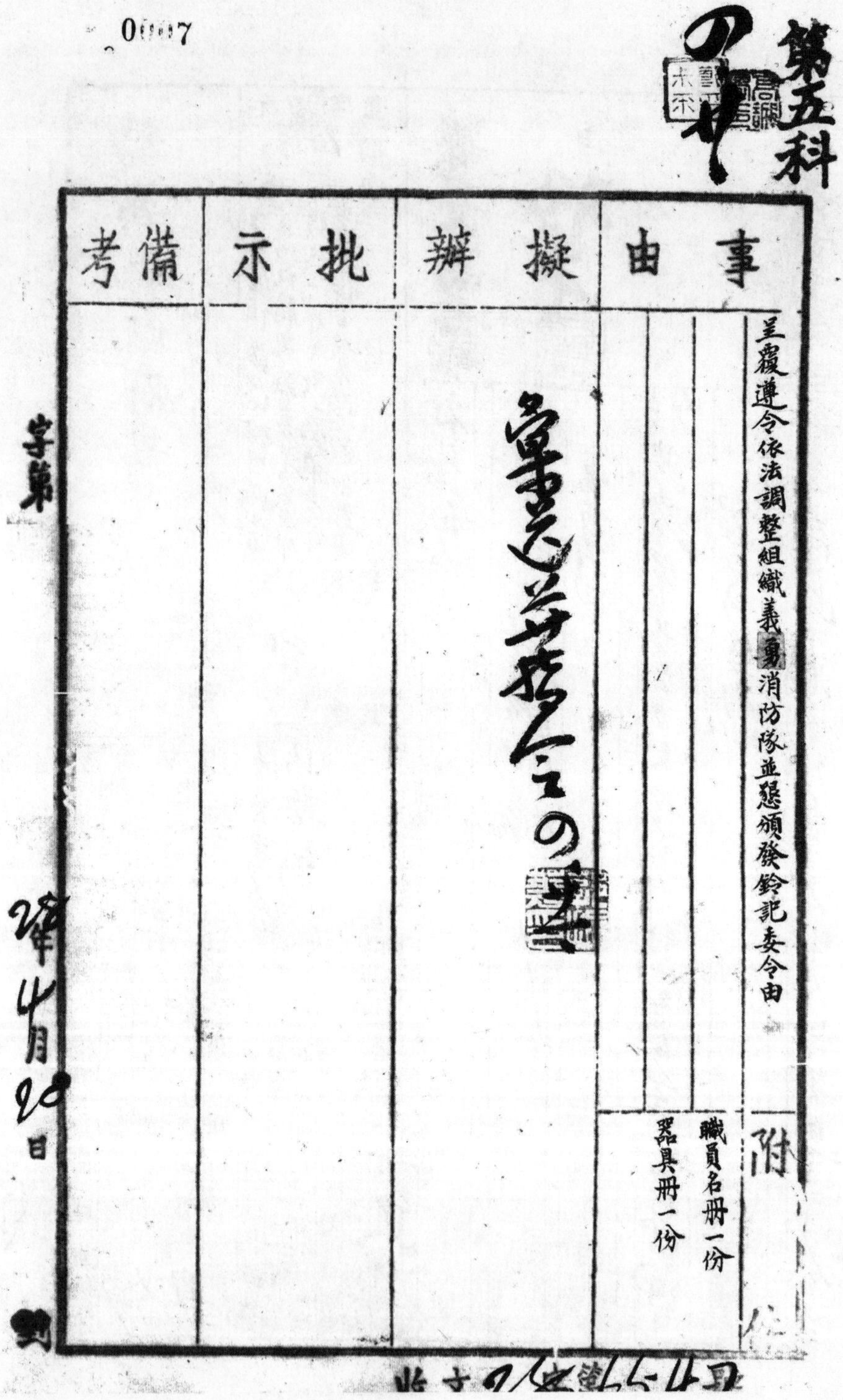

0007

事由	擬辦	批示	備考
呈覆遵令依法調整組織義勇消防隊並懇頒發鈐記委令由 附 職員名冊一份 器具冊一份			

字第　號

28年4月20日

福安县穆阳警察分驻所、穆阳义勇消防队关于依法调整组织义勇消防队并恳颁发钤记、委令的呈文(1939年4月18日)a面　0159-001-0019

案奉

鈞府警一字第二八三四七六號訓令開：：案奉福建省政府保二(巳)永字第零七二五號訓令開：：

「茲訂定本省各縣及特種區辦理消防暫行綱要限各該縣區於本年四月底以前籌辦完成除分令外合行檢同該項綱要令仰遵照辦理具報等因附綱要一份奉此除分令外合同抄發原件令仰遵照辦理于四月二十日以前籌備完竣呈府核查勿延為要此令」

等因：：奉此、遵于四月十六日召集福安縣抗敵後援會第三區支會穆陽鎮消防隊各職職員開會依照所頒綱要加以調整理合抄同職員名冊一份器具冊一份隨文呈請備案並懇頒發鈐記及各職員委令俾得開始辦公至感公便

謹呈

福安縣縣長高

福安县穆阳警察分驻所、穆阳义勇消防队关于依法调整组织义勇消防队并恳颁发钤记、委令的呈文(1939年4月18日)b面　0159-001-0019

福安縣穆陽警察分駐所巡官兼穆陽義勇消防隊隊長林森泉

福安县穆阳警察分驻所、穆阳义勇消防队关于依法调整组织义勇消防队并恳颁发钤记、委令的呈文(1939 年 4 月 18 日)a 面　0159-001-0019

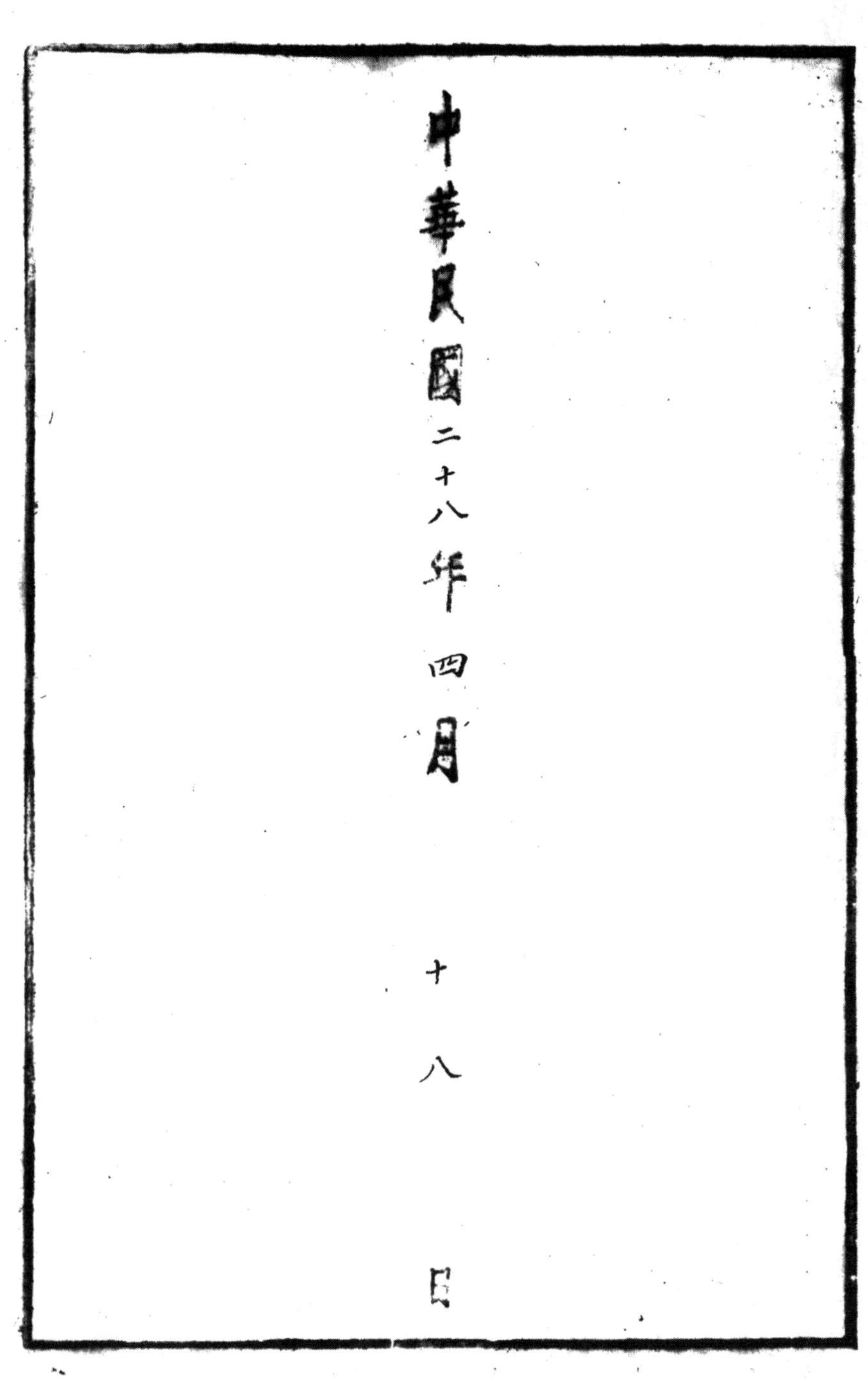
中華民國二十八年四月十八日

福安县穆阳警察分驻所、穆阳义勇消防队关于依法调整组织义勇消防队并恳颁发钤记、委令的呈文(1939年4月18日)b面　0159-001-0019

福安縣穆陽義勇消防隊隊員名册

0009

附件　福安县穆阳义勇消防队队员名册(1939 年 4 月)　0159-001-0019

0010

福安縣穆陽義勇消防隊隊員名冊

職別	姓名	年齡	籍貫	住址	備考
隊長	林森泉	三五	閩候	穆陽警察分駐所	現充分駐所巡官
隊附	繆韶錕	三五	福安	穆陽五保十甲	
會計	蕭貽珍	三九	仝	一保六甲	
文牘	江子謙	三八	仝	五保七甲	
司書	黃品生	三〇	仝	一保四甲	
庶務	繆岱榕	二三	仝	十一保九甲	
常住援丁	謝萬翎	二三	壽寧	赤嚴三一保五甲	
貫注隊					

附件　福安县穆阳义勇消防队队员名册(1939年4月)a面　0159-001-0019

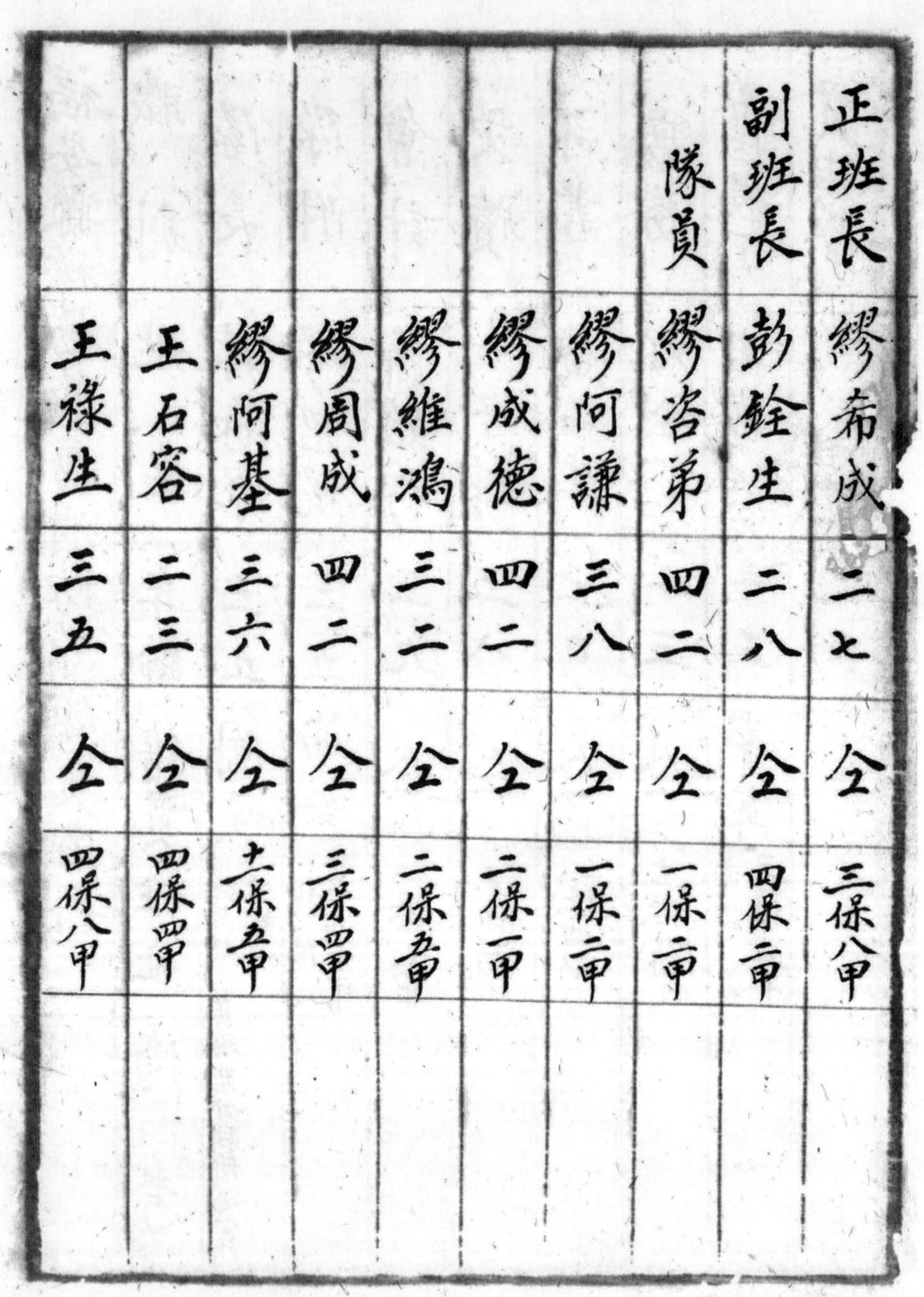

正班長	繆希成	二七	仝	三保八甲
副班長	彭銓生	二八	仝	四保二甲
隊員	繆咨弟	四二	仝	一保二甲
	繆阿謙	三八	仝	一保二甲
	繆成德	四二	仝	二保一甲
	繆維鴻	三二	仝	二保五甲
	繆周成	四二	仝	三保四甲
	繆阿基	三六	仝	十保五甲
	王石容	二三	仝	四保四甲
	王祿生	三五	仝	四保八甲

附件　福安县穆阳义勇消防队队员名册(1939 年 4 月)b 面　0159-001-0019

蘇書弟	三六	仝	五保八甲
鍾春泰	三〇	仝	五保七甲
陳瑞春	二九	仝	六保六甲
林針弟	四三	仝	六保六甲
江嫩弟	二八	仝	七保一甲
繆廷年	三四	仝	十保五甲
繆聖坤	三一	仝	八保八甲
繆四弟	三八	仝	八保七甲
繆金我	三九	仝	十保九甲
繆登謙		仝	

附件　福安县穆阳义勇消防队队员名册(1939 年 4 月)a 面　0159-001-0019

折卸隊				
正班長	陳祿銓	二五	仝	十一保一甲
副班長	王道慶	二七	仝	三保六甲
隊員	彭岳純	三九	仝	五保三甲
	繆疇弟	三三	仝	三保五甲
	彭慶周	四二	仝	四保五甲
	王石妹	三八	仝	六保七甲
	林伏生		仝	
	繆貴波	三六	仝	六保八甲
	陳細弟	三五	仝	十保四甲

附件 福安县穆阳义勇消防队队员名册(1939 年 4 月)b 面 0159-001-0019

趙維波	二九	仝	十保六甲
繆泰盛	三一	仝	九保六甲
繆建梅	三一	仝	九保五甲
王春祥	二七	仝	六保七甲
宋阿和	三一	仝	七保四甲
繆益明	四四	仝	七保七甲
繆祝波	三八	仝	三保五甲
陳春生	三六	仝	三保四甲
呂伏貴	三〇	仝	二保八甲
繆樂弟	三七	仝	一保十甲

附件　福安县穆阳义勇消防队队员名册(1939年4月)a面　0159-001-0019

	繆成章	二七	仝	一保十一甲
救護隊				
正班長	袁華坤	四〇	仝	一保五甲
副班長	許應鳳	二五	仝	
隊員	王燦芳	二一	仝	一保八甲
	陳文川	一九	仝	一保二甲
	陳將琇	二八	仝	三保八甲
	王和順	二一	仝	一保七甲
	夏啟容	二二	仝	五保六甲
	林阿仁	二六	仝	龍盧二一保八甲

附件　福安县穆阳义勇消防队队员名册(1939 年 4 月)b 面　0159-001-0019

0013

职别	姓名	年龄		住址
	吴大容	一九	仝	黄坂一五保八甲
	林濟喜	二八	仝	龍蘆三一保七甲
	王容生	二四	仝	八保
	林依弟	二八	仝	八保一甲
救火隊				
水龍班正班長	繆孟章	二七	仝	三一保五甲
副班長	繆振穆	三七	仝	三一保九甲
隊員	翁培俊	三〇	仝	桂林二九保二甲
	葉惠妹	二六	仝	黄坂一四保九甲
	謝曼槌	三〇	仝	一八保三甲

附件　福安县穆阳义勇消防队队员名册(1939年4月)a面　0159-001-0019

	林光波	二五	仝	一四保一三甲
	王如福	二一	仝	三一保九甲
	王昌吉	二三	仝	二八保一甲
	王集仁	二四	仝	三十保六甲
	謝允達	二六	仝	三八保十一甲
	王五弟	二五	仝	十四保[illegible]甲 [illegible]
	葉成森	三一	仝	十四保二甲
救火隊				
水槍班正班長	繆成灼	二八	仝	三保六甲
副班長	王石椿	二二	仝	三保三甲

附件 福安县穆阳义勇消防队队员名册(1939 年 4 月)b 面 0159-001-0019

隊員			
繆祿弟	二九	仝	十一保一甲
繆紹金	二一	仝	十保四甲
繆勤惠	三七	仝	三保八甲
繆則純	二九	仝	十四保十二甲 黄坂
林紹周	二五	仝	五保八甲
繆紹康	二八	仝	五保二甲
羅維善	三四	仝	一保四甲
呂壽波	二八	仝	二保八甲
蕭畊紹	三〇	仝	四保六甲
林祖祥	三三	仝	二保二甲

附件　福安县穆阳义勇消防队队员名册(1939 年 4 月)a 面　0159-001-0019

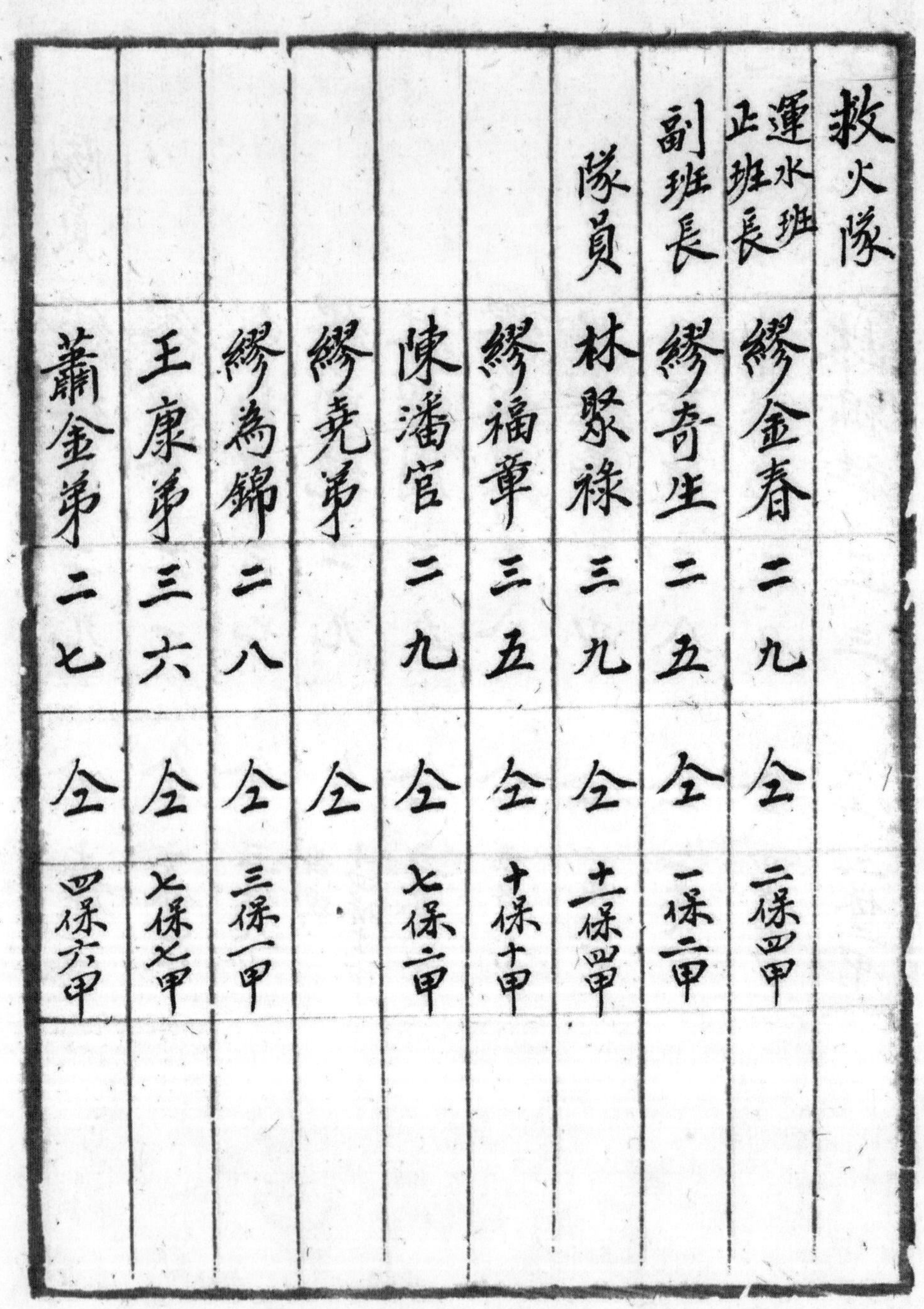

救火隊

運水班正班長	繆金春	二九	仝	二保四甲
副班長	繆奇生	二五	仝	一保二甲
隊員	林聚祿	三九	仝	十一保四甲
	繆福章	三五	仝	十保十甲
	陳潘官	二九	仝	七保二甲
	繆堯弟		仝	
	繆為錦	二八	仝	三保一甲
	王康弟	三六	仝	七保七甲
	蕭金弟	二七	仝	四保六甲

附件　福安县穆阳义勇消防队队员名册(1939年4月)b面　0159-001-0019

姓名	年龄		住址
陳清煥	三四	仝	三保四甲
繆齡德	三四	仝	三保二甲
繆拱祥	二三	仝	三保四甲
繆荘茄	三〇	仝	三保二甲
繆慶周	三三	仝	三保二甲
劉裕富	三二	仝	四保五甲
高松波	二八	仝	九保一甲
繆新生	三四	仝	四保一甲
林慶朝	三九	仝	十保一甲
繆紹純	二五	仝	三保五甲

附件　福安县穆阳义勇消防队队员名册(1939年4月)a面　0159-001-0019

附件　福安县穆阳义勇消防队队员名册(1939 年 4 月)b 面　0159-001-0019

0016

福安縣穆陽義勇消防隊器具册

附件　福安县穆阳义勇消防队器具册(1939 年 4 月)　0159-001-0019

0047

福安縣穆陽義勇消防隊器具册

物名	數量	備註
水鎗	壹拾把	
水鎗架	弍隻	
竹盔	一百四十隻	
鉄叉	三十把	
柴把	十六把	
太平箱	弍十捌隻	
太平桯	六隻	
竹扁擔	十四把	

附件　福安县穆阳义勇消防队器具册(1939年4月)a面　0159-001-0019

竹梯	二	架	
鉄斧	四	把	
救護袋	四	隻	
救護旗	一	面	
消防隊巡查燈	一	合	
禮堂棹	一	張	
洋鑽	二	把	
總理像	一	面	
銅鑼	一	面	此係最近現置
龍頭鋸	二	把	仝上

附件　福安县穆阳义勇消防队器具册(1939 年 4 月)b 面　0159-001-0019

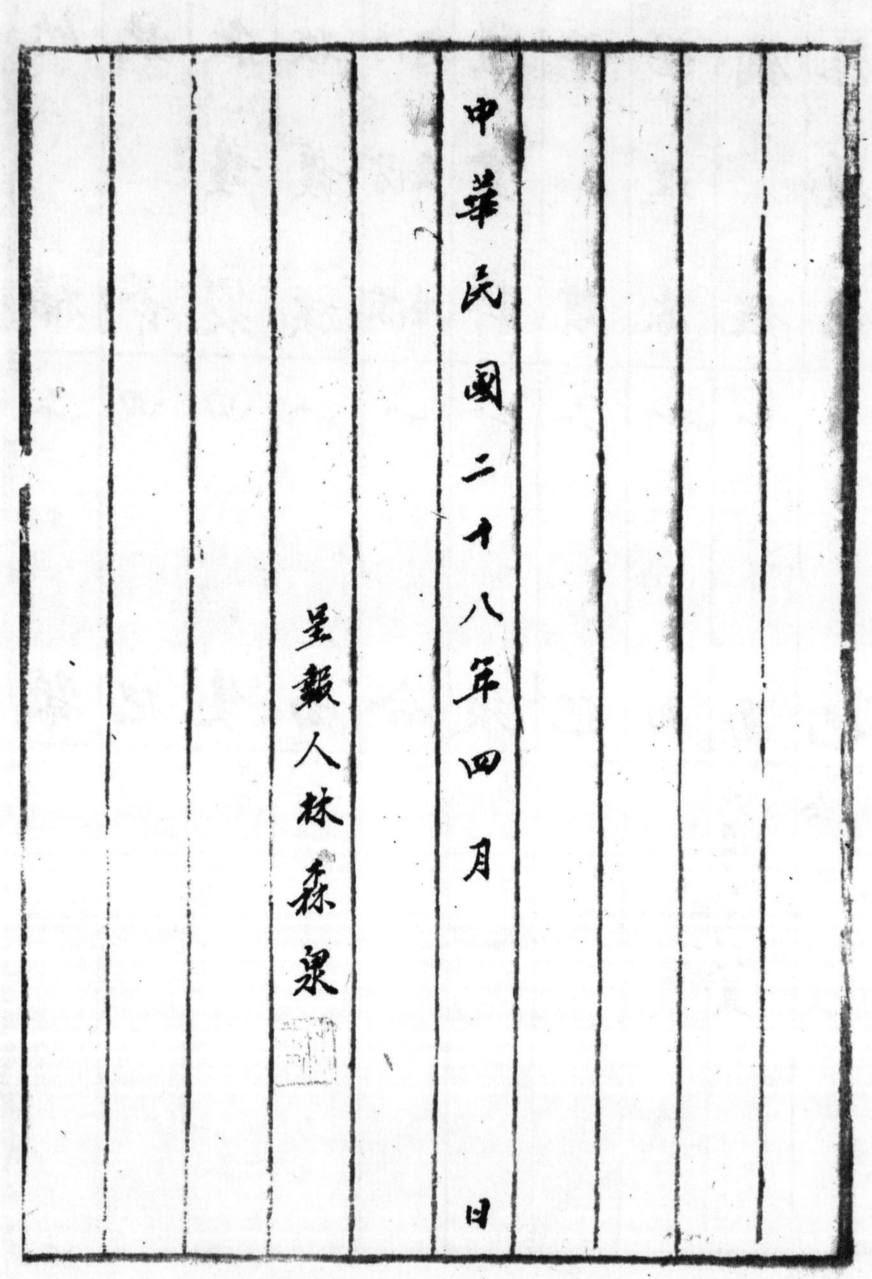
0018

中華民國二十八年四月　　日

呈報人林森泉

附件　福安县穆阳义勇消防队器具册(1939 年 4 月)　0159-001-0019

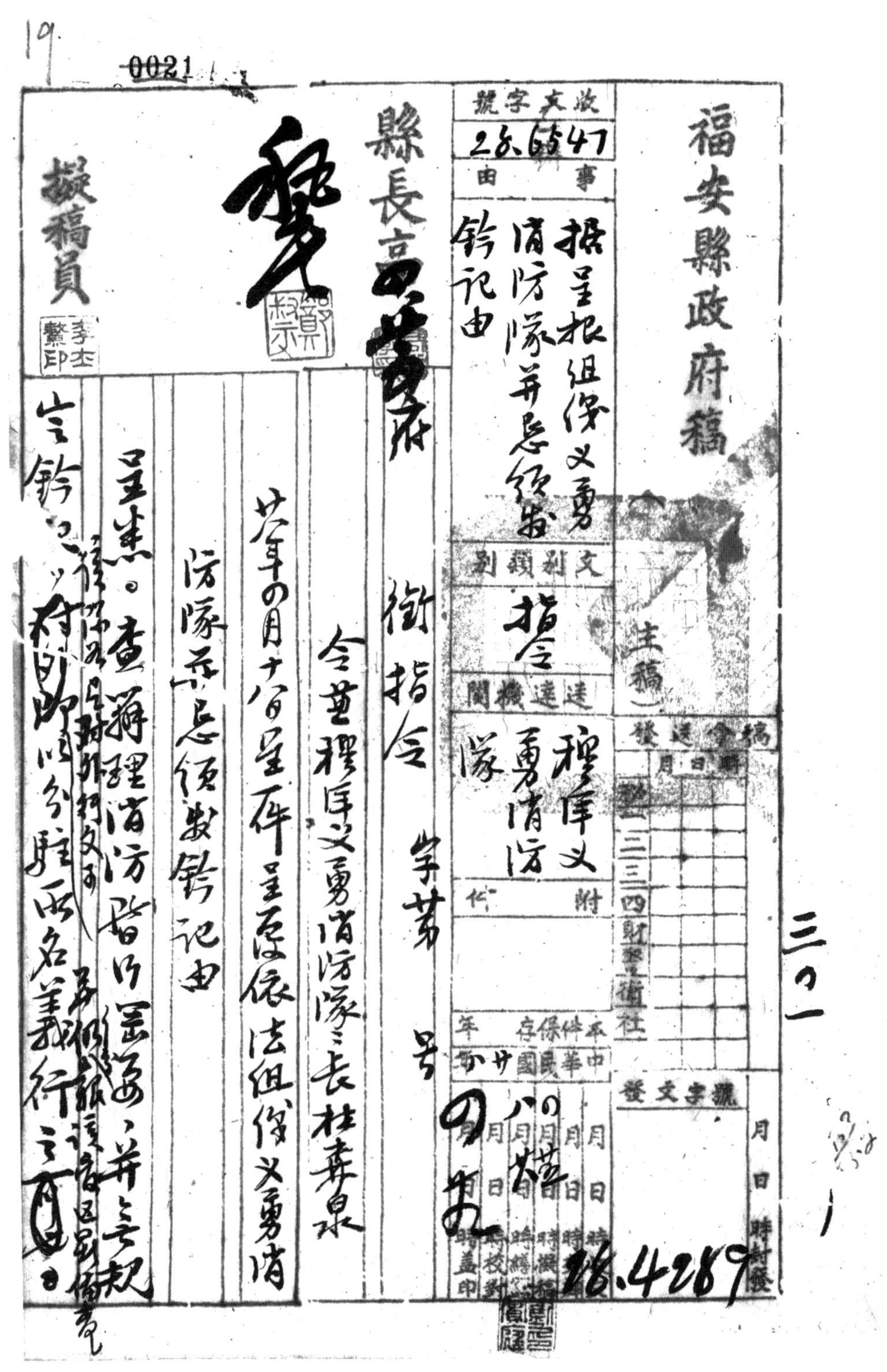
福安縣政府稿

收文字號 28.6547

事由：据呈报组织义勇消防队并忌领发铃记由

文别：指令

送達機關：穆洋义勇消防队

縣長 高

衔 指令 字第 号

令莆穆洋义勇消防队队长杜寿泉

廿八年四月十六日呈一件呈为依法组织义勇消防队并忌领发铃记由

呈悉。查办理消防暂行纲要并无规定铃记，该队对外行文可以警察分驻所名义行之。此令。

中華民國廿八年

發文字號 28.4287

福安县政府关于查办理消防暂行纲要并无规定铃记，该队对外行文可以警察分驻所名义的指令

（1939 年 4 月 29 日） 0159-001-0019

福安县政府关于查办理消防暂行纲要并无规定钤记，该队对外行文可以警察分驻所名义的指令

（1939 年 4 月 29 日）　0159-001-0019

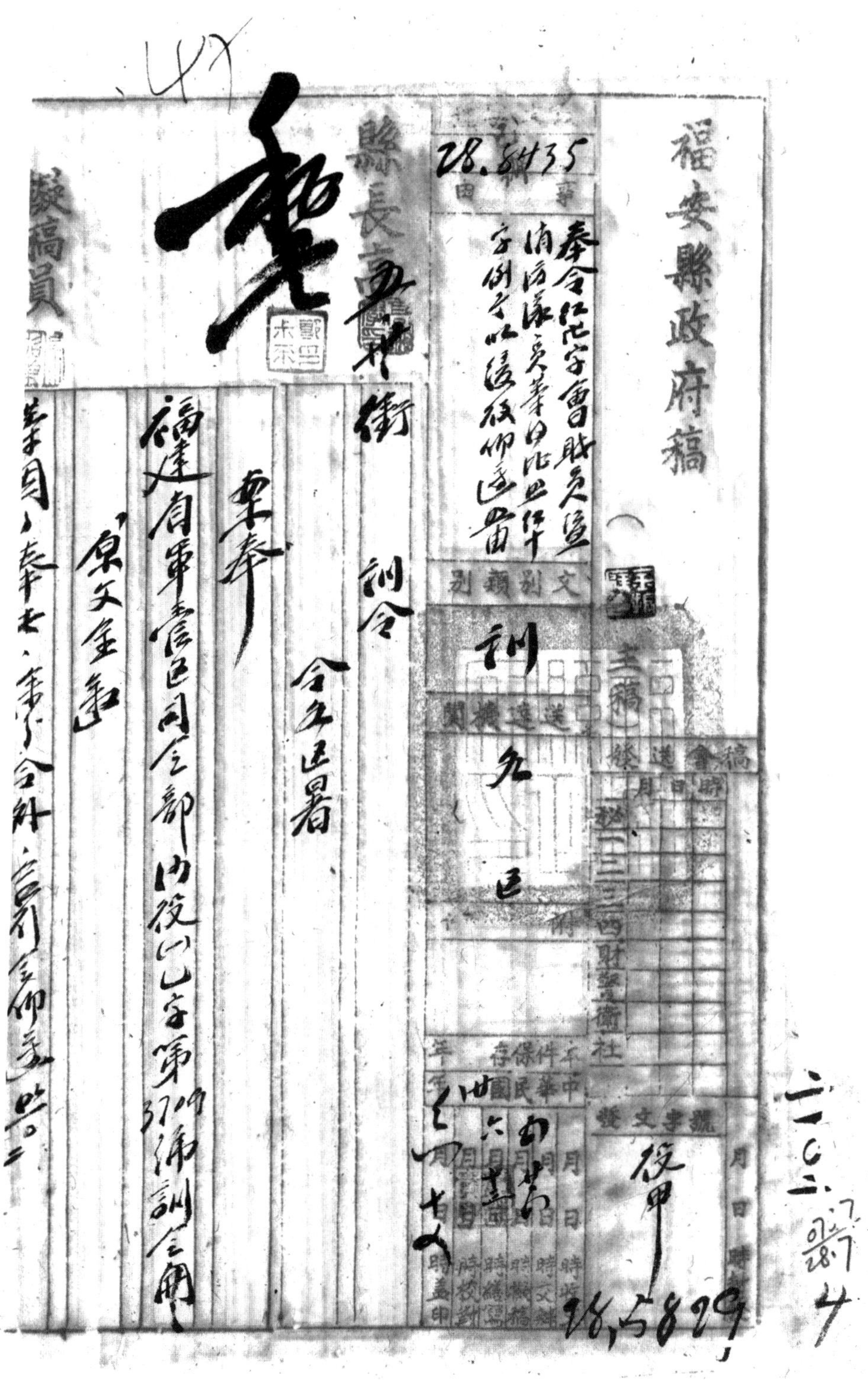

福安县政府关于红十字会职员、消防队员等予以缓役的训令(1939 年 6 月 14 日)

0158-001-0796

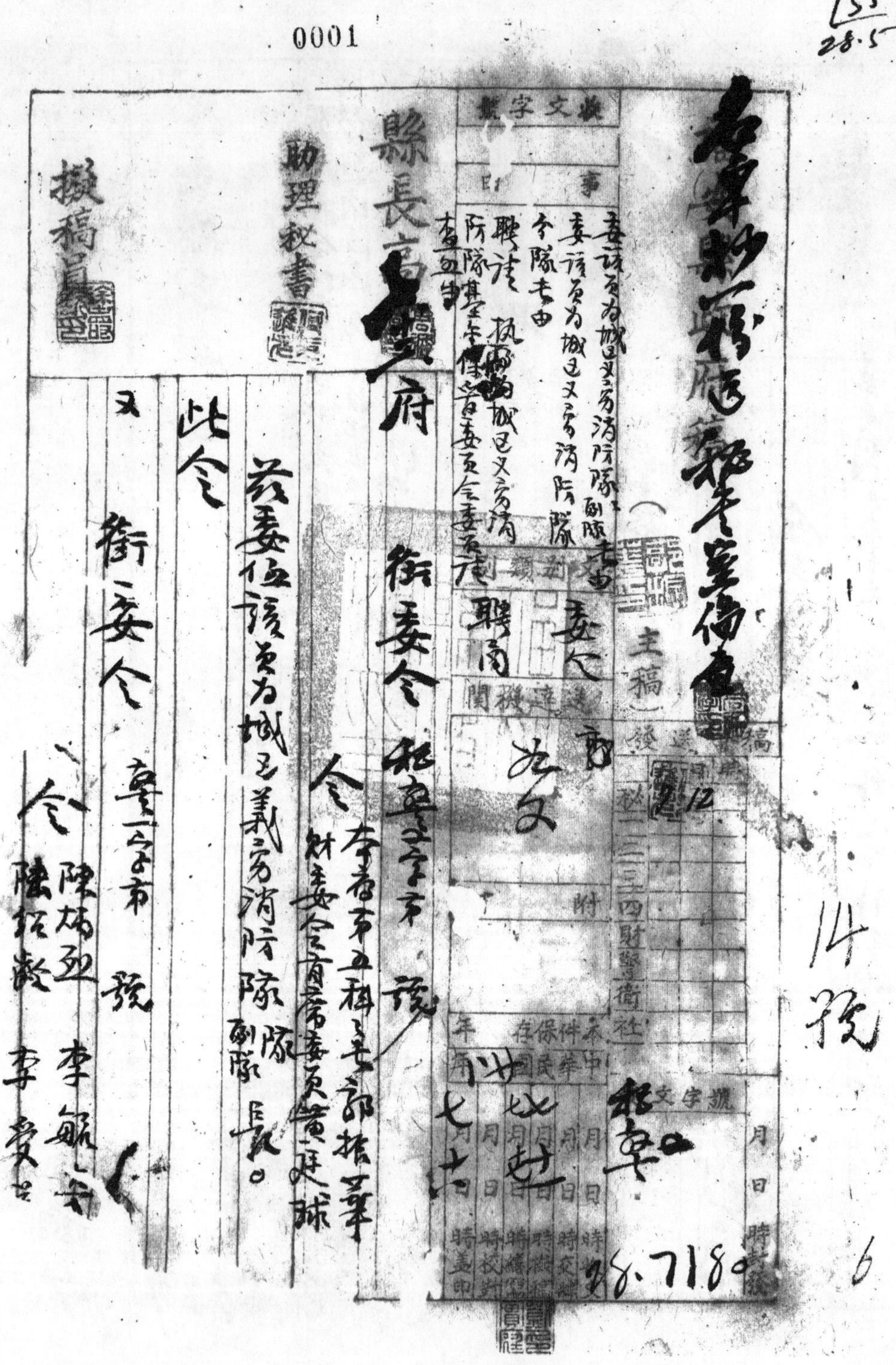

0001

福安縣政府稿

縣長高

助理秘書

擬稿員

事由

委該員為城區義勇消防隊隊長由

委該員為城區義勇消防隊副隊長由

聘請 執行城區義勇消防隊基本隊員……

福安縣政府

衔 委令 秘字第 號

令本府第五科主任郭振華 財委會常務委員黃廷球

茲委任該員為城區義勇消防隊隊 副隊長。

此令

又

衔 委令 字第 號

令 陳炳亞 李毓安 陸紹猷 李受益

福安县政府关于郭振华、黄廷球任城区义勇消防队队长、副队长的委令(1939 年 7 月 18 日)

0158-001-0398

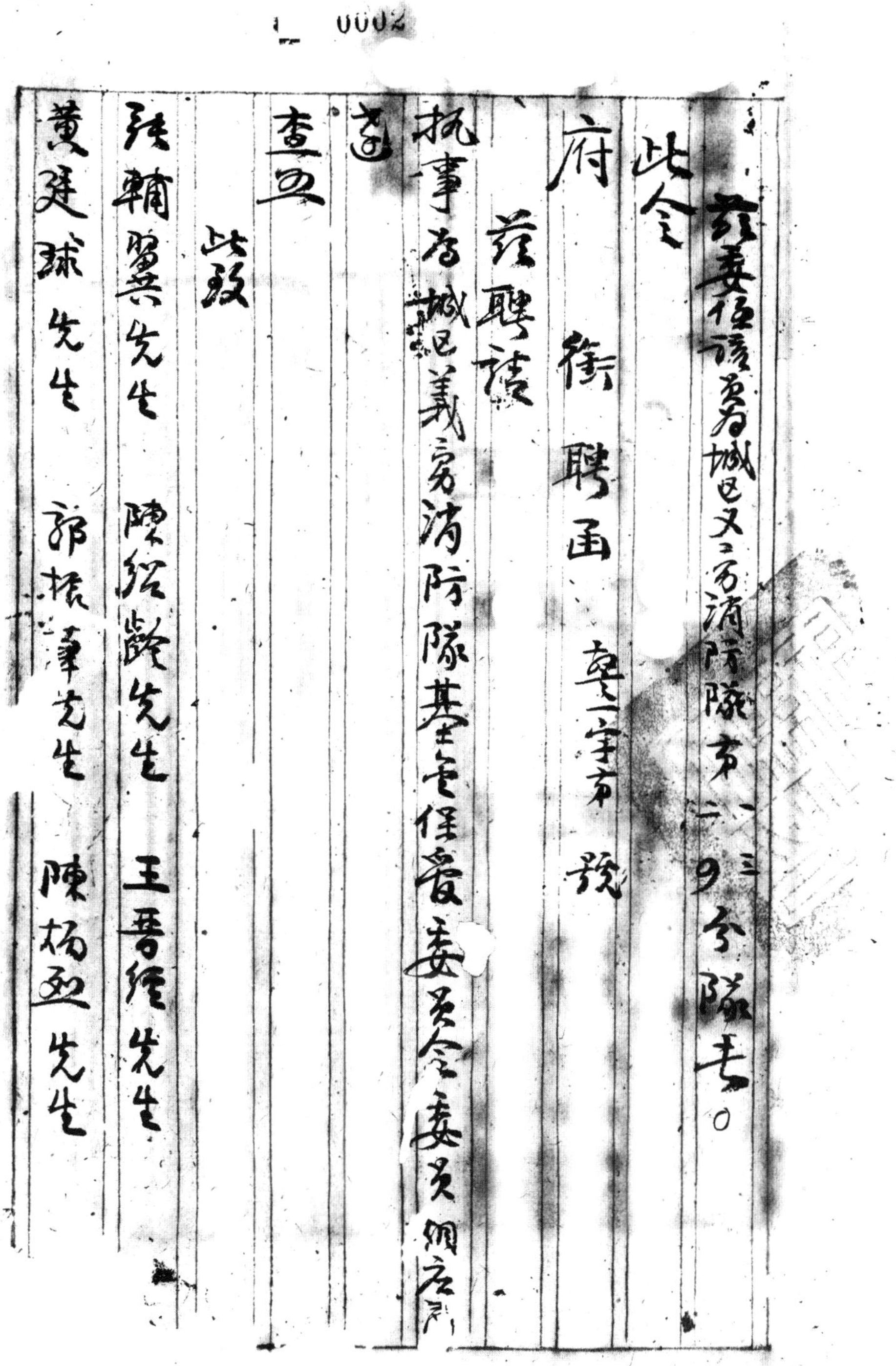

0002

茲委任該員為城區義勇消防隊第一二三四分隊長。

此令

府銜聘函　字第　號

茲聘請

執事為城區義勇消防隊基金保管委員會委員相應函

達

查照

此致

張輔翼先生　陳紹齡先生　王晉經先生

黃廷球先生　郭振華先生　陳炳烈先生

福安县政府关于敦请张辅翼、陈绍龄、王晋经、黄廷球、郭振华、陈炳烈等为城区义勇消防队基金保管委员会委员的聘函（1939 年 7 月 18 日）　0158-001-0398

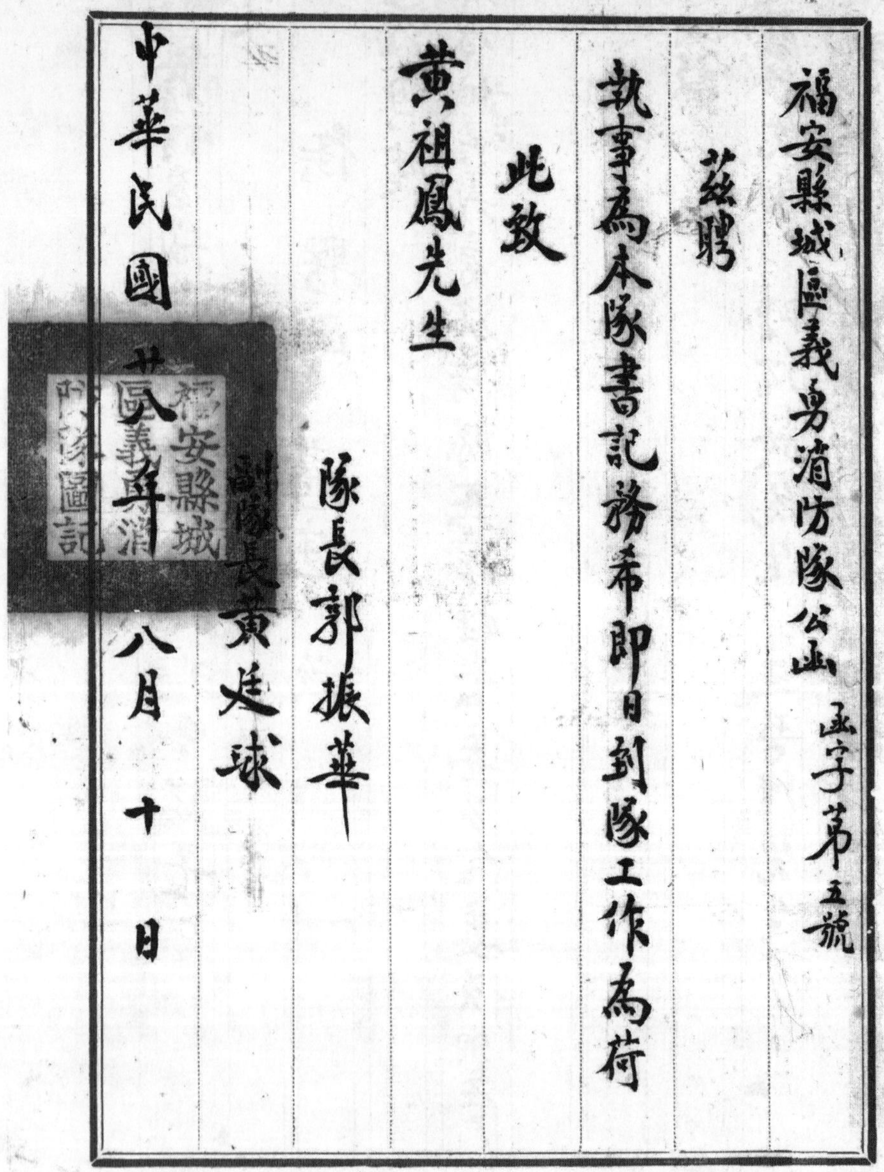

福安縣城區義勇消防隊用牋

福安縣城區義勇消防隊公函　函字第五號

茲聘

執事為本隊書記務希即日到隊工作為荷

此致

黄祖鳳先生

隊長郭振華

副隊長黄廷球

中華民國廿八年八月十日

福安县城区义勇消防队关于聘黄祖凤为福安县城区义勇消防队书记的公函

（1939年8月10日）　0158-001-0043

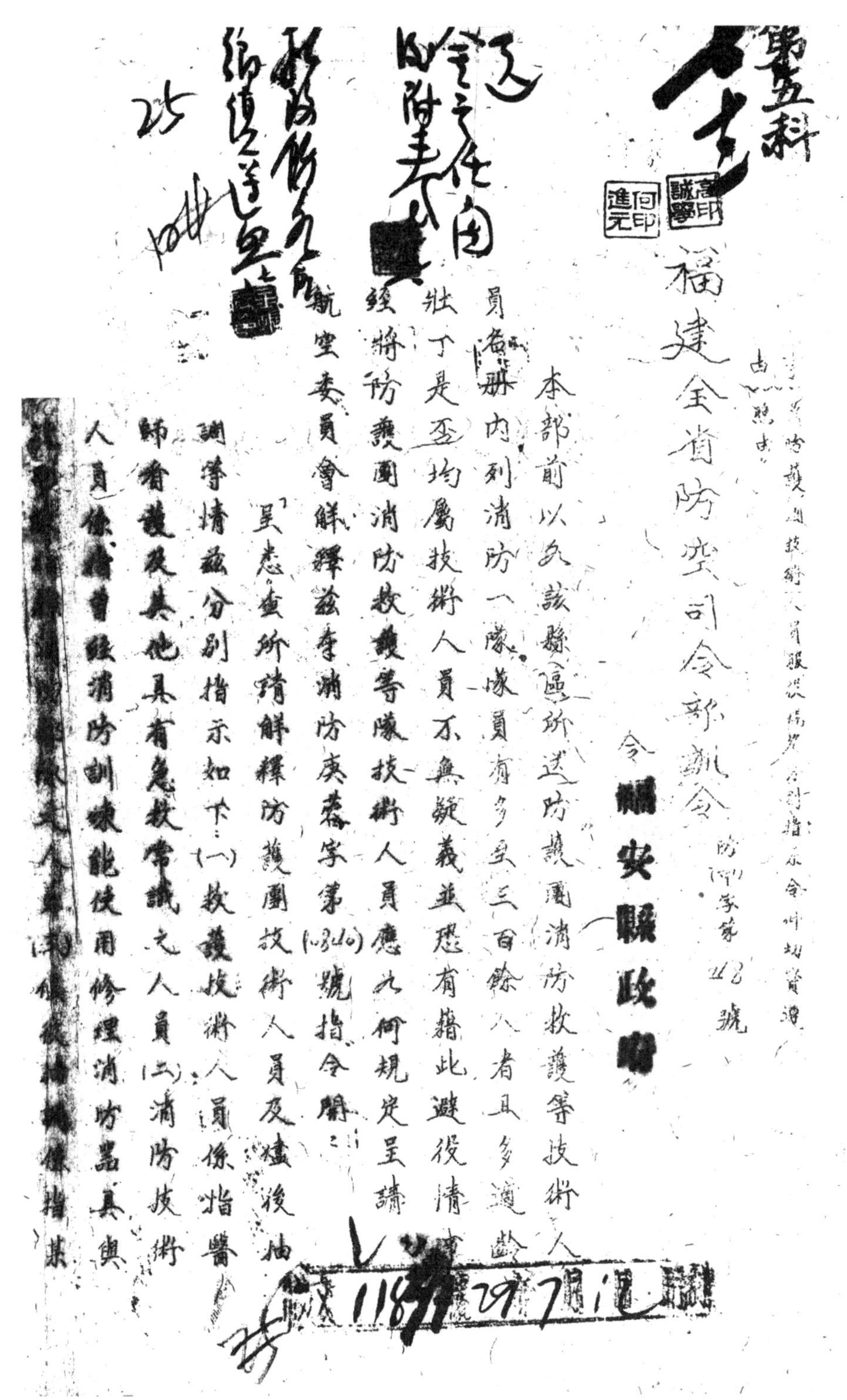

福建全省防空司令部关于防护团消防、救护等技术人员服役规定的训令(1940 年 7 月 2 日)

a 面　0158-001-0836

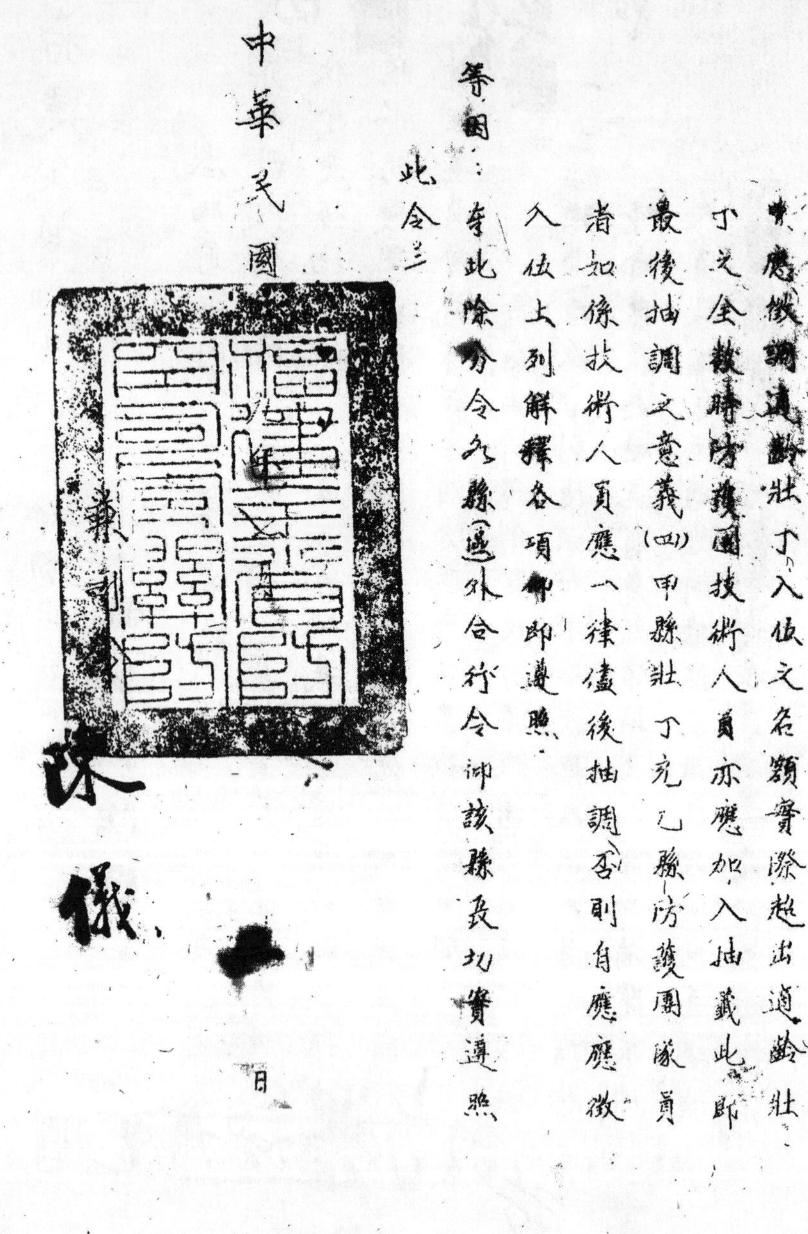

福建全省防空司令部关于防护团消防、救护等技术人员服役规定的训令(1940年7月2日)

b面 0158-001-0836

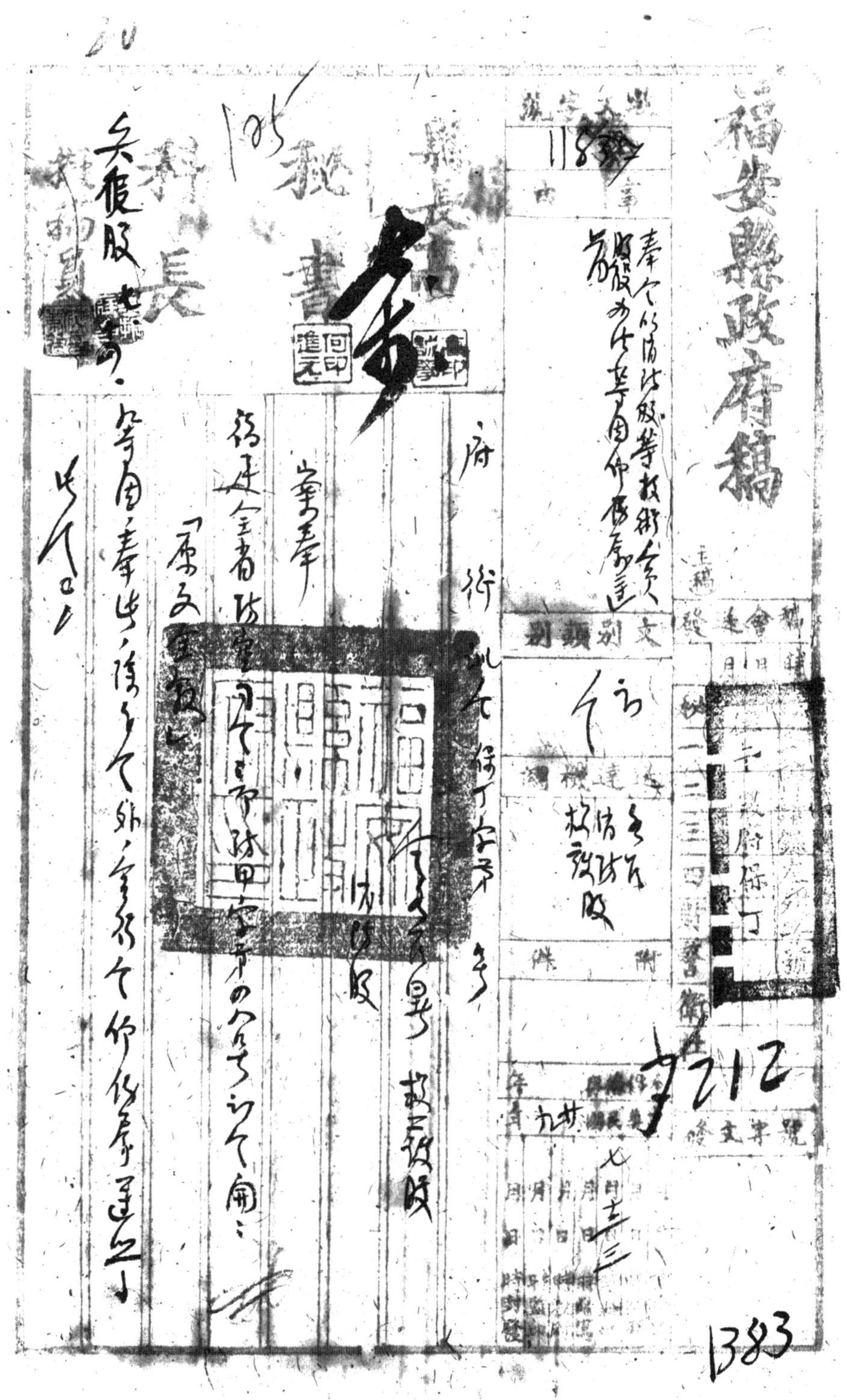

福安县政府关于转饬防护团消防、救护等技术人员服役规定的训令(1940 年 7 月 17 日)

0158-001-0836

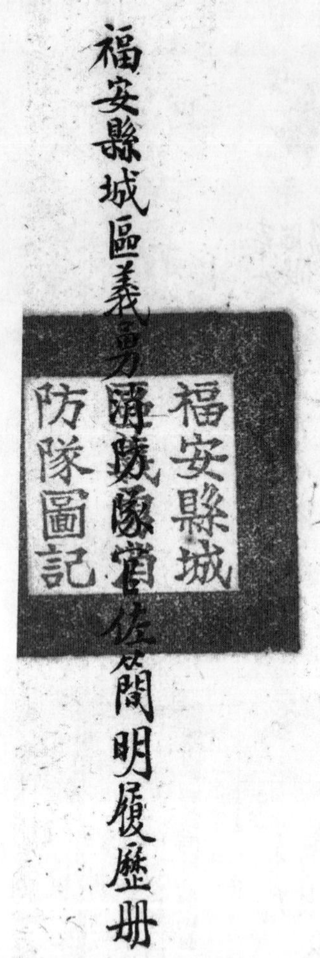

0034

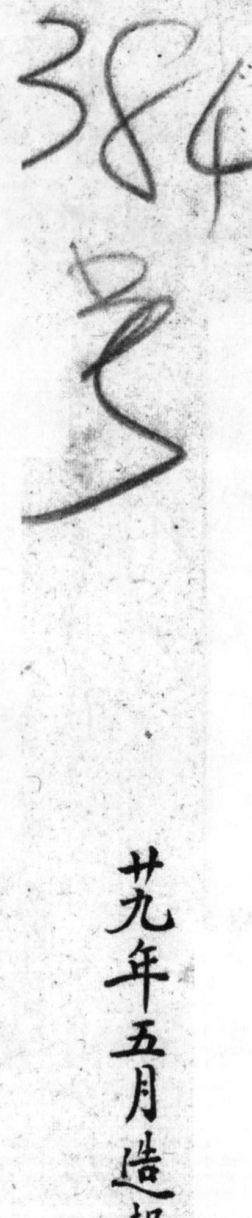

福安县城区义勇消防队官佐简明履历册(二十九年五月造报)(1940 年 5 月)

0161-001-0033

0035

福安縣城區義勇消防隊官佐簡明履歷冊

職別	姓名	年齡	籍貫	資歷	到差年月日
隊長	郭振華	三〇	德化	福建省警官訓練所警官班第一期畢業現任福安縣警察局局長	二十八年八月一日
副隊長	黃廷球	五三	福安	北京地方自治模範講習所畢業曾任福安縣救火會主席防護團消防股長	仝上
第一分隊長	陳炳烈	三〇	仝上	曾任福安縣救火會執行委員福安縣防護團消防隊隊長	仝上
第二分隊長	陸紹齡	三五	仝上	曾任福安縣救火會執行委員	仝上
第三分隊長	李毓祺	三七	仝上	曾任福安縣救火會執行委員福安縣防護團消防隊副隊長	仝上
第四分隊長	李受益	四〇	仝上	曾任福安縣救火會執行委員	仝上
書記	黃文玉	二七	仝上		仝上
幹事	李富郎	三四	仝上		二十九年四月一日

福安县城区义勇消防队官佐简明履历册(二十九年五月造报)(1940年5月)

0161-001-0033

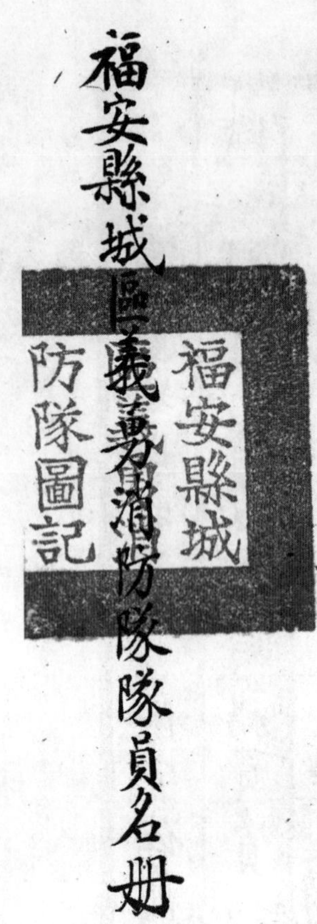

福安縣城區義勇消防隊隊員名册

福安縣城義勇消防隊圖記

36

0037

廿九年五月造報

福安县城区义勇消防队队员名册(二十九年五月造报)(1940 年 5 月)

0161-001-0033

0038

福安縣城區義勇消防隊隊員名冊

隊別	職別	姓名	備攷
第一分隊	班長	陳澤松	
	隊員	俞伏成	
		郭樹松	
		鍾細龍	
		黃益弟	
		蔡景柏	
		阮善安	
		陳四現	

福安县城区义勇消防队队员名册(二十九年五月造报)(1940 年 5 月)

a 面　0161-001-0033

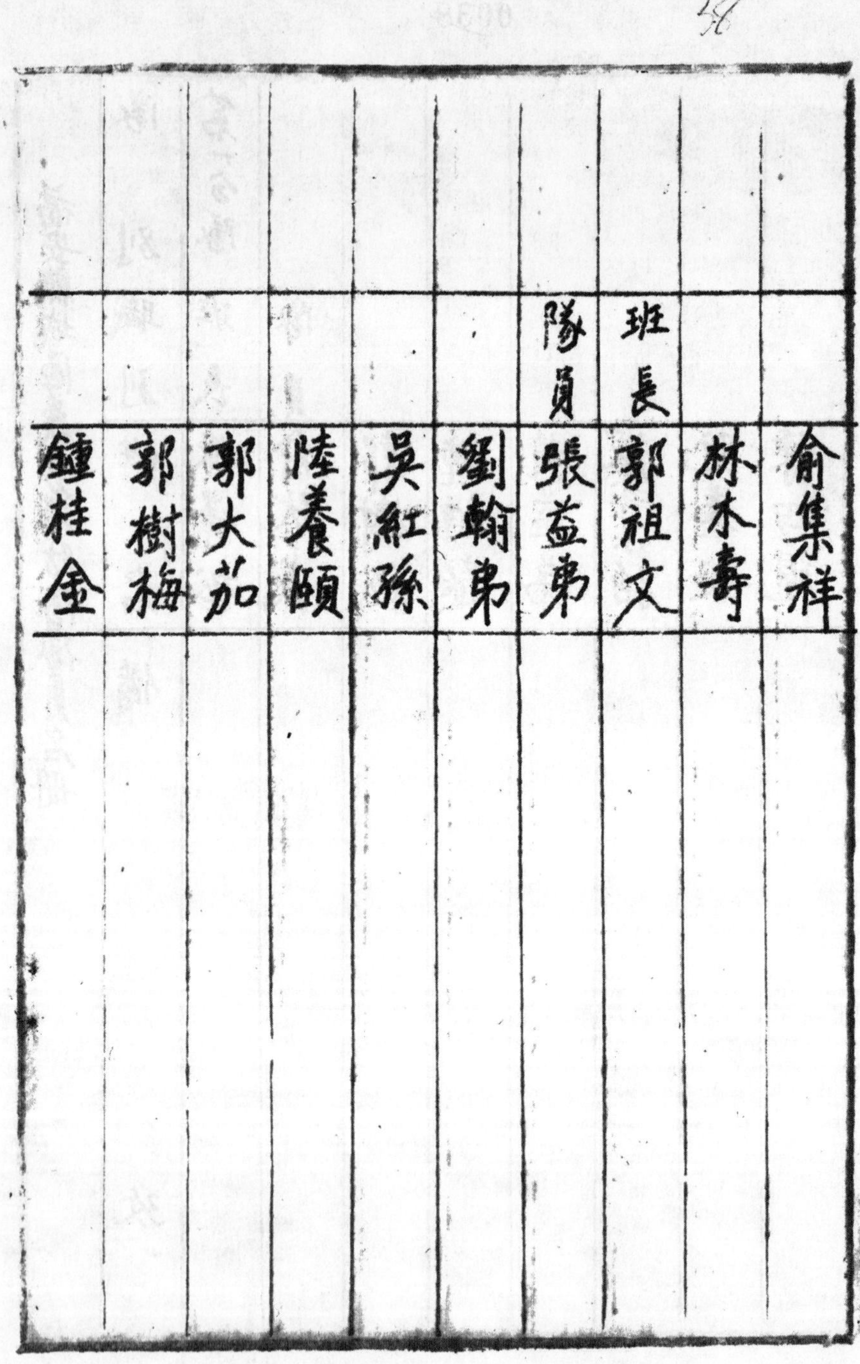
	俞集祥
	林木壽
班長	郭祖文
隊員	張益弟
	劉翰弟
	吴紅孫
	陸養頤
	郭大茄
	郭樹梅
	鍾桂金

福安县城区义勇消防队队员名册(二十九年五月造报)(1940年5月)

b面 0161-001-0033

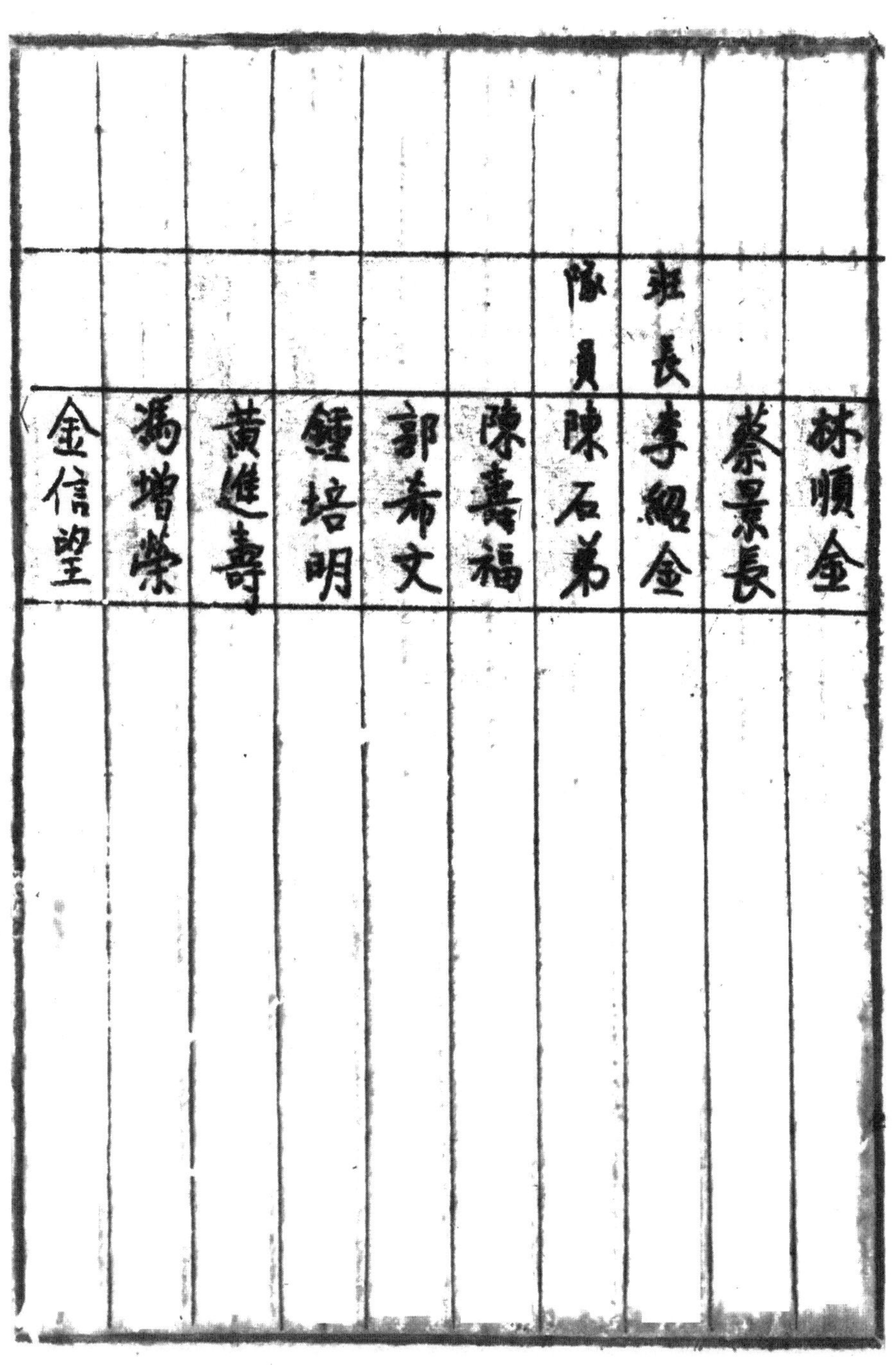
0039

林顺金
蔡景長
班長 李紹金
隊員 陳石弟
陳壽福
郭希文
鍾培明
黄進壽
馮增榮
金信望

福安县城区义勇消防队队员名册(二十九年五月造报)(1940年5月)

a面 0161-001-0033

馮則基	李毓銘	班長 陳燦禧	隊員 阮成國	王進城	馮茹細	周維貴	鍾撤仔	郭樹木	蔡索科

福安县城区义勇消防队队员名册(二十九年五月造报)(1940 年 5 月)

b 面　0161-001-0033

0040

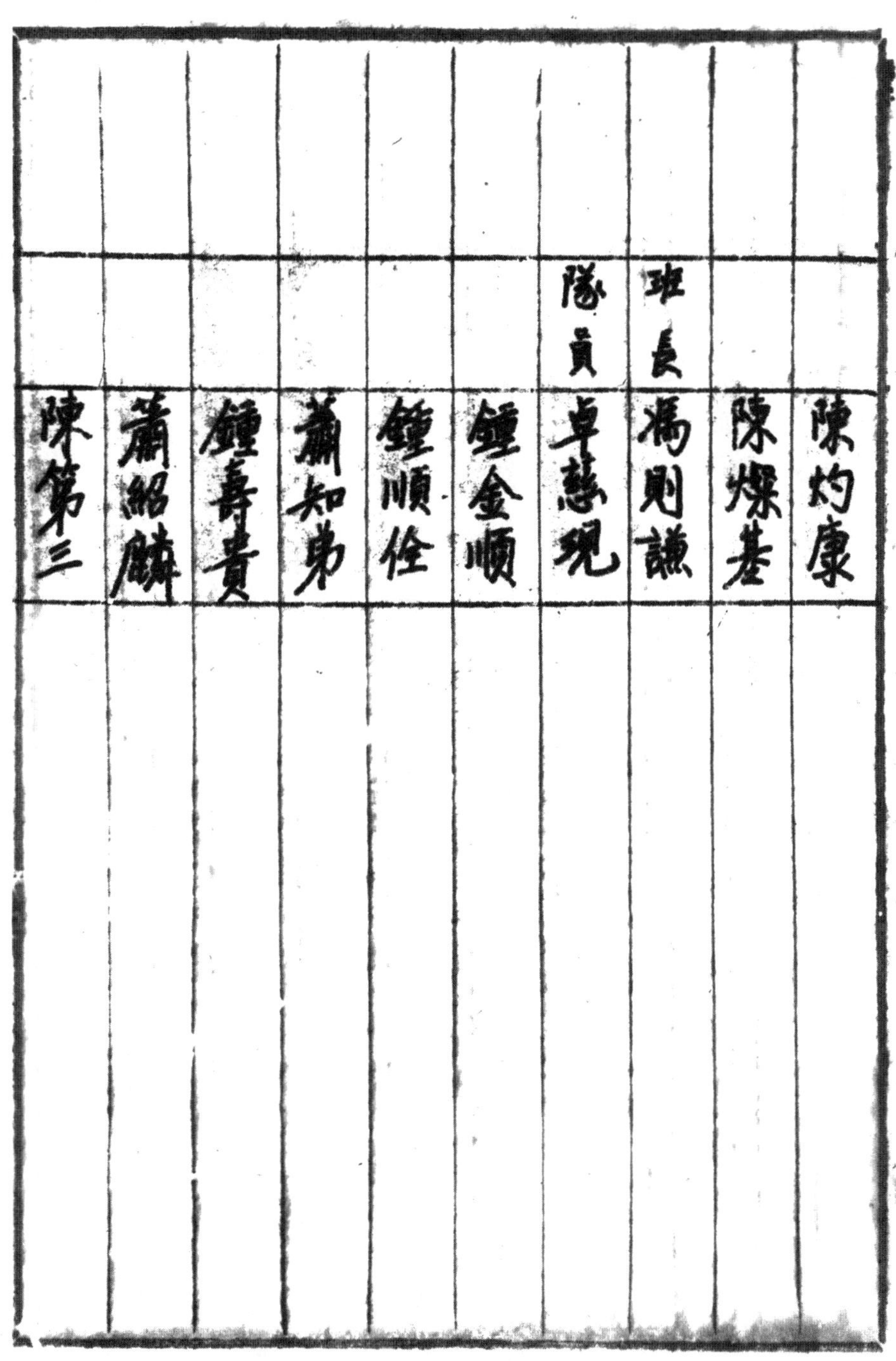

	陳灼康
	陳燦基
班長	馮則謙
隊員	卓慈現
	鍾金順
	鍾順佺
	蕭知弟
	鍾壽貴
	蕭紹麟
	陳第三

福安县城区义勇消防队队员名册(二十九年五月造报)(1940年5月)

a面　0161-001-0033

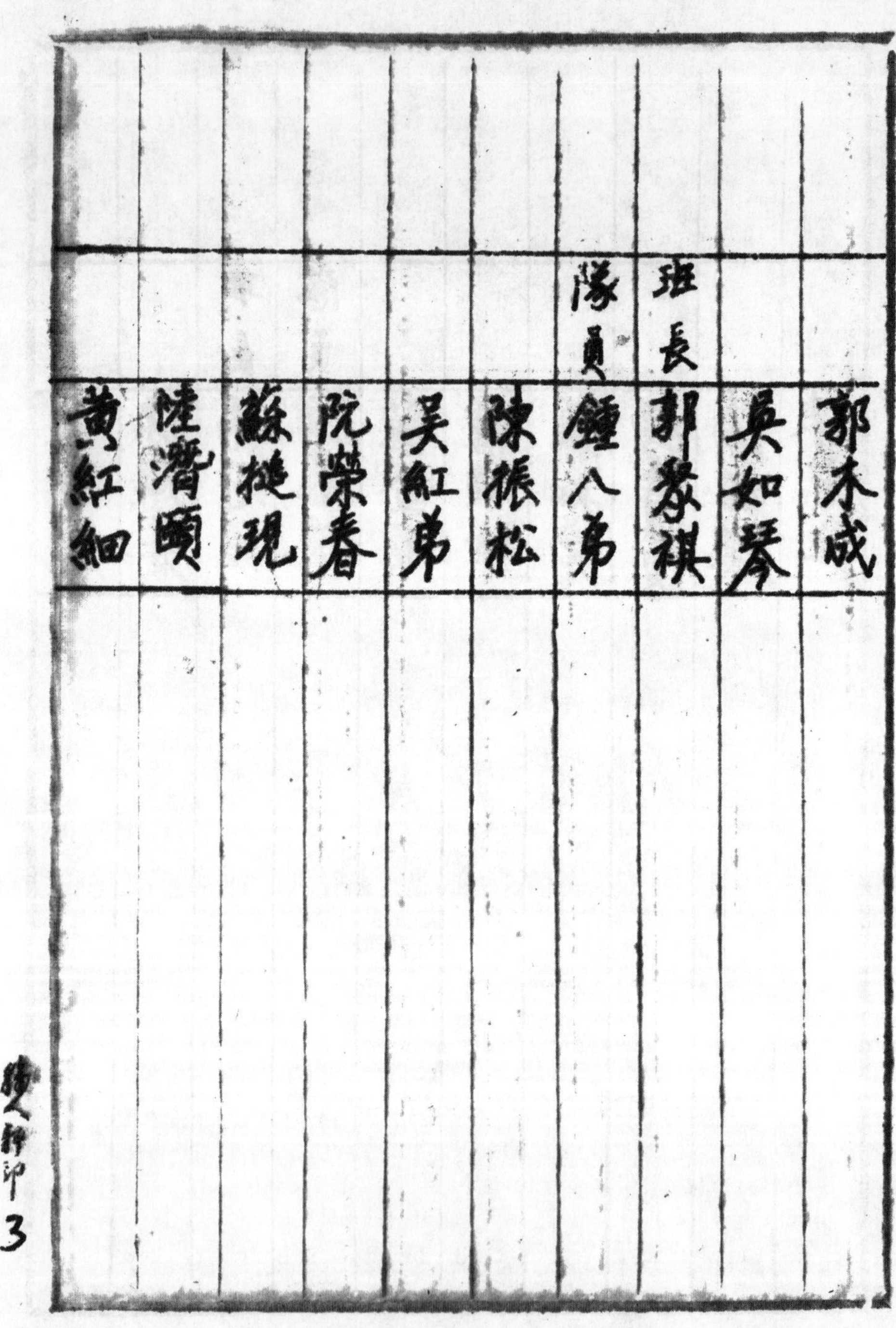

職務	姓名
	郭木成
	吴如琴
班長	郭聚祺
隊員	鍾八弟
	陳振松
	吴紅弟
	阮榮春
	蘇攄現
	陸濟頤
	黄紅細

梁人靜印 3

福安县城区义勇消防队队员名册(二十九年五月造报)(1940年5月)

b面 0161-001-0033

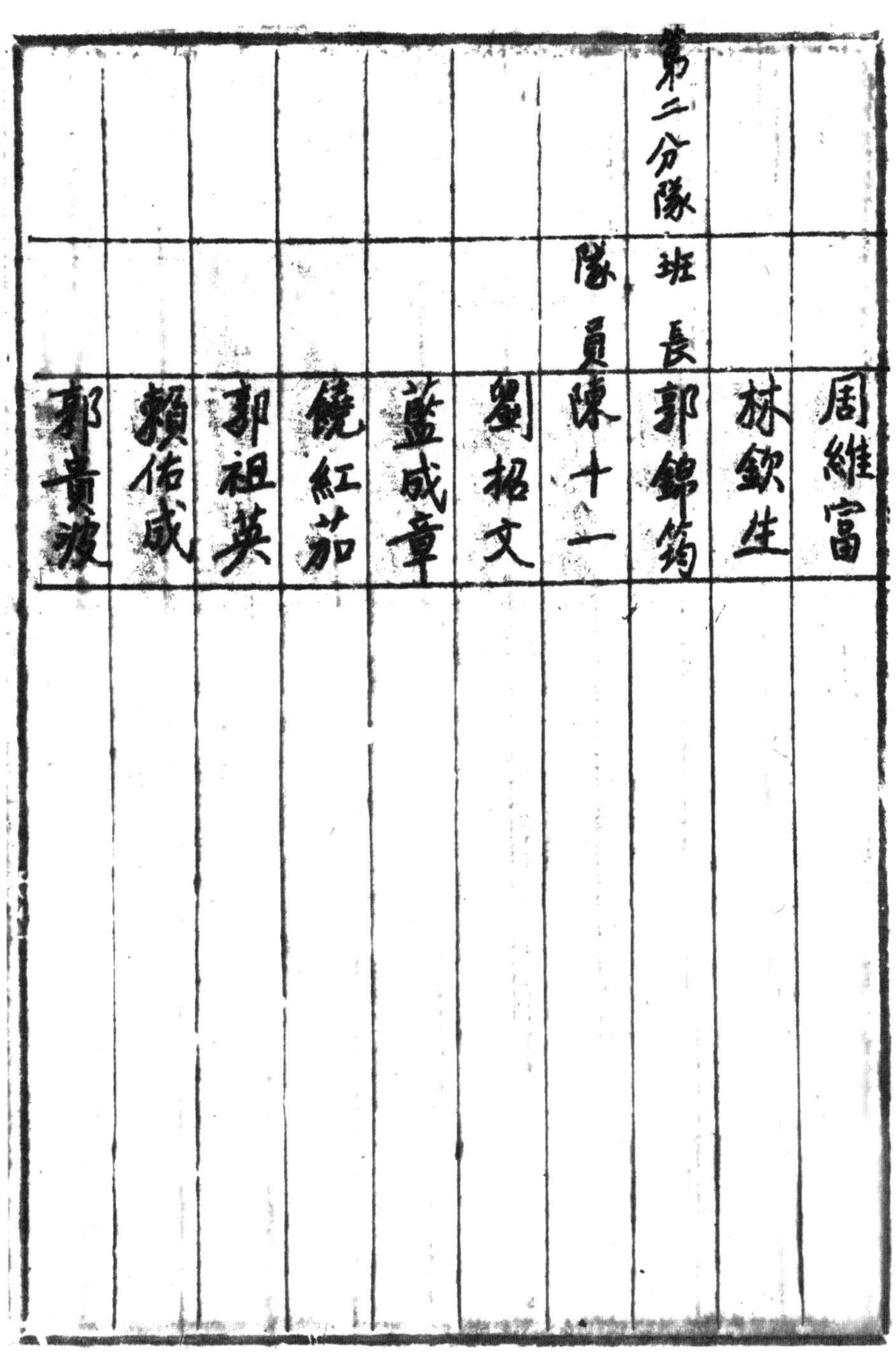
0041

第二分隊

班長郭錦筠

隊員陳十一

周維富
林欽生
郭錦筠
陳十一
劉招文
藍成章
饒紅茄
郭祖英
賴佑成
鄭貴波

福安县城区义勇消防队队员名册(二十九年五月造报)(1940年5月)

a面 0161-001-0033

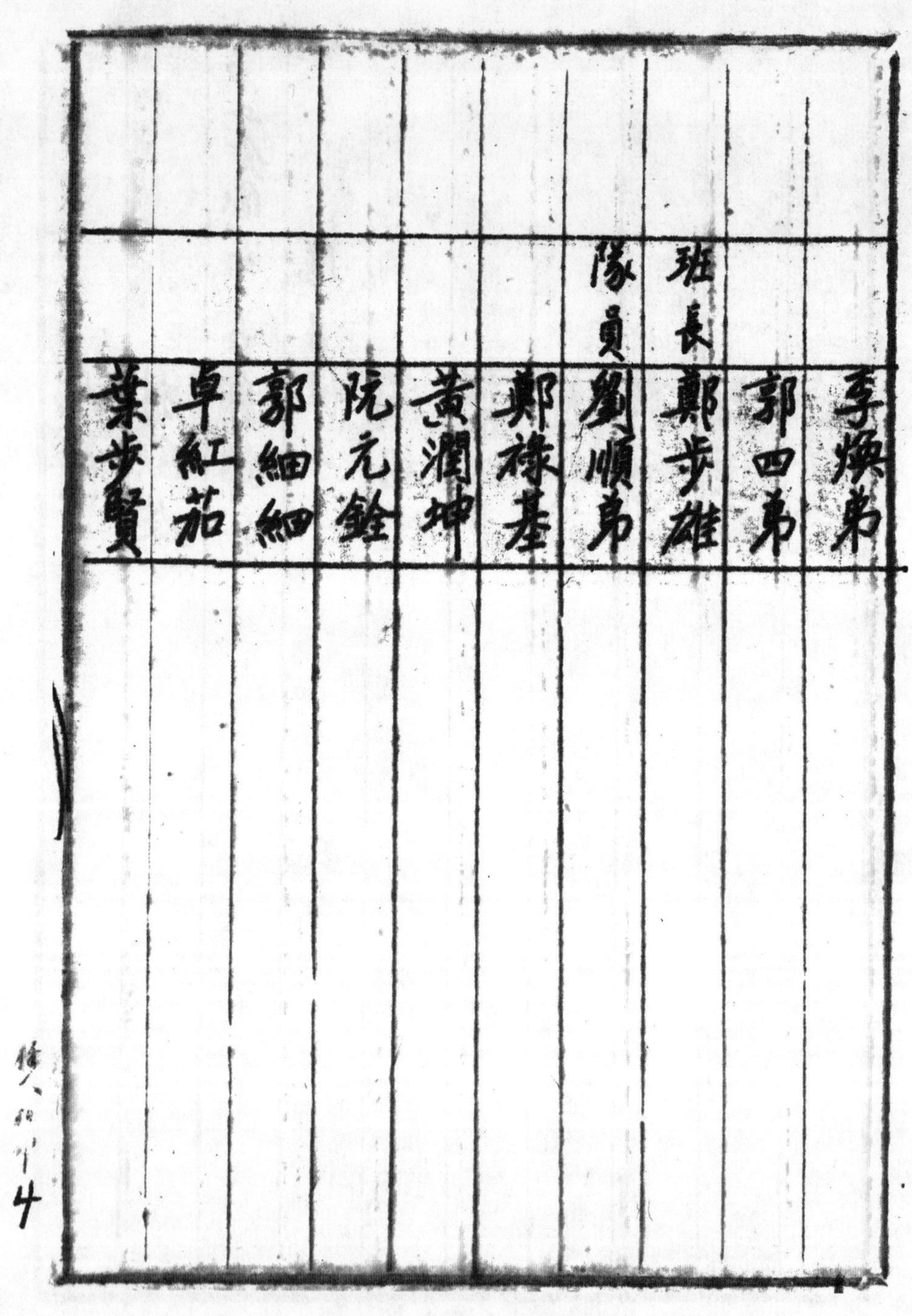

福安县城区义勇消防队队员名册(二十九年五月造报)(1940年5月)

b面 0161-001-0033

0042

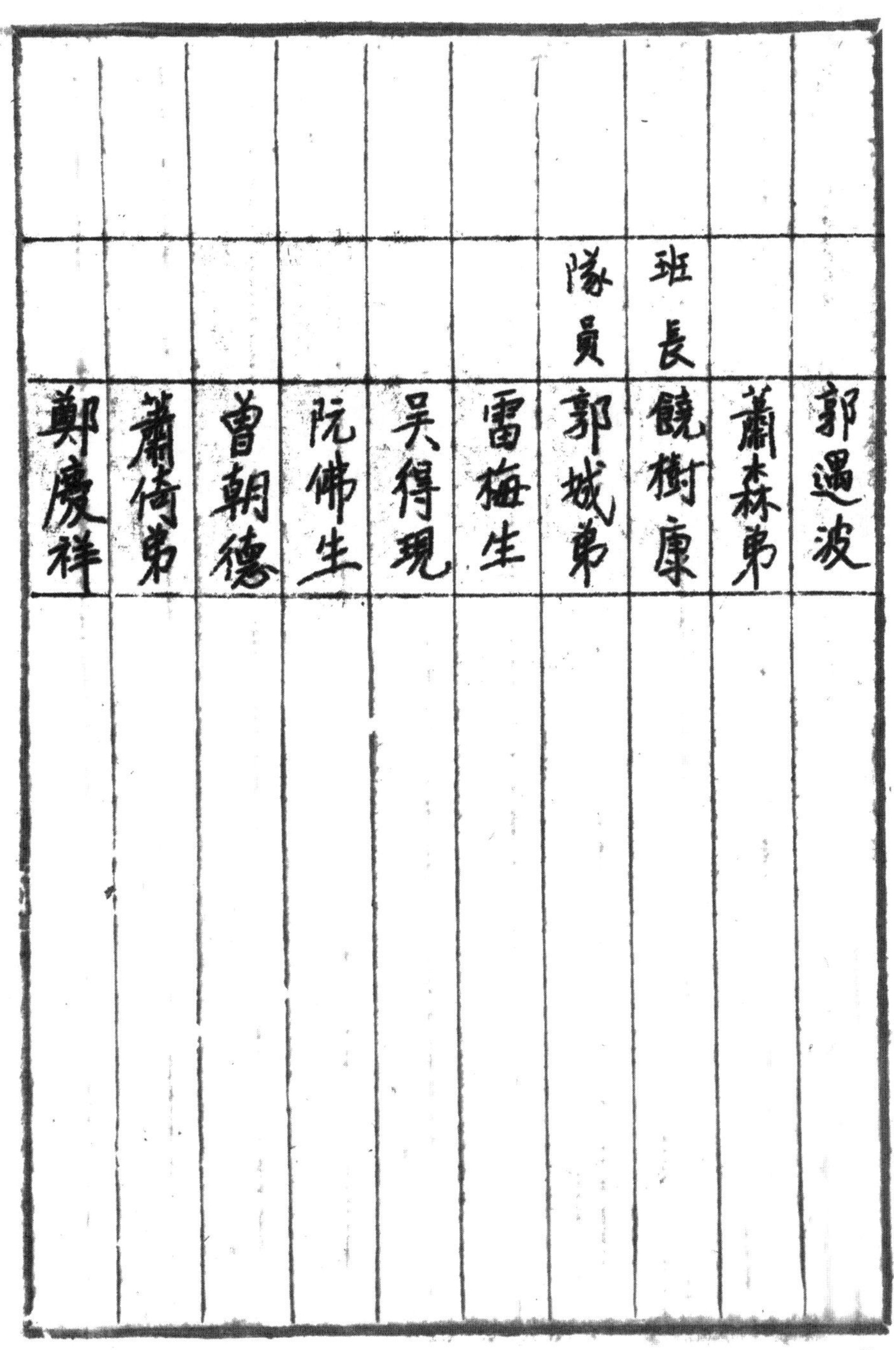
郭遇波
蕭森弟
班長 饒樹康
隊員 郭城弟
雷梅生
吳得現
阮佛生
曾朝德
蕭倚弟
鄭慶祥

福安县城区义勇消防队队员名册(二十九年五月造报)(1940年5月)

a面 0161-001-0033

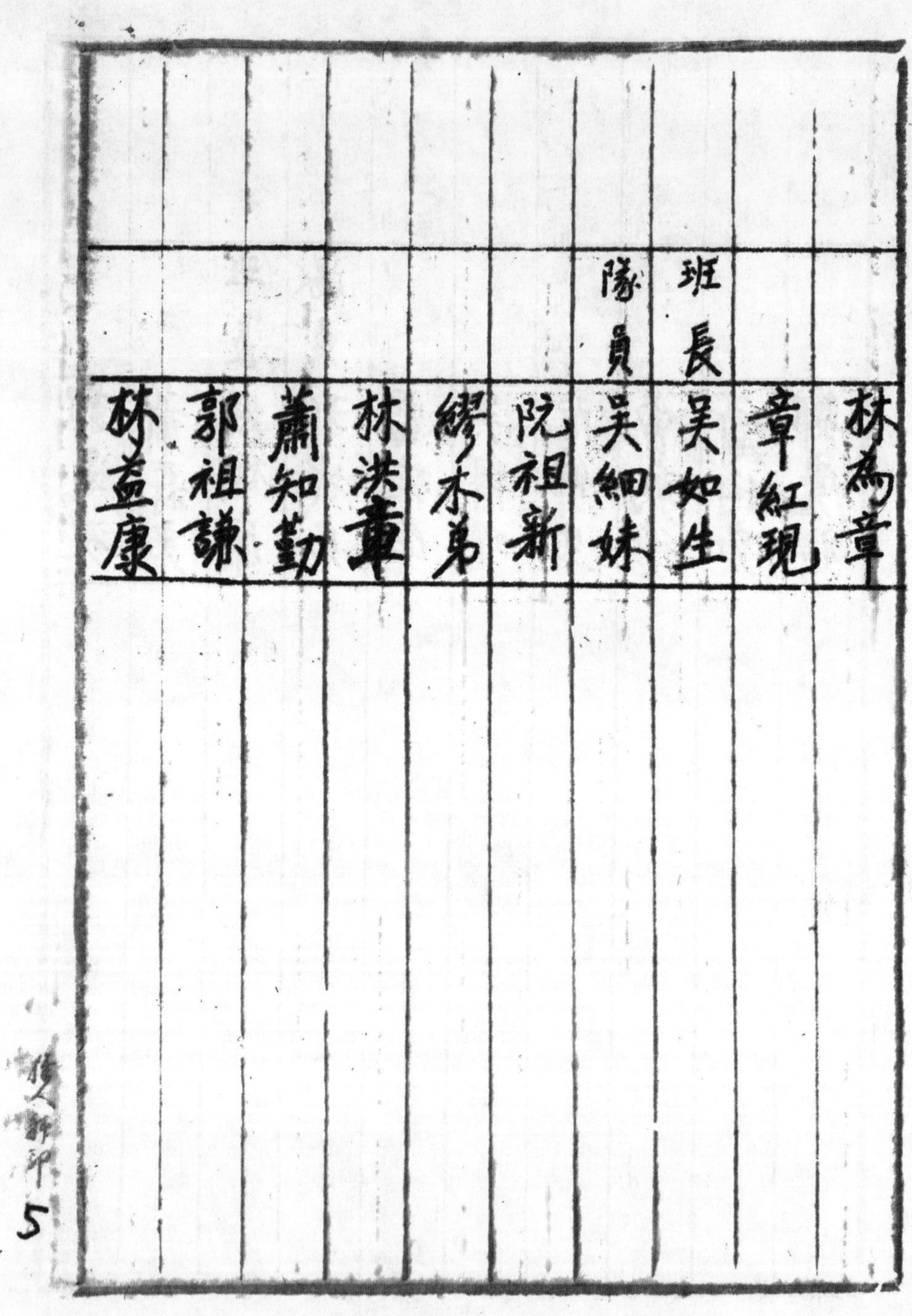

職別	姓名
	林為章
	章紅琨
班長	吴如生
隊員	吴細妹
	阮祖新
	繆木弟
	林洪章
	蕭知勤
	郭祖謙
	林益康

福安县城区义勇消防队队员名册(二十九年五月造报)(1940 年 5 月)

b 面　0161-001-0033

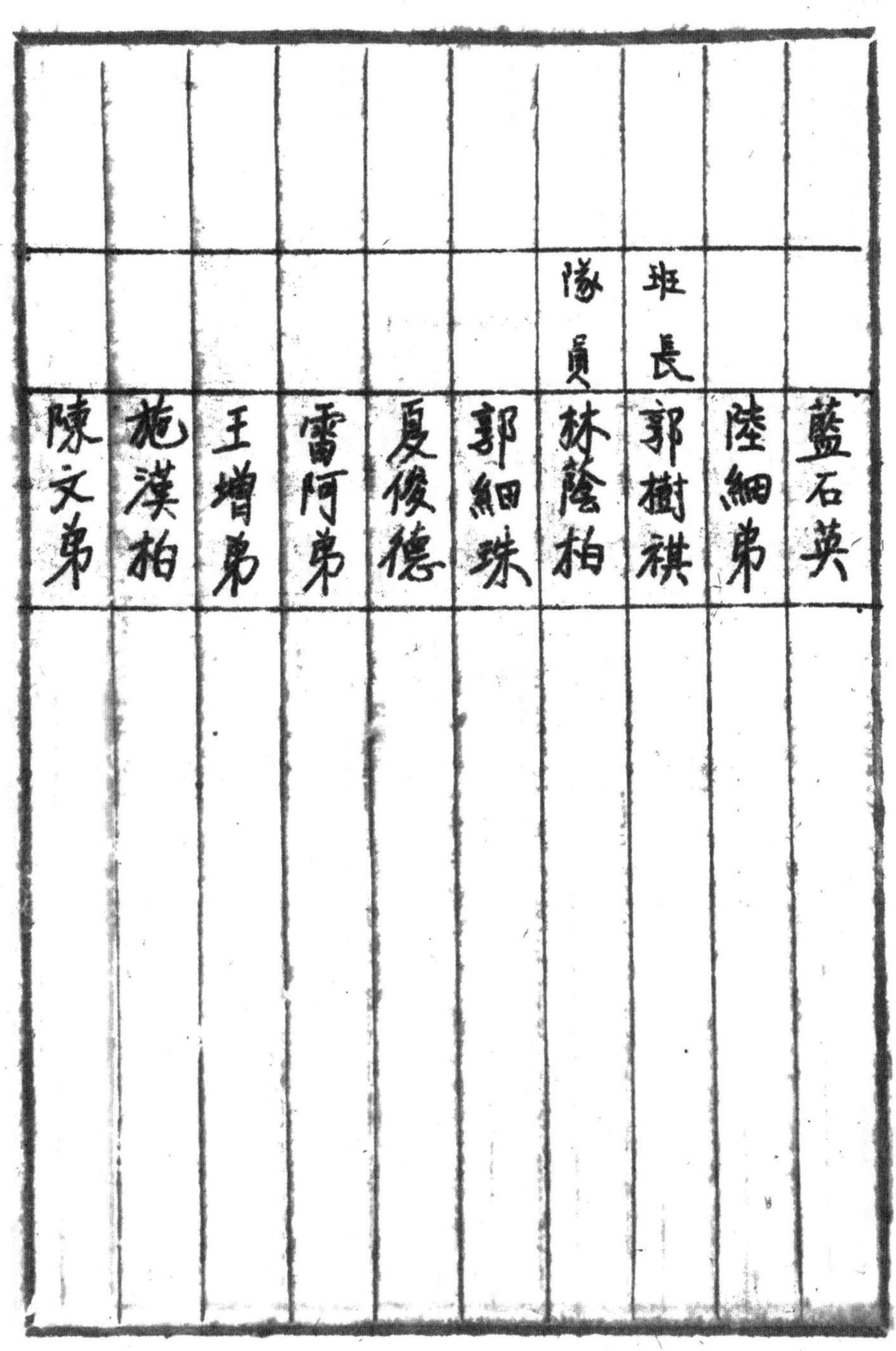
0043

	姓名
	藍石英
	陸細弟
班長	郭樹祺
隊員	林蔭柏
	郭細珠
	夏俊德
	雷阿弟
	王增弟
	施漢柏
	陳文弟

福安县城区义勇消防队队员名册(二十九年五月造报)(1940年5月)

a面　0161-001-0033

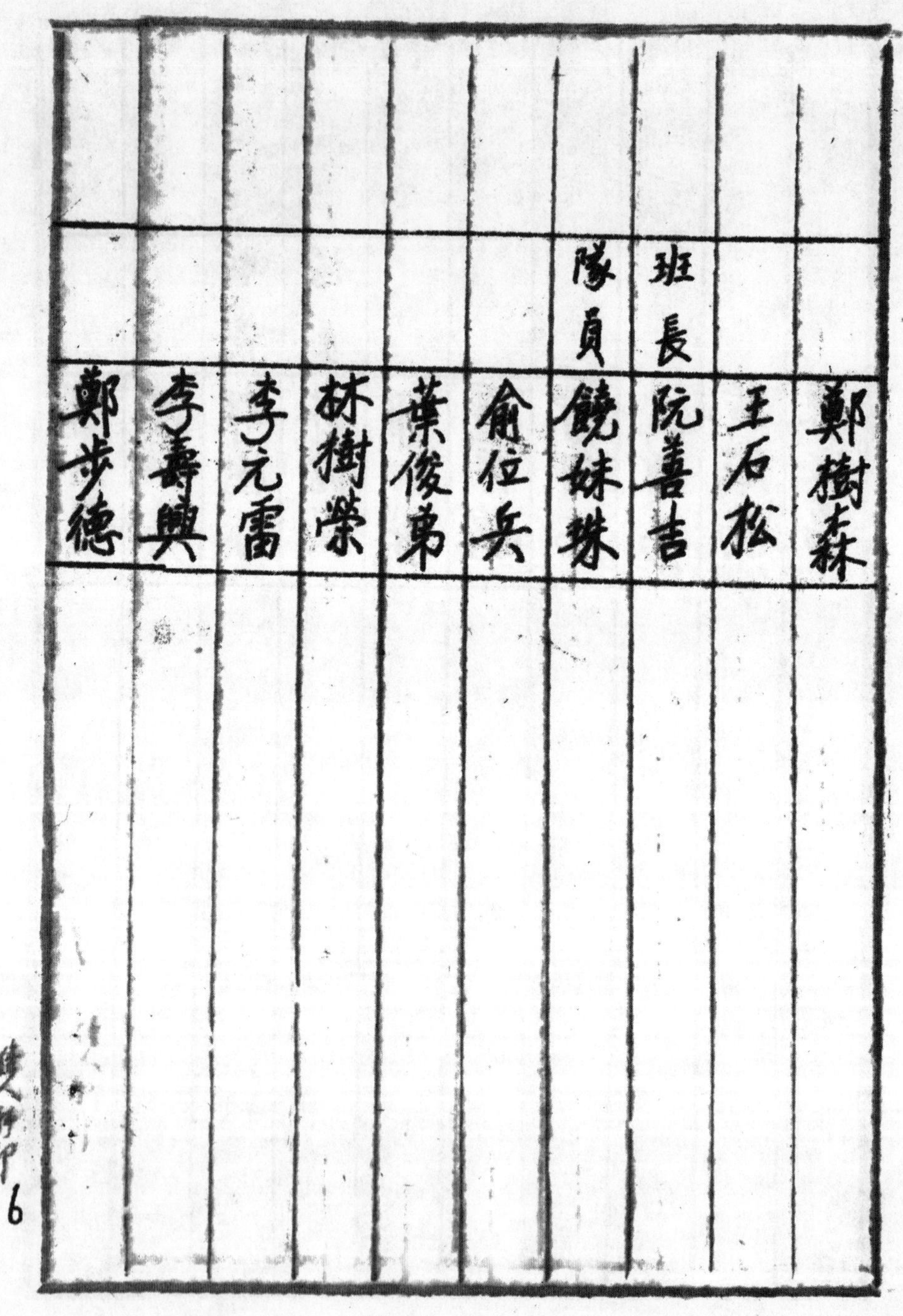

		班長	隊員						
鄭樹森	王石松	阮善吉	饒妹株	俞位兵	葉俊弟	林樹榮	李元雷	李壽興	鄭步德

6

福安县城区义勇消防队队员名册(二十九年五月造报)(1940年5月)

b面 0161-001-0033

0044

李阿繪
郭貴弟
第三分隊
班長 吴炳武
隊員 李紅茄
陸賢弟
陳鳳松
鄭伏全
吴冬泉
劉嫩仔
陳十二

福安县城区义勇消防队队员名册(二十九年五月造报)(1940年5月)
a面 0161-001-0033

	饒炳容
	鍾明章
班長	陳成波
隊員	劉榮森
	王炳现
	王嫩弟
	陳紅孫
	陳祖清
	葉明春
	劉佛妹

福安县城区义勇消防队队员名册(二十九年五月造报)(1940年5月)

b面 0161-001-0033

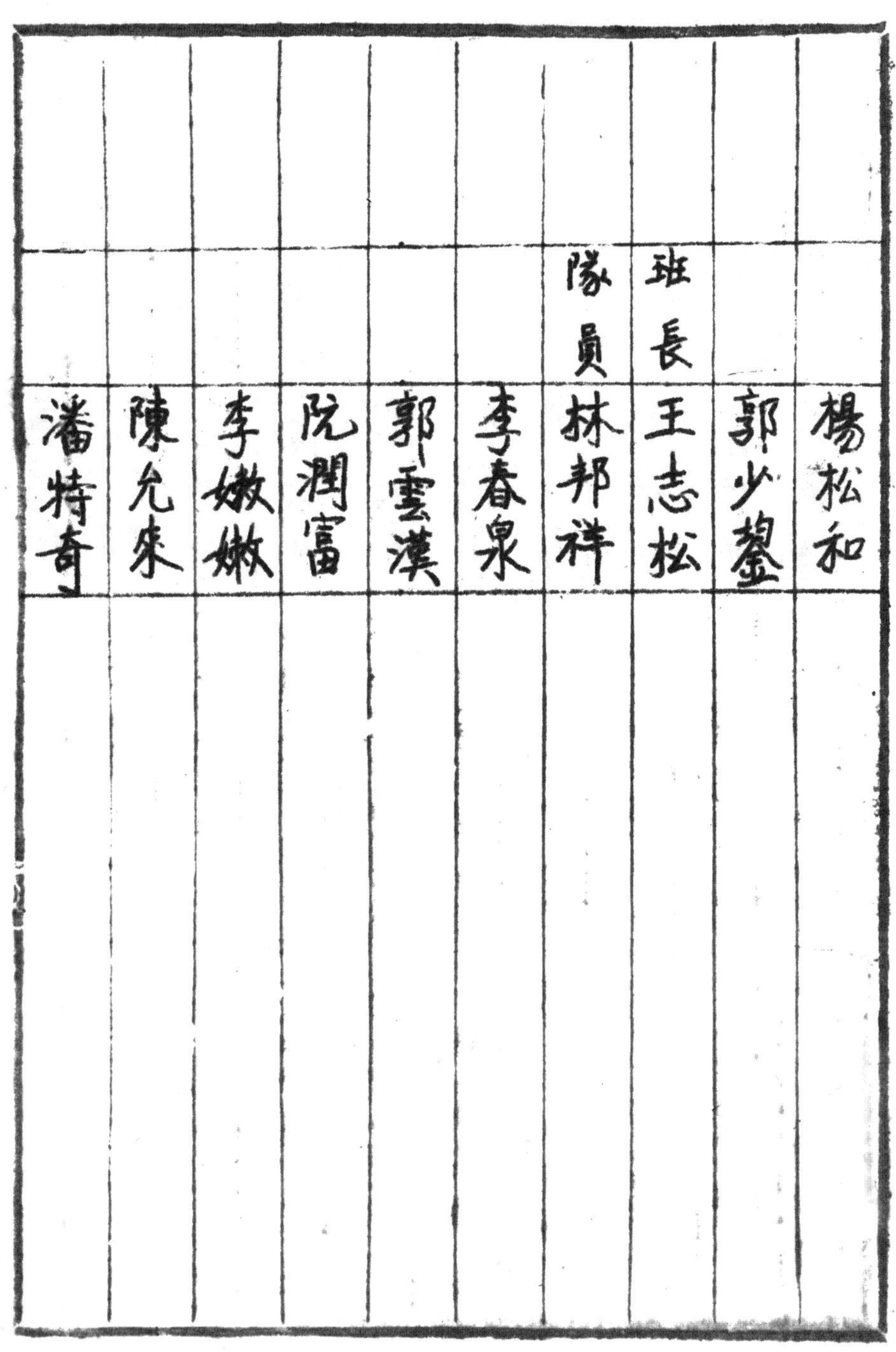

楊松和
郭少鎏
班長 王志松
隊員 林邦祥
李春泉
郭雲漢
阮潤富
李嫩嫩
陳允來
潘特奇

福安县城区义勇消防队队员名册(二十九年五月造报)(1940 年 5 月)

a 面　0161-001-0033

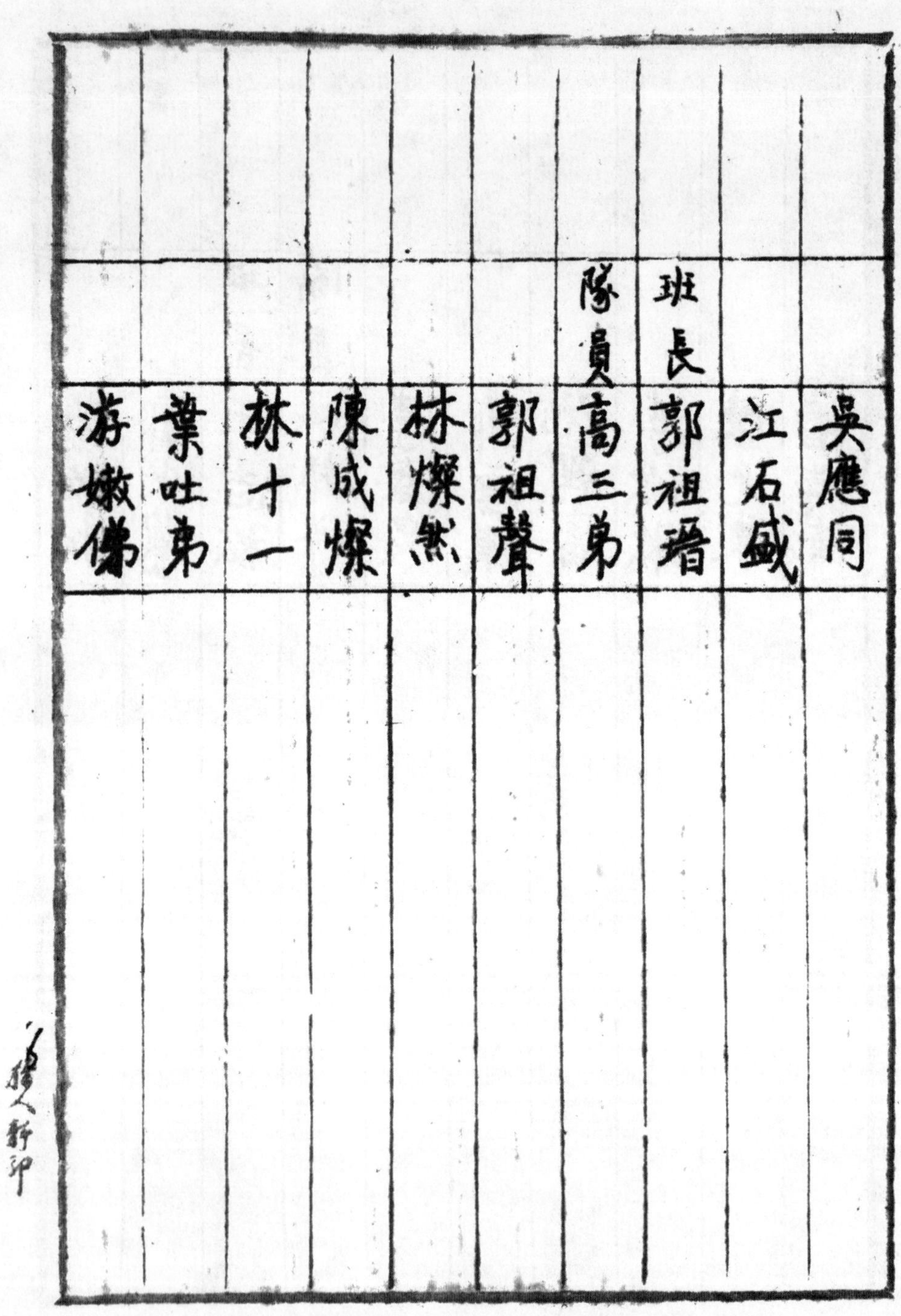
吳應同
江石鹹
班長郭祖𤦺
隊員高三弟
郭祖聲
林燦煞
陳成燦
林十一
葉吐弟
游嫩儛

福安县城区义勇消防队队员名册(二十九年五月造报)(1940 年 5 月)

b 面　0161-001-0033

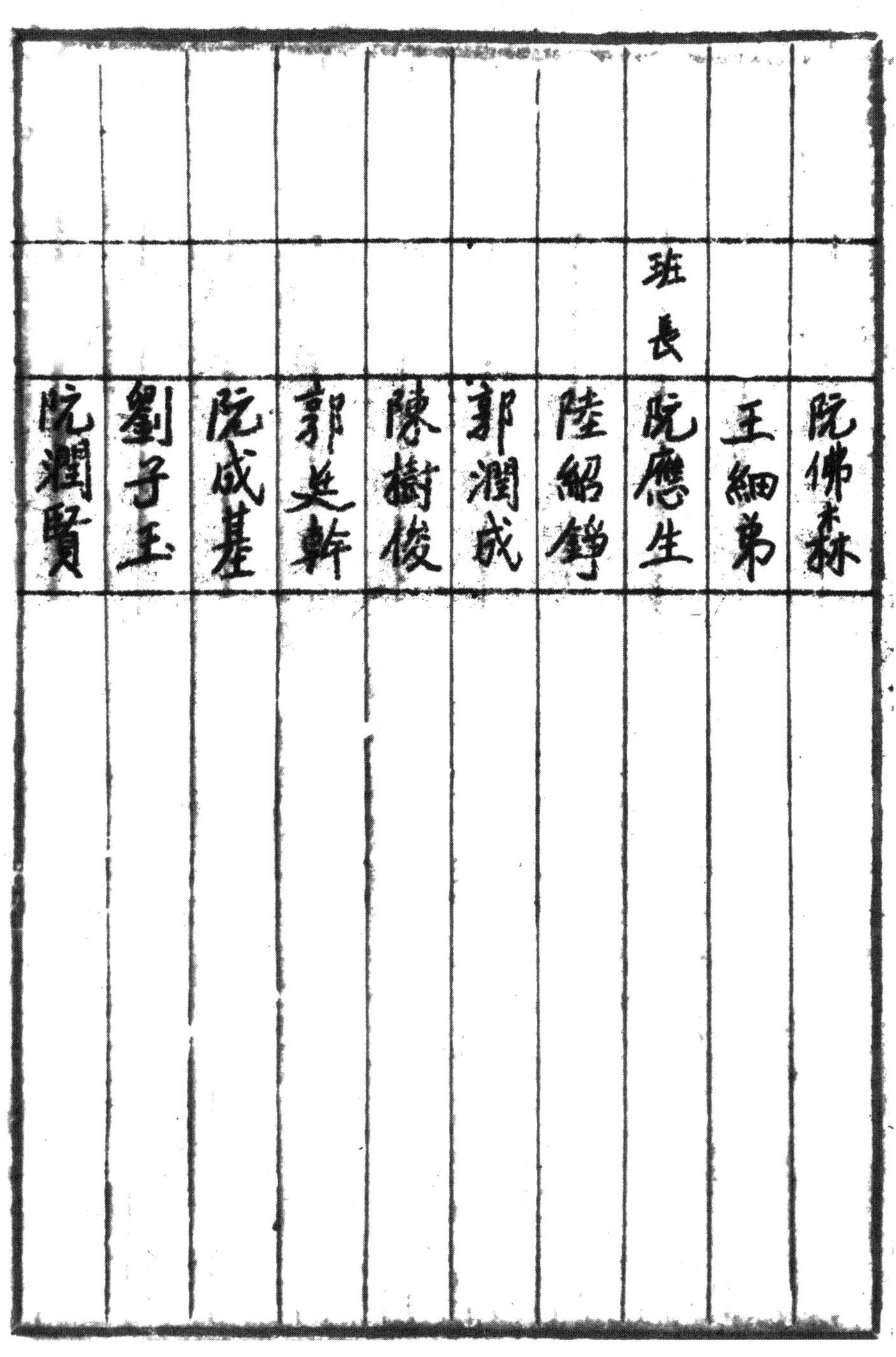
0046

班長 阮應生

阮佛森
王細弟
阮應生
陸紹錚
郭潤成
陳樹俊
郭炎幹
阮成基
劉子玉
阮潤賢

福安县城区义勇消防队队员名册(二十九年五月造报)(1940 年 5 月)

a 面　0161-001-0033

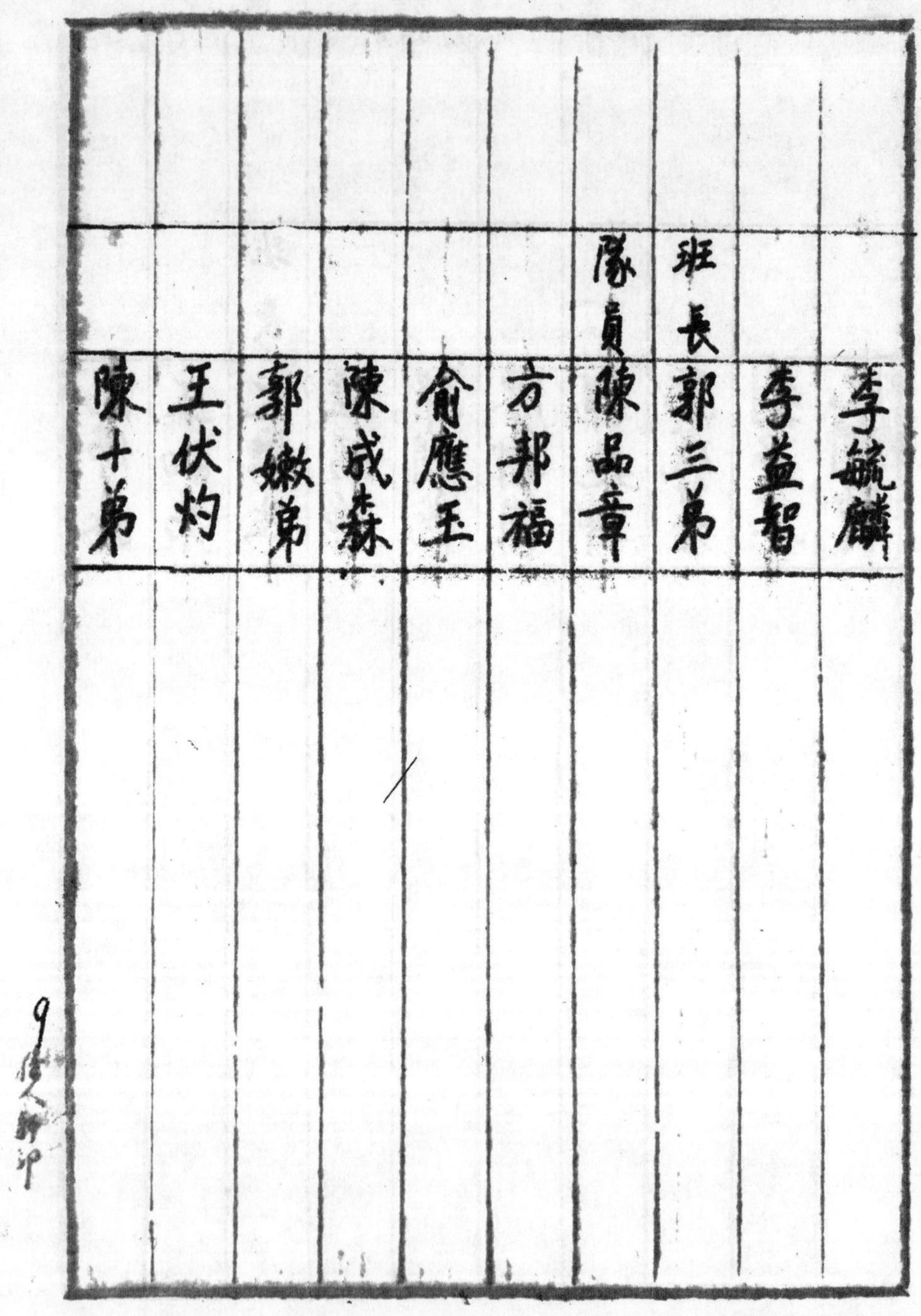
李毓麟
李益智
班長郭三弟
隊員陳品章
方邦福
俞應玉
陳成森
郭嫩弟
王伏灼
陳十弟

福安县城区义勇消防队队员名册(二十九年五月造报)(1940年5月)

b面 0161-001-0033

0047

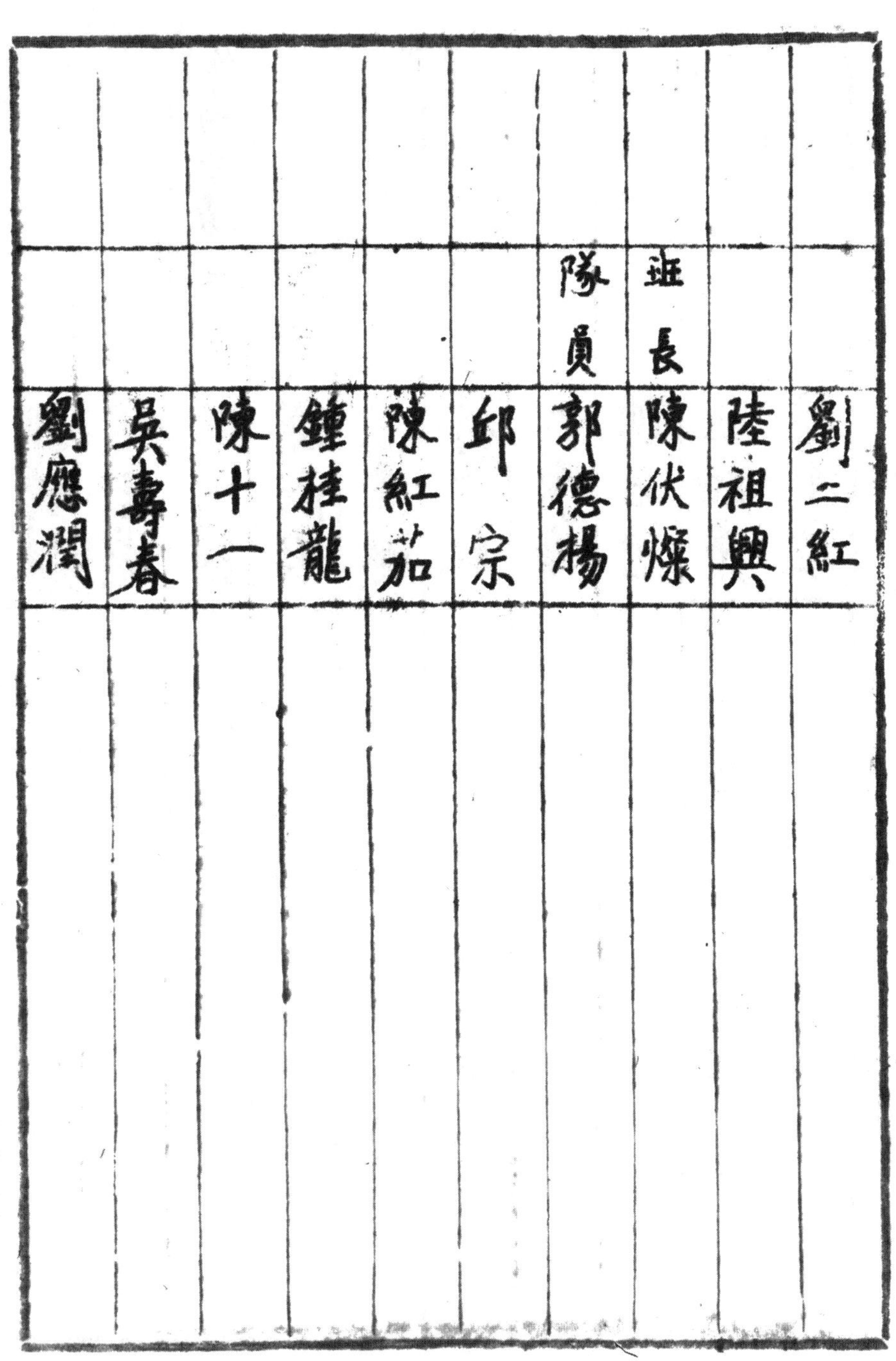

劉二紅	陸祖興	班長 陳伏燦	隊員 郭德楊	邱宗	陳紅茄	鍾桂龍	陳十一	吳壽春	劉應潤

福安县城区义勇消防队队员名册(二十九年五月造报)(1940年5月)

a面 0161-001-0033

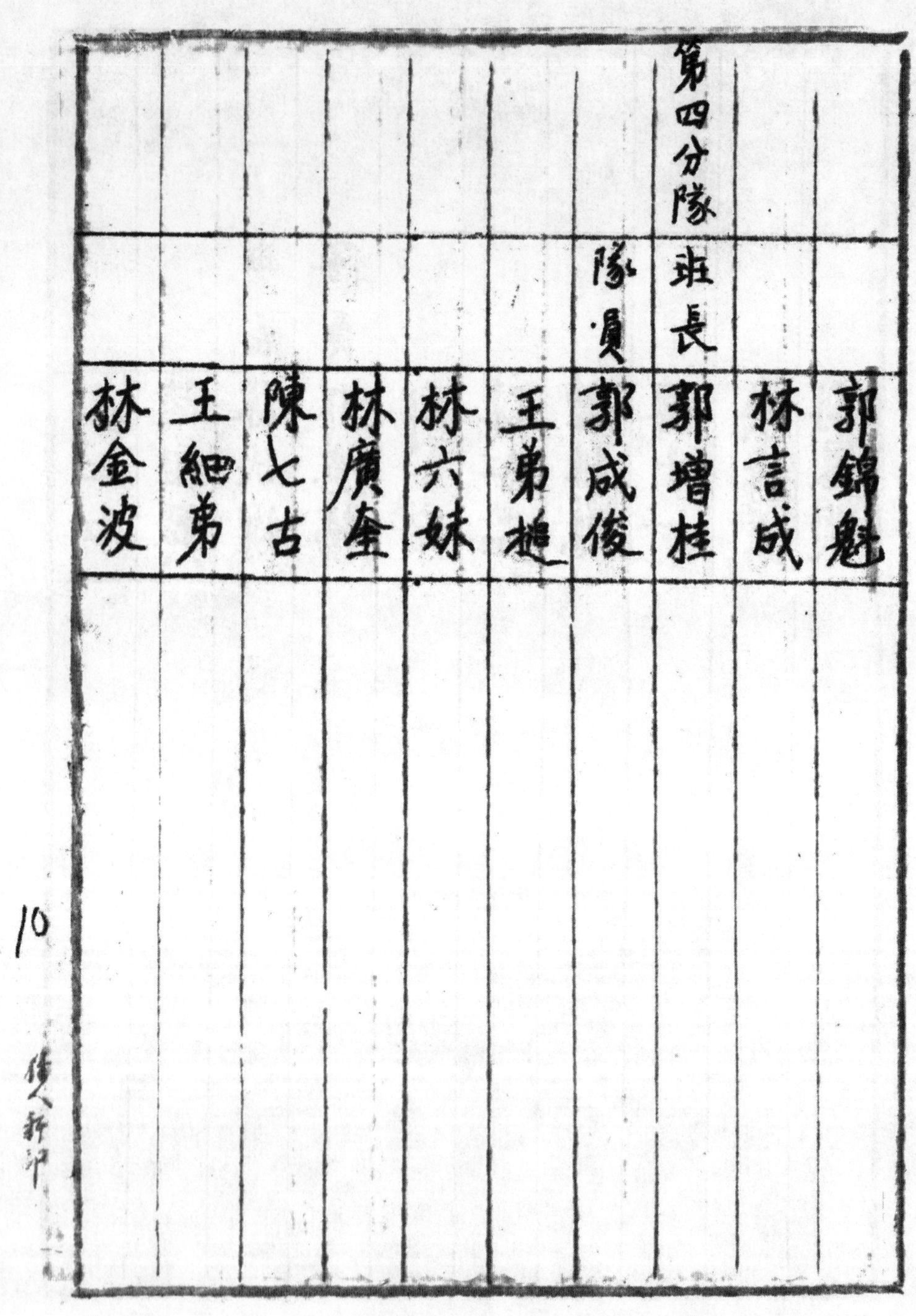
第四分隊
班長 郭錦魁
林言成
郭增桂
隊員 郭成俊
王弟𢓕
林六妹
林廣奎
陳七古
王細弟
林金波

福安县城区义勇消防队队员名册(二十九年五月造报)(1940 年 5 月)

b 面 0161-001-0033

0048

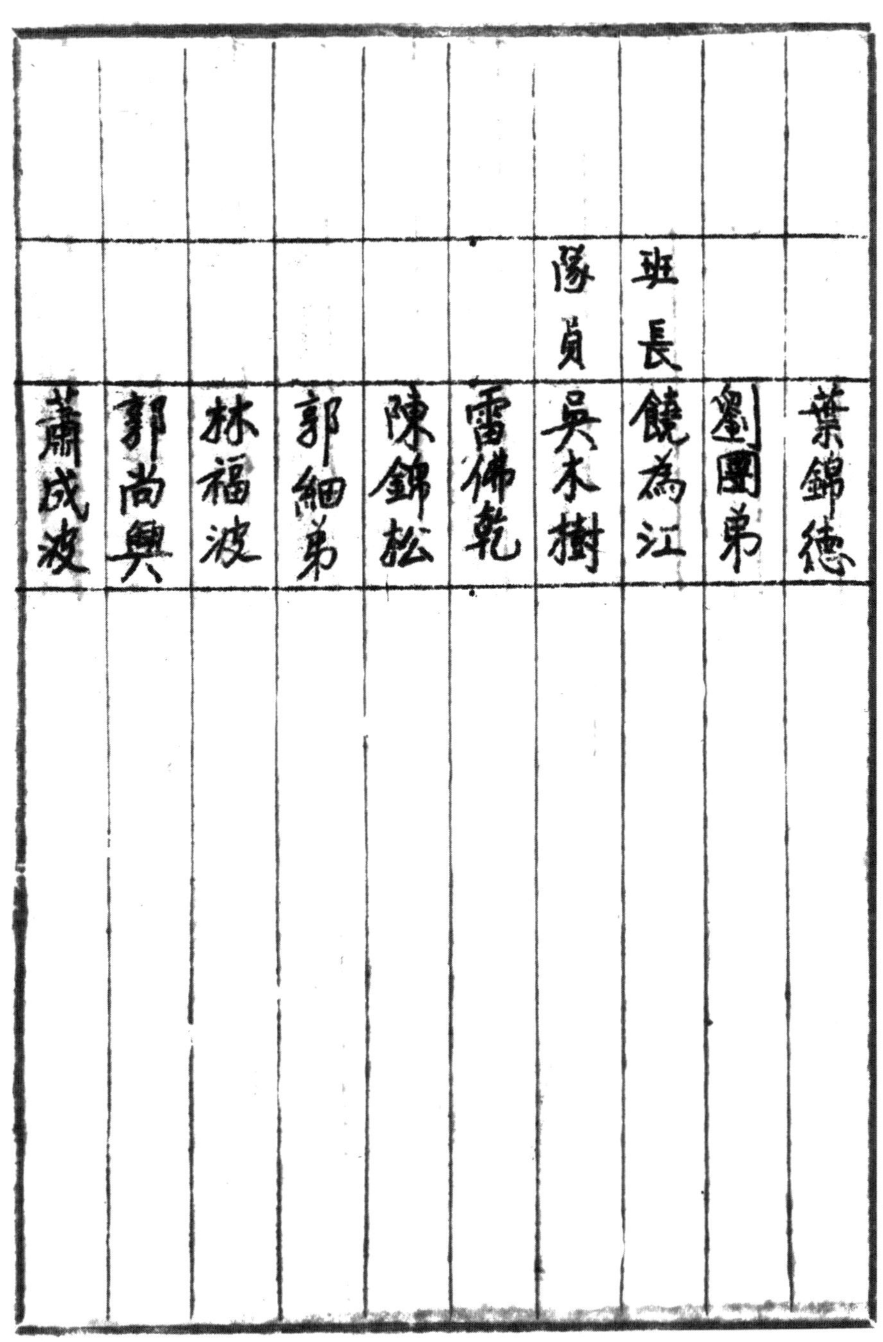

葉錦德
劉團弟
班長 饒為江
隊員 吳木樹
雷佛乾
陳錦松
郭細弟
林福波
郭尚興
蕭成波

福安县城区义勇消防队队员名册(二十九年五月造报)(1940年5月)

a面　0161-001-0033

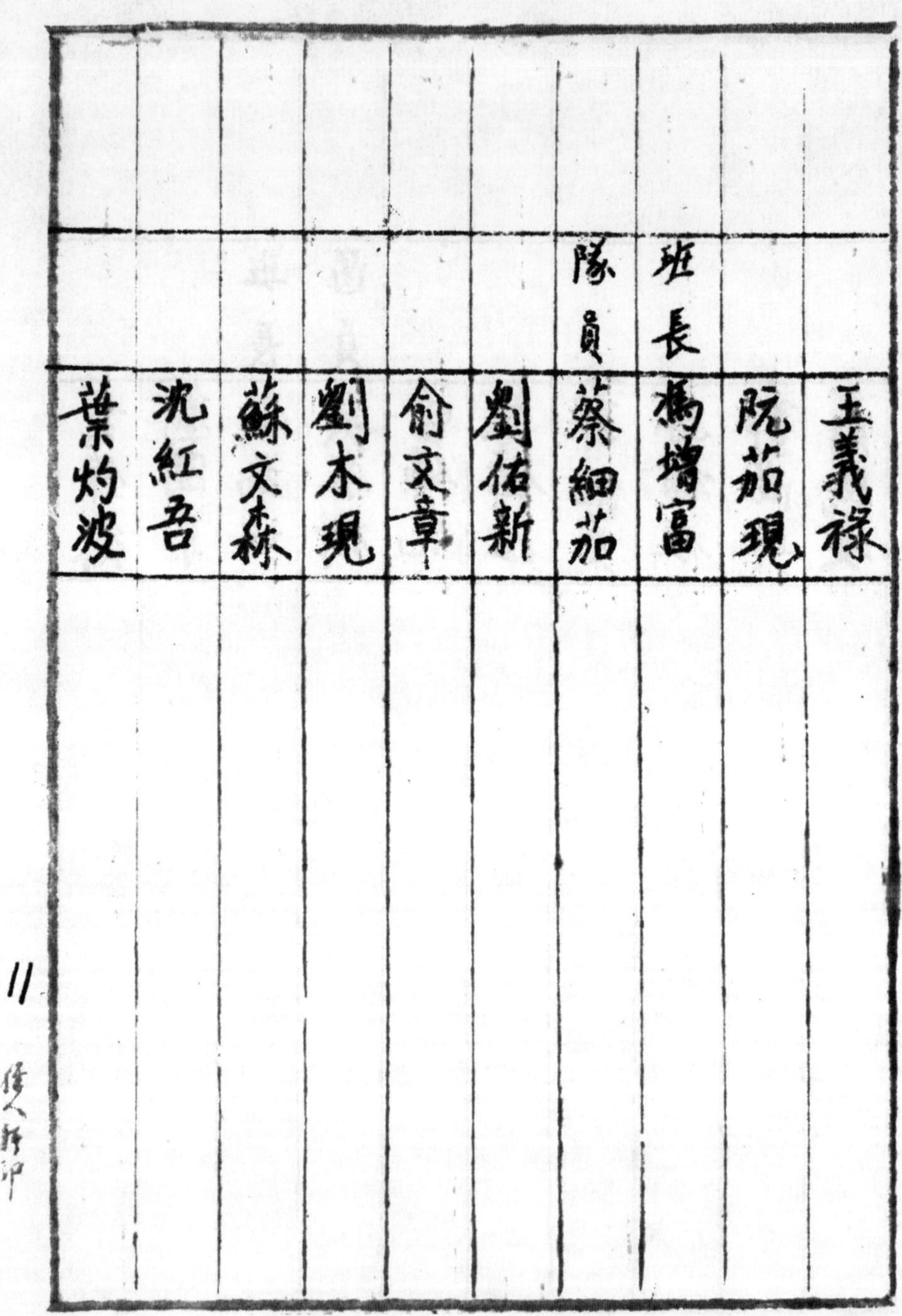
王義祿
阮茄現
班長　馮增富
隊員　蔡細茄
劉佑新
俞文章
劉木現
蘇文森
沈紅吾
葉灼波

福安县城区义勇消防队队员名册(二十九年五月造报)(1940 年 5 月)

b 面　0161-001-0033

0049

	郭甘棠
	鍾盈仁
班長	阮富現
隊員	郭如軒
	阮嫩嫩
	郭壽年
	繆細細
	郭阿弟
	陳大鋆
	卓如現

福安县城区义勇消防队队员名册(二十九年五月造报)(1940 年 5 月)

a 面　0161-001-0033

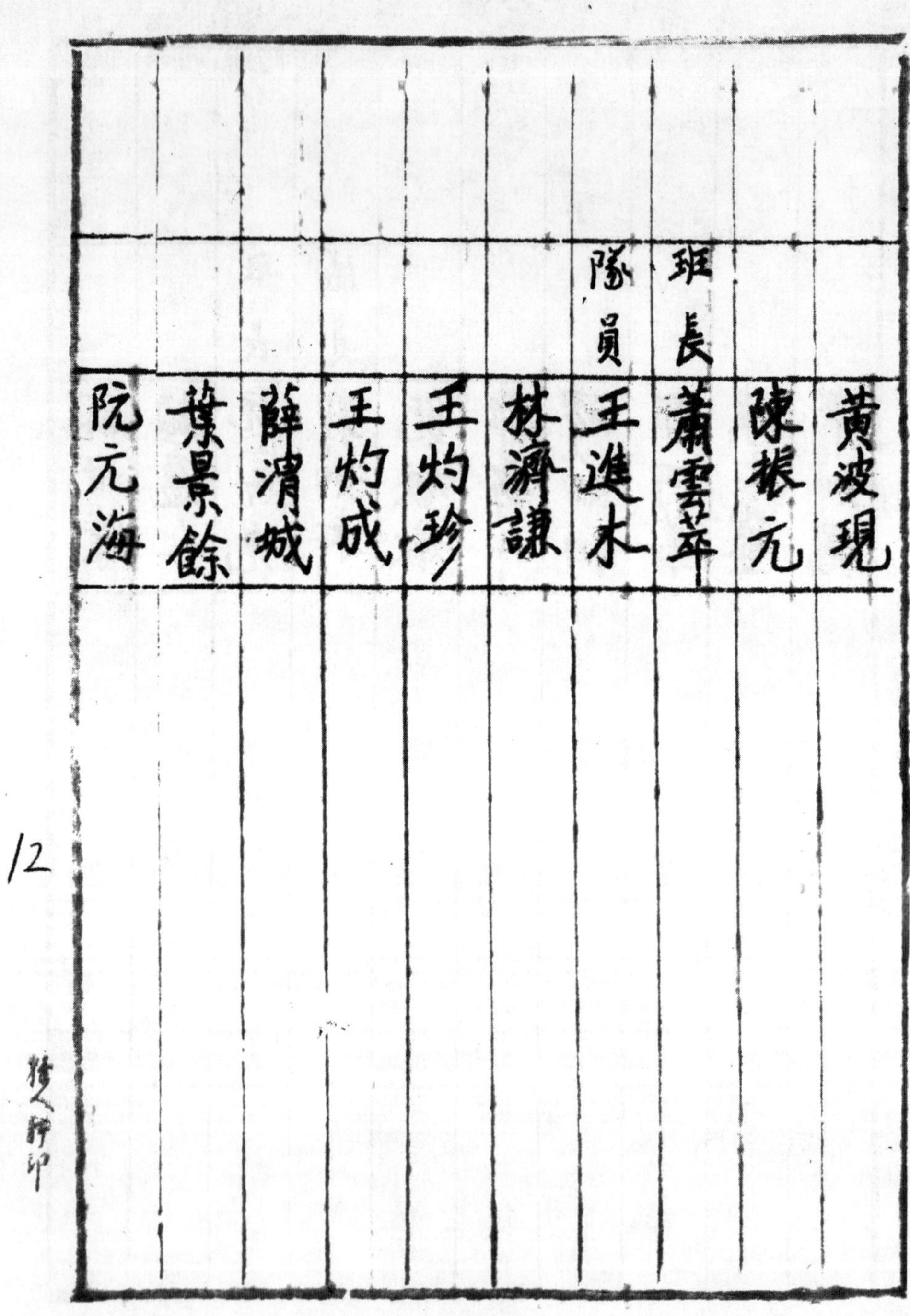

黄波現

陳根元

班長　蕭雲萃

隊員　王進木

林濟謙

王灼珍

王灼成

薛渭城

葉景餘

阮元海

12

福安县城区义勇消防队队员名册(二十九年五月造报)(1940年5月)

b面　0161-001-0033

0050

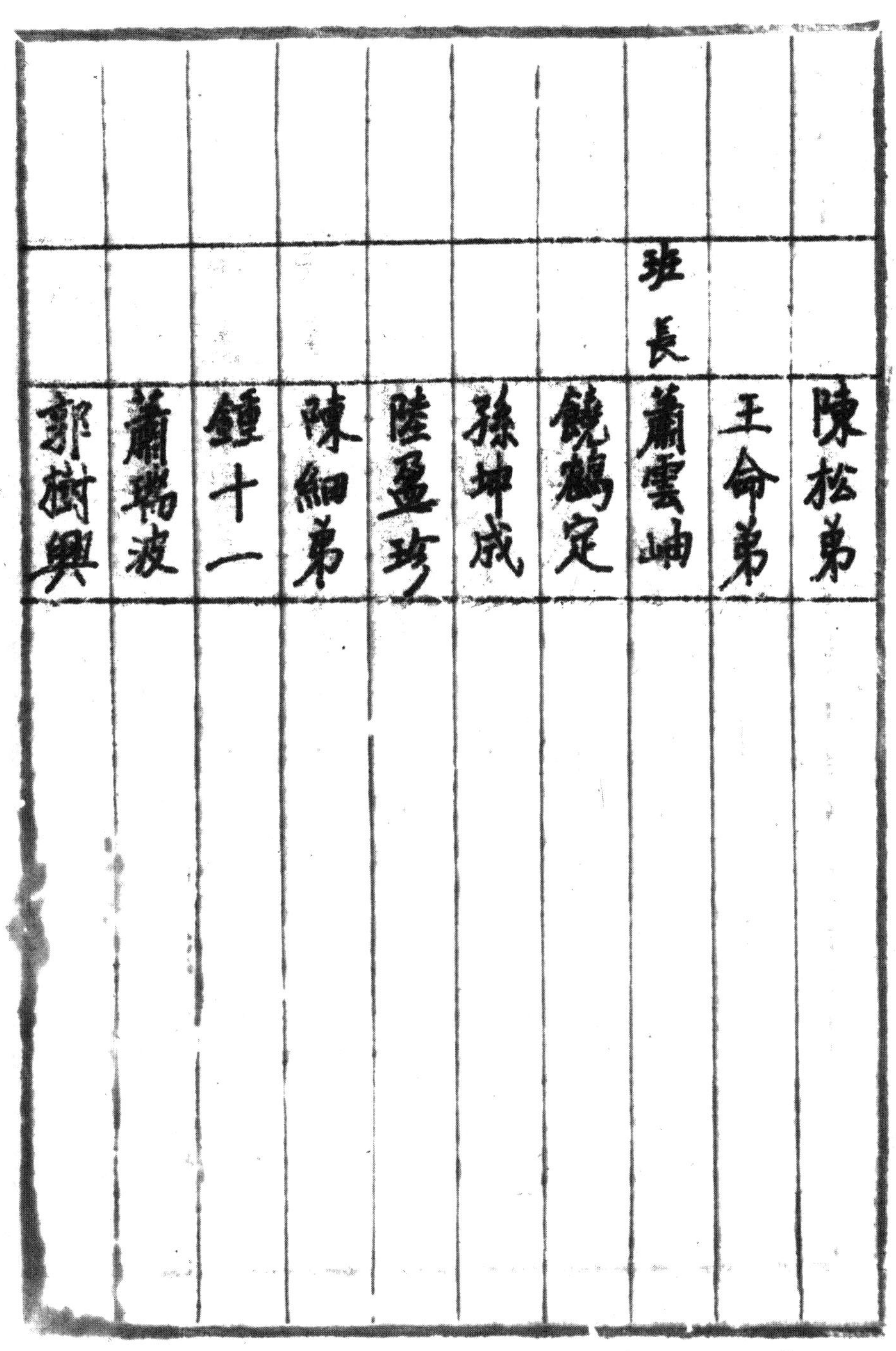

陳松弟	王命弟	班長 蕭雲岫	饒鶴定	孫坤成	陸盈珍	陳細弟	鍾十一	蕭瑞波	郭樹興

福安县城区义勇消防队队员名册(二十九年五月造报)(1940年5月)

a面 0161-001-0033

李金燦
葉儉德

福安县城区义勇消防队队员名册(二十九年五月造报)(1940 年 5 月)

b 面 0161-001-0033

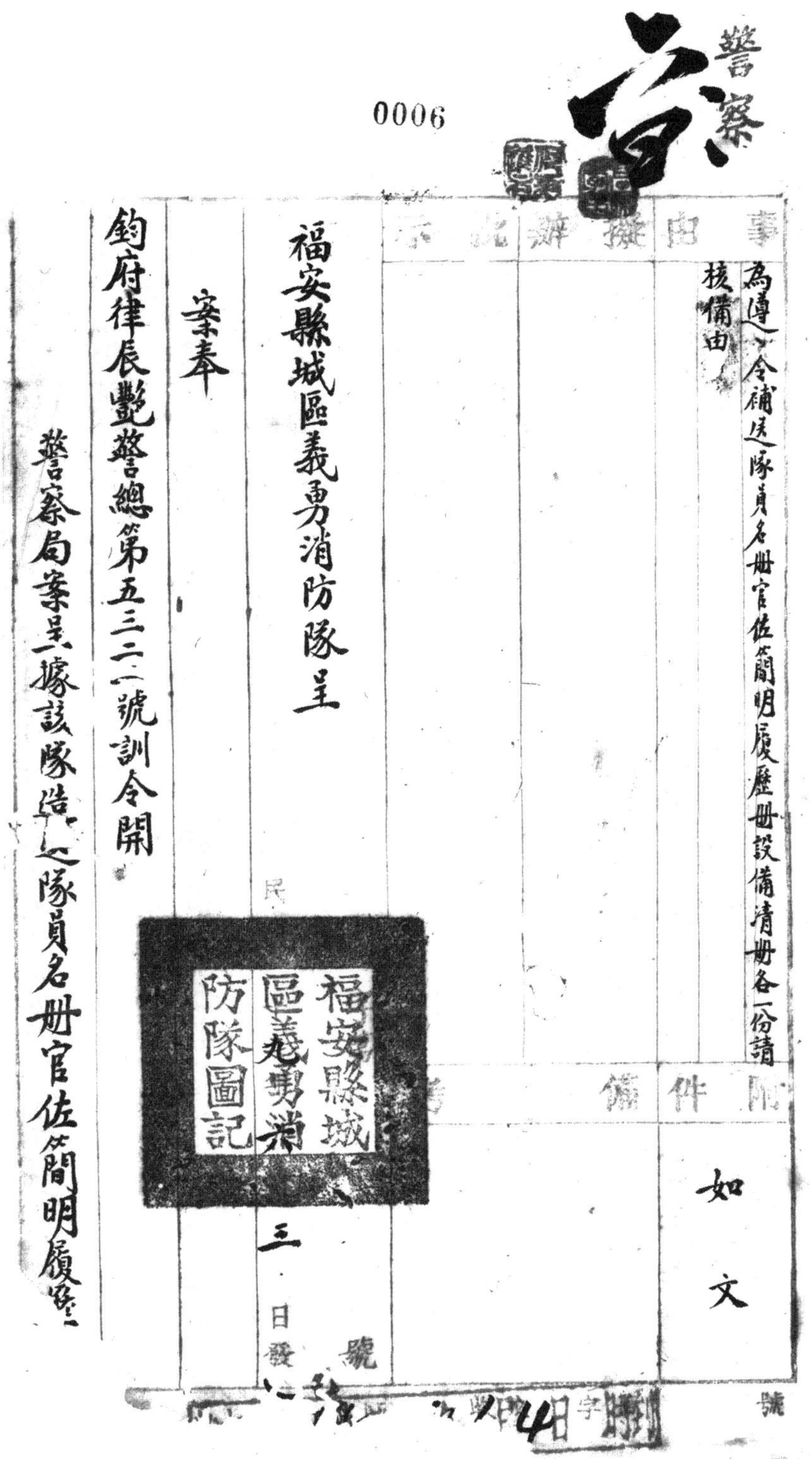

0006

警察局

事由：為遵令補送隊員名冊官佐簡明履歷冊設備清冊各一份請核備由

擬辦

批示

附件：如文

福安縣城區義勇消防隊呈

案奉

鈞府律辰艷警總第五三二一號訓令開：

警察局案呈據該隊造送隊員名冊官佐簡明履歷

福安縣城區義勇消防隊圖記

民　三　日發　號

字第　號

福安县城区义勇消防队关于补送队员名册、官佐简明履历册、设备清册的呈文

(1940年6月3日)a面　0158-001-0398

設備清册各一份請核轉等情據此除將原件轉呈　省府

行令仰補造一份呈府備查為要此令

等因奉此遵即補造隊員名册官佐簡明履歷册設備清册各一份隨文呈

請

鈞核備查

謹呈

縣長高

隊長郭振華

副隊長黄廷球

福安县城区义勇消防队关于补送队员名册、官佐简明履历册、设备清册的呈文

(1940年6月3日)b面　0158-001-0398

7

~~0007~~

福安縣城區義勇消防隊官佐簡明履歷册

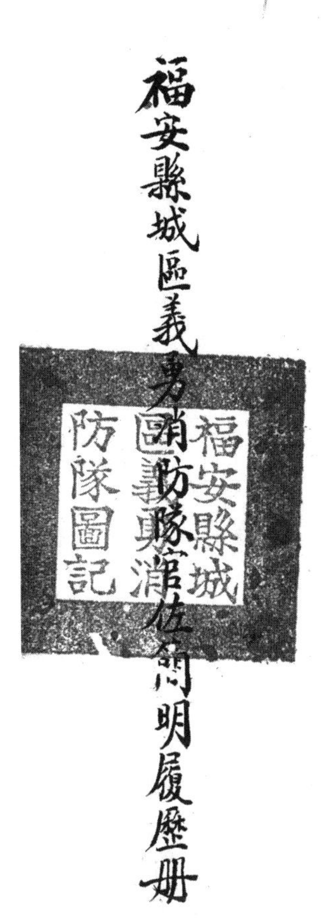

廿九年六月造報

附件　福安县城区义勇消防队官佐简明履历册(1940年6月)　0158-001-0398

0008

福安縣城區義勇消防隊官佐簡明履歷册

職別	姓名	年齡	籍貫	資歷	到差年月日
隊長	郭振華	三〇	德化	福建省警官訓練所警官班第一期畢業現任福安警察局局長	二十八年八月一日
副隊長	黃廷球	五三	福安	北京地方自治模範講習所畢業曾任福安縣救火會主席防護團消防股主任	同上
第一分隊長	陳炳烈	三〇	同上	曾任福安縣救火會執行委員福安縣防護團消防隊隊長	同上
第二分隊長	陸紹齡	三五	同上	曾任福安縣救火會執行委員	同上
第三分隊長	李毓祺	三七	同上	曾任福安縣救火會執行委員福安縣防護團消防隊副隊長	同上
第四分隊長	李受益	四〇	同上	曾任福安縣救火會執行委員	同上
書記	黃文玉	一七	同上		同上
幹事	李富郎	三四	同上		二十九年

附件　福安县城区义勇消防队官佐简明履历册(1940 年 6 月)　0158-001-0398

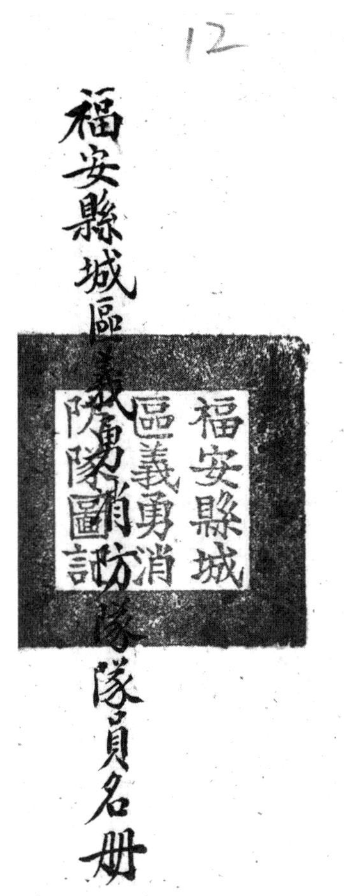
福安縣城區義勇消防隊隊員名冊

廿九年六月造報

附件　福安县城区义勇消防队队员名册(1940年6月)　0158-001-0398

0013

福安縣城區義勇消防隊隊員名冊

隊別	職別	姓名	備攷
第一分隊	班長	陳澤松	
	隊員	俞伏成	
		郭樹松	
		鍾細龍	
		黃益弟	
		蔡景柏	
		阮善安	
		陳四現	

附件　福安县城区义勇消防队队员名册(1940 年 6 月)a 面　0158-001-0398

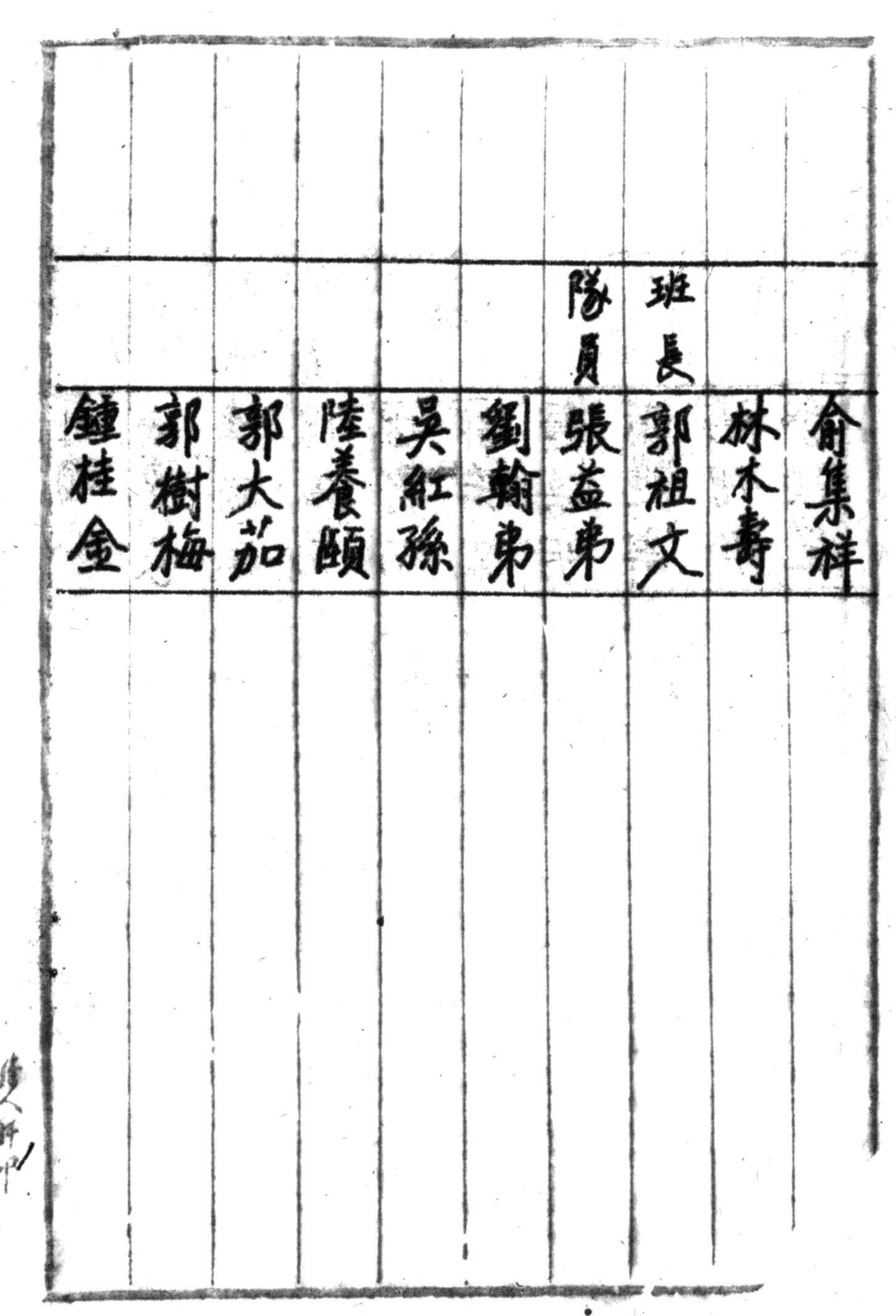

	俞集祥
	林木壽
班長	郭祖文
隊員	張益弟
	劉翰弟
	吳紅孫
	陸養頤
	郭大茄
	郭樹梅
	鍾桂金

附件 福安县城区义勇消防队队员名册(1940年6月)b面 0158-001-0398

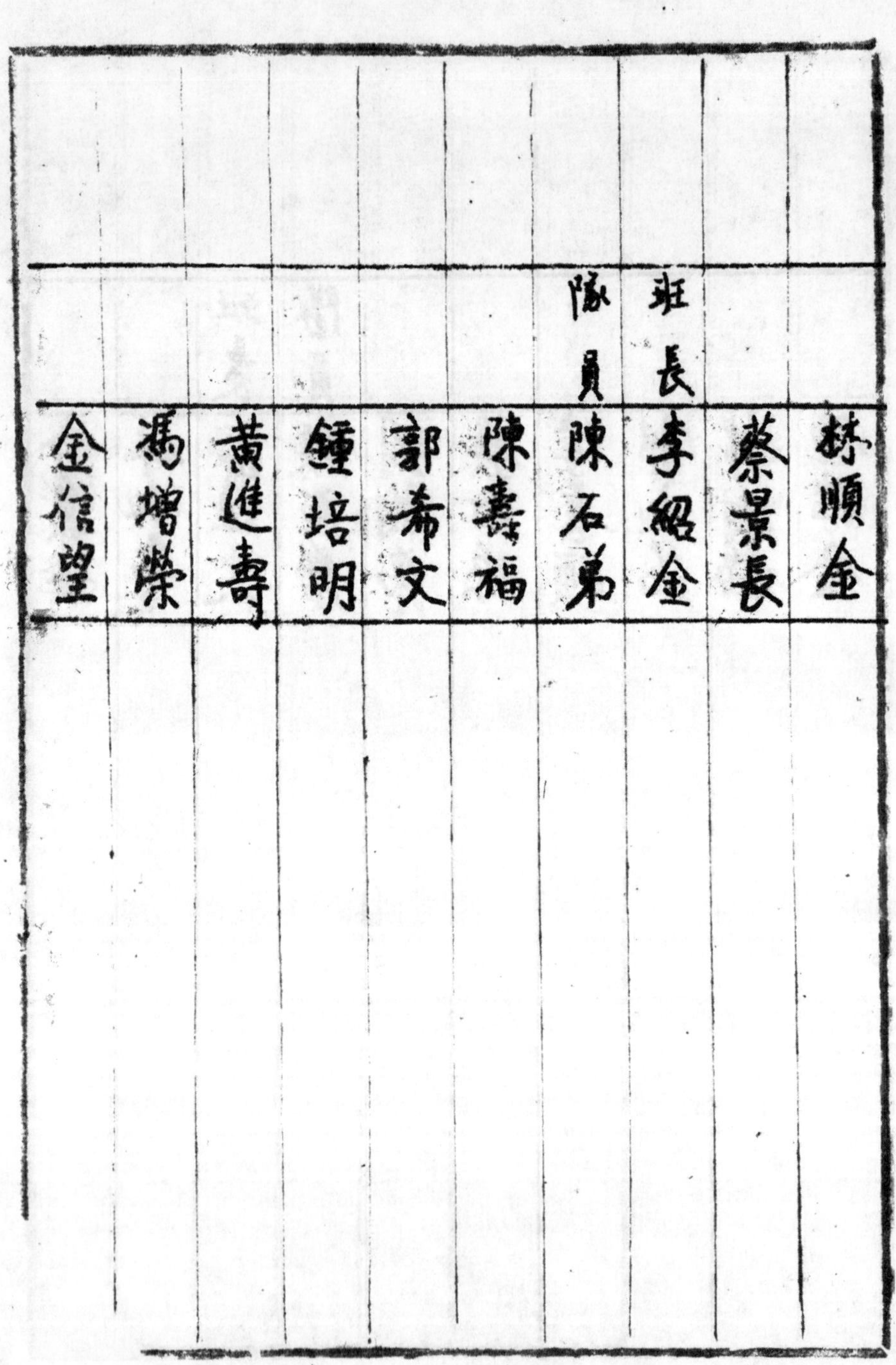
0014

		林顺金
		蔡景長
	班長	李紹金
	隊員	陳石弟
		陳壽福
		郭希文
		鍾培明
		黃進壽
		馮增榮
		金信望

附件 福安县城区义勇消防队队员名册(1940 年 6 月)a 面 0158-001-0398

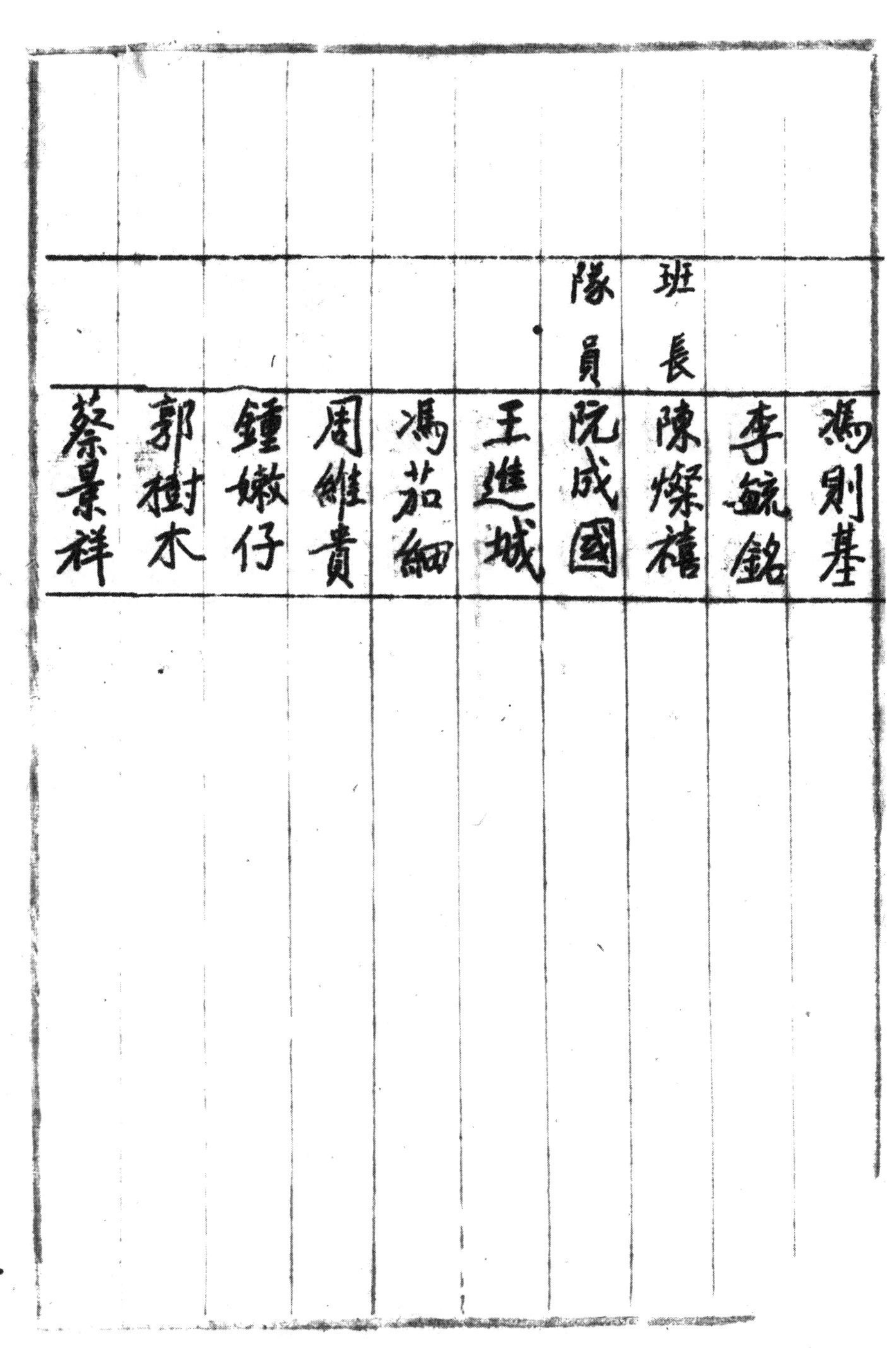
馮則基
李毓銘
班長 陳燦禧
隊員 阮成國
王進城
馮茄細
周維貴
鍾嫩仔
郭樹木
蔡景祥

2

附件　福安县城区义勇消防队队员名册(1940 年 6 月)b 面　0158-001-0398

0015

陳灼康
陳燦基
班長馮則謙
隊員卓志現
鍾金順
鍾順佺
蕭知弟
鍾壽貴
蕭紹麟
陳第三

附件 福安县城区义勇消防队队员名册(1940年6月)a面 0158-001-0398

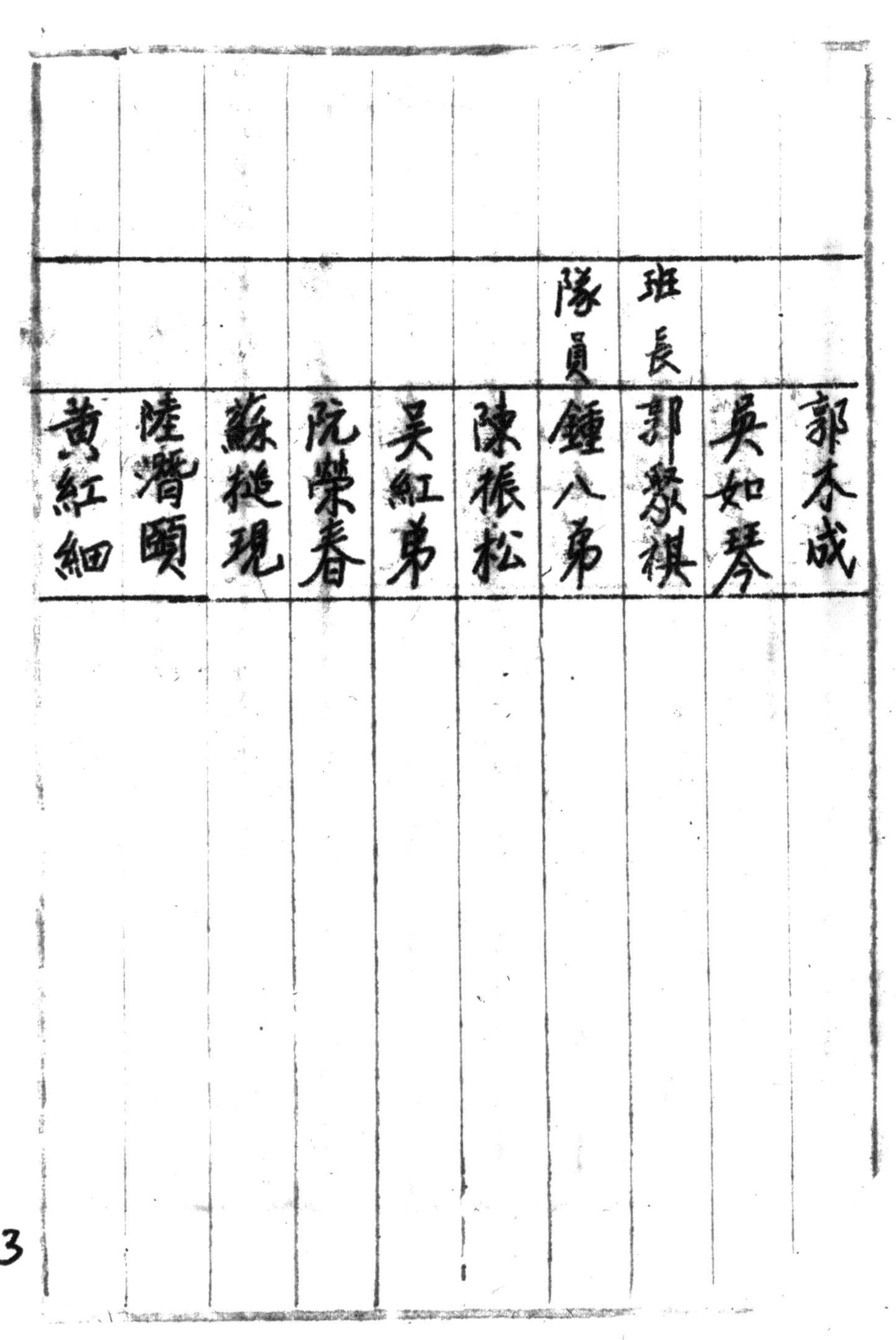

郭奕成
吴如琴
班長 郭黎祺
隊員 鍾八弟
陳振松
吴紅弟
阮榮春
蘇徙現
陸潛頤
黄紅細

3

附件　福安县城区义勇消防队队员名册(1940年6月)b面　0158-001-0398

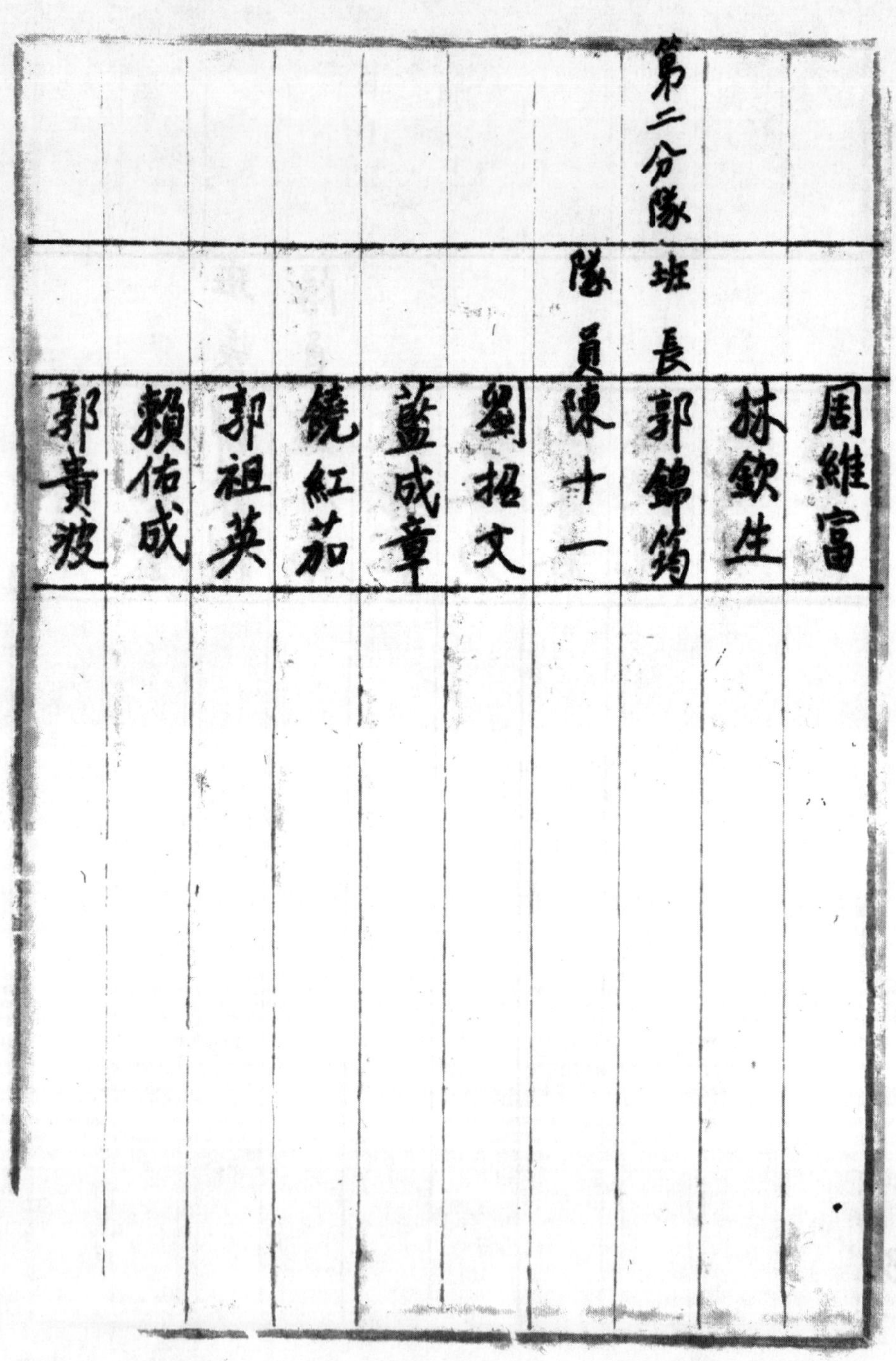

0016

周維富
林欽生
第二分隊、班長 郭錦筠
隊員 陳十一
劉招文
藍成章
饒紅茄
郭祖英
賴佑成
郭貴波

附件 福安县城区义勇消防队队员名册(1940 年 6 月)a 面 0158-001-0398

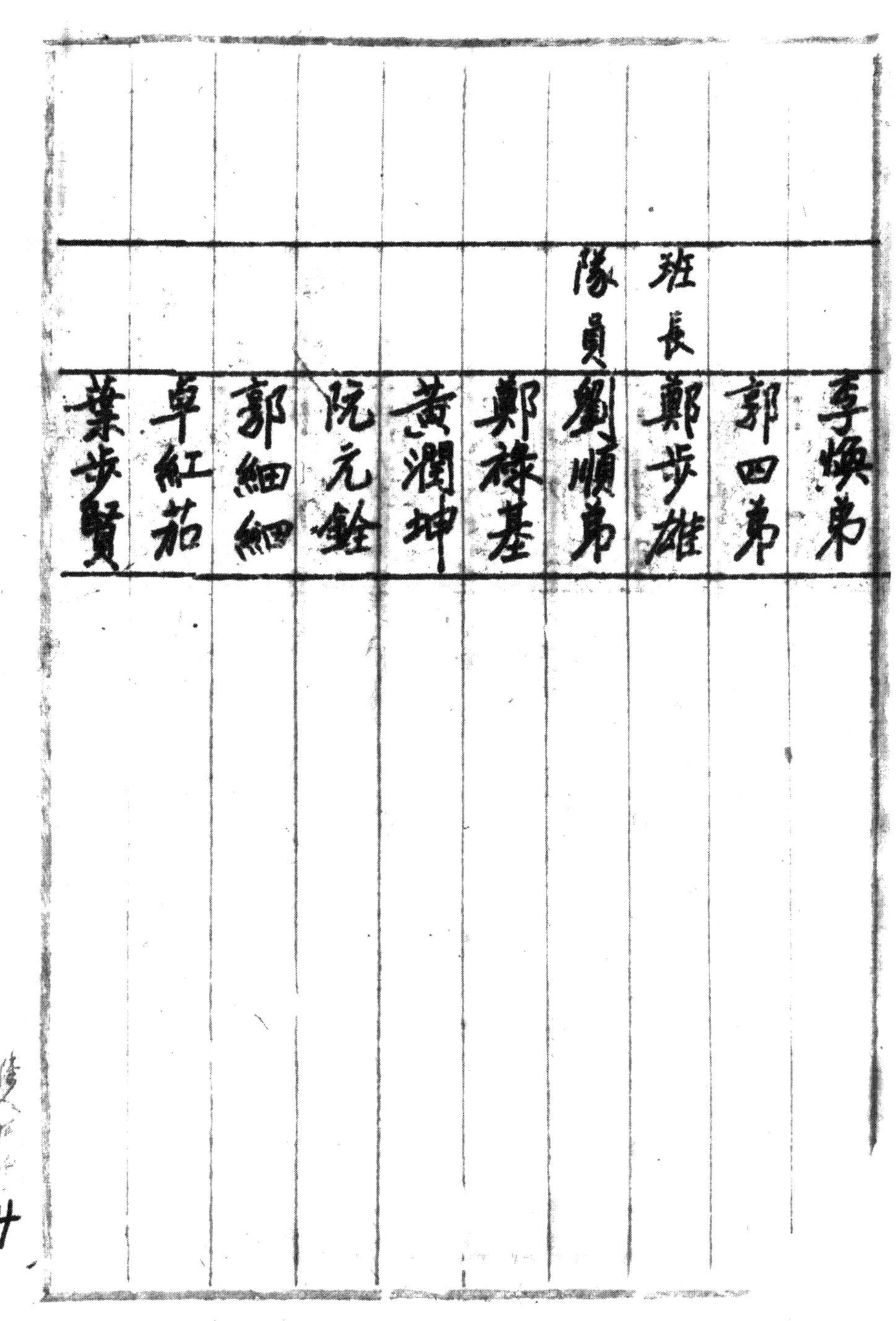

李焕弟
郭四弟
班长 鄭步雄
隊員 劉順弟
鄭祿基
黄潤坤
阮元銓
郭細細
卓紅茄
葉步賢

4

附件　福安县城区义勇消防队队员名册(1940年6月)b面　0158-001-0398

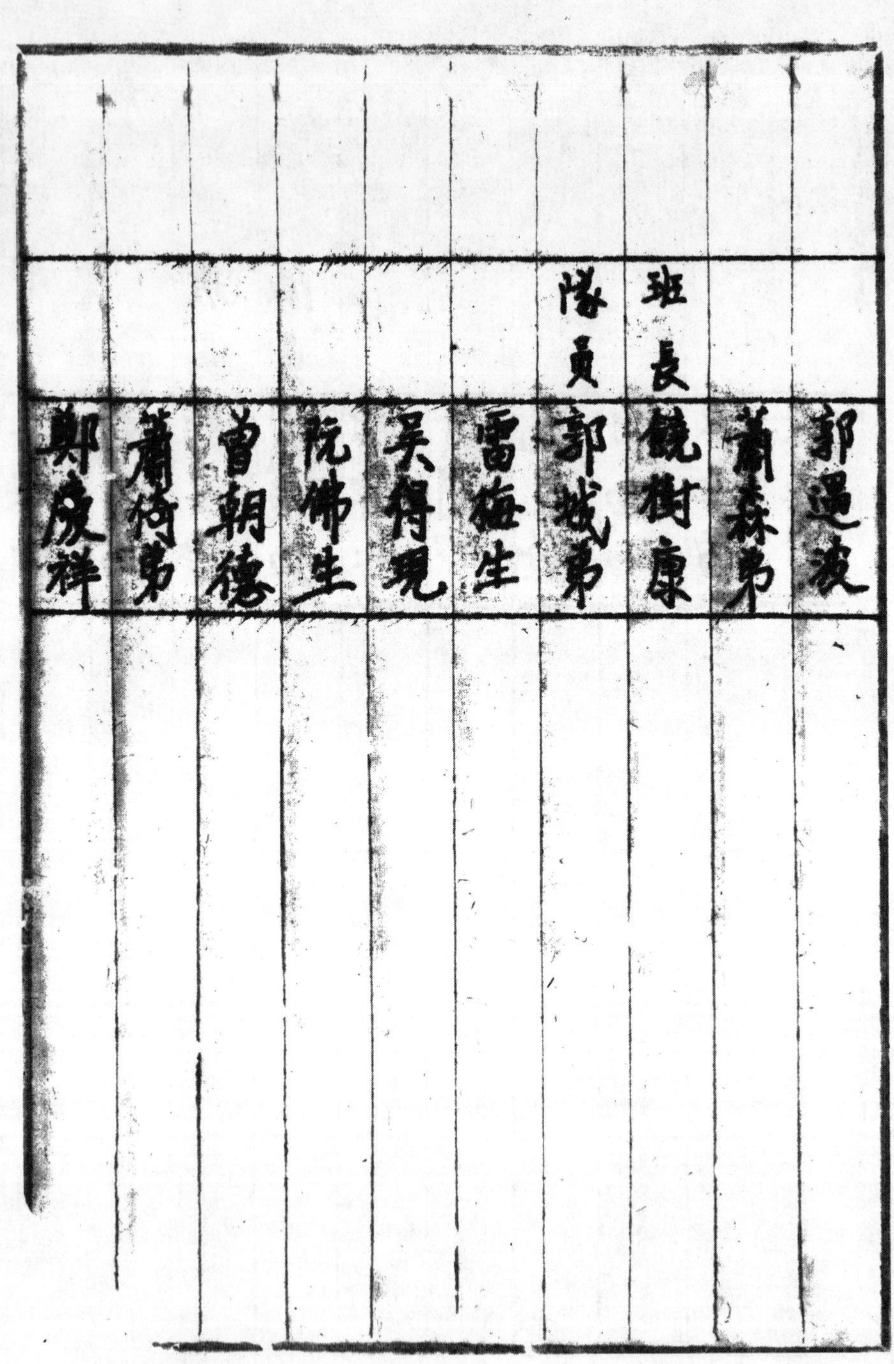

0017

		郭遇波
		蕭森弟
	班長	饒樹康
	隊員	郭城弟
		雷梅生
		吴得現
		阮佛生
		曾朝德
		蕭椅弟
		鄭成祥

附件　福安县城区义勇消防队队员名册(1940年6月)a面　0158-001-0398

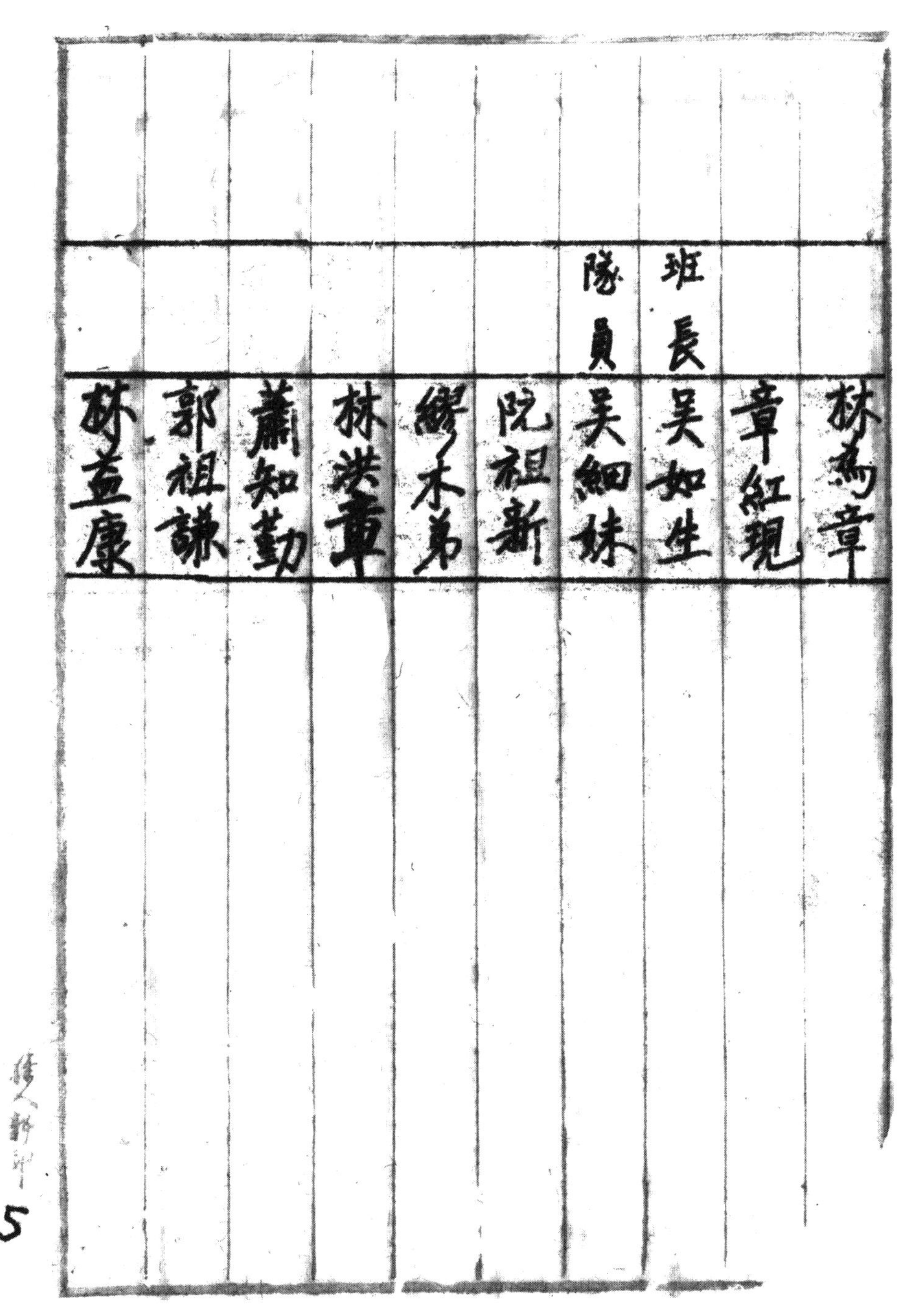

职务	姓名
	林為章
	章紅現
班長	吴如生
隊員	吴細妹
	阮祖新
	繆木弟
	林洪章
	蕭知勤
	郭祖謙
	林益康

附件 福安县城区义勇消防队队员名册(1940年6月)b面 0158-001-0398

0018

职务	姓名
	藍石英
	陸細弟
班長	郭樹祺
隊員	林蔭柏
	郭細珠
	夏俊德
	雷阿弟
	王增弟
	施漢柏
	陳文弟

附件 福安县城区义勇消防队队员名册(1940年6月)a面 0158-001-0398

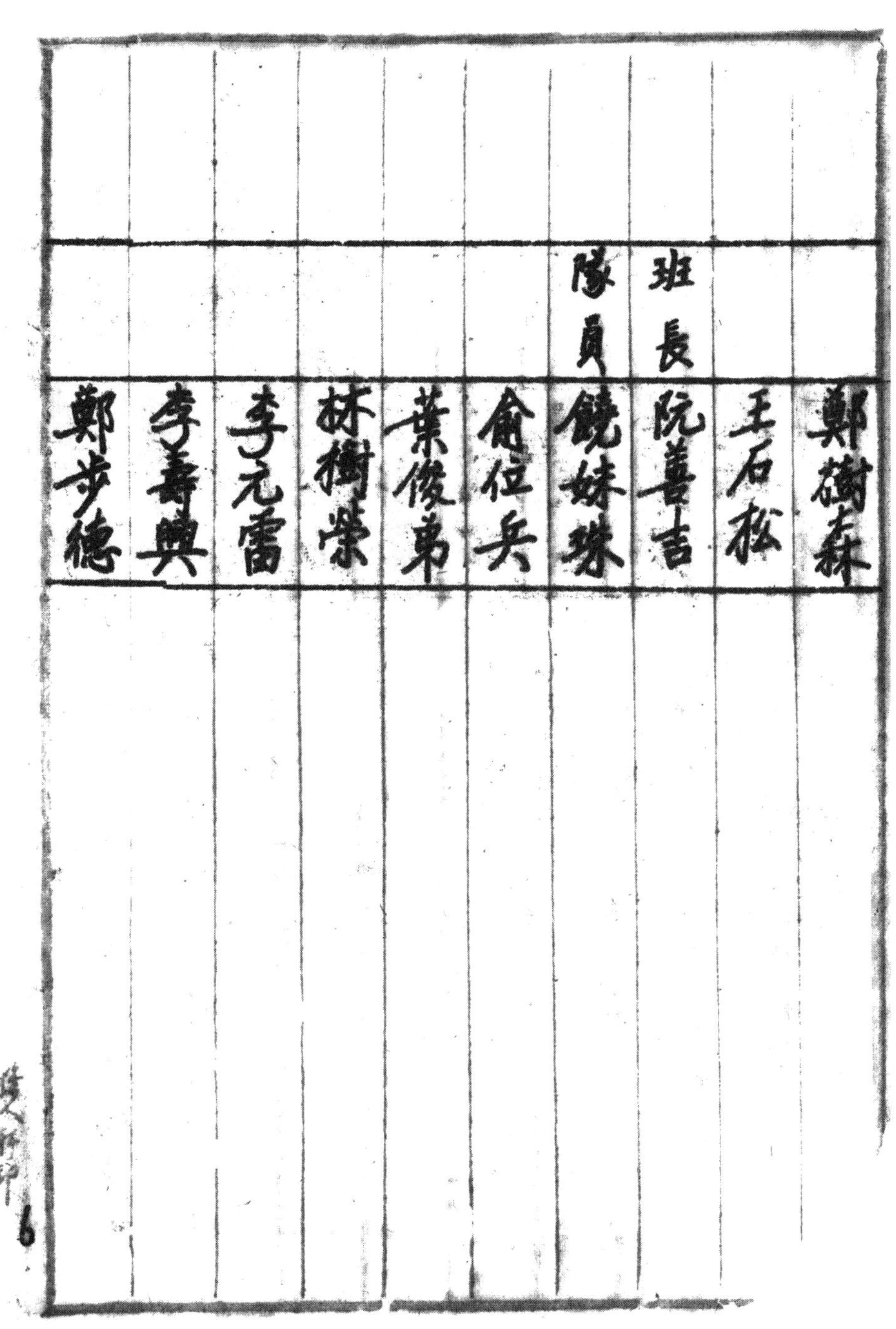

鄭樹森
王石松
班長 阮善吉
隊員 饒妹珠
俞位兵
葉俊弟
林樹榮
李元雷
李壽興
鄭步德

附件　福安县城区义勇消防队队员名册(1940年6月)b面　0158-001-0398

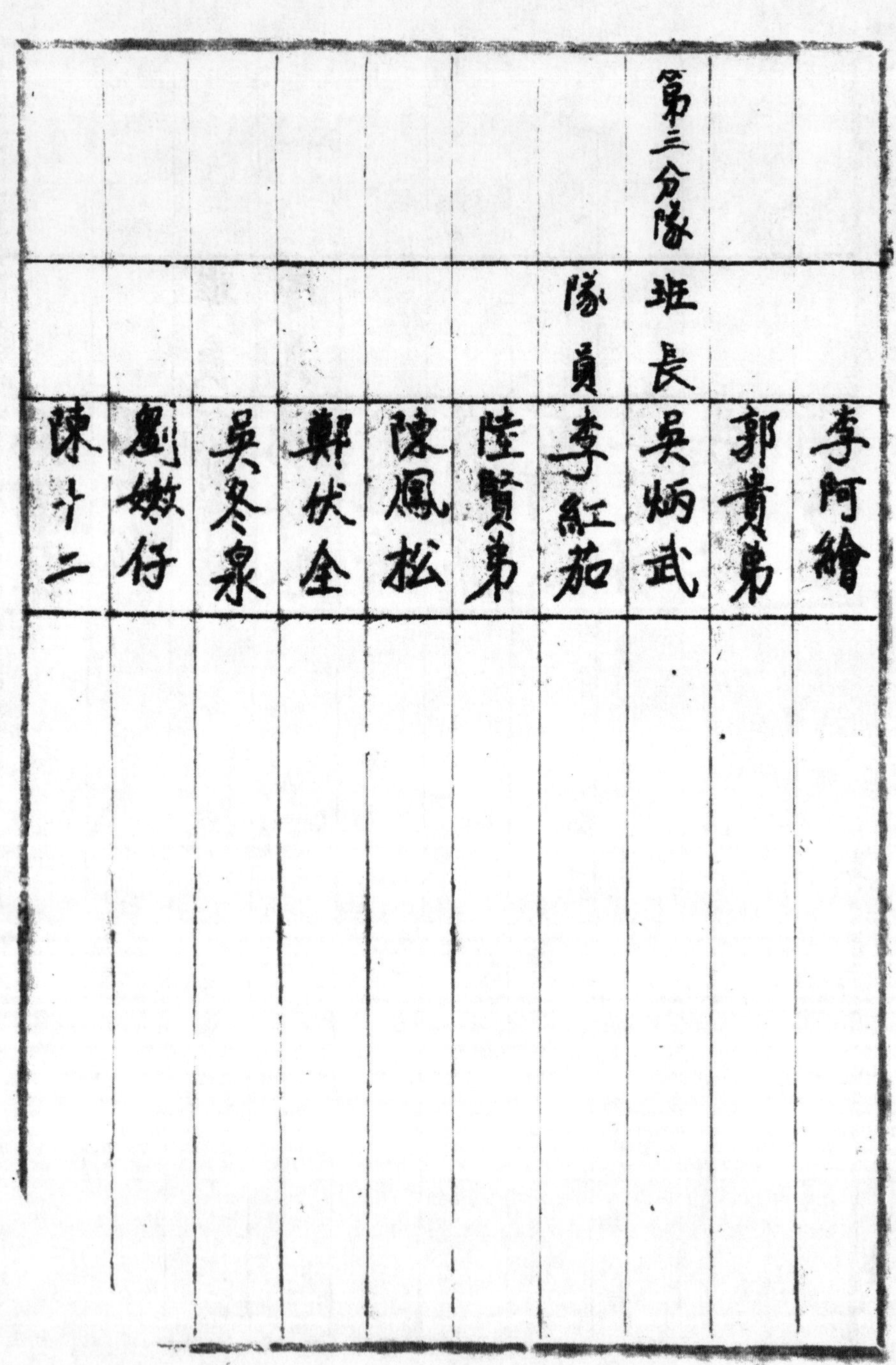
0019

第三分隊

班長吴炳武

隊員李紅茹

李阿繪
郭貴弟
陸賢弟
陳鳳松
鄭伏全
吴冬泉
劉嫩仔
陳十二

附件　福安县城区义勇消防队队员名册(1940 年 6 月)a 面　0158-001-0398

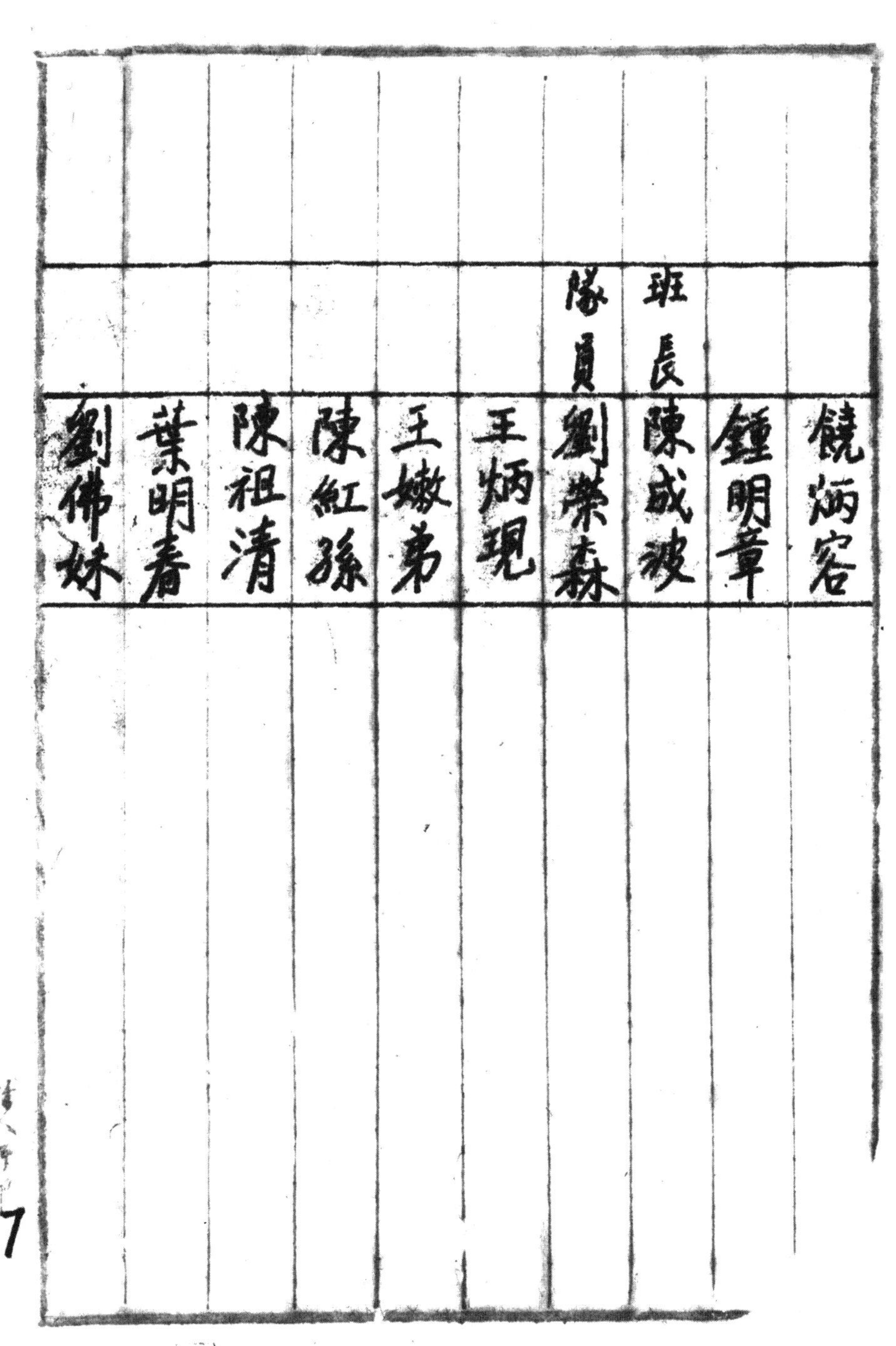

饒炳容
鍾明章
班長 陳成波
隊員 劉榮森
王炳現
王嫩弟
陳紅孫
陳祖清
葉明春
劉佛妹

附件　福安县城区义勇消防队队员名册(1940年6月)b面　0158-001-0398

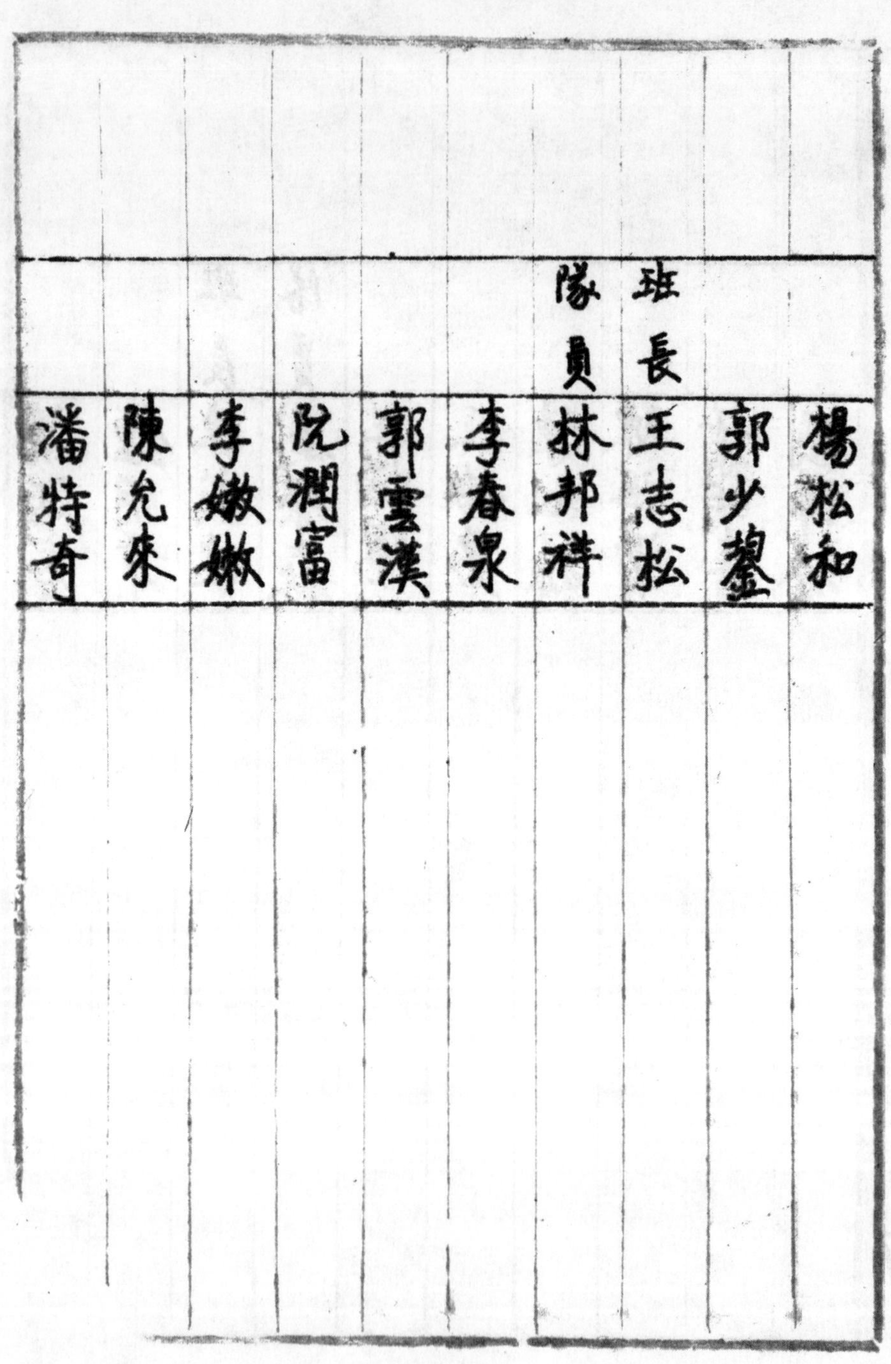

0020

班長 王志松
隊員 林邦祥

楊松和
郭少鋆
王志松
林邦祥
李春泉
郭雲漢
阮潤富
李嫩嫩
陳允來
潘特奇

附件 福安县城区义勇消防队队员名册(1940年6月)a面 0158-001-0398

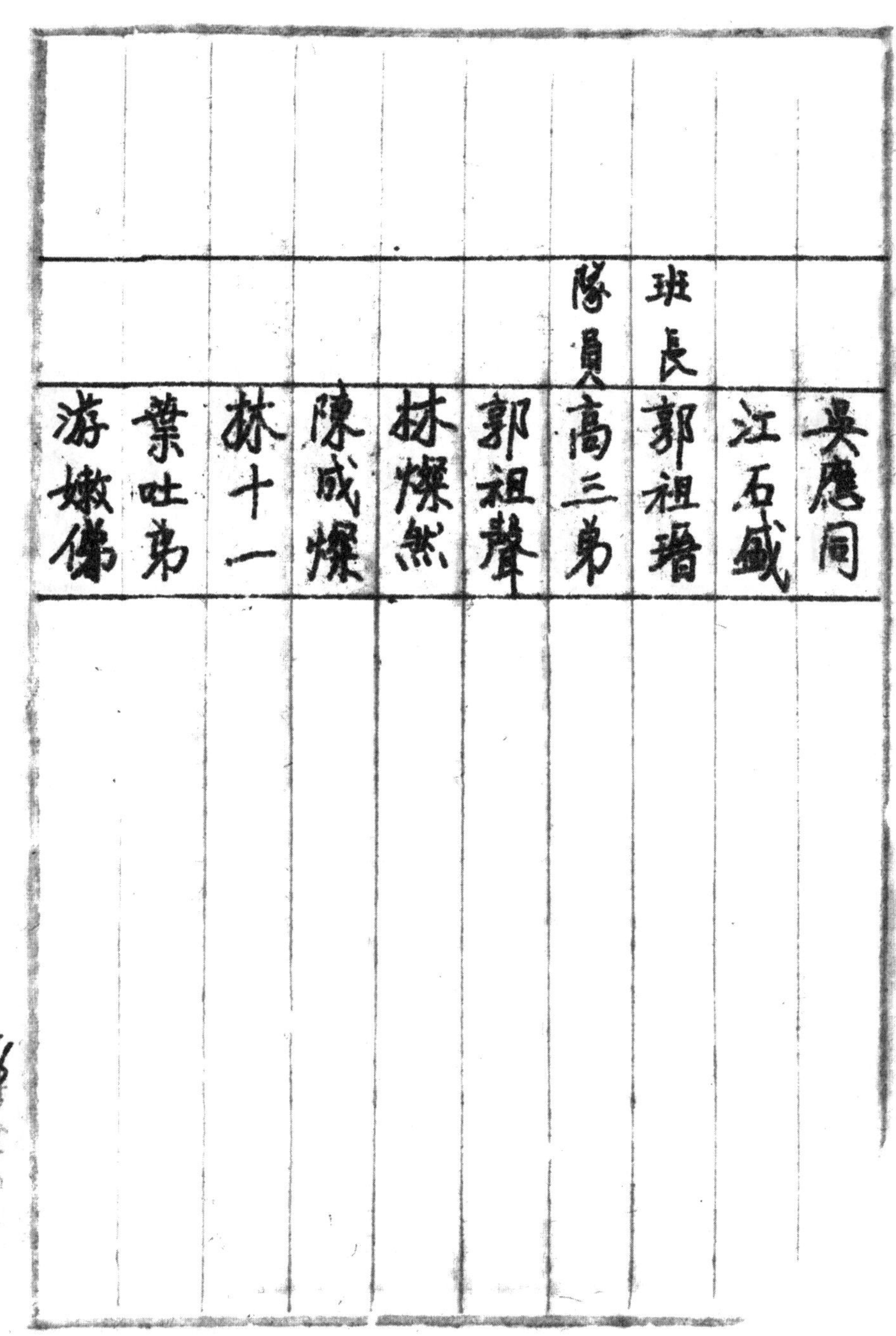

吴應同
江石盛
班長 郭祖瑨
隊員 高三弟
郭祖聲
林燦然
陳成燦
林十一
葉吐弟
游嫩傑

附件　福安县城区义勇消防队队员名册(1940年6月)b面　0158-001-0398

0021

阮佛森	王細弟	班長 阮應生	陸紹錚	郭潤成	陳樹俊	郭廷幹	阮成基	劉子玉	阮潤賢

附件　福安县城区义勇消防队队员名册(1940年6月)a面　0158-001-0398

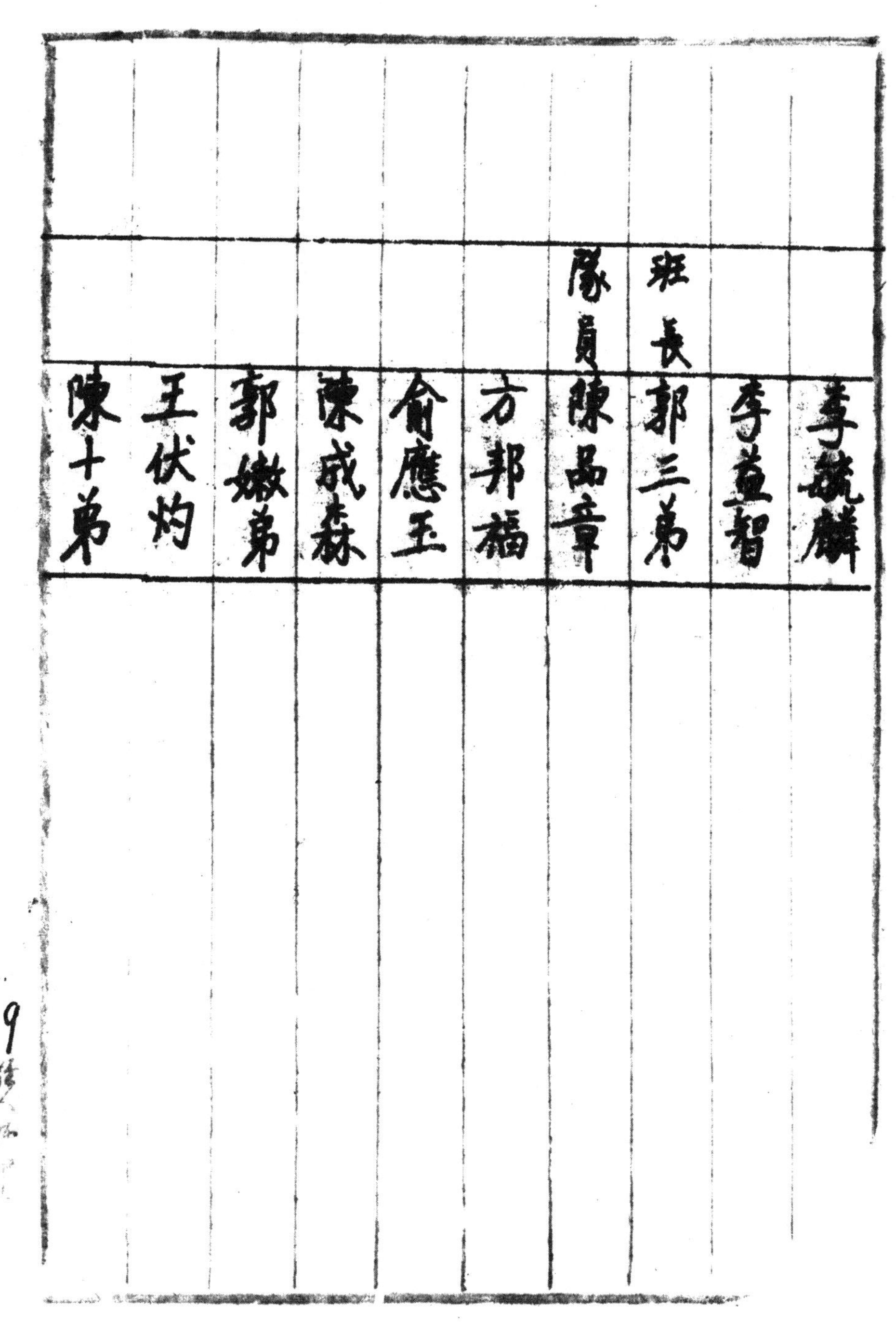

李毓麟
李益智
班長 郭三弟
隊員 陳品章
方邦福
俞應玉
陳成森
郭嫩弟
王伏灼
陳十弟

附件　福安县城区义勇消防队队员名册(1940年6月)b面　0158-001-0398

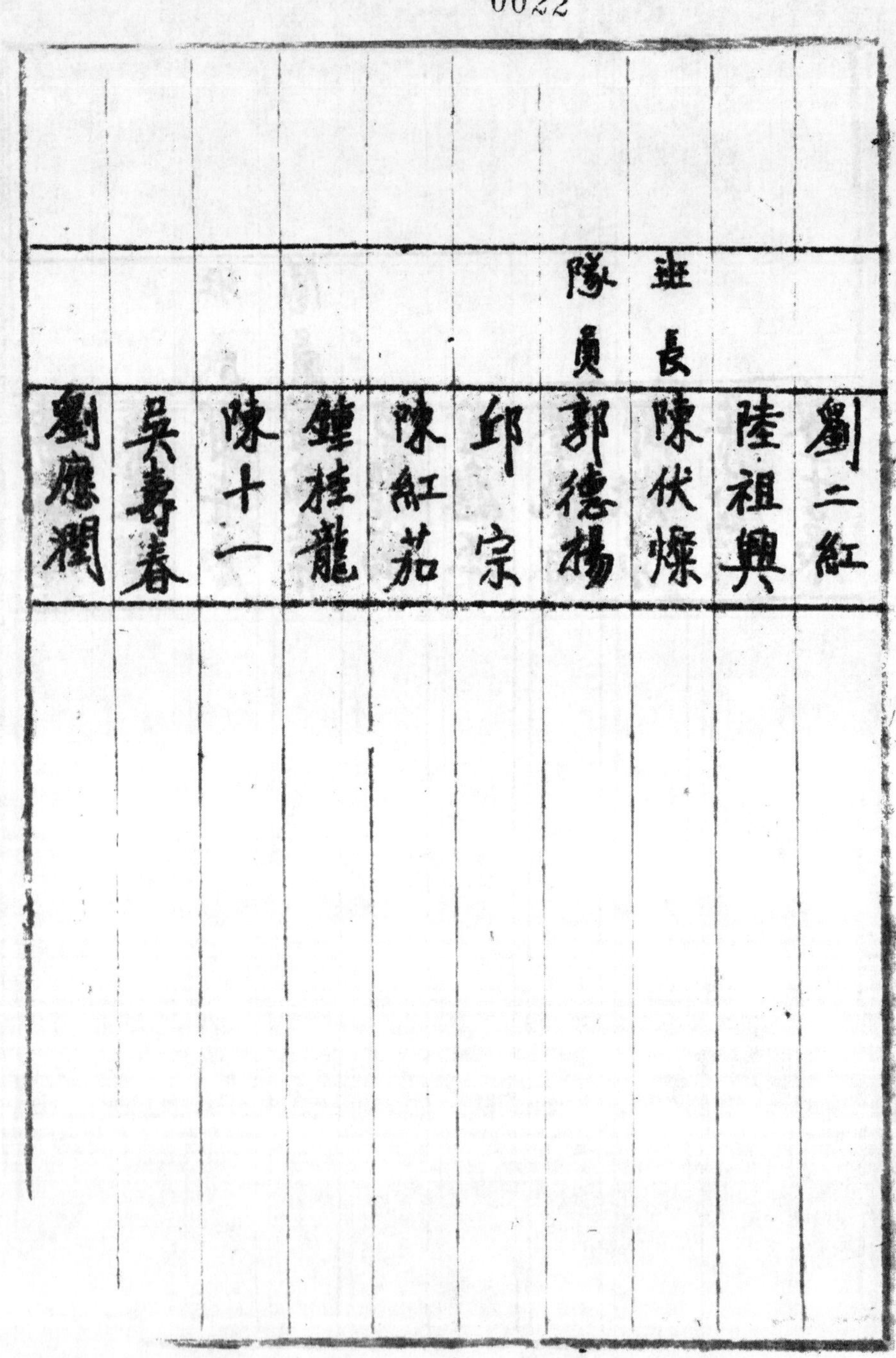
0022

劉二紅
陸祖興
班長陳伏燦
隊員郭德揚
邱宗
陳紅茄
鍾桂龍
陳十一
吳壽春
劉應潤

附件　福安县城区义勇消防队队员名册(1940年6月)a面　0158-001-0398

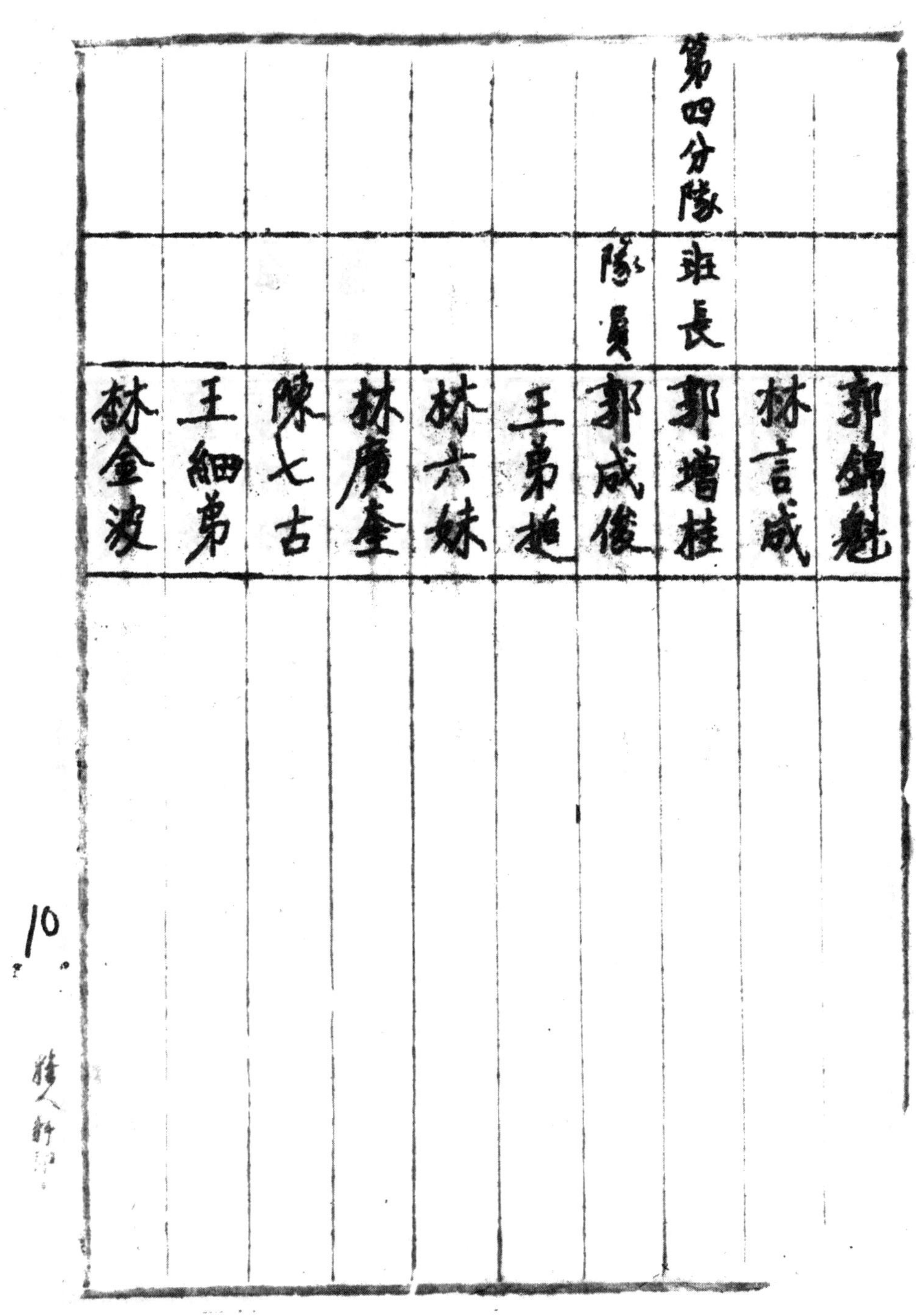

郭錦魁
林言成
第四分隊班長郭增桂
隊員郭成俊
王弟趙
林六妹
林廣奎
陳七古
王細弟
林金波

10.

附件　福安县城区义勇消防队队员名册(1940 年 6 月)b 面　0158-001-0398

0023

葉錫德
劉園弟
班長　饒為江
隊員　吳木樹
雷佛乾
陳錦松
郭細弟
林福波
郭尚興
蕭成波

附件　福安县城区义勇消防队队员名册(1940 年 6 月)a 面　0158-001-0398

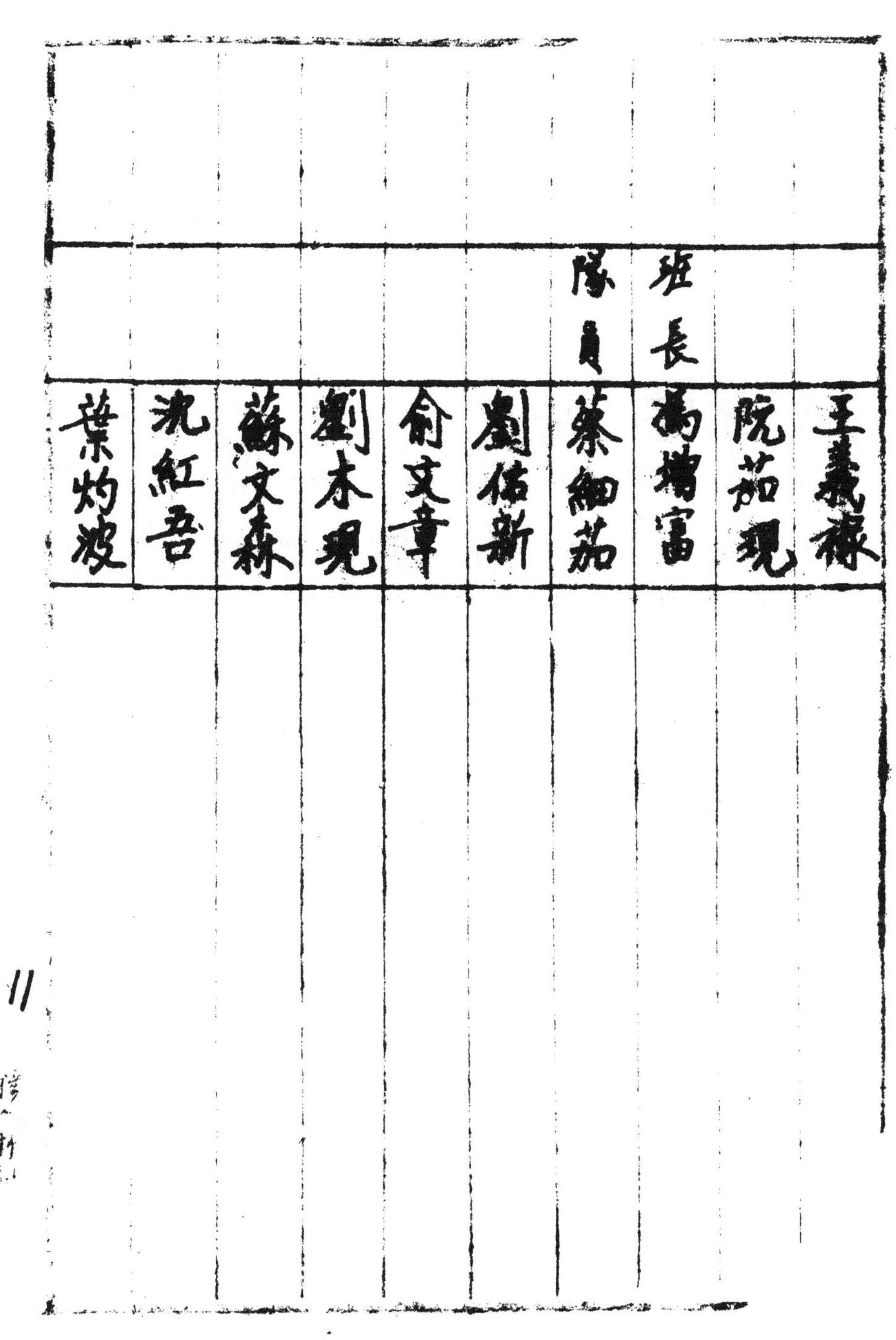

职别	姓名
	王義祿
	阮茹現
班長	楊增富
隊員	蔡細茹
	劉佑新
	俞文章
	劉木現
	蘇文森
	沈紅吾
	葉灼波

附件　福安县城区义勇消防队队员名册(1940 年 6 月)b 面　0158-001-0398

0024

职务	姓名
	郭甘棠
	鍾盈仁
班長	阮富現
隊員	郭如軒
	阮嫩嫩
	郭壽年
	繆細細
	郭阿弟
	陳大鍪
	卓如現

附件 福安县城区义勇消防队队员名册(1940 年 6 月)a 面 0158-001-0398

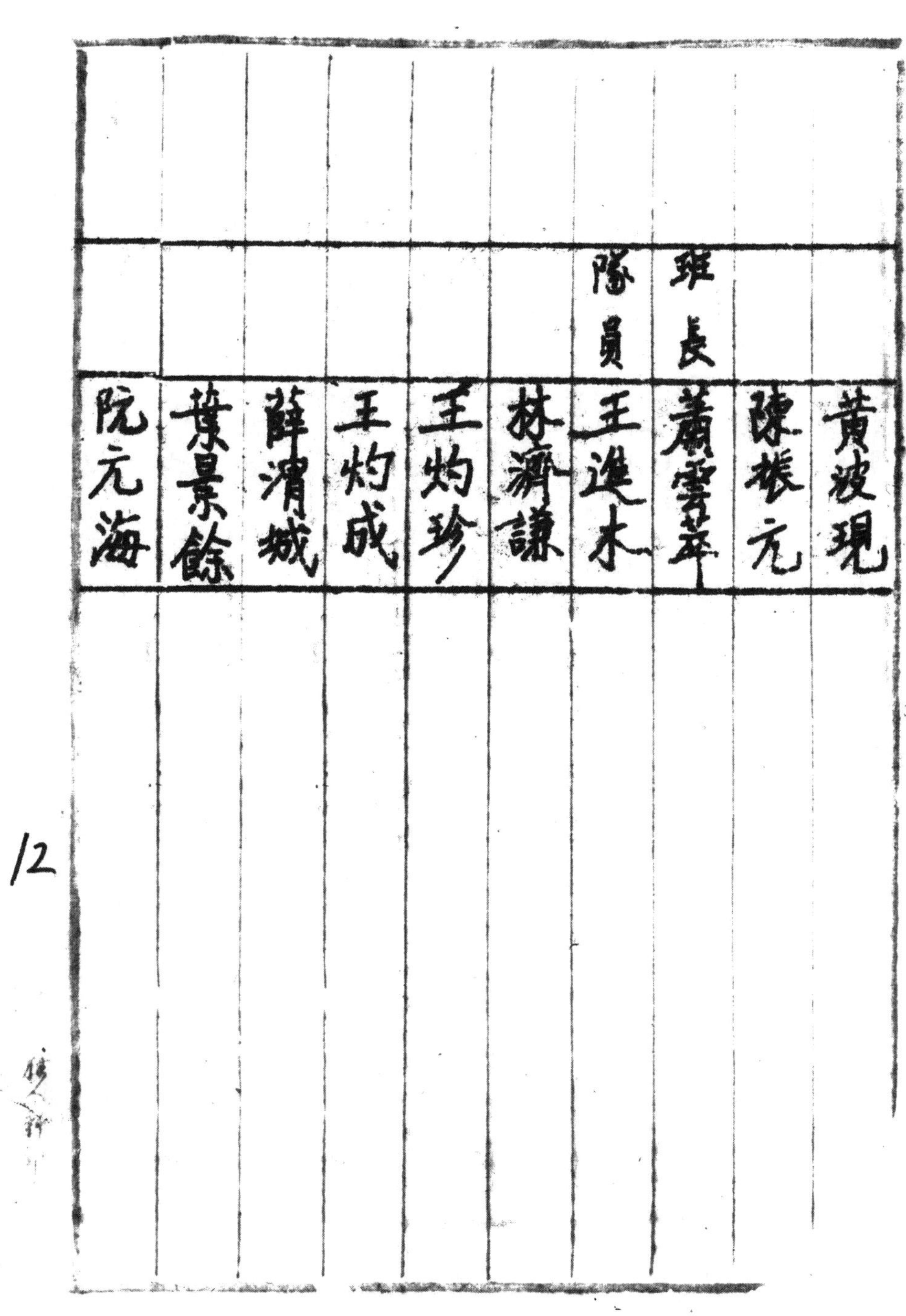

	班長	隊員						
黄波現	陳樣元	蕭雲萃	王進木	林濟謙	王灼珍	王灼成	薛清娍	葉景餘	阮元海

12

附件　福安县城区义勇消防队队员名册(1940年6月)b面　0158-001-0398

0025

陳松弟
王命弟
班長 蕭雲岫
饒鶴定
孫坤成
陸盈珍
陳細弟
鍾十一
蕭瑞波
郭樹興

附件 福安县城区义勇消防队队员名册(1940年6月)a面 0158-001-0398

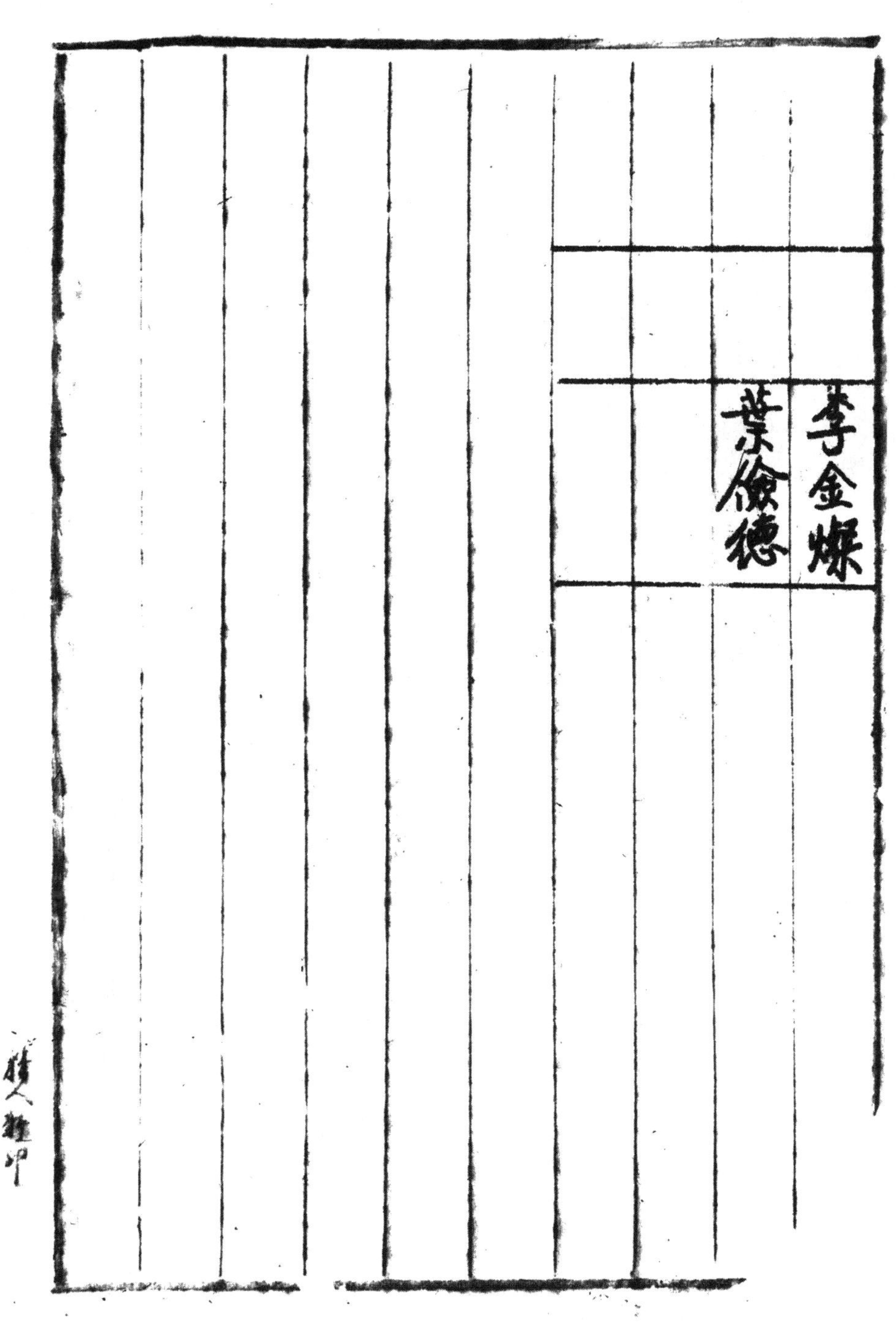

李金爍

葉儉德

附件　福安县城区义勇消防队队员名册(1940年6月)b面　0158-001-0398

0010

福安縣城區義勇消防隊設備清册

廿九年六月造報

附件　福安县城区义勇消防队设备清册(1940年6月)　0158-001-0398

0011

福安縣城區義勇消防隊設備清冊

種類	數量	備攷
大水龍	二架	
手提水龍	二座	
水鎗	二十四桿	
鐵义	四十九把	
鐵耙	二把	
水箱	四十担	
斧頭	二把	
截鋸	二把	

附件　福安县城区义勇消防队设备清册(1940年6月)a面　0158-001-0398

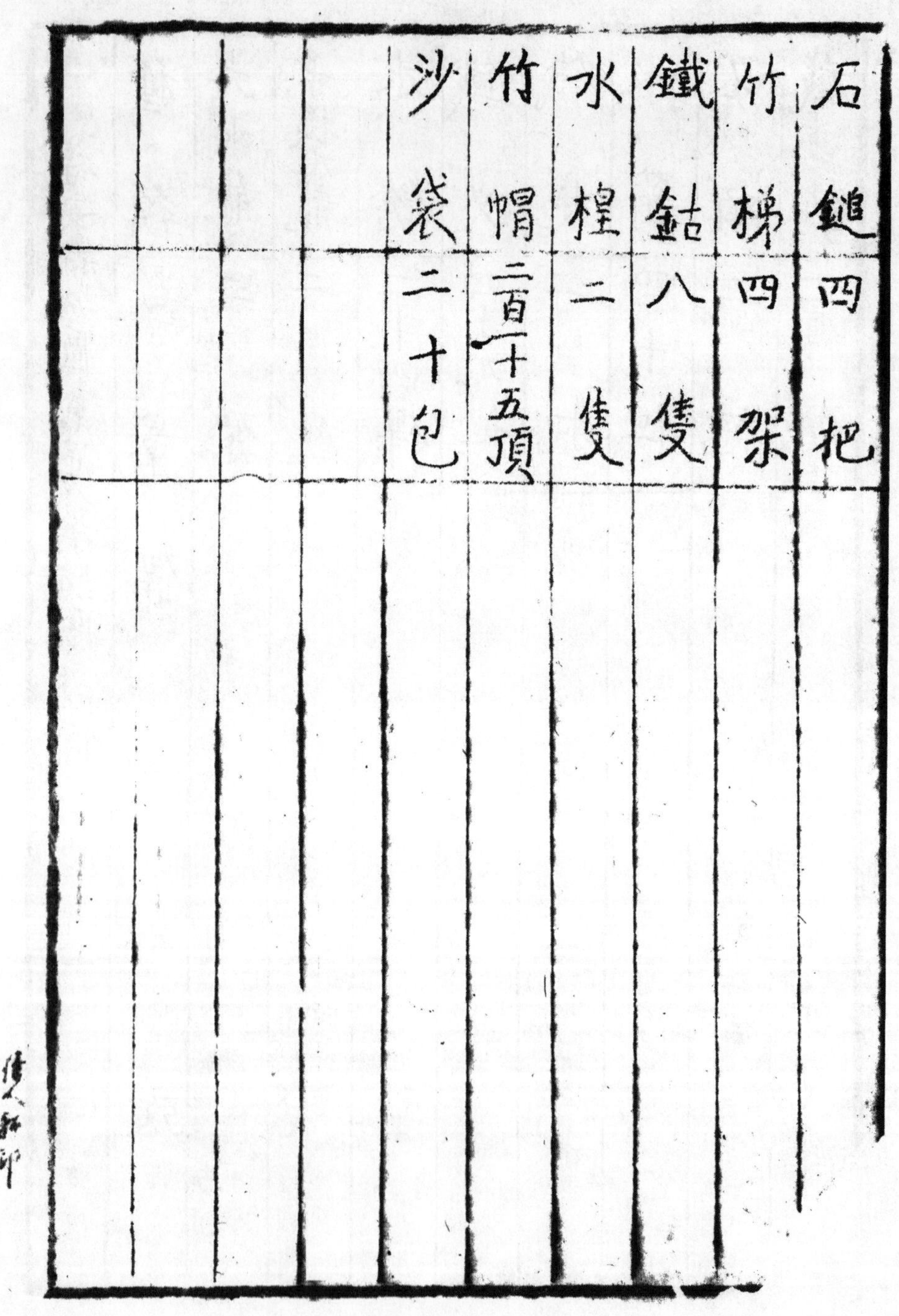

石鎚四把
竹梯四架
鐵鈷八隻
水桯二隻
竹帽二百一十五頂
沙袋二十包

附件　福安县城区义勇消防队设备清册(1940 年 6 月)b 面　0158-001-0398

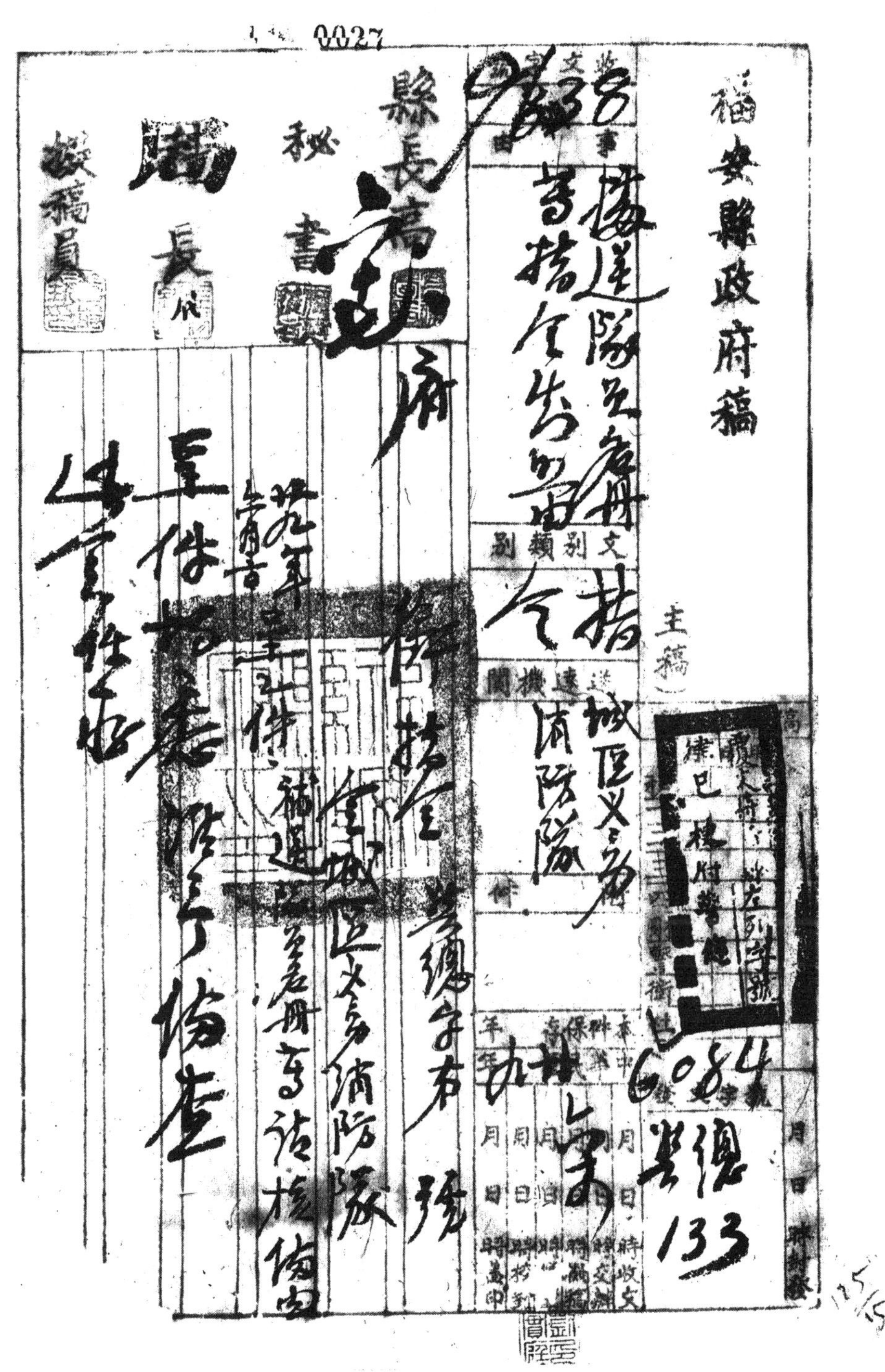

福安县政府关于城区义勇消防队补送队员名册等准予备查的指令

（1940 年 6 月 23 日） 0158-001-0398

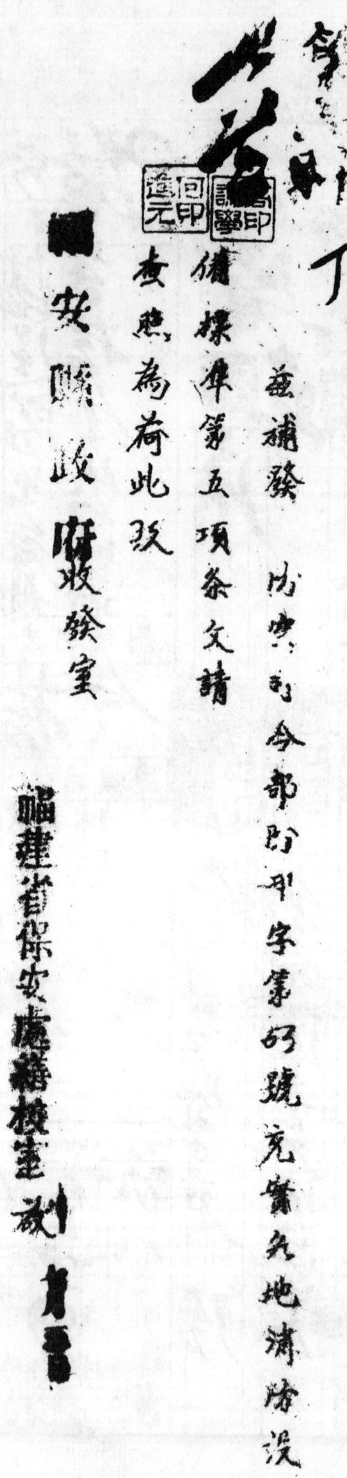

福建省保安处关于补发防空司令部充实各地消防设备标准第五项条文的公函

（1940 年 7 月 5 日）　0158-001-0800

五、開闢火巷

1、凡房屋密集街道狹小之城市可多拆火巷為隔離火源之用

2、於房屋密集之街道在若干距離（由各該地防空主管机關會同地方政府酌定之）處所建築防火墻

六、本標準之規定係適用一般城市如係省會或市（包括直轄市與普通市）之所在地自應於外加強設備不在此限

七、各重要鄉鎮其集居住戶在一千戶以上者得比照丙等縣辦理

八、本標準所稱「增設」係指新增而言其原有之設備不得算入

防空司令部充实各地消防设备标准第五项条文（1940 年 7 月 5 日） 0158-001-0800

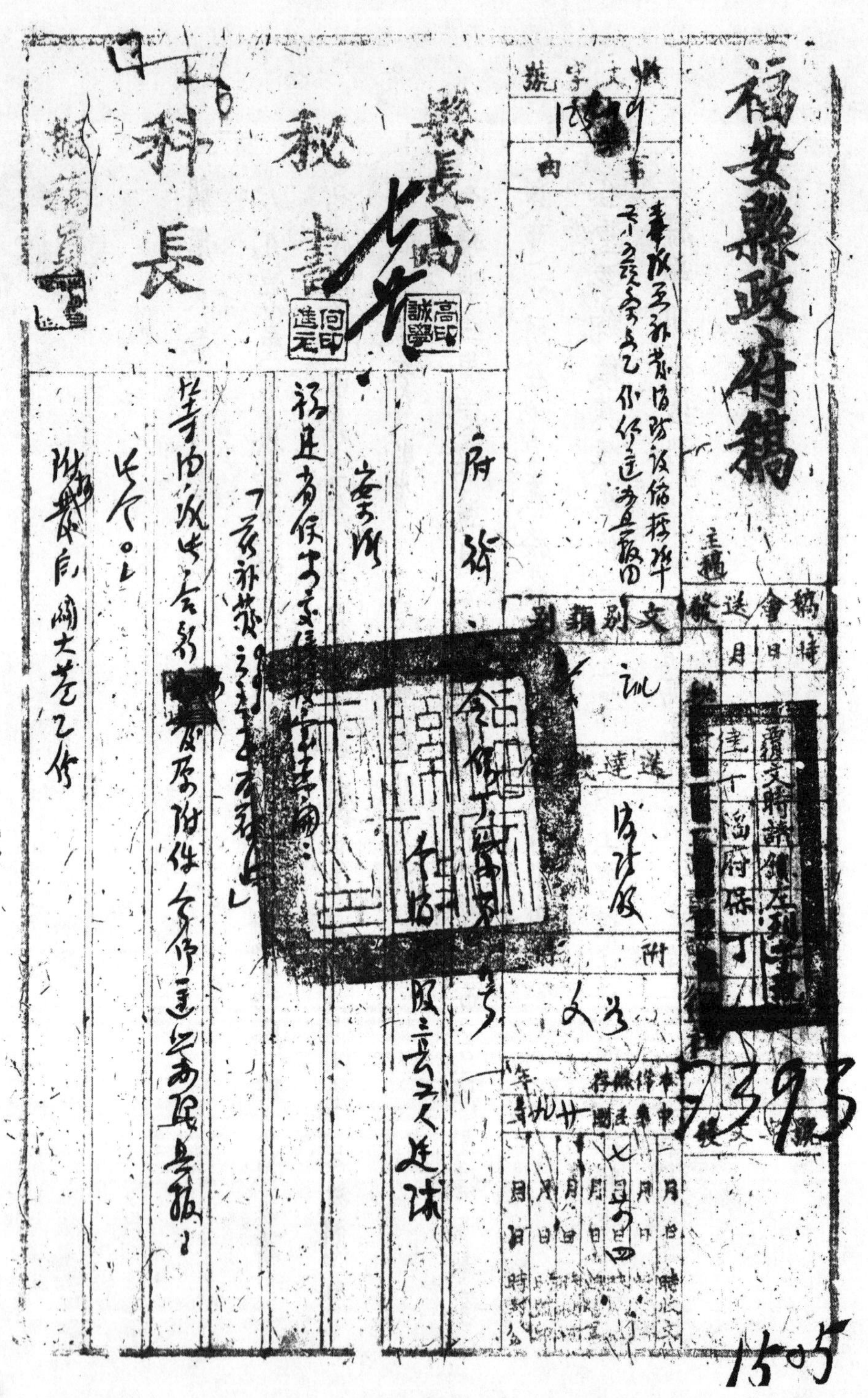

福安縣政府稿

縣長

秘書

科長

福安县政府关于补发防空司令部充实各地消防设备标准第五项条文的训令

（1940 年 7 月 30 日）　0158-001-0800

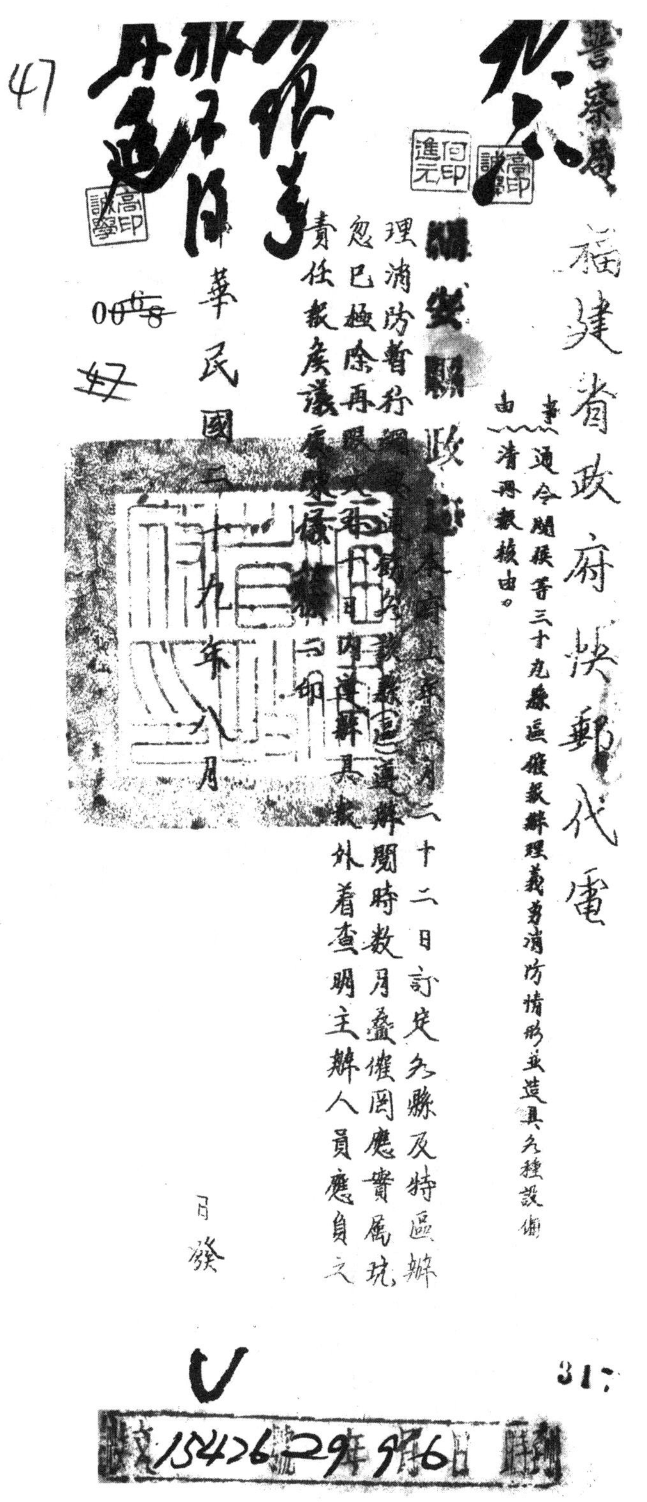

警察局

福建省政府快郵代電

事由：通令閩侯等三十九縣區催報辦理義勇消防情形並造具各種設備清冊報核由。

福安縣政府覽：本府上年三月二十二日訂定各縣及特區辦理消防暫行綱要，通飭各縣區遵辦，閱時數月，疊催罔應，實屬玩忽已極。除再限文到十日內遵辦具報外，着查明主辦人員應負之責任，報候議處。[illegible]印

中華民國二十九年八月　日發

福建省政府关于催报办理义勇消防情形并造具各种设备清册报核的快邮代电

（1940年8月29日）　0158-001-0398

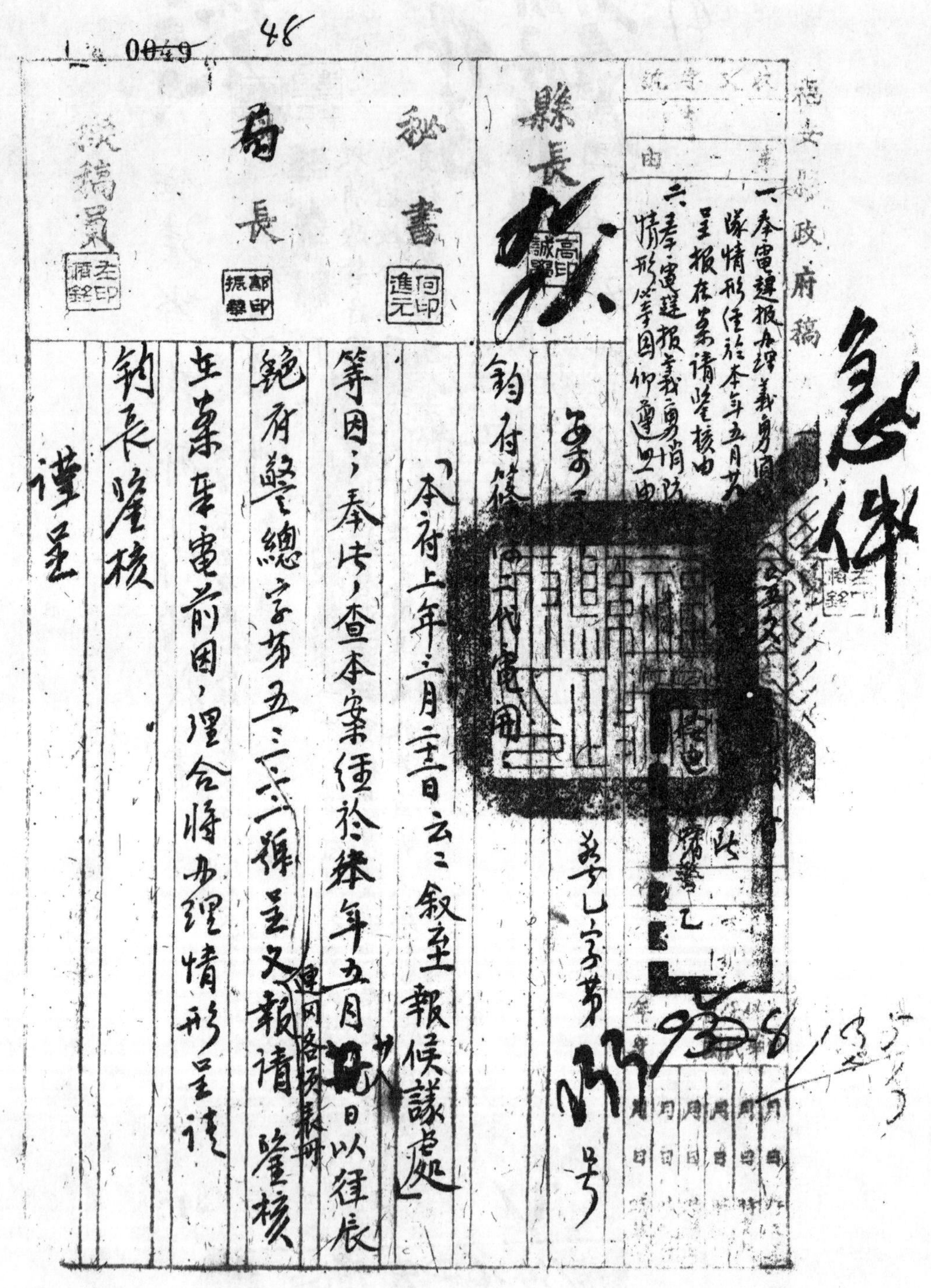

福安县政府关于本县办理义勇消防队情形以律辰艳府警总字 5322 号已报请鉴核的呈文

（1940 年 9 月 11 日） 0158-001-0398

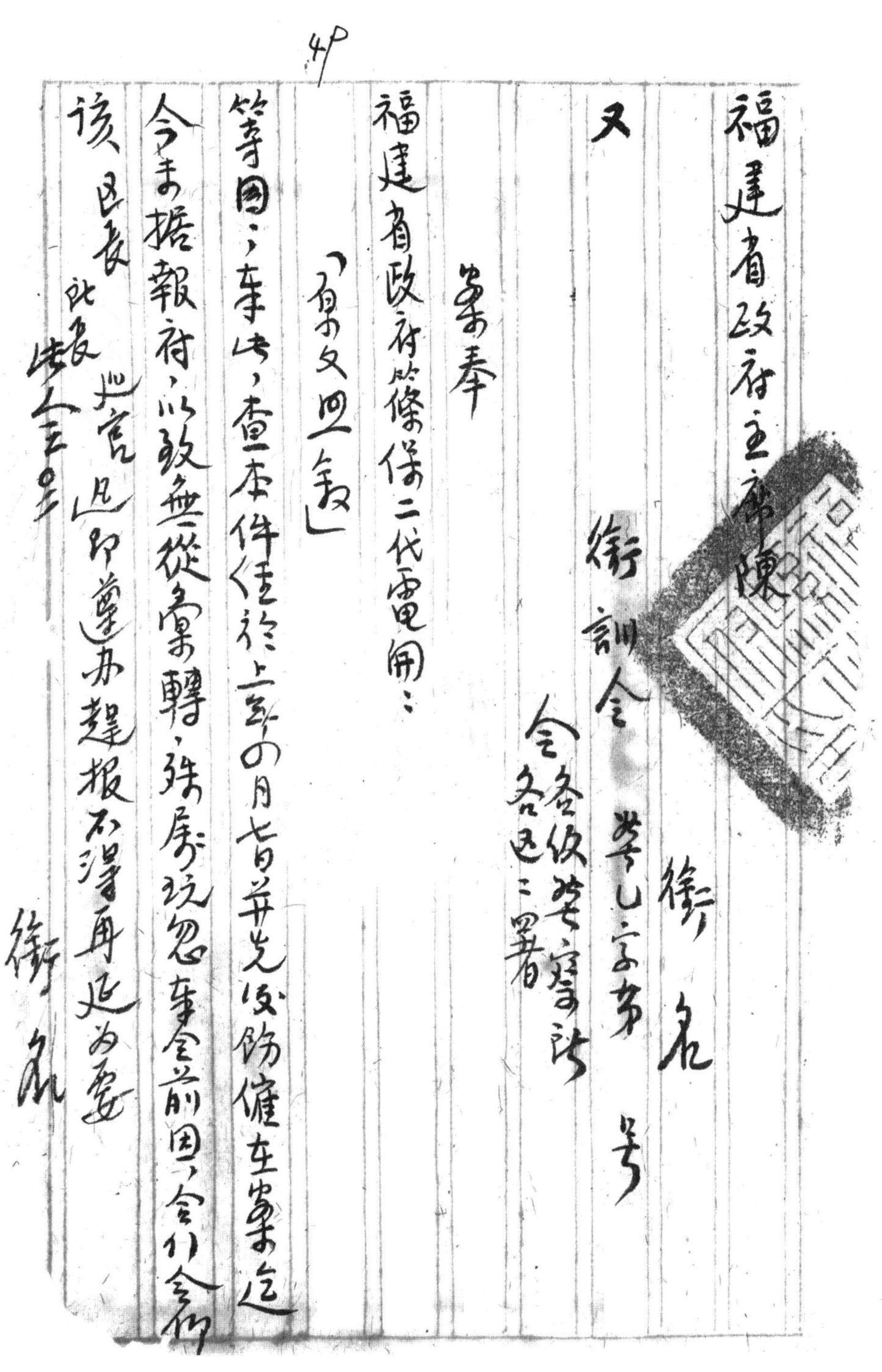

福安县政府关于奉电赶报办理义勇消防情形并造具各种设备清册的训令

（1940 年 9 月 11 日） 0158-001-0398

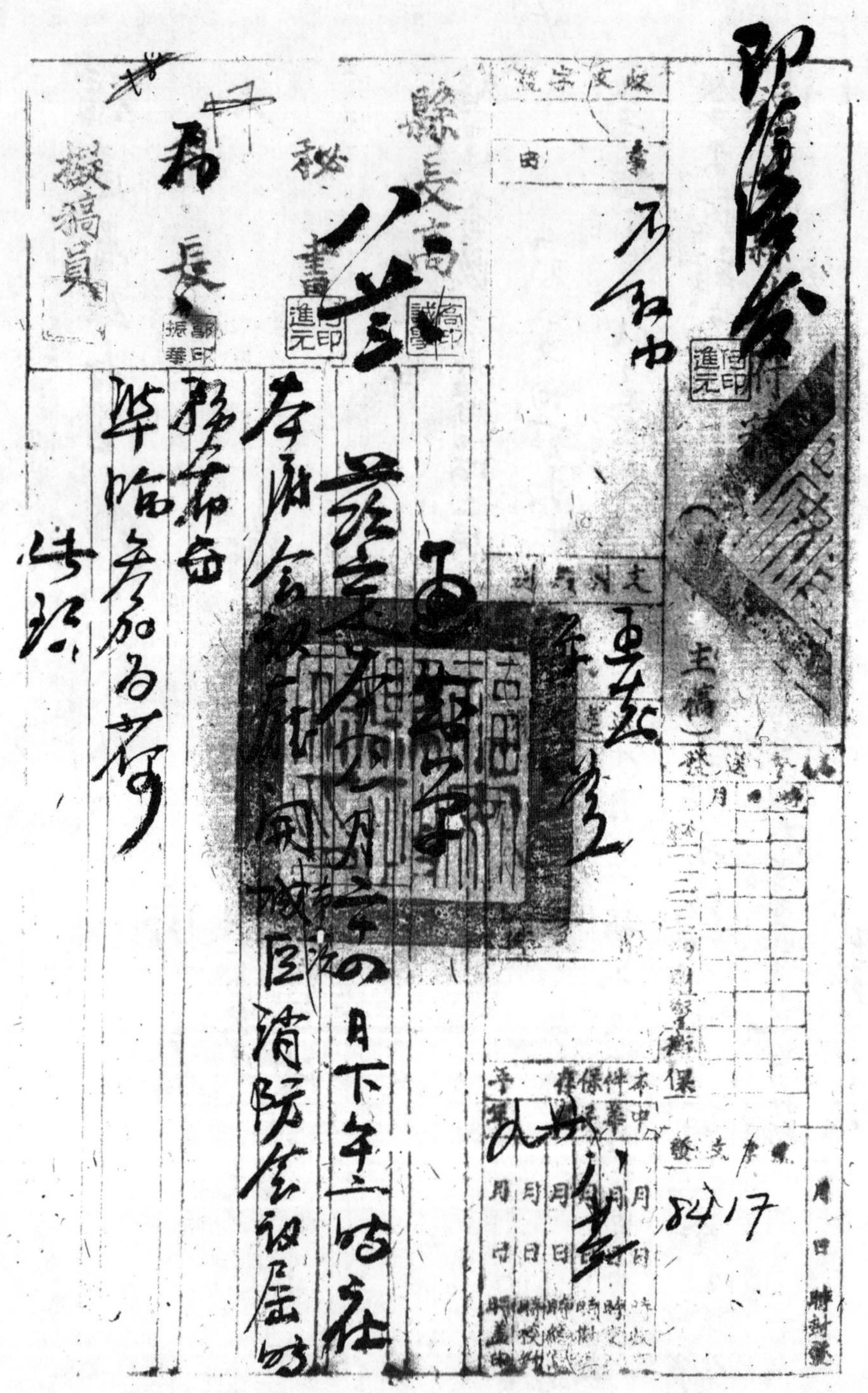

福安县政府关于8月24日在本府会议厅召开城区消防会议的通知
（1940年8月23日）　0158-001-0800

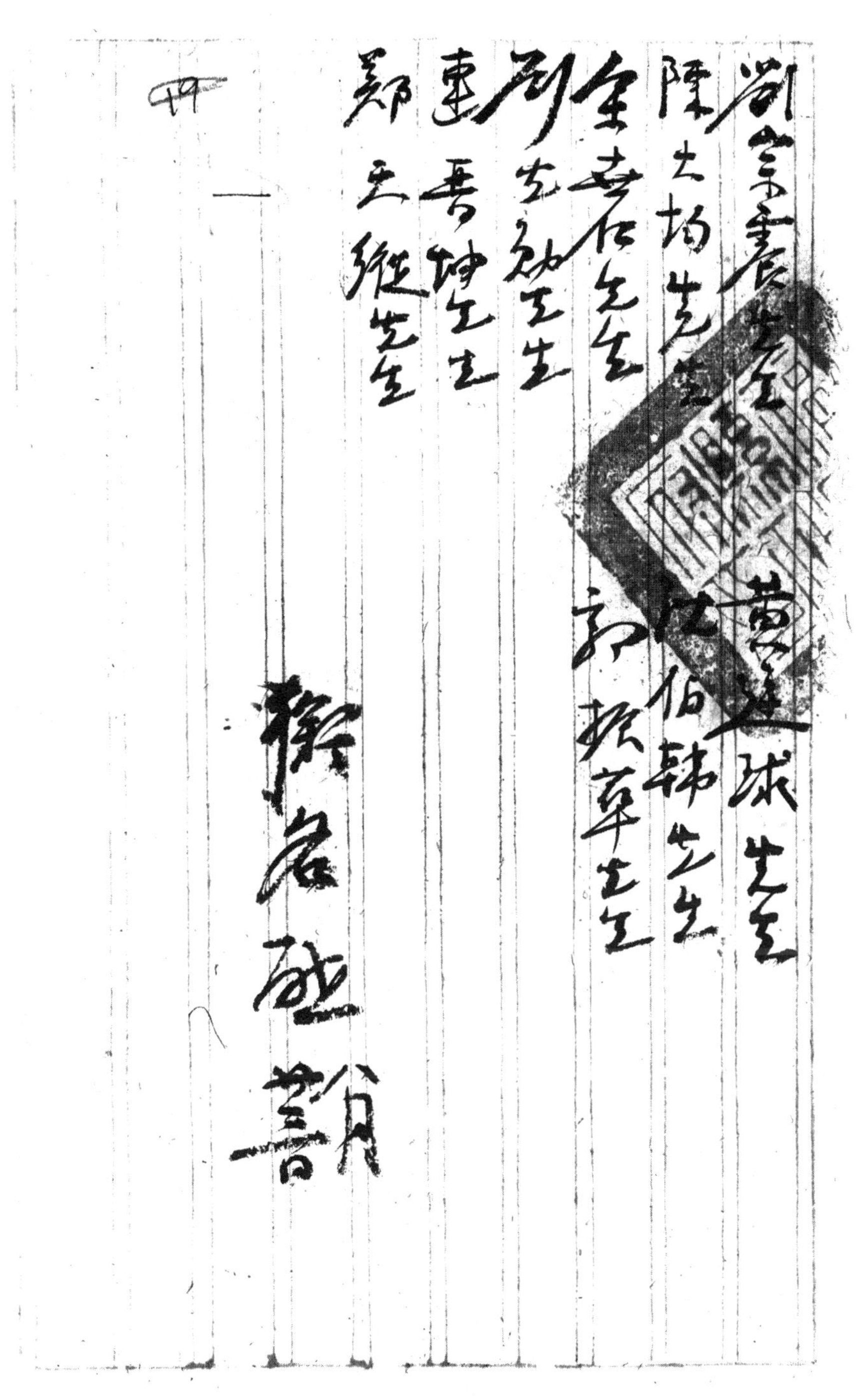

刘宗彝先生　黄廷球先生
陈大钧先生　江伯韩先生
余启右先生　郭振华先生
刘志勋先生
连春坤先生
郑玉继先生

撰名敬请
八月廿三日

福安县政府关于8月24日在本府会议厅召开城区消防会议的通知

（1940年8月23日） 0158-001-0800

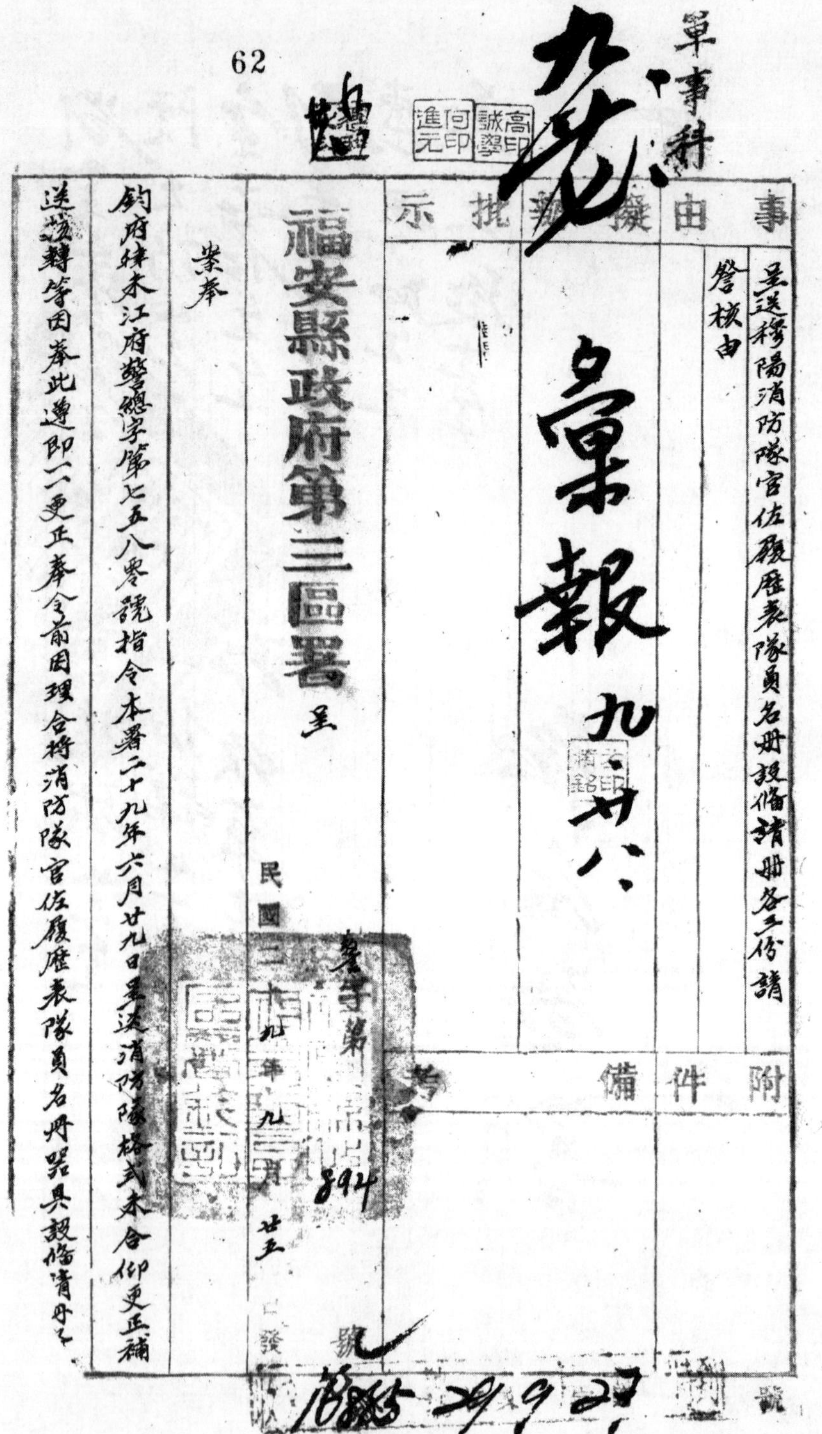
62

軍事科

事由：呈送穆陽消防隊官佐履歷表隊員名册設備清册各二份請鑒核由

擬辦：彙報　九廿八

批示

附件

備考

福安縣政府第三區署　呈

民國二十九年九月廿五日發　字第894號

鈞府[illegible]江府警總字第七五八零號指令本署二十九年六月廿九日呈送消防隊格式未合仰更正補送核轉等因奉此遵即一一更正奉令前因理合將消防隊官佐履歷表隊員名册器具設備清册……

福安县第三区署关于报送穆阳义勇消防队官佐履历册、队员名册、设备清册的呈文

(1940 年 9 月 25 日)a 面　0158-001-0398

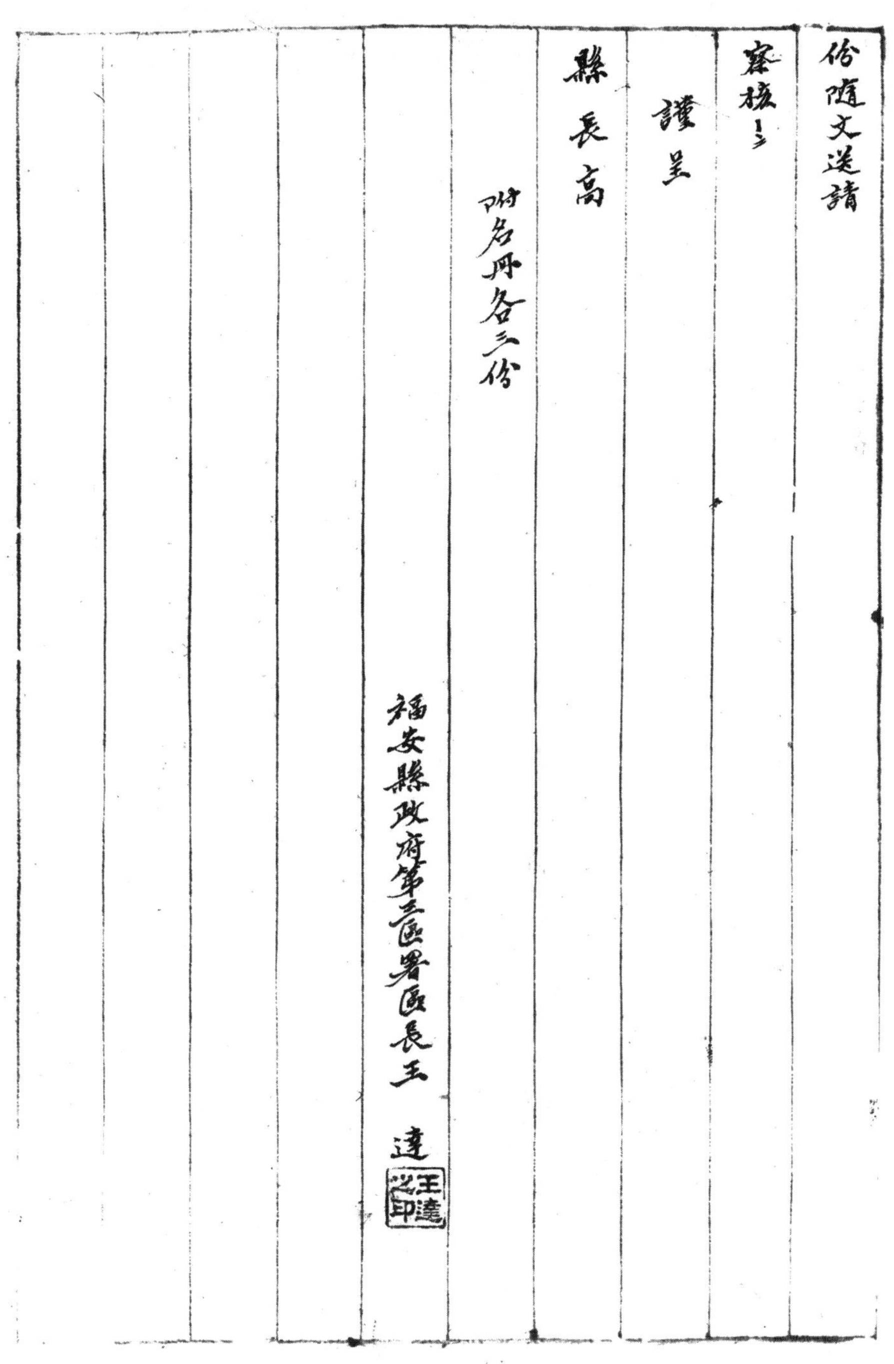
份随文送请
察核！！
谨呈
县长高
附名册各三份
福安县政府第三区署区长王
达
王达之印

福安县第三区署关于报送穆阳义勇消防队官佐履历册、队员名册、设备清册的呈文
(1940年9月25日)b面　0158-001-0398

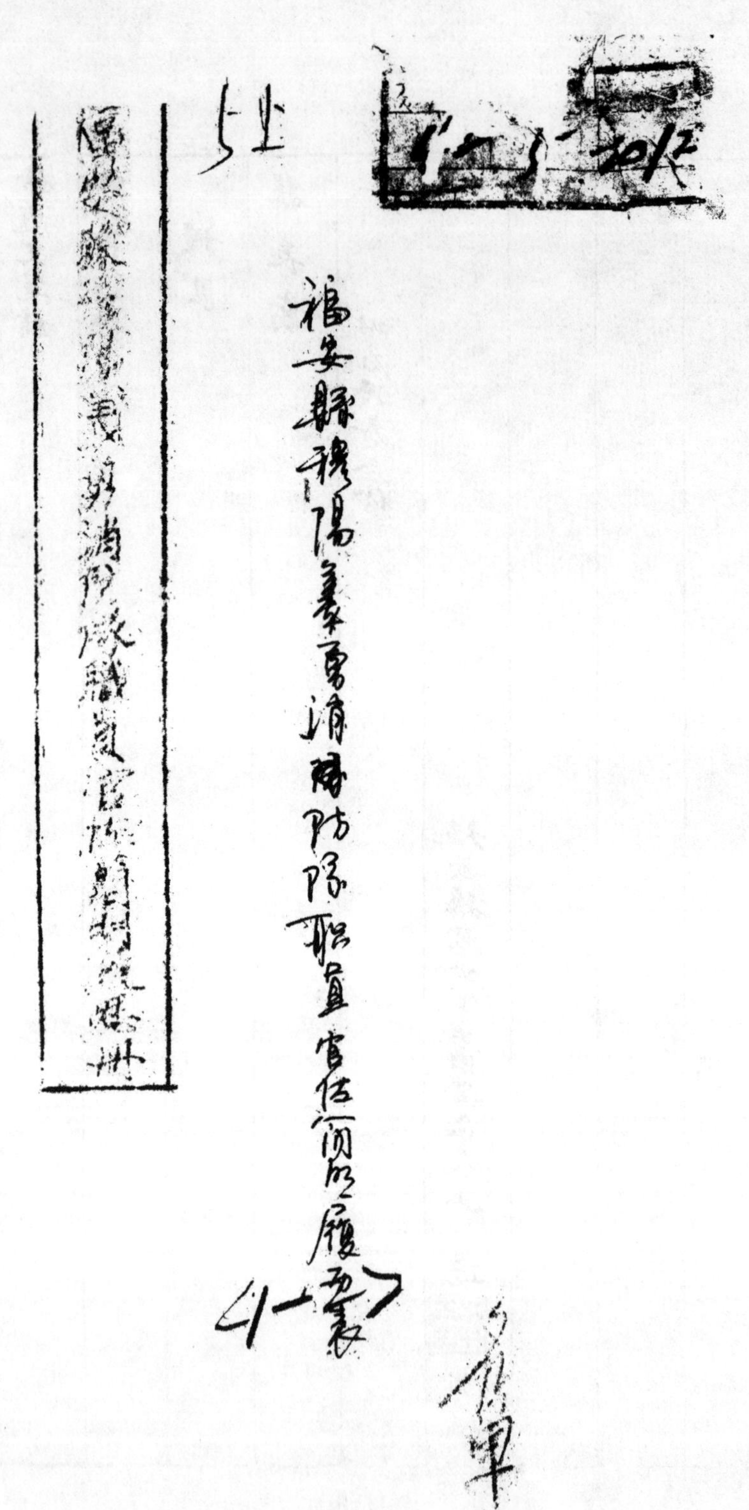

福安县穆阳义勇消防队职员官佐简明履历表

附件　福安县穆阳义勇消防队职员官佐简明履历册(1940 年 9 月)　0158-001-0283

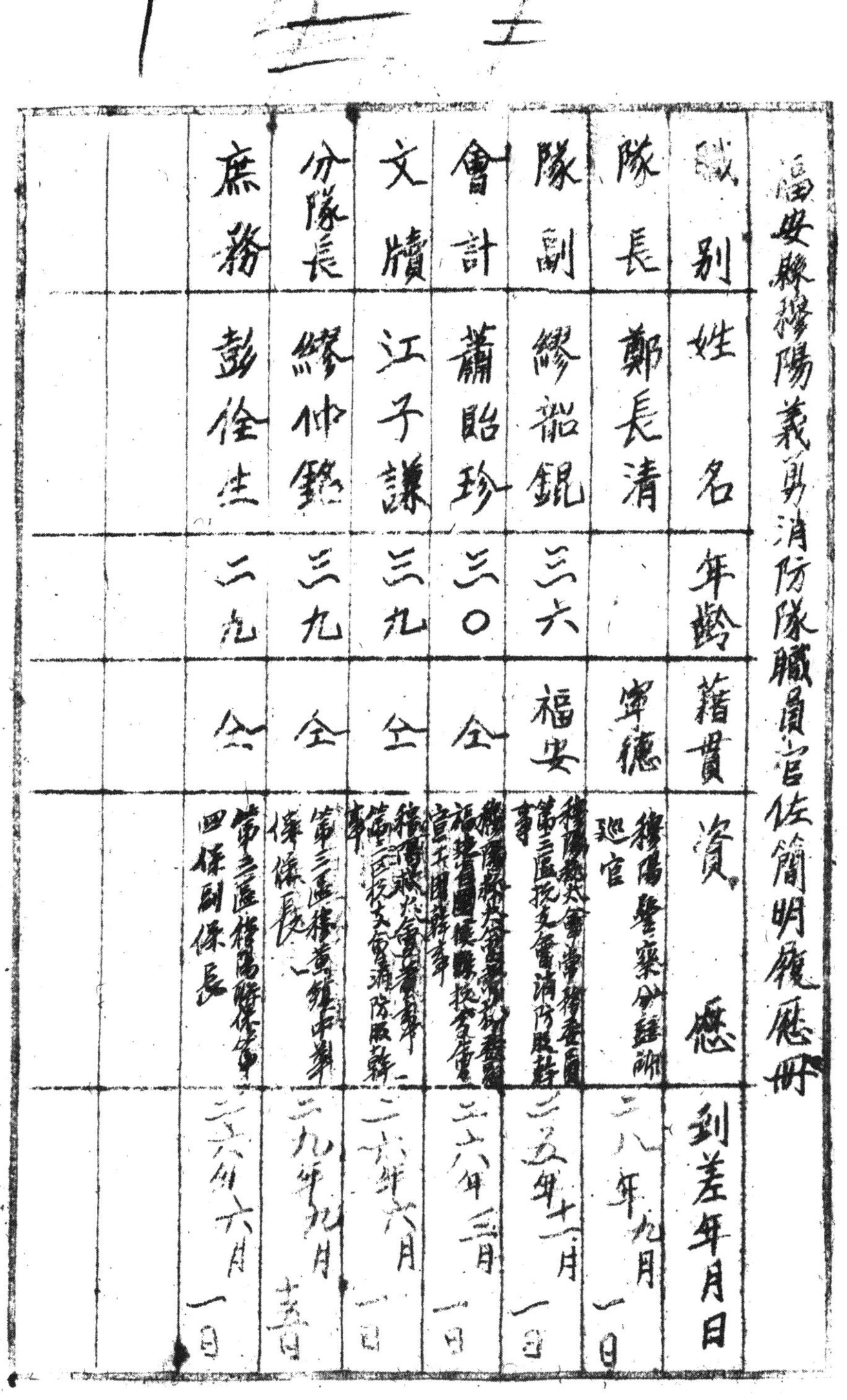

福安縣穆陽義勇消防隊職員官佐簡明履歷冊

職別	姓名	年齡	籍貫	資歷	到差年月日
隊長	鄭長清		寧德	穆陽警察分駐所巡官	二八年九月一日
隊副	繆詔錕	三六	福安	穆陽救火會常務委員 第三區抗支會消防股幹事	二五年十一月一日
會計	蕭貽珍	三〇	仝	穆陽救火會常務委員 福安縣[illegible]抗支會宣傳幹事	二八年三月一日
文牘	江子謙	三九	仝	穆陽救火會常務幹事 第三區抗支會消防股幹事	二六年六月一日
分隊長	繆仲銘	三九	仝	第三區穆蒼鎮中劉保保長	二九年九月十五日
庶務	彭佺生	二九	仝	第三區穆陽鎮第四保副保長	二六年六月一日

附件　福安县穆阳义勇消防队职员官佐简明履历册(1940年9月)　0158-001-0283

附件　福安县穆阳义勇消防队职员队员名册(1940 年 9 月)　0158-001-0398

65

64

福安縣穆陽義勇消防隊職員隊員名冊

隊別	級職	姓名	年齡	籍貫	詳細地址	職業	偹攷
	隊長	鄭長清		寧德	保甲户	警界	
	隊附	繆紹錕	三六	福安	霊源保二甲五户	商界	
	會計	蕭貽珍	三一	仝上	文峰保五甲十五户	仝上	
	文牘	江子謙	三九	仝上	龍泉保甲户	仝上	
	分隊長	繆仲銘	三九	仝上	中華保一甲十户	仝上	
	庶務	彭餘生	二九	仝上	重新保二甲七户	仝上	
貫達隊	水龍班班長	繆細明	三八	仝上	中華保一甲十一户	仝上	
	副班長	繆希齡	三[illegible]	仝上	龍泉保九甲五户	仝上	

附件　福安县穆阳义勇消防队职员队员名册(1940年9月)a面　0158-001-0398

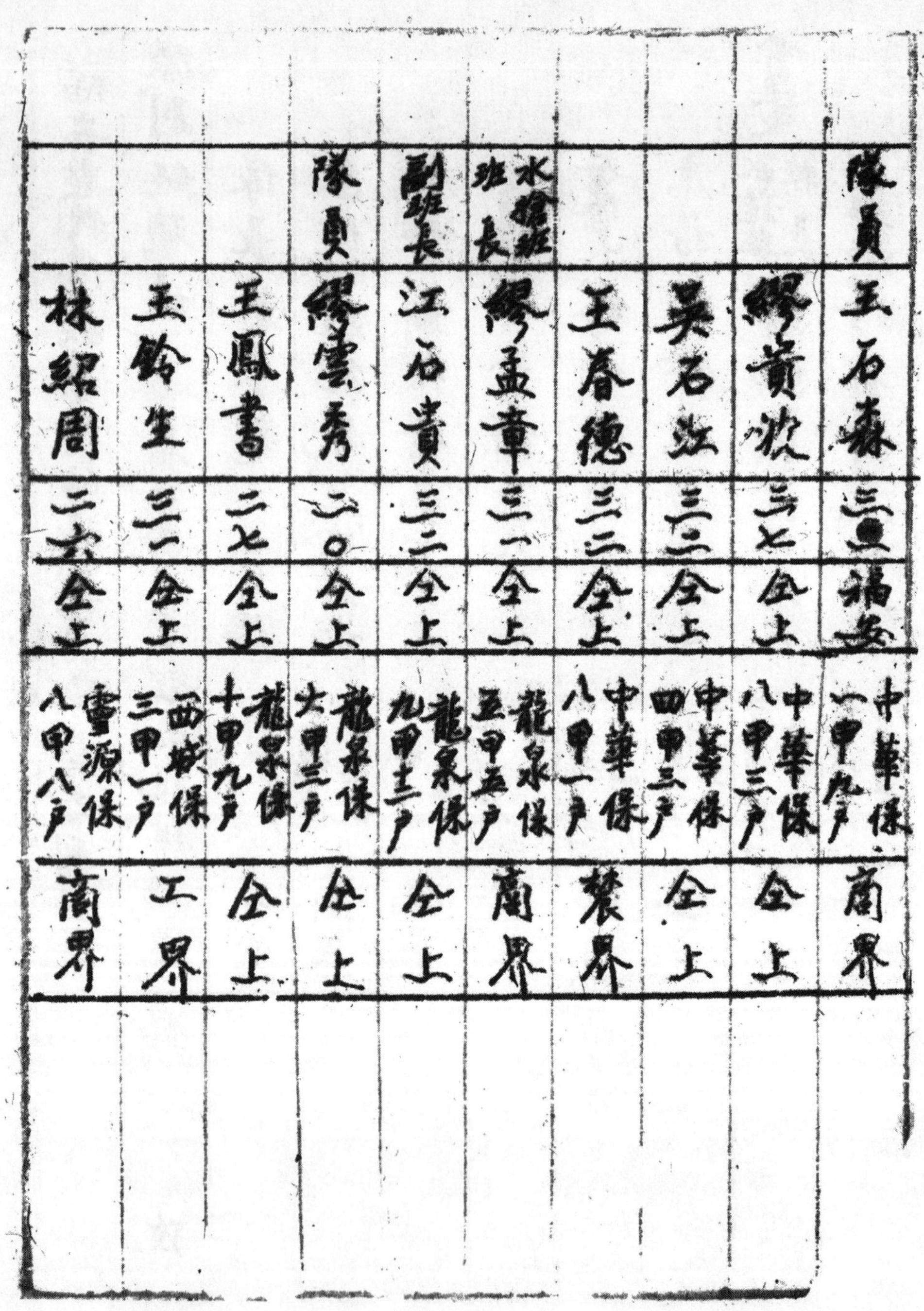

隊員	王石森	三五	福安	中華保一甲九戶	商界
	繆貴欽	三七	仝上	中華保八甲三戶	仝上
	吳石泣	三三	仝上	中華保四甲三戶	仝上
	王春德	三二	仝上	中華保八甲一戶	農界
水龍班班長	繆孟章	三一	仝上	龍泉保五甲五戶	商界
副班長	江石貴	三二	仝上	龍泉保九甲十二戶	仝上
隊員	繆雲秀	二〇	仝上	龍泉保六甲三戶	仝上
	王鳳書	二七	仝上	龍泉保十甲九戶	仝上
	王鈴生	三一	仝上	西城保三甲一戶	工界
	林紹周	二六	仝上	雷源保八甲八戶	商界

附件　福安县穆阳义勇消防队职员队员名册(1940年9月)b面　0158-001-0398

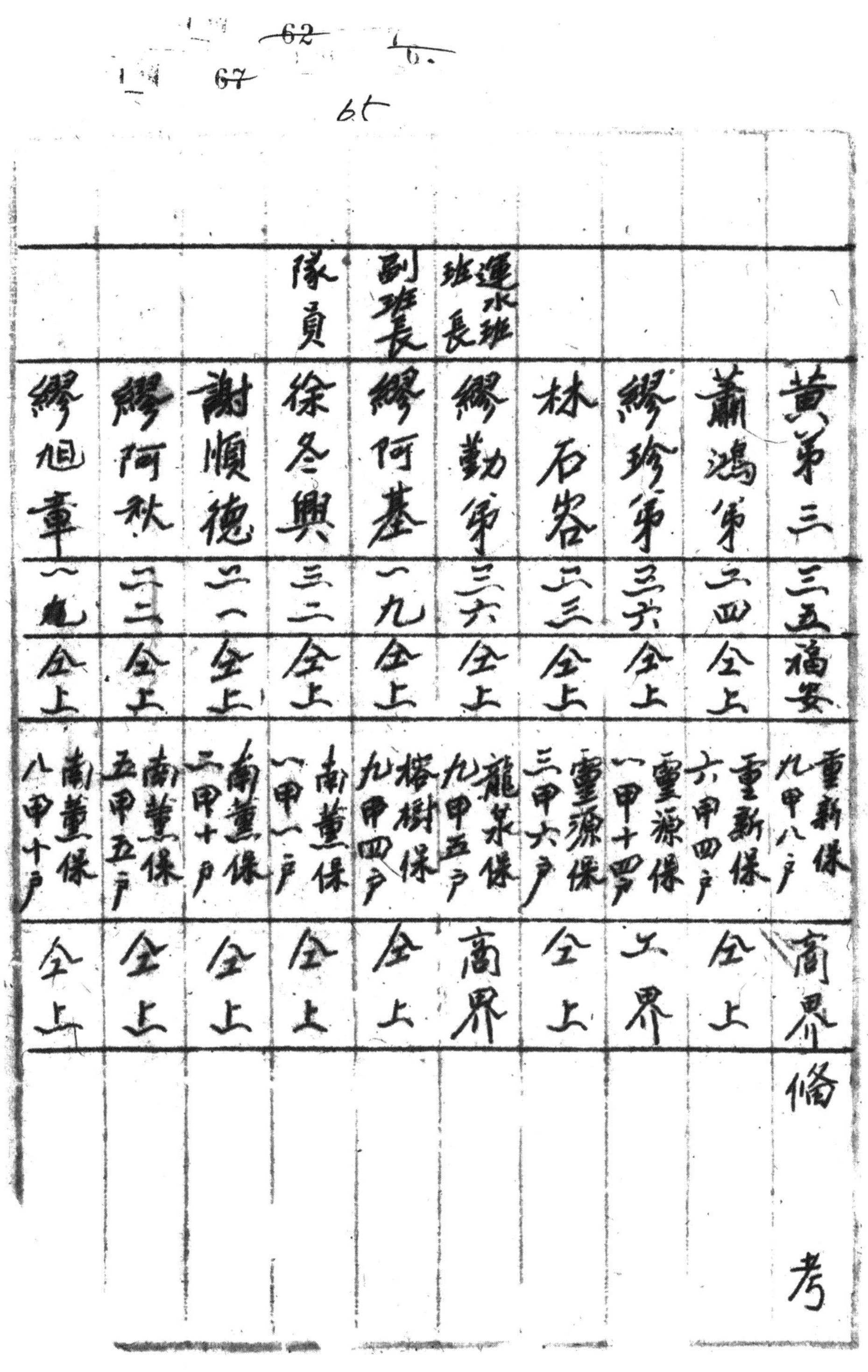

62 67 65

	黃第三	三五	福安	重新保九甲八户	商界	俻考
	蕭鴻第	二四	仝上	重新保六甲四户	仝上	
	繆珍第	三六	仝上	靈源保一甲十四户	工界	
	林石容	二三	仝上	靈源保三甲六户	仝上	
運水班班長	繆勤第	三六	仝上	龍泉保九甲五户	商界	
副班長	繆阿基	一九	仝上	榕樹保九甲四户	仝上	
隊員	徐冬興	三二	仝上	南薰保一甲一户	仝上	
	謝順德	二一	仝上	南薰保二甲十户	仝上	
	繆阿秋	二二	仝上	南薰保五甲五户	仝上	
	繆旭章	一九	仝上	南薰保八甲十户	仝上	

附件　福安县穆阳义勇消防队职员队员名册(1940 年 9 月)a 面　0158-001-0398

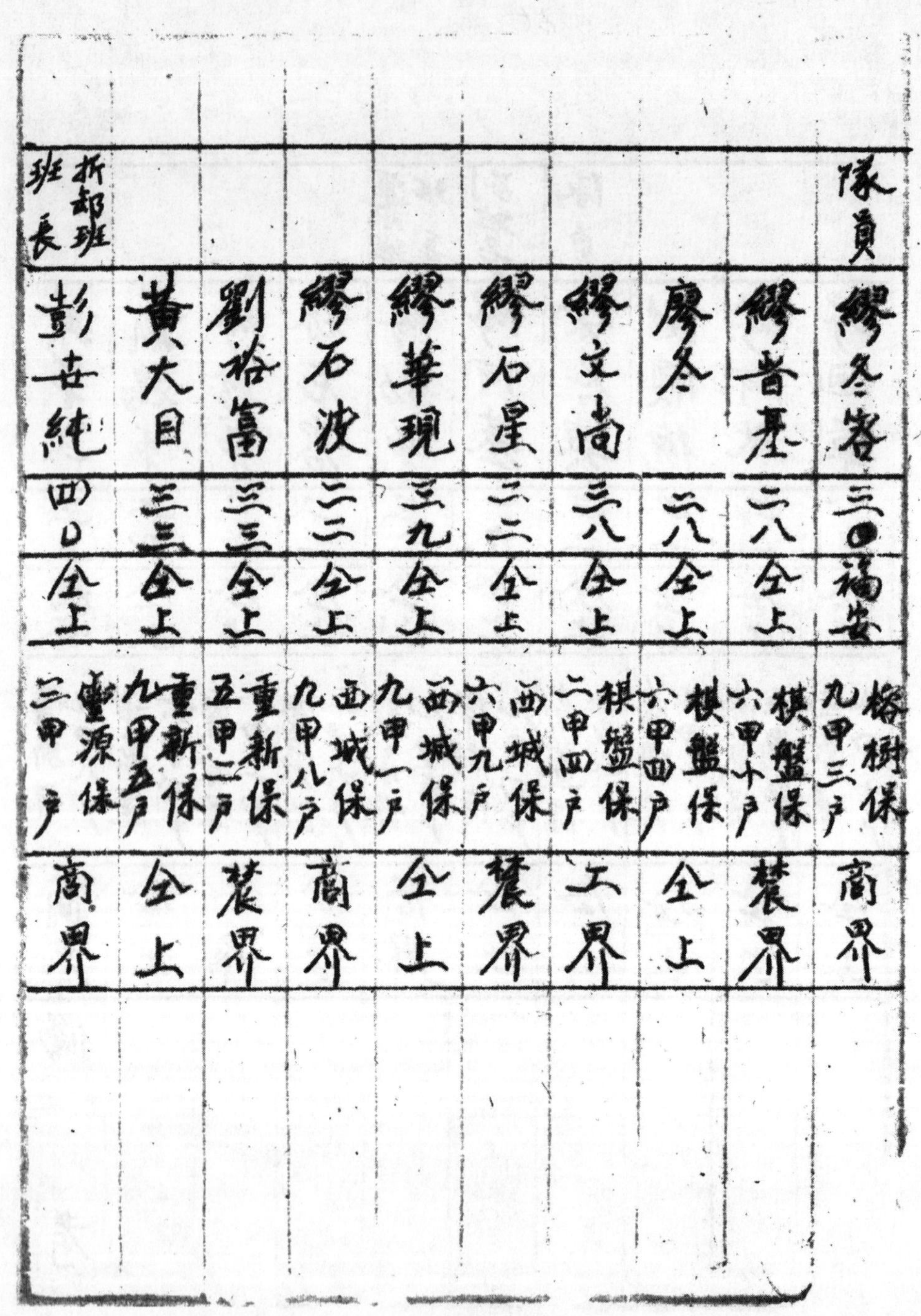

隊員	繆冬容	三〇	福安	榕樹保九甲三戶	商界
	繆普基	二八	仝上	棋盤保六甲十戶	農界
	廖冬	二八	仝上	棋盤保六甲四戶	仝上
	繆文尚	三八	仝上	棋盤保二甲四戶	工界
	繆石星	二二	仝上	西城保六甲九戶	農界
	繆華現	三九	仝上	西城保九甲一戶	仝上
	繆石波	二二	仝上	西城保九甲八戶	商界
	劉裕富	三三	仝上	重新保五甲二戶	農界
	黃大目	三三	仝上	重新保九甲五戶	仝上
拆卸班班長	彭安純	四〇	仝上	靈源保三甲戶	商界

附件 福安县穆阳义勇消防队职员队员名册(1940 年 9 月)b 面 0158-001-0398

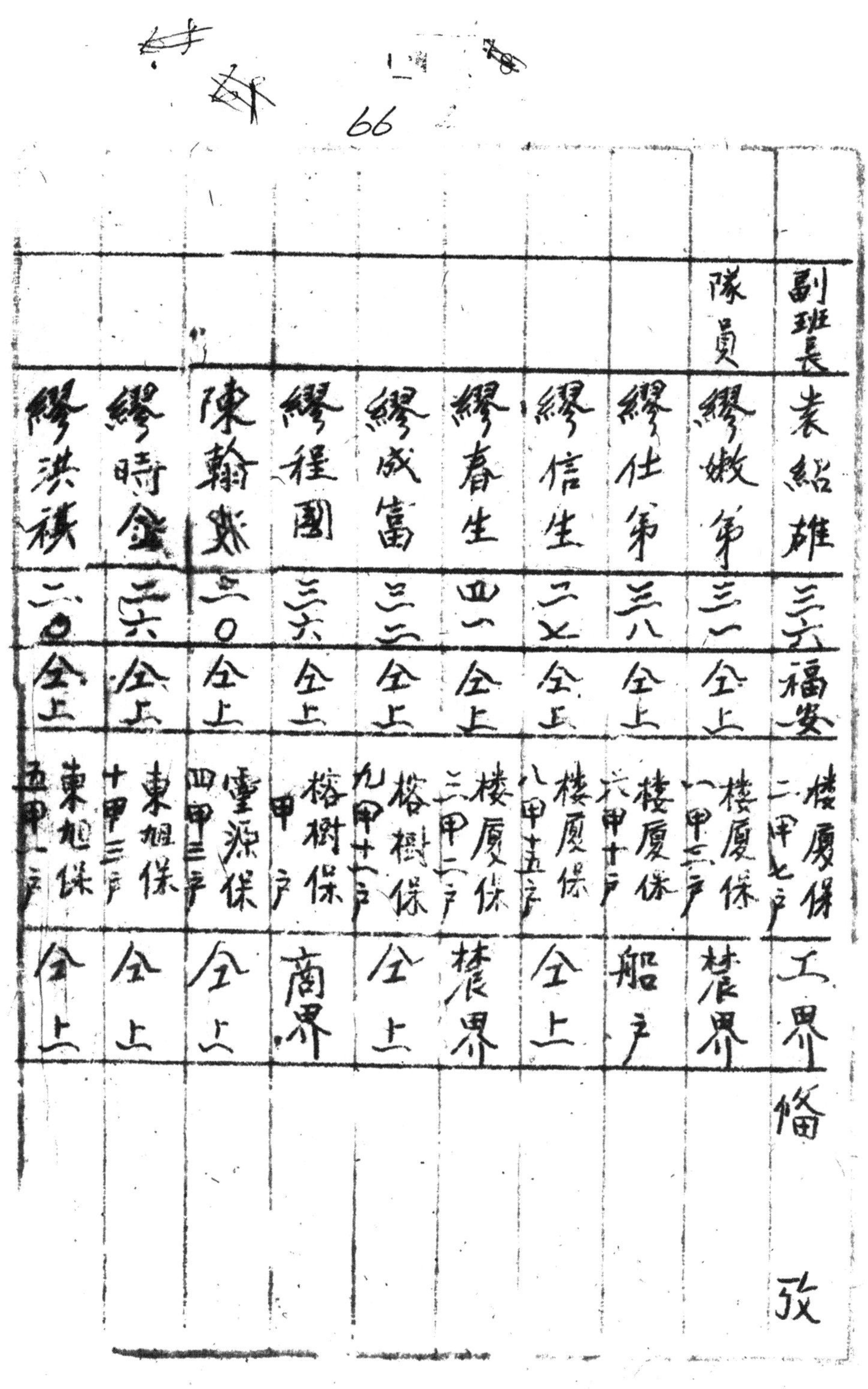
66

副班長	袁紹雄	三六	福安	樓厦保二甲七户	工界
隊員	繆嫩弟	三一	仝上	樓厦保一甲三户	農界
	繆仕弟	三八	仝上	樓厦保六甲十户	船户
	繆信生	二七	仝上	樓厦保八甲五户	仝上
	繆春生	四一	仝上	樓厦保三甲二户	農界
	繆成富	三二	仝上	榕樹保九甲十户	仝上
	繆程團	三六	仝上	榕樹保甲户	商界
	陳翰波	二〇	仝上	靈源保四甲三户	仝上
	繆時金	二六	仝上	東旭保十甲三户	仝上
	繆洪祺	二〇	仝上	東旭保五甲一户	仝上

偹攷

附件　福安县穆阳义勇消防队职员队员名册(1940 年 9 月)a 面　0158-001-0398

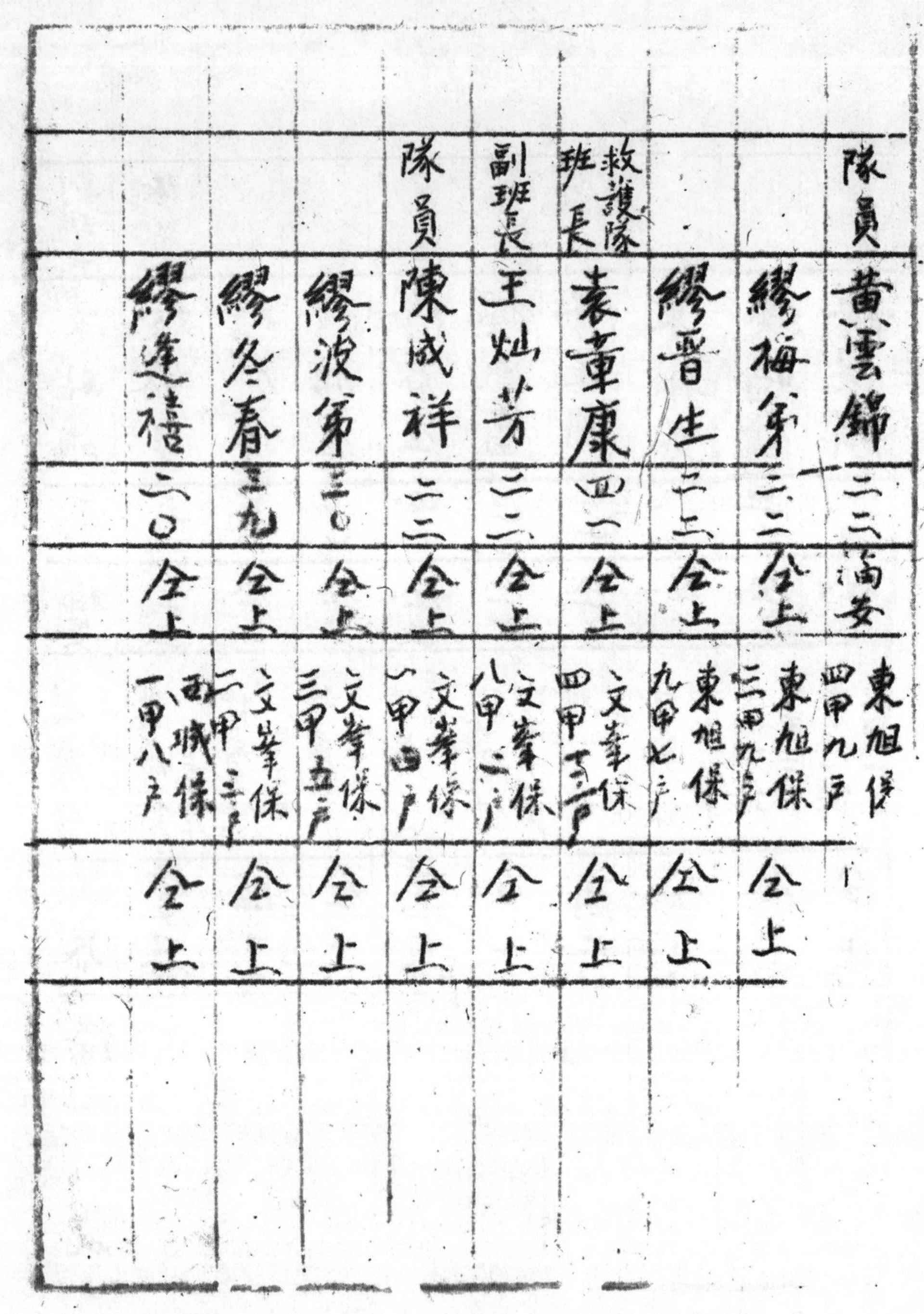

隊員	黃雲錦	三三	福安	東旭保四甲九户	
	繆梅弟	三二	仝上	東旭保三甲九户	仝上
	繆晉生	二三	仝上	東旭保九甲七户	仝上
救護隊班長	袁章康	四一	仝上	文峯保四甲十三户	仝上
副班長	王灿芳	二二	仝上	文峯保八甲二户	仝上
隊員	陳咸祥	二二	仝上	文峯保一甲四户	仝上
	繆波弟	三〇	仝上	文峯保三甲五户	仝上
	繆冬春	三九	仝上	文峯保二甲三户	仝上
	繆逢禧	二〇	仝上	西城保一甲八户	仝上

附件　福安县穆阳义勇消防队职员队员名册(1940年9月)b面　0158-001-0398

67

~~59~~ ~~67~~

福安縣穆陽義勇消防隊設備清冊

附件　福安县穆阳义勇消防队设备清册(1940年9月)　0158-001-0398

福安縣穆陽義勇消防隊設備清冊

種類	數量	備考
水鎗	拾把	
水鎗架	弍隻	
鐵叉	叁拾把	
竹帽	壹佰四十個	
鐵斧	四把	
消防隊旗	壹面	
水龍	壹架	已在計劃籌購
太平桶	拾隻	

附件　福安县穆阳义勇消防队设备清册(1940年9月)a面　0158-001-0398

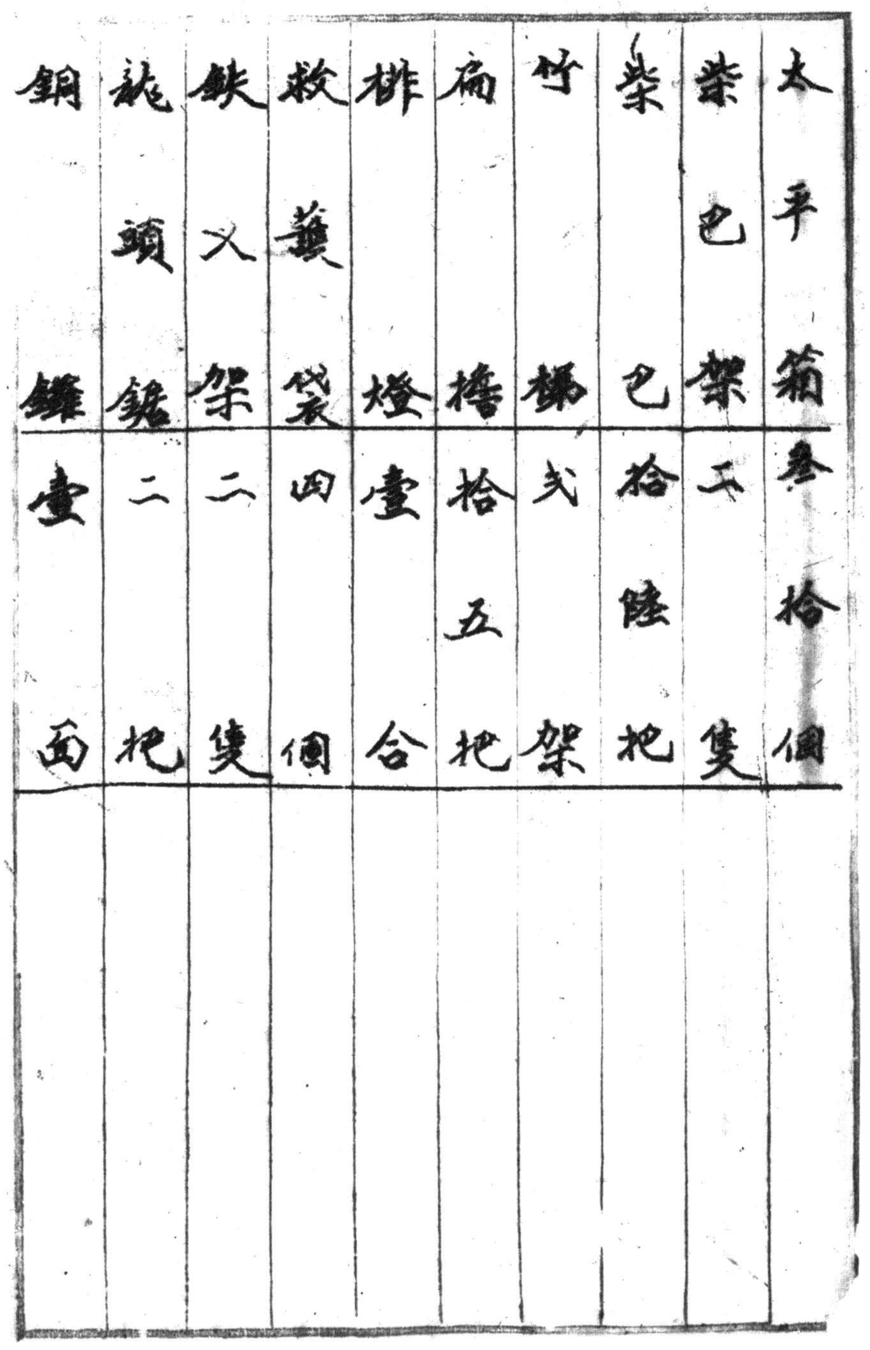

品名	數量
太平箱	叁拾個
柴包架	二隻
柴包	拾陸把
竹梯	弍架
扁擔	拾五把
排燈	壹合
救護袋	四個
鐵叉架	二隻
鋤頭鋸	二把
銅鑼	壹面

附件　福安县穆阳义勇消防队设备清册(1940 年 9 月)b 面　0158-001-0398

附件 福安县穆阳义勇消防队设备清册(1940 年 9 月) 0158-001-0398

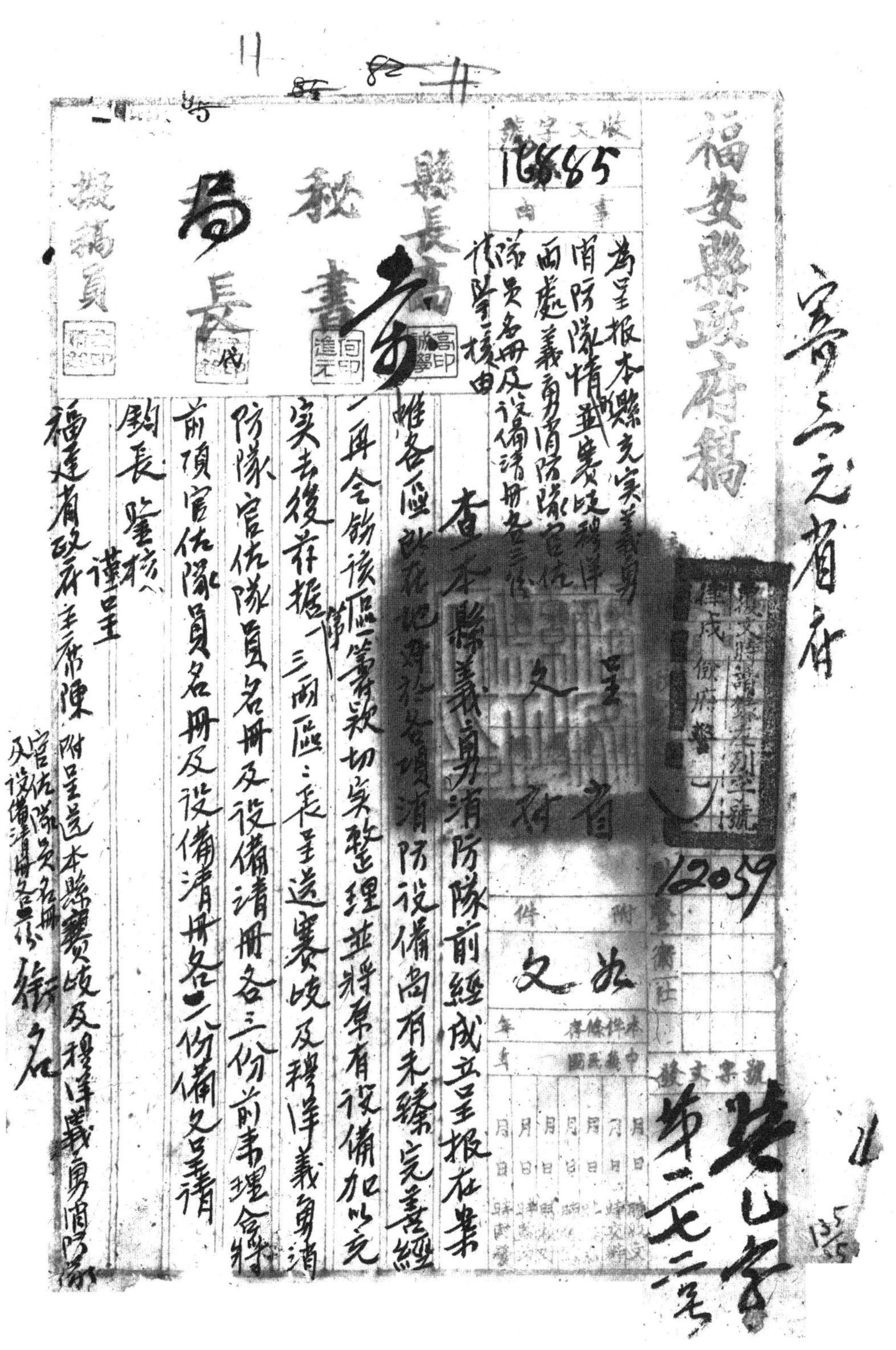

福安县政府关于本县充实义勇消防队情形并赛岐、穆阳义勇消防队官佐队员名册及设备清册的呈文(1940 年 11 月 28 日)　0158-001-0399

福安縣賽岐義勇消防隊職員官佐簡明履歷冊

附件　福安县赛岐义勇消防队职员官佐简明履历册(1940 年 11 月)　0158-001-0399

福安縣賽岐義勇消防隊職員官佐簡明履歷冊

職別	姓名	年齡	籍貫	資歷	到差年月日
隊長	蔡子元	二八	閩侯	福建省警官訓練畢業	二九年七月一日
隊副	金蔚麟	三九	福安	霞浦作元舊制中學畢業	二九年七月三日
會計	王鳴山	四六	福安	展山中學肄業	二九年七月一日
文牘	謝啟椿	三一	古田	古田文峰初級中學	二九年七月一日
庶務	李玉書	二三	福安	福建省立法政畢業	二九年七月五日

附件　福安县赛岐义勇消防队职员官佐简明履历册(1940 年 11 月)　0158-001-0399

㸚 74

福安縣賽岐義勇消防隊職員隊員名册

附件 福安县赛岐义勇消防队职员队员名册(1940 年 11 月) 0158-001-0399

福安縣賽岐義勇消防隊職員隊員名冊

隊别	級職	姓名	年齡	籍貫	詳細地址	職業	備考
	隊長	蔡子民	二八	閩侯	第五區金湯鄉	警	
	隊副	金蔚麟	三九	福安	北大保十甲九户	商	
	會計	王鳴山	四六	福安	中賽保十三甲五户	商	
	文牘	謝啟楠	三一	古田	古田保四十九號	政	
	庶務	李玉書	三三	福安	北大保三甲六號	商	
貫注隊	水龍班班長	鄭春利	三七	長樂	吉來保一甲三户	工	
	副班長	蕭永華	二六	福安	吉來保七甲四户	商	
	隊員	鄭明仔	三二	福安	中賽保三甲一户	商	

附件　福安县赛岐义勇消防队职员队员名册(1940 年 11 月)a 面　0158-001-0399

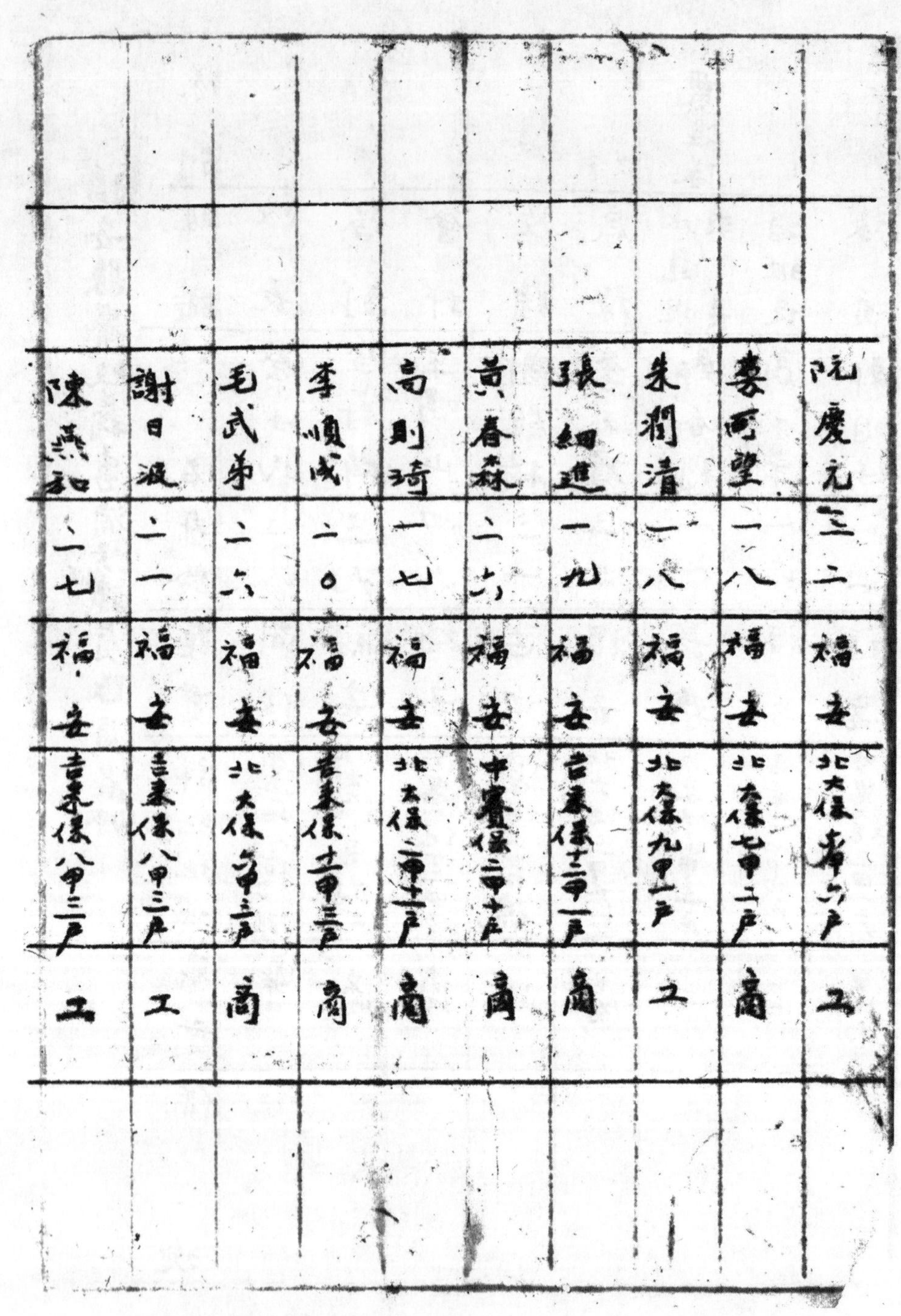

阮慶元	三二	福安	北大保[illegible]六户	工
婁雨望	一八	福安	北大保七甲二户	商
朱潤清	一八	福安	北大保九甲一户	工
張細進	一九	福安	吉來保十一甲一户	商
黃春森	二六	福安	中賽保二甲十户	商
高則琦	一七	福安	北大保二甲十一户	商
李順成	二〇	福安	吉來保十一甲三户	商
毛武弟	二六	福安	北大保六甲三户	商
謝日波	二一	福安	吉來保八甲三户	工
陳燕和	一七	福安	吉來保八甲三户	工

附件　福安县赛岐义勇消防队职员队员名册(1940 年 11 月)b 面　0158-001-0399

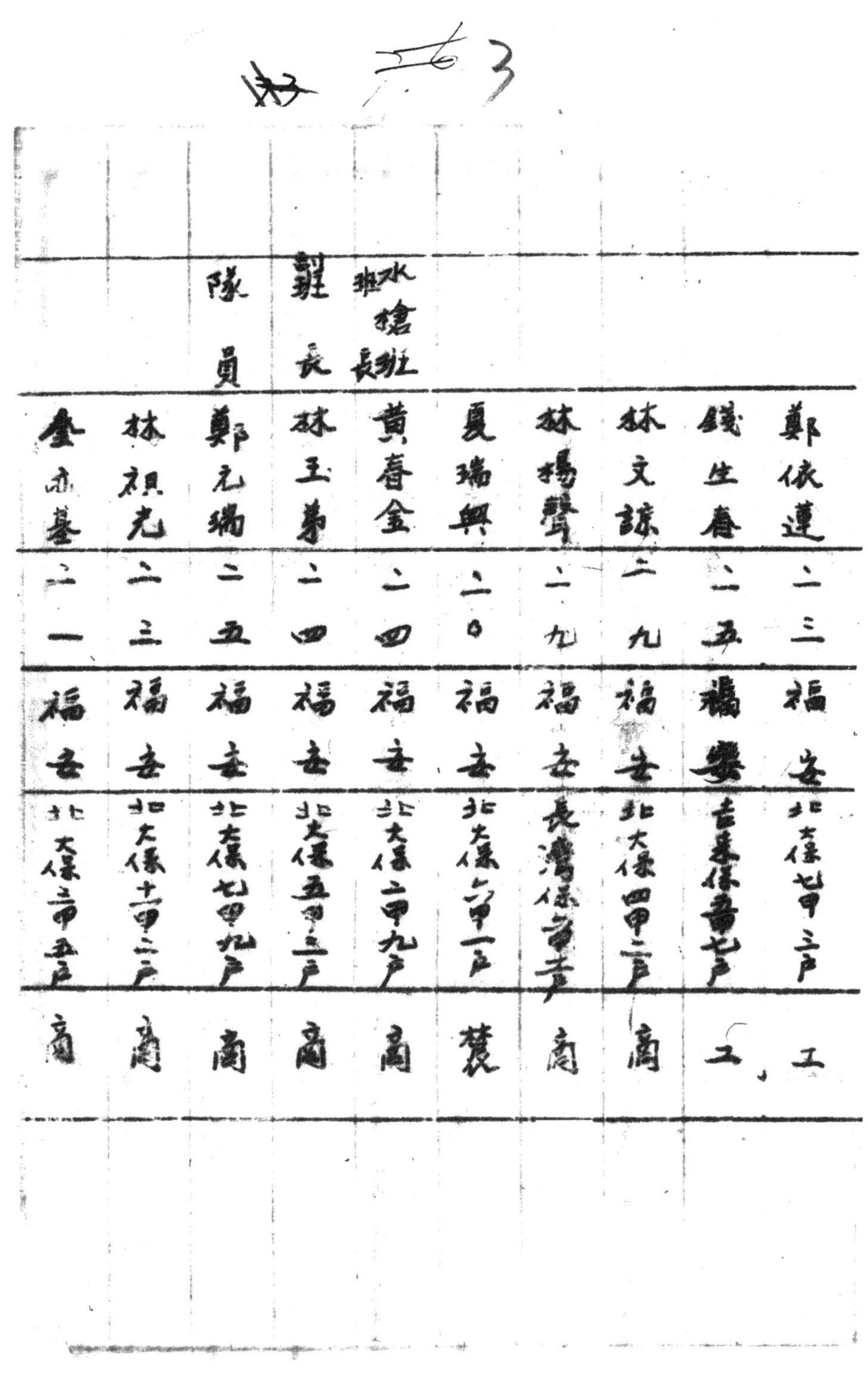
163

職別	姓名	年齡	籍貫	住址	職業
	鄭依連	二三	福安	北大保七甲三户	工
	錢生春	二五	福安	吉来保第七户	工
	林文諒	二九	福安	北大保四甲二户	商
	林揚聲	二九	福安	長灣保第十户	商
	夏瑞興	二〇	福安	北大保六甲一户	農
水槍班班長	黃春金	二四	福安	北大保二甲九户	商
副班長	林玉蒂	二四	福安	北大保五甲三户	商
隊員	鄭元瑞	二五	福安	北大保七甲九户	商
	林禎光	二三	福安	北大保十一甲二户	商
	金亦基	二一	福安	北大保二甲五户	商

附件　福安县赛岐义勇消防队职员队员名册(1940年11月)a面　0158-001-0399

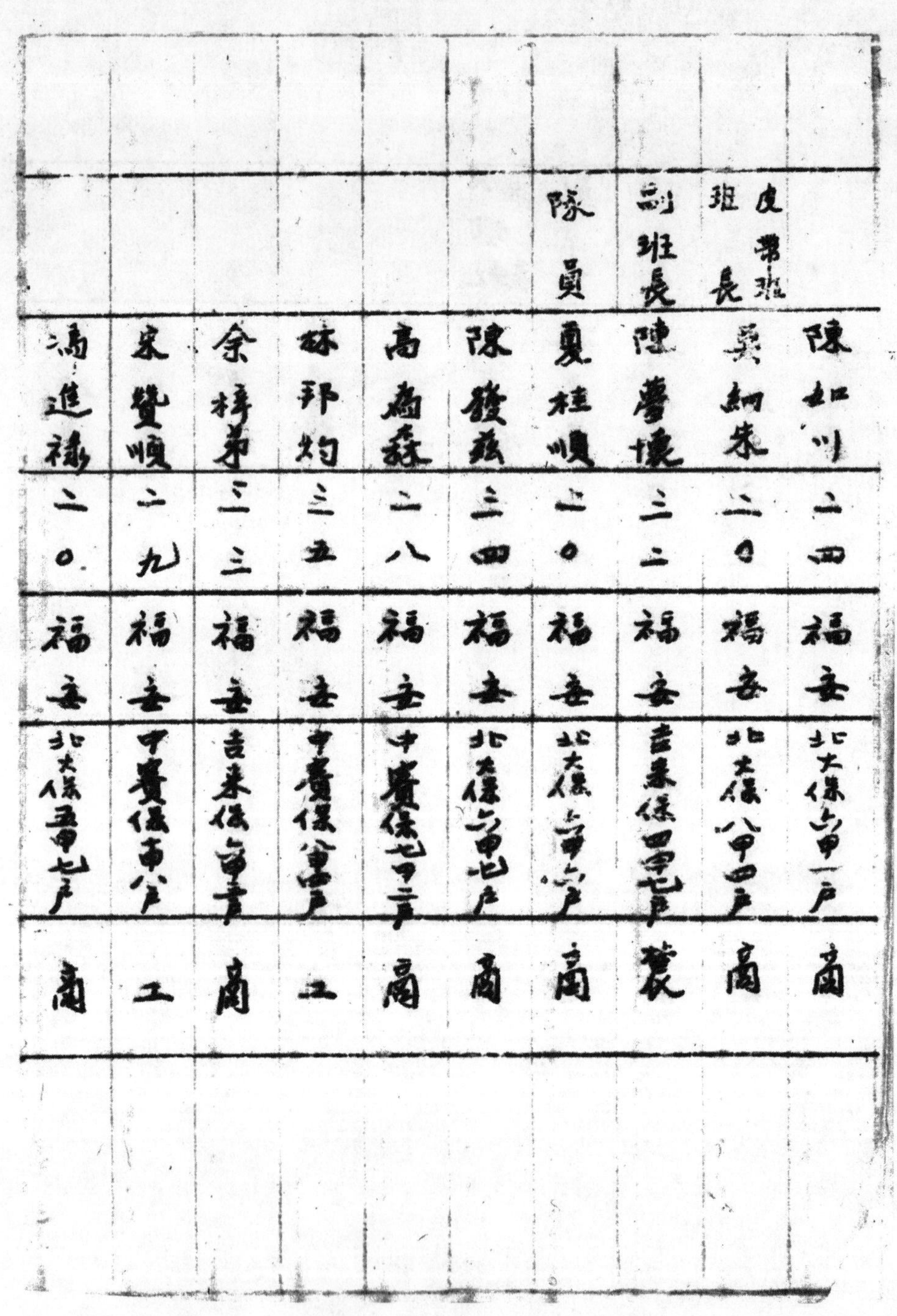

	陳如川	二四	福安	北大保六甲一户	商
皮帶班長	吳細朱	二〇	福安	北大保八甲四户	商
副班長	陳夢懷	三二	福安	吉来保四甲七户	農
隊員	夏桂順	二〇	福安	北大保六甲六户	商
	陳發茲	三四	福安	北大保六甲七户	商
	高爲森	二八	福安	中貴保七甲二户	商
	林邦灼	三五	福安	中貴保八甲四户	工
	余梓弟	三三	福安	吉来保六甲三户	商
	宋贊順	二九	福安	中貴保四甲八户	工
	馮進祿	二〇	福安	北大保五甲七户	商

附件　福安县赛岐义勇消防队职员队员名册(1940 年 11 月)b 面　0158-001-0399

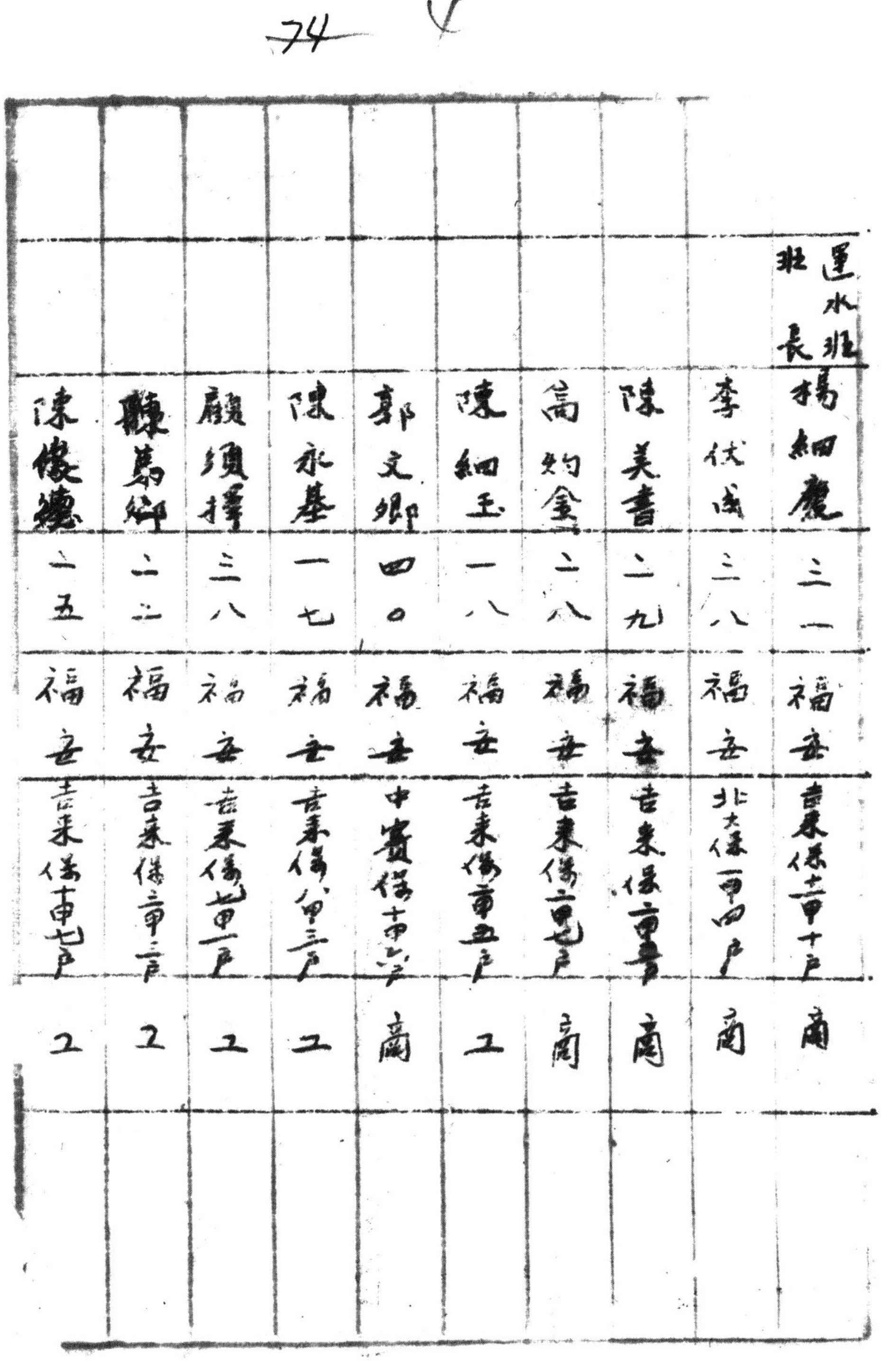

74

職別	姓名	年齡	籍貫	住址	職業
運水班班長	楊細慶	三一	福安	吉來保十甲十戶	商
	李伏成	三八	福安	北大保一甲四戶	商
	陳美書	二九	福安	吉來保十甲十戶	商
	高灼金	二八	福安	吉來保十甲七戶	商
	陳細玉	一八	福安	吉來保十甲五戶	工
	郭文卿	四〇	福安	中賓保十甲六戶	商
	陳永基	一七	福安	吉來保八甲三戶	工
	顧須擇	三八	福安	吉來保廿甲一戶	工
	陳葛卿	二二	福安	吉來保十甲二戶	工
	陳俊德	二五	福安	吉來保十甲七戶	工

附件　福安县赛岐义勇消防队职员队员名册(1940 年 11 月)a 面　0158-001-0399

鍾維璣	黃貴仕	郭梅基	陳俊波	陳生興	鄭細弟	馬振興	羅則武	李錦波	陳榮生
二七	三二	一七	二九	三三	三〇	三四	二二	二七	二四
福安	福安	福安	福安	福安	福安	福安	福安	福安	福安
吉来保三甲三户	北大保二甲二户	北大保四甲九户	北大保四甲九户	中實保四甲四户	北大保七甲一户	吉来保三甲三户	吉来保一甲八户	吉来保一甲一户	北大保四甲一户
商	商	商	商	商	商	商	商	商	商

附件　福安县赛岐义勇消防队职员队员名册(1940年11月)b面　0158-001-0399

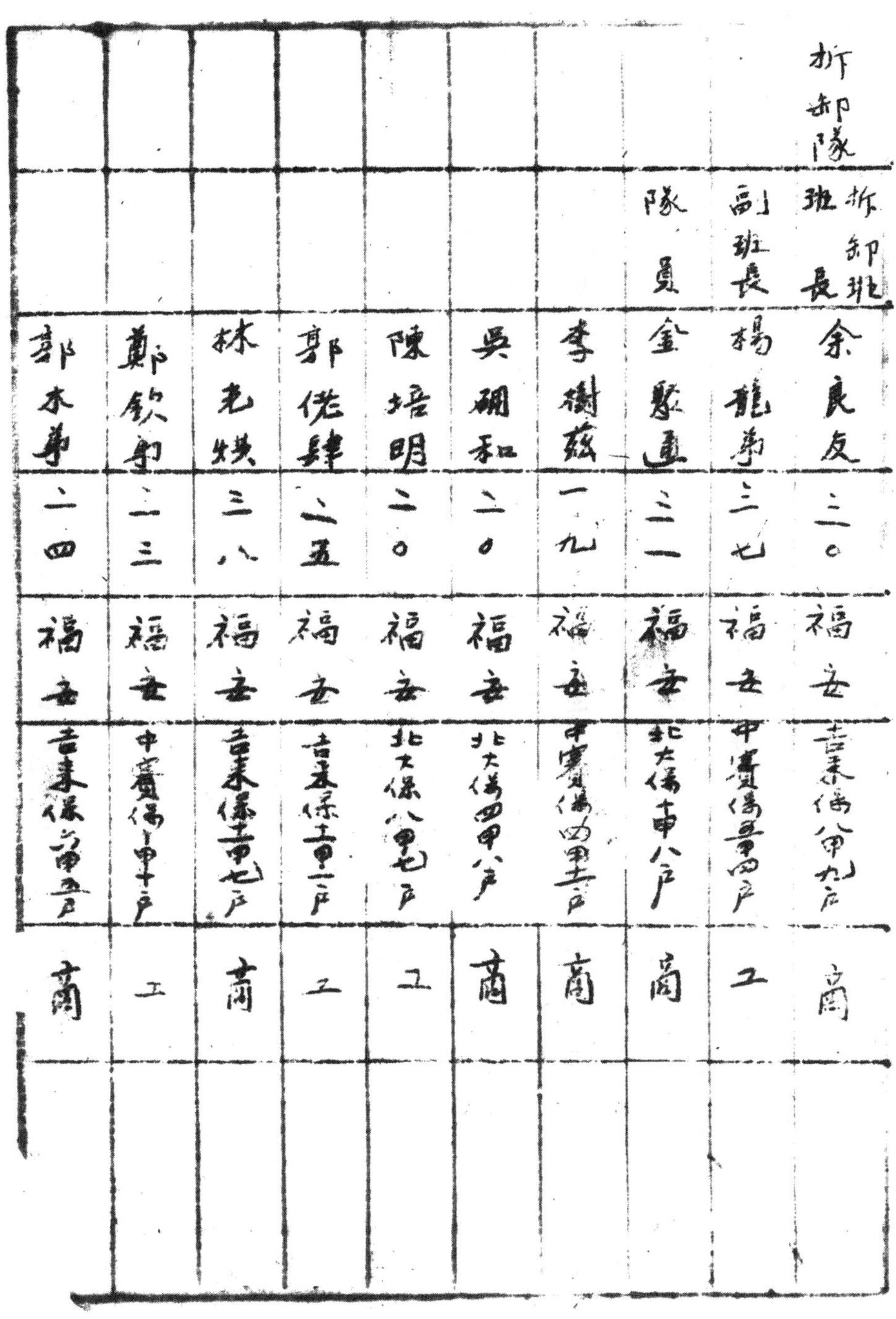

拆卸隊					
拆卸班班長	余良友	三〇	福安	吉来保八甲九户	商
副班長	楊龍弟	三七	福安	中賓保五甲四户	工
隊員	金聚通	三一	福安	北大保十甲八户	商
	李樹蕊	一九	福安	中賓保四甲十一户	商
	吳硼和	二〇	福安	北大保四甲八户	商
	陳培明	二〇	福安	北大保八甲七户	工
	郭佬肆	二五	福安	吉来保十一甲一户	工
	林光烘	三八	福安	吉来保十一甲七户	商
	鄭欽弟	二三	福安	中賓保十甲十户	工
	郭木弟	二四	福安	吉来保六甲五户	商

附件　福安县赛岐义勇消防队职员队员名册(1940年11月)a面　0158-001-0399

		陳大境	二七	福安	北大保六甲二户	商
		李翰弟	三九	福安	中賽保二甲一户	商
		黃濟寬	二九	福安	北大保三甲七户	商
		阮錦雲	二七	福安	北大保一甲六户	商
		陳德弟	二五	福安	北大保六甲二户	商
救護隊	救護班班長	陳家振	四一	古田	北大保二甲十户	醫
	副班長	魏少雲	二八	福安	中賽保十一甲一户	醫
	隊員	李六弟	三八	福安	北大保一甲一户	商
		高則仲	二五	福安	中賽保九甲四户	商
		繆振誠	二二	福安	北大保一甲二户	商

附件　福安县赛岐义勇消防队职员队员名册(1940 年 11 月)b 面　0158-001-0399

76·6

林素城	三七	福安	中賽保二甲十戶	商
藍培軒	二五	福安	中賽保二甲二戶	商
王錫銓	二〇	福安	北大保二甲三戶	商
王光烈	三二	福安	中賽保十二甲五戶	商
姚阿祥	四一	福安	北大保二甲二戶	商
林成金	二一	福安	中賽保二甲四戶	商
李植庭	三四	福安	中賽保十二甲三戶	商
王祖松	一九	福安	北大保一甲六戶	商
劉大椿	一七	福安	北大保二甲九戶	商
李成禧	一七	福安	中賽保一甲十戶	商

附件　福安县赛岐义勇消防队职员队员名册(1940年11月)a面　0158-001-0399

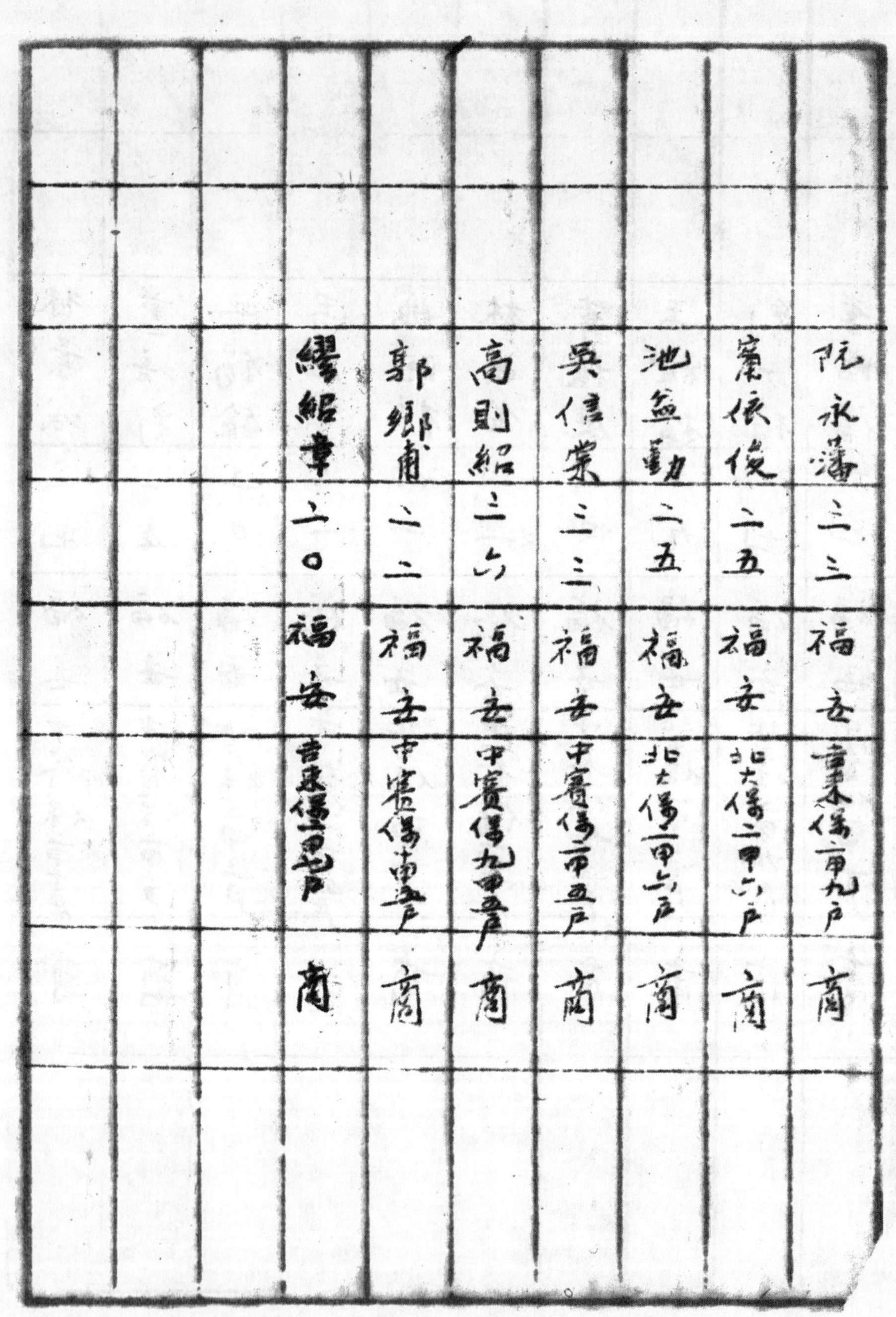

阮永潘	三三	福安	吉來保一甲九户	商
龐依俊	二五	福安	北大保二甲六户	商
池益勤	二五	福安	北大保一甲六户	商
吳信棠	三三	福安	中賽保一甲五户	商
高則紹	三六	福安	中賽保九甲五户	商
郭鄉甫	二二	福安	中賽保十甲五户	商
繆紹章	二〇	福安	吉來保一甲七户	商

附件 福安县赛岐义勇消防队职员队员名册(1940 年 11 月)b 面 0158-001-0399

附件　福安县赛岐义勇消防队设备清册(1940 年 11 月)　0158-001-0399

福安縣賽岐義勇消防隊設備清冊

種類	數量	備攷
消防隊旗	壹面	
水龍機	壹架	
橡皮帶	弍条	
射水頭	壹枝	
銅水槍	伍枝	
太平桶	弍隻	
長太平箱	叁拾肆個	
短太平箱	拾玖個	

附件 福安县赛岐义勇消防队设备清册(1940年11月)a面 0158-001-0399

名称	数量
銅帶义	肆把
鉄卸义	拾陸把
漆竹盔	陸拾頂
竹扁担	陸条
大麻繩	贰条
水龍幔	壹幅
竹梯	贰架
警鑼	壹面
鉄鋤	贰把
鉄斧	贰把

附件　福安县赛岐义勇消防队设备清册(1940 年 11 月)b 面　0158-001-0399

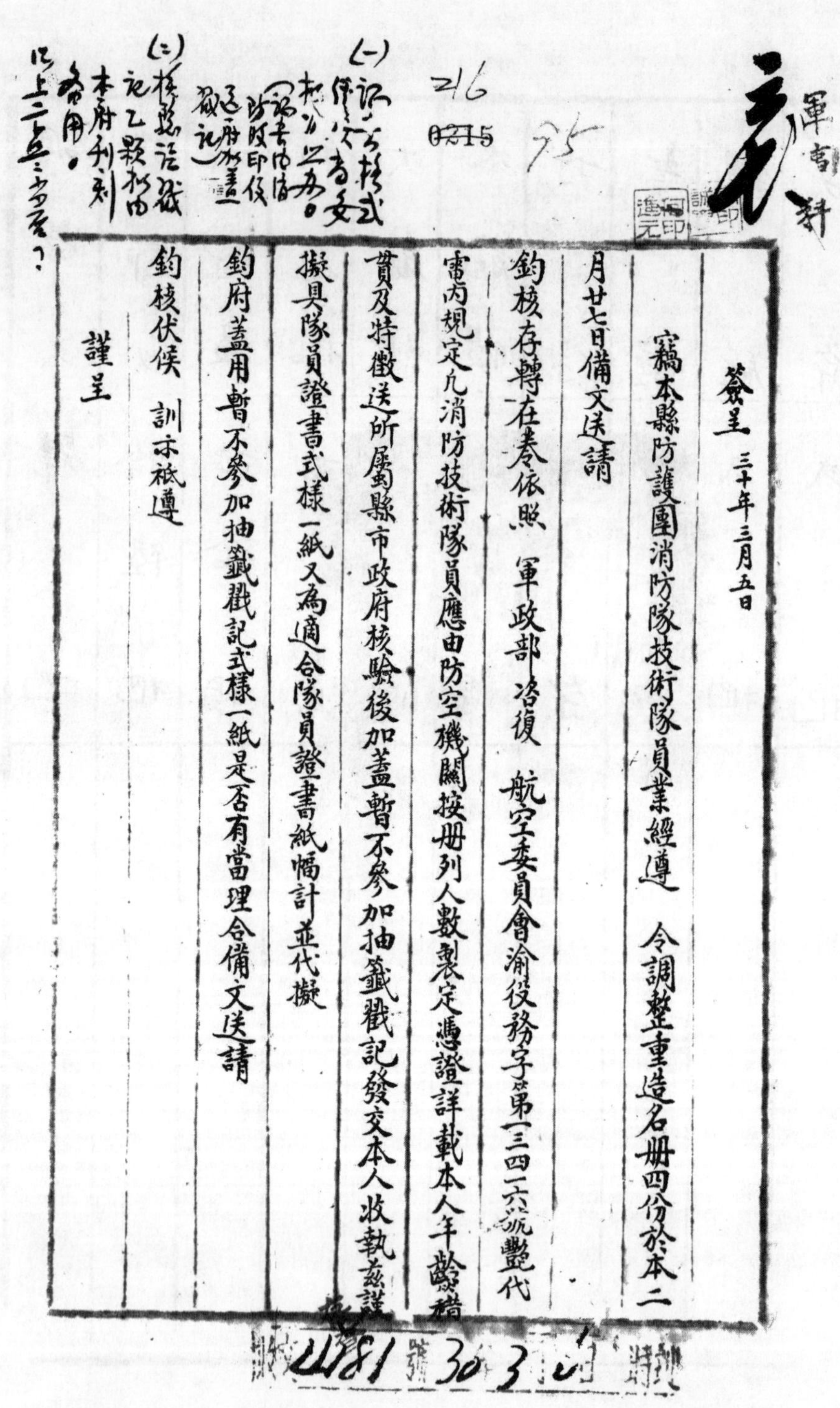
簽呈　三十年三月五日

竊本縣防護團消防隊技術隊員業經遵　令調整重造名册四份於本二月廿七日備文送請鈞核存轉在卷依照　軍政部洛復　航空委員會渝役務字第（三四一六）號艷代電內規定凡消防技術隊員應由防空機關按册列人數製定憑證詳載本人年齡籍貫及特徵送所屬縣市政府核驗後加蓋暫不參加抽籤戳記發交本人收執茲謹擬具隊員證書式樣一紙又爲適合隊員證書紙幅計並代擬鈞府蓋用暫不參加抽籤戳記式樣一紙是否有當理合備文送請鈞核伏候　訓示祇遵

謹呈

福安县防护团消防股关于拟具消防队技术队员证书戳记式样请核示的签呈

(1941 年 3 月 5 日)a 面　0158-001-0374

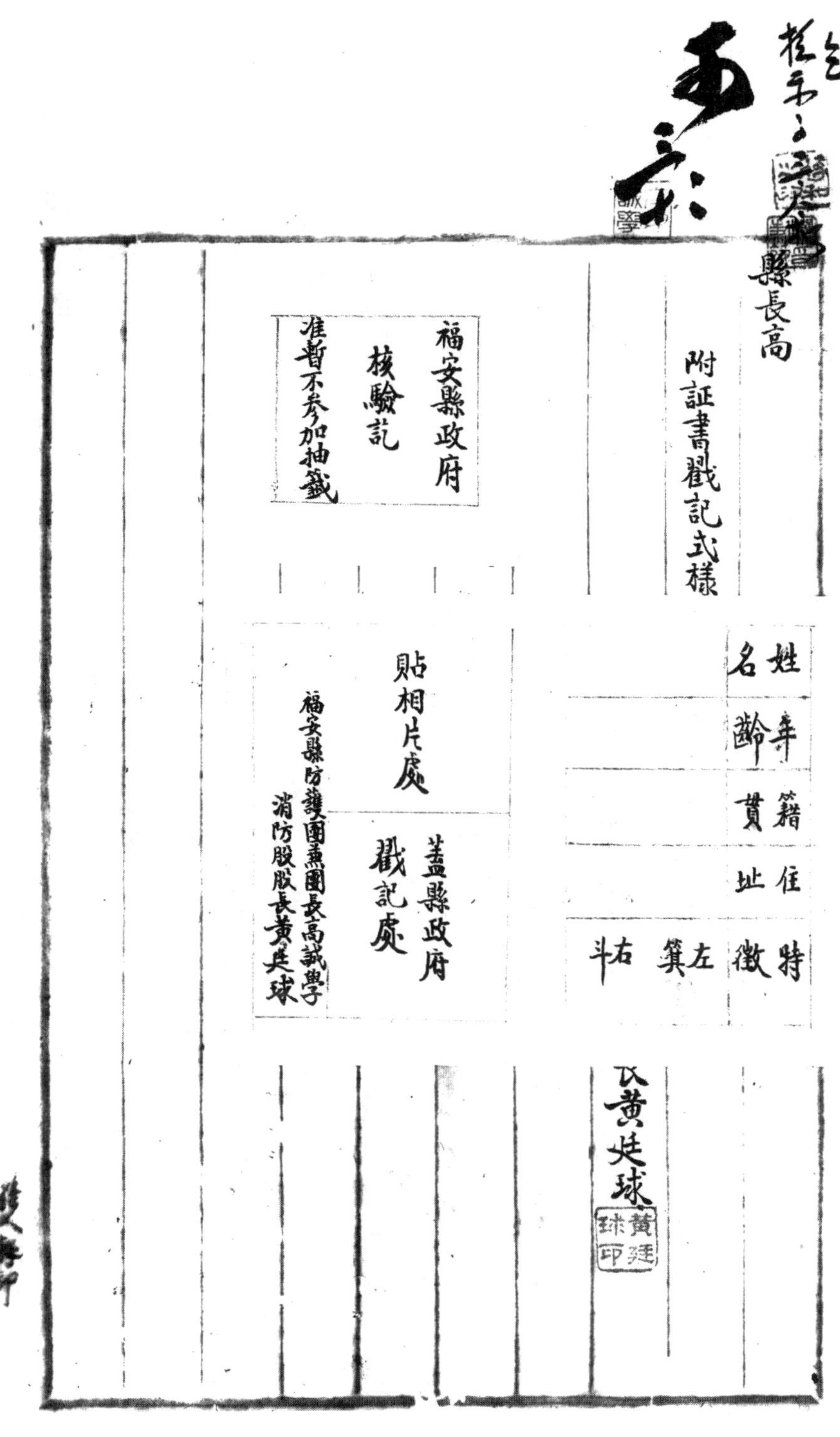

縣長高

附証書戳記式樣

福安縣政府
核驗訖
准暫不參加抽籤

姓名	
年齡	
籍貫	
住址	
特徵	左箕 右斗

貼相片處

蓋縣政府戳記處

福安縣防護團兼團長高誠學
消防股股長黃廷球

股長黃廷球

黃廷球印

福安县防护团消防股关于拟具消防队技术队员证书戳记式样请核示的签呈

(1941 年 3 月 5 日)b 面　0158-001-0374

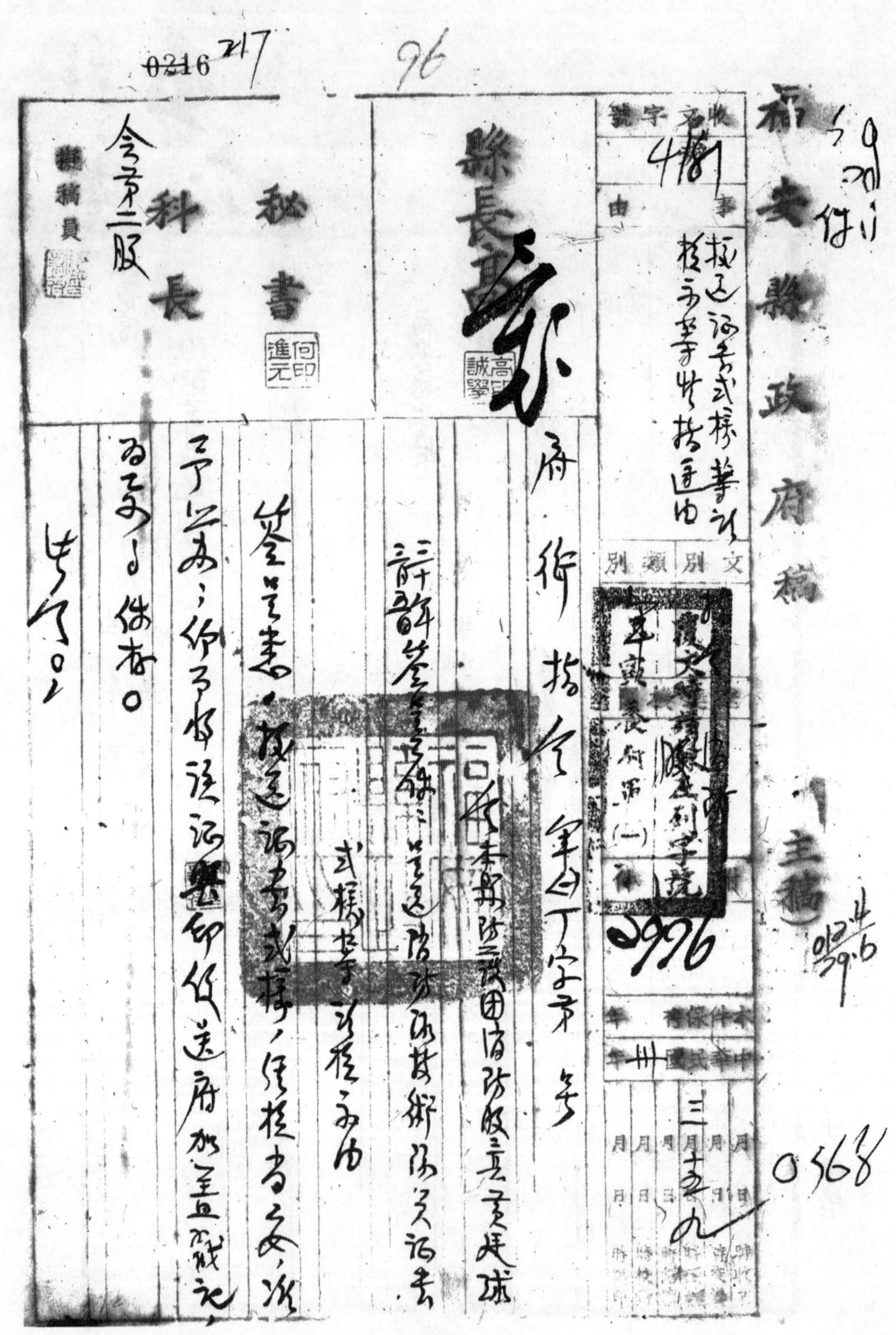

福安縣政府稿

縣長

秘書

科長

擬稿員

令第二股

事由：據送證書式樣尚妥指遵由

府銜指令 字第 號

呈悉。據送證書式樣，經核尚妥，准予照辦。仰即將證書印就送府加蓋戳記，以資保存。此令。

福安县政府关于证书式样尚妥，印后将证书送府加盖戳记的指令

（1941年3月22日） 0158-001-0374

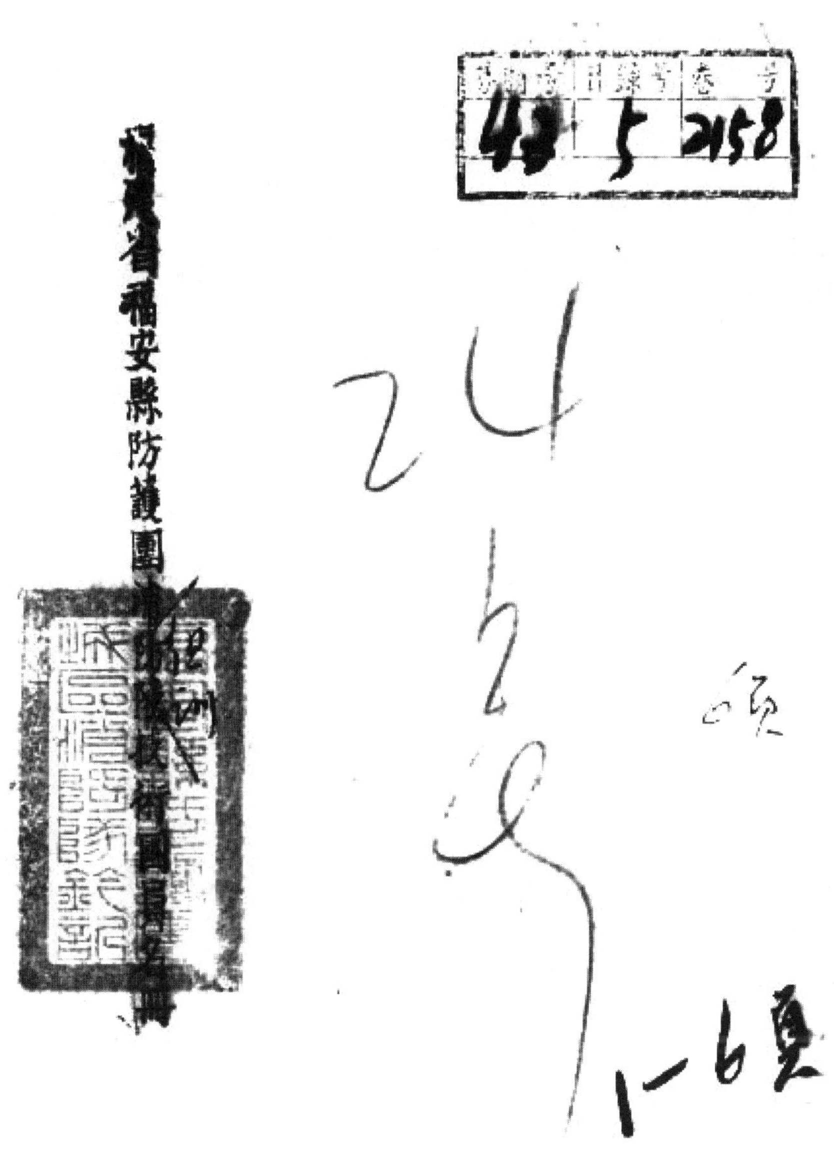

全宗号	目录号	卷号
43	5	2158

福建省福安縣防護團消防隊組訓技術團員名冊

1-6頁

福建省福安县防护团消防队组训技术团员名册(1941 年 2 月)　0158-001-0463

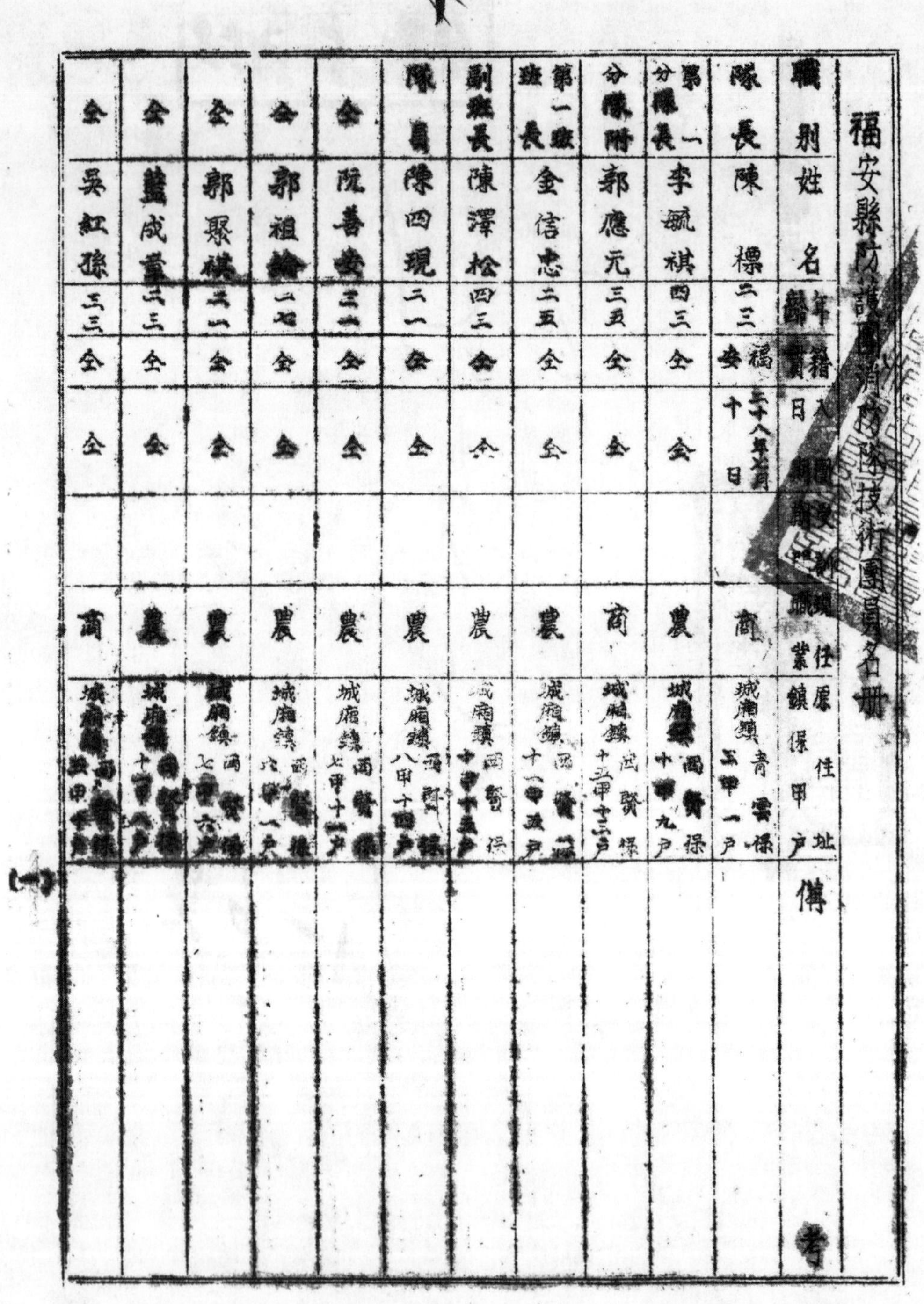

福安縣防護團消防隊技術團員名冊

職別	姓名	年齡	籍貫	入團年月日	曾受[illegible]訓[illegible]	職業	住址（原住　鎮　保　甲　戶）	備考
隊長	陳標	二三	福安	二十八年七月十日		商	城廂鎮青雲保五甲一戶	
第一分隊長	李毓祺	四三	仝	仝		農	城廂鎮西賢保十甲九戶	
分隊附	郭應元	三五	仝	仝		商	城廂鎮武賢保十五甲十三戶	
第一班班長	金信忠	二五	仝	仝		農	城廂鎮西賢保十八甲五戶	
副班長	陳澤松	四三	仝	仝		農	城廂鎮西賢保[illegible]甲十五戶	
隊員	陳四現	二一	仝	仝		農	城廂鎮西郊保八甲十四戶	
仝	阮善安	三一	仝	仝		農	城廂鎮西賢保七甲十一戶	
仝	郭祖綸	二七	仝	仝		農	城廂鎮西賢保六甲[illegible]戶	
仝	郭聚祺	二一	仝	仝		農	城廂鎮西賢保七甲六戶	
仝	藍成章	二三	仝	仝		農	城廂鎮西賢保十[illegible]八戶	
仝	吳紅孫	三三	仝	仝		商	城廂鎮西[illegible]保[illegible]甲[illegible]戶	

福建省福安县防护团消防队组训技术团员名册(1941 年 2 月)a 面　0158-001-0463

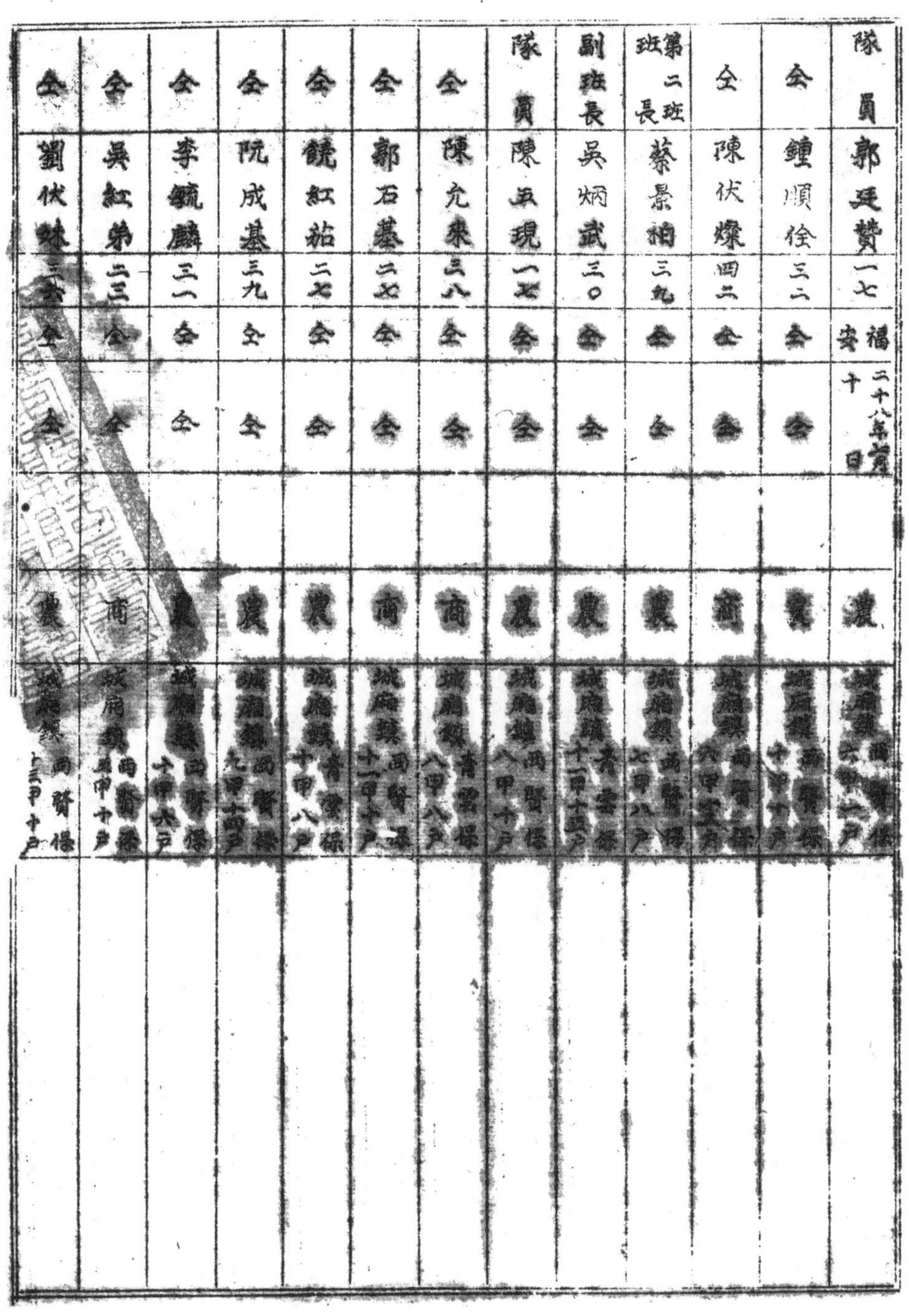

隊員	郭廷贊	一七	福安	二十八年十月十日		農	城廂鎮西賢保六甲一户
仝	鍾順佺	三二	仝	仝		農	城廂鎮西賢保十甲十户
仝	陳伏燦	四二	仝	仝		商	城廂鎮西賢保六甲[illegible]户
第二班班長	蔡景柏	三九	仝	仝		農	城廂鎮西賢保七甲八户
副班長	吳炳武	三〇	仝	仝		農	城廂鎮青雲保十一甲十五户
隊員	陳乒現	一七	仝	仝		農	城廂鎮西賢保八甲十户
仝	陳允來	三八	仝	仝		商	城廂鎮青雲保八甲八户
仝	鄭石基	二七	仝	仝		商	城廂鎮西賢保十一甲十户
仝	饒紅鉆	二七	仝	仝		農	城廂鎮青雲保十甲八户
仝	阮成基	三九	仝	仝		農	城廂鎮西賢保九甲十四户
仝	李毓麟	三一	仝	仝		農	城廂鎮西賢保十甲六户
仝	吳紅弟	二三	仝	仝		商	城廂鎮西賢保五甲十户
仝	劉伏妹	[illegible]	仝	仝		農	城廂鎮西賢保十三甲十户

福建省福安县防护团消防队组训技术团员名册(1941年2月)b面　0158-001-0463

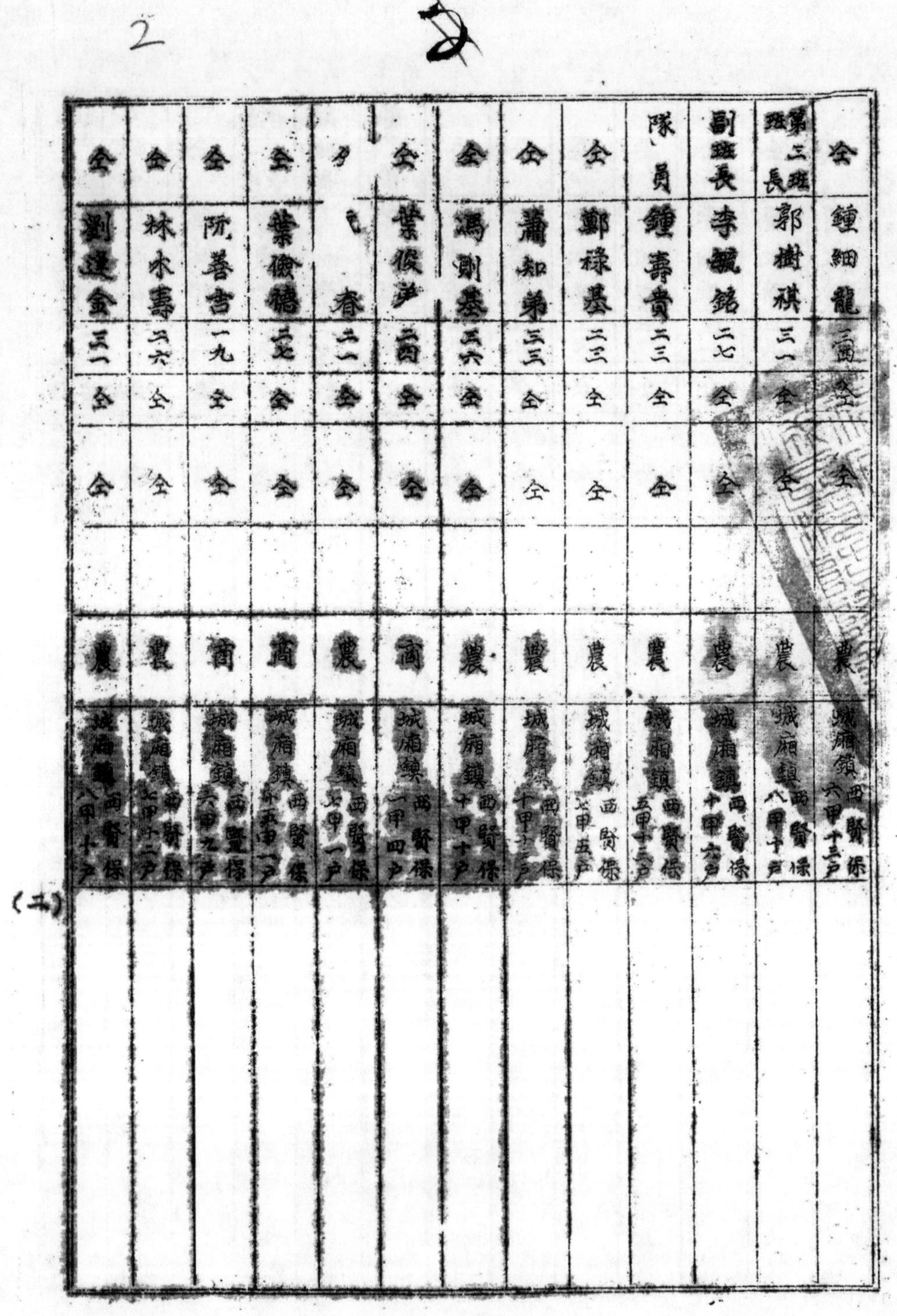

2

仝	鍾細龍	二四	仝	仝		農	城廂鎮西賢保六甲十三户
第三班班長	郭樹祺	三一	仝	仝		農	城廂鎮西賢保八甲十户
副班長	李鐵銘	二七	仝	仝		農	城廂鎮西賢保十甲六户
隊員	鍾壽貴	二三	仝	仝		農	城廂鎮西賢保五甲十三户
仝	鄭祿基	二三	仝	仝		農	城廂鎮西賢保七甲五户
仝	蕭知弟	三三	仝	仝		農	城廂鎮西賢保十甲十三户
仝	馮則基	三六	仝	仝		農	城廂鎮西賢保十甲十户
仝	葉俊沪	二四	仝	仝		商	城廂鎮西賢保一甲四户
[illegible]	[illegible]春	二一	仝	仝		農	城廂鎮西賢保七甲一户
仝	葉儉德	二七	仝	仝		商	城廂鎮西賢保十五甲一户
仝	阮善吉	一九	仝	仝		商	城廂鎮西賢保六甲九户
仝	林木壽	二六	仝	仝		農	城廂鎮西賢保七甲十二户
仝	劉蓮金	三一	仝	仝		農	城廂鎮西賢保八甲十户

（十）

福建省福安县防护团消防队组训技术团员名册(1941 年 2 月)a 面　0158-001-0463

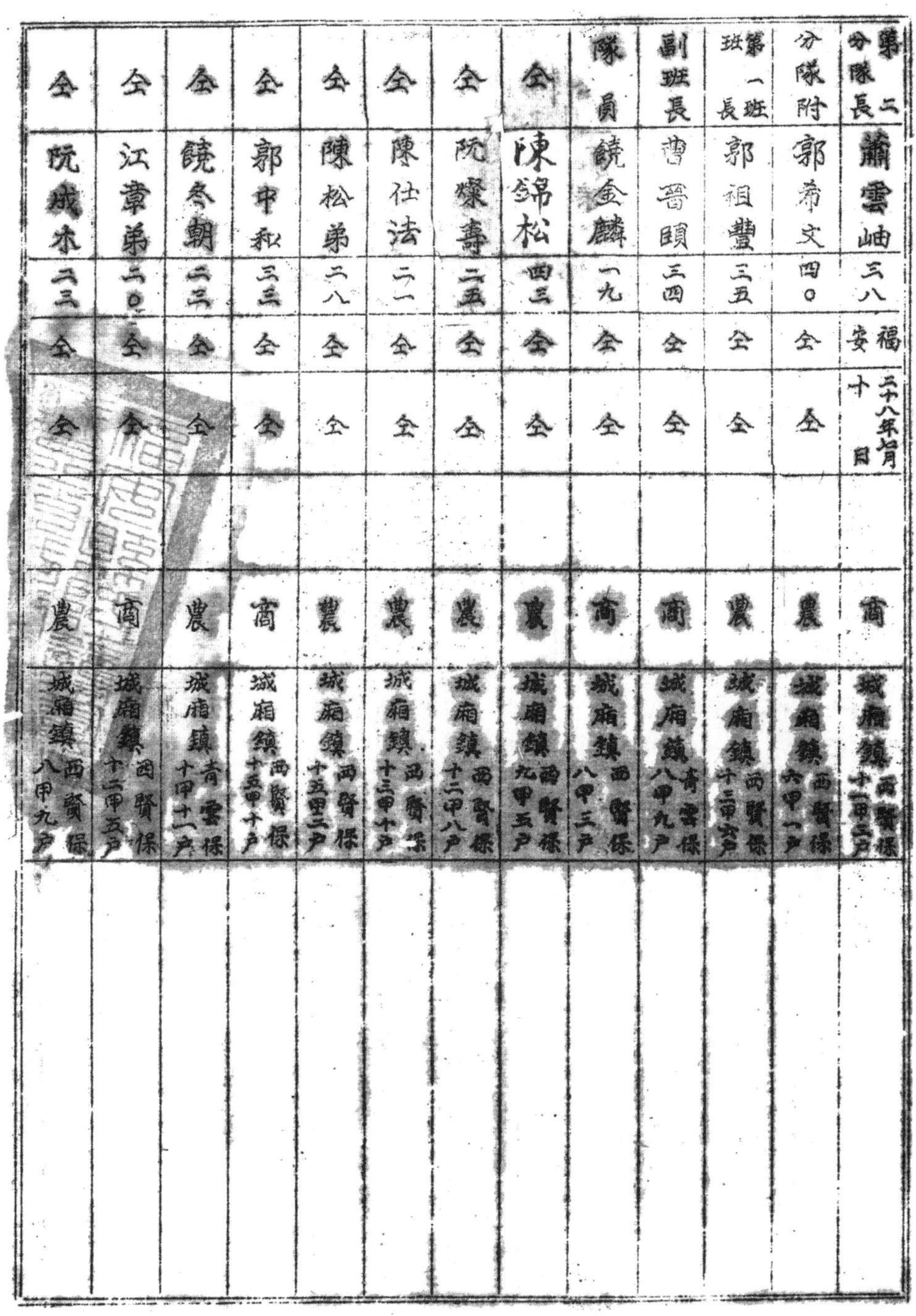

第二分隊長	蕭雲岫	三八	福安	二十八年七月十日		商	城廂鎮西賢保十一甲三户
分隊附	郭希文	四〇	仝	仝		農	城廂鎮西賢保六甲一户
第一班班長	郭祖豐	三五	仝	仝		農	城廂鎮西賢保十三甲六户
副班長	曹晉頤	三四	仝	仝		商	城廂鎮青雲保八甲九户
隊員	饒金麟	一九	仝	仝		商	城廂鎮西賢保八甲三户
仝	陳錦松	四三	仝	仝		農	城廂鎮西賢保九甲五户
仝	阮燦壽	二五	仝	仝		農	城廂鎮西賢保十二甲八户
仝	陳仕法	二一	仝	仝		農	城廂鎮西賢保十三甲十户
仝	陳松弟	二八	仝	仝		農	城廂鎮西賢保十五甲二户
仝	郭中和	三三	仝	仝		商	城廂鎮西賢保十五甲十户
仝	饒冬朝	二二	仝	仝		農	城廂鎮青雲保十甲十一户
仝	江章弟	二〇	仝	仝		商	城廂鎮西賢保十二甲五户
仝	阮成木	二三	仝	仝		農	城廂鎮西賢保八甲九户

福建省福安县防护团消防队组训技术团员名册(1941年2月)b面　0158-001-0463

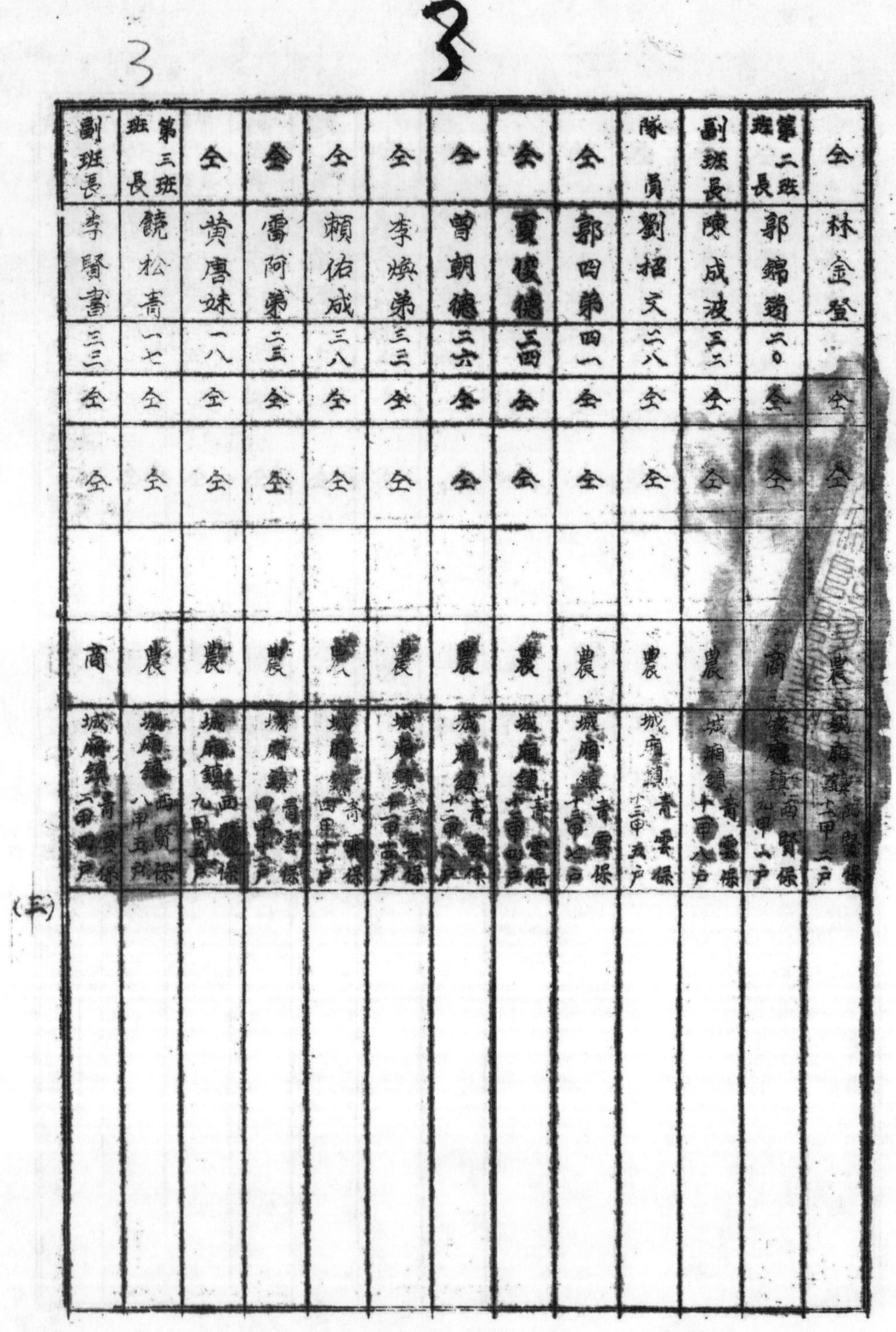

職別	姓名	年齡				職業	住址
仝	林金登		仝	仝		農	城廂鎮西賢保十一甲二户
第二班班長	郭錦騰	二〇	仝	仝		商	城廂鎮西賢保十八甲一户
副班長	陳成波	三二	仝	仝		農	城廂鎮青雲保十甲八户
隊員	劉招文	二八	仝	仝		農	城廂鎮青雲保十三甲五户
仝	郭四弟	四一	仝	仝		農	城廂鎮青雲保十一甲七户
仝	夏俊德	三四	仝	仝		農	城廂鎮青雲保十一甲四户
仝	曾朝德	二六	仝	仝		農	城廂鎮青雲保十二甲八户
仝	李煥弟	三三	仝	仝		農	城廂鎮青雲保十一甲六户
仝	賴佑成	三八	仝	仝		農	城廂鎮青雲保四甲十一户
仝	雷阿弟	二三	仝	仝		農	城廂鎮青雲保四甲十户
仝	黃唐妹	一八	仝	仝		農	城廂鎮西賢保九甲五户
第三班班長	饒松青	一七	仝	仝		農	城廂鎮西賢保八甲五户
副班長	李賢書	三三	仝	仝		商	城廂鎮青雲保二甲四户

福建省福安县防护团消防队组训技术团员名册(1941 年 2 月)a 面　0158-001-0463

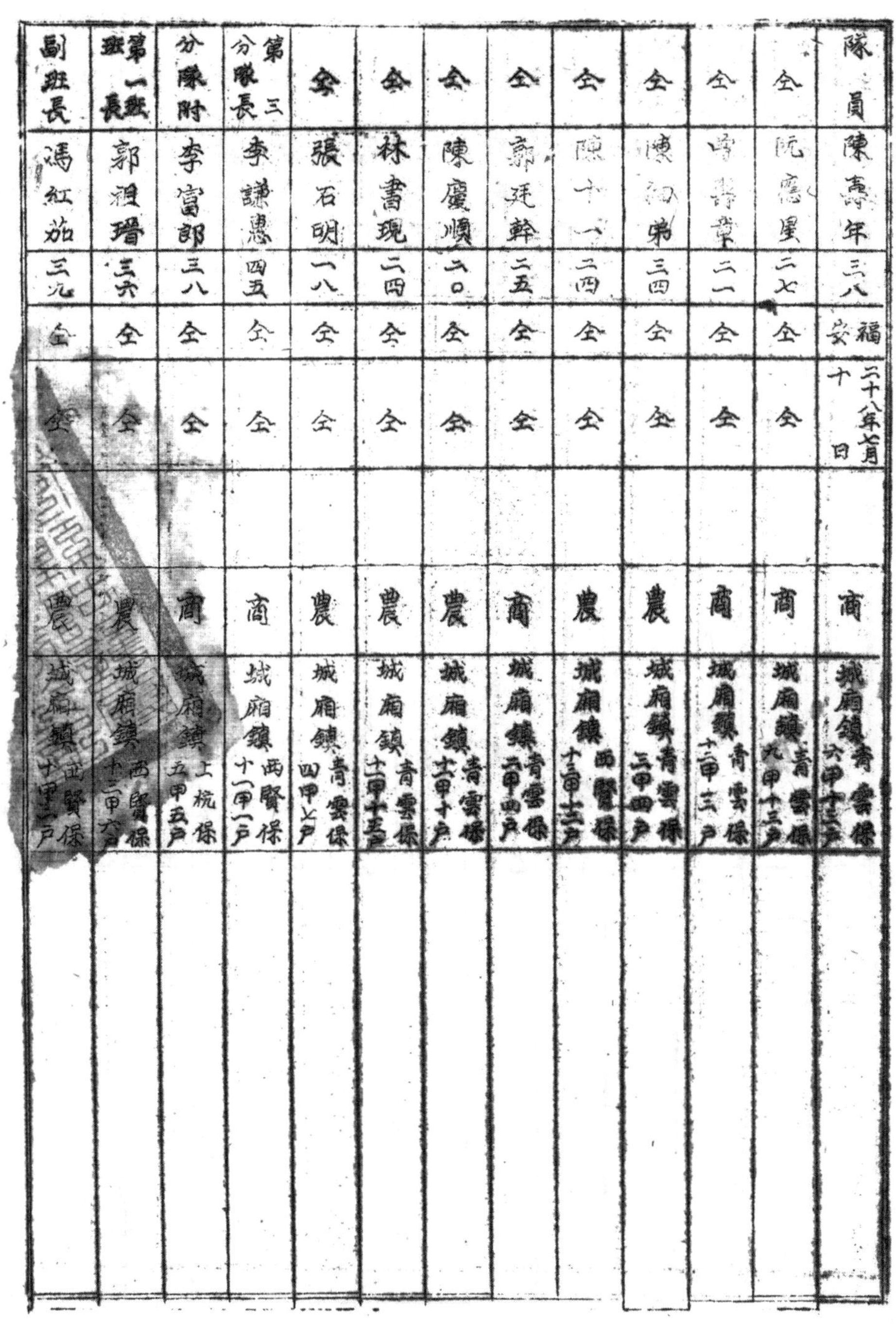

隊員	陳壽年	三八	福安	二十八年七月十日		商	城廂鎮青雲保六甲十三户
仝	阮應星	二七	仝	仝		商	城廂鎮青雲保九甲十三户
仝	曾詩章	二一	仝	仝		商	城廂鎮青雲保十二甲三户
仝	陳細弟	三四	仝	仝		農	城廂鎮青雲保三甲四户
仝	陳十一	二四	仝	仝		農	城廂鎮西賢保十三甲十二户
仝	鄭廷幹	二五	仝	仝		商	城廂鎮青雲保六甲四户
仝	陳慶順	二〇	仝	仝		農	城廂鎮青雲保十一甲十户
仝	林書現	二四	仝	仝		農	城廂鎮青雲保十一甲十五户
仝	張石明	一八	仝	仝		農	城廂鎮青雲保四甲七户
第三分隊長	李謙惠	四五	仝	仝		商	城廂鎮西賢保十一甲一户
分隊附	李富郎	三八	仝	仝		商	城廂鎮上杭保五甲五户
第一班班長	郭祖增	三六	仝	仝		農	城廂鎮西賢保十二甲六户
副班長	馮紅茄	三九	仝	仝		農	城廂鎮西賢保十甲十一户

福建省福安县防护团消防队组训技术团员名册(1941年2月)b面　0158-001-0463

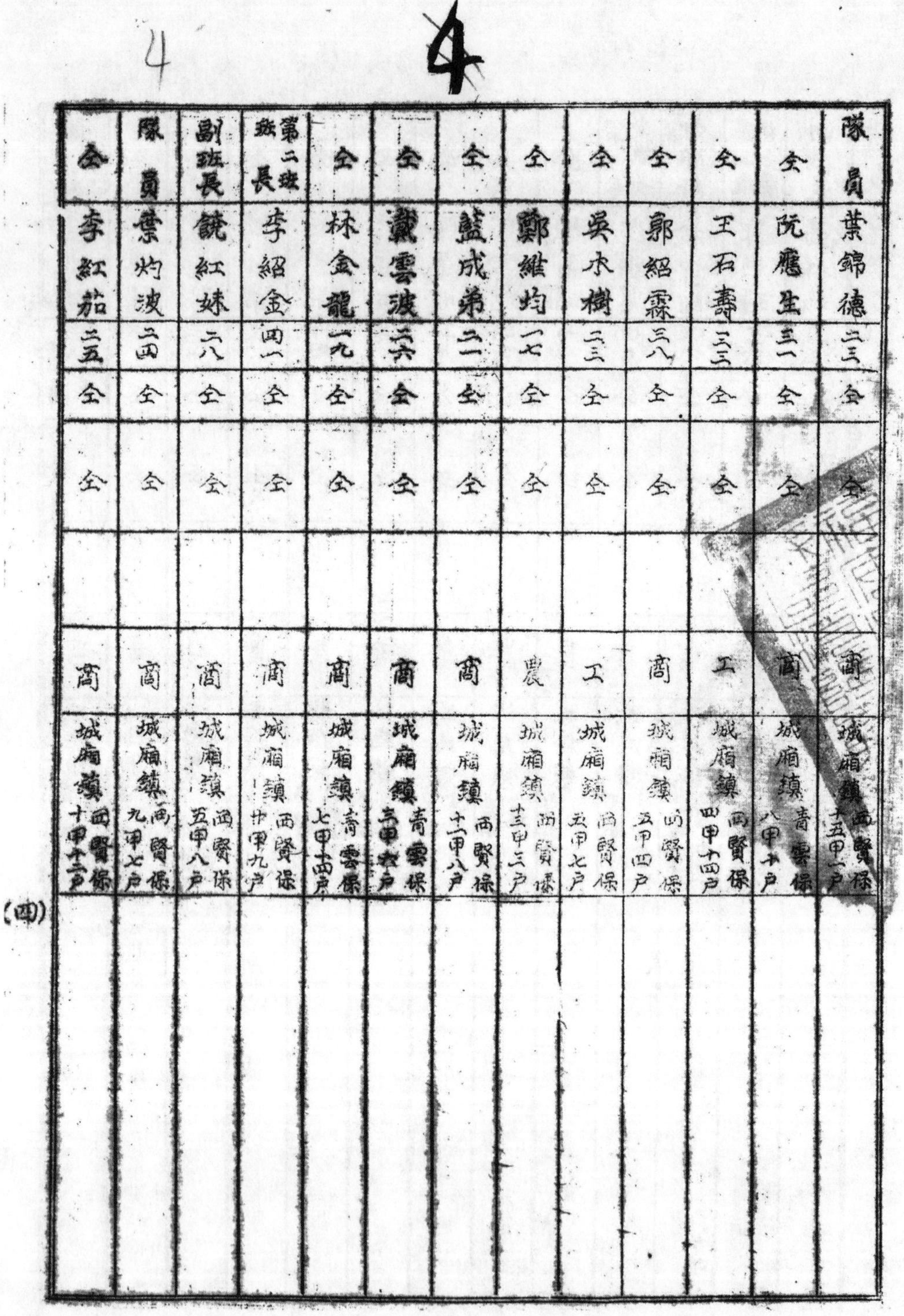

4

隊員	葉錦德	二三	仝	仝		商	城廂鎮西賢保十五甲二户
仝	阮應生	三一	仝	仝		商	城廂鎮青雲保八甲十户
仝	王石壽	三三	仝	仝		工	城廂鎮西賢保四甲十四户
仝	郭紹霖	三八	仝	仝		商	城廂鎮西賢保五甲四户
仝	吳木樹	二三	仝	仝		工	城廂鎮西賢保五甲七户
仝	鄭維均	一七	仝	仝		農	城廂鎮西賢保十三甲三户
仝	藍成弟	二一	仝	仝		商	城廂鎮西賢保十一甲八户
仝	戴雲波	二六	仝	仝		商	城廂鎮青雲保[illegible]甲六户
仝	林金龍	一九	仝	仝		商	城廂鎮青雲保七甲十四户
第二班班長	李紹金	四一	仝	仝		商	城廂鎮西賢保廿甲九户
副班長	饒紅妹	二八	仝	仝		商	城廂鎮西賢保五甲八户
隊員	葉灼波	二四	仝	仝		商	城廂鎮西賢保九甲七户
仝	李紅茄	二五	仝	仝		商	城廂鎮西賢保十甲十二户

(四)

福建省福安县防护团消防队组训技术团员名册(1941年2月)a面　0158-001-0463

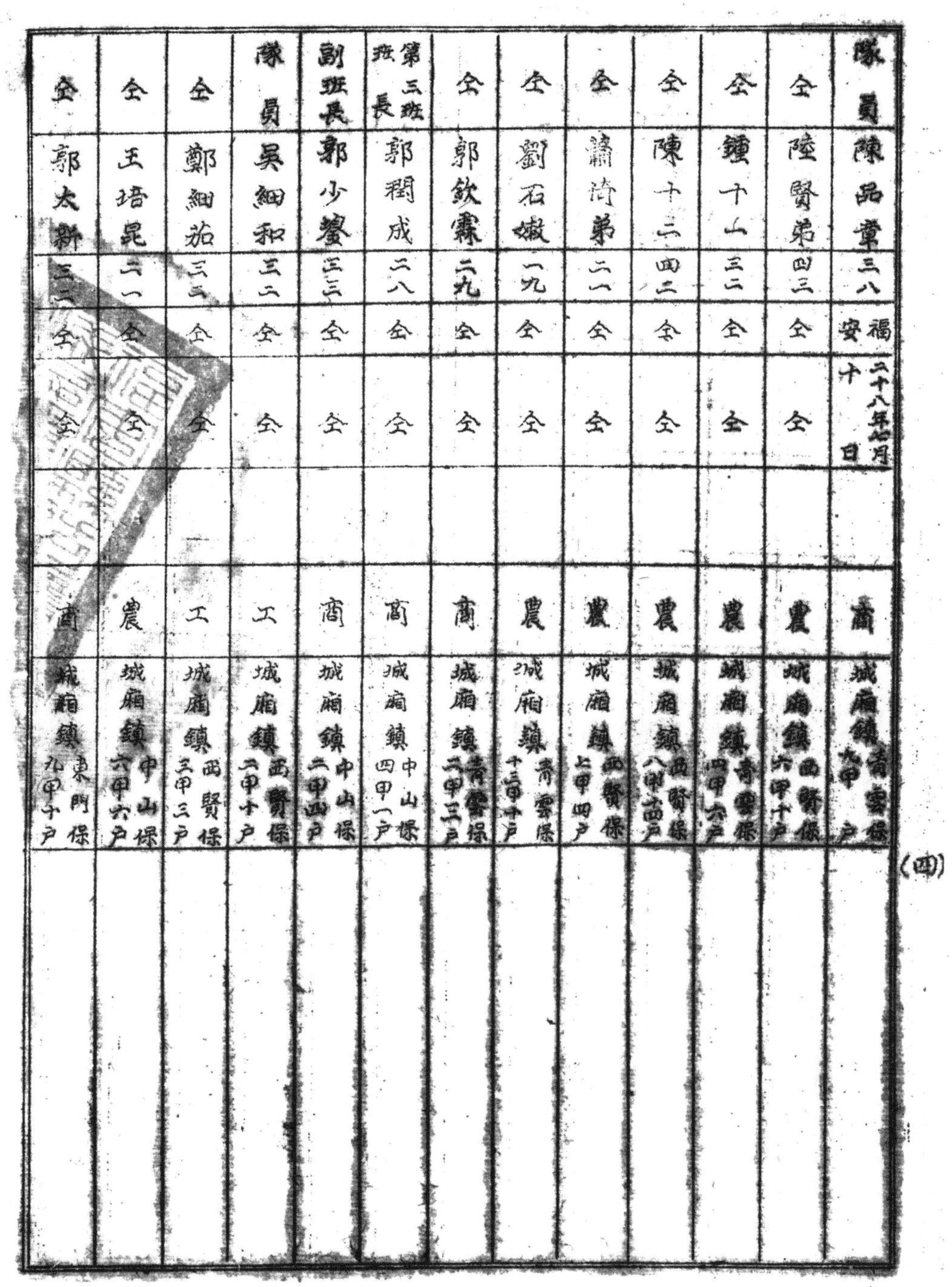

隊員	陳品章	三八	福安	二十八年七月十日		商	城廂鎮青雲保九甲戶
仝	陸賢弟	四三	仝	仝		農	城廂鎮西賢保六甲十戶
仝	鍾十山	三二	仝	仝		農	城廂鎮青雲保四甲六戶
仝	陳十二	四二	仝	仝		農	城廂鎮西賢保八甲十四戶
仝	蕭倚弟	二一	仝	仝		農	城廂鎮西賢保七甲四戶
仝	劉石嫩	一九	仝	仝		農	城廂鎮青雲保十三甲十戶
仝	郭欽霖	二九	仝	仝		商	城廂鎮青雲保二甲三戶
第三班班長	郭獨成	二八	仝	仝		商	城廂鎮中山保四甲一戶
副班長	郭少鑾	三三	仝	仝		商	城廂鎮中山保二甲四戶
隊員	吳細和	三二	仝	仝		工	城廂鎮西賢保二甲十戶
仝	鄭細茄	三三	仝	仝		工	城廂鎮西賢保三甲三戶
仝	王培昆	二一	仝	仝		農	城廂鎮中山保六甲六戶
仝	郭太新	三二	仝	仝		商	城廂鎮東門保九甲十戶

（四）

福建省福安县防护团消防队组训技术团员名册(1941年2月)b面　0158-001-0463

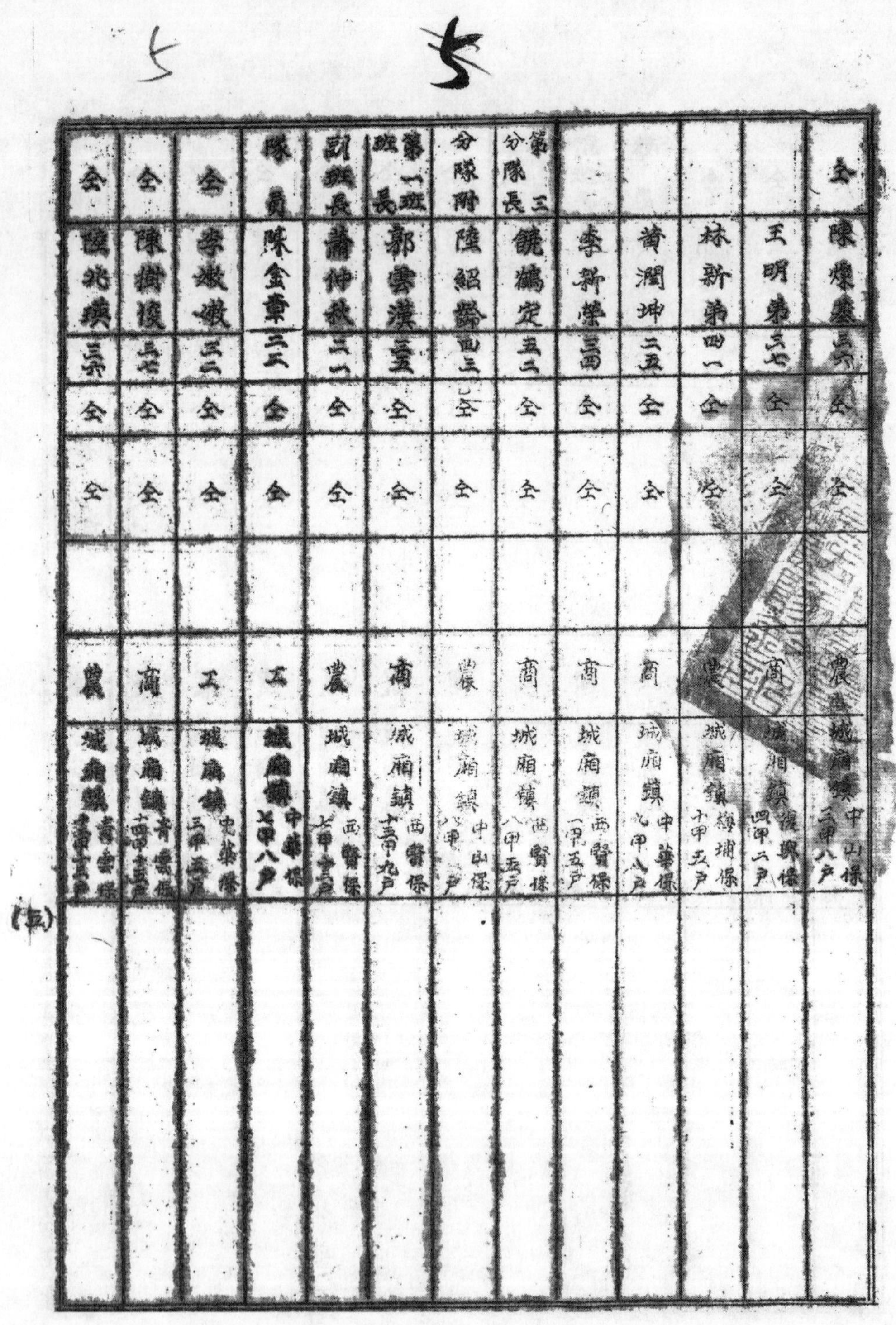

仝	陳燦基	三六	仝	仝		農	城廂鎮中山保三甲八户
	王明弟	三七	仝	仝		商	城廂鎮復興保四甲二户
	林新弟	四一	仝	仝		農	城廂鎮纈埔保十甲五户
	黄潤坤	二五	仝	仝		商	城廂鎮中華保九甲八户
	李新榮	三四	仝	仝		商	城廂鎮西賢保一甲五户
第三分隊長	饒鶴定	五二	仝	仝		商	城廂鎮西賢保八甲五户
分隊附	陸紹麟	四三	仝	仝		農	城廂鎮中山保八甲[illegible]户
第一班班長	郭雲漢	三五	仝	仝		商	城廂鎮西賢保十五甲九户
副班長	蕭仲秋	二一	仝	仝		農	城廂鎮西賢保七甲十二户
隊員	陳金章	二三	仝	仝		工	城廂鎮中華保七甲八户
仝	李墩墩	三二	仝	仝		工	城廂鎮中華保三甲五户
仝	陳樹俊	三七	仝	仝		商	城廂鎮青雲保十四甲十五户
仝	陸兆瑛	三六	仝	仝		農	城廂鎮青雲保十三甲十五户

福建省福安县防护团消防队组训技术团员名册(1941年2月)a面 0158-001-0463

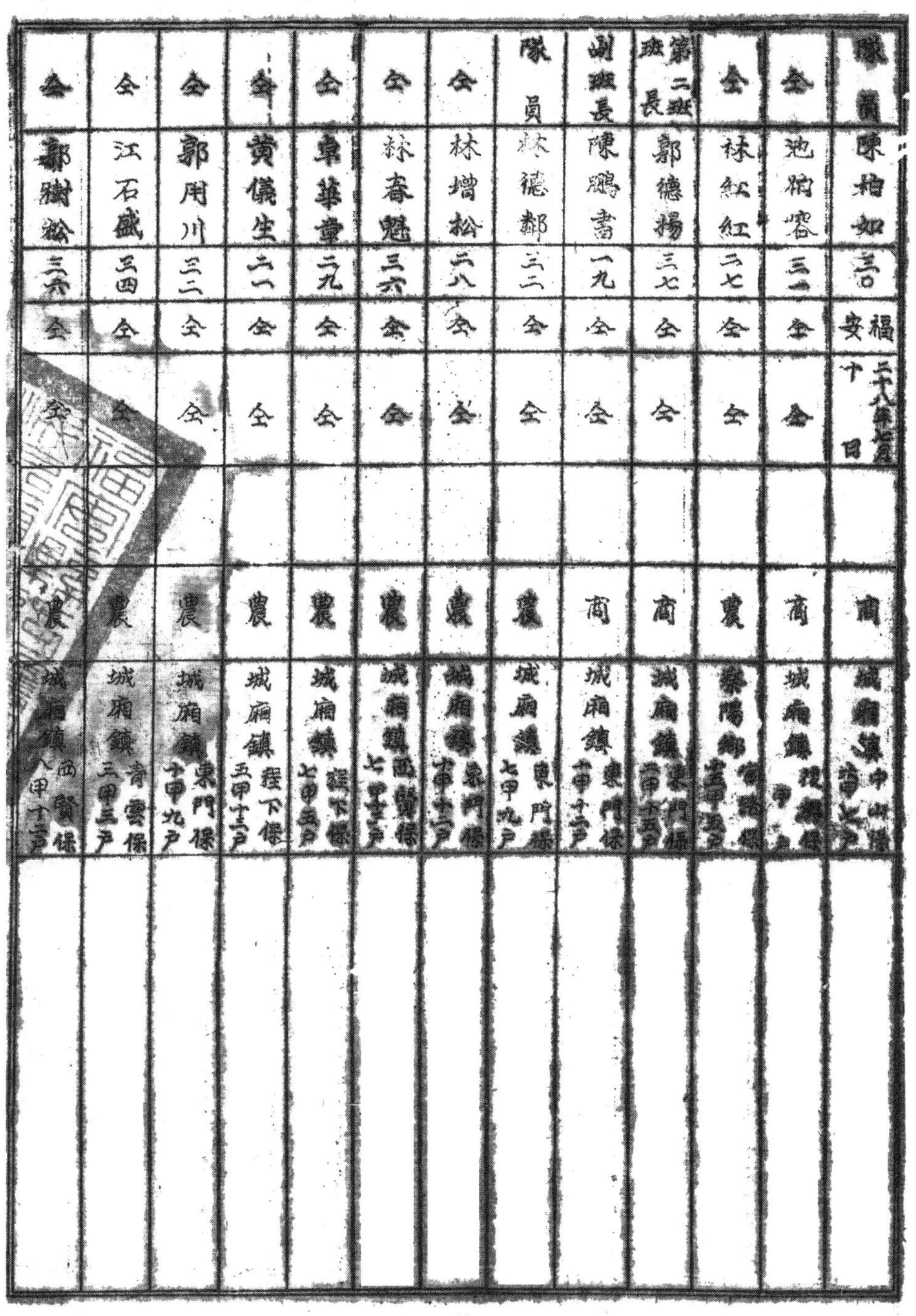

队员	陈柏如	三〇	福安	二十八年七月十日		商	城廂鎮中山保[illegible]甲七户
仝	池衍睿	三一	仝	仝		商	城廂鎮程[illegible]保[illegible]
仝	林紅紅	二七	仝	仝		農	秦陽鄉宫路保[illegible]
第二班班長	郭德揚	三七	仝	仝		商	城廂鎮東門保二甲十五户
副班長	陳鵬書	一九	仝	仝		商	城廂鎮東門保十甲十二户
隊員	林德鄒	三二	仝	仝		農	城廂鎮東門保七甲九户
仝	林增松	二八	仝	仝		農	城廂鎮東門保十甲十二户
仝	林春魁	三六	仝	仝		農	城廂鎮西賢保七甲十五户
仝	阜華章	二九	仝	仝		農	城廂鎮程下保七甲五户
仝	黄儀生	二一	仝	仝		農	城廂鎮程下保五甲十三户
仝	郭用川	三二	仝	仝		農	城廂鎮東門保十甲九户
仝	江石盛	三四	仝	仝		農	城廂鎮青雲保三甲三户
仝	郭樹松	三六	仝	仝		農	城廂鎮西賢保八甲十二户

福建省福安县防护团消防队组训技术团员名册(1941年2月)b面　0158-001-0463

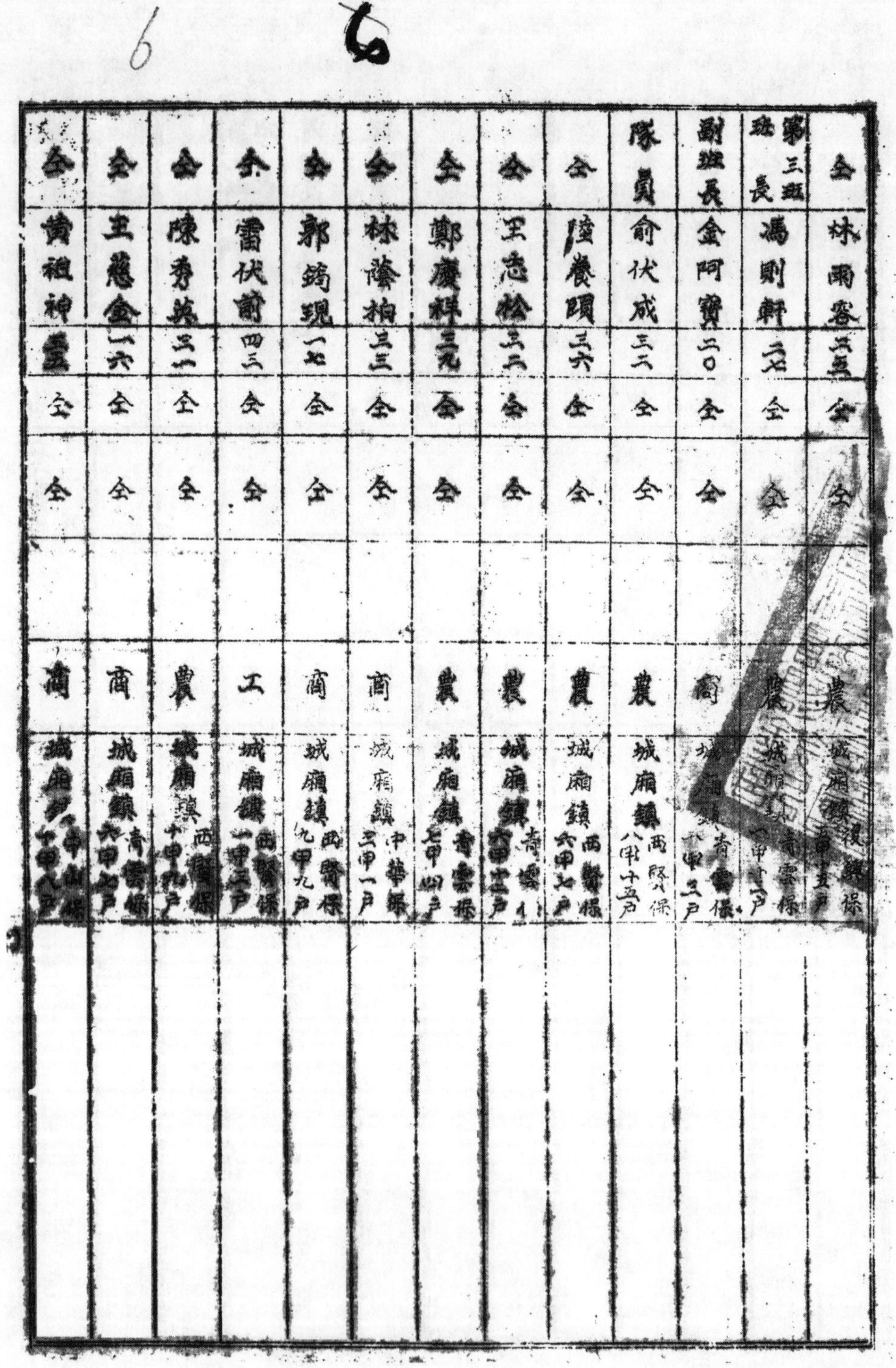

6

職別	姓名	年齡				職業	住址
仝	林雨客	二五	仝	仝		農	城廟鎮復興保[illegible]五戶
第三班班長	馮則軒	二七	仝	仝		農	城廟鎮青雲保一甲十一戶
副班長	金阿寶	二〇	仝	仝		商	城廟鎮青雲保六甲三戶
隊員	俞伏成	三二	仝	仝		農	城廟鎮西賢保八甲十五戶
仝	陸養頭	三六	仝	仝		農	城廟鎮西賢保六甲七戶
仝	王志松	三二	仝	仝		農	城廟鎮青雲保六甲十二戶
仝	鄭慶祥	三九	仝	仝		農	城廟鎮青雲保七甲四戶
仝	林蔭柏	三三	仝	仝		商	城廟鎮中華保三甲一戶
仝	郭錡硯	一七	仝	仝		商	城廟鎮西賢保九甲九戶
仝	雷伏爾	四三	仝	仝		工	城廟鎮西賢保一甲三戶
仝	陳秀英	三一	仝	仝		農	城廟鎮西賢保十甲九戶
仝	王慈金	一六	仝	仝		商	城廟鎮青雲保六甲七戶
仝	黃祖神	三五	仝	仝		商	城廟鎮中山保十甲八戶

福建省福安县防护团消防队组训技术团员名册(1941年2月)a面　0158-001-0463

福建省福安县防护团消防队组训技术团员名册(1941年2月)b面　0158-001-0463

福建省福安县防护团消防队组训技术团员名册(1941 年 2 月) 0158-001-0463

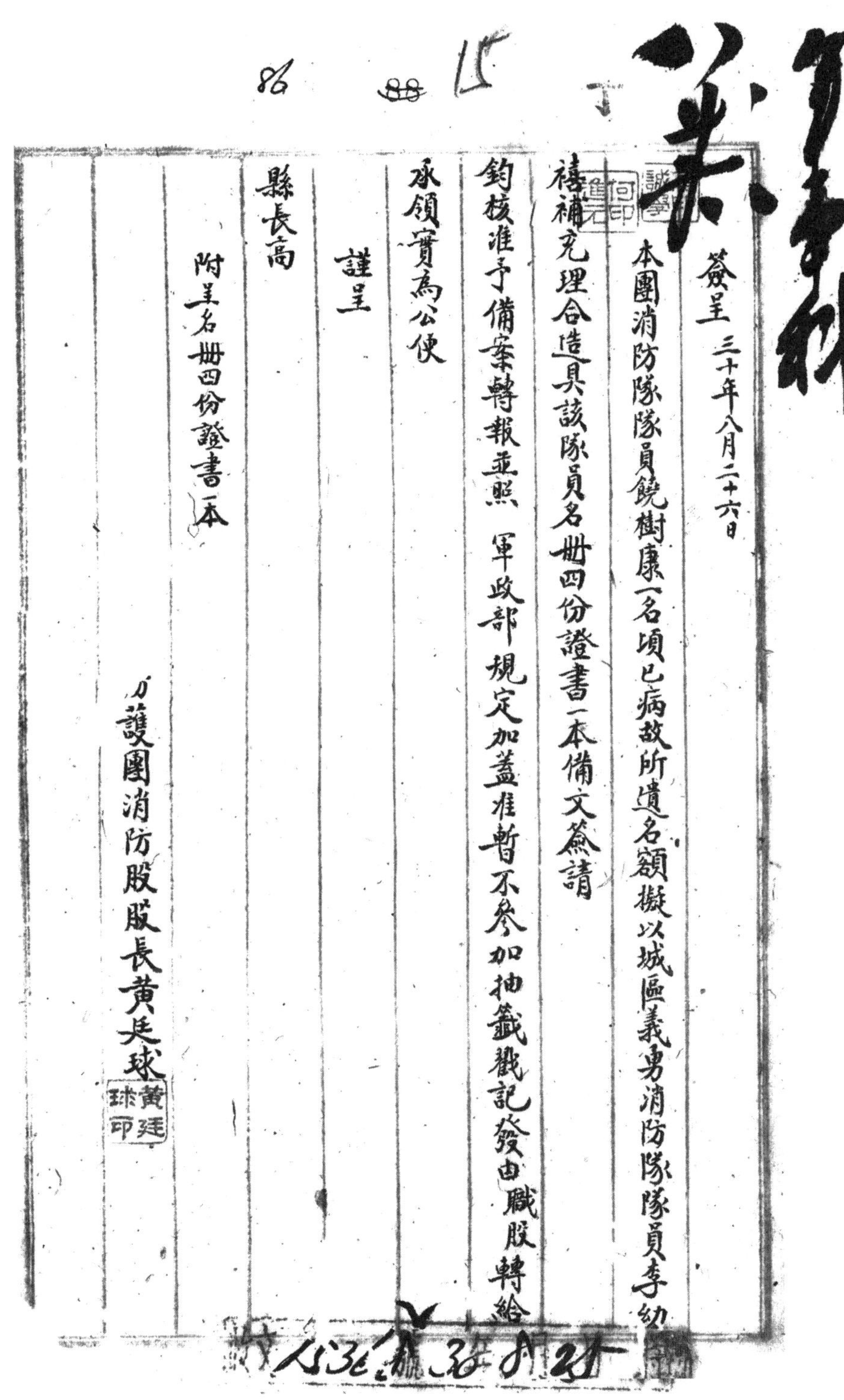

簽呈　三十年八月二十六日

本團消防隊隊員饒樹康一名頃已病故所遺名額擬以城區義勇消防隊隊員李幼禧補充理合造具該隊員名冊四份證書一本備文簽請

鈞核准予備案轉報並照　軍政部　規定加蓋准暫不參加抽籤戳記發由職股轉給

承領實為公便

謹呈

縣長高

附呈名冊四份證書一本

防護團消防股股長黃廷球

福安县防护团消防股关于队员饶树康病故，所遗名额拟以李幼禧补充的签呈

（1941年8月26日）　0158-001-0399

福建省福安縣防護團消防隊隊員名冊

附件　福建省福安县防护团消防队队员名册(1941 年 8 月 26 日)　0158-001-0399

18 17

福建省福安縣防護團消防隊隊員名册

三十年八月二十六日編造

隊員	隊員姓名	出生年月日	籍貫	詳細住址	職業	家屬	入隊年月日	箕斗	手模（左手拇指指紋）	備考
隊員	李幼禧	民國前四年元月五日	福安	溪坂湖鄉登善保五甲第二户	商	父母存 兄一 妻黄氏 子一	三十年八月二十日	左箕四 右斗二		

附件　福建省福安县防护团消防队队员名册(1941年8月26日)　0158-001-0399

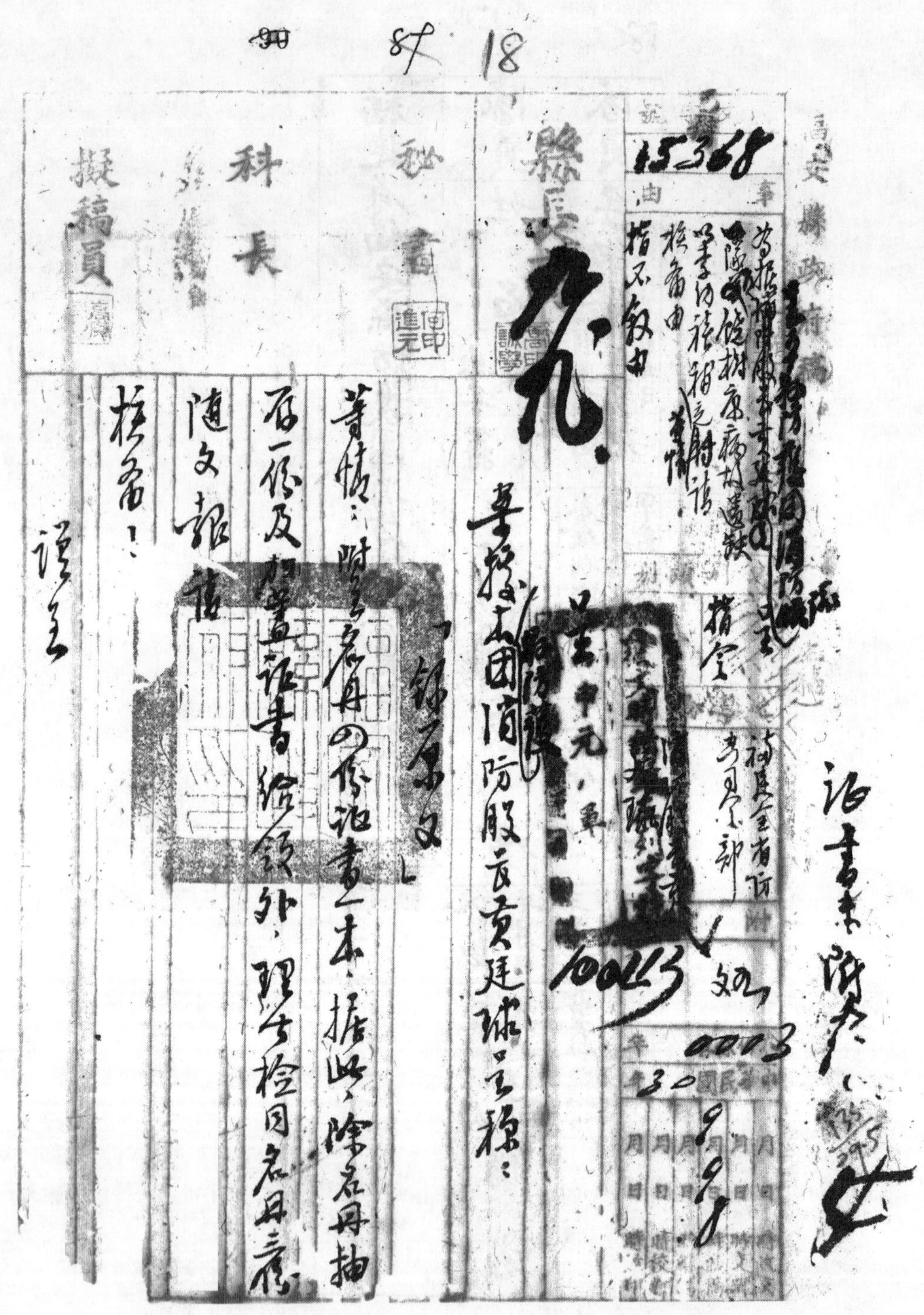

福安县政府关于本县防护团消防队以李幼禧补充遗缺转请核备的呈文

（1941 年 9 月 13 日） 0158-001-0399

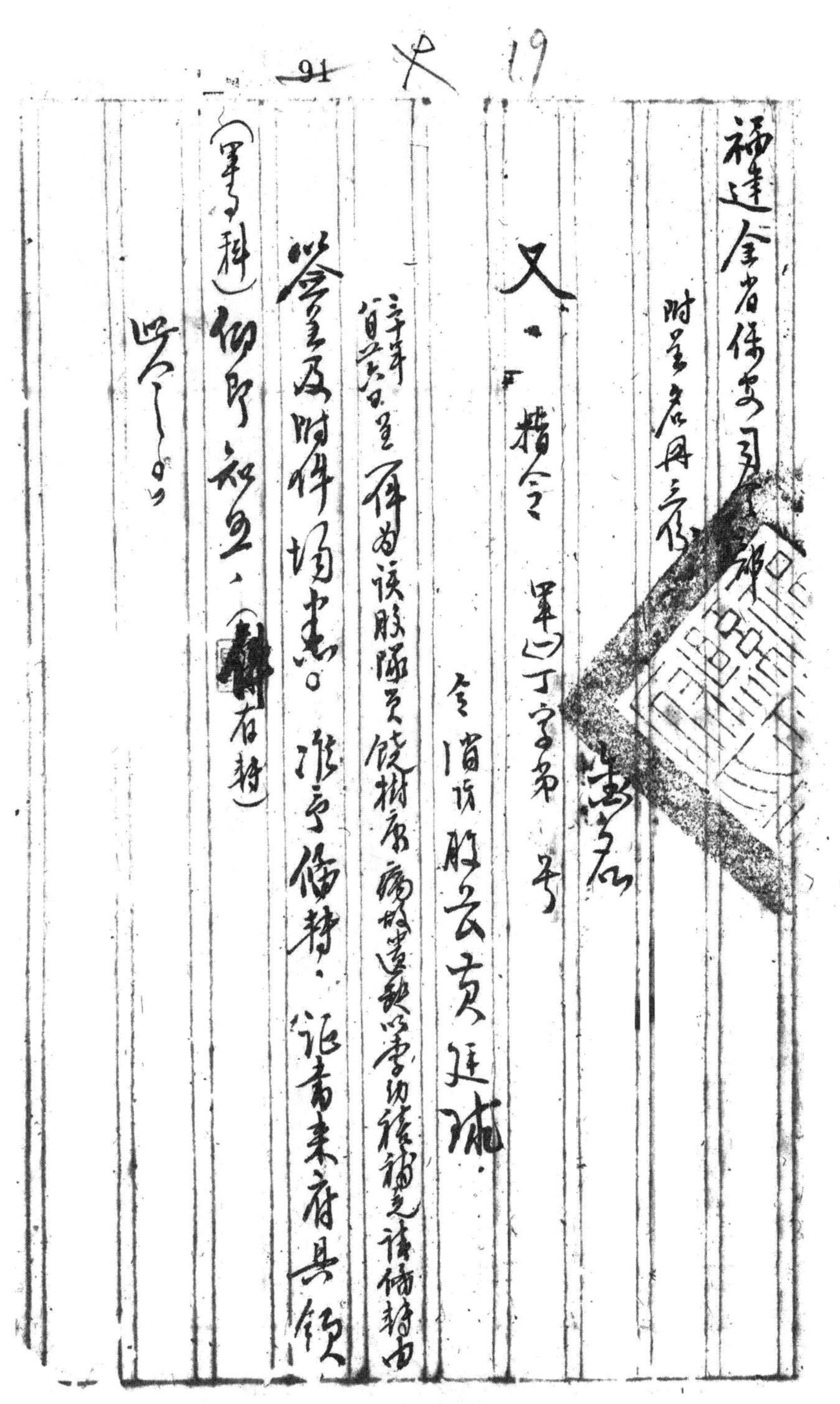

福建全省保安司令部

附呈名册六份

兼司令 陈[illegible]

又一

指令 军(四)丁字第 号

令省防股长贾廷瑞

卅年八月十六日呈一件为该股队员饶树康病故遗缺以李幼禧补充请备转由

呈及附件均悉。准予备转。[illegible]来府具领

(军事科) 仰即知照。(附件存)

此令

福安县政府关于饶树康病故，遗缺以李幼禧补充的签呈准予核转的指令

(1941年9月13日) 0158-001-0399

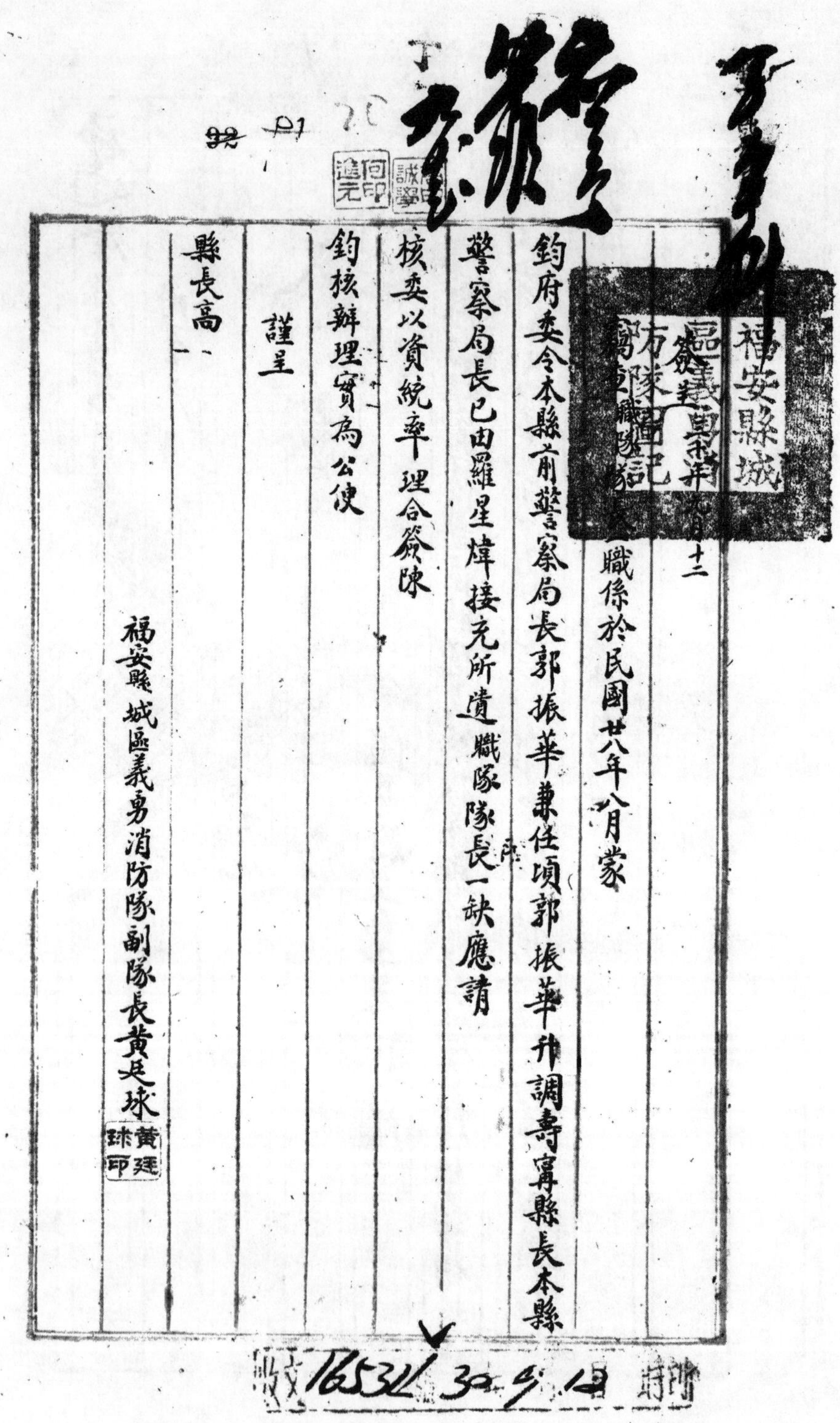

福安縣城區義勇消防隊圖記

簽呈　九月十二

竊查職隊隊長一職係於民國廿八年八月蒙
鈞府委令本縣前警察局長郭振華兼任頃郭振華升調壽寧縣長本縣警察局長已由羅星煒接充所遺職隊隊長一缺應請
核委以資統率　理合簽陳
鈞核辦理實為公便
謹呈
縣長高
福安縣城區義勇消防隊副隊長黃廷球（黃廷球印）

收 16531　30.9.12　時

福安县城区义勇消防队关于请核委罗星炜兼本县城区义勇消防队队长的签呈

（1941年9月12日）　0158-001-0399

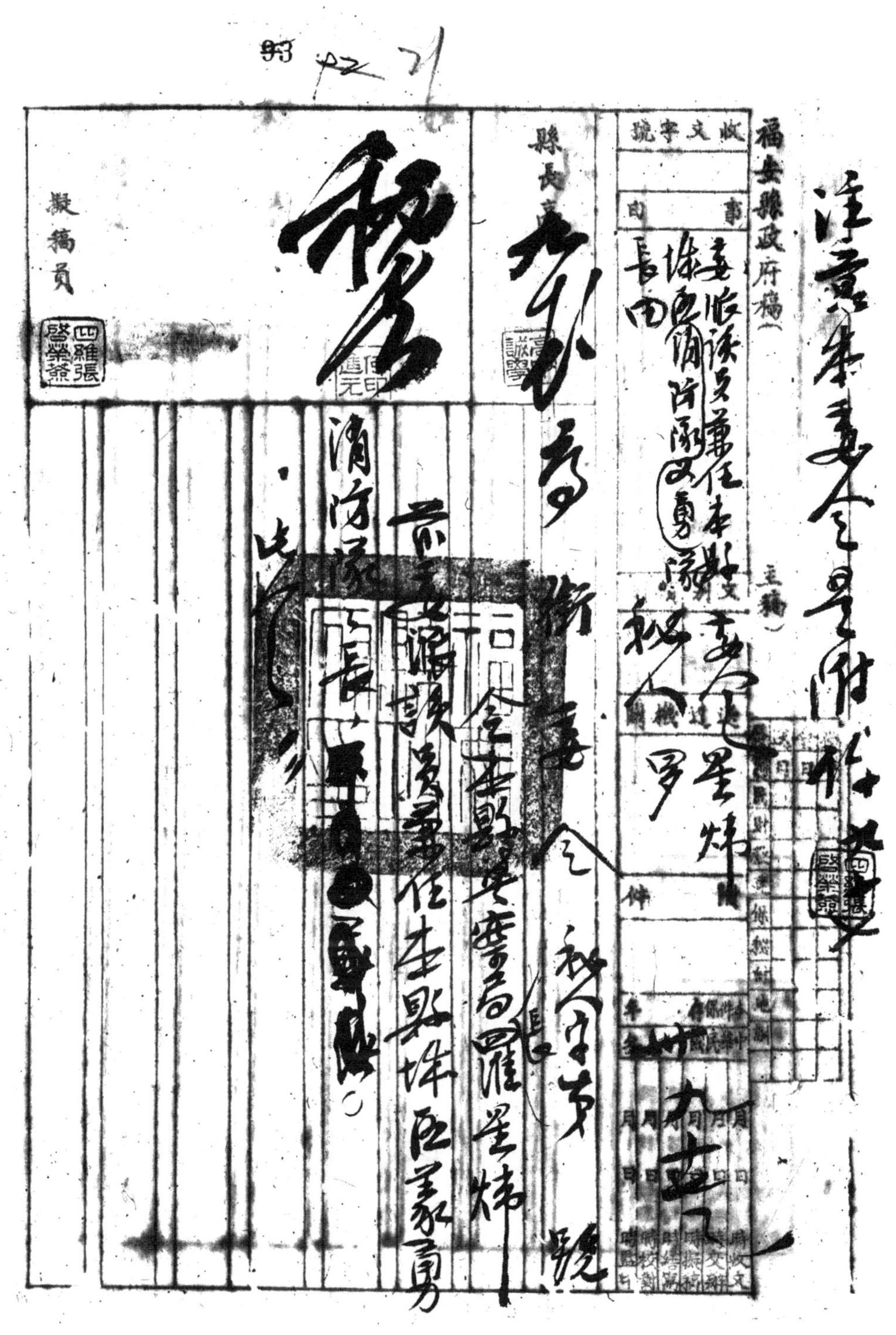

福安县政府关于罗星炜兼本县城区义勇消防队队长的委令(1941 年 9 月 17 日拟)

0158-001-0399

調動原因及辦法大要	查該府防護隊長原係前縣長郭振華兼充，茲因調離本縣，擬以本府秘書羅星炜兼任，以資統馭。
現任職別	福安縣府秘書
受訓畢業班系名稱	
姓名	羅星炜
籍貫	
現擬任免動態	委兼
委任新職	城區義勇消防隊隊長
原支薪額	
擬支薪額	

附記

右呈

縣長核示

秘書　科長　股長　科員

說明

一、本單擬請任免人員應以每名填寫一行，並依次編號，歸檔起見，凡無連帶關係者切勿併填一單。

二、擬委人員無現任職務者「現任職務」欄應填「無」字。

三、受訓班系畢業名稱指曾受本省政幹團及防空所訓練畢業或經視同該團畢業者，如未經受訓應填「未受」。

四、「現擬任免動態」欄屬於任者填任用類別，例如「調任代理」（調代）「委派兼任」（委兼）等；屬於免者填職動態，例如「另有任用」（免職）等。

五、「原支薪額」指現職所支之薪額，凡屬調任人員必須註明，如係新擬委派人員則可免填。

六、各機關擬任人員除係本省受訓及調任人員外，必須隨單附送簡歷表及資歷證件（證件如一時未能提出，應先與簡歷表相符之資歷證明書（格式另附））。

福安县政府拟委罗星炜兼本县城区义勇消防队队长的表格（1941 年 9 月 17 日拟）

0158-001-0399

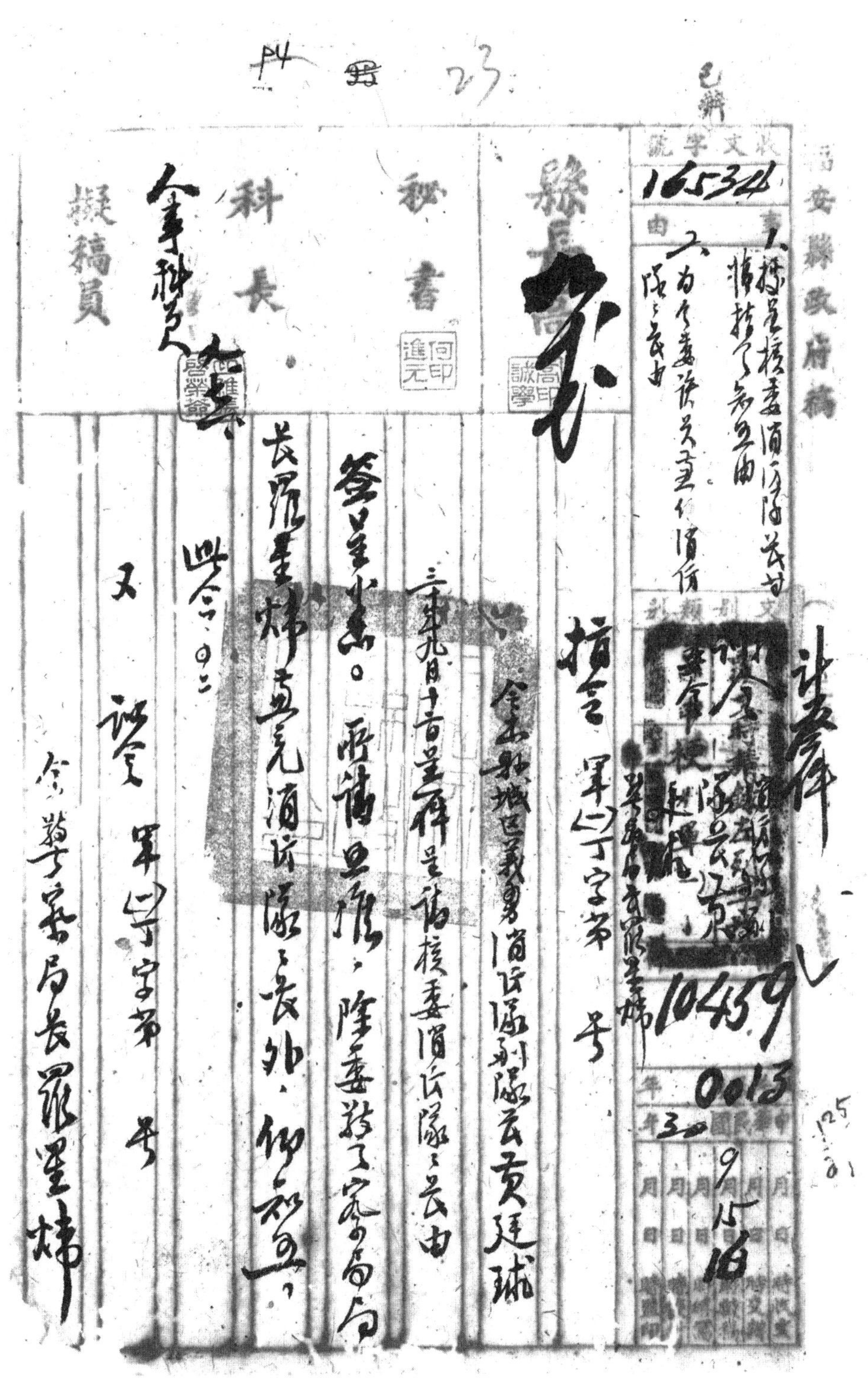

福安县政府关于据呈核委罗星炜兼义勇消防队队长的指令（1941 年 9 月 23 日）

0158-001-0399

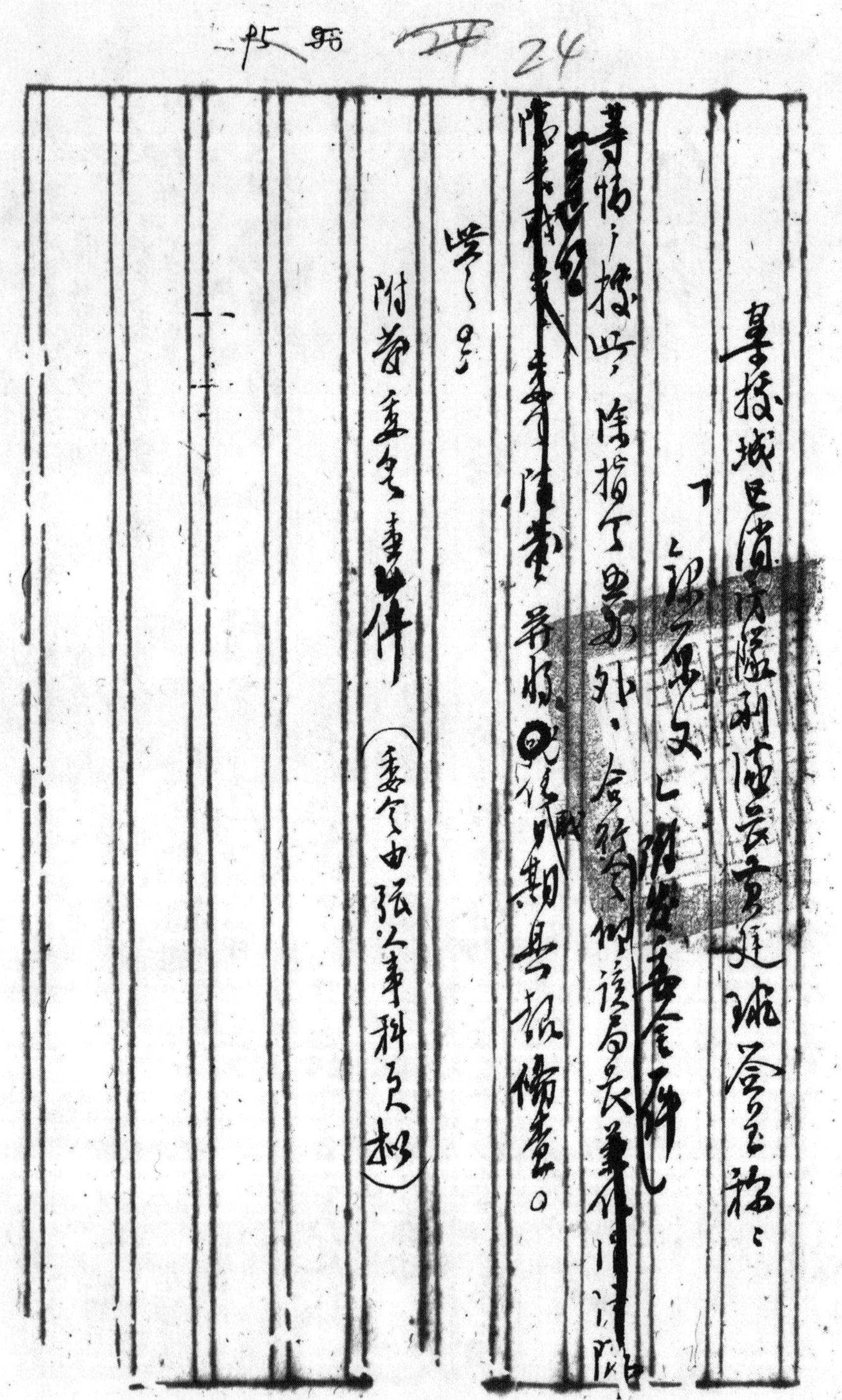

福安县政府关于核委罗星炜兼城区义勇消防队队长并将任职日期具报备查的训令

（1941 年 9 月 23 日）　0158-001-0399

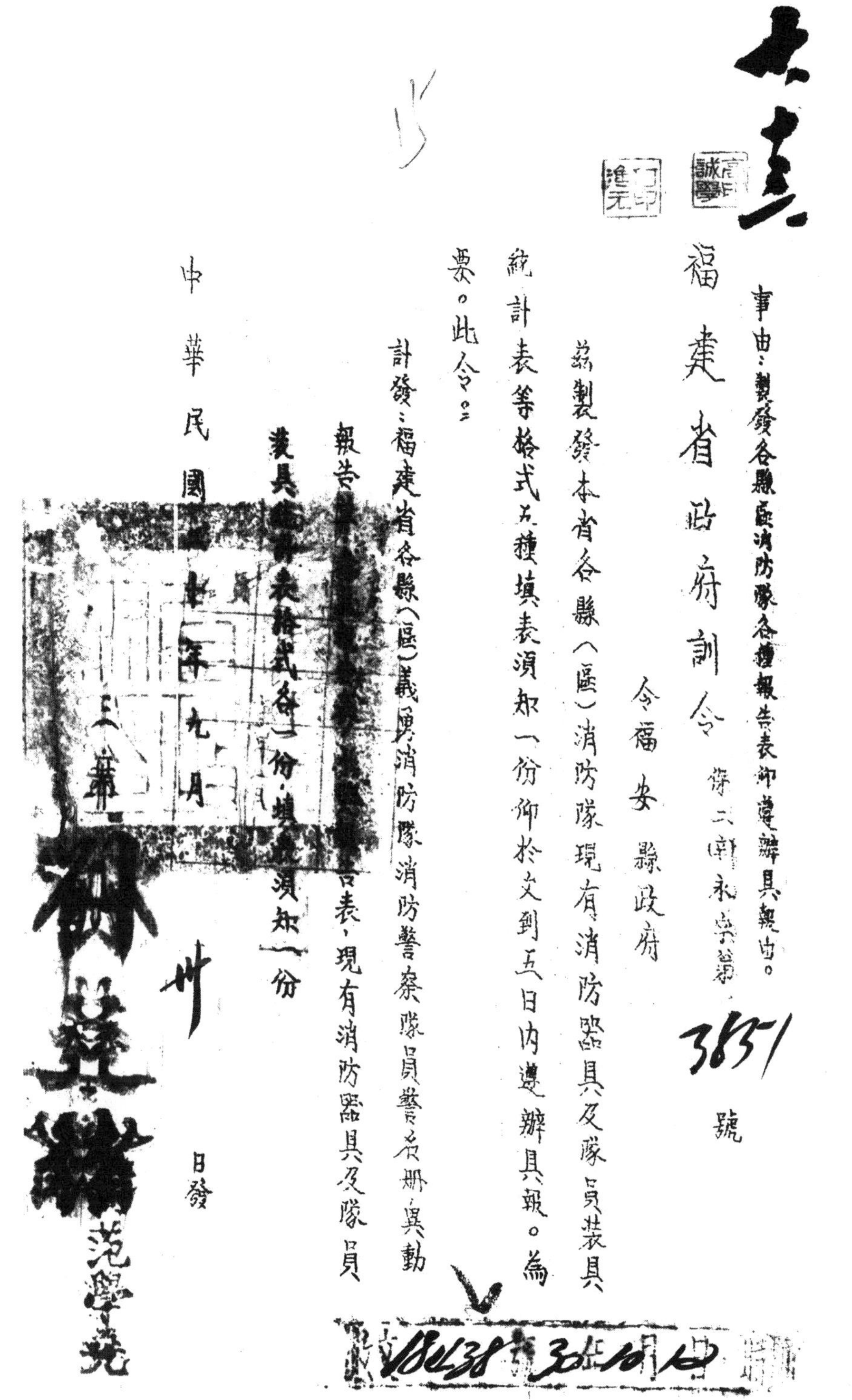

福建省政府關於製發各縣區消防隊各種報告表仰遵辦具報由

福建省政府訓令 府三新永字第3851號

令福安縣政府

茲製發本省各縣（區）消防隊現有消防器具及隊員裝具統計表等格式五種填表須知一份仰於文到五日內遵辦具報。為要。此令。

計發：福建省各縣（區）義勇消防隊消防警察隊員警名冊、異動報告表、現有消防器具及隊員裝具統計表格式各一份，填表須知一份

中華民國三十年九月卅日發

福建省政府关于制发福建省各县区消防队报告表四种迅填具报的训令（1941 年 9 月 30 日）

a 面　0158-001-0756

填表須知

一、員警名册，用十行紙填寫，于每年一月十日及七月十日以前造送省政府備查。（此次限文到十日内報核）。

二、異動表，于異動後三日内報查（消防警察隊員警，如係警局員警調兼者，其異動，可于呈報警官異動或長警開補時註明，不必另報。

三、現有消防器具及隊員裝具統計表，每月填報一次，于次月三日前報核，如有增減，應于附記欄内註明增減原因，呈報文號，表格如不敷填列，可自由伸縮，惟全表面積，不得超過四〇×七〇公厘，（即六開毛边紙一張）。

四、水災報告表，于事後三日内報查，其中到場人員欄，應填到場之机關主官及參加救護之机關團体及消防隊員，人民總數，机關團体，并應註明其率領人。

五、毒氣報告表，于發事後三日内報核，其中發事時間欄，填「〇年〇月〇日〇時〇分」，地點欄填「起事地點及延及地点」當日天候欄填「陰晴雨寒熱（詳填表處）風向」。

六、所有請求事項，應另行呈報，不得填入各表備攷欄。

七、火災報告表，前已令須在案，仍遵前令辦理。

福建省各县区消防队报告表填报须知（1941年9月30日）b面　0158-001-0756

16

福建省○○縣(區)義勇消防隊(消防警察隊)員警名冊

區別	職別	姓名	年齡	籍貫	住址	職業	畧歷	備攷
合計		名員						

附件　福建省□□县(区)义勇消防队(消防警察队)员警名册(1941年9月30日)

0158-001-0756

17

存根

福建省○○县(区)义勇消防队员警异动报告单

区分：開缺 / 補充

區分	隊別	職別	姓名	原因	日期
開缺					
補充					

補充欄：區隊別 / 職別姓名 / 年齡略歷 / 籍貫住址職業 / 原因及日期

中華民國　年　月　日（簽名）　蓋章　呈

報　單

福建省○○县(区)義勇消防隊員警異動報告单

區分	隊別	職別	姓名	原因	日期
開缺					
補充					

補充欄：區隊別 / 職別姓名 / 年齡略歷 / 籍貫住址職業 / 原因及日期

右呈

鑒核

中華民國　年　月　日（簽名）　蓋章　呈

附件　福建省□□县(区)义勇消防队员警异动报告单(1941年9月30日)

a面　0158-001-0756

報單

此聯呈縣轉省政府備查

福建省○○縣(區)義勇消防隊員警異動報告單

區分	隊別	職別	姓名	原因	日期
開缺					

區分	隊別	職別姓名	年齡略歷	籍貫住址職業	原因及日期
補充					

右呈

鑒核

中華民國　　年　　月　　日(銜名)蓋章　呈

附件　福建省□□县(区)义勇消防队员警异动报告单(1941年9月30日)

b面　0158-001-0756

18

福建省○○縣（區）水災報告表（　年　月　日）

發事時間	年　月　日起至　年　月　日			發事原因		
發事地点				受災面積	（以畝分計）	
損失情形	人	死	男			合計 人
			女			
		傷	男			合計 人
			女			
	物	（包括牲畜財物並詳填數目）			價值 元	合計價值
	房屋	全燬	樓屋 間	合計 間		
			平屋 間			
		半燬	樓屋 間	合計 間	價值 元	
			平屋 間			
	田苗	（詳列稻麥高粱大豆雜糧之受災面積以畝分計）			價值 元	總
	森林				價值 元	計 元
援救情形	到場机關		到場人員			
	救護情形					
備考						

填報人 ○○○ （蓋章）

附件　福建省□□县(区)水灾报告表(□年□月□日)(1941年9月30日)

a面　0158-001-0756

福建省○○縣(區)毒氣報告表(　年　月　日)

<table>
<tr><td colspan="3">發事時間</td><td colspan="4"></td></tr>
<tr><td colspan="3">受災地点</td><td colspan="4"></td></tr>
<tr><td colspan="3">當日天候</td><td colspan="4"></td></tr>
<tr><td colspan="3">毒氣種類</td><td colspan="4"></td></tr>
<tr><td rowspan="5">人物損失</td><td rowspan="4">人</td><td rowspan="2">死</td><td>男　人</td><td rowspan="2">合計</td><td rowspan="4"></td><td rowspan="4">總計　人</td></tr>
<tr><td>女　人</td></tr>
<tr><td rowspan="2">傷</td><td>男　人</td><td rowspan="2">合計</td></tr>
<tr><td>女　人</td></tr>
<tr><td>物</td><td colspan="2">(包括牲畜及食用品之數量)</td><td>價值</td><td colspan="2">元</td></tr>
<tr><td rowspan="2">救護情形</td><td>到場机關</td><td colspan="2"></td><td>到場人員</td><td colspan="2"></td></tr>
<tr><td>救護情形</td><td colspan="5"></td></tr>
<tr><td>備攷</td><td colspan="6"></td></tr>
</table>

填報人 ○ ○ ○ (蓋章)

附件　福建省□□县(区)毒气报告表(□年□月□日)(1941 年 9 月 30 日)

b 面　0158-001-0756

19

水器具						防毒器具							
救生圈	救生艇	救護床	鋤	鏟	鎬	其他	檢驗器材	氧氣給養机	紗布	石灰	（藥品）		

附記

中華民國　年　月　日　縣長○○○填報

附件　福建省□□县(区)义勇消防队(消防警察队)现有消防器具队员装具统计表(□年□月份)

(1941 年 9 月 30 日)a 面　0158-001-0756

福建省○○縣（區）義勇消防隊（消防警察隊）現有消防器具隊員裝具統計表　年　月份

區	消防器具	數量 / 名稱 / 使用程度	防火器具														防水
			救火車	帮浦机	滅火机	救護袋	救護網	水槍	警鐘	救護繩	救護床	竹梯	水桶	鉄鈎	鉄叉	鋸	斧	其他	水位測量器
		歉[illegible]																	
		堪用																	
		待修																	
		合計																	

隊員裝具	數量 / 名稱 / 使用程度	銅盔	籐盔	制（○色）服	橡皮鞋	消防隊標幟	防毒面具	防毒口罩	防毒手套	防毒衣	其他
	[illegible]										
	有										
	新制										
	補換										
	現存										

備考

附件　福建省□□县（区）义勇消防队（消防警察队）现有消防器具队员装具统计表（□年□月份）

（1941年9月30日）b面　0158-001-0756

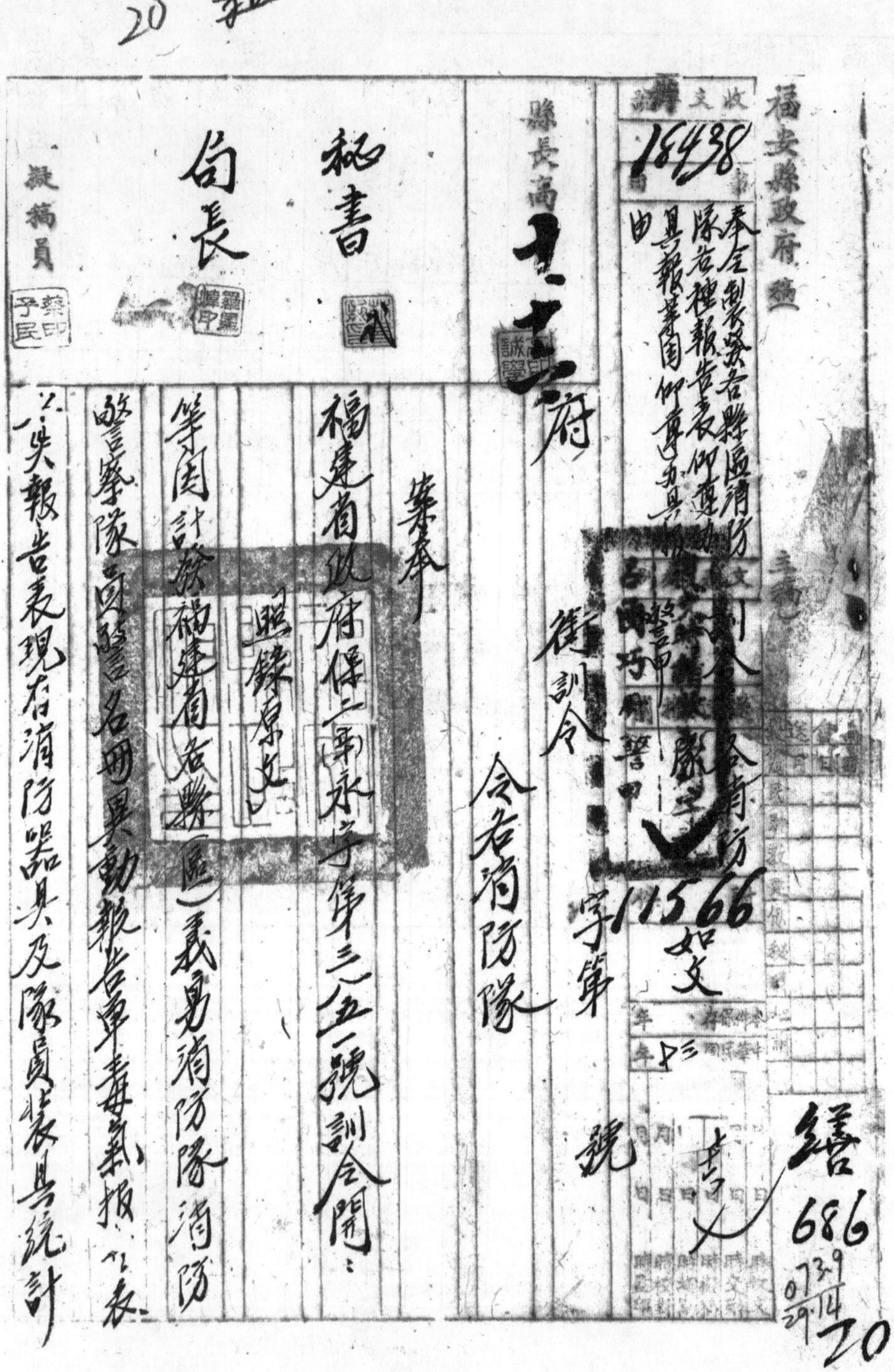

福安县政府关于抄发福建省各县区消防队各种报告表并按期具报的训令

（1941 年 10 月 18 日）　0158-001-0756

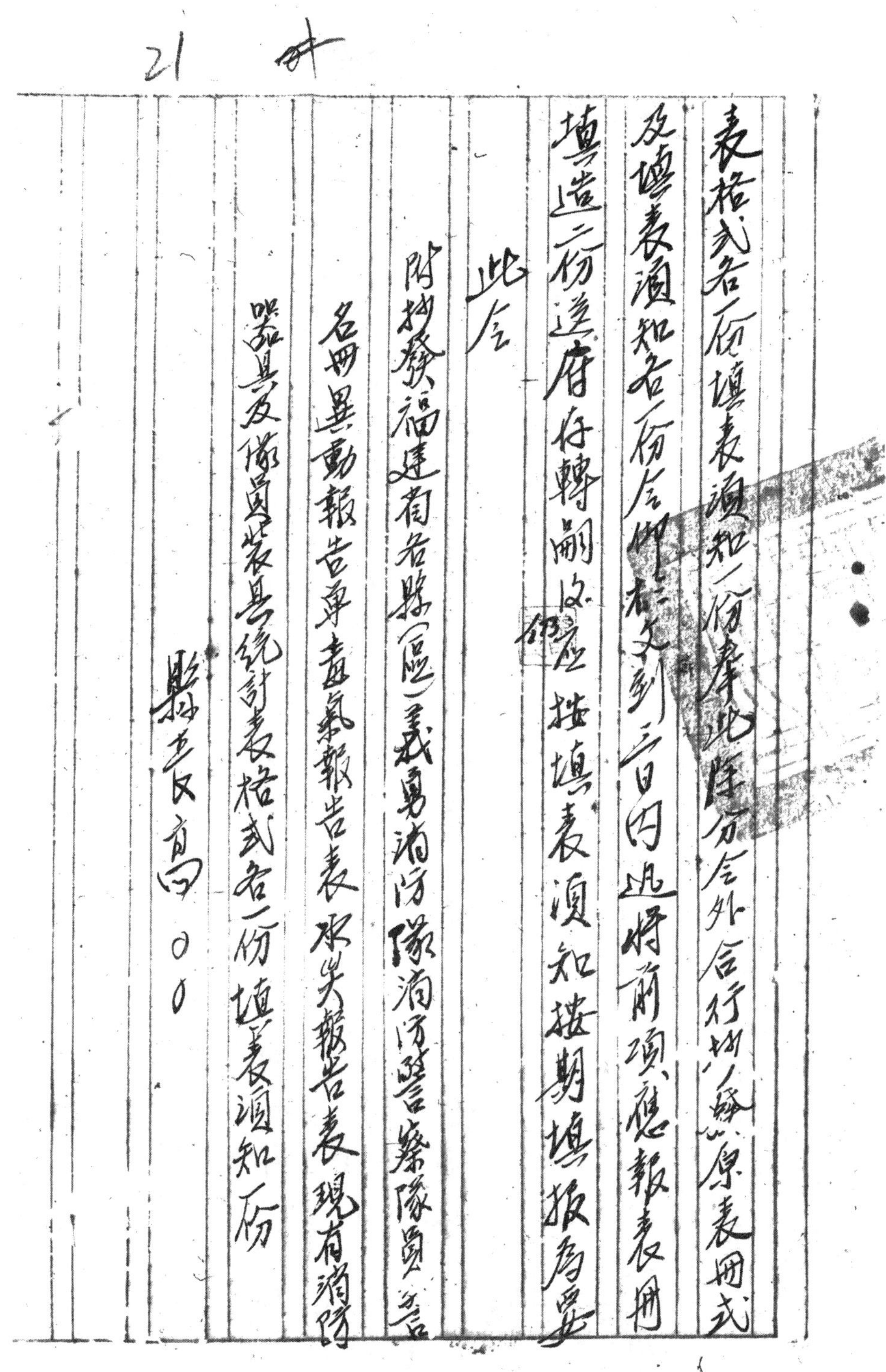
21 卅

表格式各一份填表须知一份奉此除分令外合行抄发原表册式及填表须知各一份令仰该队文到三日内迅将前项应报表册填造二份送府存转嗣后应按填表须知按期填报为要

此令

附抄发福建省各县(区)义勇消防队消防警察队员工名册异动报告单火警报告表损失报告表现有消防器具及附属器具统计表格式各一份填表须知一份

县长 高〇〇

福安县政府关于抄发福建省各县区消防队各种报告表并按期具报的训令

(1941年10月18日) 0158-001-0756

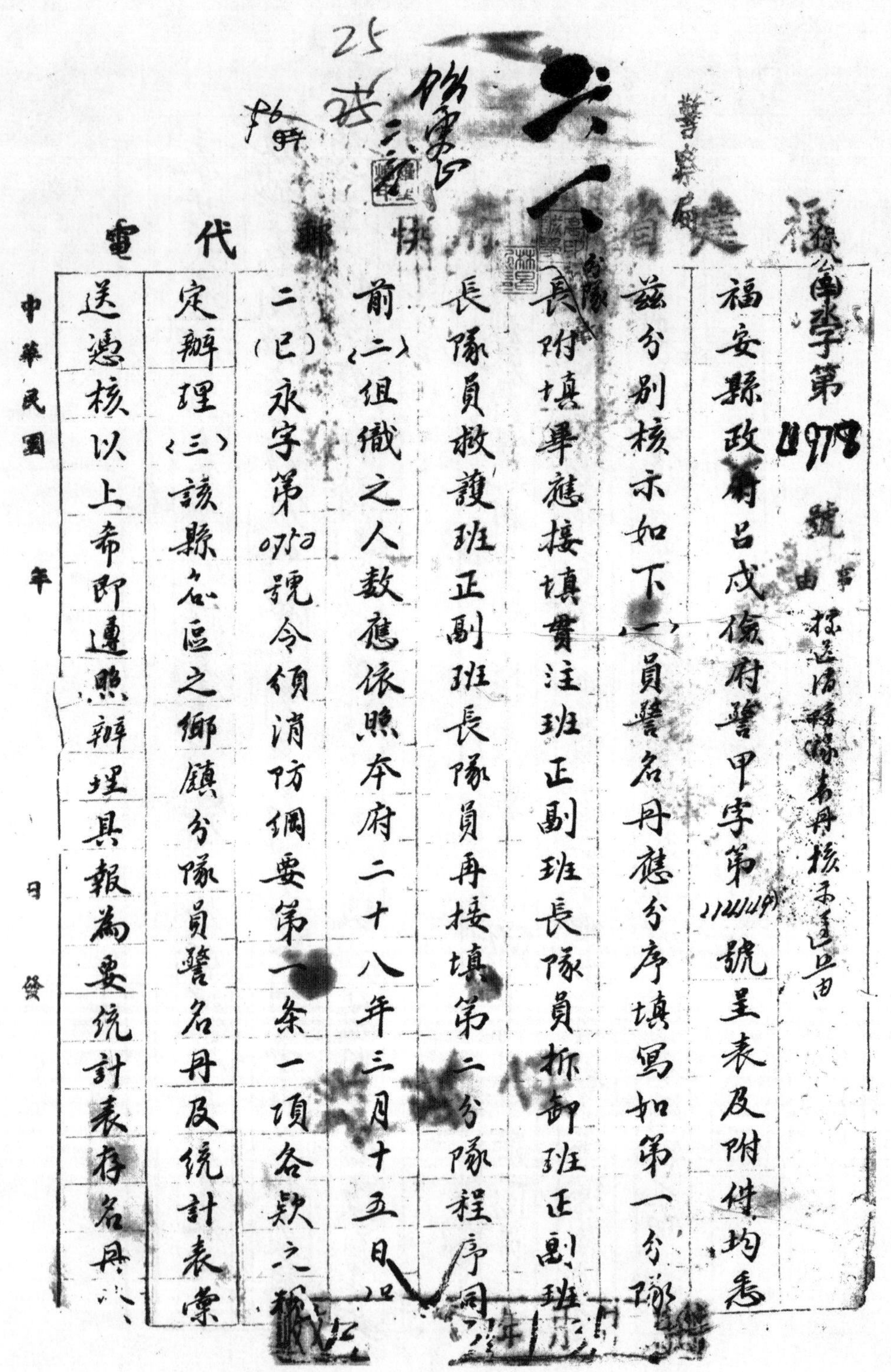

福建省政府快邮代电

保公(甲)永字第1978號

事由：檢送消防隊員名冊核示要點由

福安縣政府呂戌徐府警甲字第11444號呈表及附件均悉。茲分別核示如下：(一)員警名冊應分序填寫，如第一分隊長附填畢應接填貫注班正副班長隊員、拆卸班正副班長隊員、救護班正副班長隊員，再接填第二分隊，程序同前。(二)組織之人數應依照本府二十八年三月十五日(已)永字第0752號令頒消防綱要第一條一項各款之規定辦理。(三)該縣各區之鄉鎮分隊員警名冊及統計表業送憑核。以上希即遵照辦理具報為要。統計表存，名冊……

中華民國　年　月　日發

福建省政府关于消防队表册填报事项的快邮代电(1942 年 1 月 4 日)

0158-001-0399

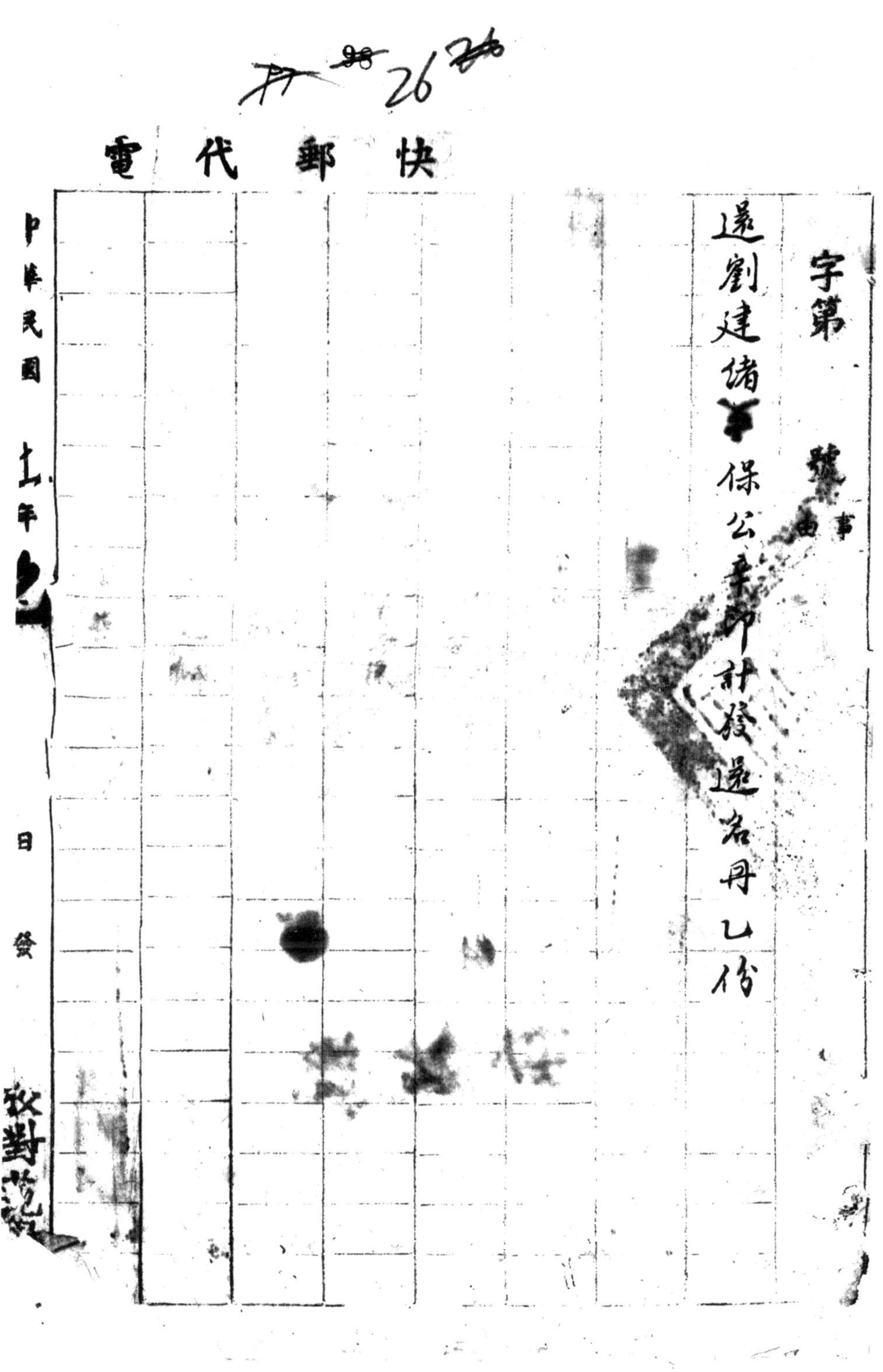

福建省政府关于消防队表册填报事项的快邮代电(1942年1月4日)

0158-001-0399

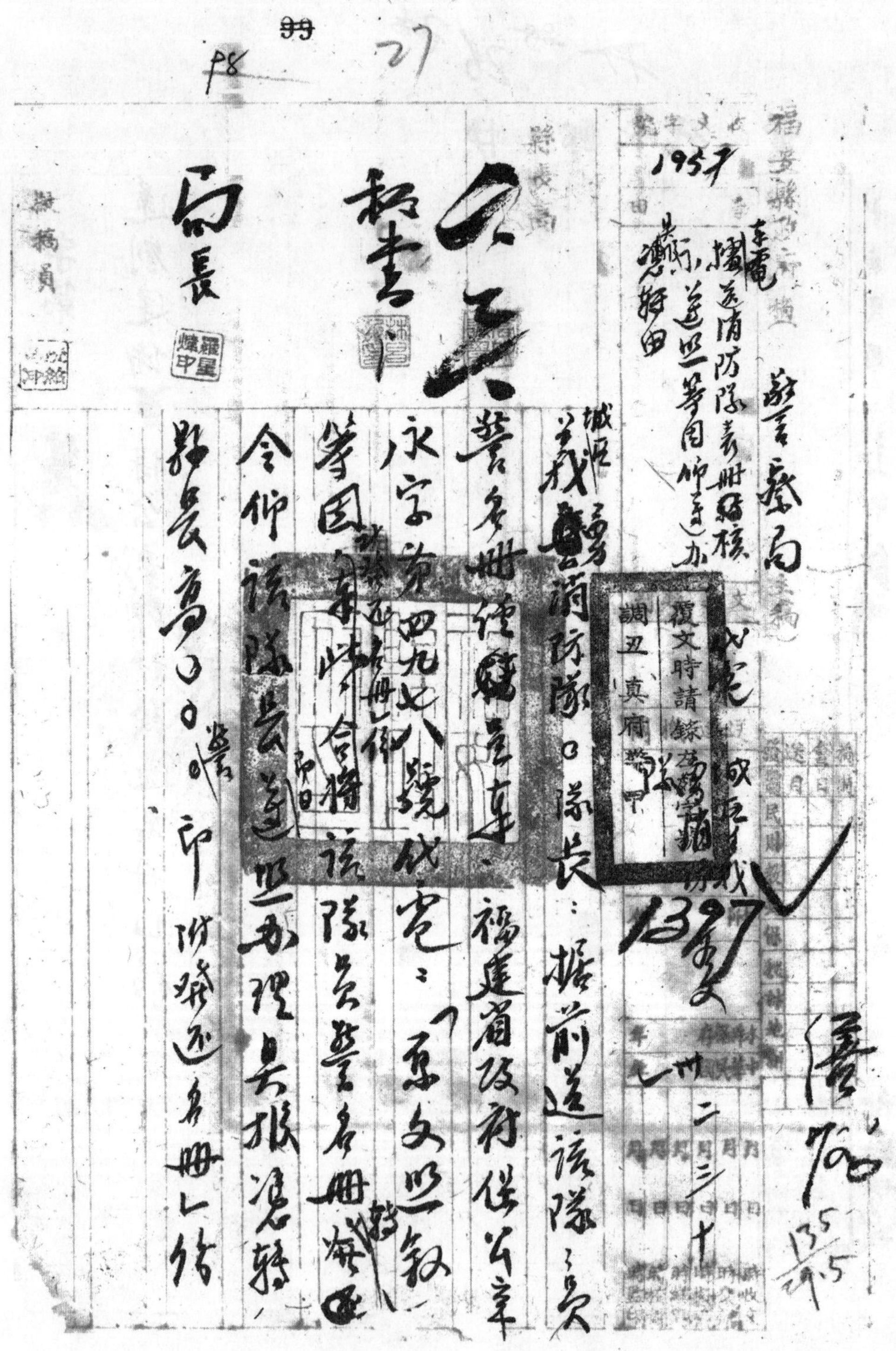

福安县政府关于遵电饬填报消防队表册的代电(1942 年 2 月 11 日)

0158-001-0399

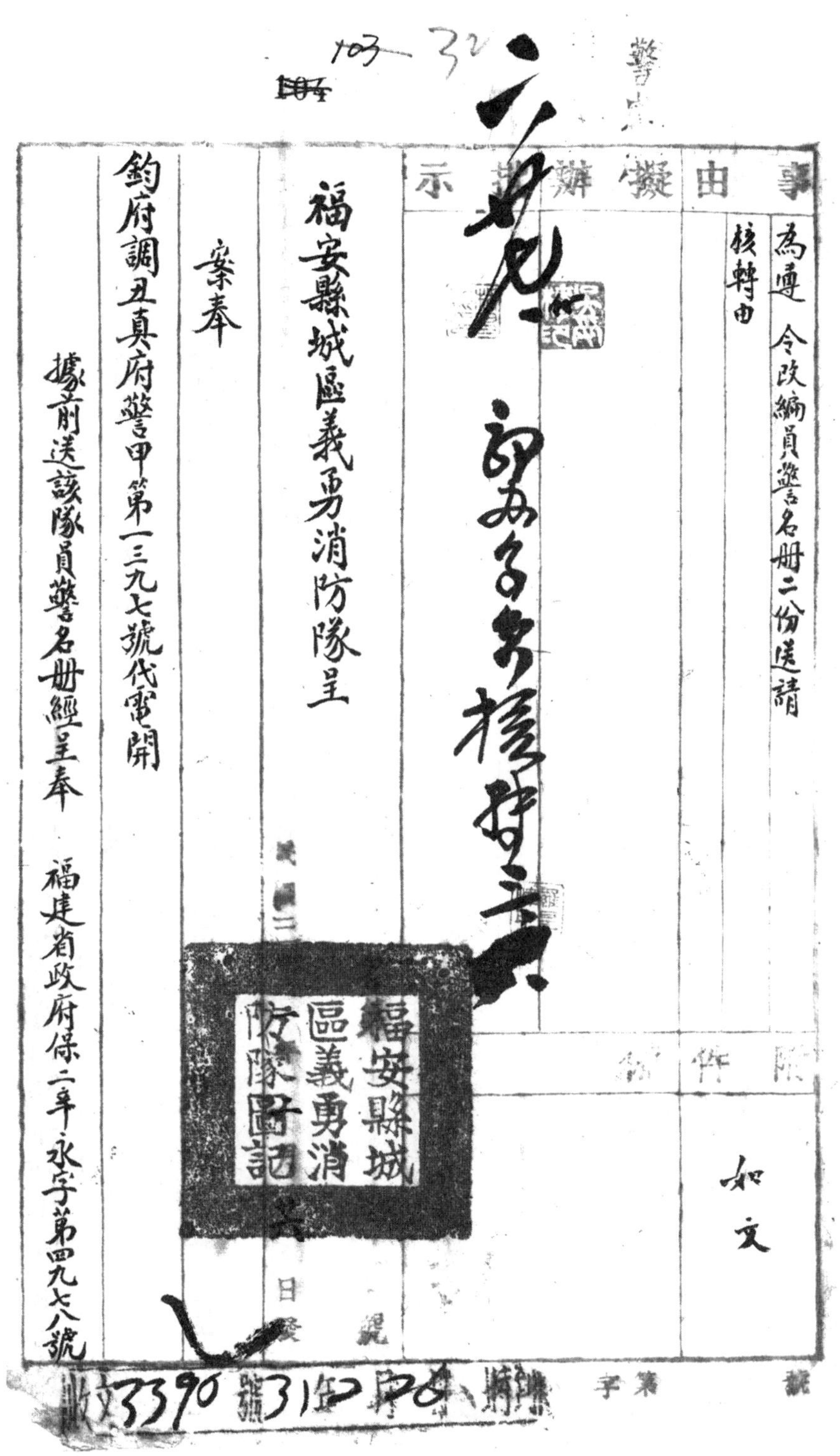
事由：為遵令改編員警名冊二份送請核轉由

附件：如文

福安縣城區義勇消防隊呈

案奉

鈞府調丑真府警甲第一三九七號代電開

據前送該隊員警名冊經呈奉

福建省政府保二年永字第四九七八號

福安县城区义勇消防队关于报送改编员警名册的呈文（1942 年 2 月 26 日）

a 面　0158-001-0399

代電呂戍儉府警甲第一四一四九號呈表及附件均悉該分別核示如下(一)員警名冊
應分序填寫如第一分隊長附填畢應接填貫注班正副班長隊員拆卸班正副班長
隊員救護班正副班長隊員再接填第二分隊程序同前(二)組織之人數應依照本府廿八年
三月十五日保二(己)永字第〇七五二號令頒消防綱要第一條一項各款之規定辦理(三)該縣各區
之鄉鎮分隊員警名冊及統計表彙送憑核以上希即遵照辦理為要統計表存名
冊發還等因計發還名冊一份奉此合將該隊員警名冊發還即日遵照辦理具
報憑轉
等因計發還名冊一份奉此遵即依照　令示各點分別改編造具名冊二份隨文呈請
鈞核轉報實為公便
謹呈

福安县城区义勇消防队关于报送改编员警名册的呈文(1942 年 2 月 26 日)

b 面　0158-001-0399

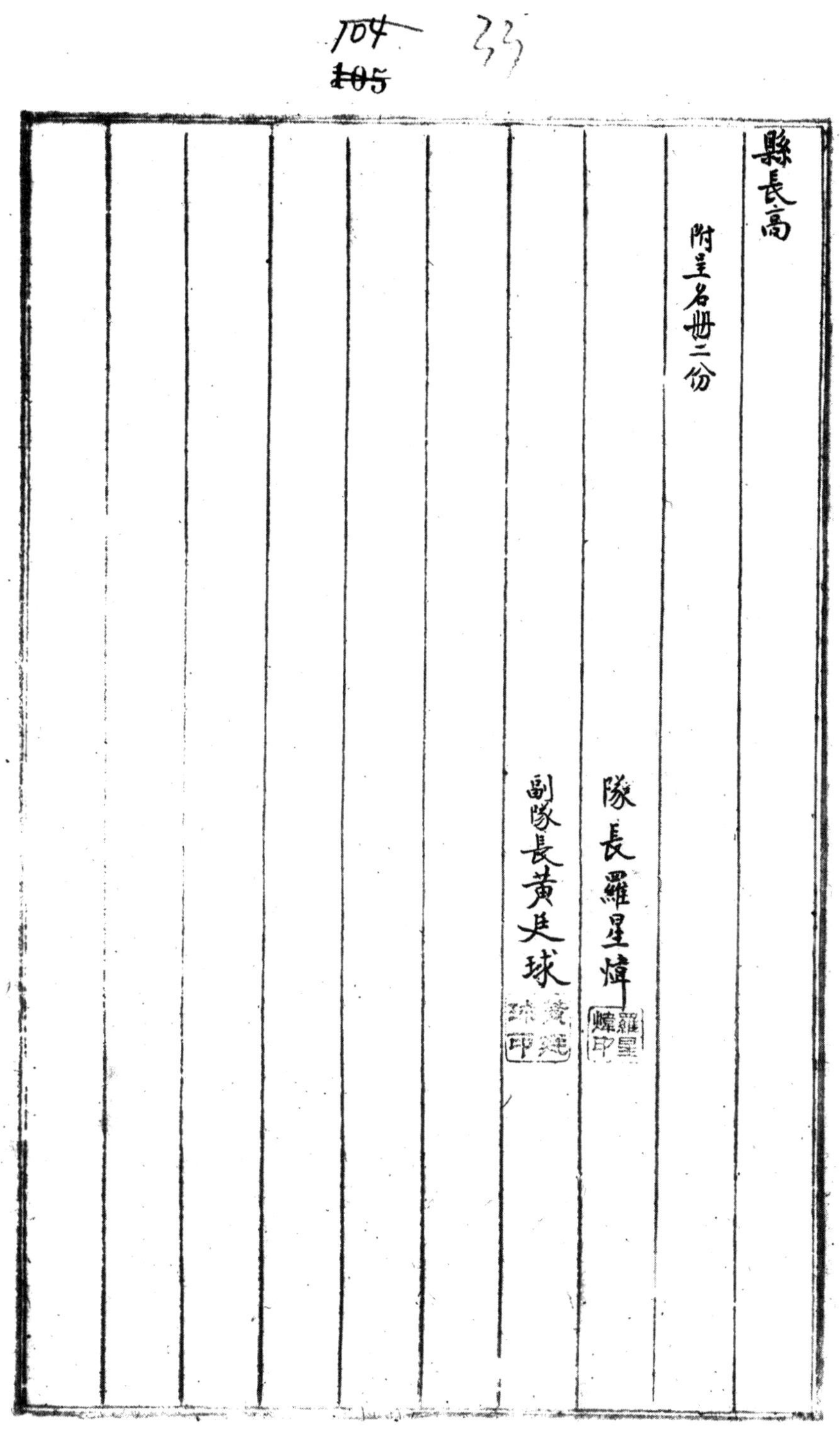
縣長高

附呈名册二份

隊長羅星煒

副隊長黄廷球

福安县城区义勇消防队关于报送改编员警名册的呈文(1942年2月26日)

0158-001-0399

34

~~106~~
105

福安縣城區義勇消防隊員警名册

福安縣城區義勇消防隊圖記

三十一年二月编造

附件　福安县城区义勇消防队员警名册(1942年2月)　0158-001-0399

107 106 25

福建省福安縣城區義勇消防隊員警名冊

區別	職別	姓名	年齡	籍貫	住址	職業	略歷	備攷
城區隊	隊長	羅星煒	二九	閩清	福安縣警察局	警	曾任警察局長警訓練班主任現任福安縣警察局長	
	副隊長	黃廷球	五四	福安	福安縣韓城鎮冠后保	教育	曾任福安縣救火會主席	
	書記	黃玟	四八	福安	仝上	教育	曾任小學教員	
	幹事	李富郎	三五	福安	福安縣韓城鎮上杭上保	商	曾任福安縣救火會幹事	
	第一分隊長	陳炳烈	三一	福安	仝上	商	曾任福安縣救火會執行委員	
	隊附	陳澤松	三八	福安	韓城鎮小西路保	農		
	貫注班班長	蕭雲岫	三五	福安	仝上	商		
	班副	俞伏成	二八	福安	仝	農		

附件　福安县城区义勇消防队员警名册(1942 年 2 月)a 面　0158-001-0399

隊員	郭樹松	三四	福安	韓坂鎮小西路保	農
	鍾細龍	二八	仝上	仝上	農
	黄益弟	四二	仝上	仝上	農
	蔡景柏	二九	仝上	仝上	農
	阮善安	二六	仝上	仝上	農
	陳四現	二〇	仝上	仝上	農
	俞集祥	三六	仝上	仝上	工
	林木壽	二二	仝上	仝上	農
	郭祖文	三〇	仝上	韓坂鎮三賢保	農
	劉翰弟	二六	仝上	韓坂鎮小西路保	商

附件　福安县城区义勇消防队员警名册(1942 年 2 月)b 面　0158-001-0399

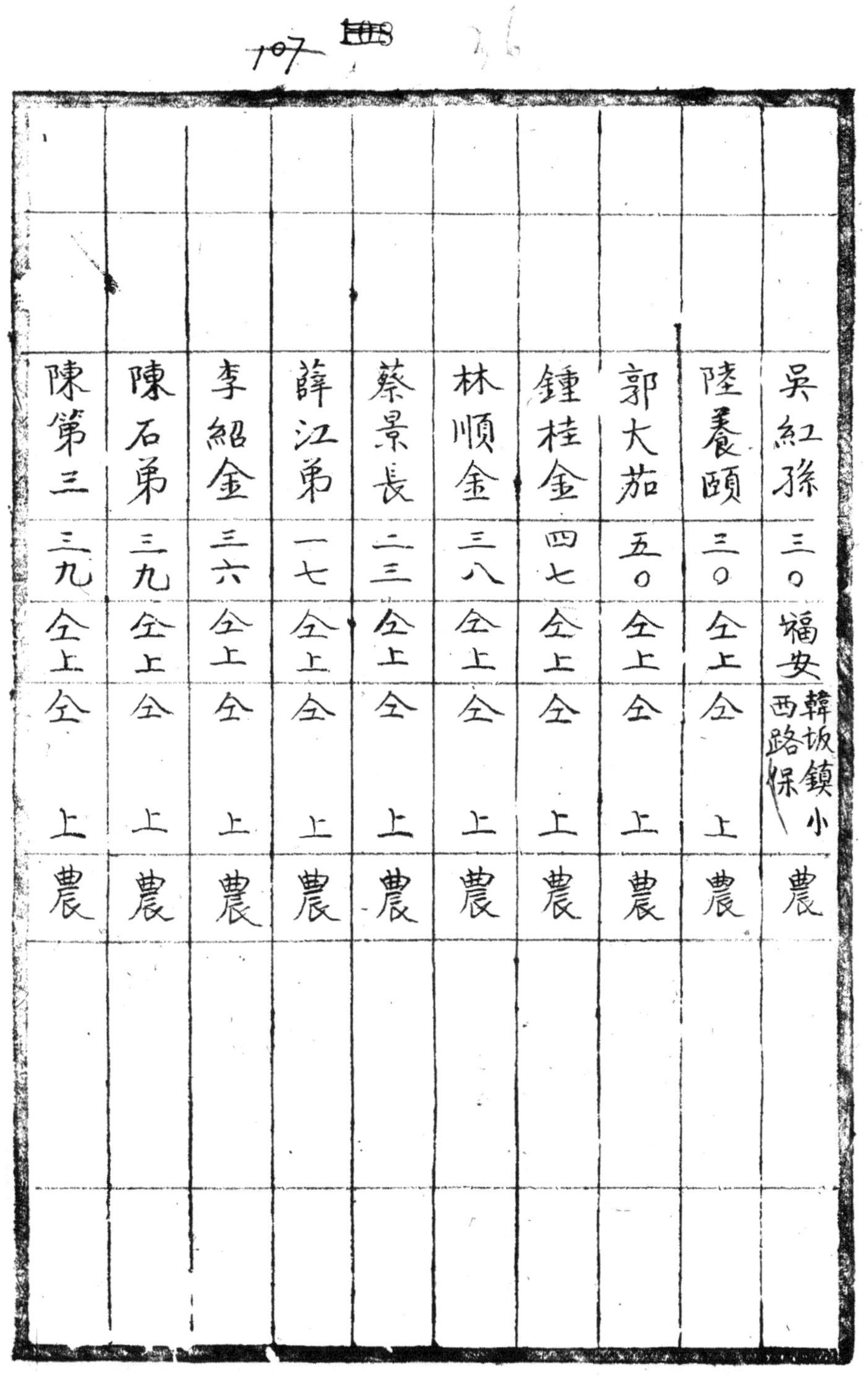

107 ~~108~~ 26

吴紅孫	三〇	福安	韓坂鎮小西路保	農
陸養頤	三〇	仝上	仝上	農
郭大茄	五〇	仝上	仝上	農
鍾桂金	四七	仝上	仝上	農
林順金	三八	仝上	仝上	農
蔡景長	二三	仝上	仝上	農
薛江弟	一七	仝上	仝上	農
李紹金	三六	仝上	仝上	農
陳石弟	三九	仝上	仝上	農
陳第三	三九	仝上	仝上	農

附件　福安县城区义勇消防队员警名册(1942 年 2 月)a 面　0158-001-0399

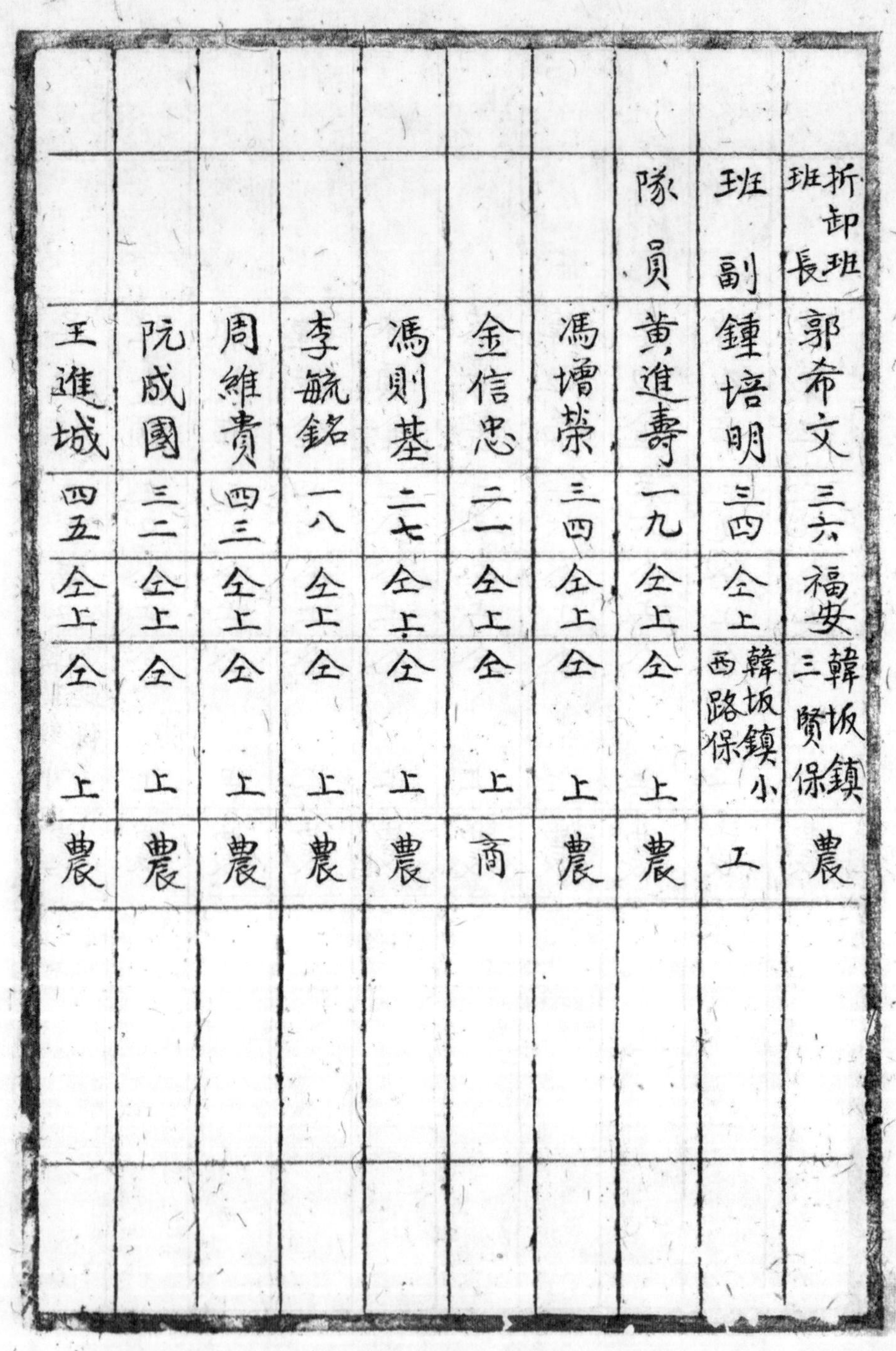

折卸班班長	郭希文	三六	福安	韓坂鎮三賢保	農
班副	鍾培明	三四	仝上	韓坂鎮小西路保	工
隊員	黄進壽	一九	仝上	仝上	農
	馮增榮	三四	仝上	仝上	農
	金信忠	二一	仝上	仝上	商
	馮則基	二七	仝上	仝上	農
	李毓銘	一八	仝上	仝上	農
	周維貴	四三	仝上	仝上	農
	阮成國	三二	仝上	仝上	農
	王進城	四五	仝上	仝上	農

附件　福安县城区义勇消防队员警名册(1942年2月)b面　0158-001-0399

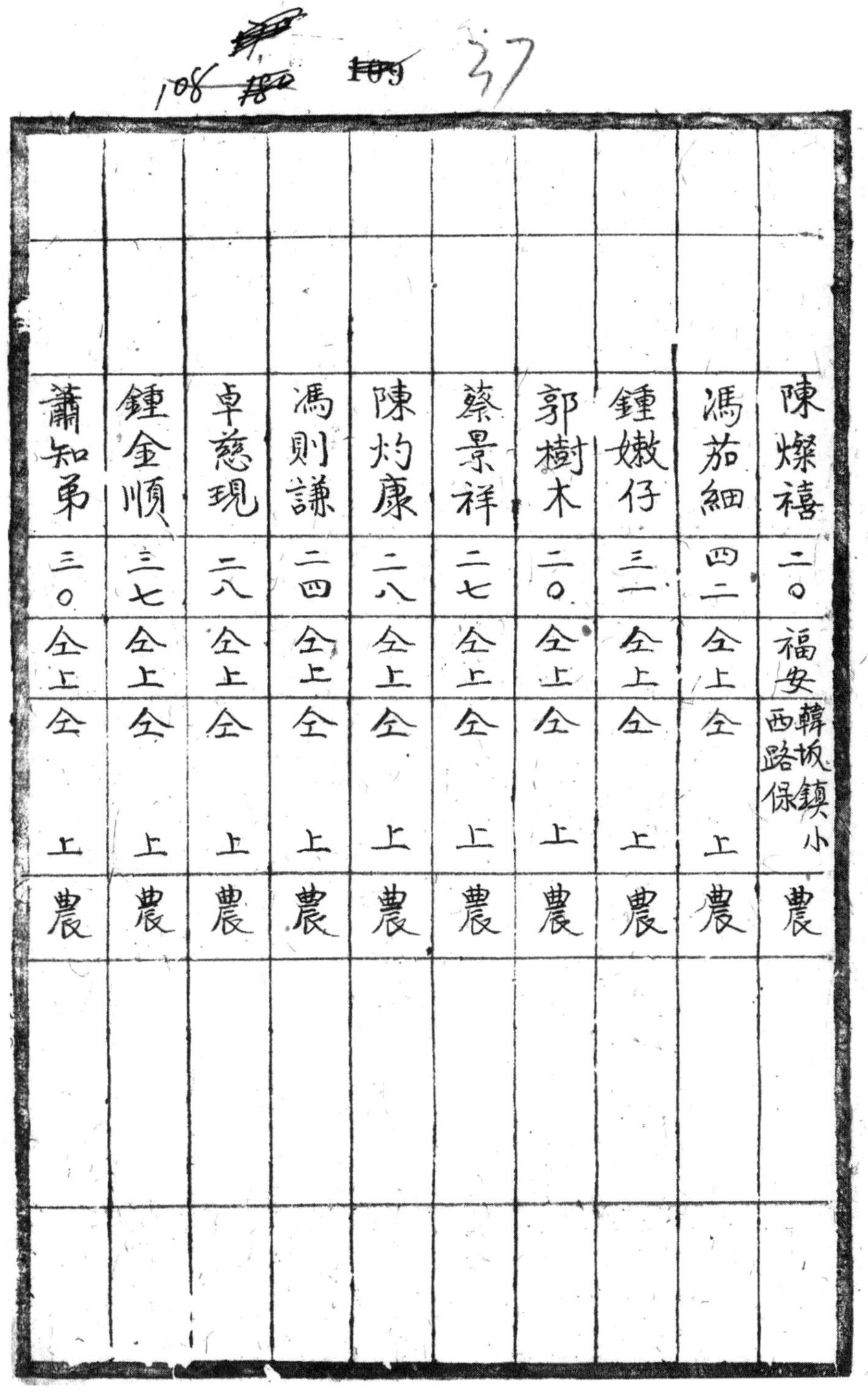

108　37

陳燦禧	二〇	福安	韓城鎮小西路保	農
馮茄細	四二	仝上	仝上	農
鍾嫩仔	三一	仝上	仝上	農
郭樹木	二〇	仝上	仝上	農
蔡景祥	二七	仝上	仝上	農
陳灼康	二八	仝上	仝上	農
馮則謙	二四	仝上	仝上	農
卓慈現	二八	仝上	仝上	農
鍾金順	三七	仝上	仝上	農
蕭知弟	三〇	仝上	仝上	農

附件　福安县城区义勇消防队员警名册(1942 年 2 月)a 面　0158-001-0399

	鍾壽貴	二〇	福安	韓坂鎮小西路保	農
	蕭紹麟	三九	仝上	仝上	農
救護班班長	郭木成	四二	仝上	仝上	農
班副	吳如琴	二七	仝上	韓坂鎮金龍保	商
隊員	陳紅茄	二六	仝上	韓坂鎮蓮池保	工
	林欽生	一七	仝上	韓坂鎮小西路保	工
	郭聚祺	一八	仝上	仝上	農
	陳振松	二五	仝上	韓坂鎮三賢保	農
	吳紅弟	二〇	仝上	韓坂鎮小西路保	農
	阮榮春	一八	仝	仝上	農

附件　福安县城区义勇消防队员警名册(1942 年 2 月)b 面　0158-001-0399

38

	蘇摠現	一七	福安	韓坂鎮小西路保	農	
	陸潛頤	二二	仝上	仝上	農	
	黄紅細	四五	仝上	仝上	農	
	周維富	四七	仝上	仝上	農	
第二分隊長	李毓祺	三八	仝上	福安縣韓坂鎮小西路保	農	曾任福安縣救火會執行委員
隊附	郭錦筍	一七	仝上	仝上	商	
貫注班班長	陳十一	一八	仝上	韓坂鎮南下保	農	
班副	劉招文	二五	仝上	仝上	農	
隊員	藍成章	一八	仝上	韓坂鎮三賢保	農	
	郭四弟	四一	仝上	韓坂鎮南下保	農	

附件　福安县城区义勇消防队员警名册(1942 年 2 月)a 面　0158-001-0399

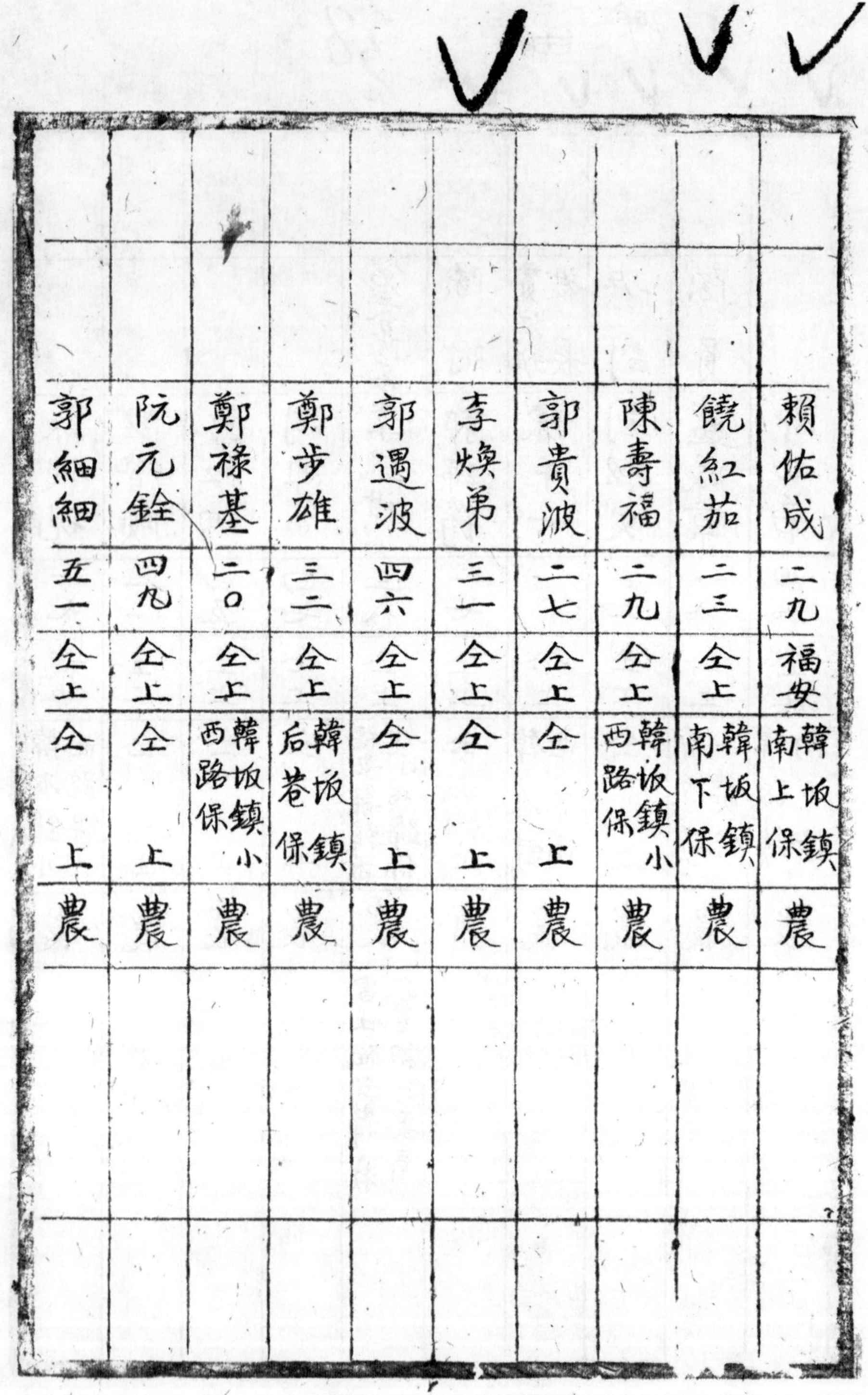

賴佑成	二九	福安	韓坂鎮南上保	農
饒紅茄	二三	仝上	韓坂鎮南下保	農
陳壽福	二九	仝上	韓坂鎮小西路保	農
郭貴波	二七	仝上	仝上	農
李煥弟	三一	仝上	仝上	農
郭遇波	四六	仝上	仝上	農
鄭步雄	三二	仝上	韓坂鎮后巷保	農
鄭祿基	二〇	仝上	韓坂鎮小西路保	農
阮元銓	四九	仝上	仝上	農
郭細細	五一	仝上	仝上	農

附件　福安县城区义勇消防队员警名册(1942 年 2 月)b 面　0158-001-0399

	卓紅茄	二八	福安	韓坂鎮小西路保	農
	蕭森弟	四八	仝上	仝上	農
	郭細弟	五二	仝上	仝上	農
	郭尚興	五三	仝上	仝上	農
	黄唐妹	一七	仝上	仝上	農
	鍾順銓	二九	仝上	仝上	農
	蕭倚弟	一八	仝上	仝上	農
	李幼禧	三四	仝上	溪坂湖鄉登善保	商
折卸班班長	郭德揚	二六	仝上	韓坂鎮東上保	商
班副	陳伏燦	三九	仝上	韓坂鎮三賢保	農

附件　福安县城区义勇消防队员警名册(1942年2月)a面　0158-001-0399

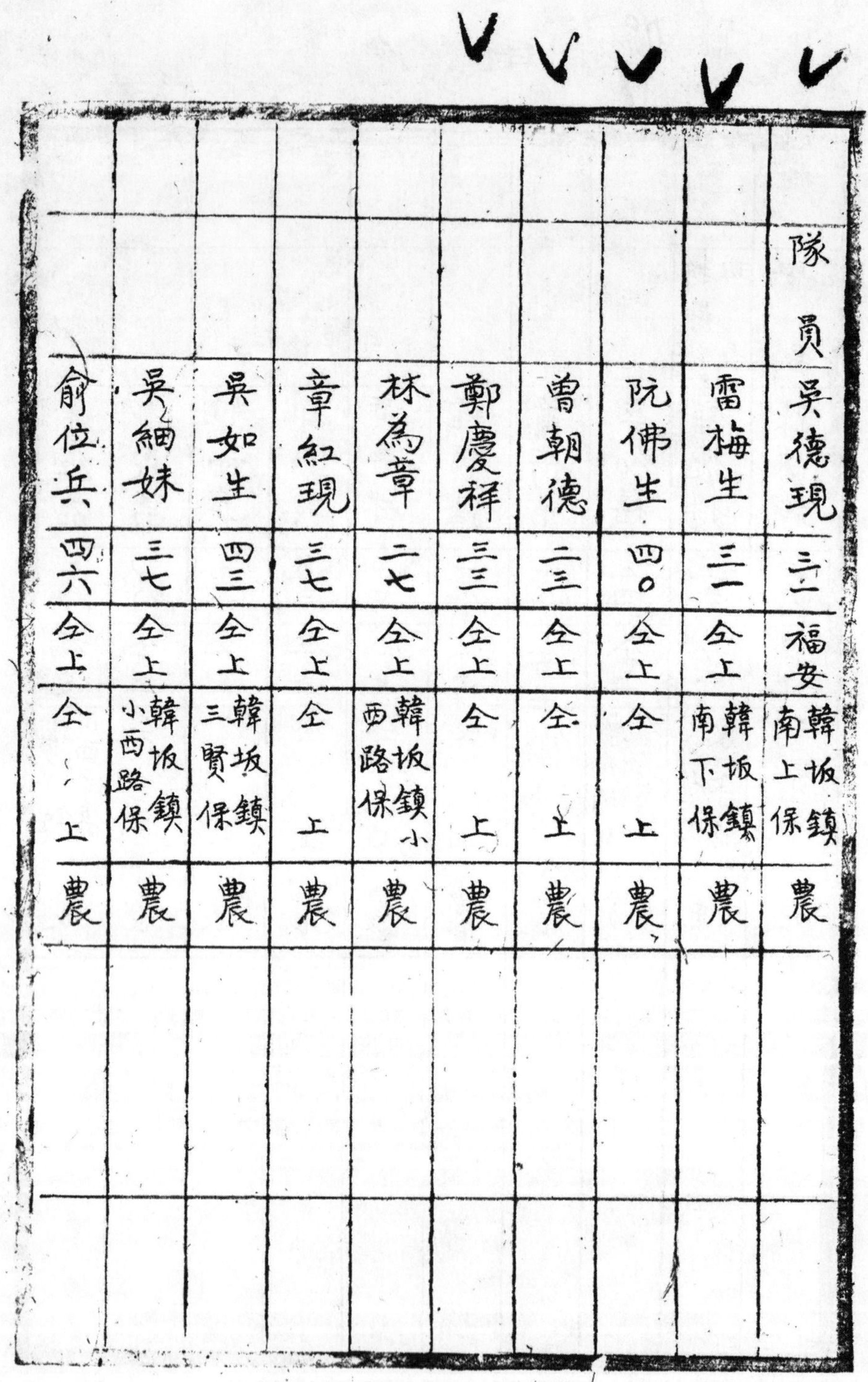

姓名	年龄	籍贯	住址	职业
隊員吴德現	三二	福安	韓坂鎮南上保	農
雷梅生	三一	仝上	韓坂鎮南下保	農
阮佛生	四〇	仝上	仝上	農
曾朝德	二三	仝上	仝上	農
鄭慶祥	三三	仝上	仝上	農
林為章	二七	仝上	韓坂鎮小西路保	農
章紅現	三七	仝上	仝上	農
吴如生	四三	仝上	韓坂鎮三賢保	農
吴細妹	三七	仝上	韓坂鎮小西路保	農
俞位兵	四六	仝上	仝上	農

附件　福安县城区义勇消防队员警名册(1942 年 2 月)b 面　0158-001-0399

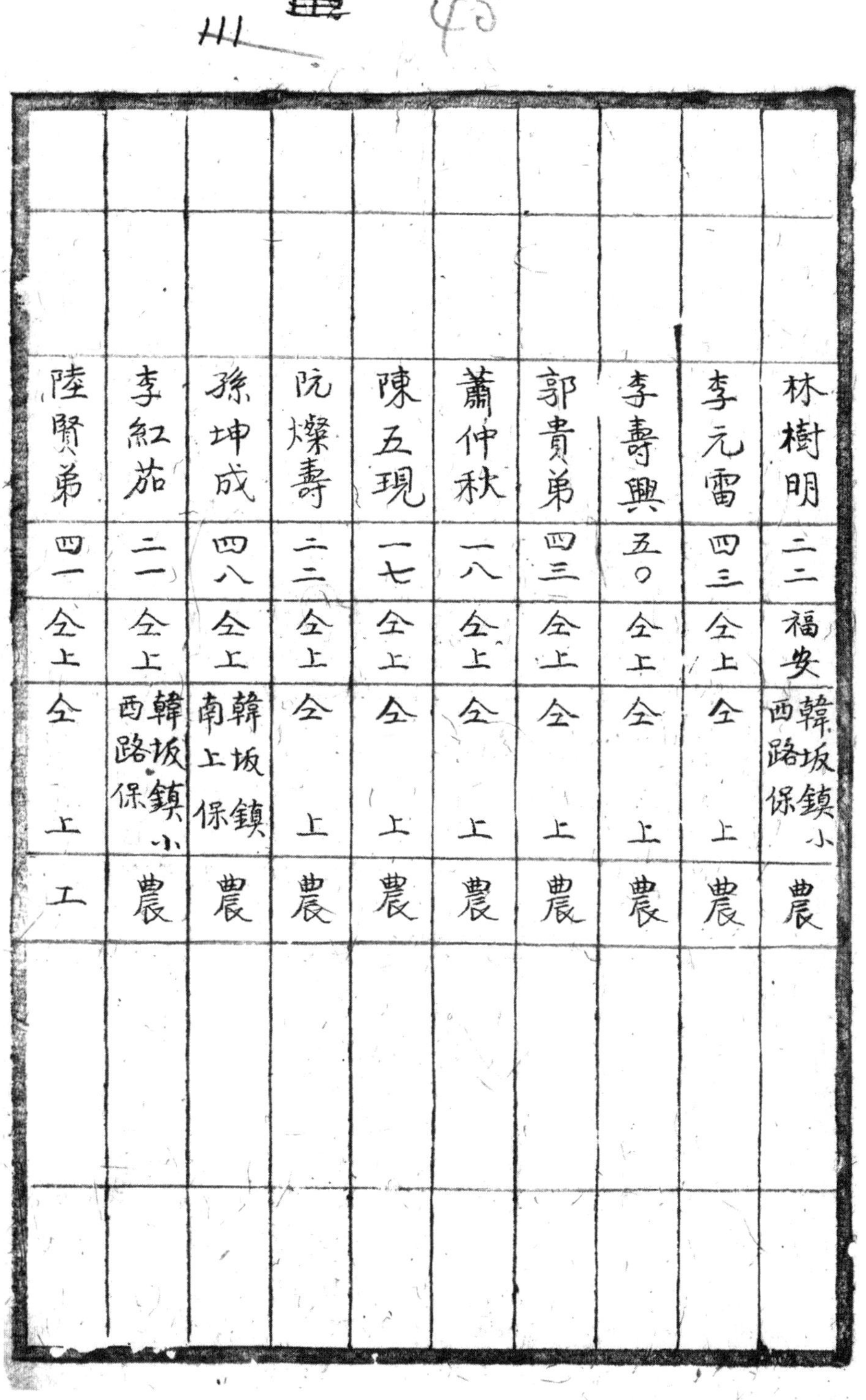

林樹明	二二	福安	韓坂鎮西路保小	農
李元雷	四三	仝上	仝上	農
李壽興	五〇	仝上	仝上	農
郭貴弟	四三	仝上	仝上	農
蕭仲秋	一八	仝上	仝上	農
陳五現	一七	仝上	仝上	農
阮燦壽	二二	仝上	仝上	農
孫坤成	四八	仝上	韓坂鎮南上保	農
李紅茄	二一	仝上	韓坂鎮西路保小	農
陸賢弟	四一	仝上	仝上	工

附件　福安县城区义勇消防队员警名册(1942年2月)a面　0158-001-0399

救護班班長	吴冬泉	二六	福安	韓坂鎮小西路保	農
班副	劉嫩仔	三一	仝上	仝上	農
隊員	陳十二	三九	仝上	仝上	農
	饒炳容	二五	仝上	仝上	農
	鍾明章	二七	仝上	仝上	農
	陳鳳松	二八	仝上	韓坂鎮南下保	農
	鄭伏泉	二七	仝上	仝上	農
	陳成波	二六	仝上	韓坂鎮南上保	農
	陳細弟	三八	仝上	仝上	農
	繆木弟	二〇	仝上	韓坂鎮小西路保	農

附件　福安县城区义勇消防队员警名册(1942年2月)b面　0158-001-0399

	林洪章	五〇	福安	韓坂鎮小西路保	農	
	蕭知勤	二一	仝上	仝上	農	
第三分隊長	李受益	四一	仝上	福安縣韓坂鎮小西路保	商	曾任福安縣救火會執行委員
隊附	吳炳武	四七	仝上	韓坂鎮南下保	農	
貫注班班長	林益康	二四	仝上	韓坂鎮小西路保	農	
班副	郭樹祺	一七	仝上	仝上	農	
隊員	林蔭柏	二八	仝上	韓坂鎮后巷保	商	
	郭細珠	三一	仝上	韓坂鎮小西路保	農	
	夏俊德	二八	仝上	韓坂鎮南下保	農	
	雷阿弟	二八	仝上	韓坂鎮南上保	農	

附件　福安县城区义勇消防队员警名册(1942 年 2 月)a 面　0158-001-0399

王增弟	三五	福安	韓坂鎮南上保	農
陳文弟	三八	仝上	仝上	商
施漢柏	一八	仝上	韓坂鎮三賢保	農
鄭樹森	三〇	仝上	仝上	農
陳昌明	三三	仝上	韓坂鎮上杭上保	商
阮善吉	一八	仝上	韓坂鎮小西路保	農
饒妹珠	四五	仝上	仝上	農
陳祖清	四八	仝上	仝上	農
劉佛妹	三一	仝上	仝上	農
李新明	三一	仝	韓坂鎮三賢保	商

附件　福安县城区义勇消防队员警名册(1942年2月)b面　0158-001-0399

113 ~~111~~ 42

职务	姓名	年龄	籍贯	住址	职业
	郭潤祥	二三	福安	韓坂鎮三賢保	商
	陳紅孫	四八	仝上	韓坂鎮南下保	農
	陳啼弟	三九	仝上	韓坂鎮南上保	農
	林濟成	一八	仝上	韓坂鎮蓮池保	農
	陸細弟	四九	仝上	韓坂鎮西路保 小	農
	郭祖謙	三八	仝上	韓坂鎮三賢保	農
拆卸班班長	王志松	二七	仝上	韓坂鎮南下保	農
班副	林邦祥	二九	仝上	仝上	農
隊員	李嫩嫩	二八	仝上	韓坂鎮南上保	工
	陳品章	三〇	仝上	仝上	商

附件　福安县城区义勇消防队员警名册(1942年2月)a面　0158-001-0399

吴應同	三八	福安	韓坂鎮南上保	商
江石盛	三〇	仝上	仝上	商
阮潤富	二七	仝上	韓坂鎮小西路保	農
陳允來	二四	仝上	韓坂鎮復興保	商
郭雲漢	三八	仝上	韓坂鎮三賢保	商
李春泉	三〇	仝上	察坂湖鄉二十八保	工
郭祖瑠	三二	仝上	韓坂鎮小西路保	農
郭祖聲	二五	仝上	韓坂鎮南下保	農
林燦然	四〇	仝上	仝上	農
林十一	四四	仝上	仝上	農

附件 福安县城区义勇消防队员警名册(1942年2月)b面 0158-001-0399

114 43

	陳成燦	四二	福安	韓坂鎮南上保	農
	葉吐弟	五二	仝上	仝上	農
	游嫩弟	四二	仝上	仝上	農
	阮佛森	三二	仝上	仝上	農
	藍石英	四九	仝上	韓坂鎮三賢保	農
	潘特奇	三〇	仝上	仝上	商
	阮應生	三〇	仝上	韓坂鎮南上保	農
	郭廷幹	二〇	仝上	仝上	農
救護班班長	陸紹錚	二七	仝上	韓坂鎮小西路保	農
副班長	阮成基	二五	仝上	仝上	農

附件 福安县城区义勇消防队员警名册(1942 年 2 月)a 面 0158-001-0399

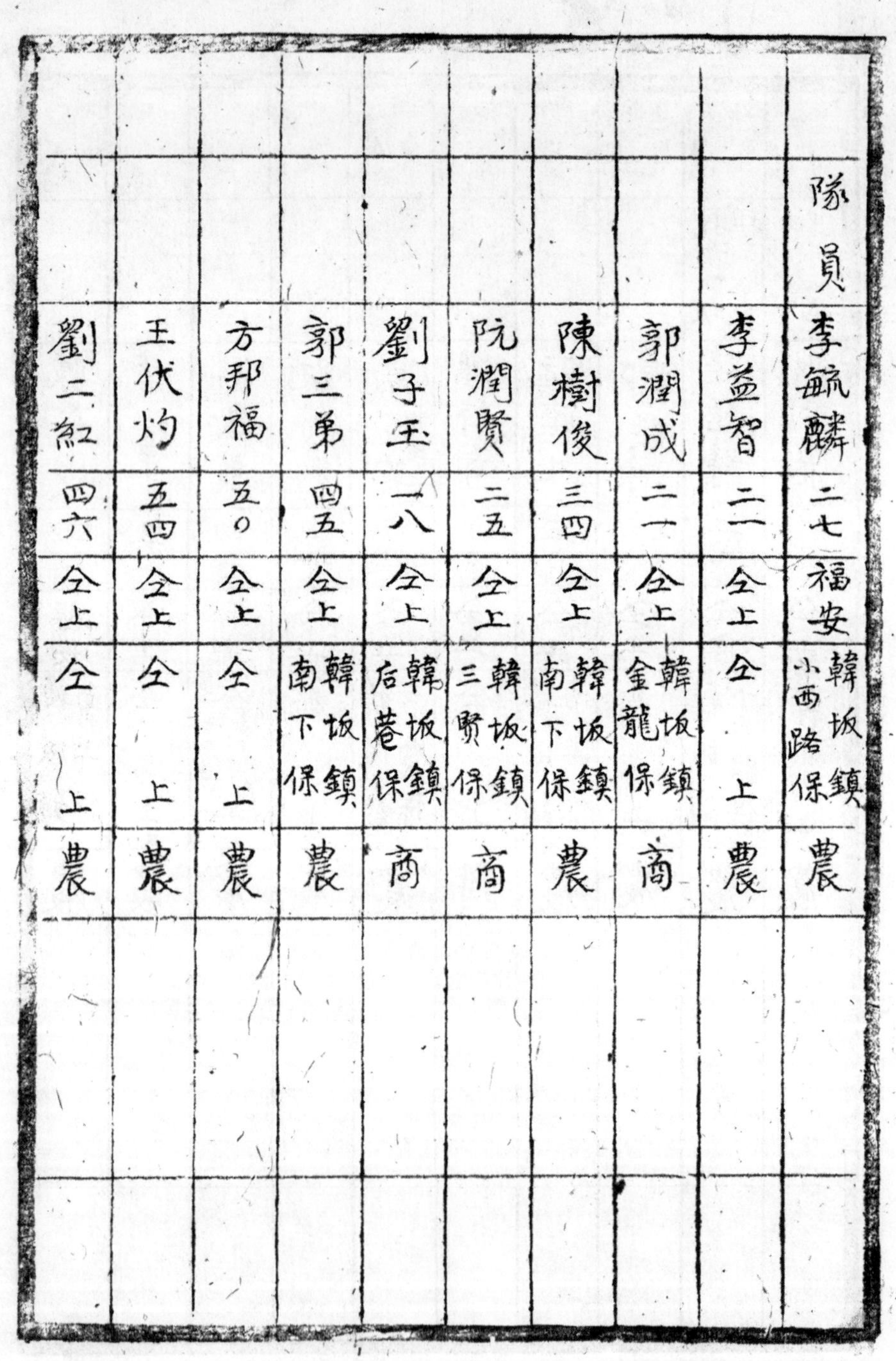

職別	姓名	年齡	籍貫	住址	職業
隊員	李毓麟	二七	福安	韓坂鎮小西路保	農
	李益智	二一	仝上	仝上	農
	郭潤成	二一	仝上	韓坂鎮金龍保	商
	陳樹俊	三四	仝上	韓坂鎮南下保	農
	阮潤賢	二五	仝上	韓坂鎮三賢保	商
	劉子玉	一八	仝上	韓坂鎮后巷保	商
	郭三弟	四五	仝上	韓坂鎮南下保	農
	方邦福	五〇	仝上	仝上	農
	王伏灼	五四	仝上	仝上	農
	劉二紅	四六	仝上	仝上	農

附件　福安县城区义勇消防队员警名册(1942 年 2 月)b 面　0158-001-0399

第四分隊長	陸紹齡	三八	福安	福安縣韓坂鎮小西路保	商	曾任福安縣救火會執行委員
隊附	郭少鋆	二六	仝上	韓坂鎮金龍保	商	
貫注班班長	陸祖興	四八	仝上	韓坂鎮南下保	農	
班副	王石松	三八	仝上	仝上	農	
隊員	俞應玉	二六	仝上	韓坂鎮南上保	農	
	陳成森	四〇	仝上	仝上	農	
	郭嫩弟	三〇	仝上	韓坂鎮小西路保	農	
	邱宗	三一	仝上	寮坂湖鄉横街保	商	
	陳燦基	三一	仝上	韓坂鎮官埔保	農	
	劉順弟	二三	仝上	韓坂鎮小西路保	工	

附件　福安县城区义勇消防队员警名册(1942 年 2 月)a 面　0158-001-0399

黄潤坤	一八	福安	韓坂鎮南上保	商
葉步賢	三三	仝上	韓坂鎮三姓保	商
王炳現	二七	仝上	韓坂鎮蓮池保	商
阮祖新	二九	仝上	仝上	商
葉錦德	一九	仝上	韓坂鎮三賢保	商
葉俊弟	二〇	仝上	仝上	工
郭增桂	五一	仝上	韓坂鎮西路保	小農
葉儉得	二五	仝上	韓坂鎮三賢保	商
林金波	四〇	仝上	仝上	農
林廣奎	五〇	仝上	韓坂鎮西路保	小農

附件　福安县城区义勇消防队员警名册(1942年2月)b面　0158-001-0399

116 ~~117~~ ~~45~~ 45

職別	姓名	年齡	籍貫	住址	職業
	林言成	四三	福安	韓坂鎮小西路保	農
	吳木樹	一九	仝上	仝上	農
	饒為江	五三	仝上	仝上	商
	陳七古	四三	仝上	韓坂鎮南下保	農
折卸班班長	劉團弟	四三	仝上	仝上	農
副班	雷佛乾	四〇	仝上	韓坂鎮三貫保	農
隊員	王義祿	五四	仝上	仝上	農
	陳錦松	五二	仝上	韓坂鎮小西路保	農
	陳光弟	二〇	仝上	仝上	農
	陳成基	二〇	仝上	仝上	農

附件　福安县城区义勇消防队员警名册(1942年2月)a面　0158-001-0399

陳進祥	一八	仝上	仝上	農	
陳朋書	二三	仝上	韓坂鎮東大路保	商	
劉木現	五三	仝上	仝上	農	
葉灼波	二一	仝上	仝上	農	
劉佑新	二六	仝上	韓坂鎮南上保	農	
俞文章	四五	仝上	韓坂鎮后巷保	農	
郭城弟	四三	仝上	韓坂鎮小西路保	農	
阮富現	四二	仝上	仝上	農	
郭如軒	四〇	仝上	仝上	農	
卓如現	二六	仝上	仝上	農	

附件　福安县城区义勇消防队员警名册(1942年2月)b面　0158-001-0399

117 ~~118~~ 46

	郭祖英	四一	福安	韓坂鎮三賢保	商
	郭壽年	二九	仝上	仝上	農
	陳大鋆	三〇	仝上	仝上	農
	陳振元	四四	仝上	仝上	商
	繆細細	四八	仝上	韓坂鎮蓮池保	商
	饒鶴定	四九	仝上	韓坂鎮小西路保	農
救護班班長	蕭雲萃	四四	仝上	韓坂鎮南上保	商
班副	王進木	四九	仝上	韓坂鎮小西路保	農
隊員	蕭瑞波	四三	仝上	仝上	農
	郭瑞興	五一	仝上	仝上	商

附件　福安县城区义勇消防队员警名册(1942年2月)a面　0158-001-0399

陳松弟	四五	福安	韓坂鎮南上保	農
王命弟	四二	仝上	仝上	農
陸盈珍	三九	仝上	仝上	農
阮元海	四八	仝上	韓坂鎮官埔保	農
林濟謙	一八	仝上	察坂湖鄉棲雲保	農
王灼珍	四〇	仝上	韓坂鎮三賢保	農
王灼成	三六	仝上	仝上	農
鍾十一	二三	仝上	韓坂鎮南下保	農
合計	十二員 二二四名			

附　查本隊擔任區域係包括韓坂及察坂湖兩鄉鎮機關林立壘合雲連單位組

附件　福安县城区义勇消防队员警名册(1942 年 2 月)b 面　0158-001-0399

~~118~~ ~~119~~ (47)

設本有擴充之必要兼以本隊係就城廂救火會改組對於原有技術優良經驗宏富之隊員亦應盡量保留又本縣防護團消防隊團員純由本隊隊員中挑選兼任對於器材之利用技術之分配尤有混合組織之必要基上諸因故本隊組織較為擴大理合聲明

附件 福安县城区义勇消防队员警名册(1942年2月) 0158-001-0399

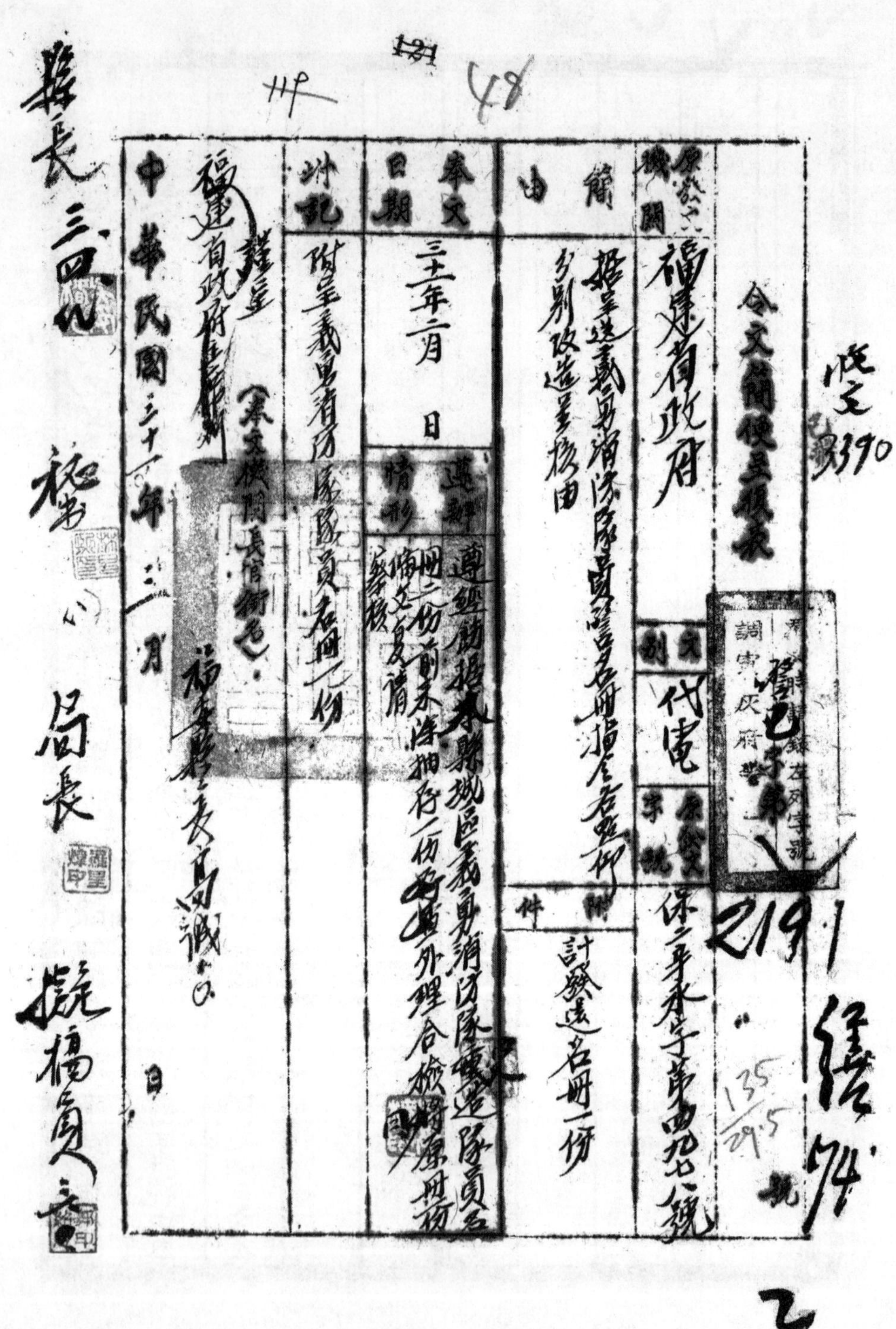

令文简便呈复表 福安县政府呈报城区义勇消防队名册(1942年3月10日)

0158-001-0399

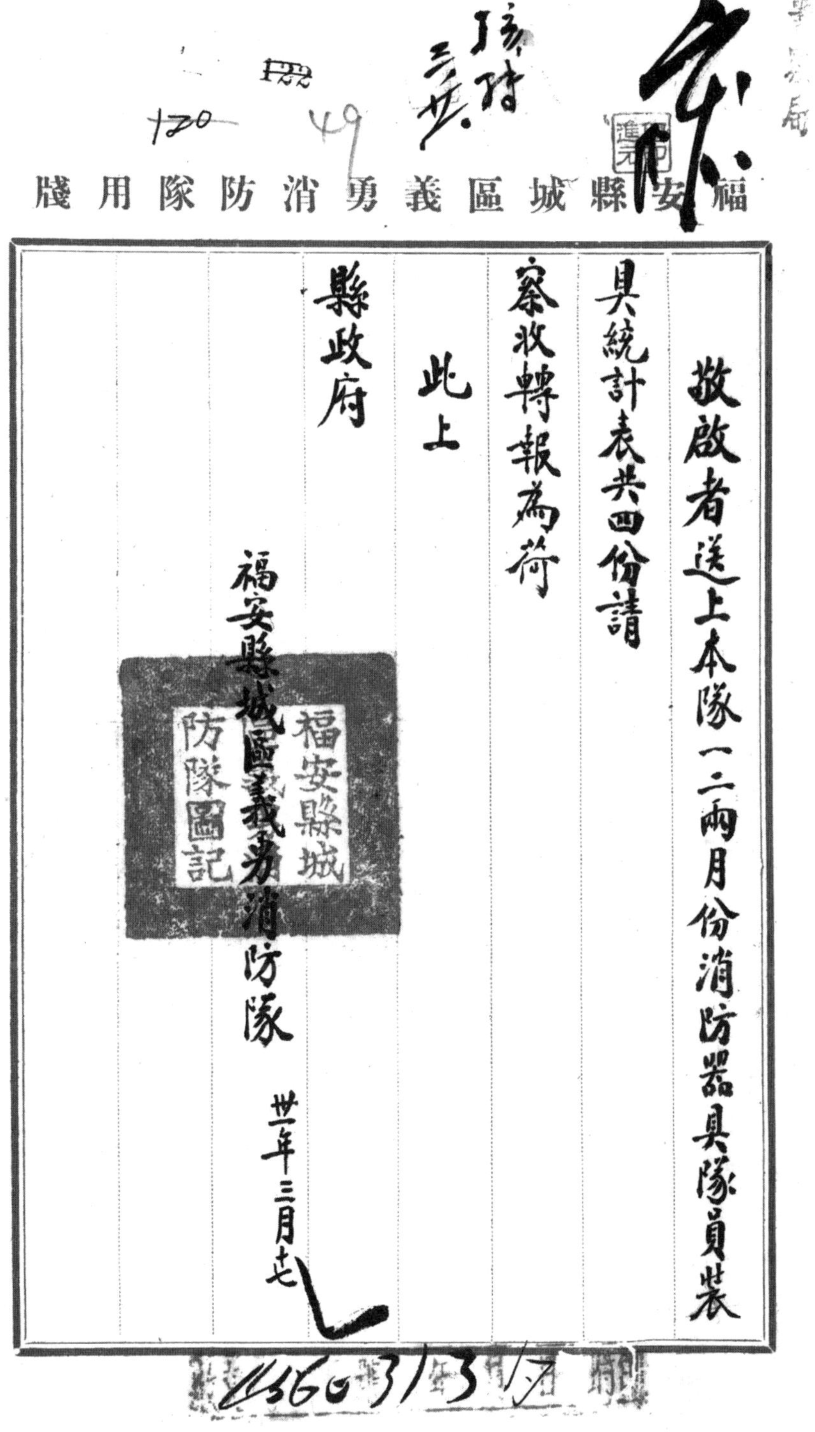
福安縣城區義勇消防隊用牋

敬啟者送上本隊一二兩月份消防器具隊員裝具統計表共四份請
察收轉報為荷
此上
縣政府
福安縣城區義勇消防隊
卅一年三月十七

福安县城区义勇消防队关于报送本队一、二月份消防器具、队员装具统计表的公函

（1942 年 3 月 17 日） 0158-001-0399

三十一年一月份福建省福安縣城區義勇消防隊消防器具隊員裝具統計表

1244 53

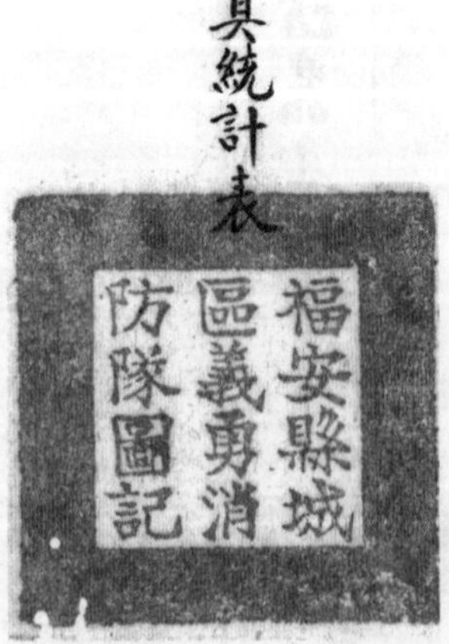

附件　福建省福安县城区义勇消防队现有消防器具、队员装具统计表(三十一年一月份)

(1942年2月10日)　0158-001-0399

68

水器具						防毒器具								附記
救生繩	救護床	鋤	鏟	鎬	其他	檢驗器材	氧氣給養机	紗布	石灰	(藥品)	〃	〃	〃	

中華民國三十一年二月十日 警察局長羅星煒 [印：羅星煒印] 填報

附件 福建省福安县城区义勇消防队现有消防器具、队员装具统计表(三十一年一月份)

(1942年2月10日)a面 0158-001-0399

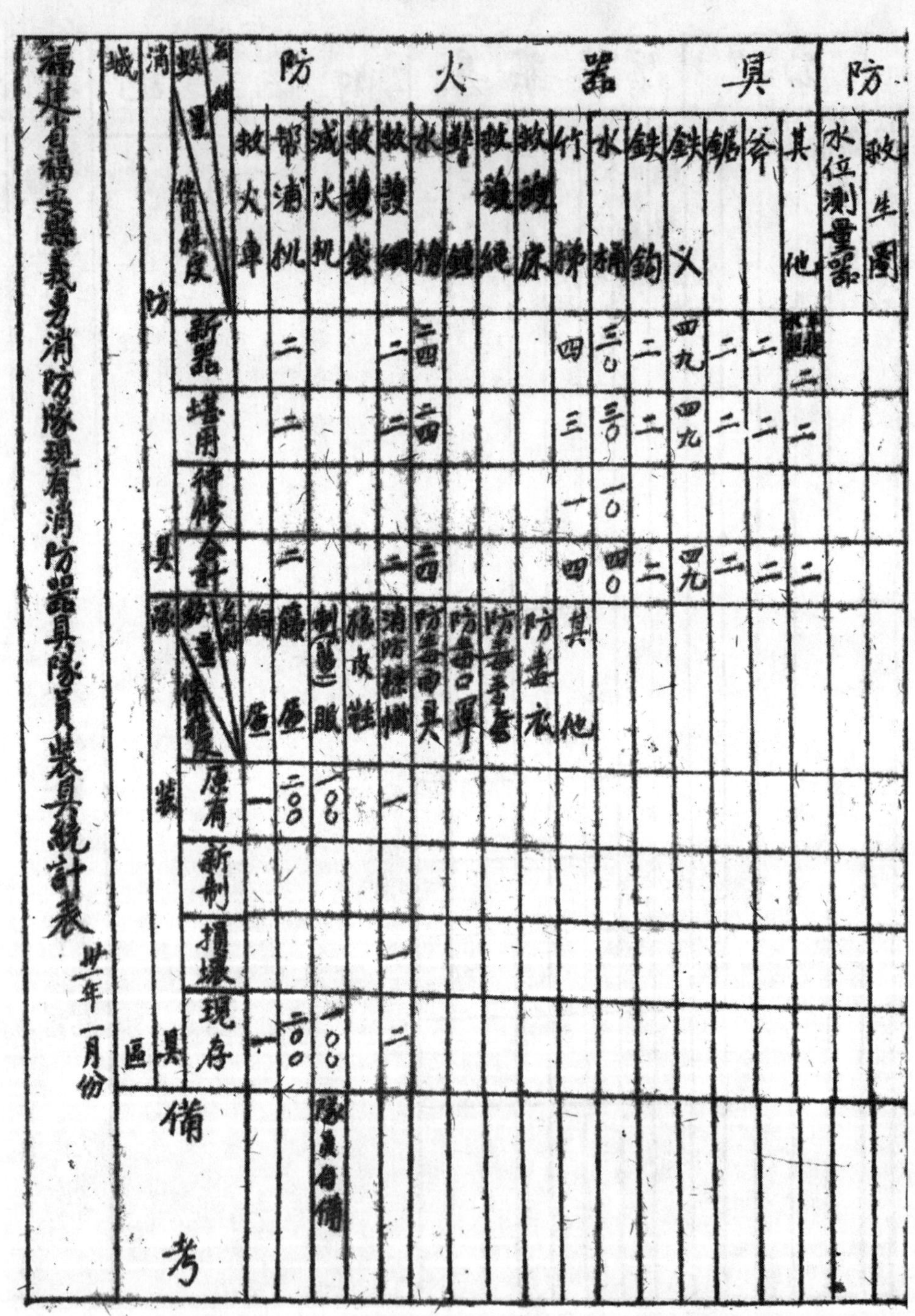

福建省福安縣義勇消防隊現有消防器具隊員裝具統計表

卅一年一月份

城區消防具

名稱 \ 數量 \ 備損程度	新器	堪用	待修	合計
救火車				
帮浦机	二	二		二
滅火机				
救護袋				
救護網	二	二		二
水槍	二四	二四		二四
警鐘				
救護繩				
救護床				
竹梯	四	三	一	四
水桶	三〇	三〇	一〇	四〇
鉄鉤	二	二		二
鉄叉	四九	四九		四九
鋸	二	二		二
斧	二	二		二
其他	[illegible] 二	二		二
水位測量器				
救生圈				

隊裝具

名稱 \ 數量 \ 備損程度	原有	新制	損壞	現存	備考
鋼盔	一			一	
藤盔	二〇〇			二〇〇	
制服	一〇〇			一〇〇	隊員自備
橡皮鞋					
消防標幟	一		一	二	
防毒面具					
防毒口罩					
防毒手套					
防毒衣					
其他					

附件　福建省福安县城区义勇消防队现有消防器具、队员装具统计表(三十一年一月份)

(1942 年 2 月 10 日)b 面　0158-001-0399

卄 122

三十一年二月份福建省福安縣城區義勇消防隊消防器具隊員裝具統計表

福安縣城區義勇消防隊圖記

附件 福建省福安县城区义勇消防队现有消防器具、队员装具统计表(三十一年二月份)

(1942年2月14日) 0158-001-0399

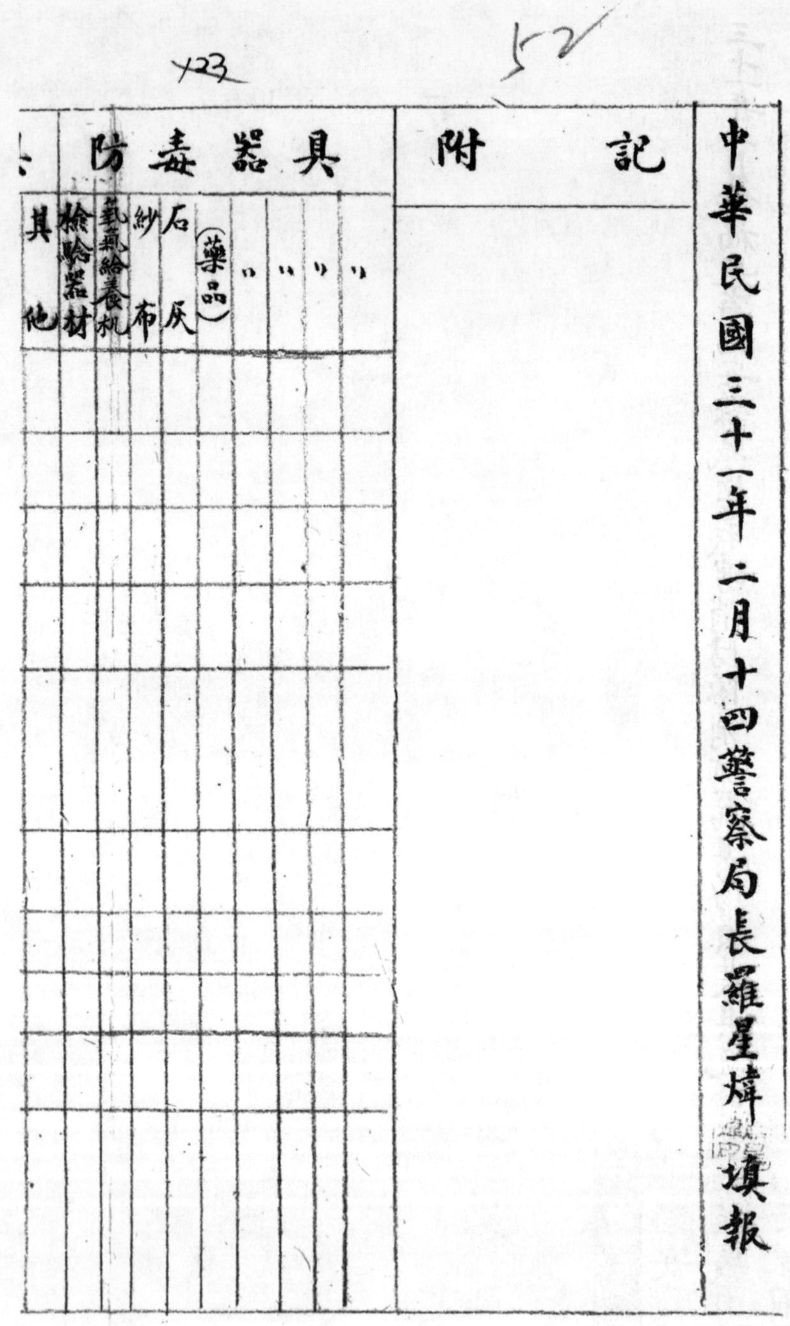
防毒器具								附記
具 他	檢驗器材	氧氣給養机	紗布	石灰	(藥品)	〃	〃	〃	〃

中華民國三十一年二月十四警察局長羅星煒填報

附件 福建省福安县城区义勇消防队现有消防器具、队员装具统计表(三十一年二月份)
(1942年2月14日)a面 0158-001-0399

福建省福安縣義勇消防隊現有消防器具隊員裝具統計表 卅一年二月份

城區

消防具	救火車	幫浦機	滅火机	救護袋	救護網	水槍	警鐘	救護縄	救護床	竹梯	水桶	鉄鈎	鉄叉	鋸	斧	其他	水位測量器	救生圈	救生艇	救護床	鋤	鏟	鎬
	防火器具																防水器具						
1		二			二	二四				四	三〇	二	四九	二	二	手提水龍 二							
2		二			二	二四				三	三〇	二	四九	二	二	二							
3										一	一〇												
4		二			二	二四				四	四〇	二	四九	二	二	二							

隊裝具	銅盔	籐盔	制(藍)服	橡皮鞋	消防標幟	防毒面具	防毒口罩	防毒手套	其他
原有	一	二〇〇	一〇〇						
新製									
損壞									
現存	一	二〇〇	一〇〇						
備考			隊員自備						

附件 福建省福安县城区义勇消防队现有消防器具、队员装具统计表（三十一年二月份）

（1942年2月14日）b面 0158-001-0399

茲將本縣城區義勇消防隊三十一年一、二月份消防器具、隊員裝具統計表[illegible]填單呈送

謹呈

福建省政府主席劉

留根備查

中華民國三十一年三月 日

覆文時請錄左列字號

縣長

秘書

科長

科員

福安县政府呈文存根 本县城区义勇消防队三十一年一、二月份消防器具、队员装具统计表

（1942 年 3 月 30 日） 0158-001-0399

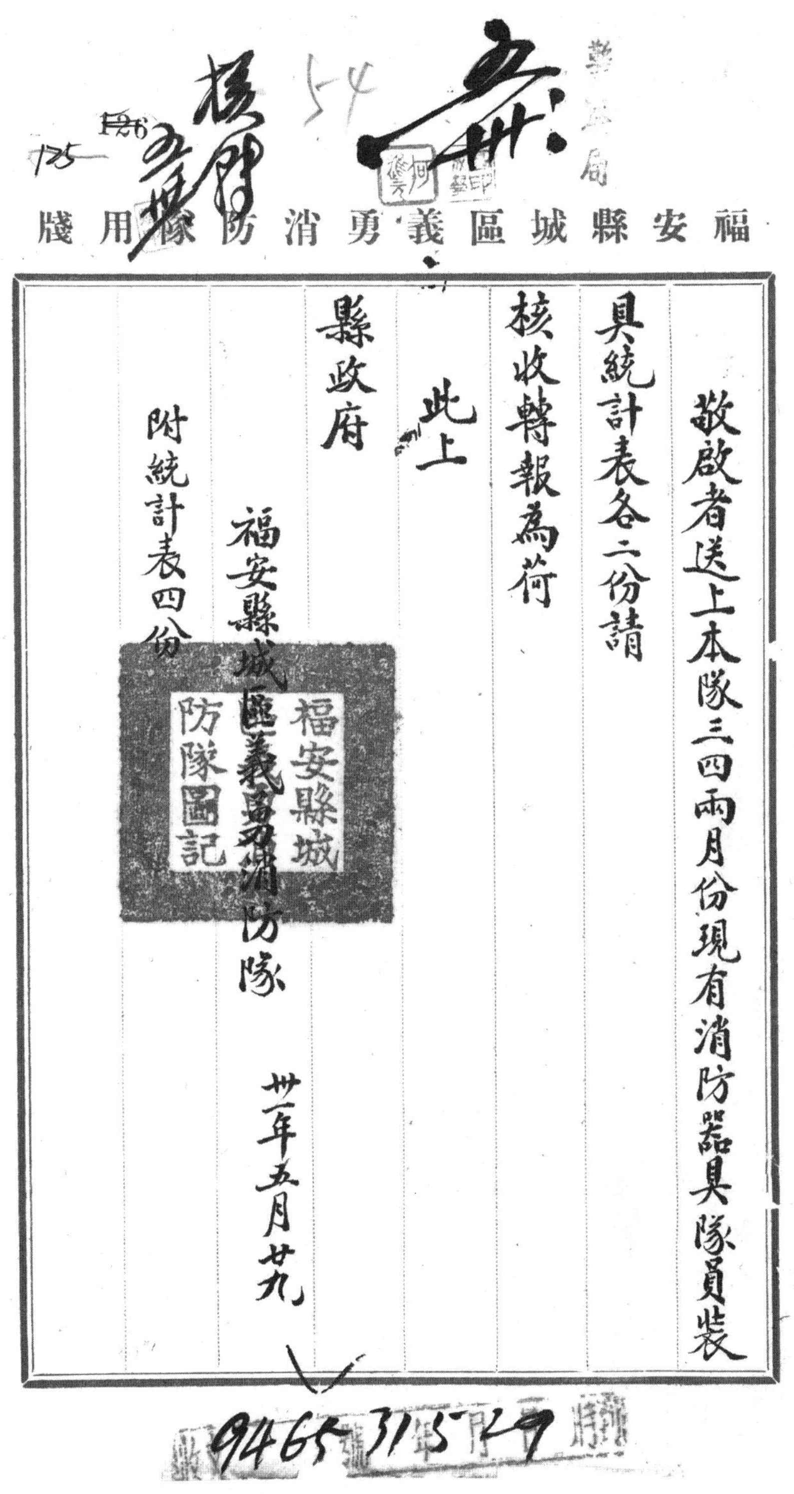
福安縣城區義勇消防隊用牋

敬啟者送上本隊三四兩月份現有消防器具隊員裝具統計表各二份請核收轉報為荷此上

縣政府

福安縣城區義勇消防隊

附統計表四份

卅一年五月廿九

福安县城区义勇消防队关于报送本队三、四月份现有消防器具、队员装具统计表的公函

（1942 年 5 月 29 日） 0158-001-0399

1-8

福建省福安縣城區義勇消防隊現有消防器具隊員裝具統計表 卅一年三月份

福安縣城區義勇消防隊圖記

附件 福建省福安县城区义勇消防队现有消防器具、队员装具统计表(三十一年三月份)

(1942年4月30日) 0158-001-0399

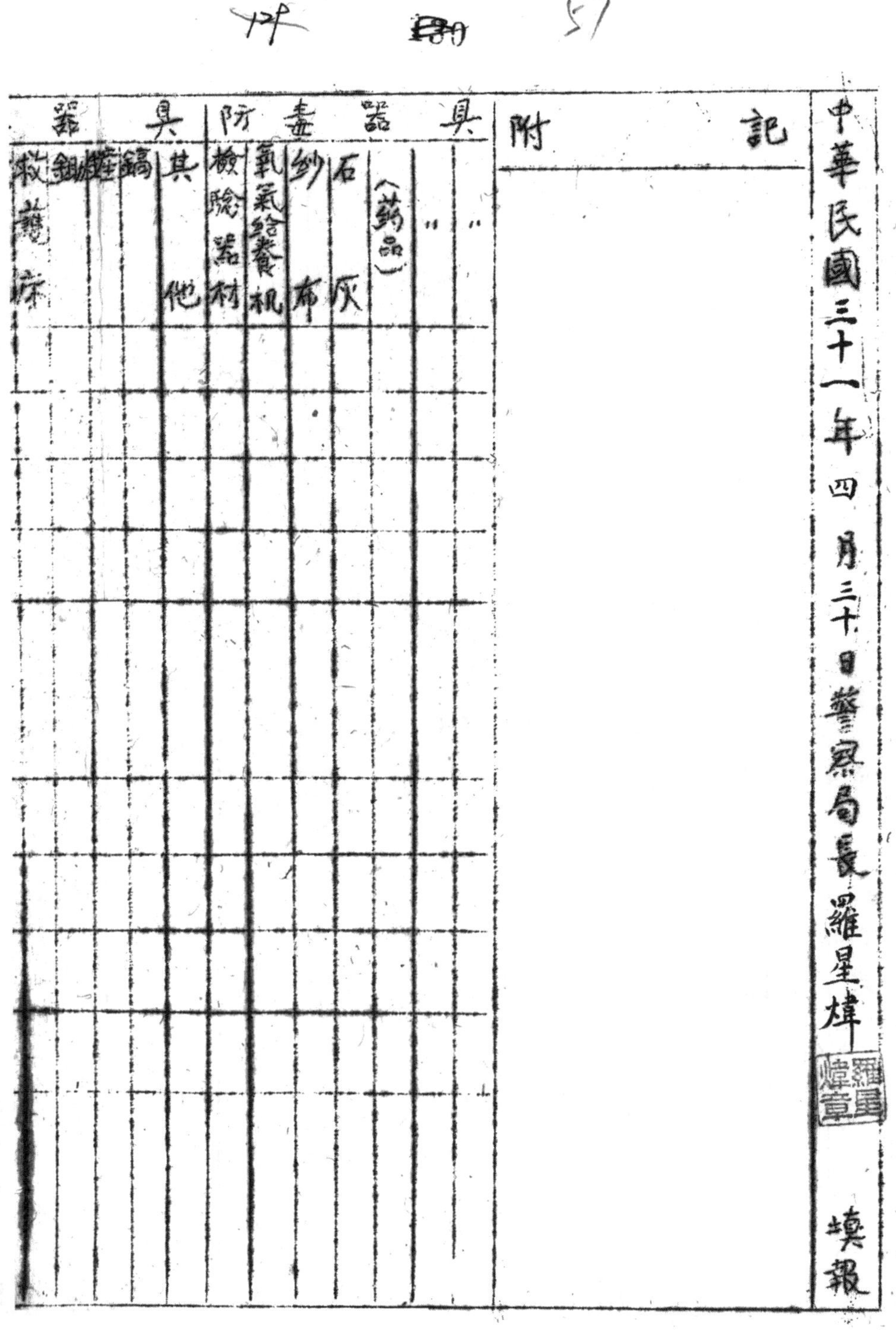

附件　福建省福安县城区义勇消防队现有消防器具、队员装具统计表(三十一年三月份)

(1942年4月30日)a面　0158-001-0399

福建省福安縣義勇消防隊現有消防器具隊員裝具統計表 三十一年三月份

區別：（城區）

消防器具 名稱／數量／使用程度	救火車	帮浦机	滅火机	救護袋	救護網	水槍	警鐘	救護繩	救護床	竹梯	水桶	鐵鈎	鐵叉	鋸	斧	其他	水位測量器	救生圈	救生艇
	防火器具																防水器具		
新器		二			二	二四						二	四九	二	二	水手提灯 二			
堪用		二			二	二四				三	三〇	二	四九	二	二	二			
待修										一	一〇								
合計		二			二	二四				四	四〇	二	四九	二	二	二			

隊員裝具 名稱／數量／使用程度	銅盔	藤盔	制（藍色）服	橡皮鞋	消防隊標幟	防毒面具	防毒口罩	防毒手套	防毒衣	其他
原有	一	二〇〇	一〇〇		一					
新制										
損壞					一					
現存	一	二〇〇	一〇〇		二					
備攷			隊員自備							

附件 福建省福安县城区义勇消防队现有消防器具、队员装具统计表(三十一年三月份)

(1942年4月30日)b面 0158-001-0399

福建省福安縣城區義勇消防隊現有消防器具隊員裝具統計表

三十一年四月份

福安縣城區義勇消防隊圖記

附件　福建省福安县城区义勇消防队现有消防器具、队员装具统计表(三十一年四月份)

(1942 年 5 月 31 日)　0158-001-0399

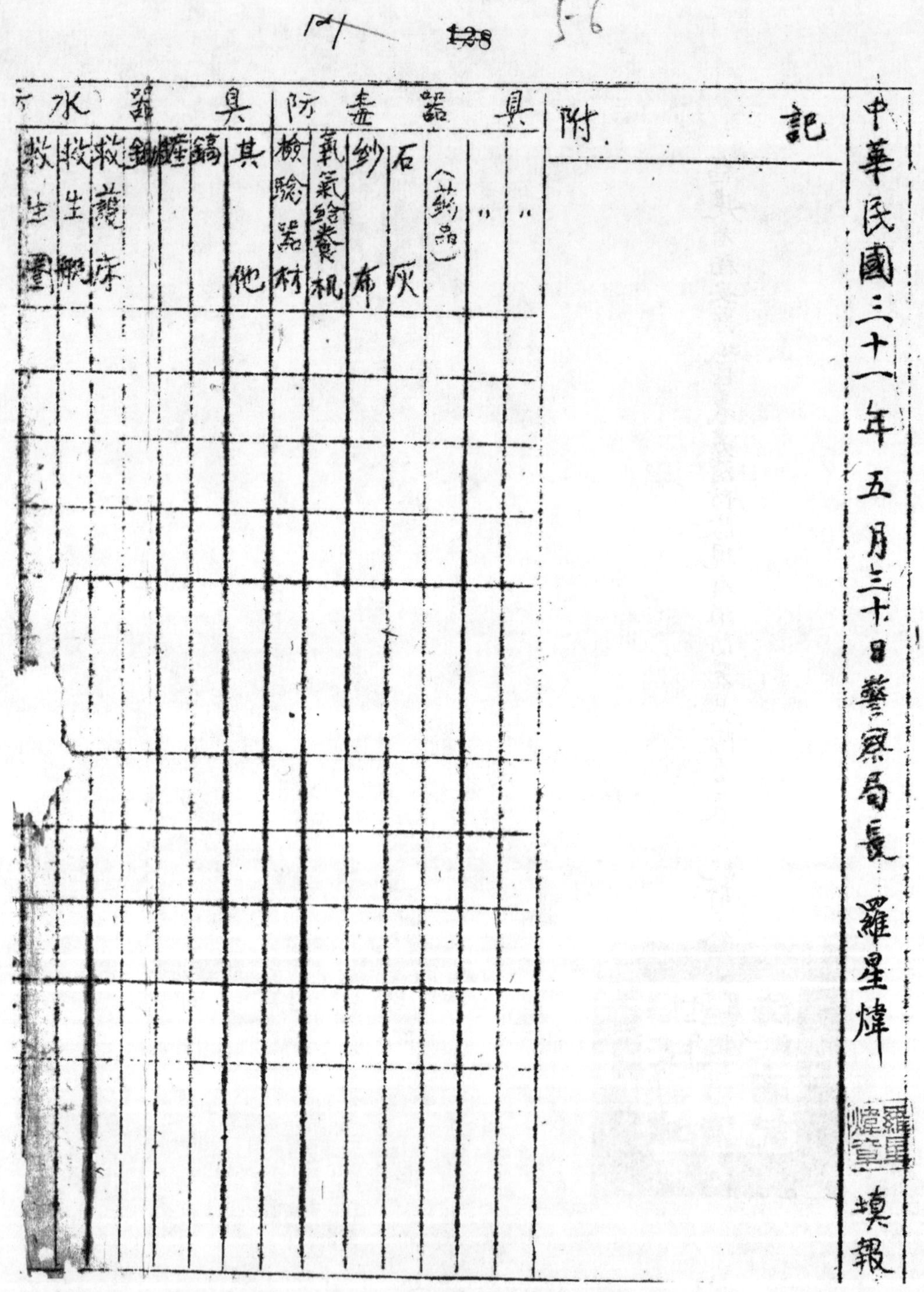

中華民國三十一年五月三十日警察局長羅星煒（印：羅星煒章）填報

附記

防毒器具								防水器具					
〃	〃	（藥品）	石灰	紗布	氧氣給養机	檢驗器材	其他	鎬	鍬	鋤	救護床	救生艇	救生圈

附件　福建省福安县城区义勇消防队现有消防器具、队员装具统计表(三十一年四月份)

(1942 年 5 月 31 日)a 面　0158-001-0399

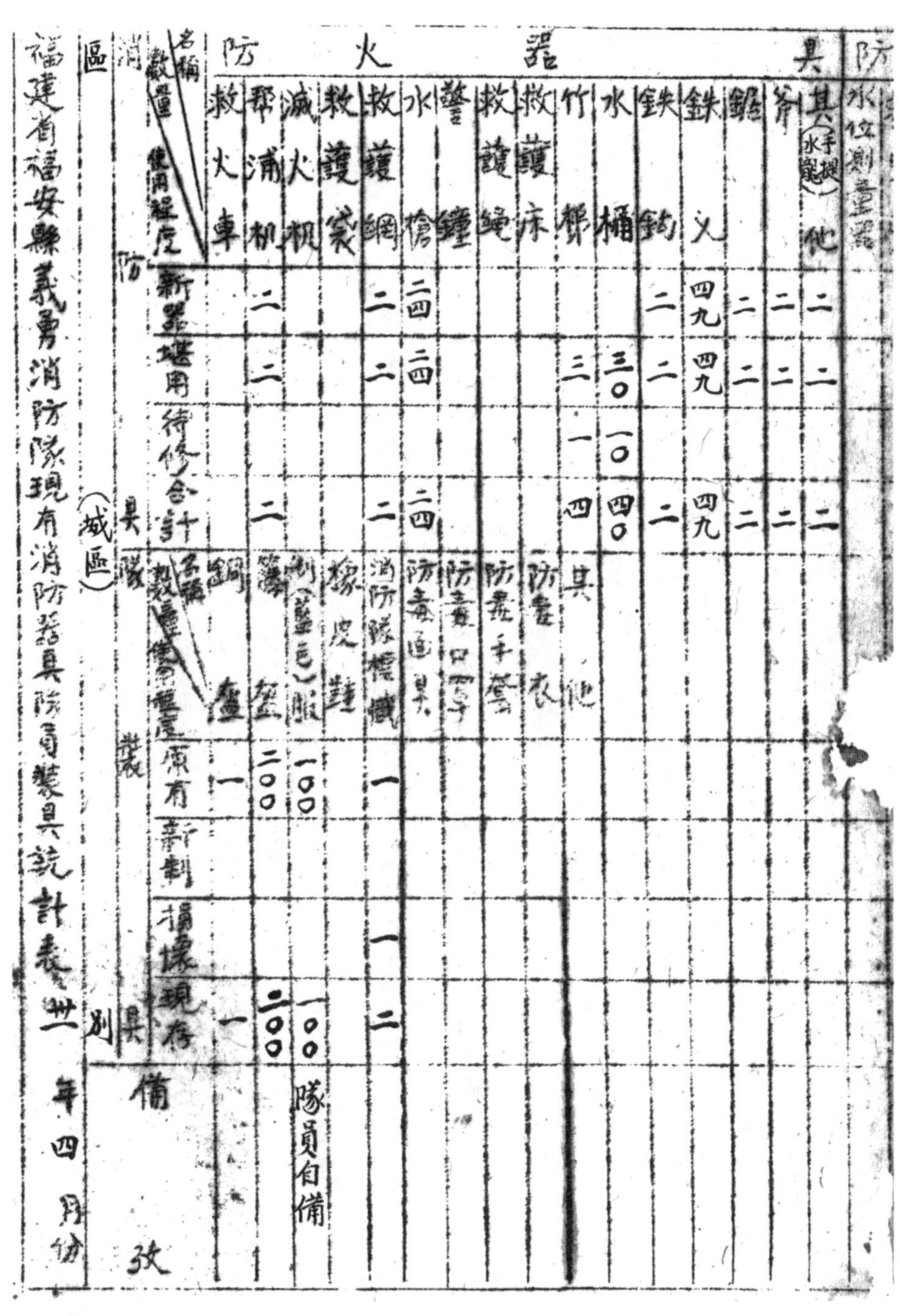

福建省福安縣義勇消防隊現有消防器具防毒裝具統計表 卅一年四月份

區別：（城區）

消防器具	救火車	帮浦机	滅火機	救護袋	救護網	水槍	警鐘	救護繩	救護床	竹梯	水桶	鉄鈎	鉄叉	鋸	斧	其他（手提水龍）	防…水位測量器
新置		二			二	二四						二	四九	二	二	二	
堪用		二			二	二四				三	三〇	二	四九	二	二	二	
待修										一	一〇						
合計		二			二	二四				四	四〇	二	四九	二	二	二	

隊員裝具	鋼盔	籐笠	制服（藍色）	橡皮鞋	消防隊標幟	防毒面具	防毒口罩	防毒手套	防毒衣	其他
原有	一	二〇〇	一〇〇		一					
新制										
損壞					一					
現存	一	二〇〇	一〇〇		二					
備考			隊員自備							

附件　福建省福安县城区义勇消防队现有消防器具、队员装具统计表(三十一年四月份)

(1942 年 5 月 31 日)b 面　0158-001-0399

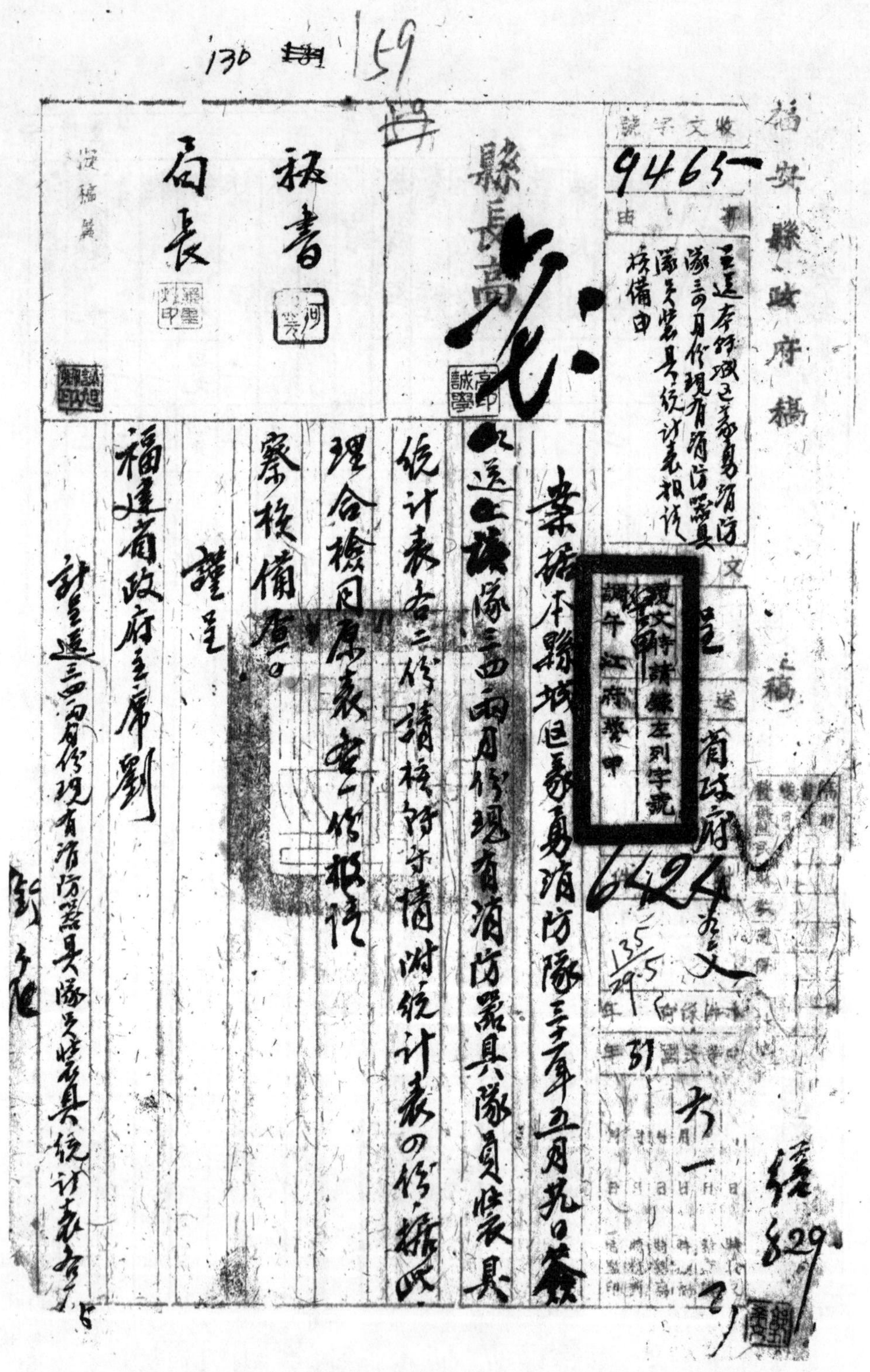

福安县政府关于报送本县城区义勇消防队三、四月份现有消防器具、队员装具统计表的呈文

（1942 年 7 月 3 日）　0158-001-0399

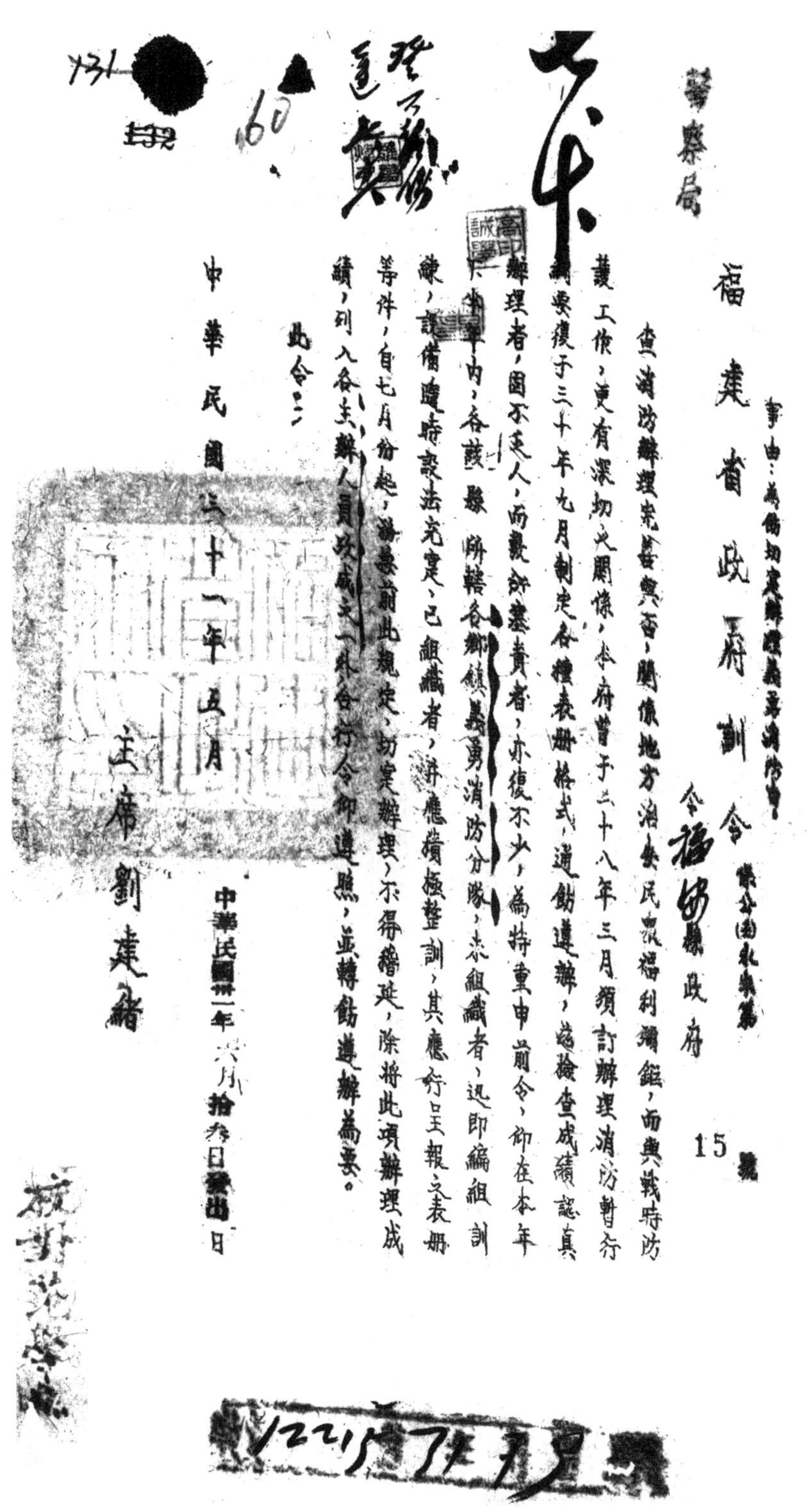
警察局

福建省政府訓令　保公(卅一)永字第15號

事由：為飭切實辦理義勇消防由

令福安縣政府

查消防辦理完善與否，關係地方治安民眾福利綦鉅，而與戰時防護工作，更有深切之關係，本府曾於二十八年三月頒訂辦理消防暫行綱要，復於三十年九月制定各種表冊格式，通飭遵辦，並檢查成績認真辦理者，固不乏人，而敷衍塞責者，亦復不少，為特重申前令，仰在本年下半年內，各該縣所轄各鄉鎮義勇消防分隊，未組織者，迅即編組訓練，設備應隨時設法充實，已組織者，並應積極整訓，其應行呈報之表冊等件，自七月份起，務照前此規定，切實辦理，不得稽延，除將此項辦理成績，列入各縣辦事人員考成之一外，合行令仰遵照，並轉飭遵辦為要。

此令。

中華民國三十一年五月

主席　劉建緒

中華民國卅一年六月拾叁日發出

福建省政府关于饬令各县切实办理义勇消防的训令(三十一年五月)

(1942年6月13日发文)　0158-001-0399

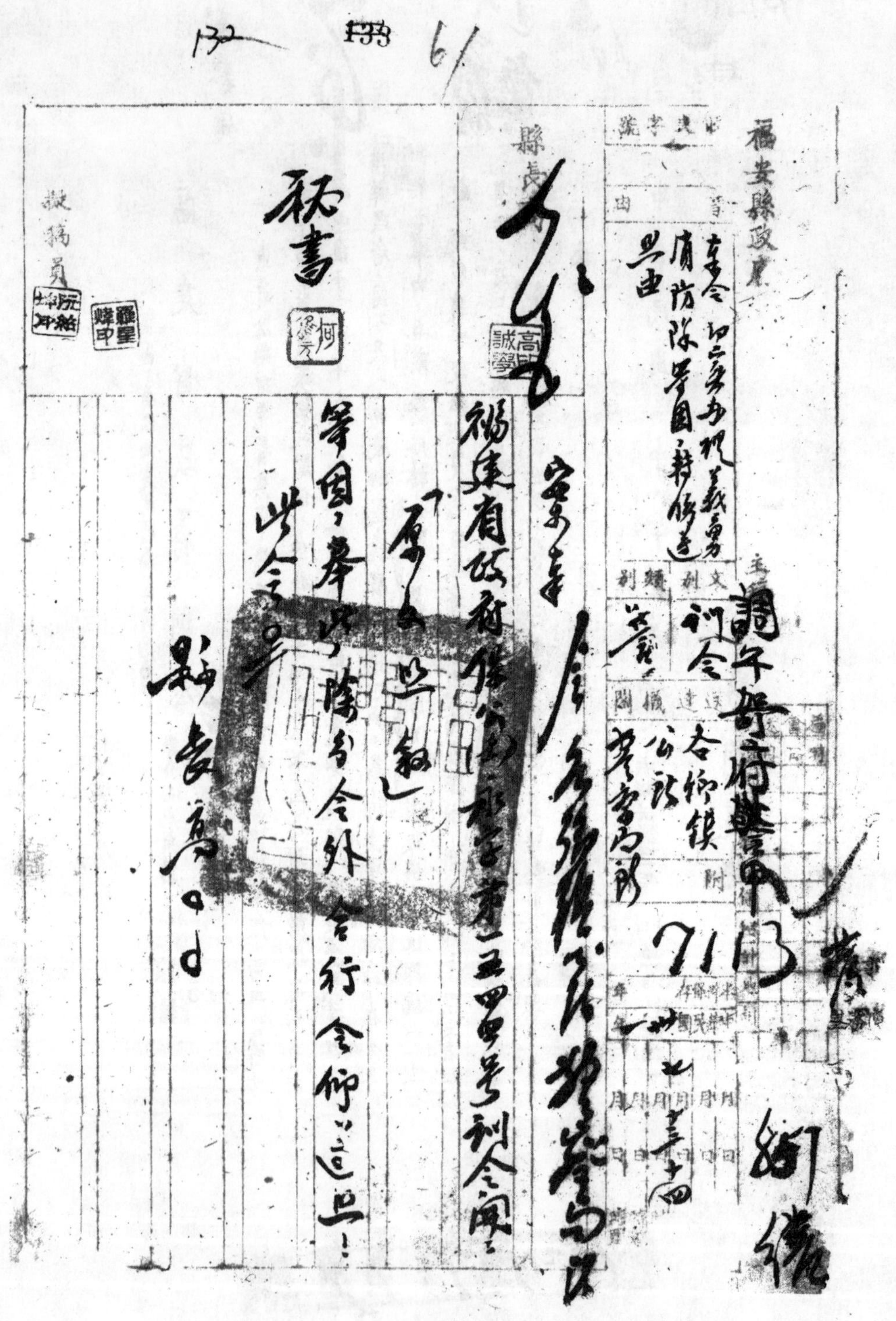

福安县政府关于奉令转饬各乡镇警察局切实办理义勇消防的训令

（1942 年 7 月 20 日）　0158-001-0399

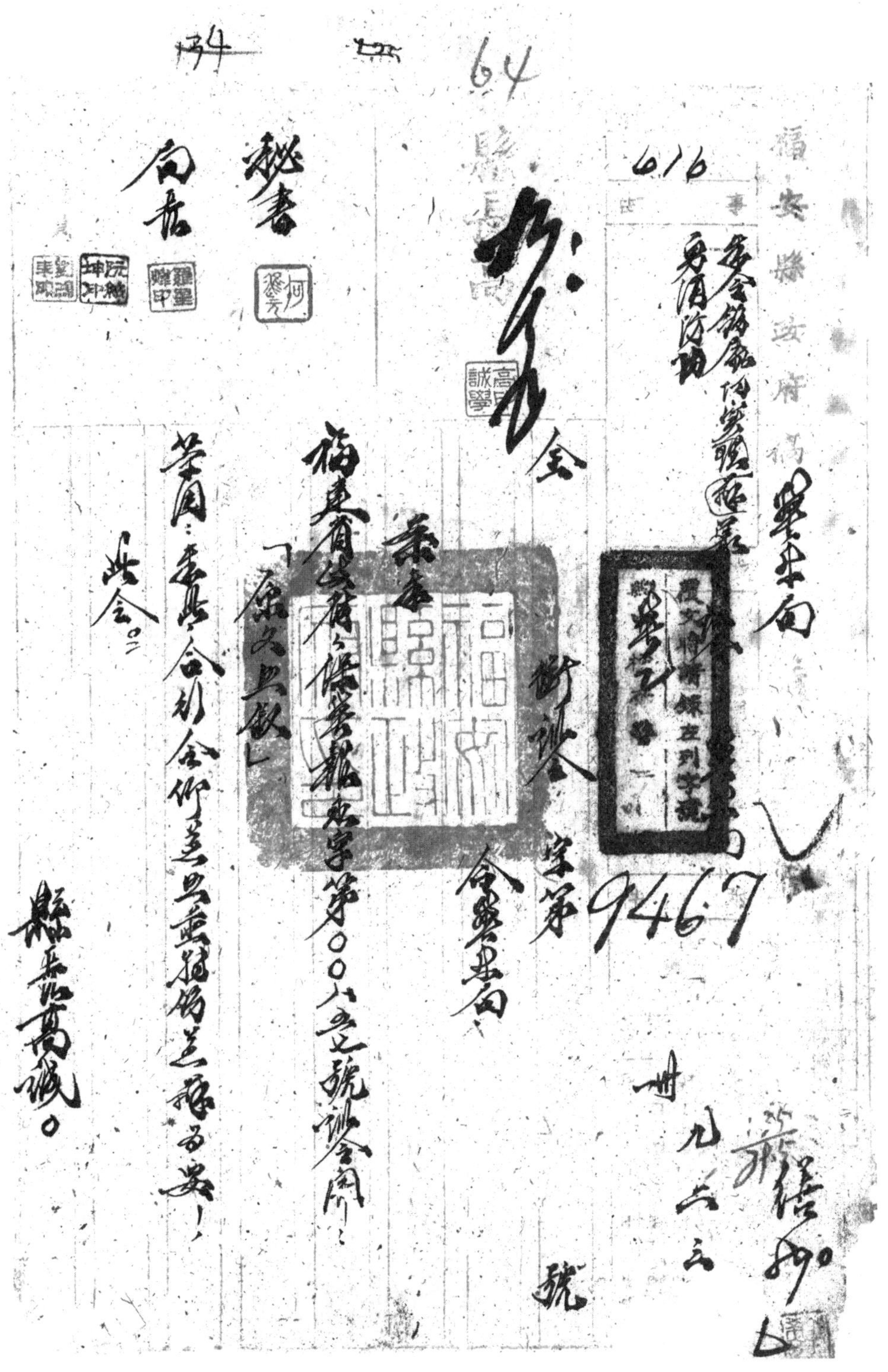

福安县政府关于奉令饬属切实办理义勇消防的训令(1942 年 9 月 23 日)

0158-001-0399

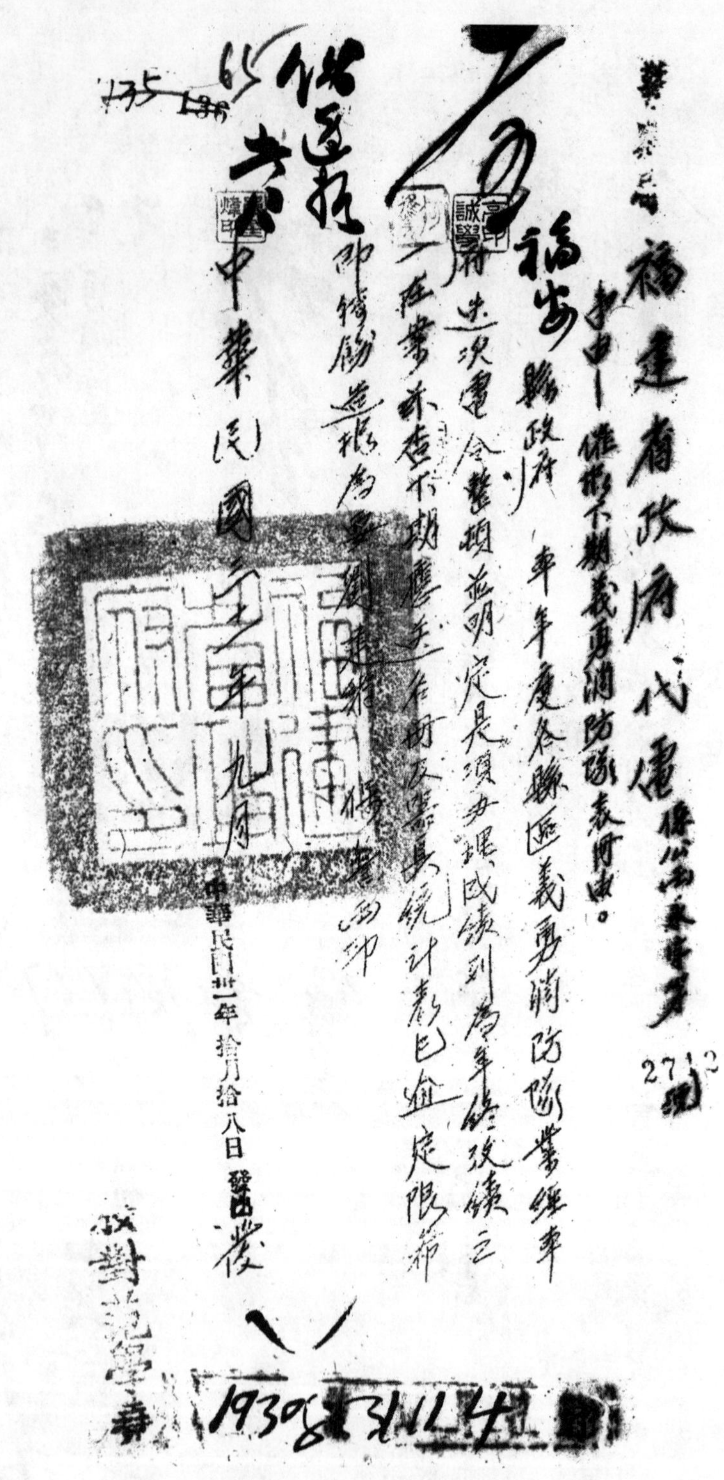
福建省政府代電

事由：催報下期義勇消防隊表冊由。

福安縣政府：本年度各縣區義勇消防隊業經本府迭次電令整頓，並明定是項成績列為年終考績之一，在案。茲查下期應送各冊及統計表已逾定限，希即補報為要。

中華民國三十一年九月

中華民國卅一年拾月拾八日發

福建省政府關於催報下期義勇消防隊表冊的代電(1942 年 10 月 18 日)

0158-001-0399

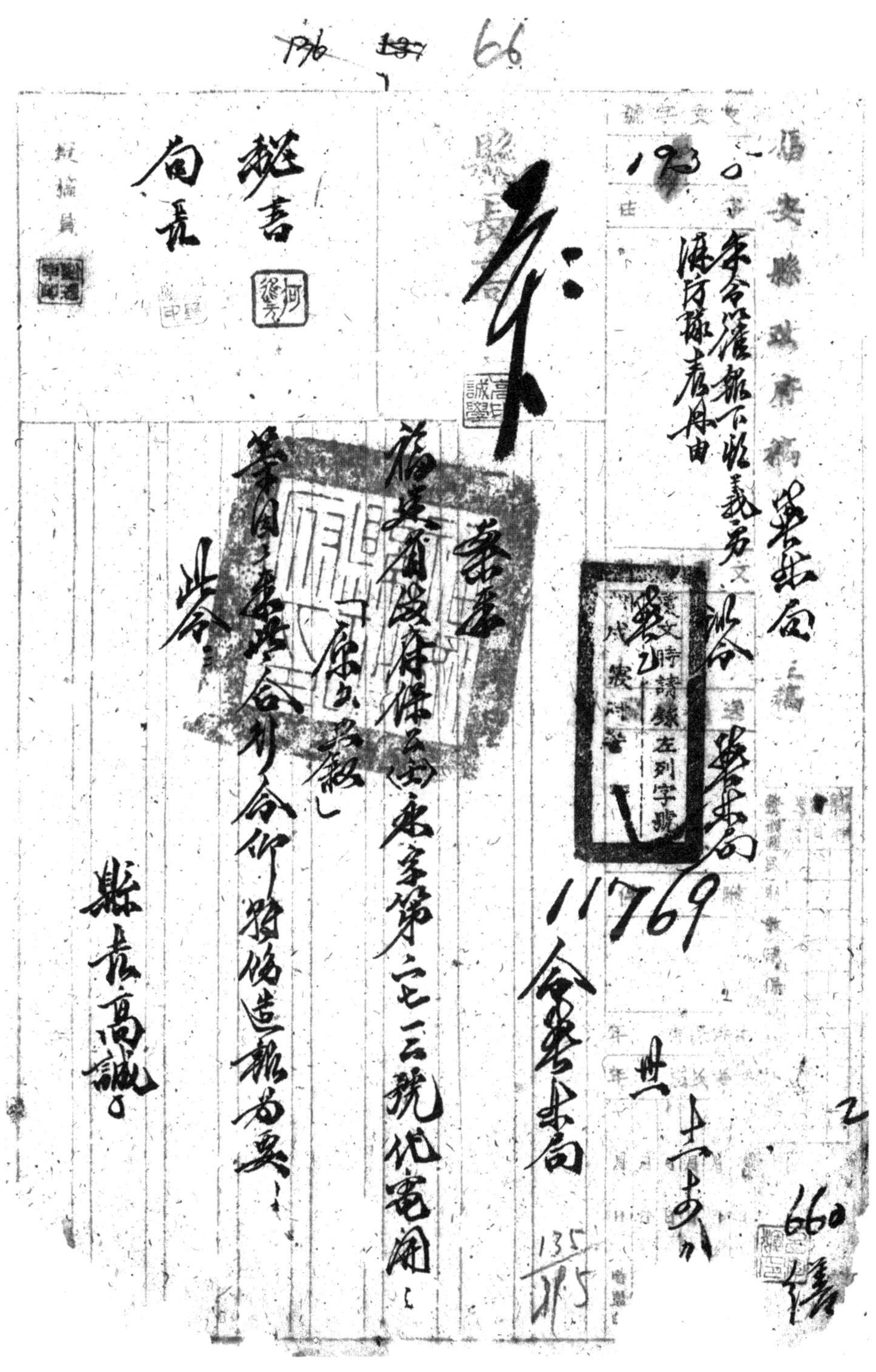

福安县政府关于奉令催报下期义勇消防队表册的训令(1942 年 11 月 26 日)

0158-001-0399

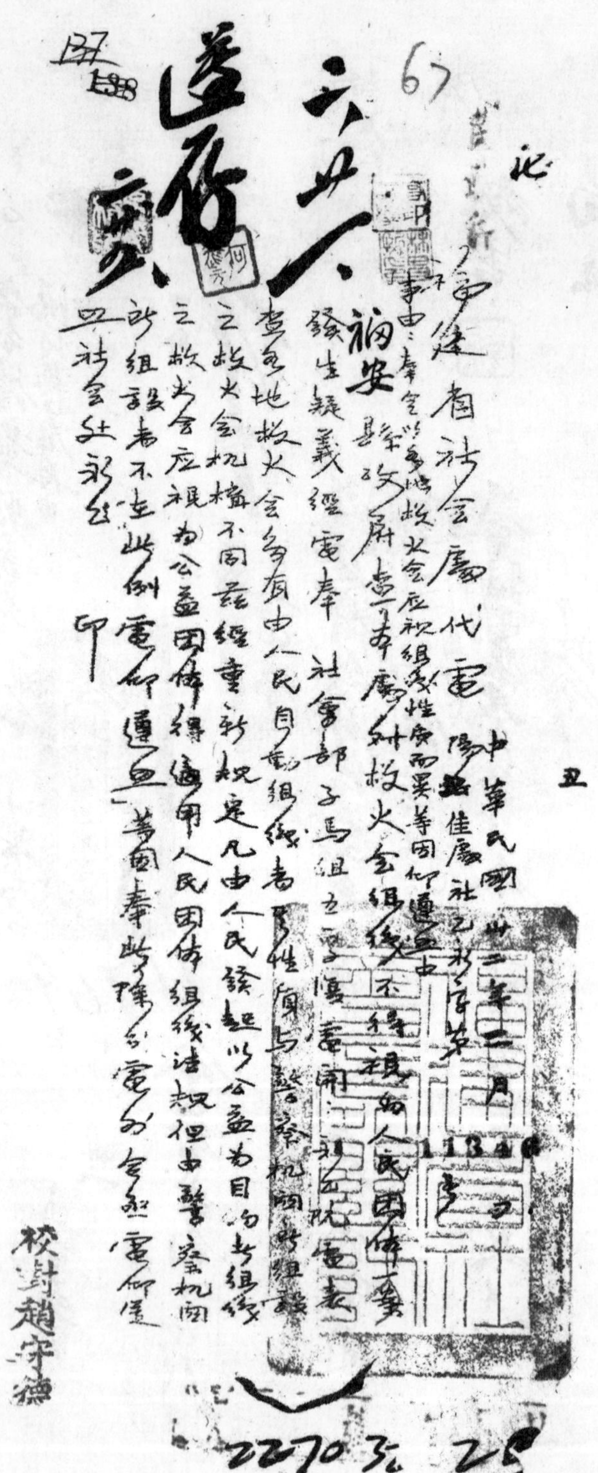

福建省社會處代電

中華民國三十二年二月 日 社乙字第11346號

事由：奉令以各地救火會應視組織性質而異等因仰遵由

福安縣政府：查本處前以救火會組織不得視為人民團體事發生疑義，經電奉社會部子馬組五字電開：「查各地救火會多有由人民自動組織者，其性質與警察機關所組織之救火會機構不同，茲經重新規定：凡由人民發起以公益為目的而組織之救火會，應視為公益團體，得適用人民團體組織法規；但由警察機關所組設者，不在此例。電仰遵照」等因，奉此，除分電外，合亟電仰遵照。社會處社乙印

校對 趙守德

福建省社会处关于各地救火会应视组成性质而异的代电(1943 年 2 月 9 日)

0158-001-0399

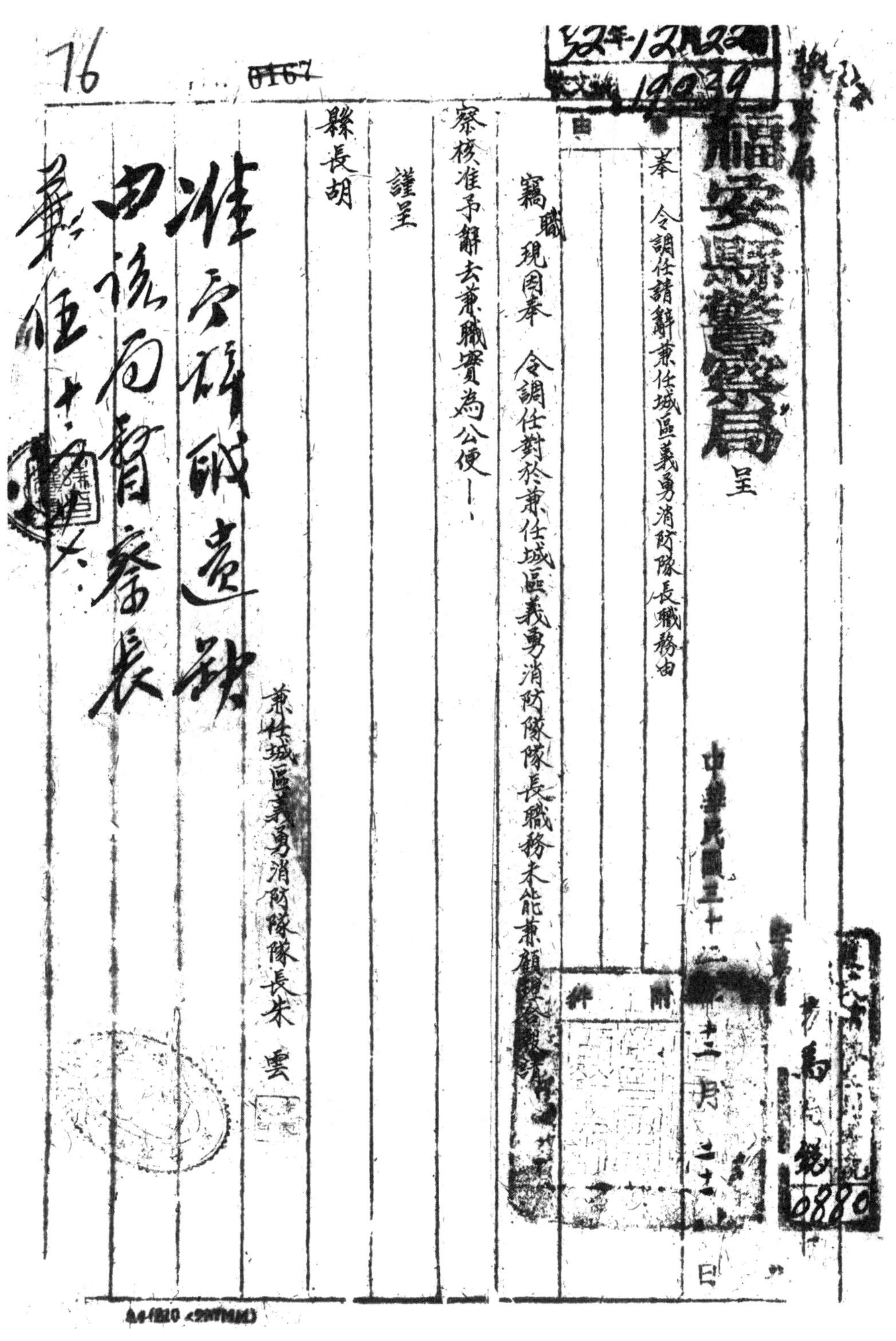

福安縣警察局 呈

事由：奉令調任請辭兼任城區義勇消防隊長職務由

竊職現因奉令調任，對於兼任城區義勇消防隊隊長職務未能兼顧，理合報請

察核，准予辭去兼職，實為公便。

謹呈

縣長胡

兼任城區義勇消防隊隊長朱雲

中華民國三十二年十二月二十一日

准予辭職，遺缺由該局督察長兼。

福安县警察局关于朱云奉调请辞所兼城区义勇消防队长职务的呈文

（1943年12月21日） 0159-001-0004

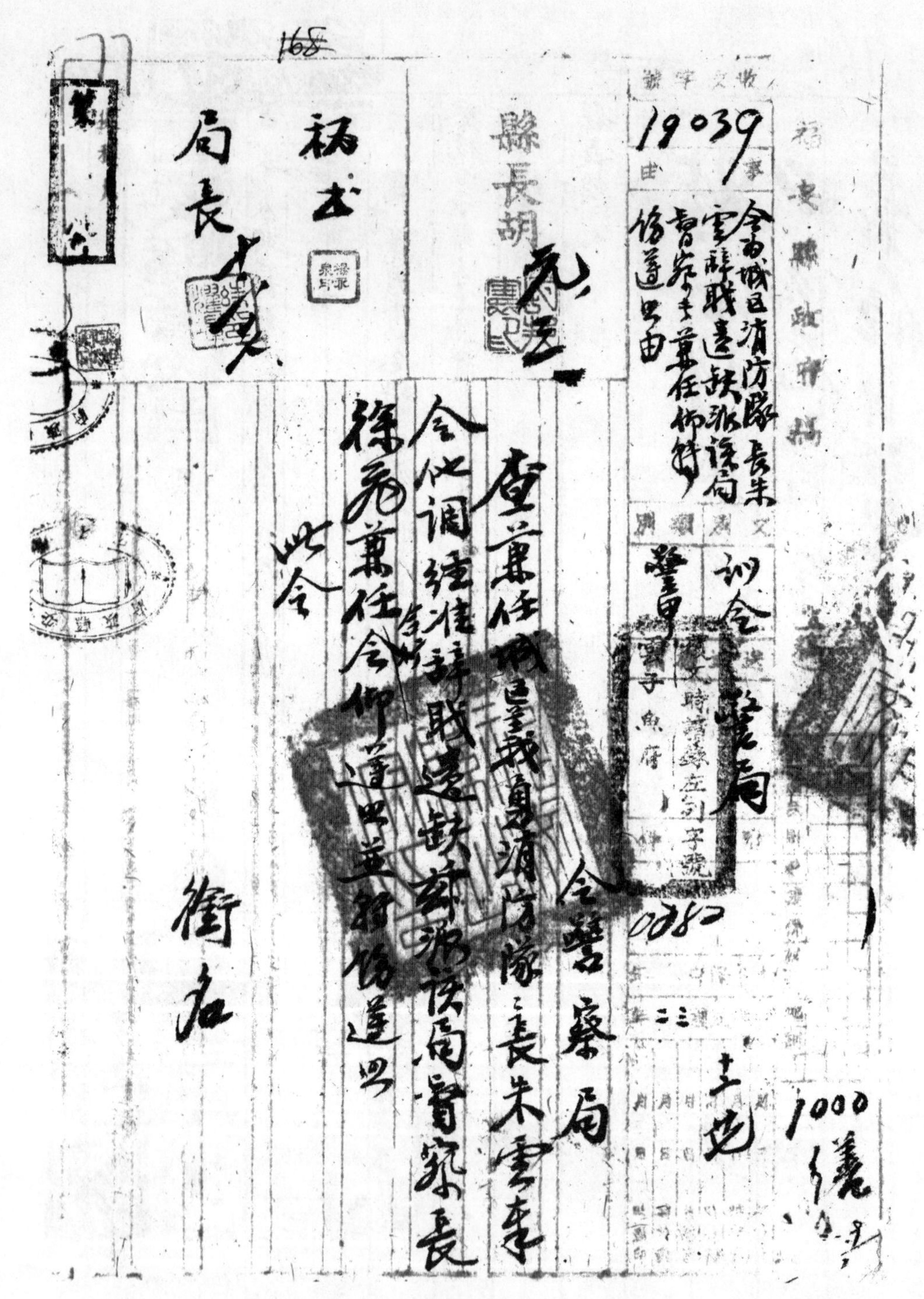

福安县政府关于城区消防队长朱云辞，职遗缺派该局督察长徐飞兼任的训令

（1944年1月6日）　0159-001-0004

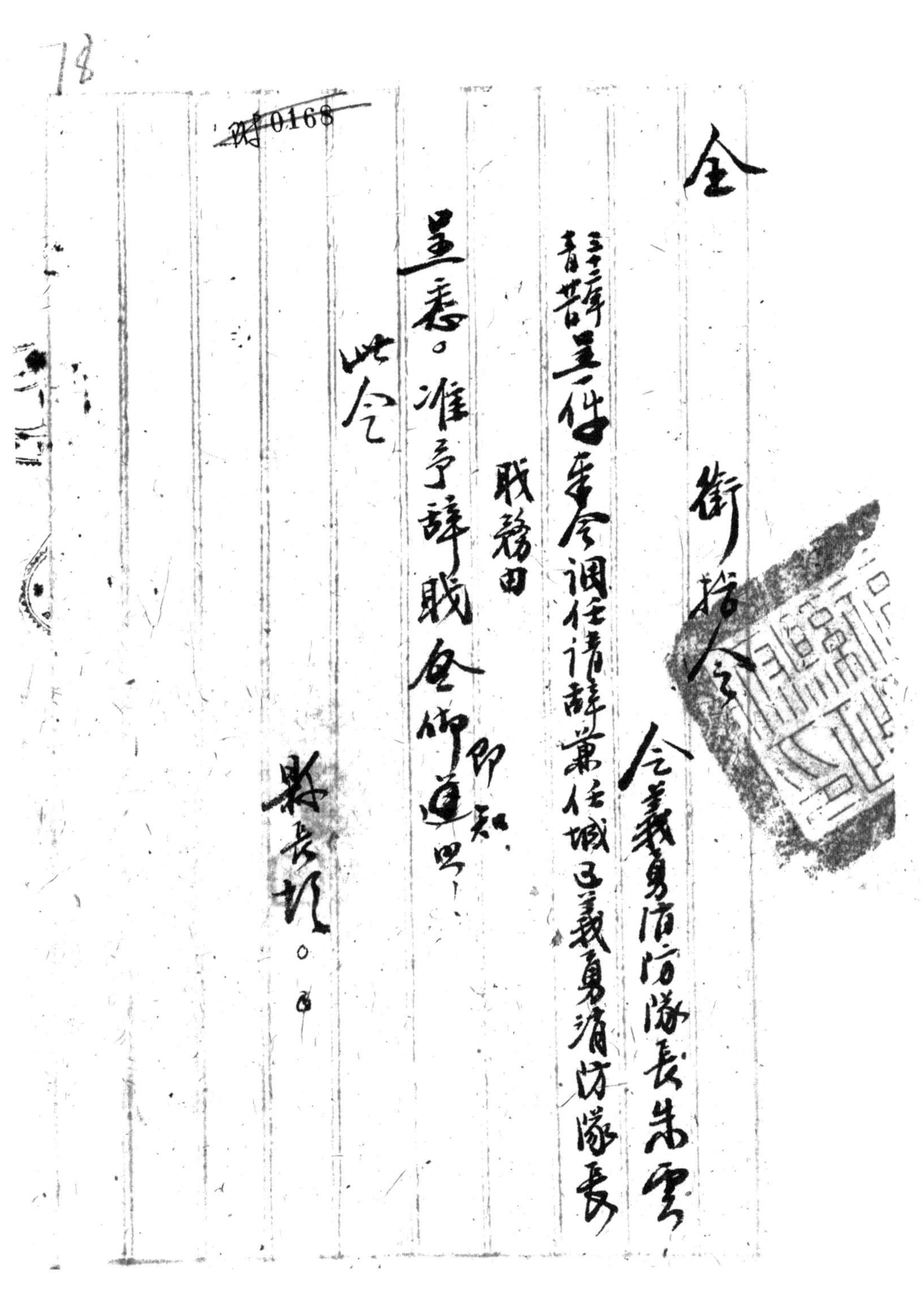
78

附0168

全銜指令

令義勇消防隊長朱雲

三十二年十二月廿三日辭呈一件奉令調任請辭兼任城區義勇消防隊長職務由

呈悉。准予辭職，合仰即知照！

此令

縣長 ○○

福安县政府关于准予朱云辞职的指令(1944 年 1 月 6 日)　0159-001-0004

福安縣警察局　呈

呈送本縣義勇消防隊隊員名冊乙份請　核備由

本局爲充實本縣義勇消防隊設備及激勵隊員服務精神起見經于本月十九日函請黨政及地方紳士假在本局開整理消防隊業務會議討論及議決事項均經紀錄在案茲依照議決案項第三項規定造具消防隊隊員名冊並檢同會議錄各一份隨文送請

察核備案！

謹　呈

縣長胡

附呈送本城消防隊隊員名冊乙份會議錄一份

福安縣警察局局長朱耀坤

福安县政府关于报送本县义勇消防队队员名册及会议录的呈文

（1944 年 4 月 21 日）　0158-001-0882

福安縣整編義勇消防隊會議紀錄

時間：本年四月十九日下午二時

地點：警察局會議廳

出席者：胡邦憲 吳英民代 王晉魁 陳君甫代 朱耀坤 周叔霖 王晉章 黃廷球 何明瑾 黃梓鎔 李彥青

紀錄 趙彥忠

主席：朱耀坤

主席報告（略）

討論事項

（一）、關于消防隊名稱應如何規定案

議決：定名為福安縣警察局城區義勇消防隊，賽岐、穆陽兩鎮定名為福安縣警察局賽岐（穆陽）義勇消防隊

（二）、關于隊員人數應如何挑選及規定案

議決：保持原有人數，有工作不力或身体羸弱者隨時予以淘汰

（三）、消防隊員應如何予以優待案

議決：1、由警察局造冊送請國民兵團、韓城、穆陽兩鎮（鄉）公所備查予以優待

2、消防隊員如因救護而傷亡者應分別予以醫藥費撫恤費

3、火警發生救護而特別出力者應給與奬金或奬狀

（四）、消防基金定額拾萬元應如何籌募案

議決：組織勸募隊，韓城、穆陽兩隊，韓城鎮推劉理事長宗霞為隊長，王院長廷球為副隊長，穆陽鄉推王幹事長晉章為隊長，李鄉長彥青為副隊長，隊員由各隊長聘請，每隊負責籌募五萬元

附件 福安县整编义勇消防队会议记录（1944年4月19日）a面 0158-001-0882

彦青為副隊長隊員由各隊長聘請每隊員負責籌募五萬元

(五)、關于消防隊財產及經費應如何整理案

議決：1、組織福安縣消防委員會推周叔霖 黃廷球 劉宗震

朱耀坤 黃梅清 王晉章 陳鳴鏢 黃梓樓 李彦青

等九人為委員推朱耀坤 黃廷球為正副主任委員

2、委員會下設三組、A、籌募組推劉宗震為組長 B、總務組

推王晉章為組長 C、保管組推周叔霖為組長

四時二十分閉會

附件 福安县整编义勇消防队会议记录(1944 年 4 月 19 日)b 面 0158-001-0882

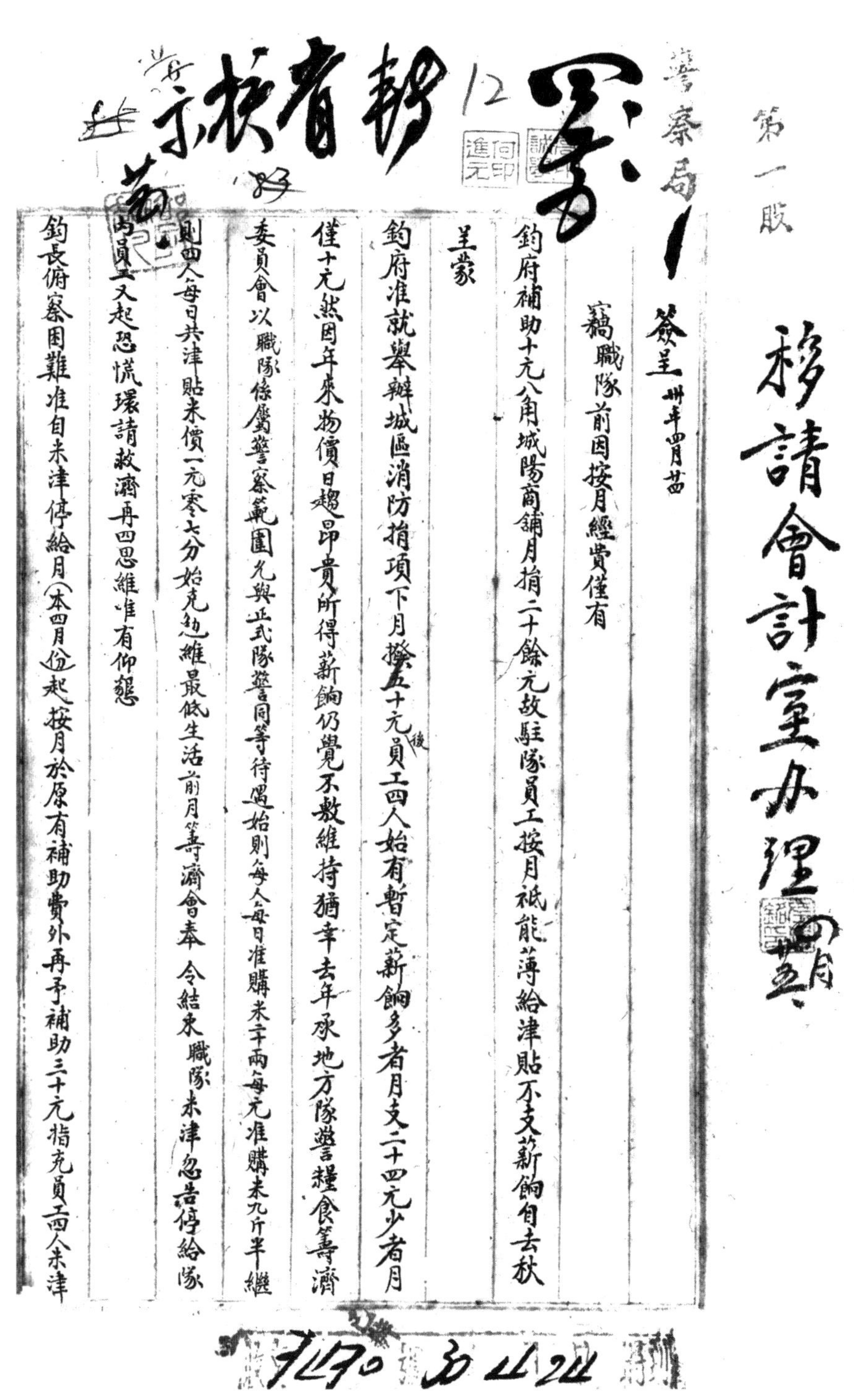

竊職隊前因按月經費僅有

鈞府補助十元八角、城陽商鋪月捐二十餘元，故駐隊員工按月衹能薄給津貼，不支薪餉。自去秋

呈蒙

鈞府准就舉辦城區消防捐項下月撥五十元，員工四人始有暫定薪餉，多者月支二十四元，少者月

僅十元。然因年來物價日趨昂貴，所得薪餉仍覺不敷維持，猶幸去年承地方隊警糧食籌濟

委員會以職隊係屬警察範圍，允與正式隊警同等待遇，始則每人每日准購米廿兩，每元准購米九斤半，繼

則四人每日共津貼米價一元零七分，始克勉維最低生活。前月箋奉籌濟會奉令結束，職隊米津忽告停給，隊

內員工又起恐慌，環請救濟，再四思維，惟有仰懇

鈞長俯察困難，准自米津停給月（本四月份）起，按月於原有補助費外再予補助三十元，指充員工四人米津

福安县城区义勇消防队关于米津停给，请月增补助三十元的签呈(1941 年 4 月 24 日)

a 面　0158-001-0399

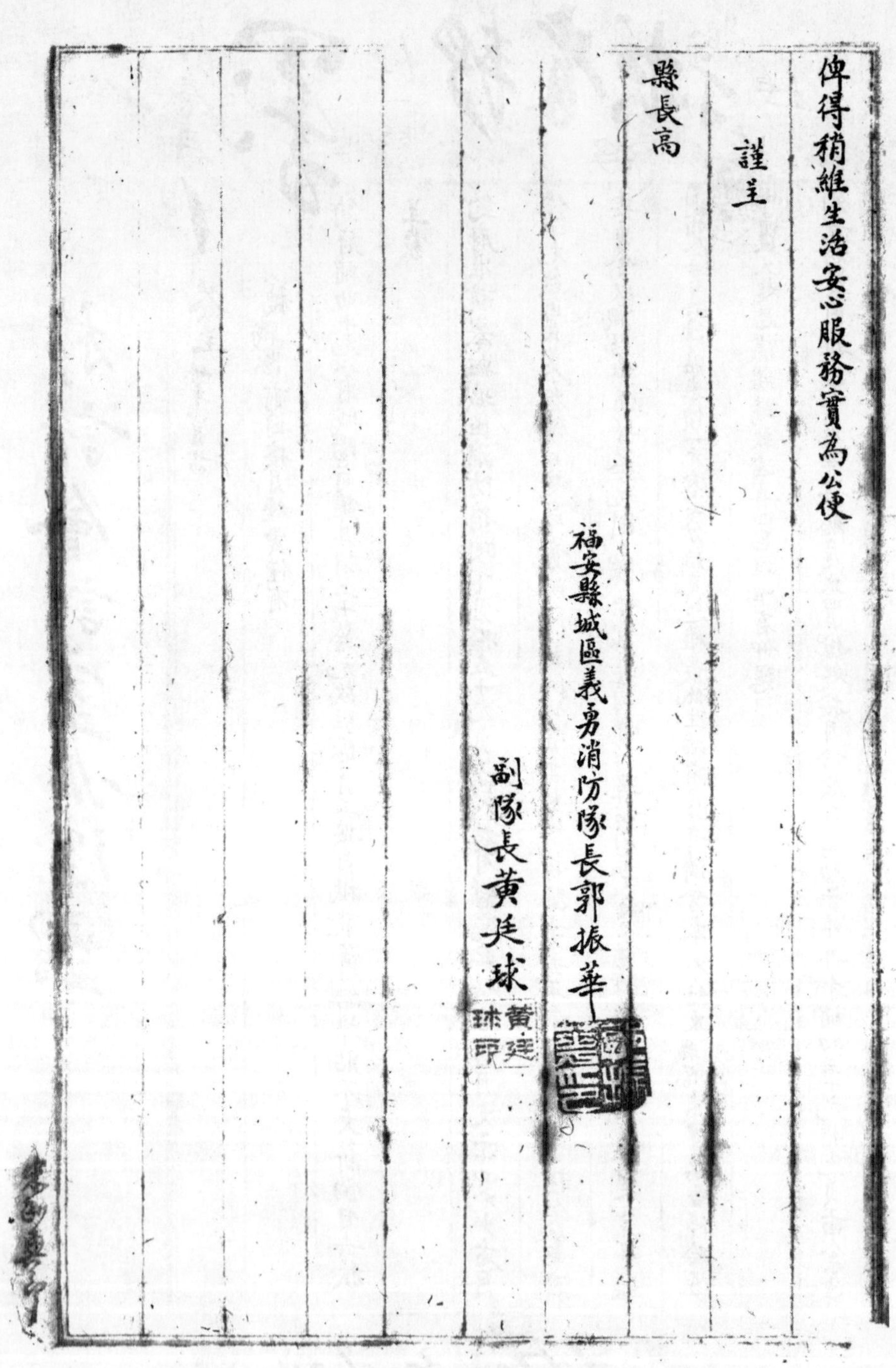

俾得稍維生活安心服務實為公便

謹呈

縣長高

福安縣城區義勇消防隊長郭振華

副隊長黄廷球

福安县城区义勇消防队关于米津停给，请月增补助三十元的签呈(1941年4月24日)

a面　0158-001-0399

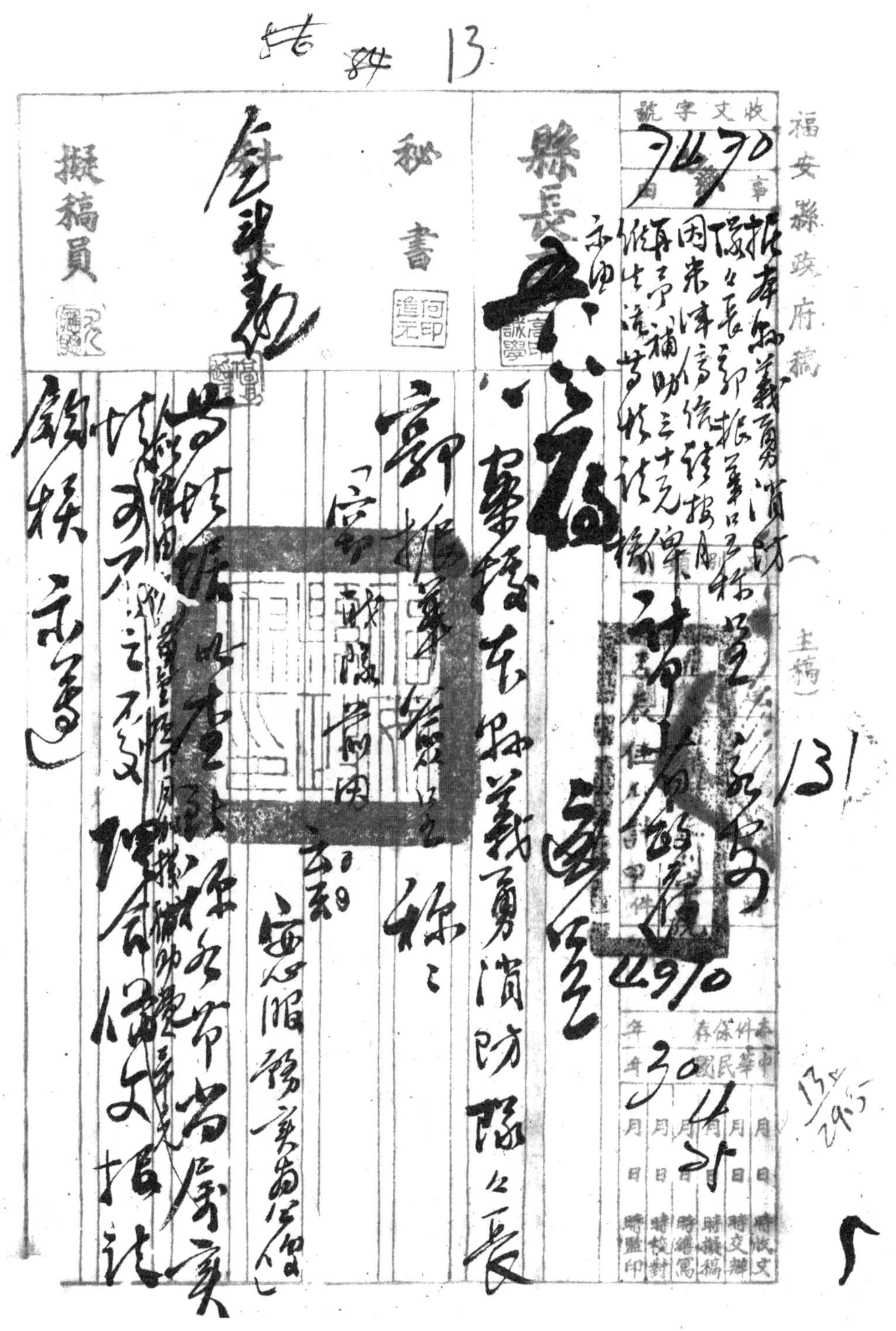
收文字號
福安縣政府稿
擬稿員
秘書
縣長
主稿

福安县政府关于本县义勇消防队米津停给，请按月再予补助三十元的呈文

（1941年5月9日） 0158-001-0399

谨呈

福建省政府主席陈

全衔 名

福安县政府关于本县义勇消防队米津停给，请按月再予补助三十元的呈文

（1941年5月9日） 0158-001-0399

福安县防护团各种任务队

福安縣石馬鄉警備班官佐士兵花名冊

54

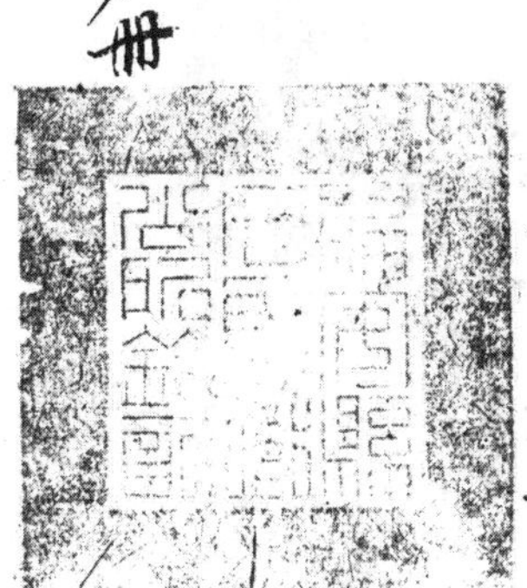

福安县石马乡警备班官佐士兵花名册(1942年1月2日)

0159-001-0054

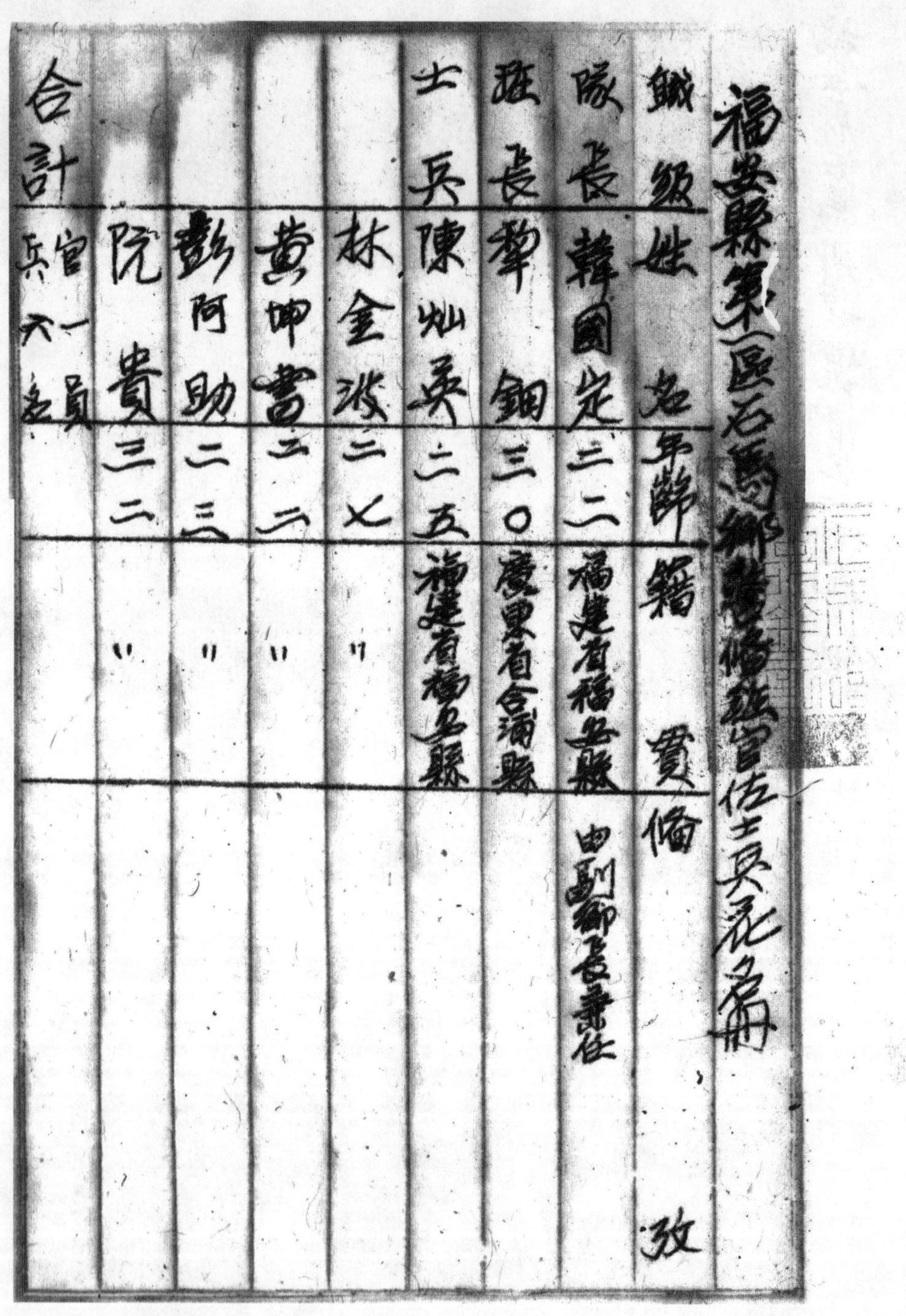

55

福安縣第[illegible]區石馬鄉警備班官佐士兵花名冊

職級	姓名	年齡	籍貫	備攷
隊長	韓國定	二二	福建省福安縣	由副鄉長兼任
班長	鞏鋼	三〇	廣東省合浦縣	
士兵	陳灿英	二五	福建省福安縣	
	林金波	二七	〃	
	黃坤書	二二	〃	
	彭阿助	二三	〃	
	阮貴	三二	〃	
合計	官一員 兵六名			

福安县石马乡警备班官佐士兵花名册(1942 年 1 月 2 日)

0159-001-0054

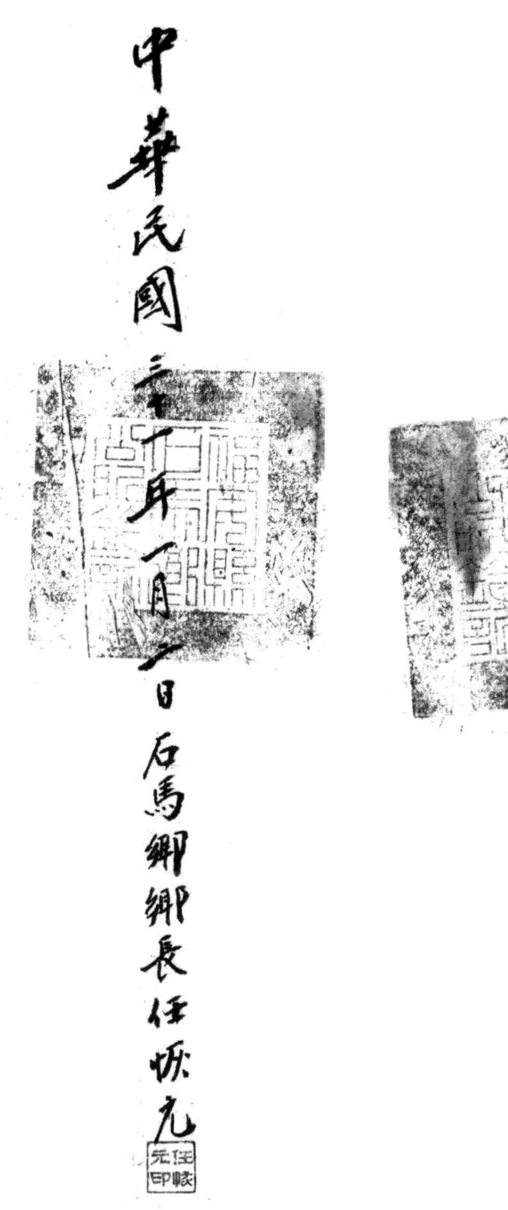

福安县石马乡警备班官佐士兵花名册(1942 年 1 月 2 日)

0159-001-0054

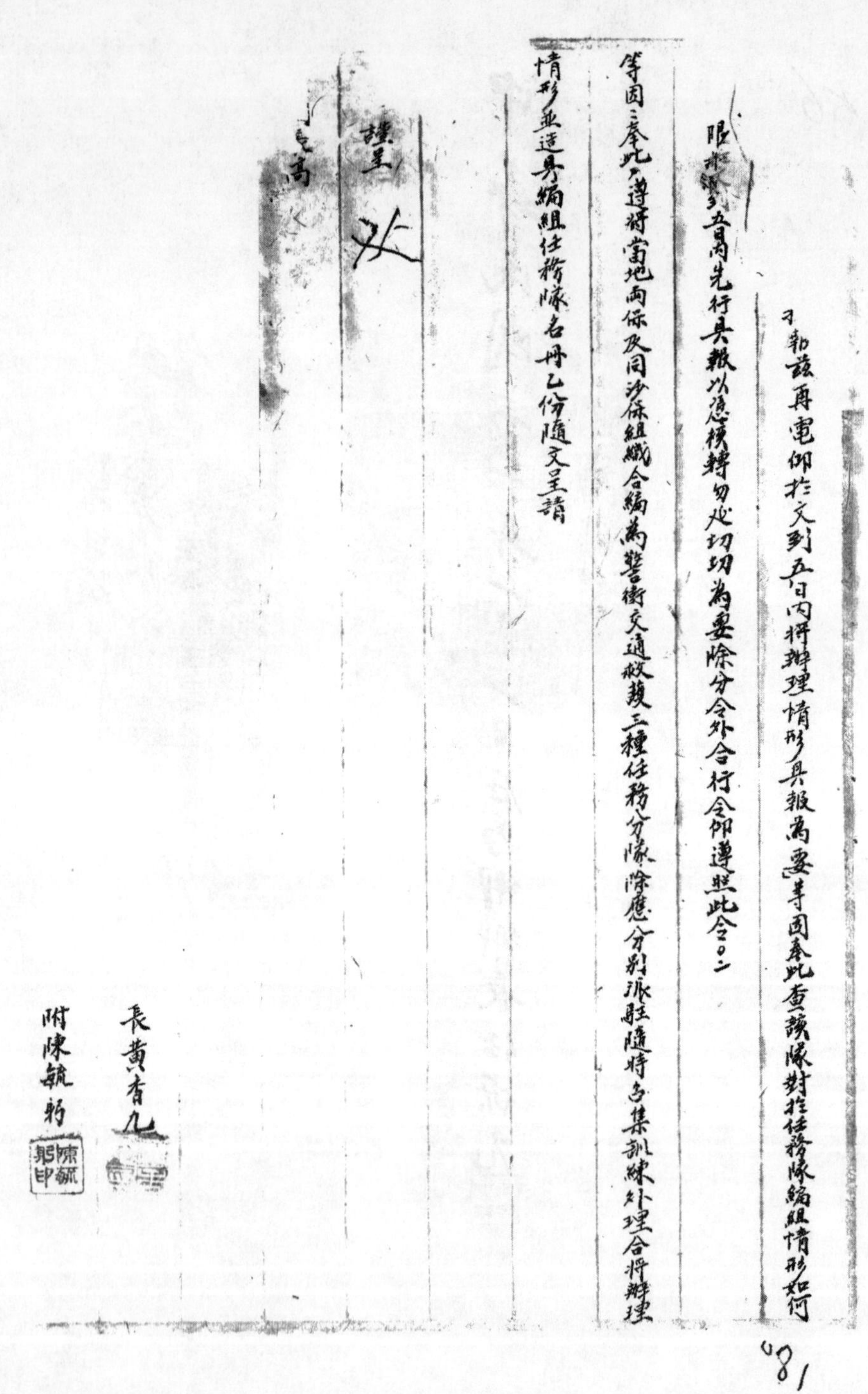
予飭該再電仰於文到五日內將辦理情形具報為要等因奉此查該隊對於任務隊編組情形如何
限於該鄉五日內先行具報以憑核轉勿延切切為要除分令外合行令仰遵照此令。等
等因奉此，遵將當地兩保及同沙保組織合編為警衛交通救護三種任務分隊，除應分別派駐隨時召集訓練外理合將辦理
情形並造具編組任務隊名冊乙份隨文呈請
[illegible]
謹呈
[illegible]長高
長黃杳九
附陳毓舫

福安县溪缠乡关于编组警卫、交通、救护三种任务分队情形并造具名册的呈文

（1942年8月） 0161-001-0094

民國三十一年八月 日

溪纏鄉國民兵隊 兼隊長黃香九

隊附陳毓彩

福安县溪缠乡关于编组警卫、交通、救护三种任务分队情形并造具名册的呈文

（1942 年 8 月） 0161-001-0094

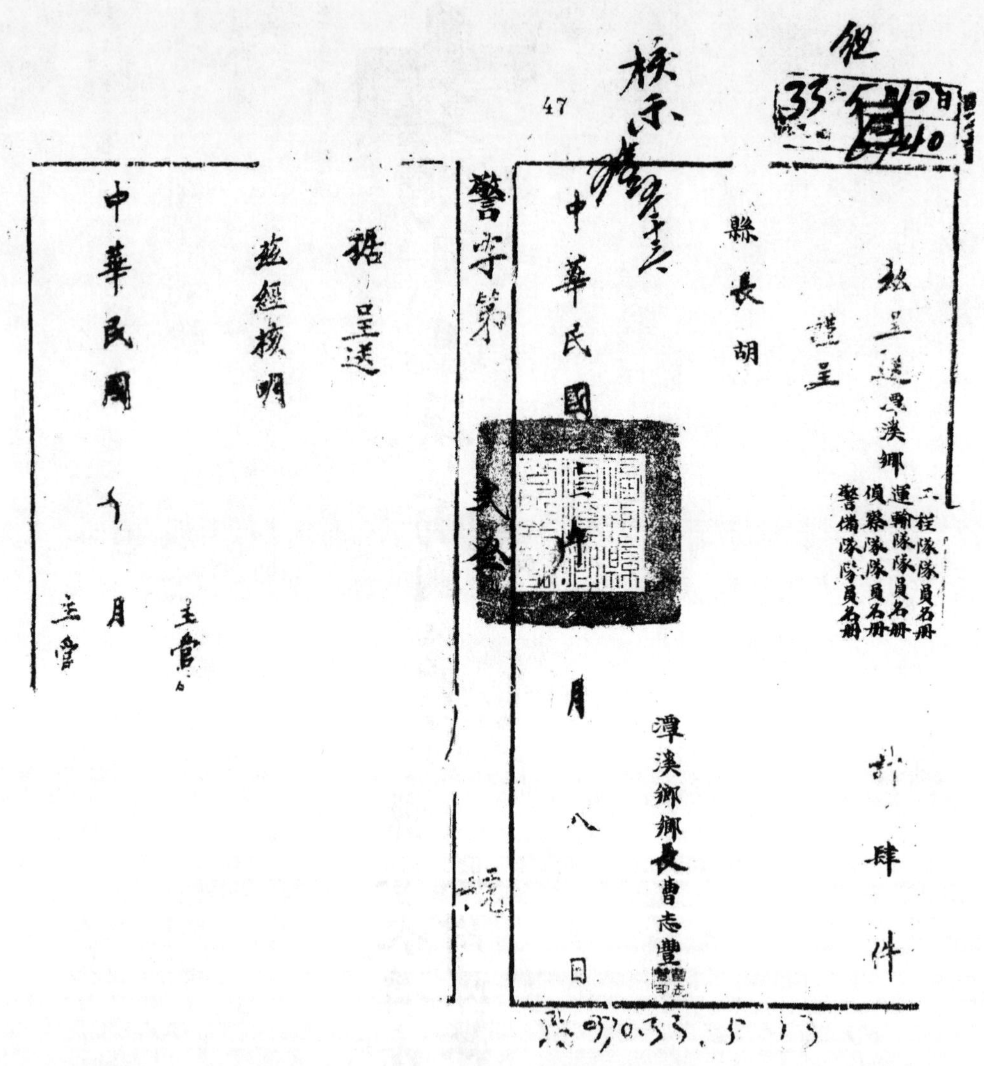
兹呈送潭溪乡工程队队员名册、运输队队员名册、侦察队队员名册、警备队队员名册计肆件
谨呈
县长胡
中华民国　月八日
潭溪乡乡长曹志丰
警字第　号
据呈送
兹经核明
中华民国　年　月
主管

福安县潭溪乡公所关于呈送本乡工程队、运输队、侦察队、警备队队员名册的联单

(1944年5月8日)　0159-001-0041

福安縣潭溪鄉偵察隊隊員名册

48

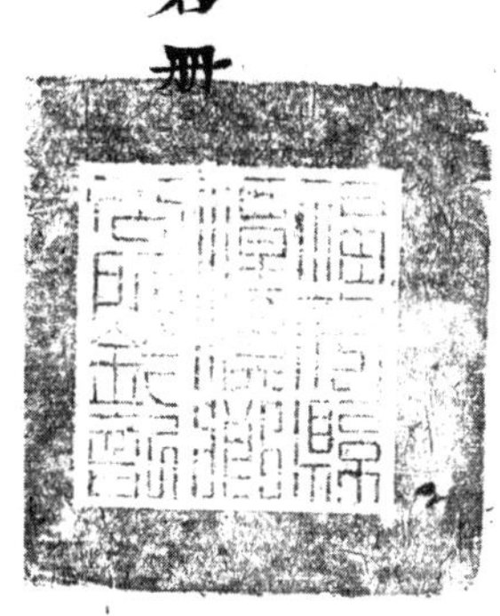

福安县潭溪乡侦察队队员名册(1944 年 5 月)　0159-001-0041

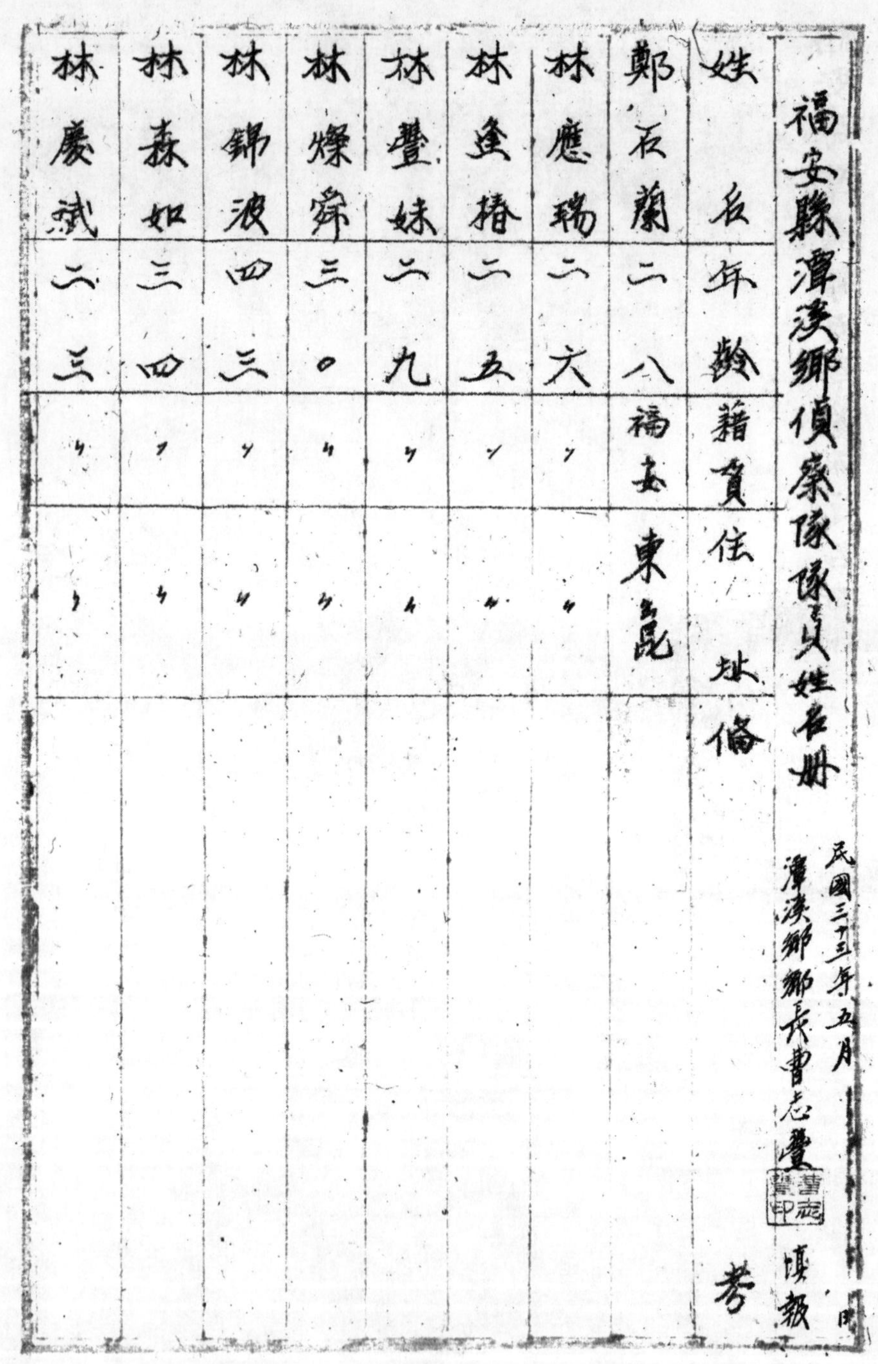

49

福安縣潭溪鄉偵察隊隊員姓名册

姓名	年齡	籍貫	住址	備考
鄭衣蘭	二八	福安	東崑	
林應瑞	二六	〃	〃	
林逢椿	二五	〃	〃	
林豐妹	二九	〃	〃	
林燦舜	三〇	〃	〃	
林錦波	四三	〃	〃	
林森如	三四	〃	〃	
林慶斌	二三	〃	〃	

民國三十三年五月　日

潭溪鄉鄉長曹志豐 填報

福安县潭溪乡侦察队队员名册(1944 年 5 月)a 面　0159-001-0041

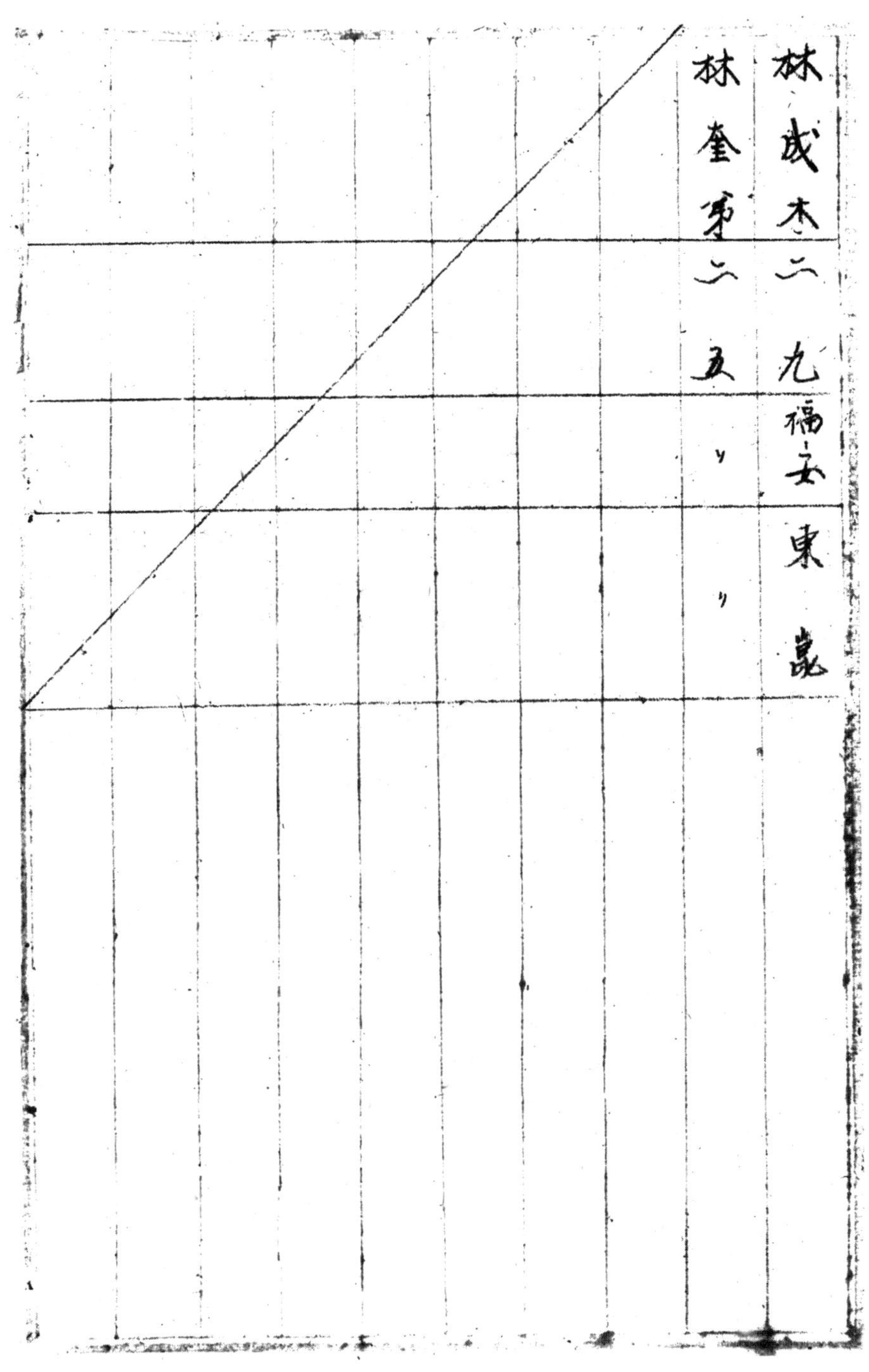

林成杰	二九	福安	東岚
林奎弟	二五	〃	〃

福安县潭溪乡侦察队队员名册(1944 年 5 月)b 面　0159-001-0041

福安县潭溪乡侦察队队员名册(1944 年 5 月) 0159-001-0041

福安縣潭溪鄉警備隊隊員名冊

72

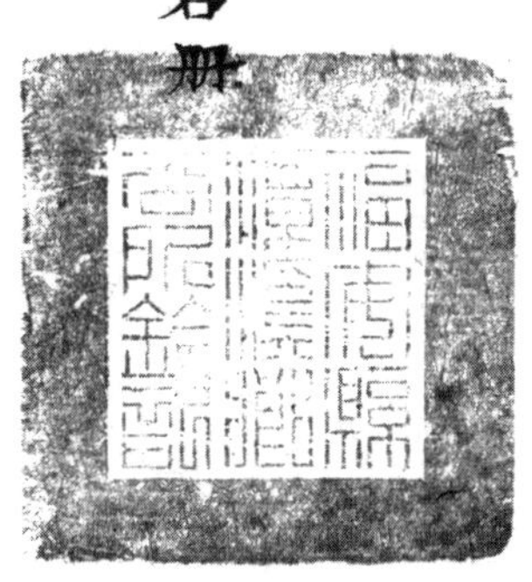

福安县潭溪乡警备队队员名册(1944年5月)　0161-001-0082

7-8 73

福安縣潭溪鄉警備隊姓名册

姓名	年齡	籍貫	住址	備考
李伯乾	三六	福安	潭川	
李石核	三七	〃	〃	
李萬金	三六	〃	〃	
李隆茂	二〇	〃	〃	
李廷章	二五	〃	〃	
葉忠書	三四	〃	〃	
郭祥翰	二六	〃	〃	
李翰茲	三七	〃	〃	

民國三十三年五月 日
潭溪鄉鄉長曹志嘉（印）填報

福安县潭溪乡警备队队员名册(1944 年 5 月)a 面　0161-001-0082

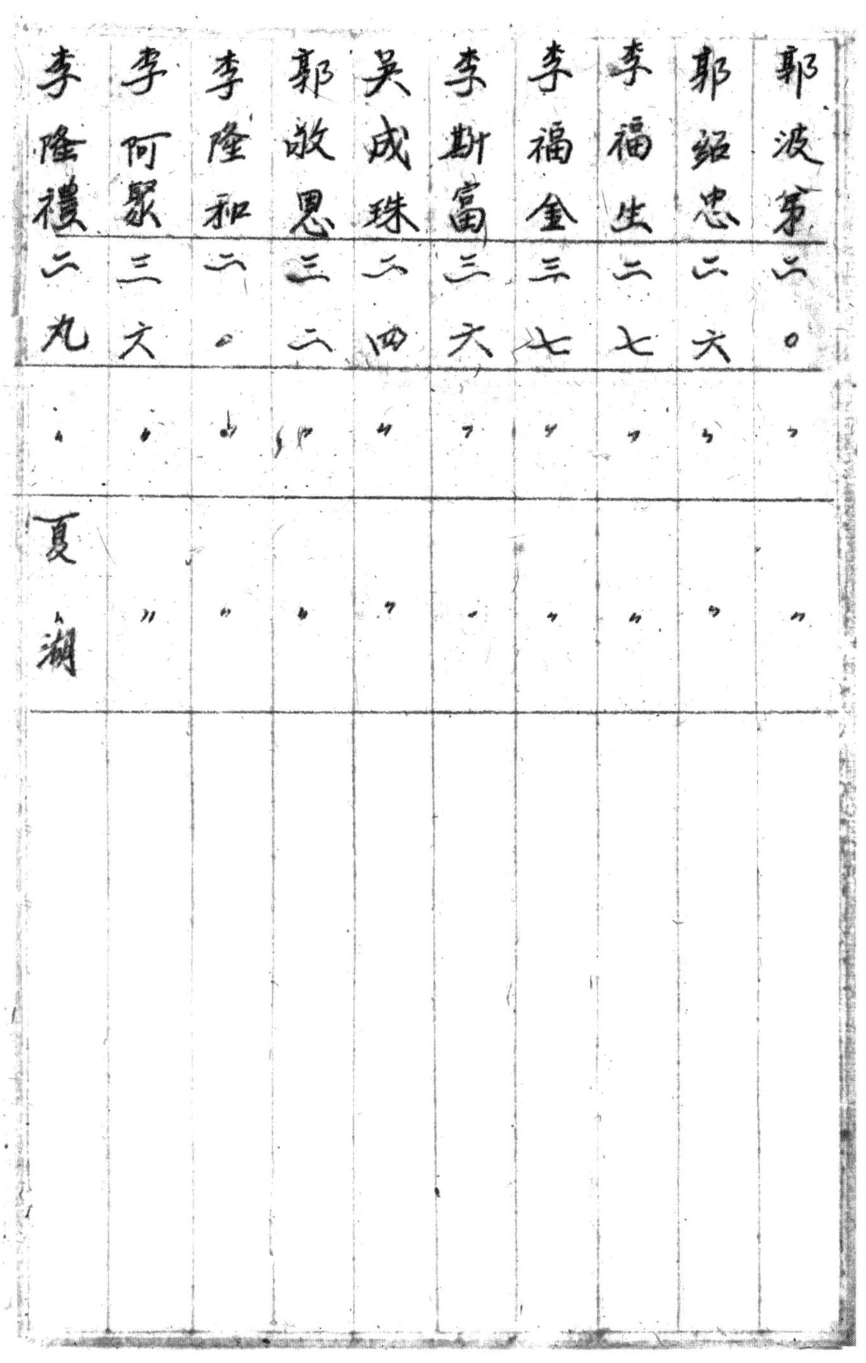

郭波第	二〇	〃	〃
郭紹忠	二六	〃	〃
李福生	二七	〃	〃
李福金	三七	〃	〃
李斯富	三六	〃	〃
吴成珠	二四	〃	〃
郭敬恩	三二	〃	〃
李隆和	二〇	〃	〃
李阿聚	三六	〃	〃
李隆禮	二九	〃	夏湖

福安县潭溪乡警备队队员名册(1944 年 5 月)b 面　0161-001-0082

姓名	年龄		
李斯寿	二〇	〃	夏湖
李金生	二七	〃	〃
李周祥	二七	〃	〃
李友梅	三二	〃	〃
李春弟	二五	〃	〃
李细茄	二一	〃	〃
李友言	二五	〃	〃
李祯祥	二〇	〃	〃
郑细阿余	三二	〃	〃
郑申如	二八	〃	〃

福安县潭溪乡警备队队员名册(1944 年 5 月)a 面　0161-001-0082

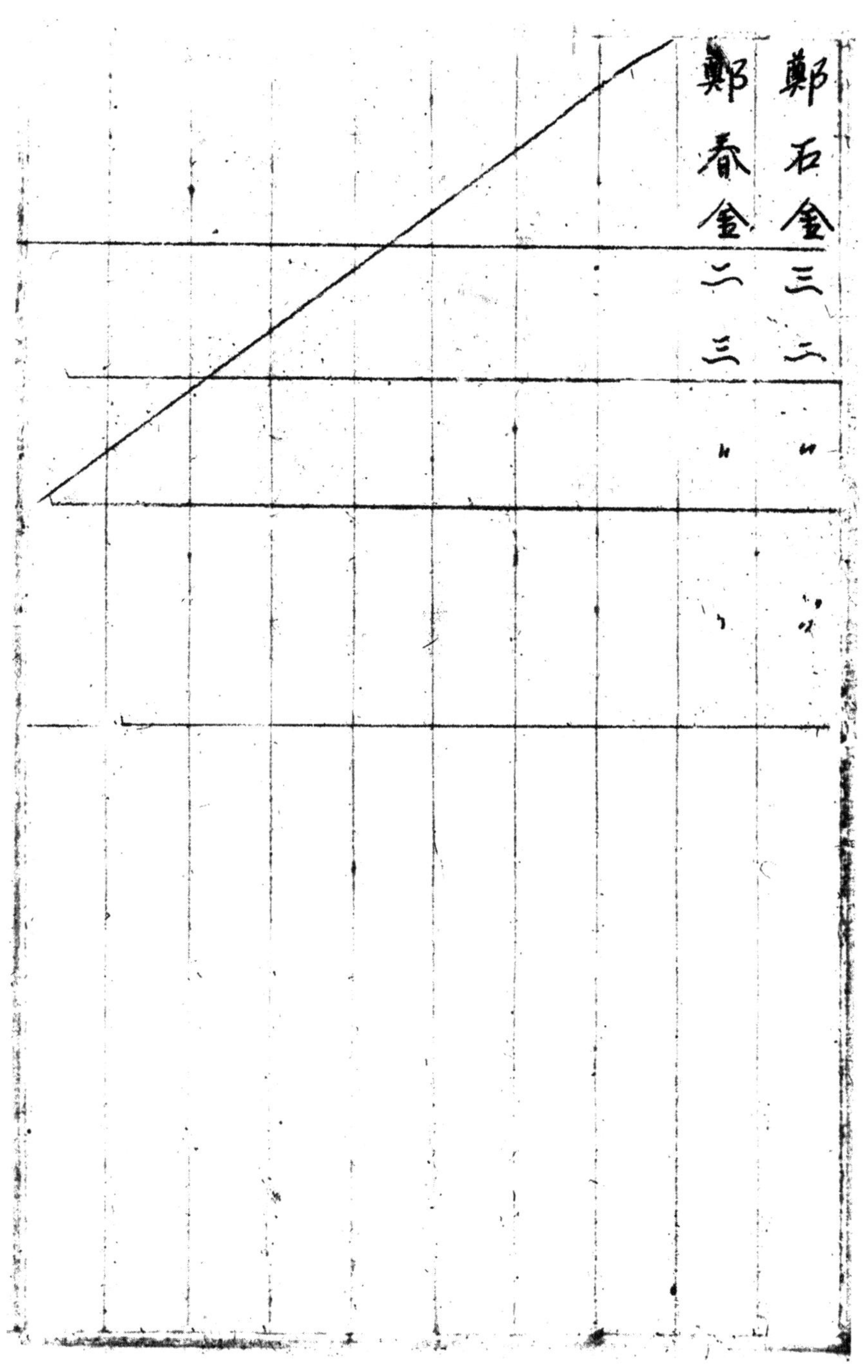

福安县潭溪乡警备队队员名册(1944年5月)b面　0161-001-0082

福安县潭溪乡警备队队员名册(1944 年 5 月)　0161-001-0082

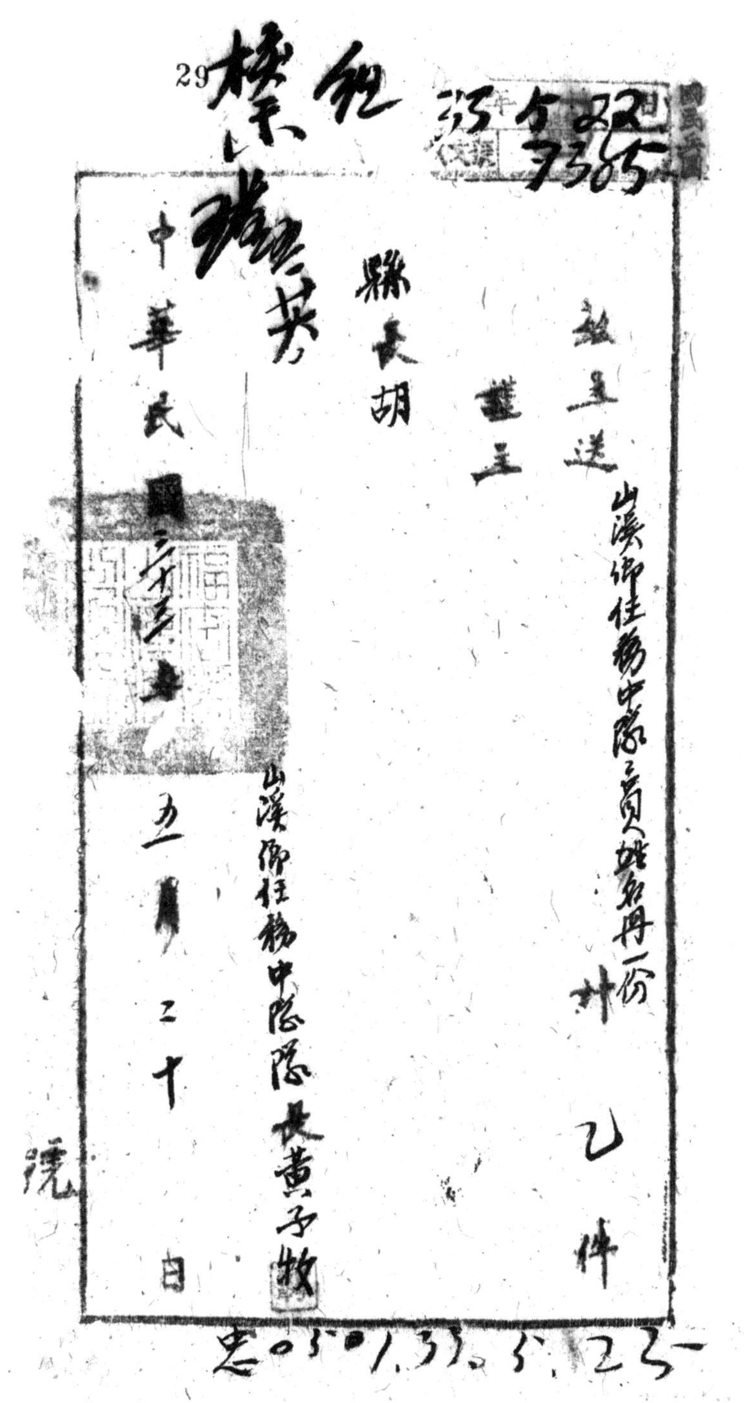
兹呈送山溪乡任务中队队员姓名册一份 计乙件
谨呈
县长胡
山溪乡任务中队队长黄子牧
中华民国三十三年五月二十日

福安县山溪乡关于呈送本乡任务中队队员姓名册的联单(1944 年 5 月 20 日)

0159-001-0041

30

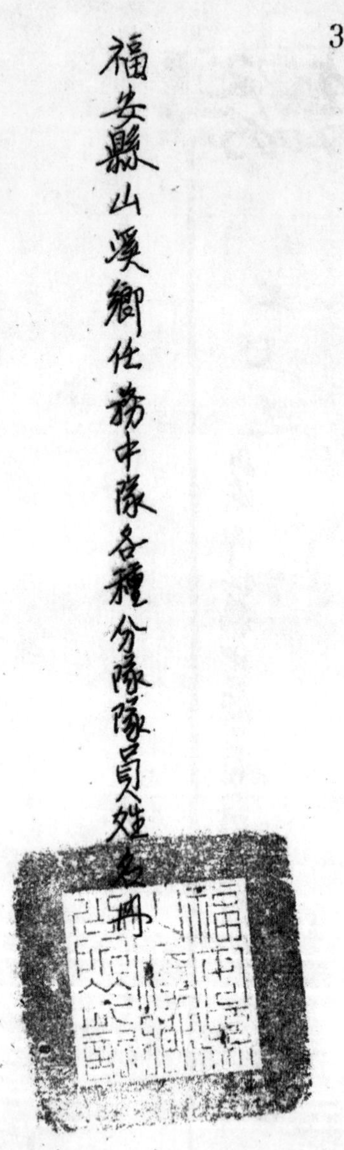
福安縣山溪鄉任務中隊各種分隊隊員姓名册

福安县山溪乡任务中队各种分队队员姓名册(1944 年 5 月)　0159-001-0041

31

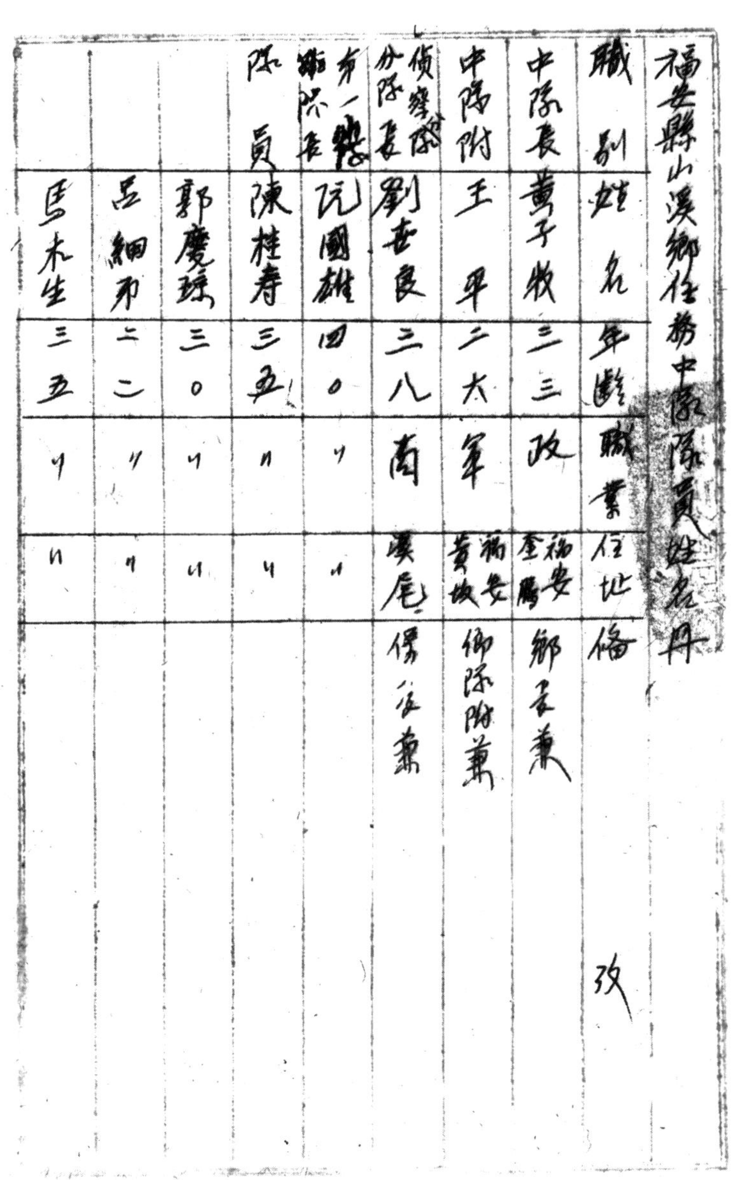

福安縣山溪鄉任務中隊隊員姓名冊

職別	姓名	年齡	職業	住址	備考
中隊長	黄子牧	三三	政	福安奎陽	鄉長兼
中隊附	王平	二六	軍	福安黄坂	鄉隊附兼
偵察分隊長	劉世良	二八	商	溪尾	保長兼
第一警衛隊長	阮國雄	四〇	〃	〃	
隊員	陳桂寿	三五	〃	〃	
	郭慶琛	三〇	〃	〃	
	呂細力	二二	〃	〃	
	馬木生	三五	〃	〃	

改

福安县山溪乡任务中队各种分队队员姓名册(1944年5月)a面　0159-001-0041

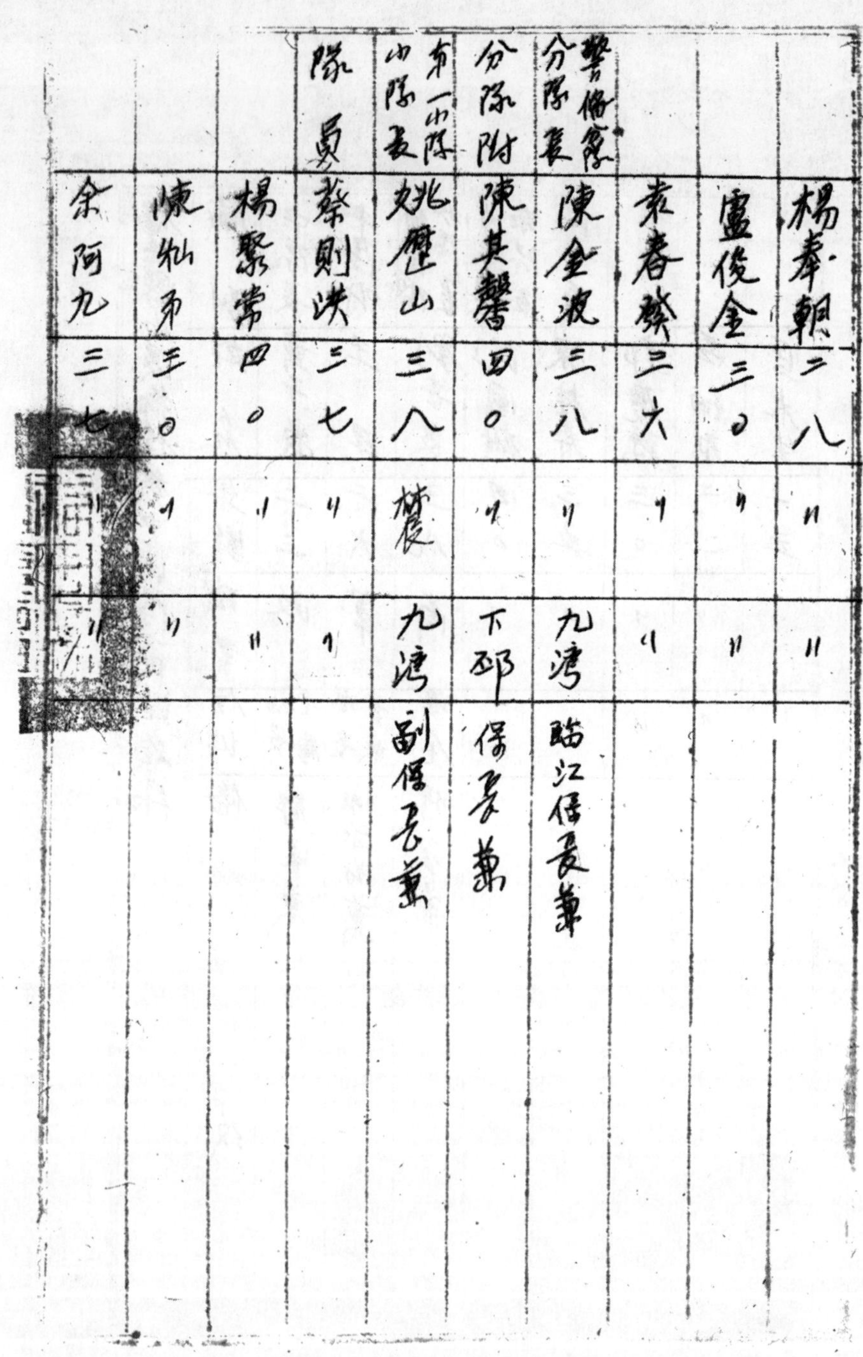

	楊奉朝	二八	〃	〃	
	盧俊金	三〇	〃	〃	
	袁春燊	三六	〃	〃	
警備隊分隊長	陳金波	三八	〃	九灣	臨江保長兼
分隊附	陳其馨	四〇	〃	下邳	保長兼
第一小隊小隊長	姚歷山	三八	農	九灣	副保長兼
隊員	蔡則洪	三七	〃	〃	
	楊聚常	四〇	〃	〃	
	陳仙弟	三〇	〃	〃	
	余阿九	三七	〃	〃	

福安县山溪乡任务中队各种分队队员姓名册(1944 年 5 月)b 面　0159-001-0041

32

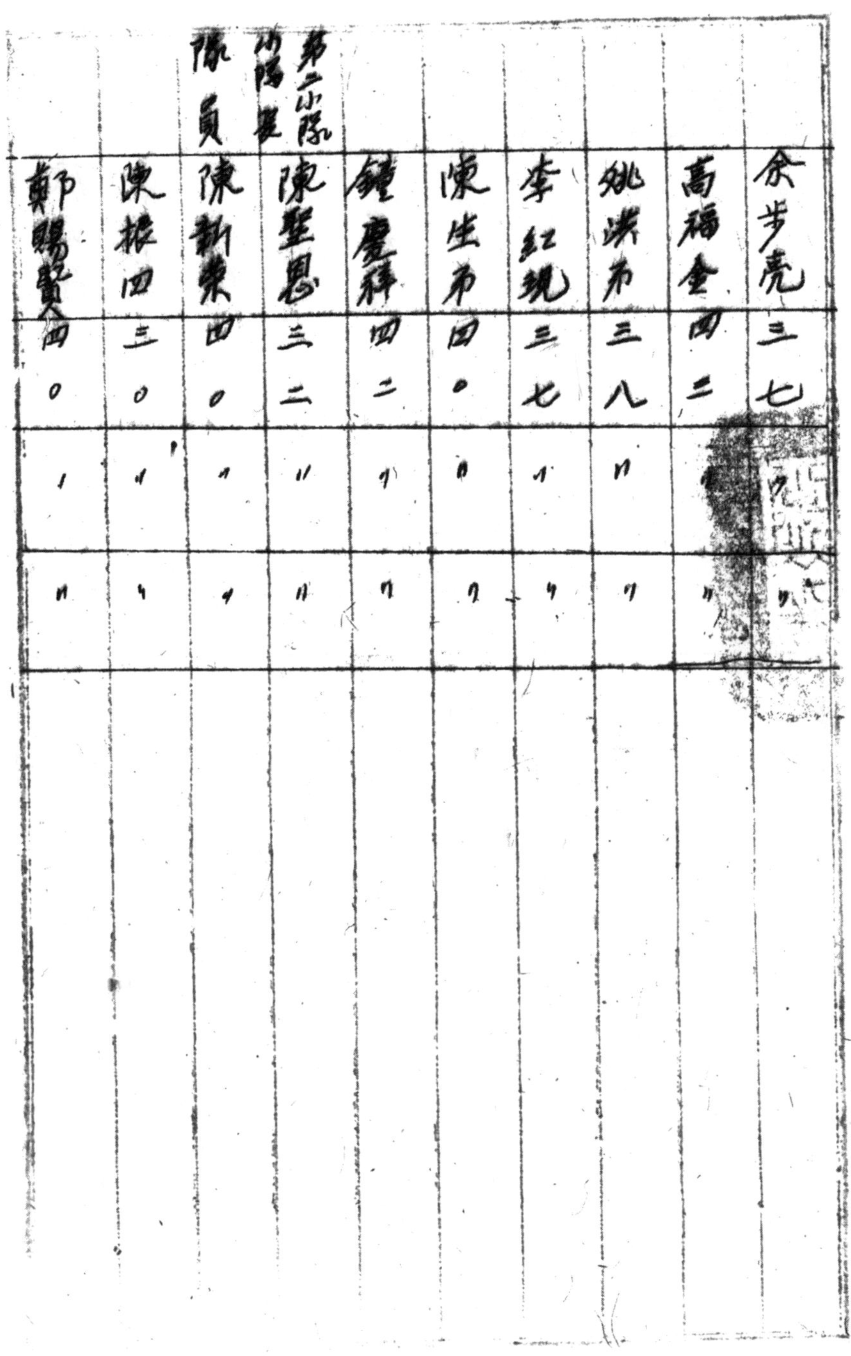

余步亮	高福金	姚洪布	李红现	陳生布	鍾慶祥	第二小隊小隊長 陳聖恩	隊員 陳新樂	陳根四	鄭賜賢
三七	四二	三八	三七	四〇	四二	三二	四〇	三〇	四〇
〃	〃	〃	〃	〃	〃	〃	〃	〃	〃
〃	〃	〃	〃	〃	〃	〃	〃	〃	〃

福安县山溪乡任务中队各种分队队员姓名册(1944 年 5 月)a 面　0159-001-0041

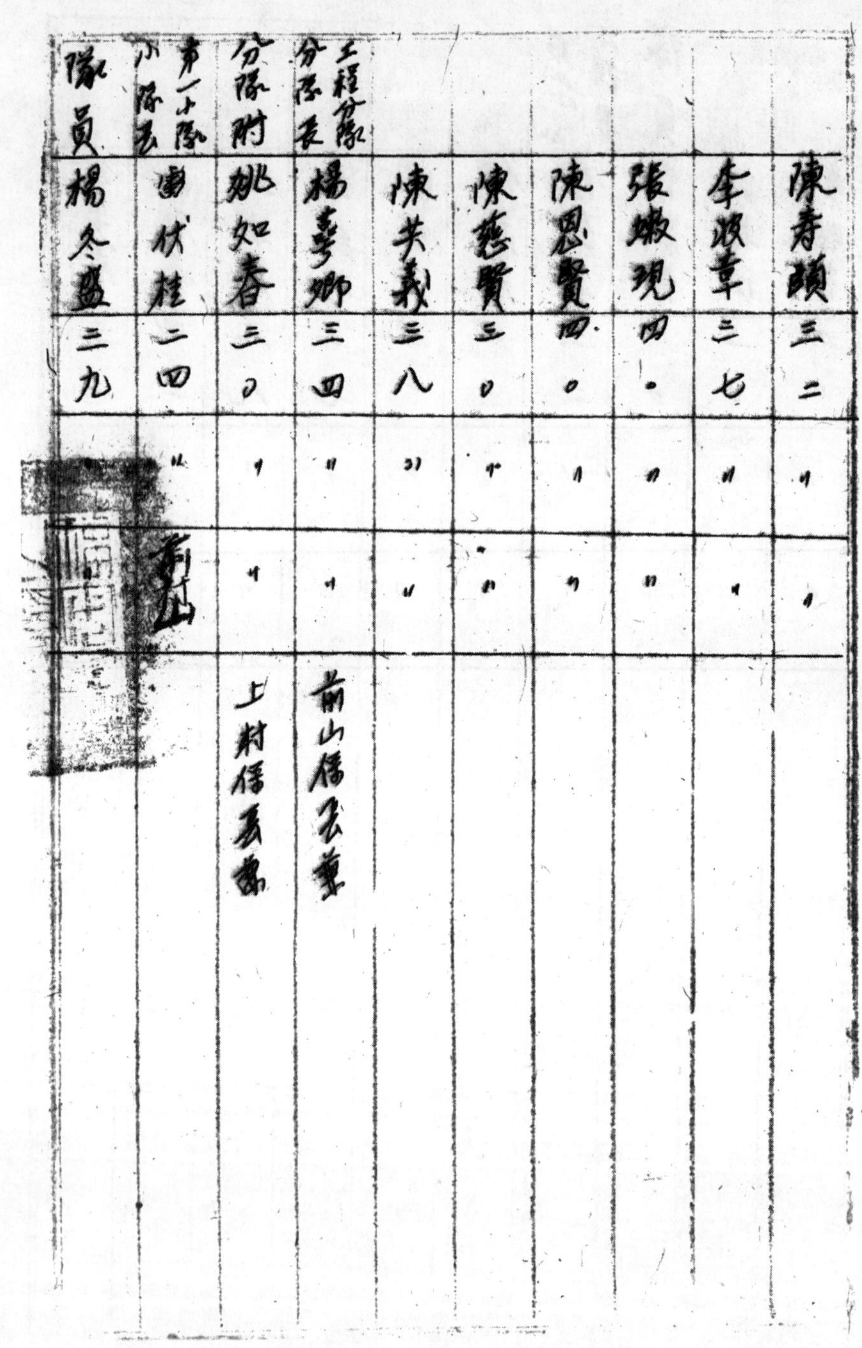

	陳壽頤	三二	〃	〃	
	李波章	三七	〃	〃	
	張嫩現	四〇	〃	〃	
	陳恩賢	四〇	〃	〃	
	陳慈賢	三〇	〃	〃	
	陳共義	三八	〃	〃	
工程分隊分隊長	楊彥卿	三四	〃	〃	前山保長葉
分隊附	姚知春	三〇	〃	〃	上村保長高
第一小隊小隊長	雷伏桂	二四	〃	前山	
隊員	楊冬盛	三九			

福安县山溪乡任务中队各种分队队员姓名册(1944 年 5 月)b 面　0159-001-0041

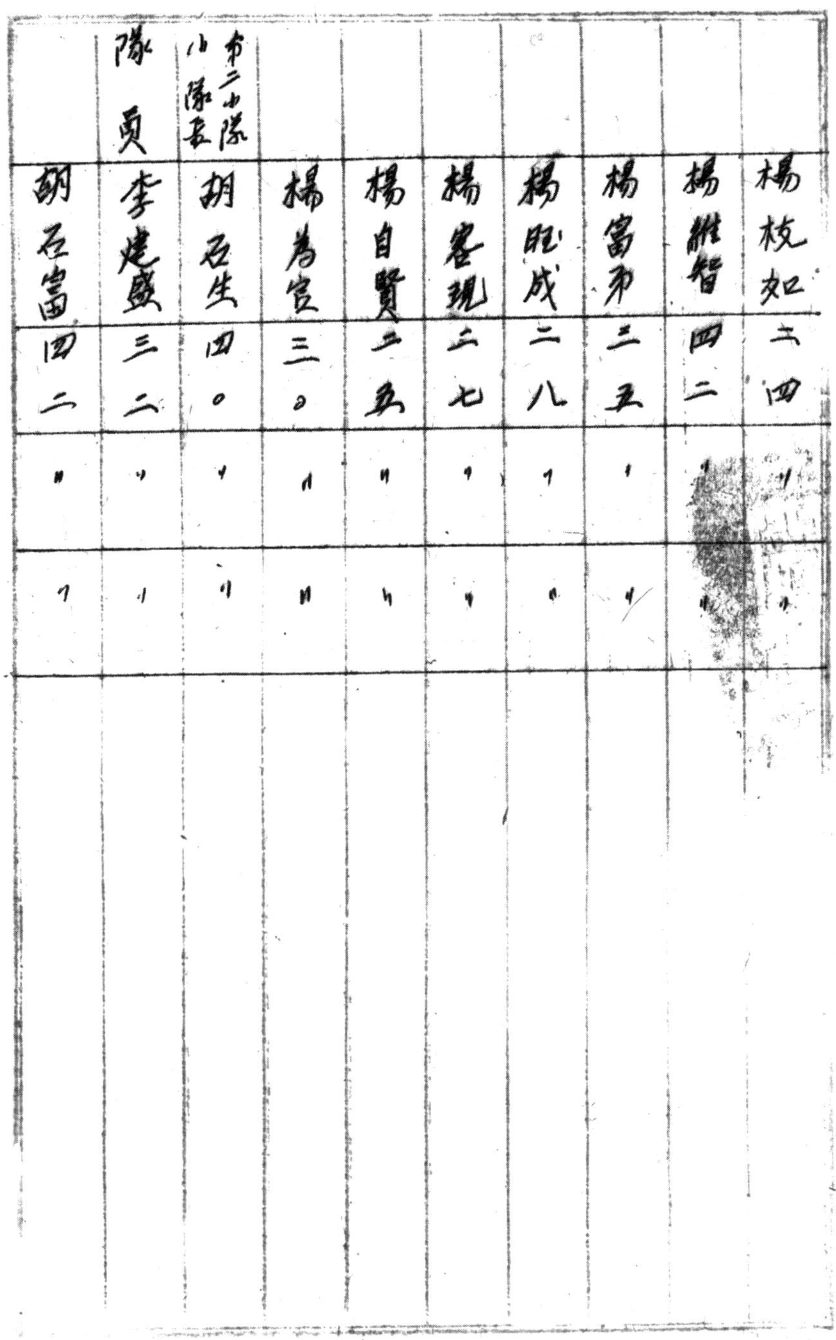

33

职务	姓名	年龄		
	楊枝如	二四	〃	〃
	楊継智	四二	〃	〃
	楊富弟	三五	〃	〃
	楊旺成	二八	〃	〃
	楊喜現	二七	〃	〃
	楊自賢	二五	〃	〃
	楊為官	三〇	〃	〃
第二小隊小隊長	胡石生	四〇	〃	〃
隊員	李建盛	三二	〃	〃
	胡石富	四二	〃	〃

福安县山溪乡任务中队各种分队队员姓名册(1944 年 5 月)a 面　0159-001-0041

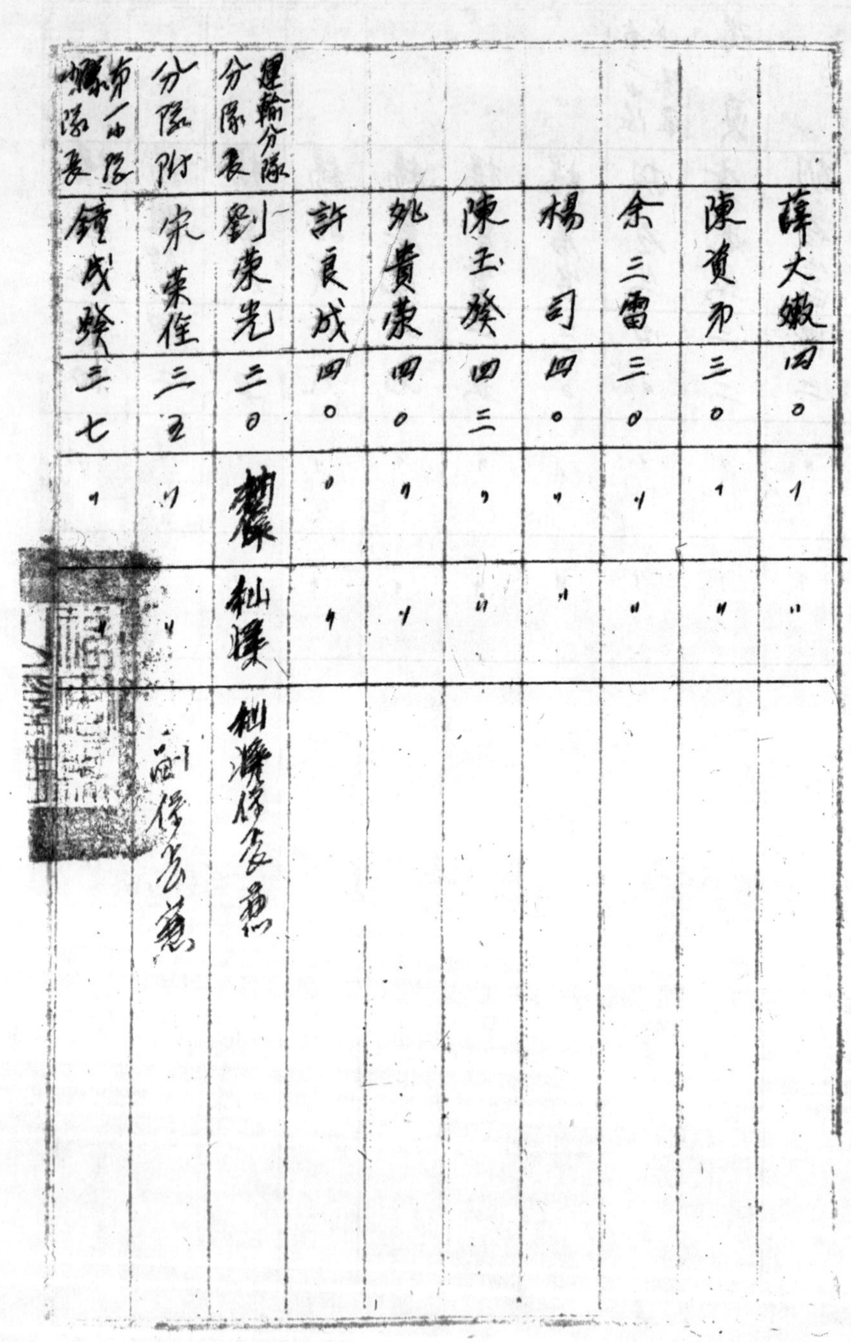

	薛大嫩	四〇	〃	〃	
	陳資水	三〇	〃	〃	
	余三雷	三〇	〃	〃	
	楊司	四〇	〃	〃	
	陳玉癸	四三	〃	〃	
	姚貴荣	四〇	〃	〃	
	許良成	四〇	〃	〃	
運輸分隊分隊長	劉荣光	二〇	農	仙溪	仙溪保長薦
分隊附	宋荣佳	三五	〃	〃	副保長薦
第一小隊隊長	鍾戊癸	三七	〃	〃	

福安县山溪乡任务中队各种分队队员姓名册(1944年5月)b面　0159-001-0041

34

隊員	雷石亮	二八	農	〃	
	宋崇盛	二二	〃	〃	
	劉紫弟	二〇	〃	〃	
	劉積懷	二〇	〃	〃	
	江能年	四〇	〃	湖坪	
	陳進弟	三五	〃	溪邊	
	王邦第	二六	〃	〃	
	王寬和	二五	〃	〃	
第二小隊小隊長	楊士奇	三五	〃	家坑	利洋保長兼
隊員	楊建周	三五	〃	〃	

福安县山溪乡任务中队各种分队队员姓名册(1944 年 5 月)a 面　0159-001-0041

楊佬益	楊成木	楊寅近	楊墩琨	楊裕芳	黄維信	楊成景	楊静和	楊尚意	蘇康惠	第三分隊 山溪農
四三	四〇	三九	三五	四九	四二	三六	三五	三七	三五	
〃	〃	〃	〃	〃	〃	〃	〃	〃	〃	
〃	塔垯	利岸	〃	〃	半嶺垵	東湖坂	过岸	〃	林岸	

福安县山溪乡任务中队各种分队队员姓名册(1944 年 5 月)b 面　0159-001-0041

35

隊員			
雷佬六	三五	〃	溪程
王紅妹	三八	〃	大林
黄成金	三七	〃	山頂
謝阿細	三八	〃	石合
蘇法弟	二一	〃	茶洋
蘇細妹	四〇	〃	兰程
湯有乘	四〇	〃	林洋
雷奶灼	四一	〃	程梯隔
籃有英	三九	〃	〃
吴振松	二五	〃	吴厝下

福安县山溪乡任务中队各种分队队员姓名册(1944 年 5 月)a 面　0159-001-0041

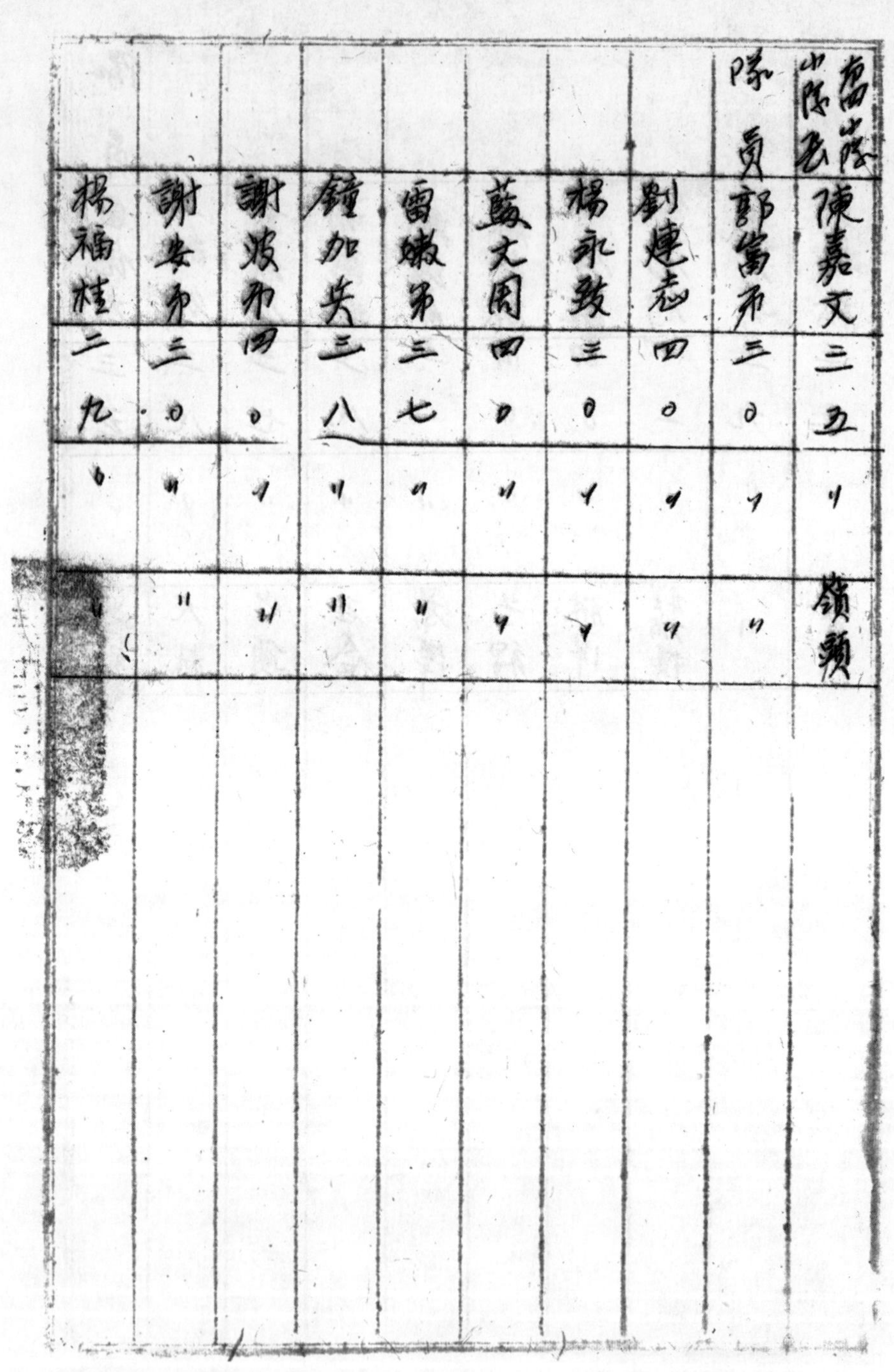

當山隊小隊長	陳嘉文	三五	〃	領頭
隊員	郭當弟	三〇	〃	〃
	劉建志	四〇	〃	〃
	楊永致	三〇	〃	〃
	蘇文周	四〇	〃	〃
	雷嫩弟	三七	〃	〃
	鍾加安	三八	〃	〃
	謝淑弟	四〇	〃	〃
	謝安弟	三〇	〃	〃
	楊福桂	二九	〃	〃

福安县山溪乡任务中队各种分队队员姓名册(1944 年 5 月)b 面　0159-001-0041

36

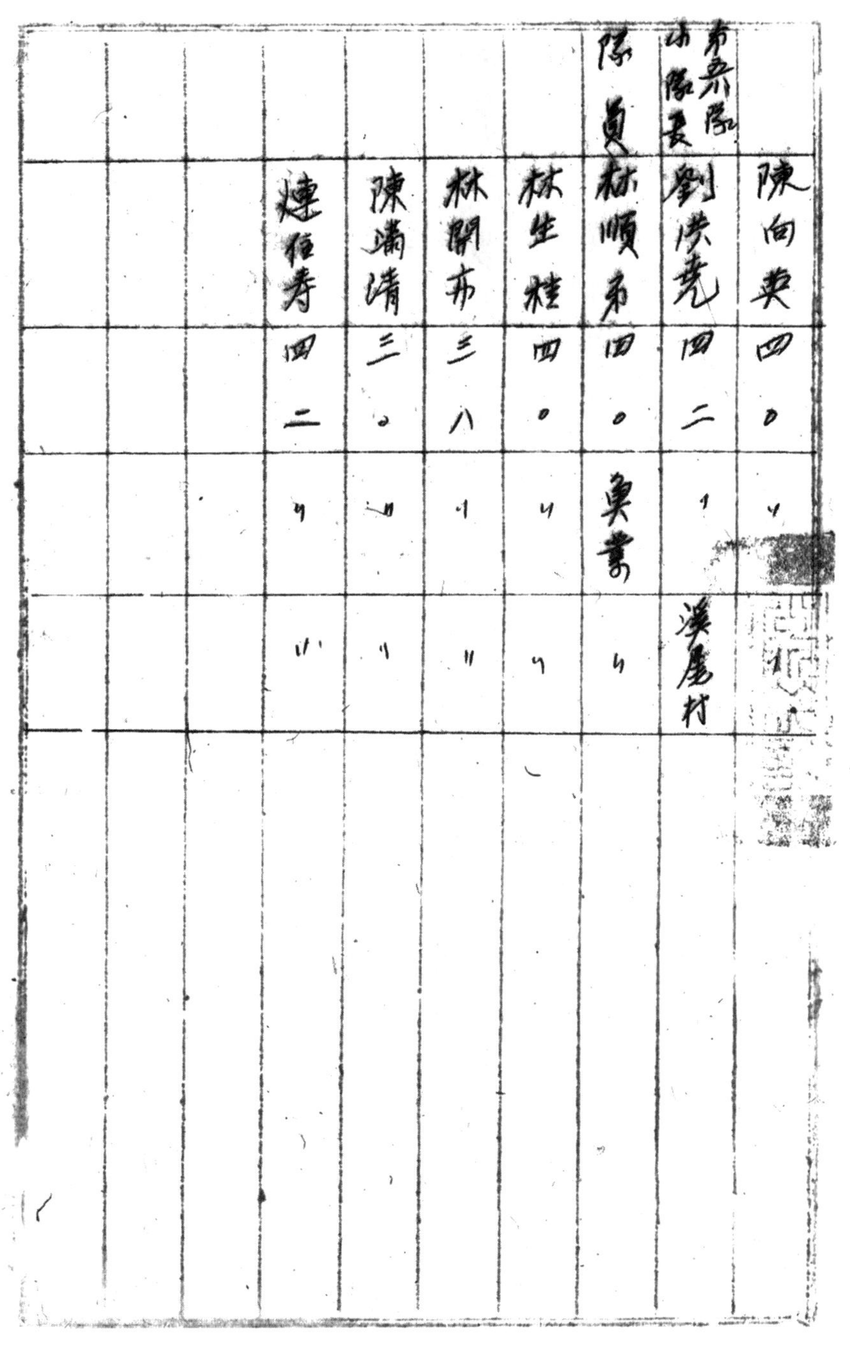
陳向央 四〇 〃 〃
第五隊小隊長 劉洪堯 四二 〃 溪尾村
隊員 林順弟 四〇 農業 〃
林生桂 四〇 〃 〃
林開水 三八 〃 〃
陳瑞清 三〇 〃 〃
連伍寿 四二 〃 〃

福安县山溪乡任务中队各种分队队员姓名册(1944年5月) 0159-001-0041

37

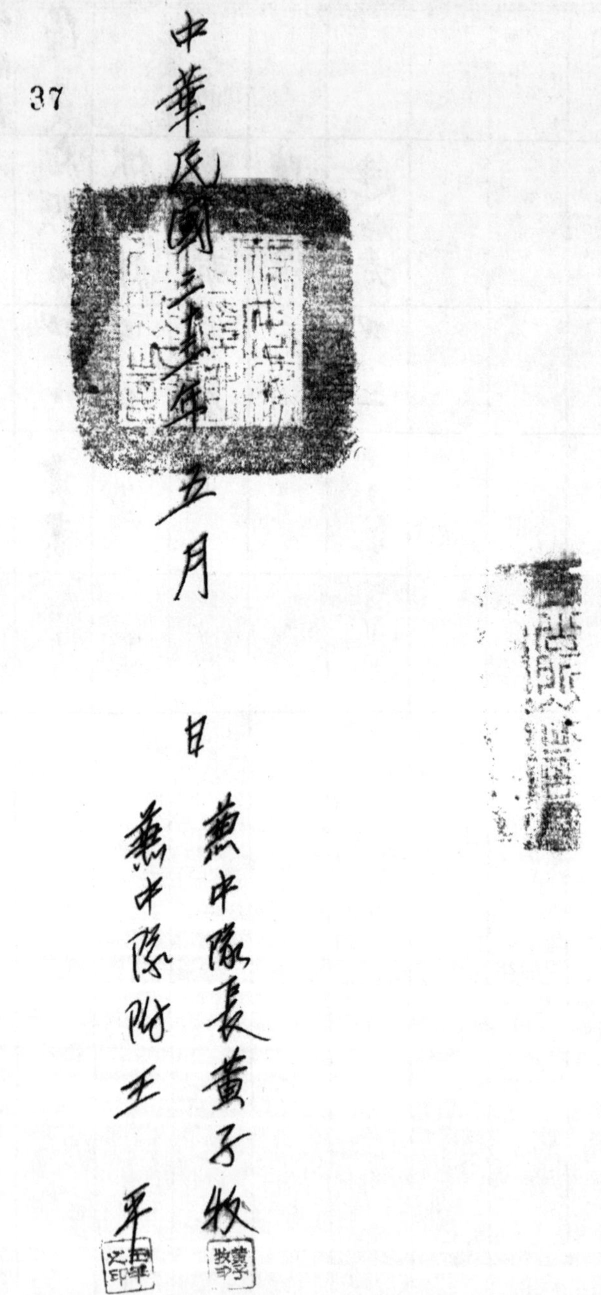

福安县山溪乡任务中队各种分队队员姓名册(1944年5月) 0159-001-0041

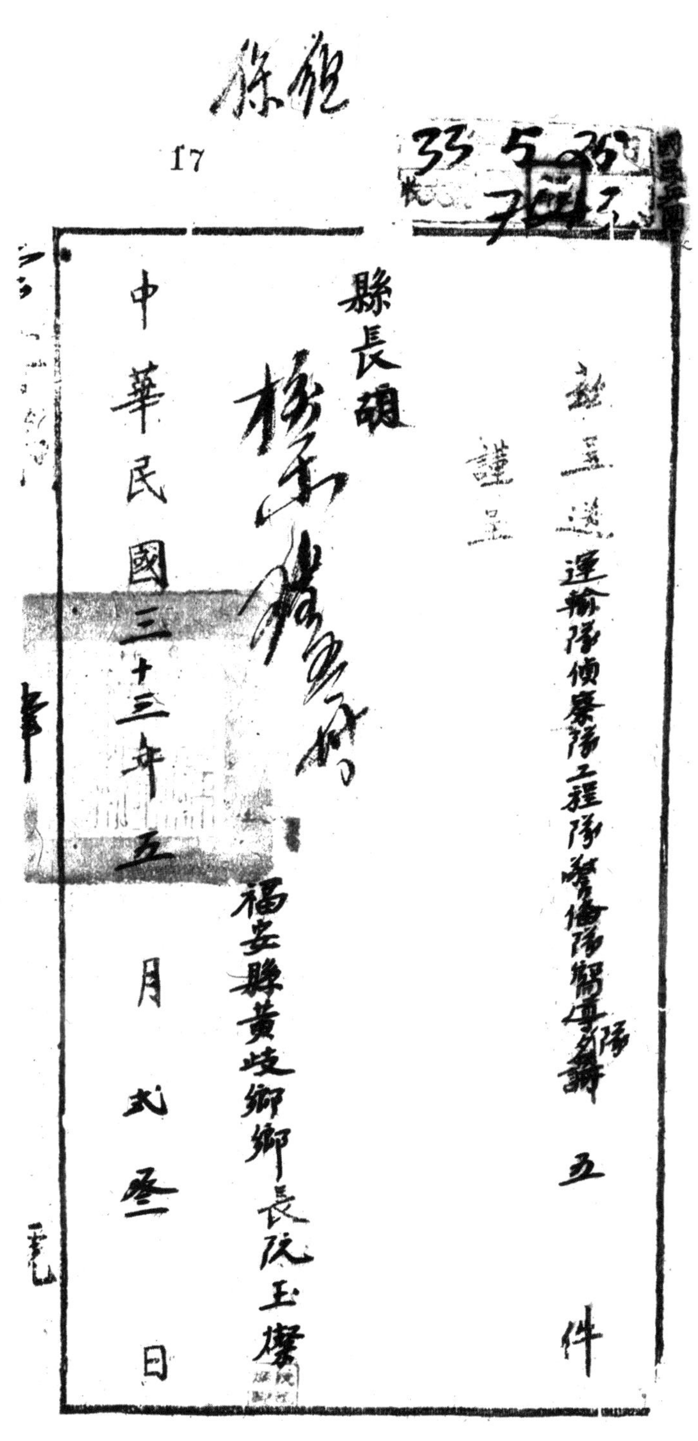

17

33 5 26

縣長碩

謹呈

茲呈送運輸隊偵察隊工程隊警備隊嚮導隊名冊 五 件

福安縣黃岐鄉鄉長阮玉麐

中華民國三十三年五月弍叁日

福安县黄岐乡关于呈送本乡运输队、侦察队、工程队、警备队、向导队名册的联单

（1944 年 5 月 23 日） 0159-001-0041

18

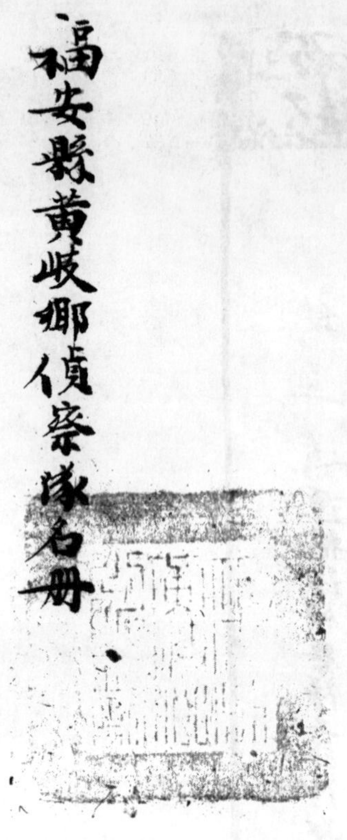

福安县黄岐乡侦察队名册(1944 年 5 月) 0159-001-0041

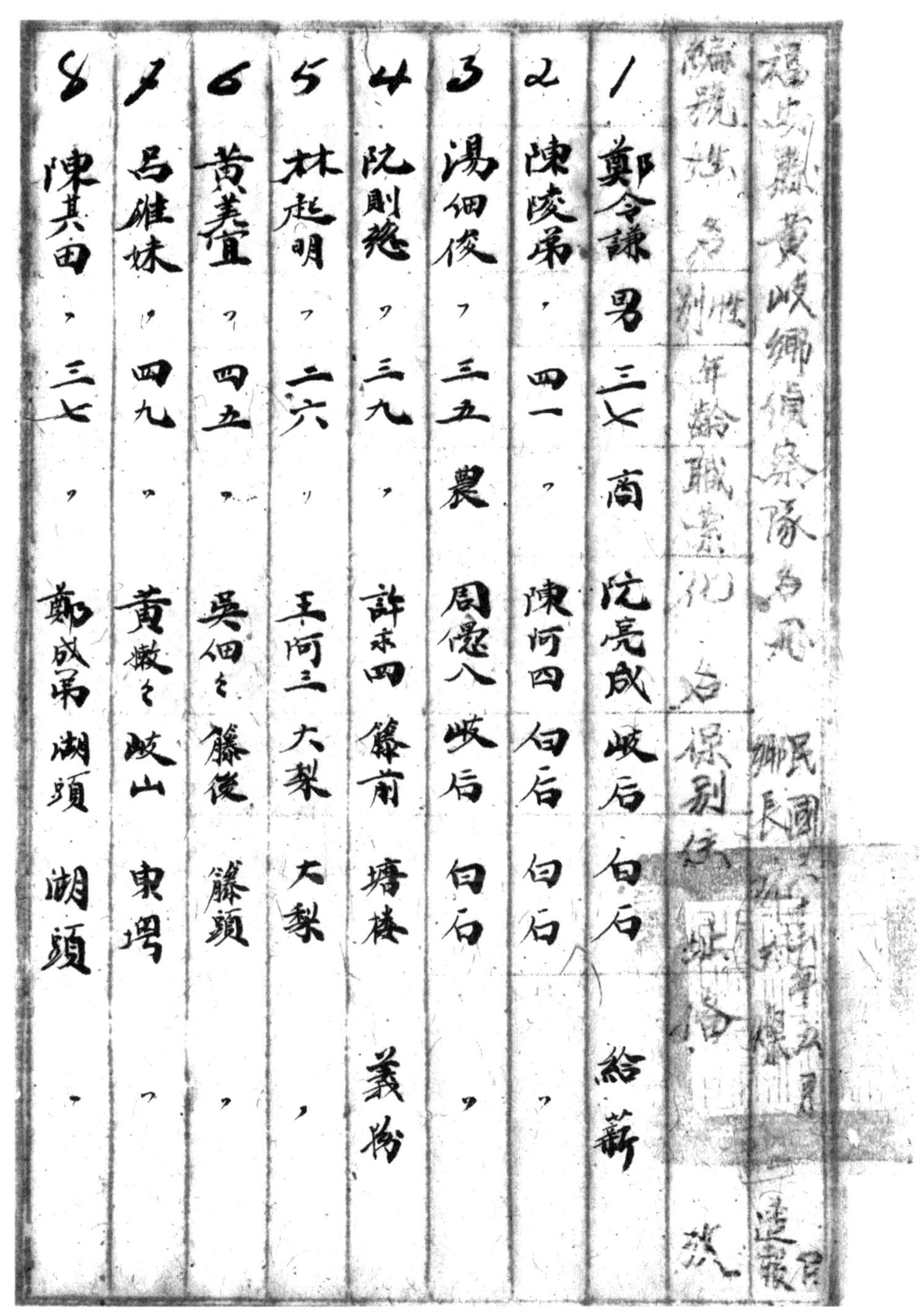

19

福安縣黃岐鄉偵察隊名冊

編號	姓名	性別	年齡	職業	住址	保別	住址	備考
1	鄭令謙	男	三七	商	阮亮成	岐后	白石	給薪
2	陳陵弟	〃	四一	〃	陳河四	白石	白石	〃
3	湯細俊	〃	三五	農	周偲八	岐后	白石	〃
4	阮則聡	〃	三九	〃	許木四	籐前	塘棲	義務
5	林起明	〃	二六	〃	王阿三	大梨	大梨	〃
6	黃義宜	〃	四五	〃	吳細々	籐後	籐頭	〃
7	呂雄妹	〃	四九	〃	黃嫩々	岐山	東塆	〃
8	陳其田	〃	三七	〃	鄭成弟	湖頭	湖頭	〃

民國卅三年五月 日 鄉長 造報

福安县黄岐乡侦察队名册(1944年5月)a面　0159-001-0041

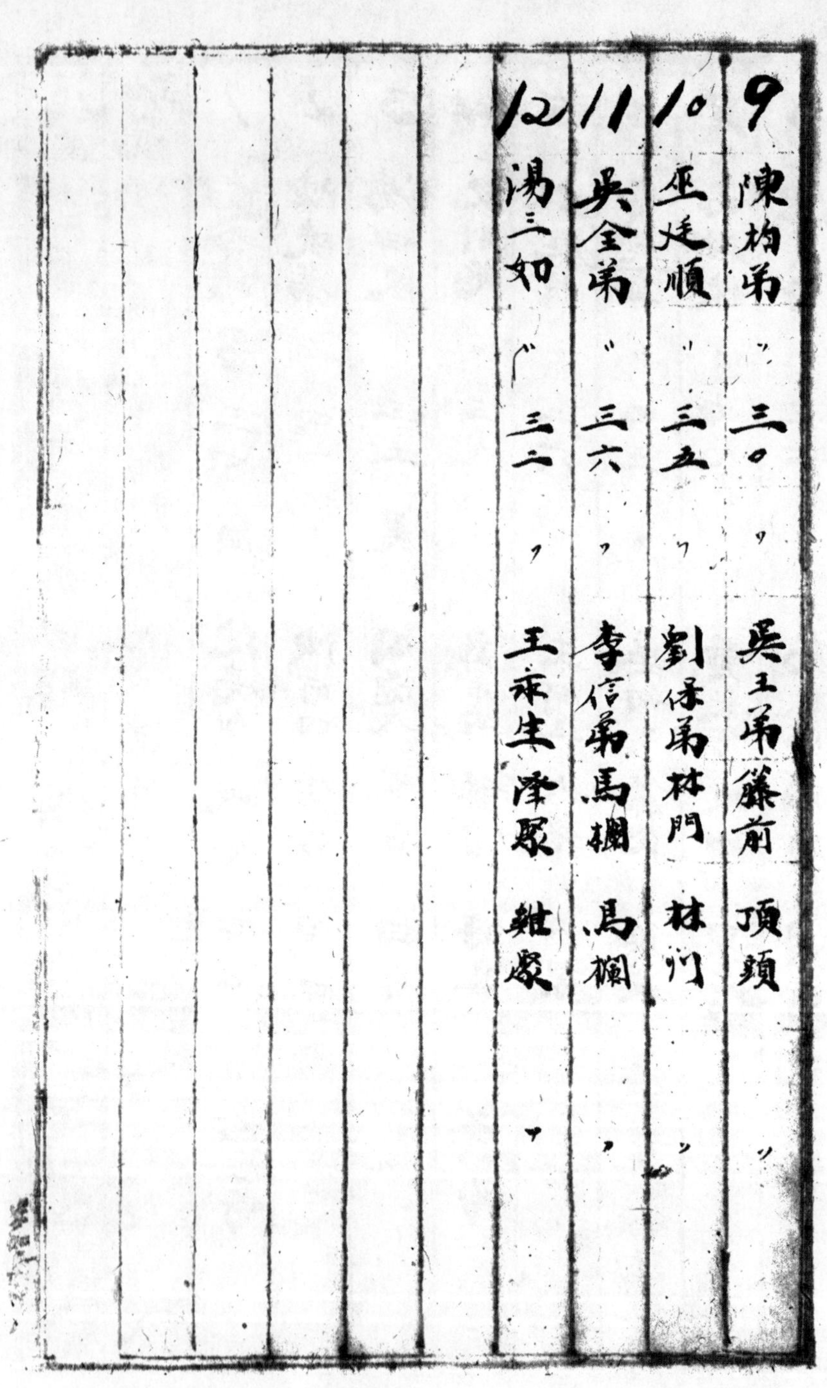

福安县黄岐乡侦察队名册(1944 年 5 月)b 面　0159-001-0041

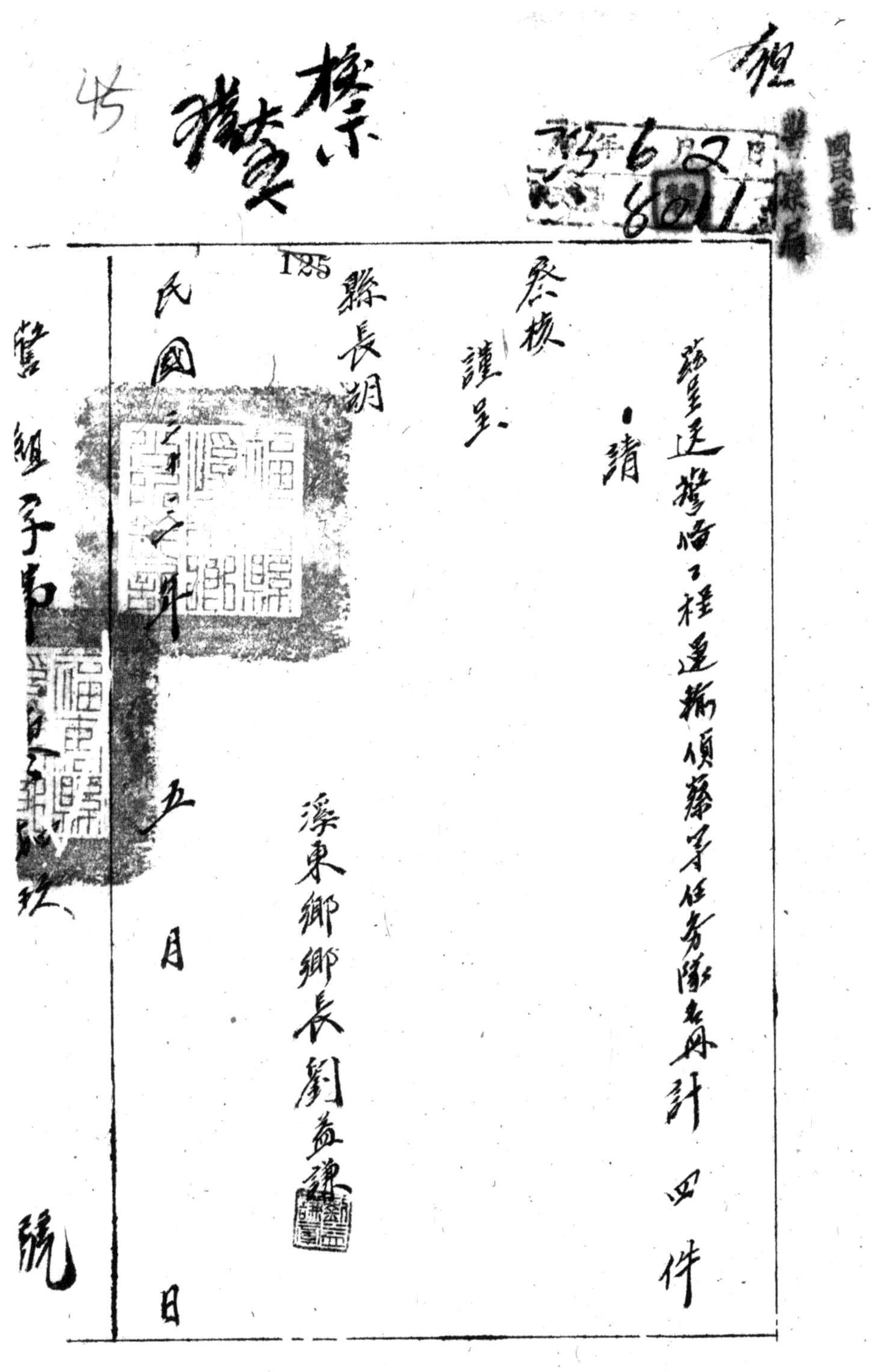

籖呈送警备工程运输侦察等任务队名册計四件

請

鑒核

謹呈

縣長胡

溪東鄉鄉長劉益謙

民國三十三年五月　日

警組字第　號

福安县溪东乡关于呈送警备、工程、运输、侦察等任务队名册的联单(1944 年 5 月)

0159-001-0042

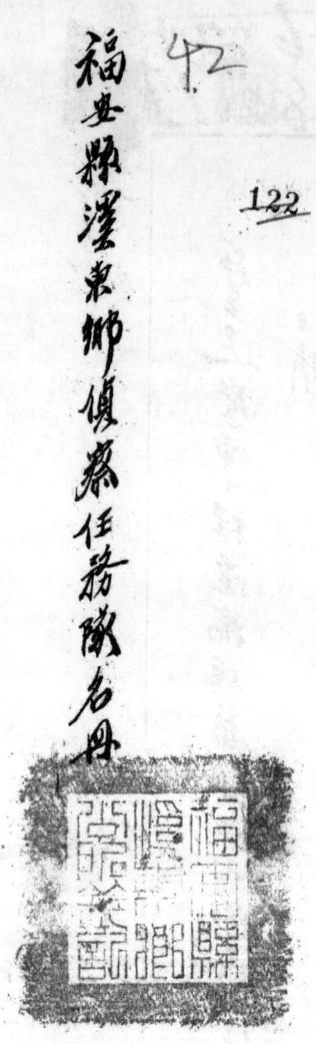

福安县溪东乡侦察任务队名册(1944 年 5 月 9 日) 0159-001-0042

43

~~128~~

福安縣溪東鄉偵察任務隊名册

姓名	籍貫	年齡	職業	詳細地址	備攷
朱觀舉	福安	四〇	商	燈山 燈山村	
鄭勝波	仝	三八	仝	松潭 松潭村	
何文芳	仝	三二	仝	岩湖 溪邊村	
鄭舜耕	仝	四八	仝	岩湖 岩湖村	
陳舜賢	仝	四五	仝	溪東 溪東街	
陳繼忠	仝	三六	農	長汀 長汀村	
吴咸順	仝	四七	仝	南岸 南岸村	
王則忠	仝	四三	仝	雁坑 湖塘坂村	

福安县溪东乡侦察任务队名册(1944 年 5 月 9 日)a 面　0159-001-0042

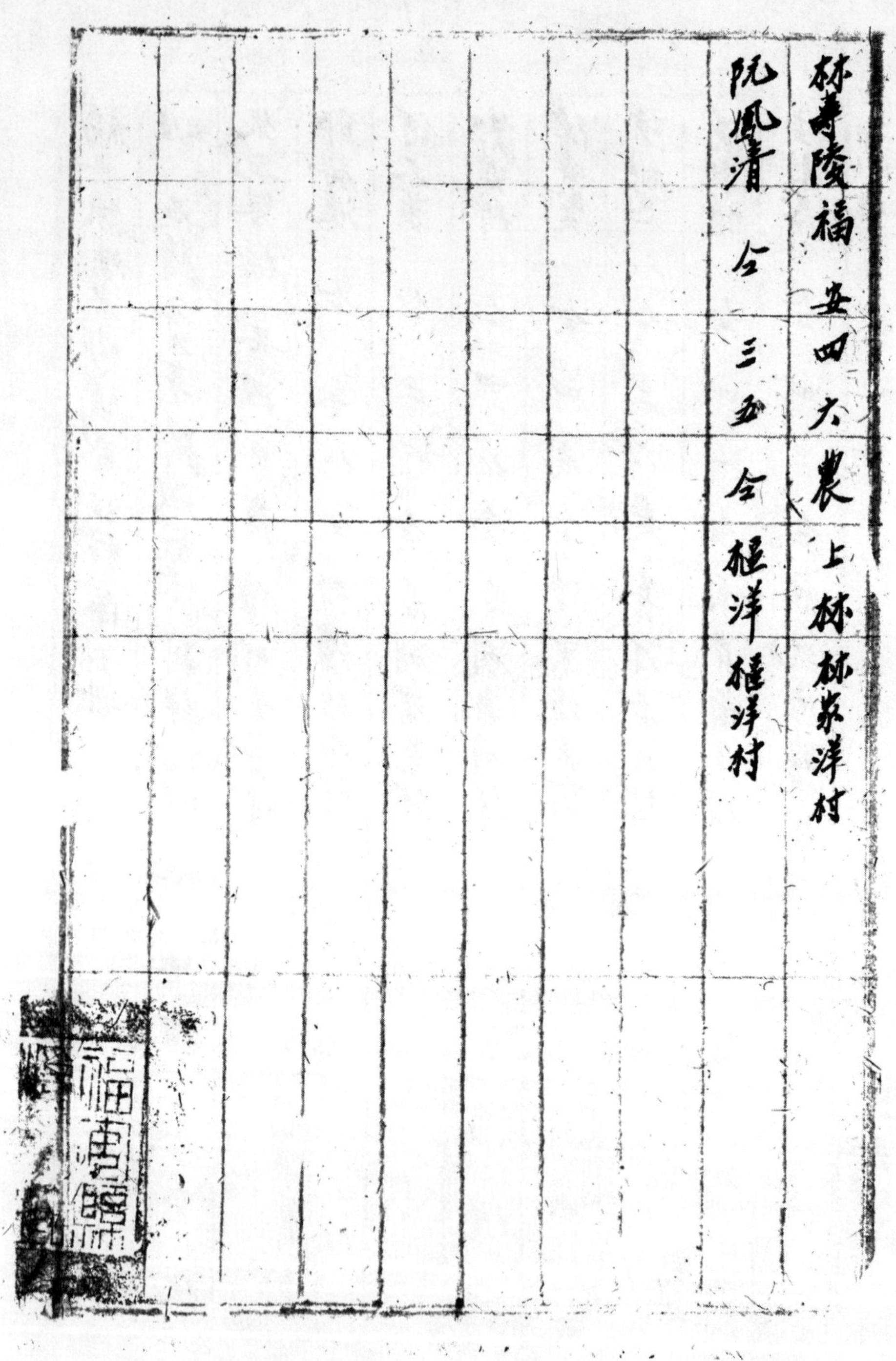

林寿陵	福安	四六	農	上林	林家洋村
阮風清	仝	三五	仝	柢洋	柢洋村

福安县溪东乡侦察任务队名册(1944年5月9日)b面　0159-001-0042

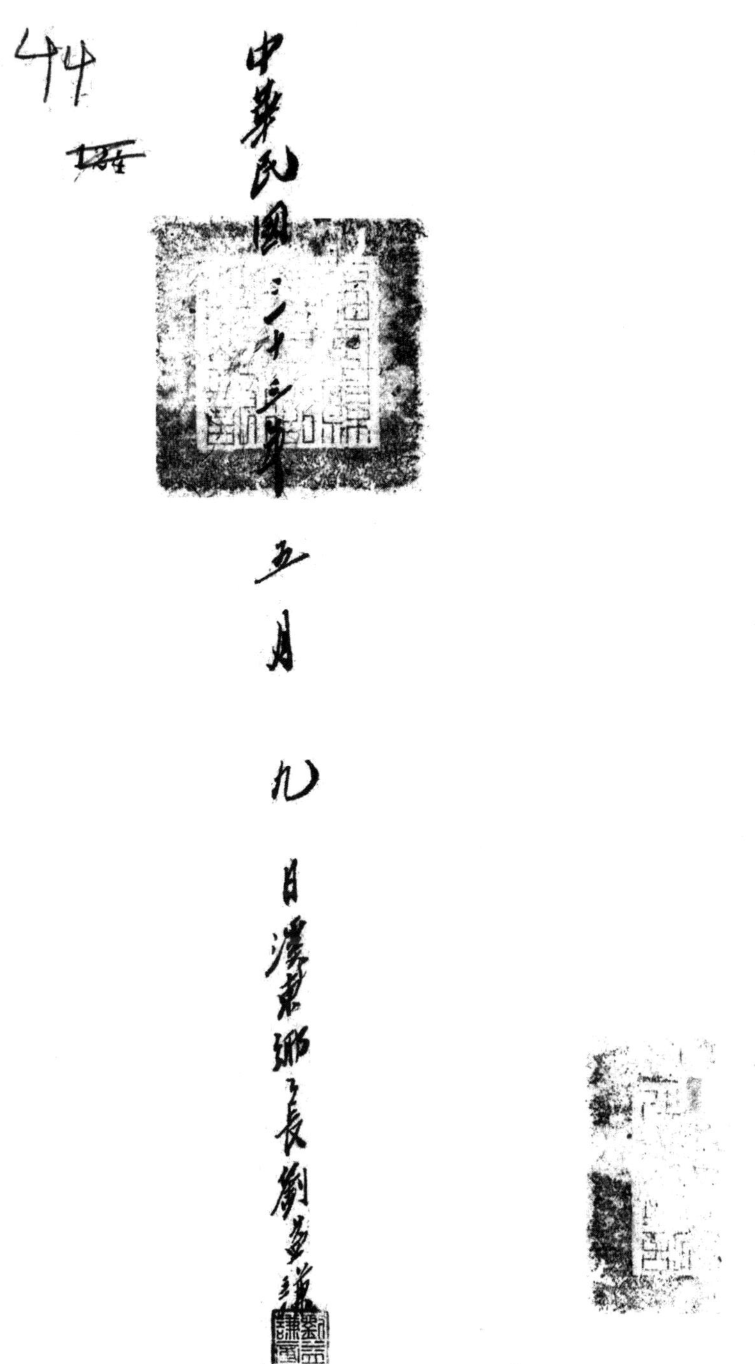

福安县溪东乡侦察任务队名册(1944 年 5 月 9 日)　0159-001-0042

50

~~131~~

福安縣溪東鄉警備任務隊隊兵名冊

福安縣溪東鄉公所鈐記

福安县溪东乡警备任务队队兵名册(1944 年 3 月) 0159-001-0042

51　~~132~~

福安縣溪東鄉警備任務隊隊兵名冊

姓名	年齡	籍貫	職業	備攷
張發昌	二五	福安	保丁	
林貞謙	二七	仝	仝	
鄭十二	三二	仝	仝	
阮細宝	三二	仝	仝	
陳虔弟	二五	仝	仝	
施周弟	三〇	仝	仝	
吳收周	二八	仝	仝	
王細妹	二七	仝	仝	

福安县溪东乡警备任务队队兵名册(1944 年 3 月)　0159-001-0042

52
中華民國三十三年三月　日溪東鄉鄉長劉益謙報

福安县溪东乡警备任务队队兵名册(1944 年 3 月)　0159-001-0042

福安县溪东乡警备任务队名册(1944 年 5 月)　0159-001-0042

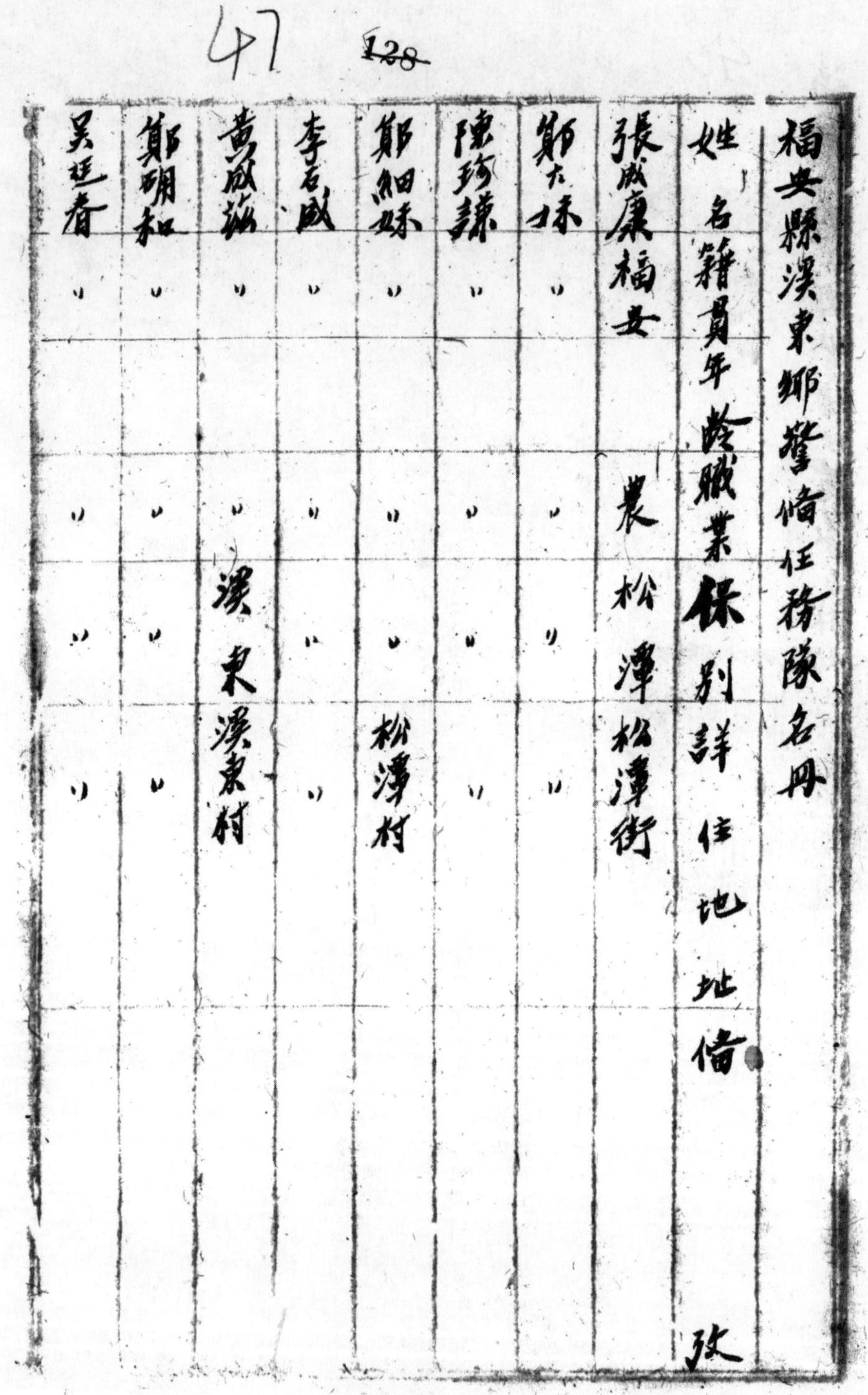

47 128

福安縣溪東鄉警備任務隊名冊

姓名	籍貫	年齡	職業	保別	詳住地址	備攷
張啟康	福安		農	松潭	松潭街	
鄭大妹	〃		〃	〃	〃	
陳琦謙	〃		〃	〃	〃	
鄭細妹	〃		〃	〃	松潭村	
李启成	〃		〃	〃	〃	
黃啟滋	〃		〃	溪東	溪東村	
鄭明和	〃		〃	〃	〃	
吳廷春	〃		〃	〃	〃	

福安县溪东乡警备任务队名册(1944 年 5 月)a 面 0159-001-0042

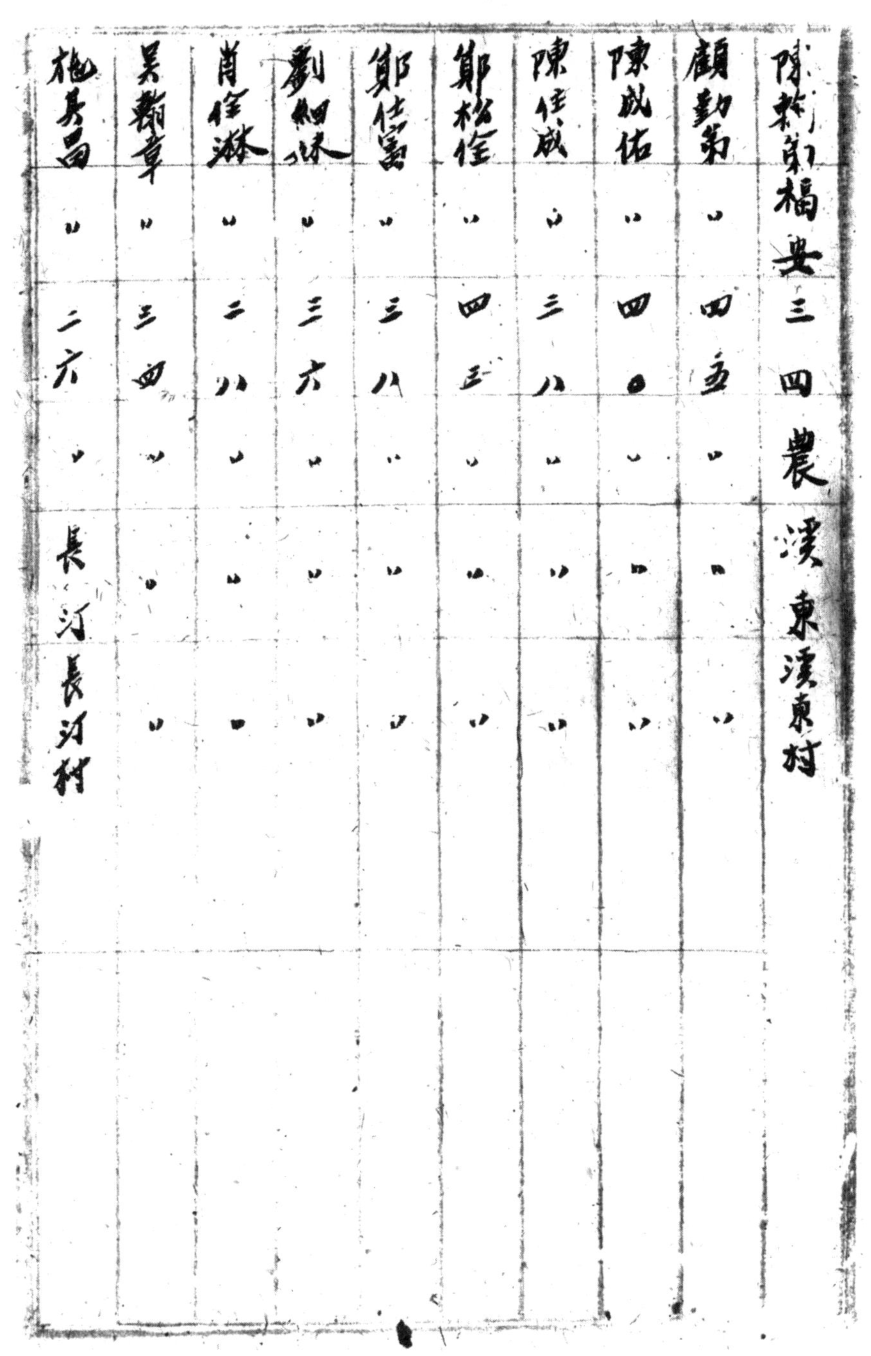

陳新錦	福安	三四	農	溪東	溪東村
顏勤菊	〃	四五	〃	〃	〃
陳成佑	〃	四〇	〃	〃	〃
陳侍成	〃	三八	〃	〃	〃
鄭松全	〃	四三	〃	〃	〃
鄭仕富	〃	三八	〃	〃	〃
劉細林	〃	三六	〃	〃	〃
肖金淋	〃	二八	〃	〃	〃
吴彌章	〃	三四	〃	〃	〃
施其昌	〃	二六	〃	長汀	長汀村

福安县溪东乡警备任务队名册(1944 年 5 月)b 面　0159-001-0042

福安县溪东乡警备任务队名册(1944年5月)a面 0159-001-0042

肖春、郎福安 三三 农 岩湖龍岩村

鄭富章 〃 二九 〃 〃 〃

福安县溪东乡警备任务队名册(1944 年 5 月)b 面　0159-001-0042

福安县溪东乡警备任务队名册(1944 年 5 月)　0159-001-0042

福安县溪东乡运输任务队名册(1944年5月) 0159-001-0042

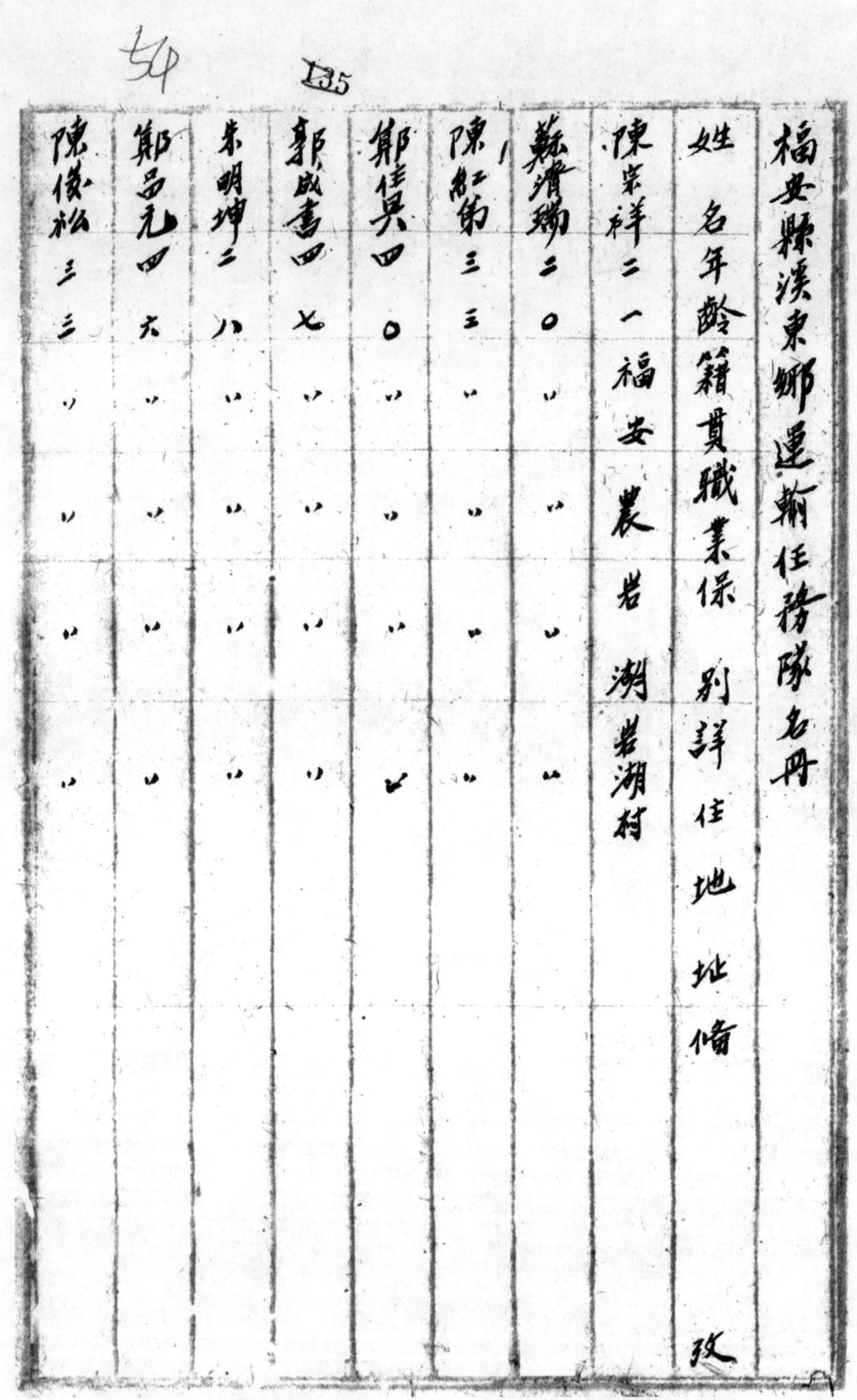

54

135

福安縣溪東鄉運輸任務隊名冊

姓名	年齡	籍貫	職業	保別	詳住地址	備攷
陳宗祥	二一	福安	農	岩湖	岩湖村	
蘇清瑞	二〇	〃	〃	〃	〃	
陳紅弟	三三	〃	〃	〃	〃	
鄭佳興	四〇	〃	〃	〃	〃	
郭成書	四七	〃	〃	〃	〃	
朱明坤	二八	〃	〃	〃	〃	
鄭品元	四六	〃	〃	〃	〃	
陳俊松	三三	〃	〃	〃	〃	

福安县溪东乡运输任务队名册(1944 年 5 月)a 面　0159-001-0042

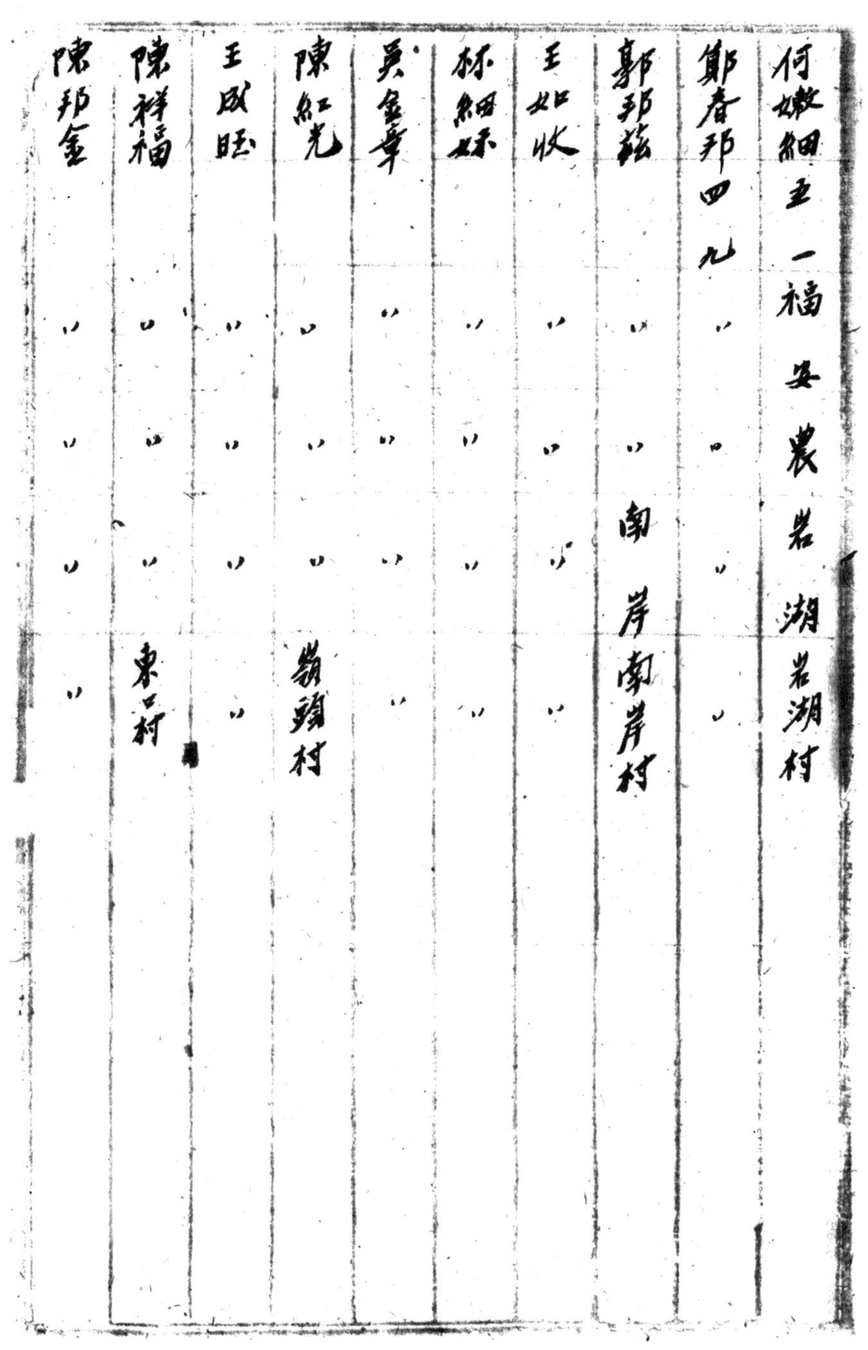

何嫩細	三一	福安	農	岩湖	岩湖村
鄭春邦	四九	〃	〃	〃	〃
郭邦茲		〃	〃	南岸	南岸村
王如收		〃	〃	〃	〃
林細妹		〃	〃	〃	〃
吳金章		〃	〃	〃	〃
陳紅光		〃	〃	〃	嶺頭村
王成旺		〃	〃	〃	〃
陳祥福		〃	〃	〃	東口村
陳邦金		〃	〃	〃	〃

福安县溪东乡运输任务队名册(1944 年 5 月)b 面　0159-001-0042

55 ~~136~~

陳如金		福安	農	南岸	東口村
陳壽明		〃	〃	〃	〃
黄少土	四〇	〃	〃	雁坑	湖塘坂村
陳佳	四三	〃	〃	〃	〃
楊成福	四八	〃	〃	〃	〃
阮丙現	五〇	〃	〃	〃	阮家坑村
阮如茲	四八	〃	〃	〃	〃
劉不弟	三二	〃	〃	〃	白塔村
林德茲	四九	〃	〃	〃	〃
陳錦其	三六	〃	〃	〃	〃

福安县溪东乡运输任务队名册(1944 年 5 月)a 面　0159-001-0042

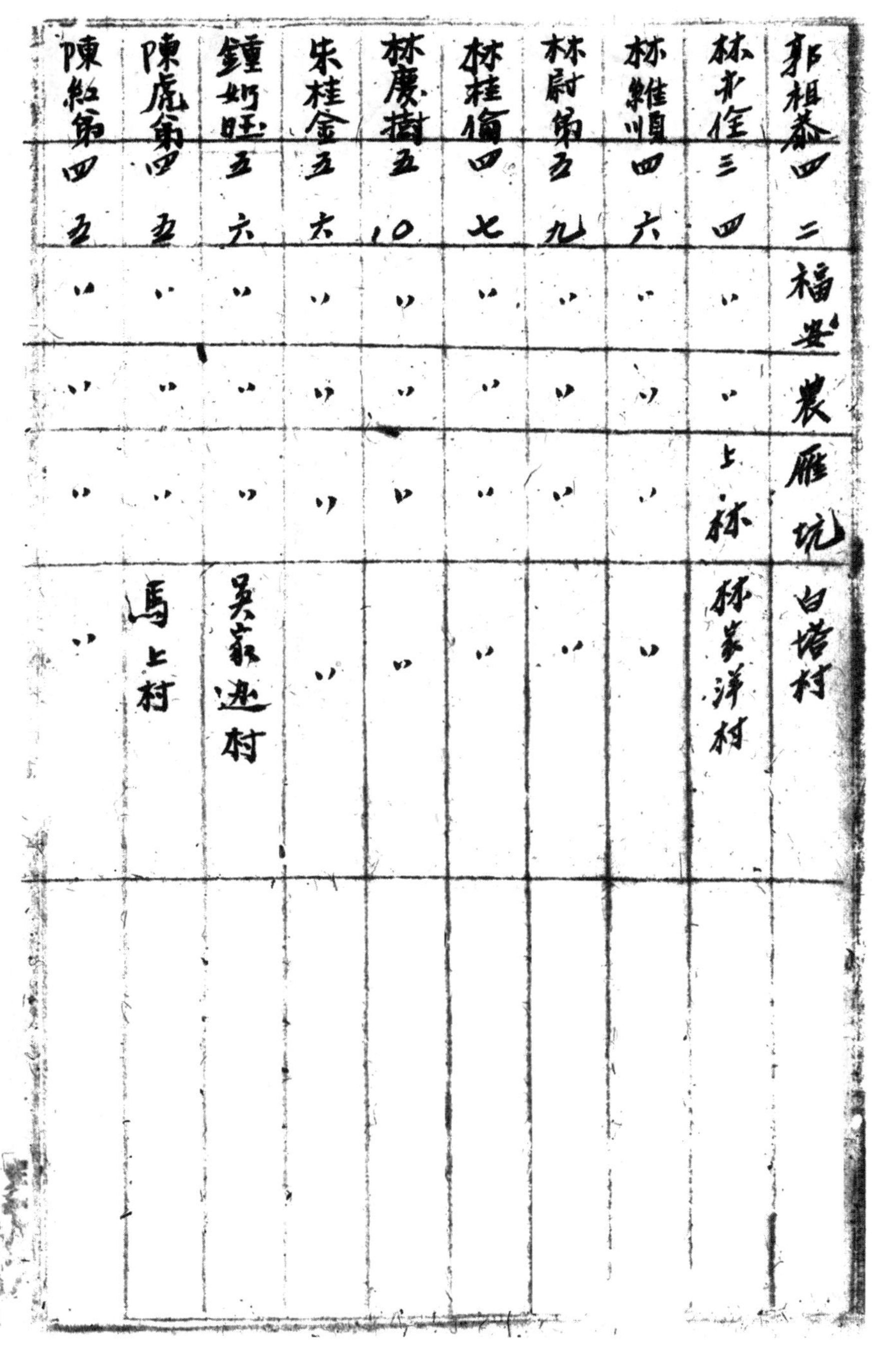

郭祖恭	四二	福安	農	雁坑	白塔村
林朮佺	三四	〃	〃	上林	林家洋村
林維順	四六	〃	〃	〃	〃
林尉弟	五九	〃	〃	〃	〃
林桂倫	四七	〃	〃	〃	〃
林廣樹	五〇	〃	〃	〃	〃
朱桂金	五六	〃	〃	〃	〃
鍾奶旺	五六	〃	〃	〃	吳家逊村
陳虎弟	四五	〃	〃	〃	馬上村
陳紅弟	四五	〃	〃	〃	〃

福安县溪东乡运输任务队名册(1944年5月)b面　0159-001-0042

56　137

陳馬皆	三	九	福安	農	上林	彭河村
林冬佺	四	九	〃	〃	〃	梨坑村
陳椿波	四	六	〃	〃	〃	〃
李貴森	三	三	〃	〃	樟洋	樟洋村
阮木發	三	五	〃	〃	〃	〃
陳新富	四	四	〃	〃	〃	〃
阮蒲弟	四	四	〃	〃	〃	〃
阮金富	二	三	〃	〃	〃	〃
阮党券	二	四	〃	〃	〃	〃
阮江祥	二	三	〃	〃	〃	〃

福安县溪东乡运输任务队名册(1944 年 5 月)a 面　0159-001-0042

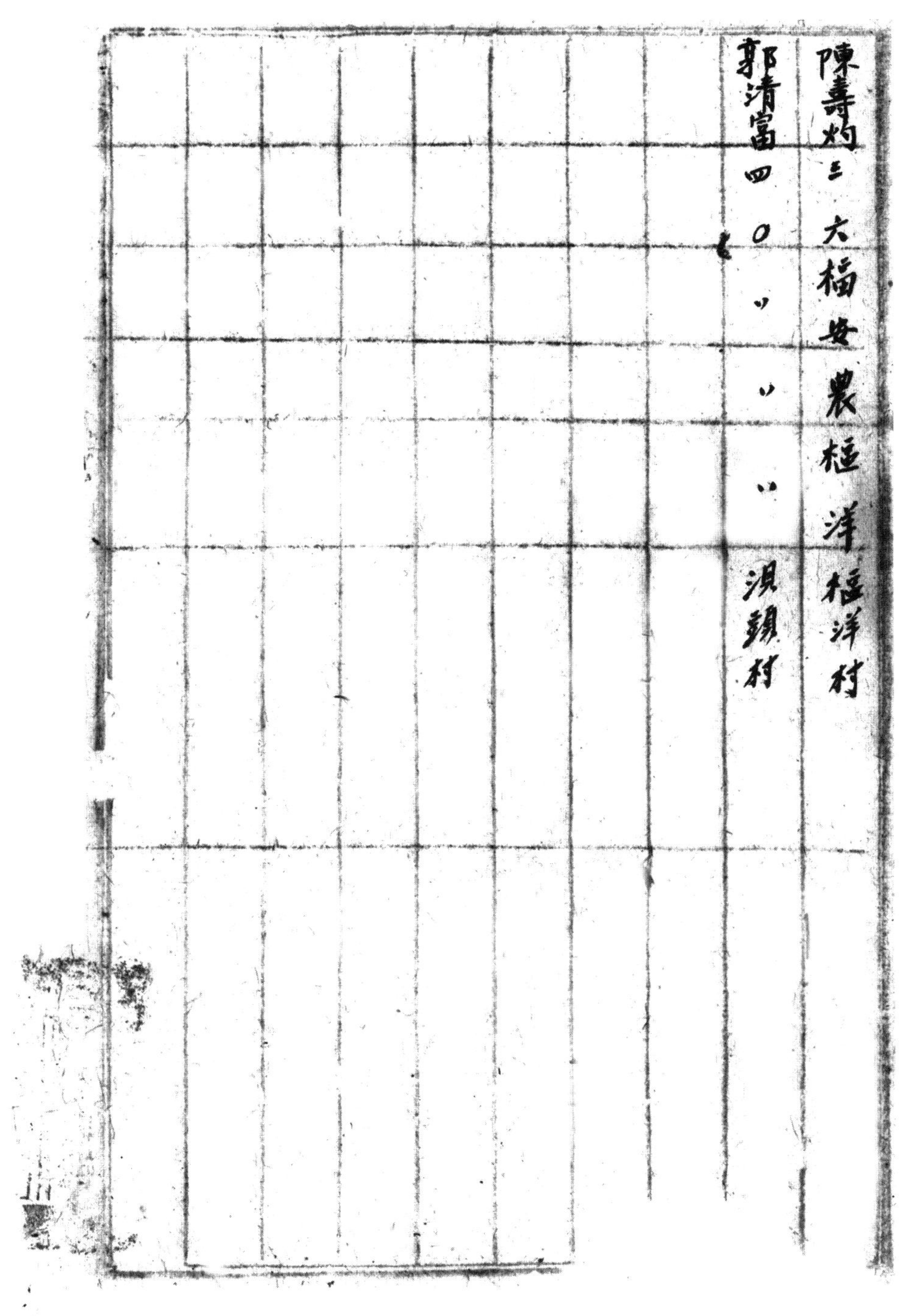

陳壽灼	三	六	福安	農	極洋	極洋村				
郭清富	四〇	〃	〃	〃	〃	洞頭村				

福安县溪东乡运输任务队名册(1944年5月)b面　0159-001-0042

福安县溪东乡运输任务队名册(1944 年 5 月) 0159-001-0042

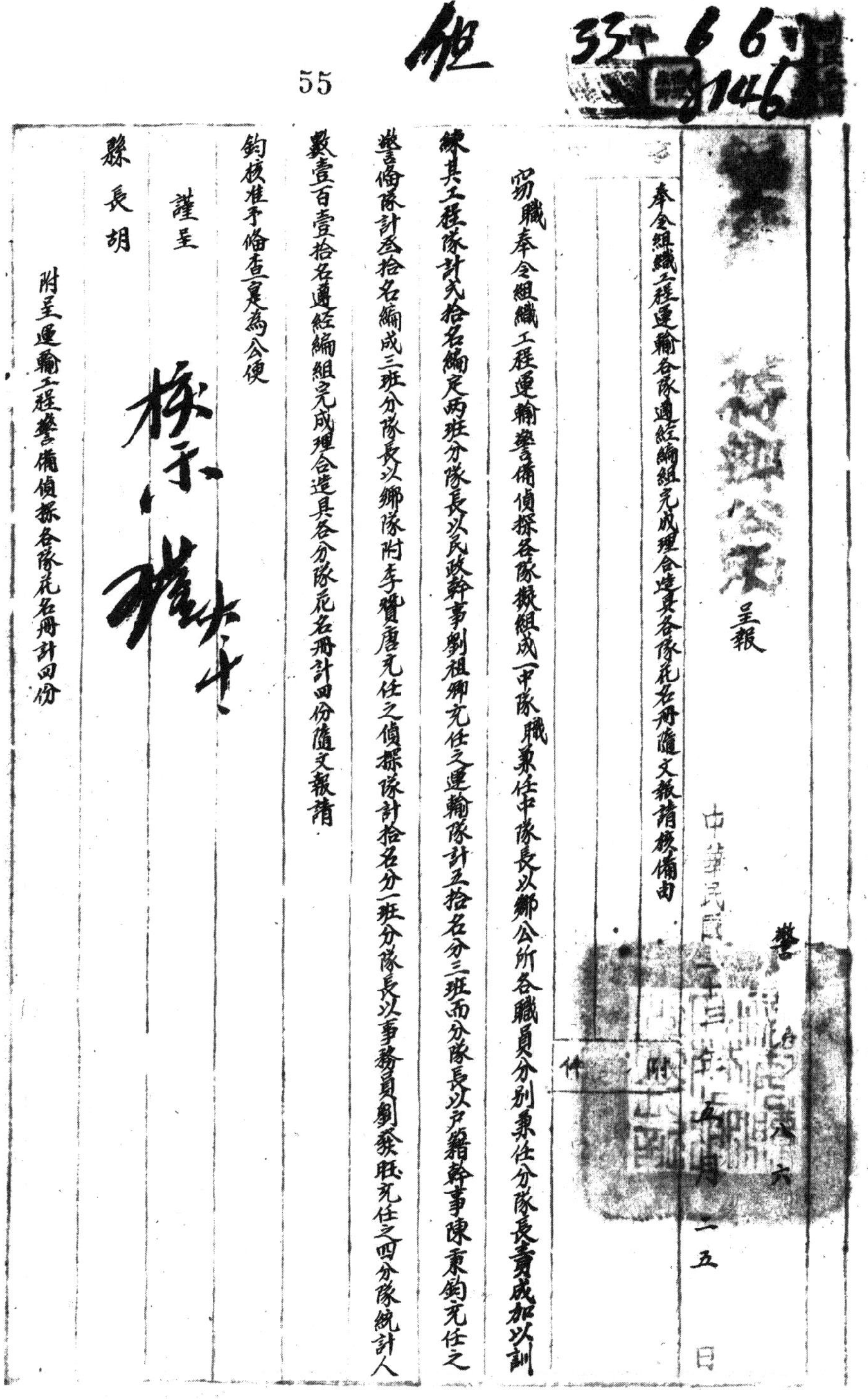
55

奉令組織工程運輸各隊遵經編組完成理合造具各隊花名冊隨文報請核備由

大荷鄉公所 呈報

竊職奉令組織工程運輸警備偵探各隊擬組成一中隊職兼任中隊長以鄉公所各職員分別兼任分隊長責成加以訓練具工程隊計弍拾名編定兩班分隊長以民政幹事劉祖卿充任之運輸隊計五拾名分三班而分隊長以戶籍幹事陳秉鈞充任之警備隊計叁拾名編成三班分隊長以鄉隊附李贊唐充任之偵探隊計拾名分一班分隊長以事務員劉發旺充任之四分隊統計人數壹百壹拾名遵經編組完成理合造具各分隊花名冊計四份隨文報請

鈞核准予備查是為公便

謹呈

縣長胡

附呈運輸工程警備偵探各隊花名冊計四份

中華民國三十三年五月二五日

福安县大荷乡公所关于工程、运输各队编组完成并造具名册报请核备的呈文

（1944年5月25日） 0159-001-0041

56

福安縣大荷鄉鄉長陳禹傳

福安县大荷乡公所关于工程、运输各队编组完成并造具名册报请核备的呈文

(1944年5月25日) 0159-001-0041

13

福安县大荷乡工程队队员花名册

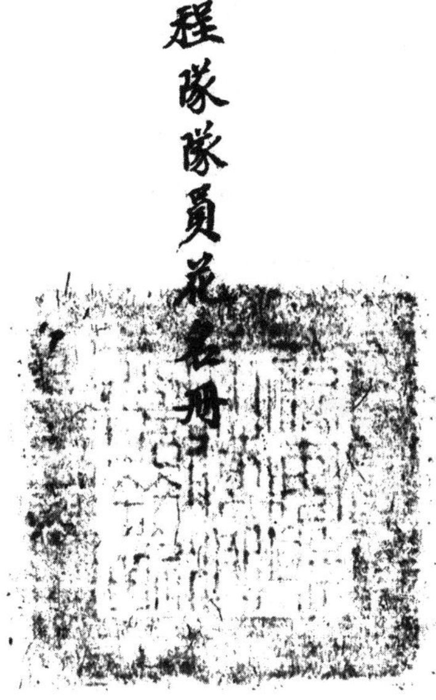

附件　福安县大荷乡工程队队员花名册(1944 年 5 月)　0159-001-0041

福安縣大荷鄉工程隊隊員花名冊

職級	姓名	年齡	籍貫	住址	備攷
兼中隊長	陳禹傅	三〇	福安	大荷鄉公所	
兼分隊長	劉祖鄉	三〇	〃	大荷鄉公所	
班長	林神如	四〇	〃	大獲村	
隊員	李夢乾	四六	〃	大獲保大獲村	
〃	李夢銓	三八	〃	〃 〃	
〃	方佬春	四〇	〃	衡陽保衡陽下埕	
〃	方任法	四二	〃	〃 〃	
〃	陳延盛	四三	〃	大洋保丰嶺村	

附件　福安县大荷乡工程队队员花名册(1944年5月)a面　0159-001-0041

隊員	陳東吉	四二	福安	大洋保半嶺村
〃	高榮祖	四三	〃	荷江保荷嶼村
〃	高細如	四三	〃	〃 〃
〃	高奶忠	四四	〃	〃 〃
班長	方廷波	三四	〃	衡陽保衡陽上坪
隊員	蔣細華	四〇	〃	瀨嶼保瀨嶼村
〃	蔣細樂	四〇	〃	〃 〃
〃	蔣恒忠	三八	〃	〃 〃
〃	陳振而	三六	〃	樓厦保樓厦村
〃	陳傳賢	三八	〃	〃 〃

附件　福安县大荷乡工程队队员花名册(1944 年 5 月)b 面　0159-001-0041

15

〃	陳佬亨	三七	〃	〃 〃
〃	黃佬大	四三	〃	外宅保大坑村
〃	闌第三	四五	〃	〃 〃
〃	孫進祥	四四	〃	〃 〃
合計	二十二名員			

附件　福安县大荷乡工程队队员花名册（1944 年 5 月）　0159-001-0041

16 中華民國三十三年五月

日大荷鄉鄉長陳禹傅

附件　福安县大荷乡工程队队员花名册(1944 年 5 月)　0159-001-0041

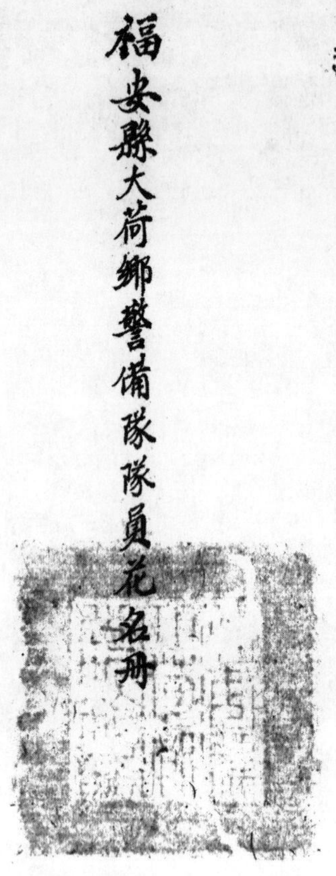

附件　福安县大荷乡警备队队员花名册(1944 年 5 月)　0159-001-0041

52

福安縣大荷鄉警備隊隊員花名冊

職級	姓名	年齡	籍貫	住址	備攷
兼中隊長	陳禹傳	三〇	福安	大荷鄉公所	
兼分隊長	李贊唐	二八	〃	〃 〃	
班長	趙廷友	三八	〃	大蒦保大蒦村	
隊員	林檀桂	三七	〃	〃 〃	
〃	林隆清	三九	〃	〃 〃	
〃	林檀慶	三九		〃 〃	
〃	林神養	三八	〃	〃 〃	
〃	方永祥	四二	〃	衡陽保	

附件　福安县大荷乡警备队队员花名册(1944年5月)a面　0159-001-0041

隊員	方侁森	三八	福安	衙陽保
"	方慶順	四四	"	"
"	林坛宋	三九	"	"
"	林樹慶	三六	"	"
班長	吳慶生	三九	"	大洋保墩頭村
隊員	藍成懋	四〇	"	大洋保清山鼻
"	藍細俤	三九	"	大洋保山朕嶺
"	藍祥波	四三	"	大洋保王鄭坑村
"	高良儉	四三	"	荷江保荷嶼村
"	高墩雕	四四	"	" "

附件 福安县大荷乡警备队队员花名册(1944 年 5 月)b 面 0159-001-0041

53

〃	陳神後	三六	〃	〃 〃
〃	藍佬三	四二	〃	〃 〃
〃	蔣允應	四五	〃	賴典保賴典村
〃	朱神入	三九	〃	〃 〃
班長	蔣神潘	三六	〃	〃 〃
隊員	陳藍享	三七	〃	〃 〃
〃	許贊	四〇	〃	樓厦保田坪村
〃	蔣允義	四〇	〃	〃 〃
〃	鄭大齊	四二	〃	樓厦保坑源村
〃	鄭妙送	三六	〃	〃 〃

附件　福安县大荷乡警备队队员花名册(1944 年 5 月)a 面　0159-001-0041

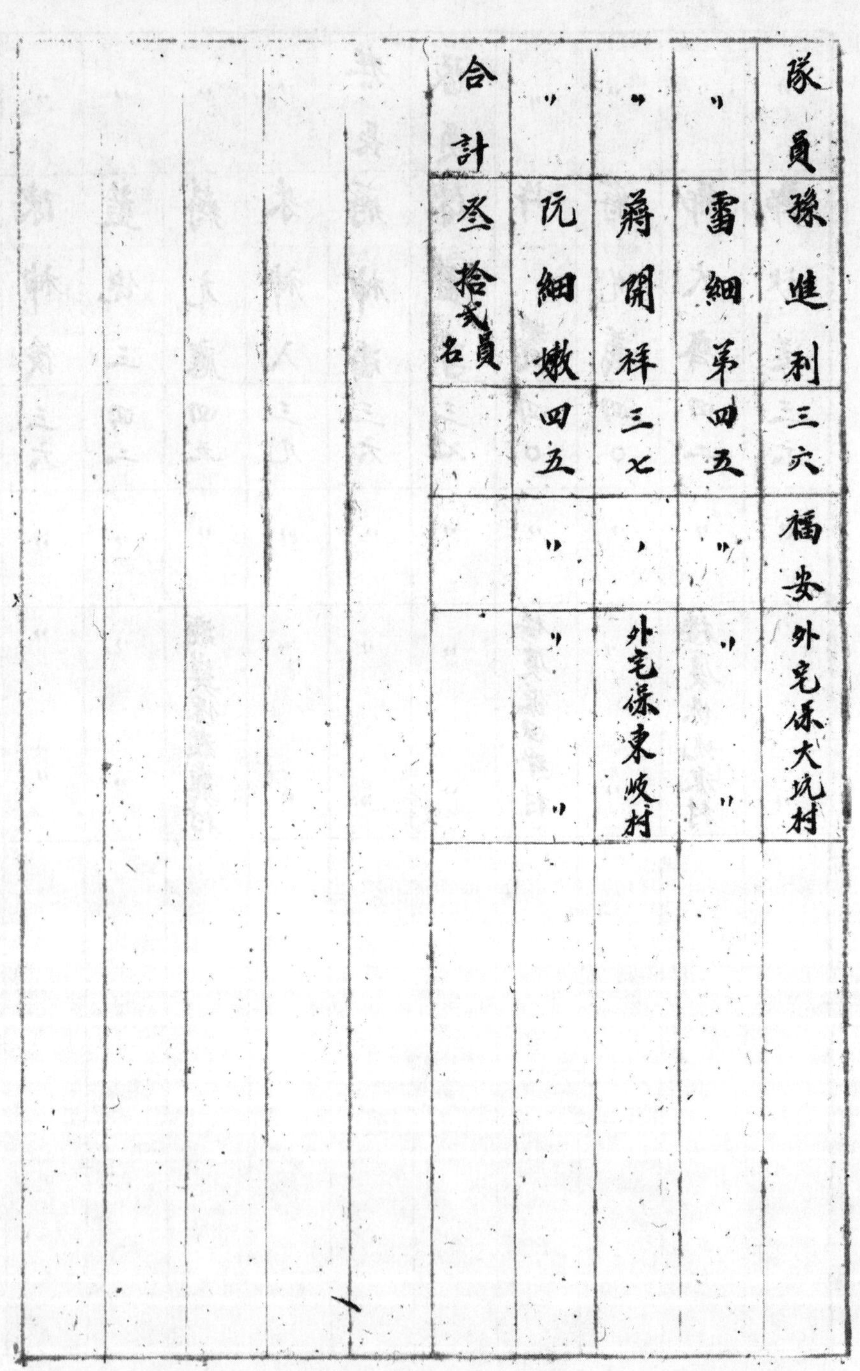

隊員	孫進利	三六	福安	外宅保大坑村
〃	雷細弟	四五	〃	〃
〃	蔣開祥	三七	〃	外宅保東岐村
〃	阮細嫩	四五	〃	〃
合計	叁拾貳員名			

附件 福安县大荷乡警备队队员花名册(1944 年 5 月)b 面 0159-001-0041

54

中華民國三十三年五月　日大荷鄉鄉長陳禹傅

附件　福安县大荷乡警备队队员花名册(1944年5月)　0159-001-0041

57

福安縣大荷鄉偵探隊隊員花名册

附件　福安县大荷乡侦探队队员花名册(1944 年 5 月)　0159-001-0041

58

福安縣大荷鄉偵探隊隊員花名册

職級	姓名	年齡	籍貫	住址	備攷
兼中隊長	陳禹傅	三〇	福安	大荷鄉公所	
兼分隊長	劉發旺	二八	〃	〃	
班長	雷宗錦	四三	〃	大獲保下赤村	
隊員	雷宗立	三七	〃	〃 〃	
〃	陳神祿	四〇		衡陽保	
〃	藍伏茂	四四	〃	大洋、保塘樓墘	
〃	劉成開	三八	〃	〃 〃	
〃	藍細偲	三六	〃	〃 〃	

附件　福安县大荷乡侦探队队员花名册(1944年5月)a面　0159-001-0041

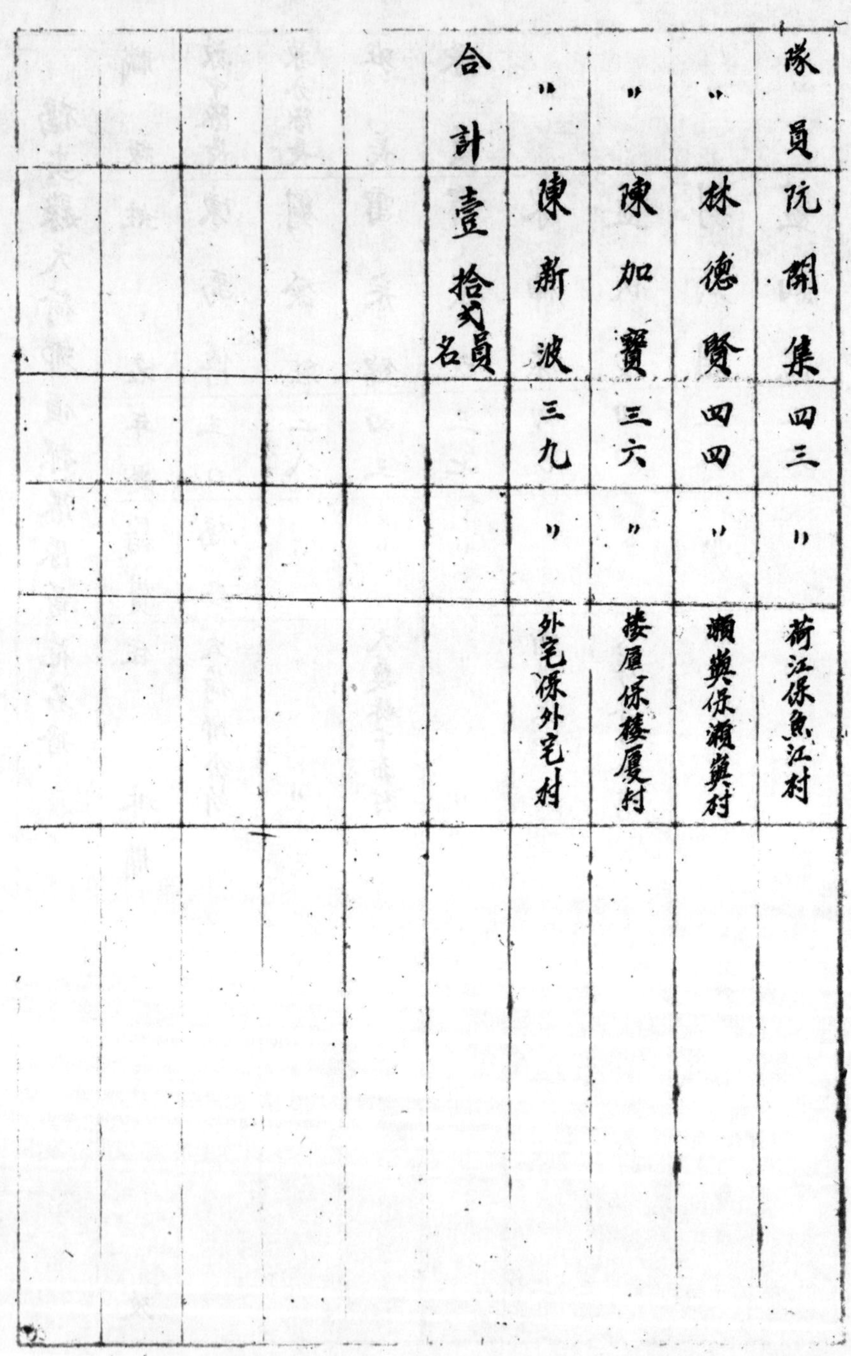

隊員	阮開集	四三	〃	蒋江保魚江村
〃	林德賢	四四	〃	瀕奠保瀕奠村
〃	陳加寶	三六	〃	樓厦保樓厦村
〃	陳新波	三九	〃	外宅保外宅村
合計	壹拾弍員名			

附件 福安县大荷乡侦探队队员花名册(1944 年 5 月)b 面 0159-001-0041

59 中華民國三十三年五月

日大荷鄉鄉長陳禹傳

附件　福安县大荷乡侦探队队员花名册(1944 年 5 月)　0159-001-0041

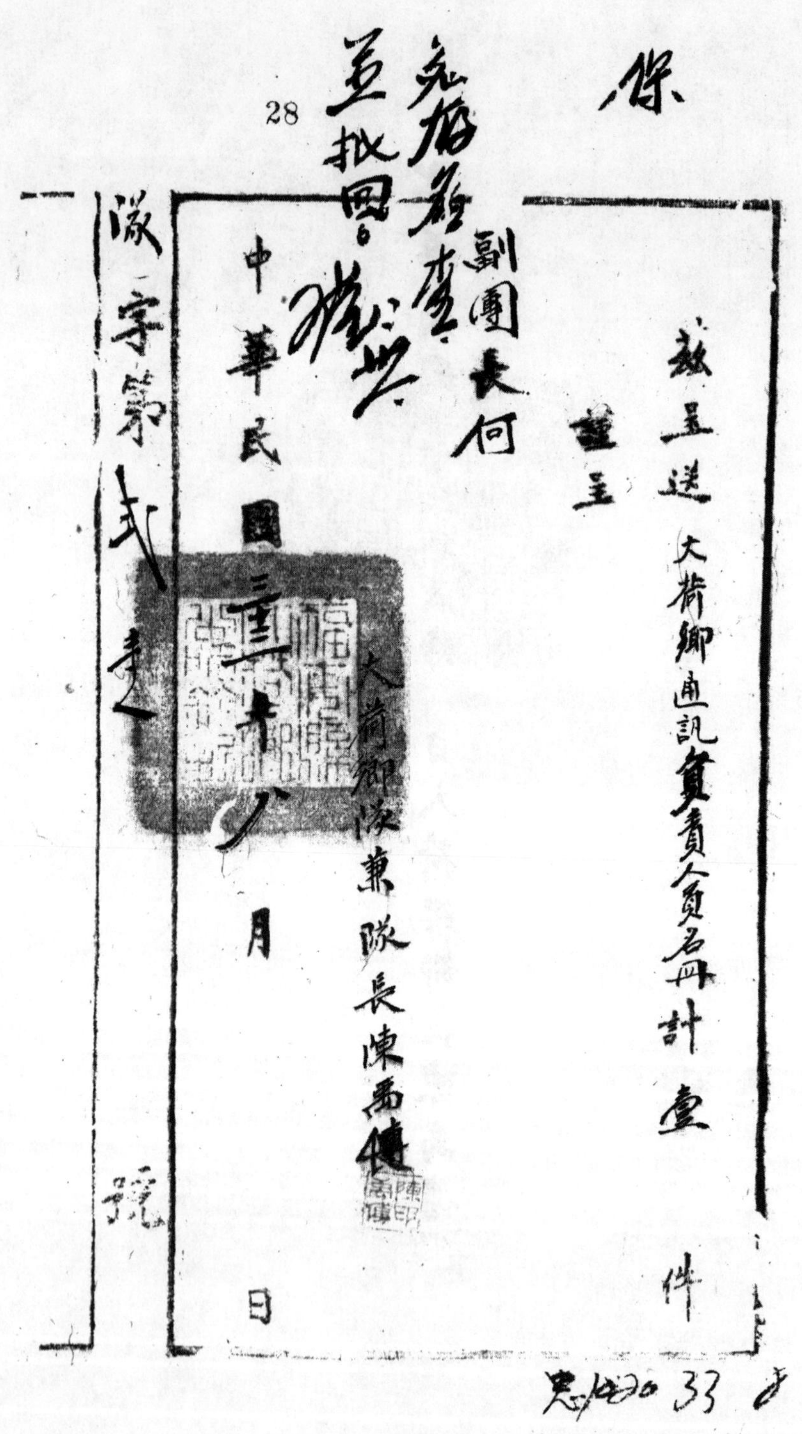

保

28

敬呈送大荷鄉通訊負責人員名冊計壹件

謹呈

副團長何

大荷鄉隊兼隊長陳禹傳

中華民國三十三年八月 日

隊字第貳 號

免存卷查 並批回

福安县大荷乡公所关于呈送本乡通讯负责人员名册的联单(1944 年 8 月)

0159-001-0041

21

福安縣大荷鄉通訊負責人員名冊

中華民國卅三年八月 日

福安县大荷乡通讯负责人员名册(中华民国三十三年八月)(1944 年 8 月) 0159-001-0041

22

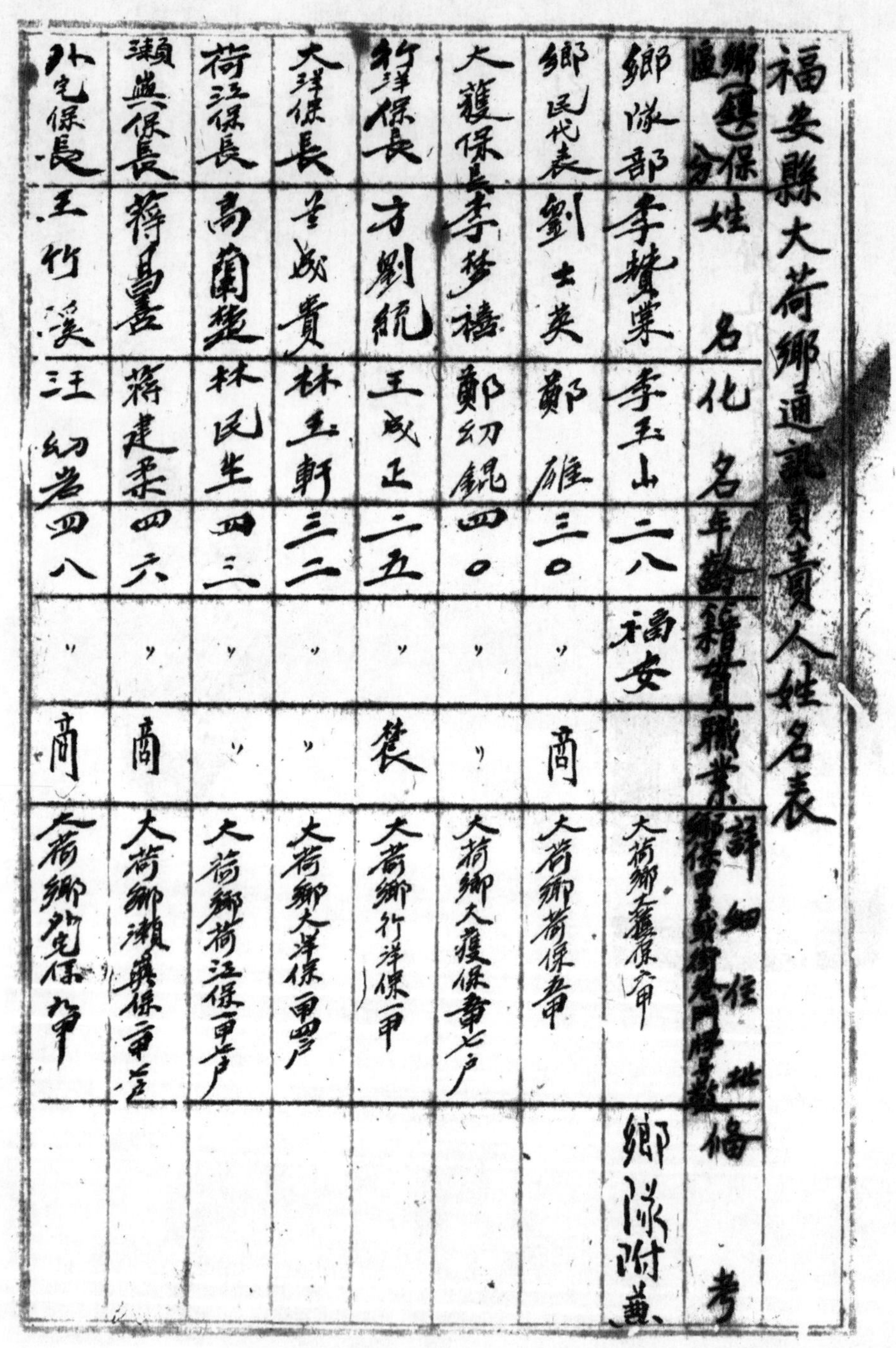

福安縣大荷鄉通訊負責人姓名表

鄉(鎮)保甲區分	姓名	化名	年齡	籍貫	職業	詳細住址（鄉保甲戶街巷門牌號數）	備考
鄉隊部	李贊業	李玉山	二八	福安		大荷鄉大獲保六甲	鄉隊附兼
鄉民代表	劉士英	鄭雄	三〇	〃	商	大荷鄉荷保十甲	
大獲保長	李夢禧	鄭幼銀	四〇	〃	〃	大荷鄉大獲保十甲七戶	
竹洋保長	方劉統	王成正	二五	〃	農	大荷鄉竹洋保一甲	
大洋保長	黃成貴	林玉軒	三二	〃	〃	大荷鄉大洋保十甲四戶	
荷江保長	高蘭芝	林民生	四三	〃	〃	大荷鄉荷江保十甲十戶	
瀨與保長	蔣昌善	蔣建柔	四六	〃	商	大荷鄉瀨與保十甲	
外宅保長	王竹溪	汪幼岩	四八	〃	商	大荷鄉外宅保六甲	

福安县大荷乡通讯负责人员名册(中华民国三十三年八月)(1944年8月)　0159-001-0041

23

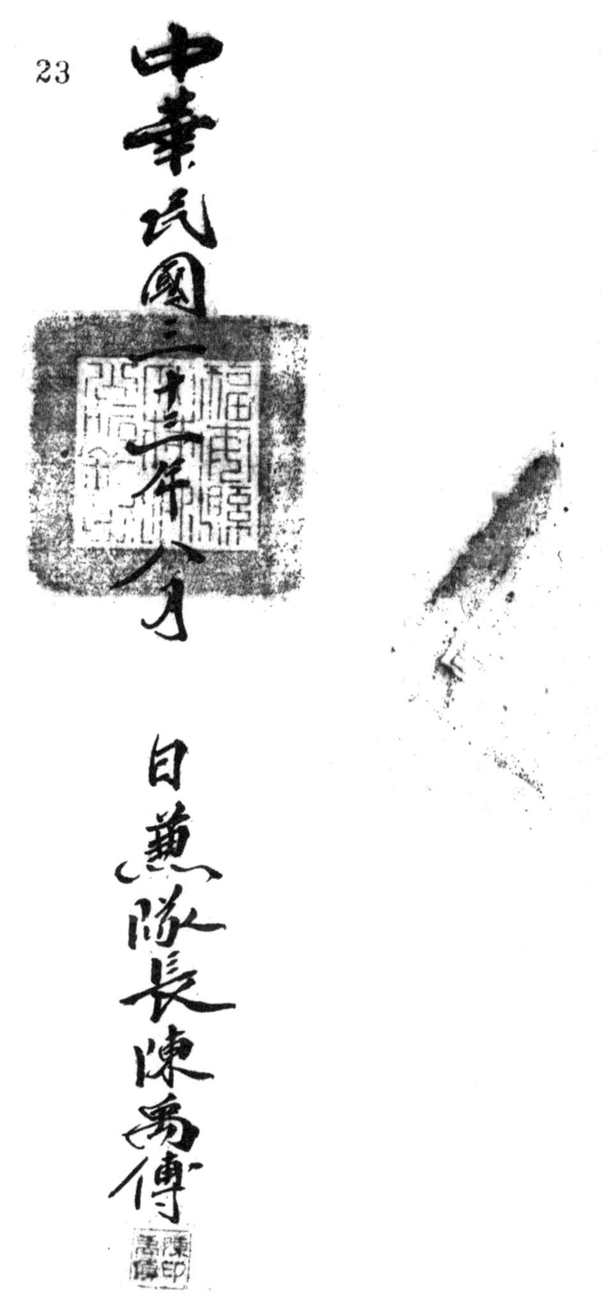

福安县大荷乡通讯负责人员名册（中华民国三十三年八月）(1944年8月)　0159-001-0041

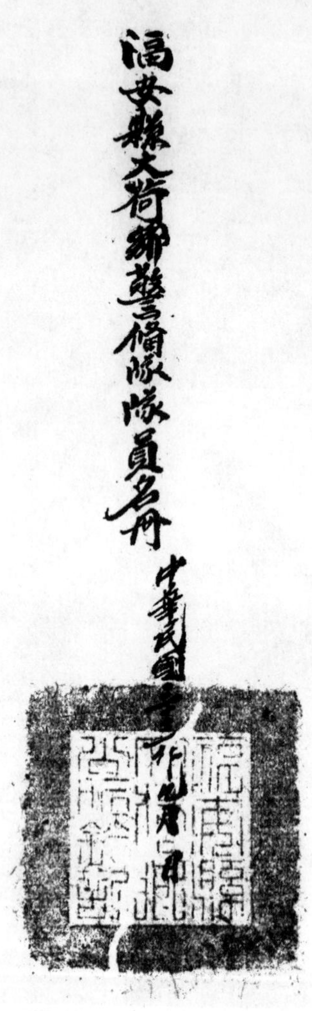

福安县大荷乡警备队队员名册(中华民国三十三年九月)(1944年9月)

0159-001-0041

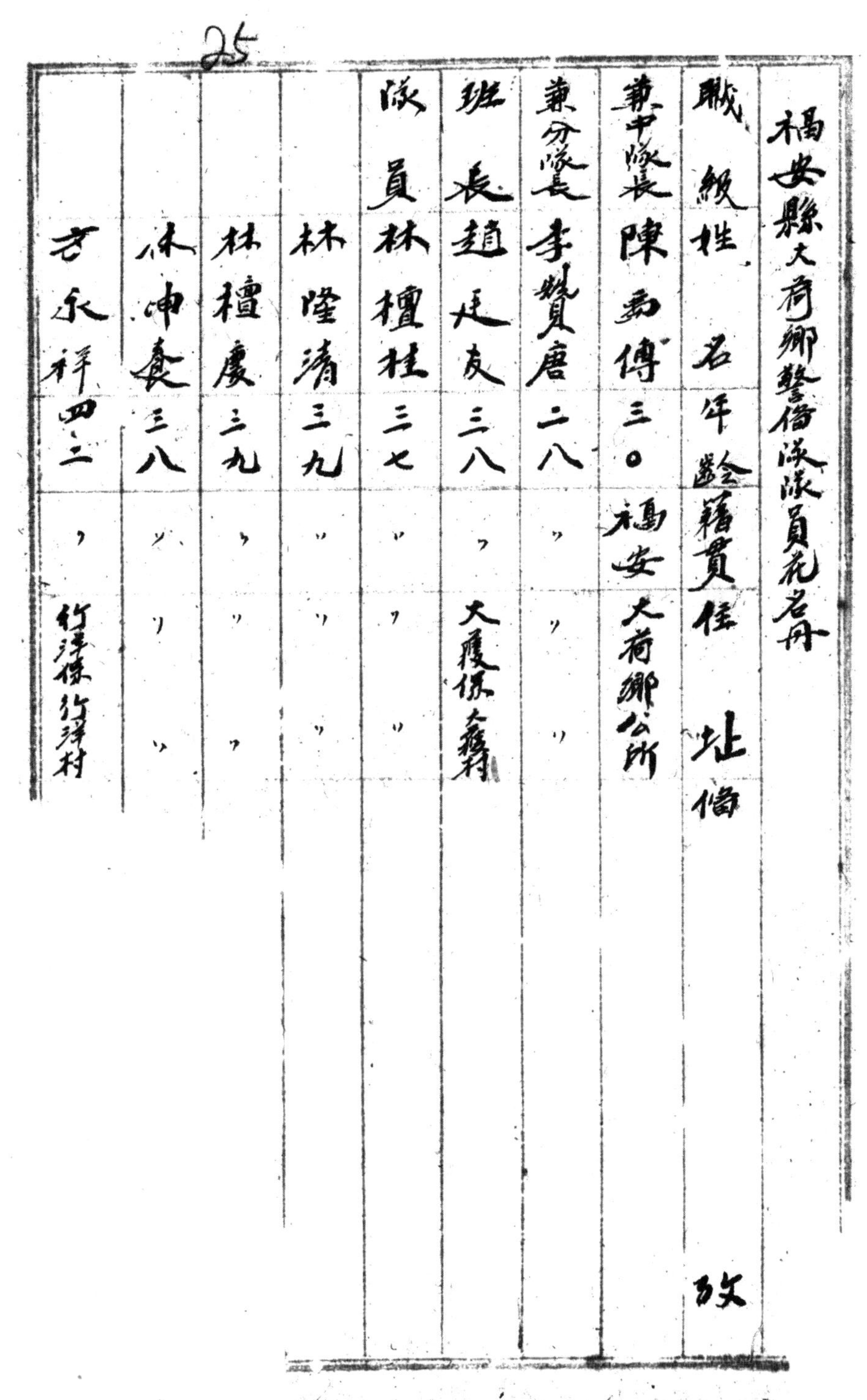

25

福安縣大荷鄉警備隊隊員花名冊

職級	姓名	年齡	籍貫	住址	備攷
兼中隊長	陳勛傳	三〇	福安	大荷鄉公所	
兼分隊長	李贊唐	二八	〃	〃	
班長	趙廷友	三八	〃	大厦保太彝村	
隊員	林檀桂	三七	〃	〃	
	林隆清	三九	〃	〃	
	林檀慶	三九	〃	〃	
	林冲袞	三八	〃	〃	
	吉永祥	四二	〃	竹洋保竹洋村	

福安县大荷乡警备队队员名册(中华民国三十三年九月)(1944年9月)a面　0159-001-0041

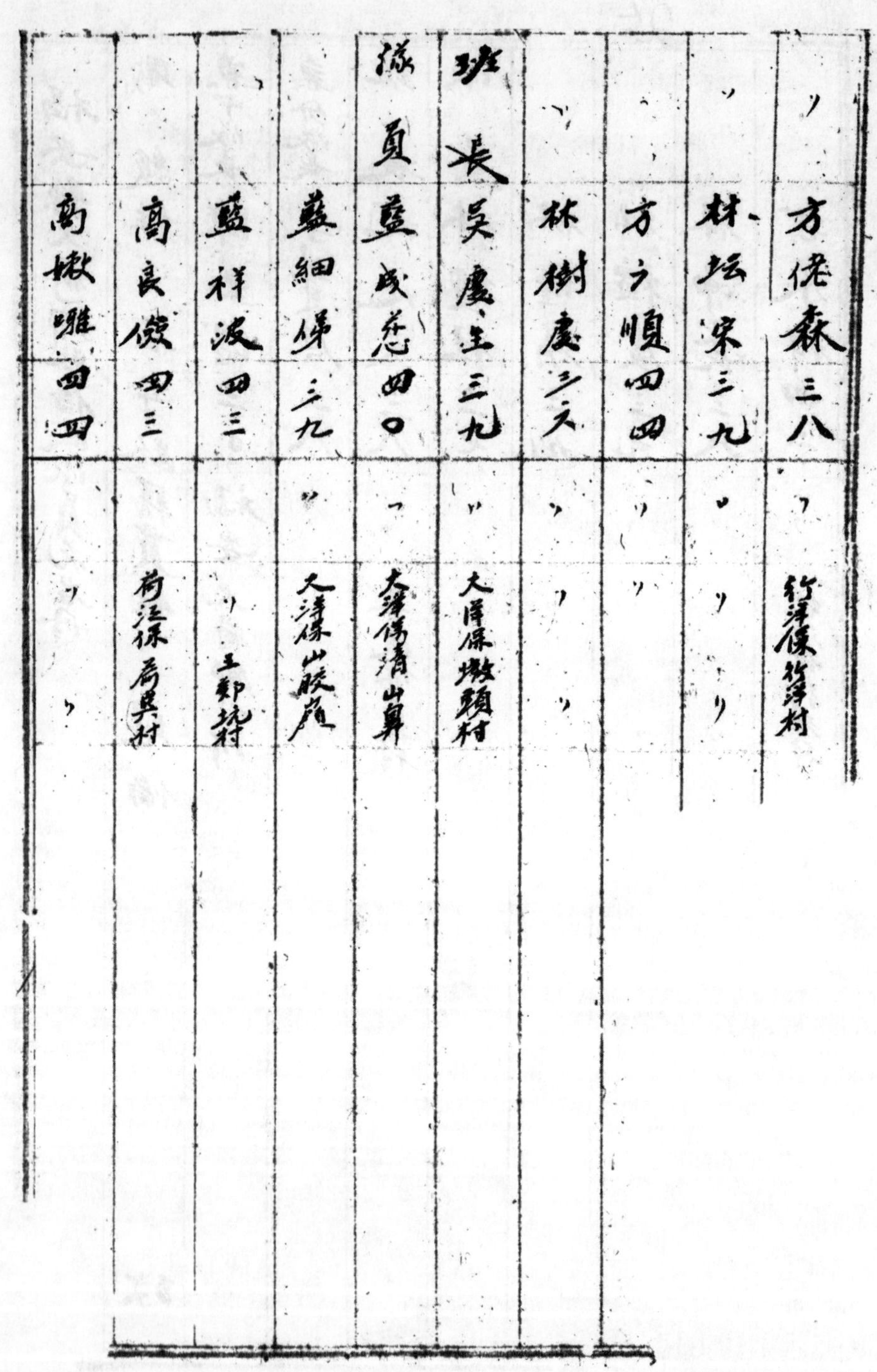

〃	方佬森	三八	〃	竹洋保竹洋村
〃	林坛宋	三九	〃	〃
〃	方〃順	四四	〃	〃
〃	林樹慶	三六	〃	〃
班長	吳慶生	三九	〃	大洋保墩頭村
隊員	藍成忠	四〇	〃	大洋保清山鼻
〃	藍細佛	三九	〃	大洋保山後庵
〃	藍祥波	四三	〃	〃 王鄭村
〃	高良傚	四三		荷江保荷吳村
	高墩雖	四四		〃 〃

福安县大荷乡警备队队员名册(中华民国三十三年九月)(1944 年 9 月)b 面　0159-001-0041

班長
隊員

〃	陳神復	三六	〃	〃
〃	藍德三	四二	〃	〃
〃	蒋允應	四五	〃	瀨頭保瀨頭村
〃	朱神入	三九	〃	〃
班長	蒋神滿	三七	〃	〃
隊員	陳盛亨	三七	〃	〃
	許贊	四〇	〃	樓下保田增村
	蒋允義	四〇	〃	〃
	鄭大齊	四〇	〃	坑門村
	鄭妙送	三六	〃	〃

福安县大荷乡警备队队员名册(中华民国三十三年九月)(1944年9月)a面　0159-001-0041

職別	姓名	年齡			住址
隊員	孫進利	三六	〃	外兄保大坑村	
〃	潘細弟	四五	〃	〃	〃
〃	薛開祥	三七	〃	〃	〃峰村
〃	阮細嫩	四五	〃	〃	〃
合計叁拾貳名員					

福安县大荷乡警备队队员名册(中华民国三十三年九月)(1944 年 9 月)b 面　0159-001-0041

福安县大荷乡警备队队员名册(中华民国三十三年九月)(1944 年 9 月) 0159-001-0041

77

福安县大荷乡工程队队员名册（中华民国三十三年九月）（1944年9月）

0159-001-0041

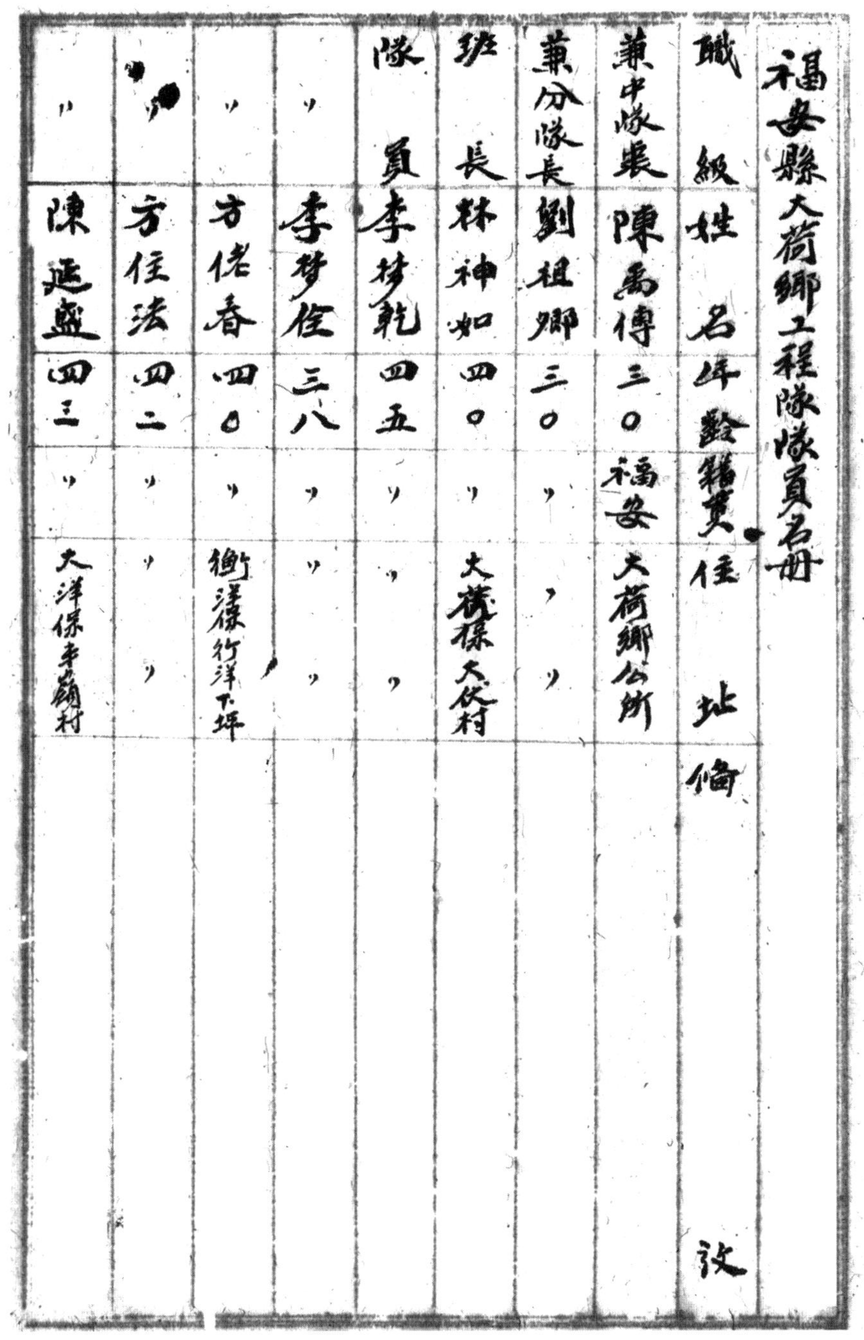

78

福安縣大荷鄉工程隊隊員名冊

職級	姓名	年齡	籍貫	住址	備攷
兼中隊長	陳禹傳	三〇	福安	大荷鄉公所	
兼分隊長	劉祖卿	三〇	〃	〃	
班長	林神如	四〇	〃	大荷保大伏村	
隊員	李梦乾	四五	〃	〃	
〃	李梦佺	三八	〃	〃	
〃	方佬春	四〇	〃	衡洋保竹洋下坪	
〃	方任法	四二	〃	〃	
〃	陳延盛	四三	〃	大洋保半嶺村	

福安县大荷乡工程队队员名册(中华民国三十三年九月)(1944年9月)

a面　0159-001-0041

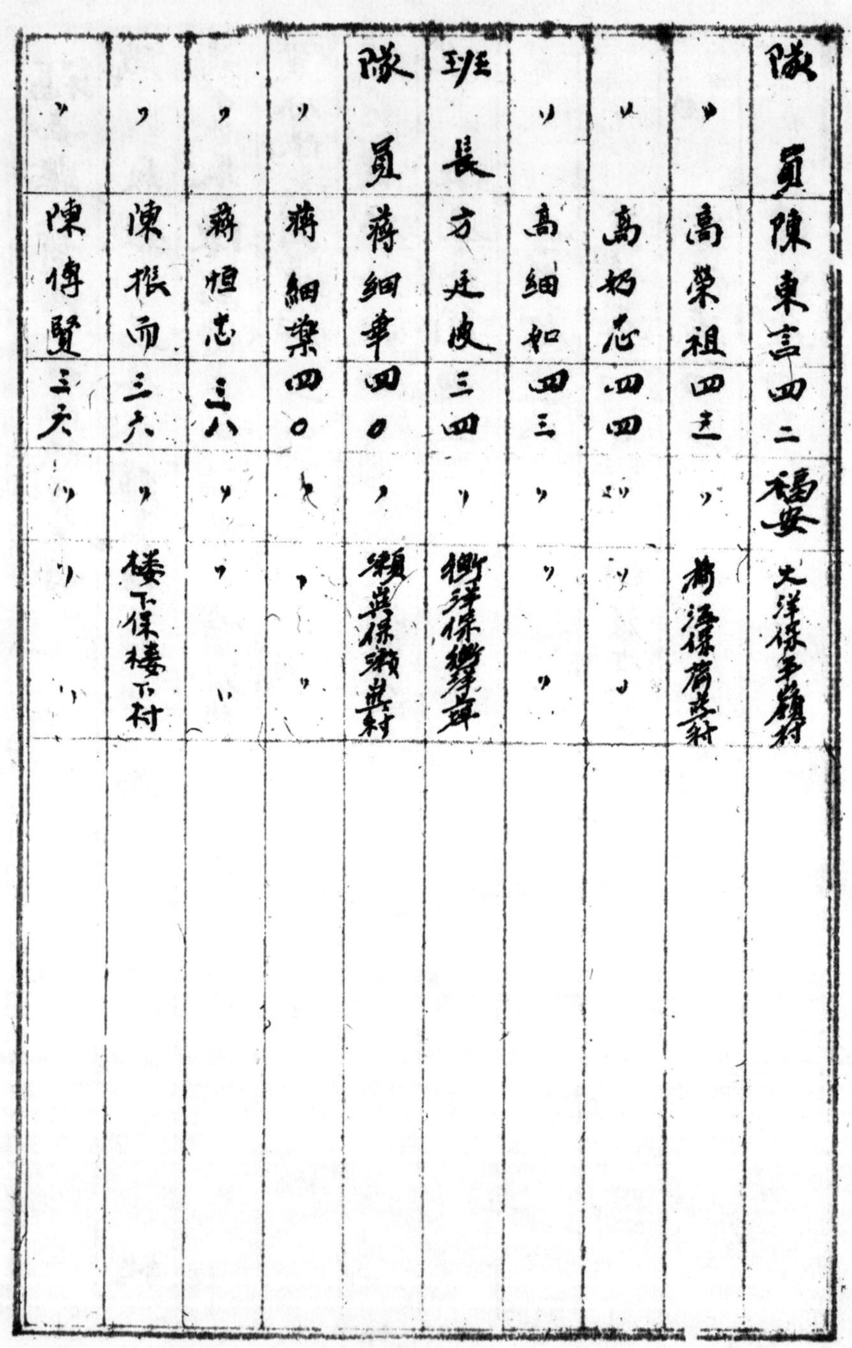

隊員	陳東言	四二	福安	大洋保半嶺村	
〃	高榮祖	四七	〃	蔪洋保蔪英村	
〃	高奶忘	四四	〃	〃	〃
〃	高細如	四三	〃	〃	〃
班長	方廷波	三四	〃	衡洋保衡洋岸	
隊員	蔣細華	四〇	〃	瀨岩保瀨岩村	
〃	蔣細藥	四〇	〃	〃	〃
〃	蔣恒志	三八	〃	〃	〃
〃	陳根而	三六	〃	樓下保樓下村	
〃	陳傳賢	三六	〃	〃	〃

福安县大荷乡工程队队员名册(中华民国三十三年九月)(1944年9月)

b面 0159-001-0041

79

〃	〃	〃	〃	〃	〃	〃	〃	〃	〃
陳佬弟	黄佬大	闇弟三	孫進長	朱奶福	朱紹富	李梦佺	李佬五	方永基	方申旺
三七	四三	四五	四四	三五	三五	三五	三五	三四	三四
〃	〃	〃	〃	〃	〃	〃	〃	〃	〃
〃 〃	外宅保大荷村	〃 〃	〃 〃	大荷保大荷村	〃 〃	〃 〃	〃 〃	衕洋保衕洋村	〃 〃

福安县大荷乡工程队队员名册（中华民国三十三年九月）（1944年9月）

a面　0159-001-0041

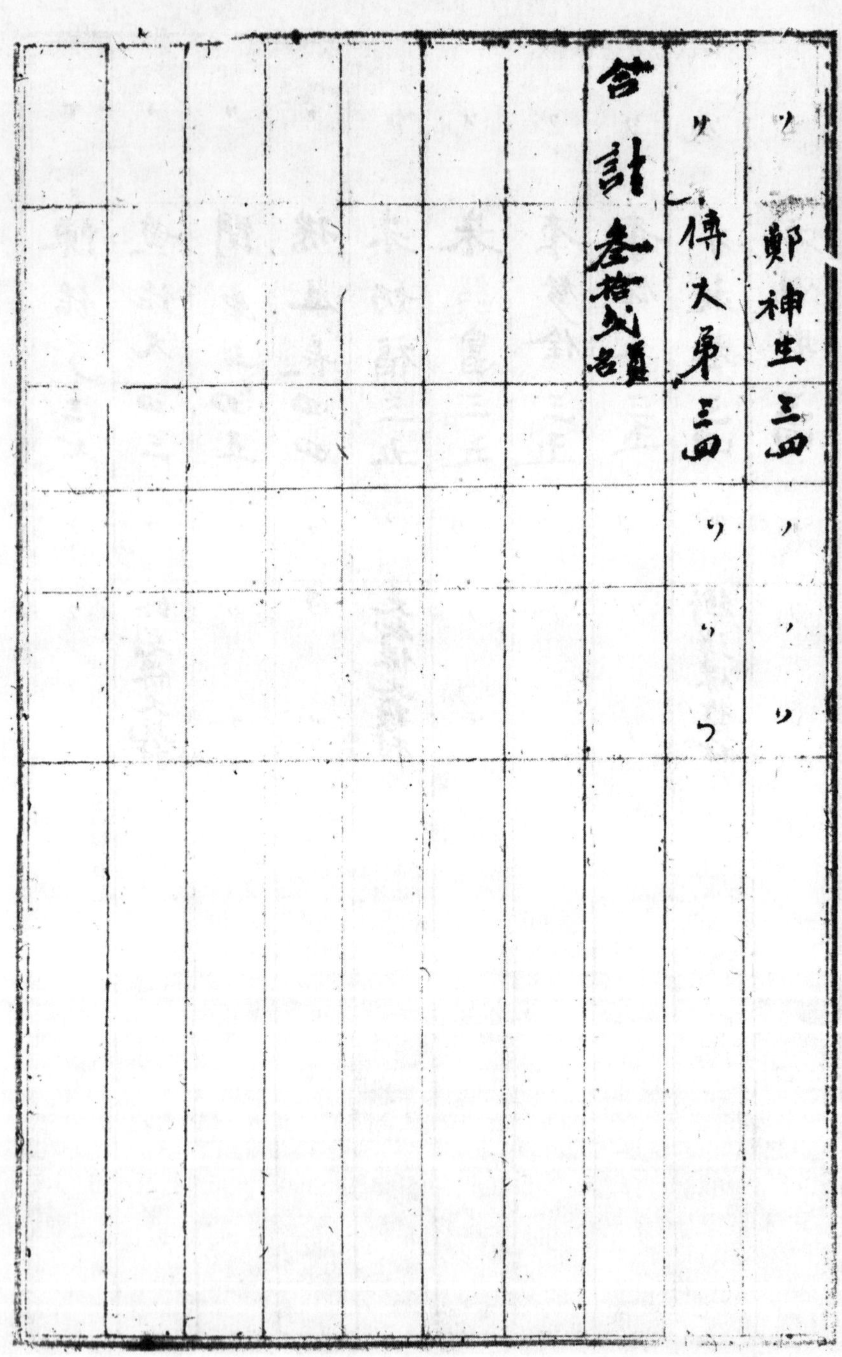
〃 〃 鄭神生 三四 〃 〃 〃
〃 〃 傅大弟 三四 〃 〃 〃
合計 叁拾弍名

福安县大荷乡工程队队员名册(中华民国三十三年九月)(1944 年 9 月)

b 面　0159-001-0041

福安县大荷乡工程队队员名册(中华民国三十三年九月)(1944年9月)

0159-001-0041

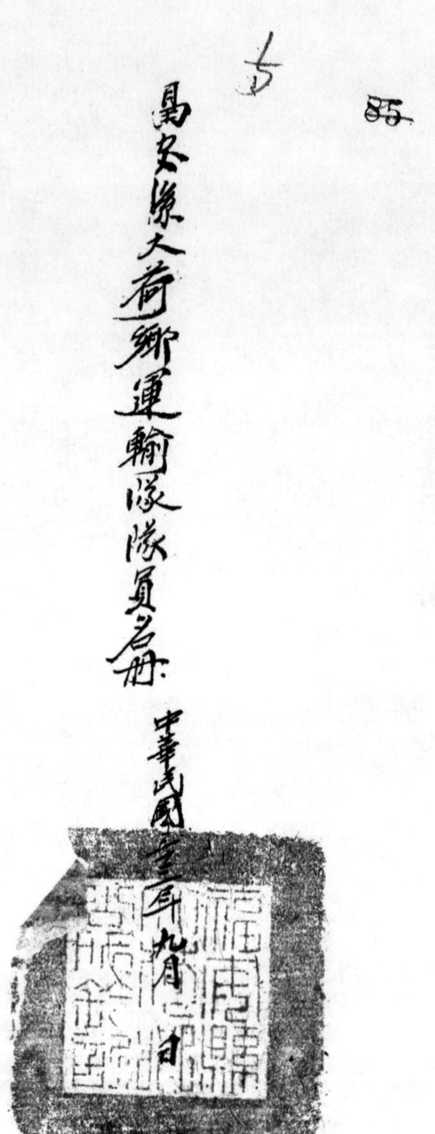

福安县大荷乡运输队队员名册(中华民国三十三年九月)(1944年9月)

0159-001-0042

6 ~~86~~

福安縣大荷鄉運輸隊隊員名冊

職級	姓名	年齡	籍貫	住址	備攷
兼中隊長	陳高傳	三〇	福安	大荷鄉公所	
兼分隊長	鄭[illegible]	二七	〃	〃 〃	
班長	雷神等	四一	〃	大[illegible]保下赤村	
隊員	藍赤仁	三九	〃	〃 〃	
〃	雷林順	四〇	〃	〃 〃	
〃	雷神壽	四〇	〃	〃 〃	
〃	雷佺宝	三八	〃	〃 〃	

福安县大荷乡运输队队员名册(中华民国三十三年九月)(1944年9月)

a面　0159-001-0042

	姓名	年龄		住址
〃	方錦盛	四二	〃	〃 塔裏
〃	雷廷弟	四二	〃	〃 金騰
〃	雷其如	四三	〃	〃 北門村
〃	孫景才	三六	〃	大洋保大洋裏
〃	孫河長	四一	〃	〃 〃
〃	林雙雷	三八	〃	大洋保溪尾村
〃	雷奶順	三五	〃	西坑村
〃	劉得泉	四三	〃	〃 〃
〃	鍾弍弟	三九	〃	荷溪保荷岩村

二　大乇 大洋保衛洋中坪

福安县大荷乡运输队队员名册(中华民国三十三年九月)(1944年9月)

b面　0159-001-0042

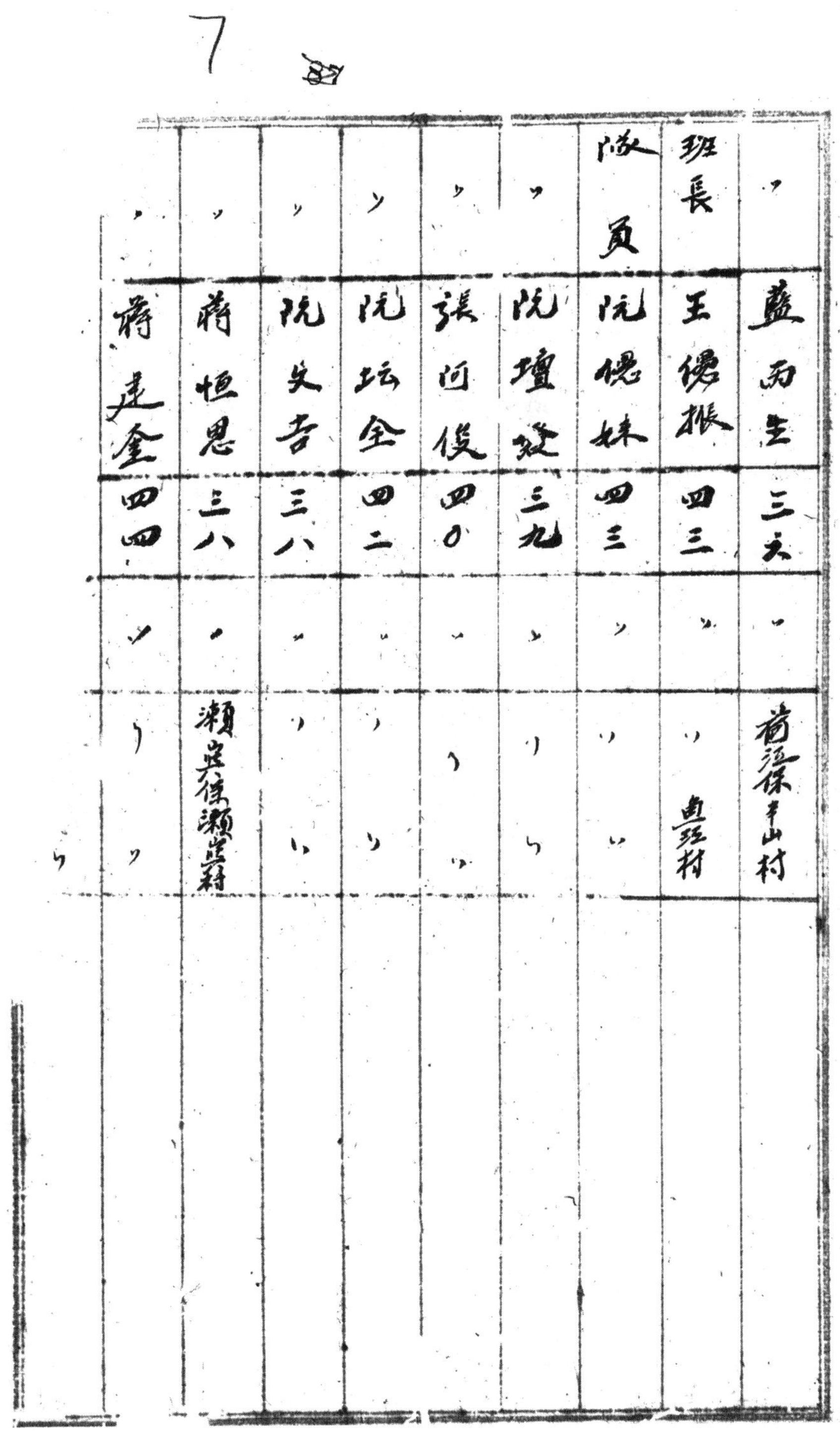
7

〃	藍丙生	三六	〃	荷江保半山村
班長	王德振	四三	〃	〃 曲江村
隊員	阮德妹	四三	〃	〃 〃
〃	阮壇發	三九	〃	〃 〃
〃	張河俊	四〇	〃	〃 〃
〃	阮垣全	四二	〃	〃 〃
〃	阮文吉	三八	〃	〃 〃
〃	蔣恒恩	三八	〃	瀨岸保瀨岸村
〃	蔣建金	四四	〃	〃 〃

福安县大荷乡运输队队员名册(中华民国三十三年九月)(1944年9月)

a面 0159-001-0042

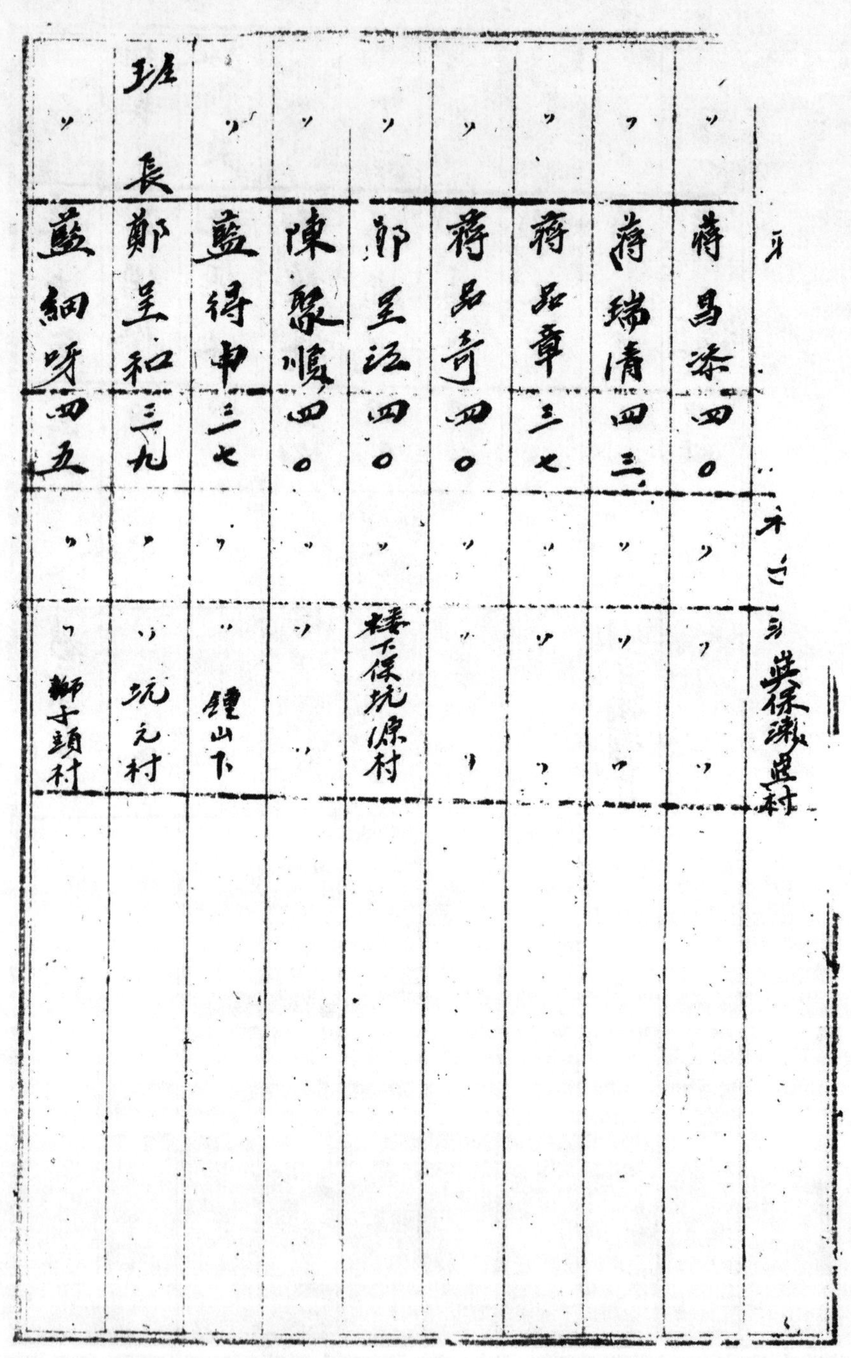

〃	蔣昌添	四〇	〃	〃
〃	蔣瑞清	四三	〃	〃
〃	蔣品章	三七	〃	〃
〃	蔣品奇	四〇	〃	〃
〃	鄭呈滔	四〇	〃	樓下保坑源村
〃	陳聚順	四〇	〃	〃 〃
〃	藍得申	三七	〃	〃 鍾山下
班長	鄭呈和	三九	〃	〃 坑元村
〃	藍細呀	四五	〃	〃 獅子頭村

福安县大荷乡运输队队员名册(中华民国三十三年九月)(1944年9月)

b面　0159-001-0042

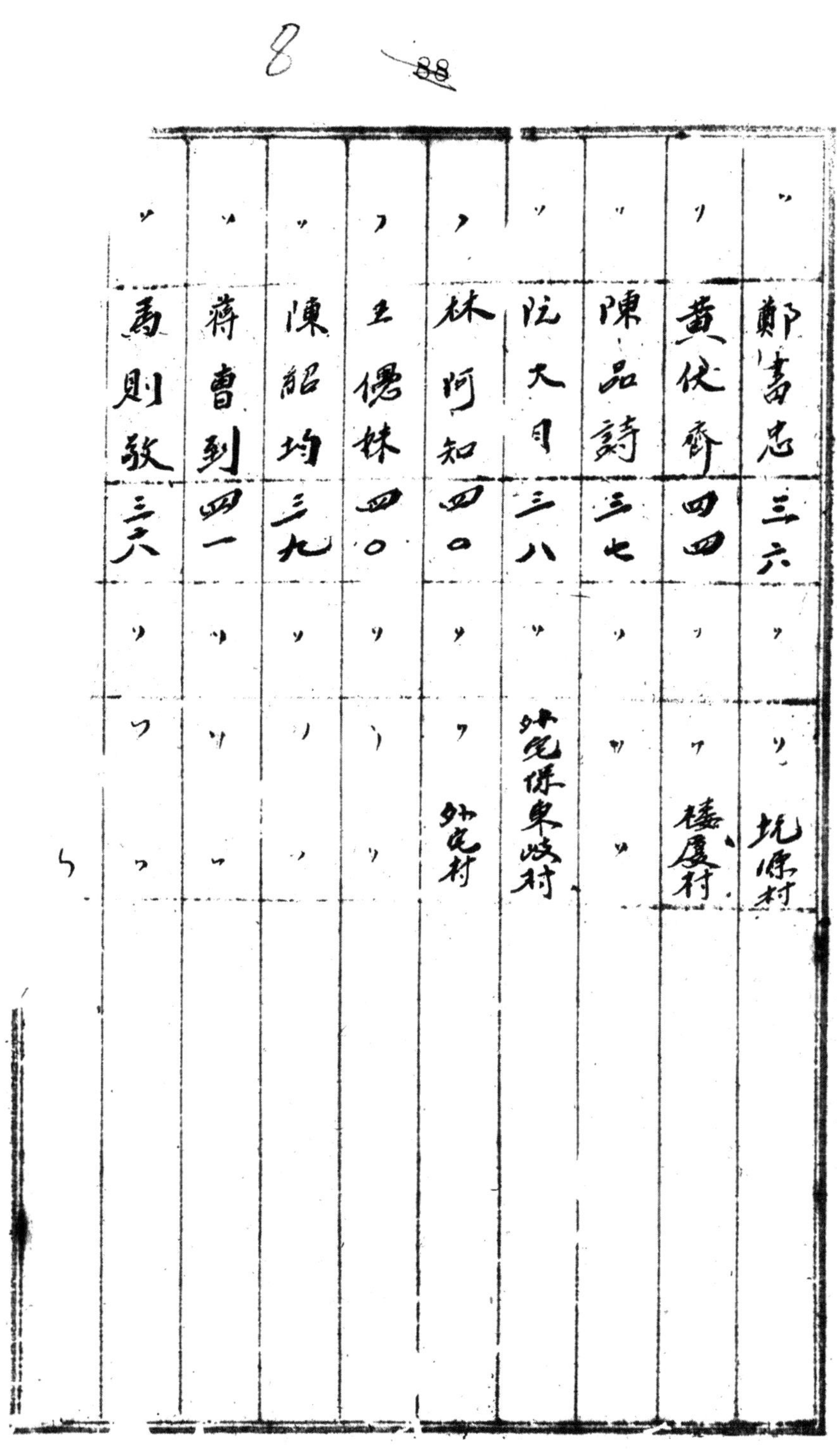

8 ~~38~~

〃	鄭書忠	三六	〃	〃	坑源村
〃	黃伏齊	四四	〃	〃	樓厦村
〃	陳品詩	三七	〃	〃	〃
〃	阮大月	三八	〃	外宅保東岐村	
〃	林阿知	四〇	〃	〃	外宅村
〃	王偲妹	四〇	〃	〃	〃
〃	陳韶均	三九	〃	〃	〃
〃	蔣曹到	四一	〃	〃	〃
〃	馬則敬	三六	〃	〃	〃

福安县大荷乡运输队队员名册(中华民国三十三年九月)(1944年9月)

a面 0159-001-0042

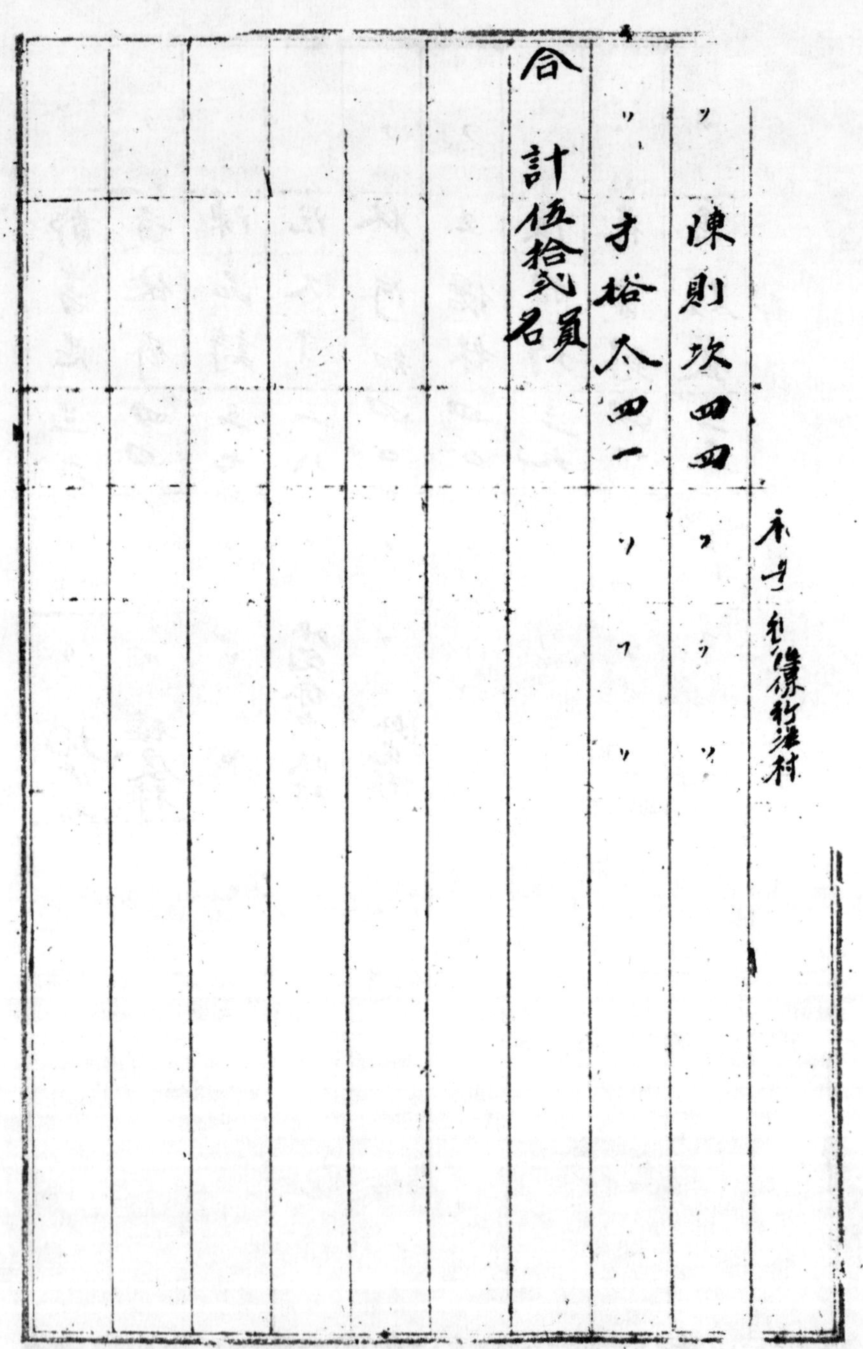

福安县大荷乡运输队队员名册(中华民国三十三年九月)(1944 年 9 月)

b 面　0159-001-0042

福安县大荷乡运输队队员名册(中华民国三十三年九月)(1944年9月)

0159-001-0042

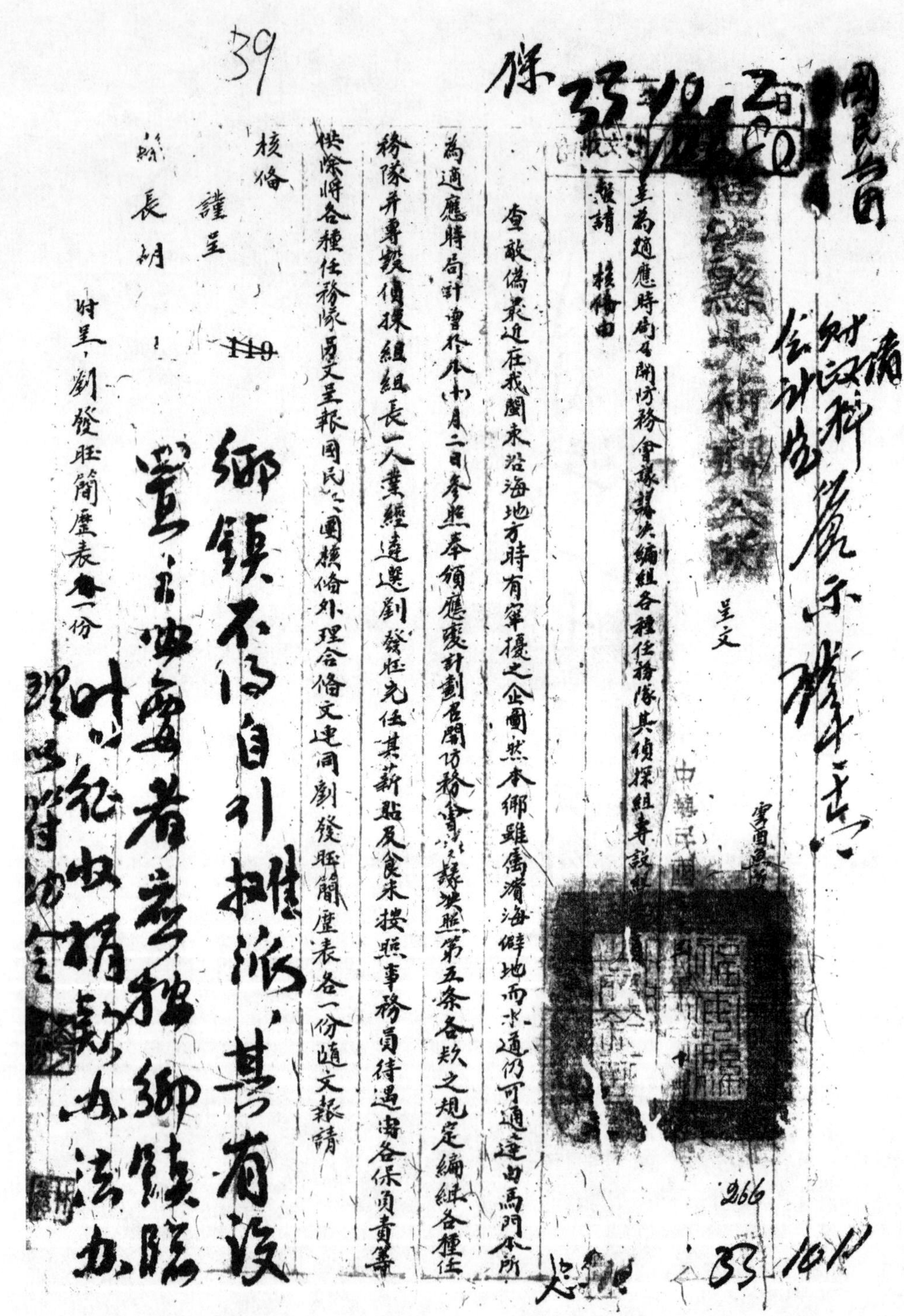

呈为适应时局召开防务会议议决编组各种任务队其侦探组专设组长一人业经选派刘发旺充任报请核备由

呈文

查敌伪最近在我闽东沿海地方时有窜扰之企图，然本乡虽属滨海僻地而水道仍可通达，由马门本所为适应时局计，曾于本（十）月二日参照奉颁应变计划召开防务会议，议决照第五条各款之规定编组各种任务队，并专设侦探组组长一人，业经选派刘发旺充任，其薪贴及伙食援照事务员待遇由各保负责筹供，除将各种任务队另文呈报国民兵团核备外，理合备文连同刘发旺简历表各一份随文报请

核备。

谨呈

县长胡

附呈：刘发旺简历表各一份

福安县大荷乡公所关于乡防务会议议决编组各种任务分队并报送侦探组专设组长简历的呈文

（1944 年 10 月 6 日） 0159-001-0042

41

大荷鄉鄉長陳[illegible]傑

福安县大荷乡公所关于乡防务会议议决编组各种任务分队并报送侦探组专设组长简历的呈文

（1944 年 10 月 6 日） 0159-001-0042

~~130~~

項目	內容
姓名	劉發旺
性别	男
年齡	二十八
籍貫	福建福安
出身	福建省建陽磨洮警官偵緝訓練班畢業
服務	福安警察偵探員 將樂縣政府事務員

附件 福安县大荷乡侦探组专设组长刘发旺简历(1944 年 10 月 6 日)

0159-001-0042

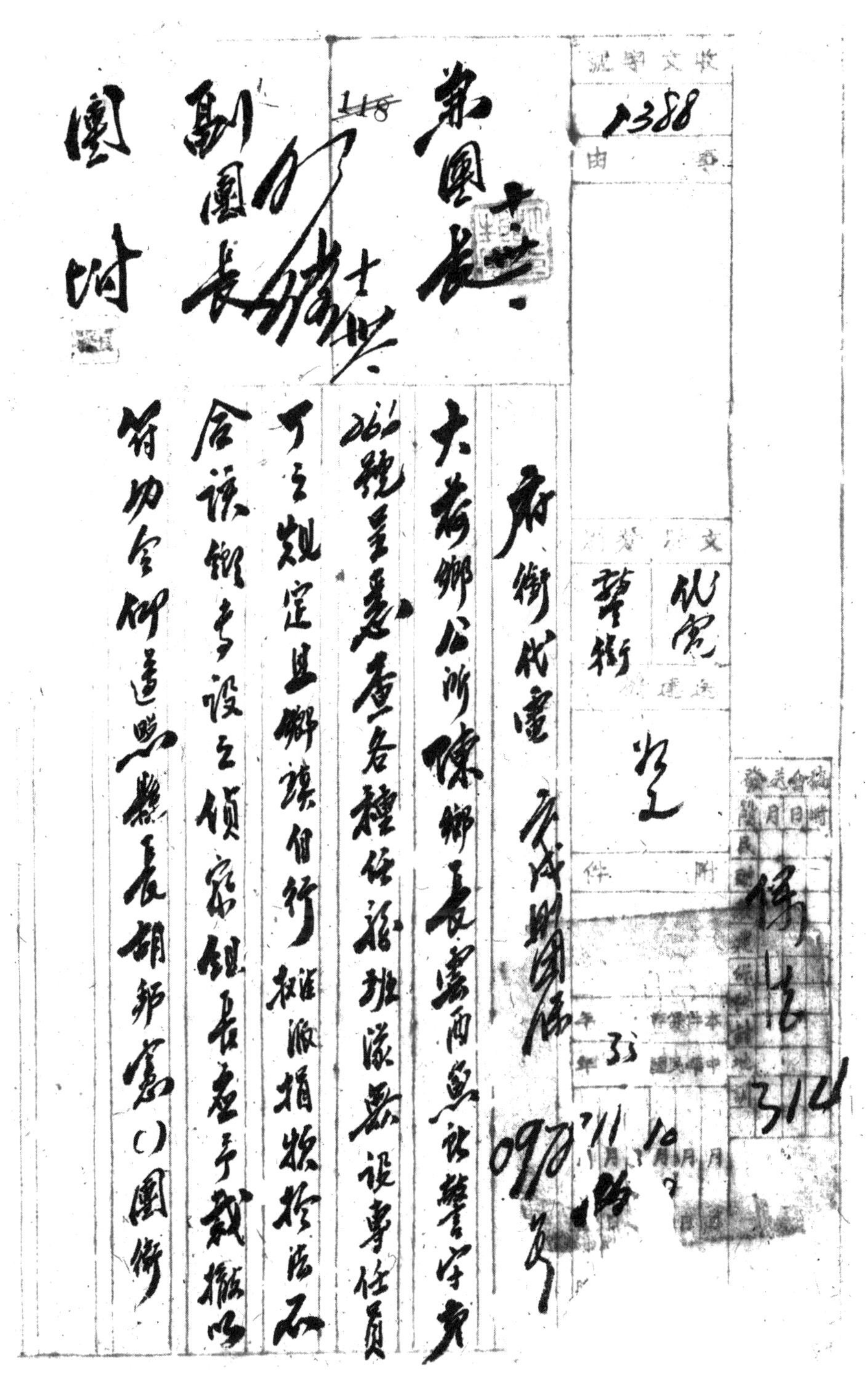

收文字号 1388

事由

文别 代电

府衔代电

大荷乡公所陈乡长密[illegible]鱼补警字第
262号呈悉查各种任务班队设专任员
丁之规定且乡镇自行摊派捐款於法不
合该乡专设之侦察组长应予裁撤以
符功令仰遵照 县长胡邦宪（ ）团衔

第[illegible]团长
副团长[illegible]
团附

附件

福安县政府关于大荷乡专设之侦探组组长与规定不符应予裁撤的代电

（1944 年 11 月 15 日） 0159-001-0042

福安縣石門鄉偵察隊名冊

74

福安县石门乡侦察队名册(1944年5月)　0159-001-0041

75

福安縣石門鄉偵察隊名册

姓名	年齡	職業	詳細住址	備考
鄭金應	三五	農	官洋保五甲八戶	
鄭應棠	二九	〃	官洋保五甲十一戶	
程錦然	四〇	〃	仙嶺保二甲十一戶	
陳玉麟	四〇	〃	仙嶺保十二甲四戶	
卯春弟	二七	〃	洋面保五甲九戶	
卯美森	三〇	〃	洋面保三甲七戶	
楊鏡弟	二四	〃	磐山保九甲十四戶	
鄭石弟	四四	〃	官洋保四甲十一戶	

福安县石门乡侦察队名册(1944年5月)a面　0159-001-0041

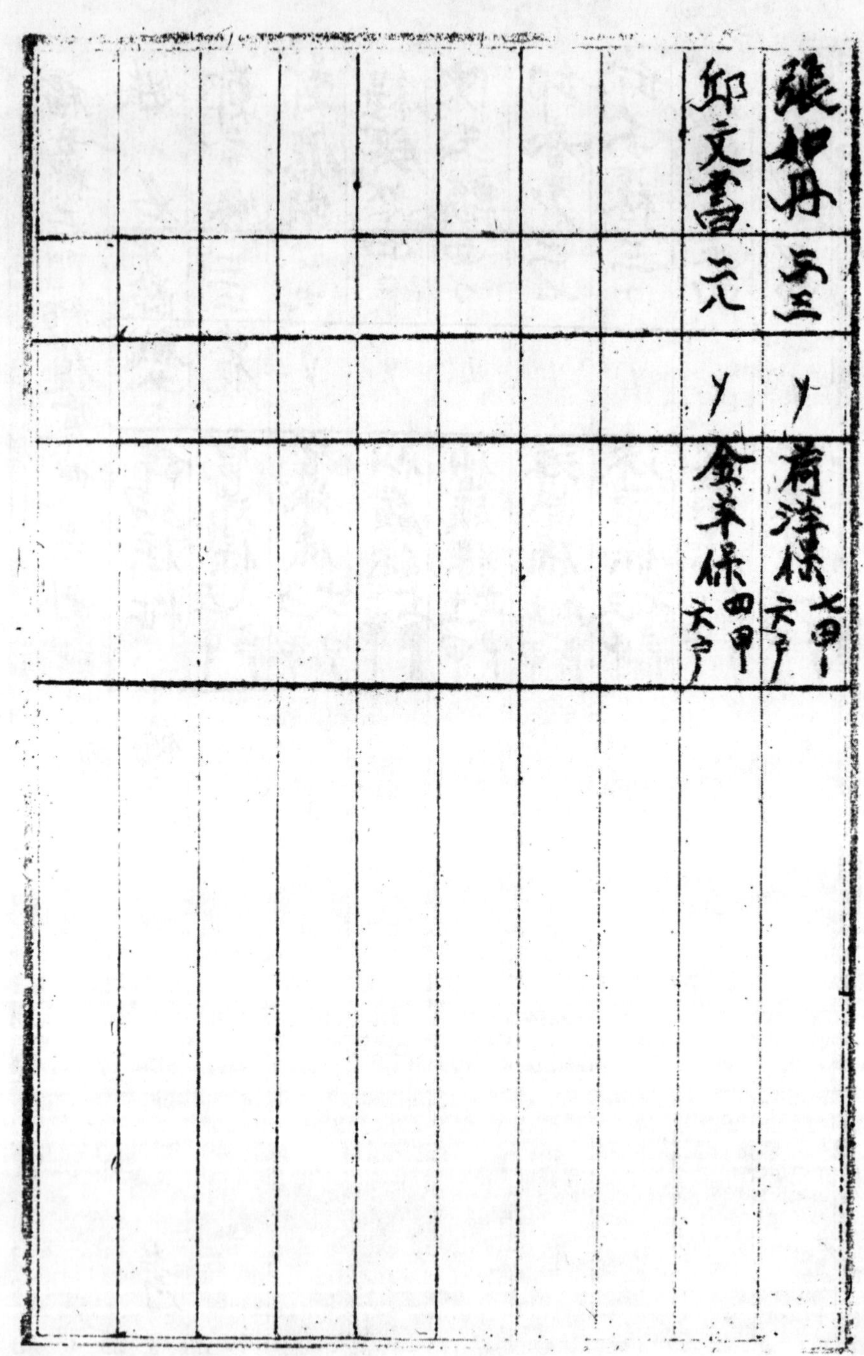
張如丹 三三 ﾝ 莆洋保七甲一户
鄭文書 二八 ﾝ 金羊保四甲六户

福安县石门乡侦察队名册(1944年5月)b面 0159-001-0041

福安县石门乡侦察队名册(1944 年 5 月)　0159-001-0041

福安县黄岐乡警备队名册(民国三十三年五月)(1944年5月)　0161-001-0082

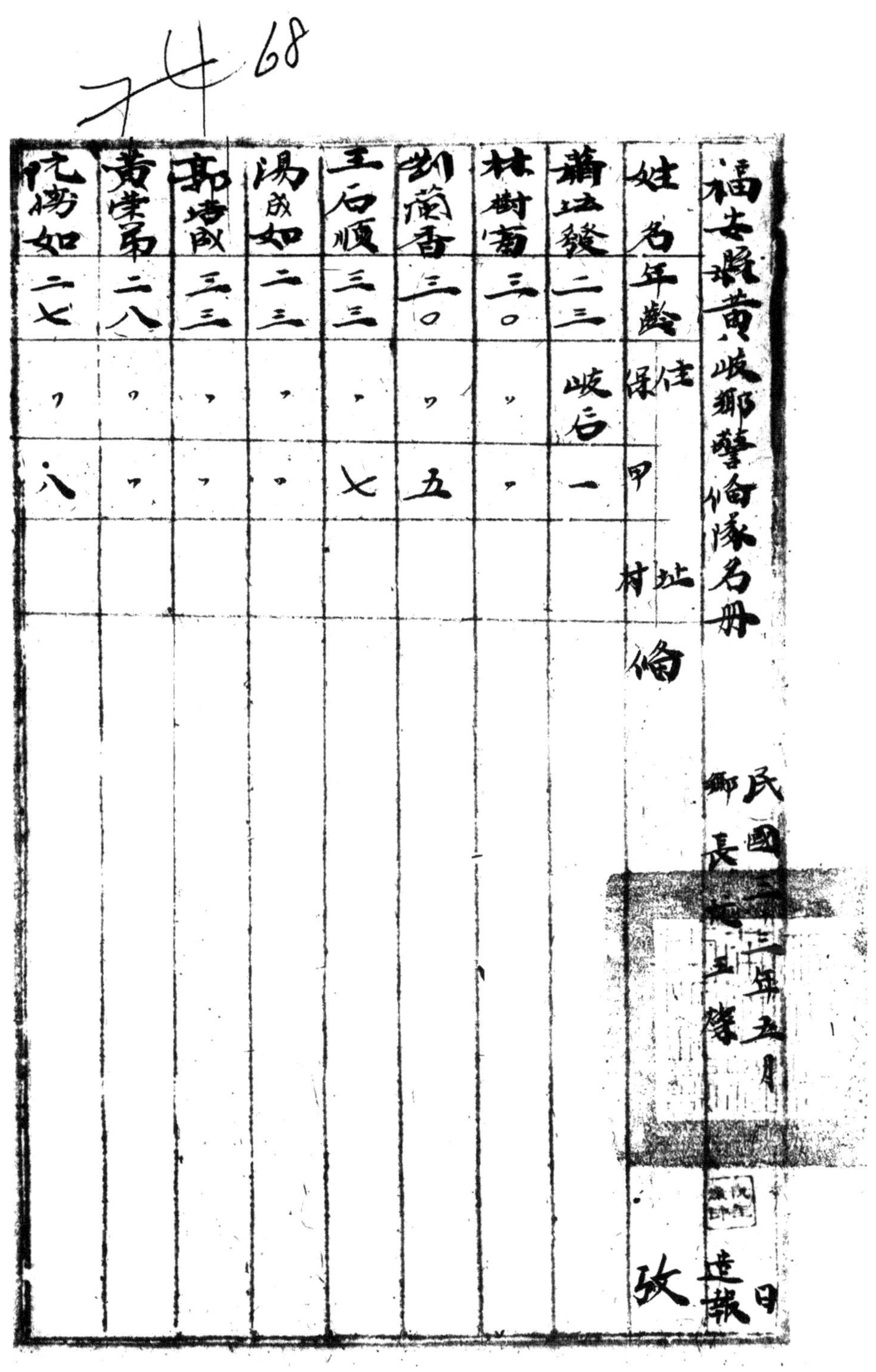

福安縣黃岐鄉警備隊名册

姓名	年齡	住址 保	住址 甲	住址 村	備考
蕭垣發	二三	岐後	一		
林樹富	三〇	〃	〃		
劉蘭香	三〇	〃	五		
王石順	三三	〃	七		
湯成如	二三	〃	〃		
鄭培成	三三	〃	〃		
黃崇弟	二八	〃	〃		
陳傍如	二七	〃	八		

民國三十三年五月　日造報

鄉長施玉傑

福安縣黄岐乡警备队名册(民国三十三年五月)(1944年5月)

a面　0161-001-0082

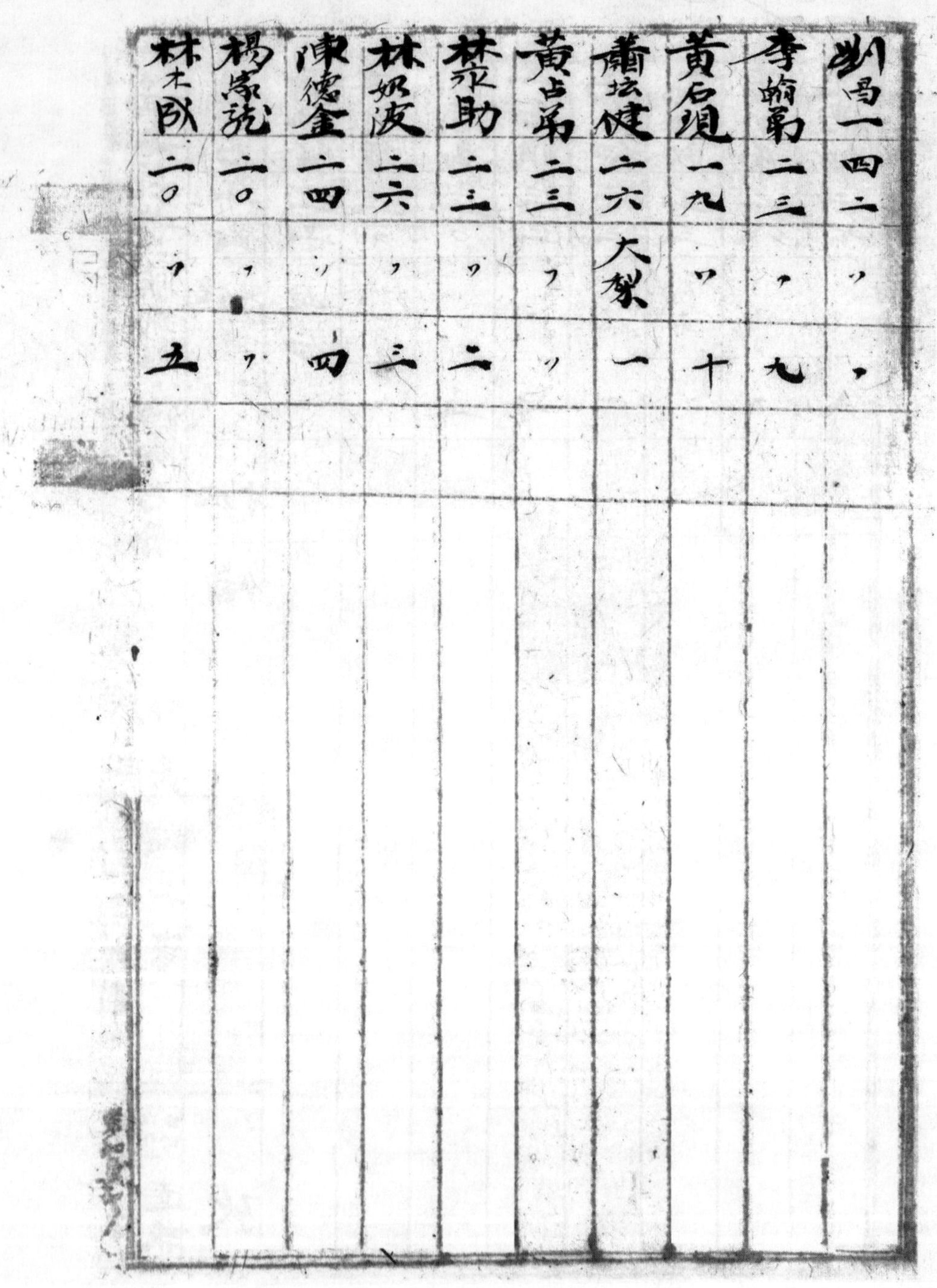

福安县黄岐乡警备队名册(民国三十三年五月)(1944 年 5 月)

b 面　0161-001-0082

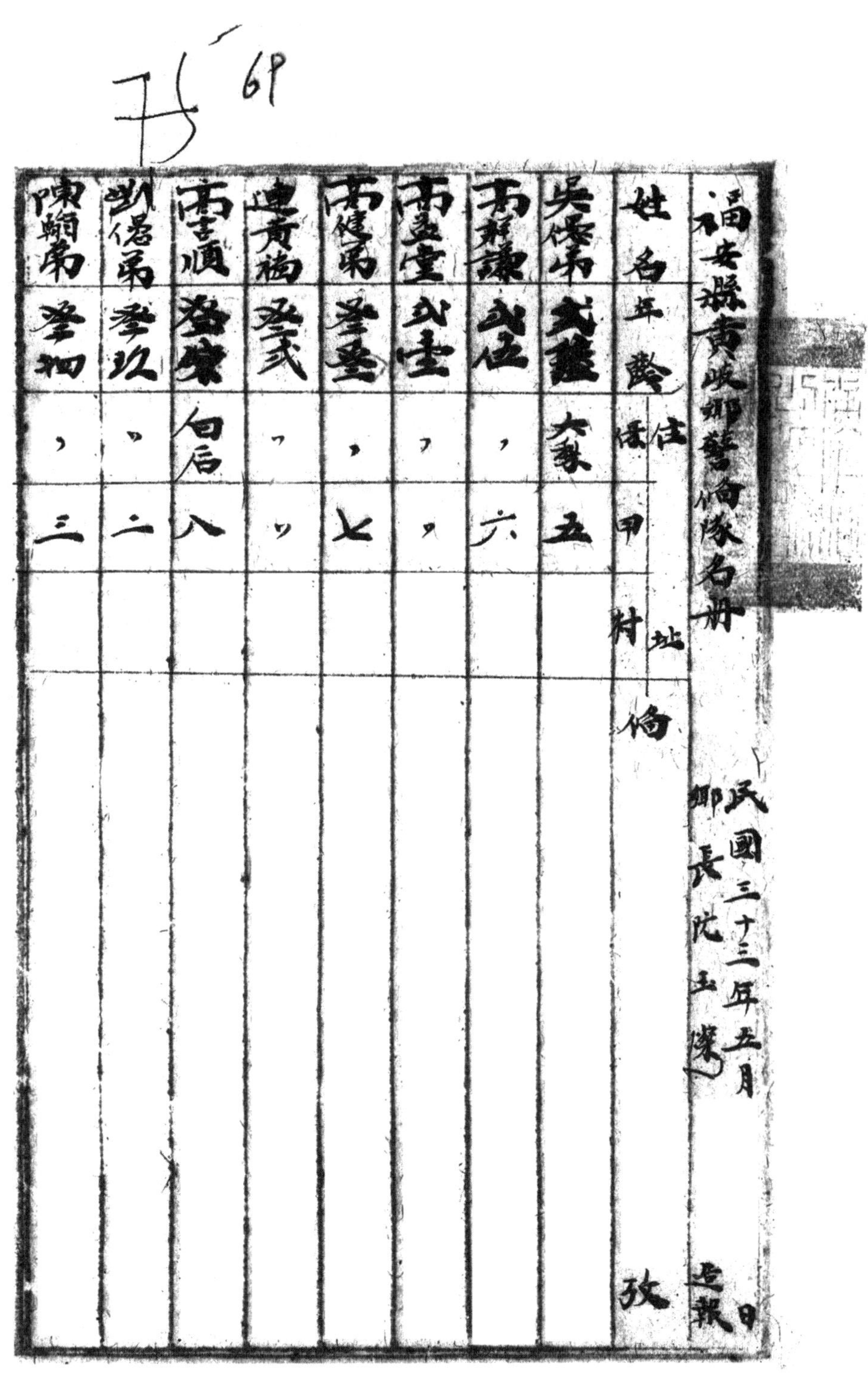

福安縣黃岐鄉警備隊名冊

姓名	年齡	住址 保	住址 甲	住址 村	住址 備
吴傑弟	廿九	大象	五		
高邦謙	廿五	〃	六		
高孟堂	卅二	〃	〃		
高健弟	廿七	〃	七		
連黃梅	廿二	〃	〃		
高雲順	廿八	白后	八		
劉偈弟	廿八	〃	二		
陳錫弟	廿四	〃	三		

民國三十三年五月 日造報

鄉長沈玉爍

福安县黄岐乡警备队名册(民国三十三年五月)(1944 年 5 月)

0161-001-0082

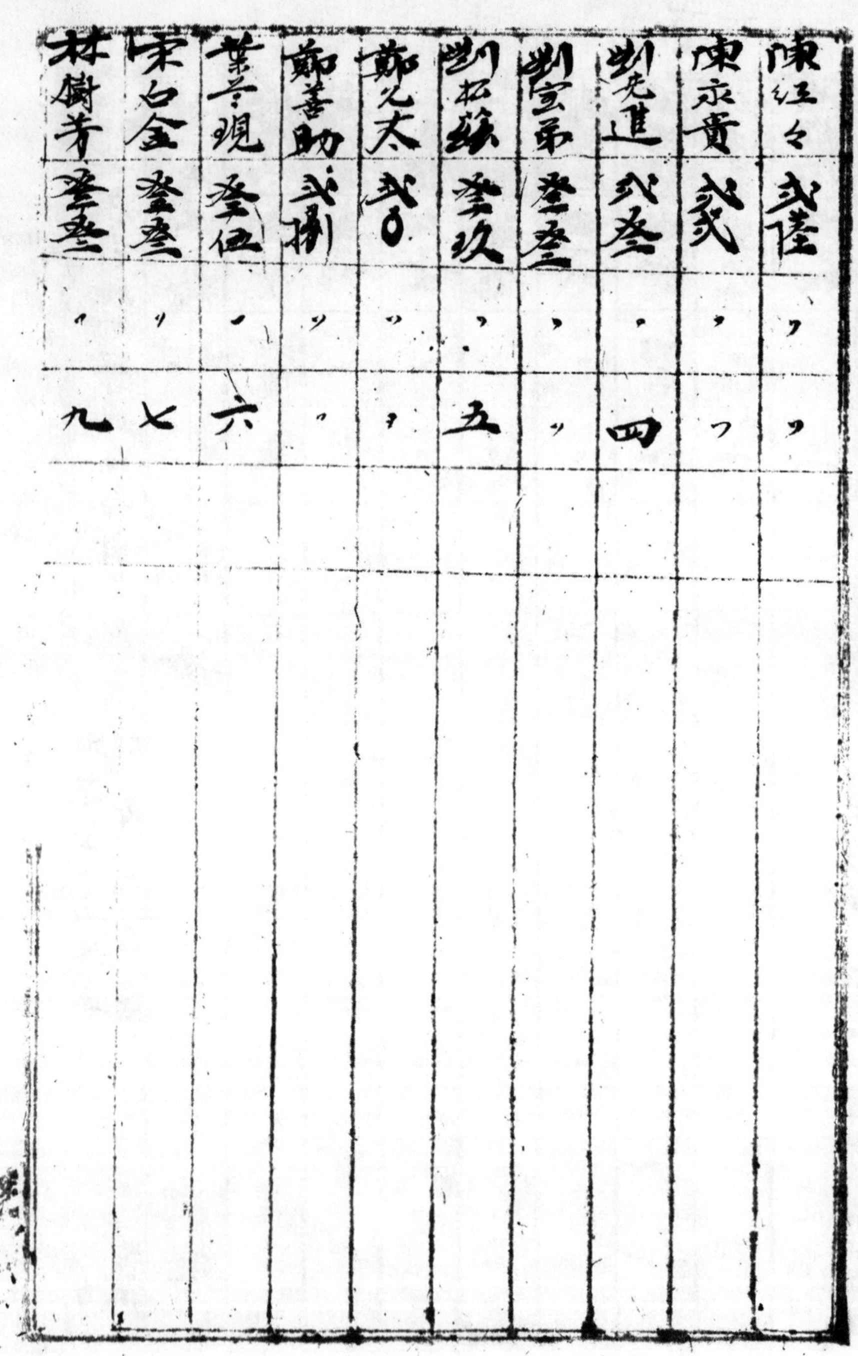

70

陳红々	贰陆	〃	〃
陳永貴	贰贰	〃	〃
劉先進	贰叁	〃	四
劉宣弟	叁叁	〃	〃
劉松蘇	叁玖	〃	五
鄭之太	贰〇	〃	〃
鄭善助	贰捌	〃	〃
葉芋覌	叁伍	〃	六
宋白金	叁叁	〃	七
林樹芳	叁叁	〃	九

福安县黄岐乡警备队名册（民国三十三年五月）（1944 年 5 月）

0161-001-0082

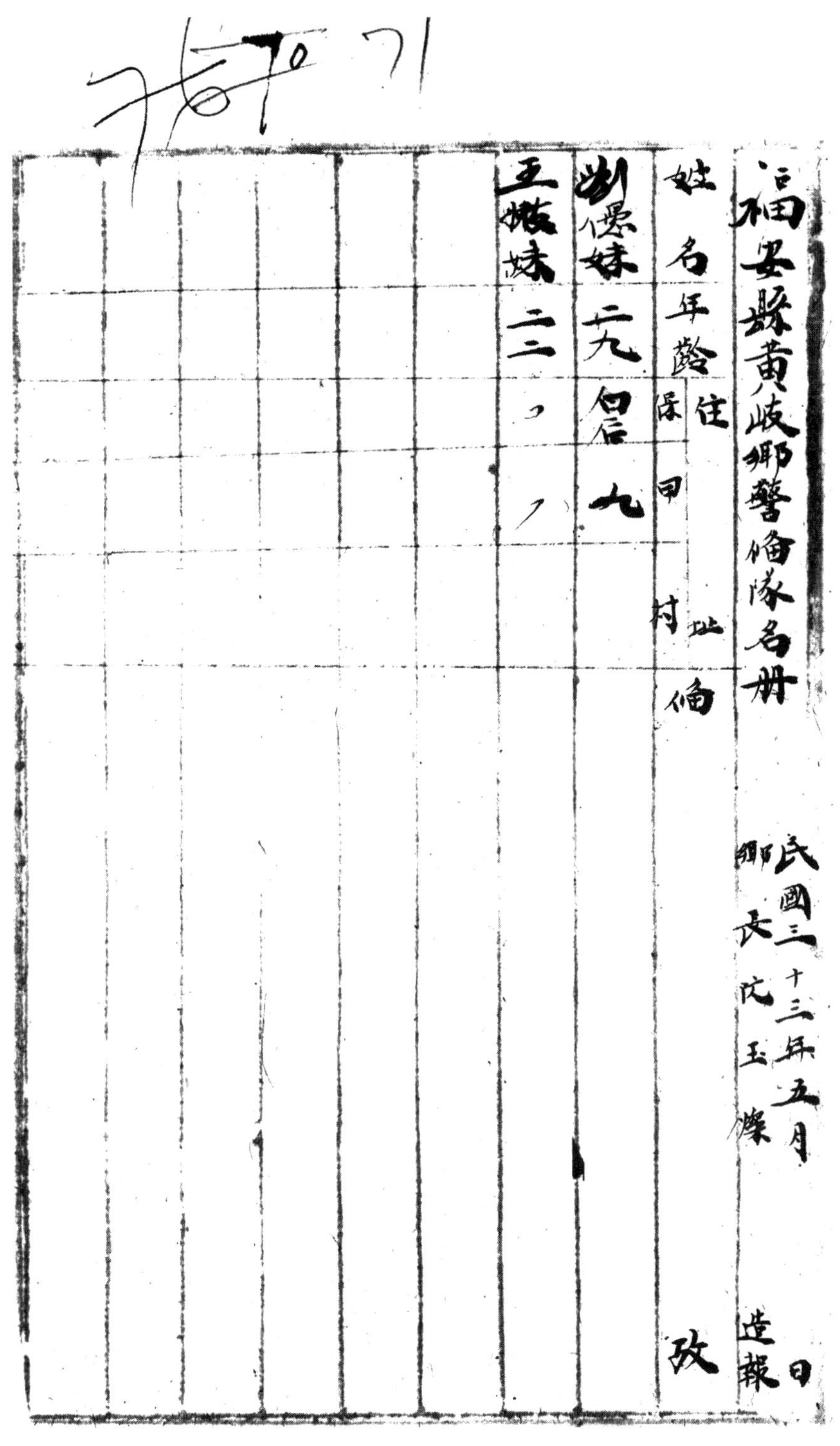

福安縣黃岐鄉警備隊名冊

姓名	年齡	住址 保	住址 甲	住址 村	備攷
劉偎妹	二九	白石	九		
王嫩妹	二二	〃	〃		

民國三十三年五月　日

鄉長沈玉傑造報

福安县黄岐乡警备队名册(民国三十三年五月)(1944年5月)

0161-001-0082

赍呈送警備運輸工程偵察隊各種任務隊名冊壹份

請

察核

謹呈

兼團長胡

副團長何

社口鎮兼隊長陳鶴齡

中華民國三十三年六月二三日

社民字第零零玖伍號

福安县社口镇关于呈报本镇警备、运输、工程、侦察各种任务队名册的联单

(1944 年 6 月 23 日)a 面　0159-001-0041

附(73)

社民字第零零玖伍号

据社口镇公所呈送警备运输工程侦察各种任务队名册乙份

兹经核明合给回单为证

主管长官

主管人员

中华民国三十三年 月 日

福安县社口镇关于呈报本镇警备、运输、工程、侦察各种任务队名册的联单

(1944年6月23日)b面 0159-001-0041

福安县国民兵团社口镇队警备、运输、工程、侦察国民兵各种任务分队名册

(中华民国三十三年五月)(1944 年 5 月)　0159-001-0041

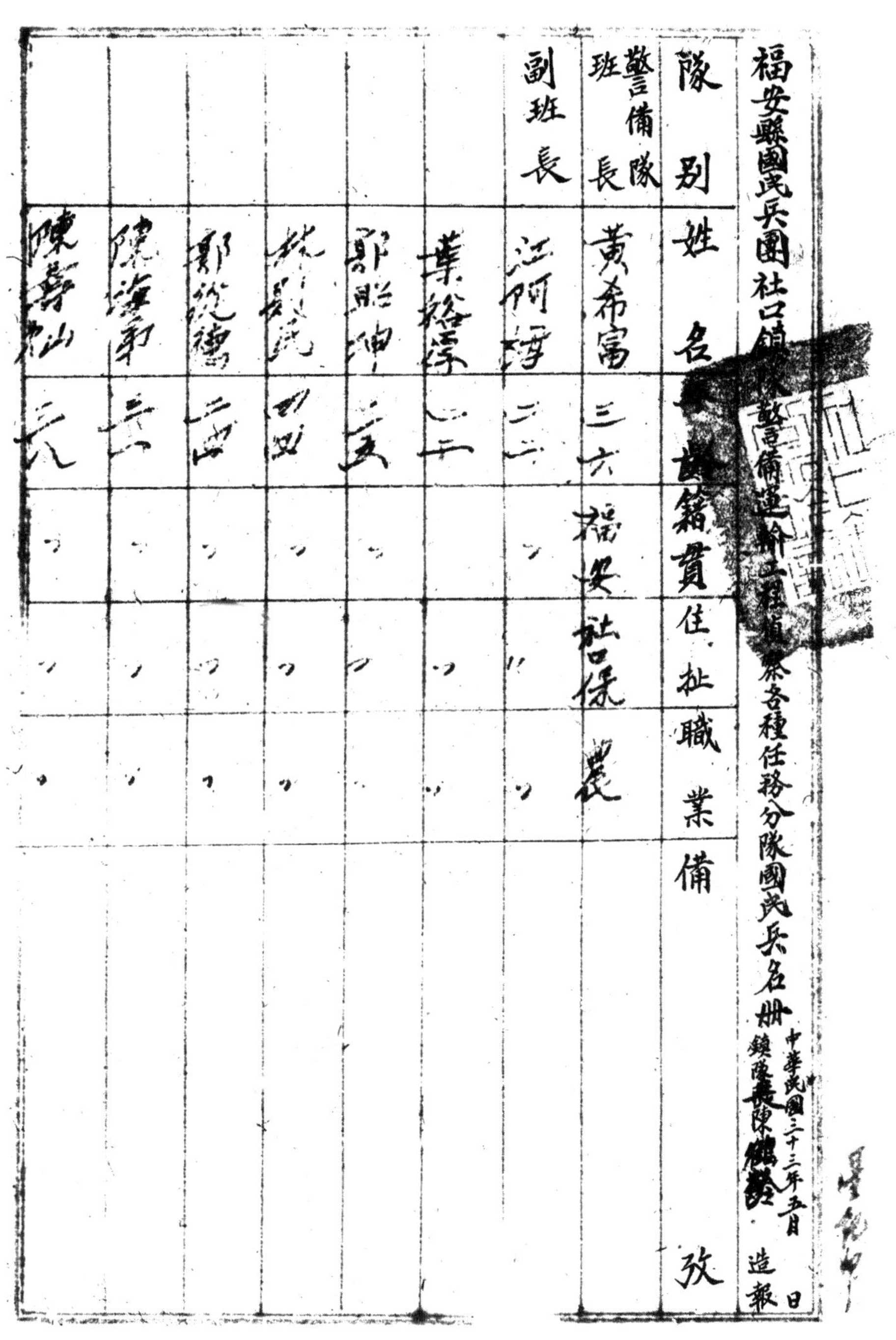

福安县国民兵团社口镇队警备、运输、工程、侦察国民兵各种任务分队名册

(中华民国三十三年五月)(1944 年 5 月)a 面　0159-001-0041

福安县国民兵团社口镇队警备、运输、工程、侦察国民兵各种任务分队名册
(中华民国三十三年五月)(1944 年 5 月)b 面 0159-001-0041

62

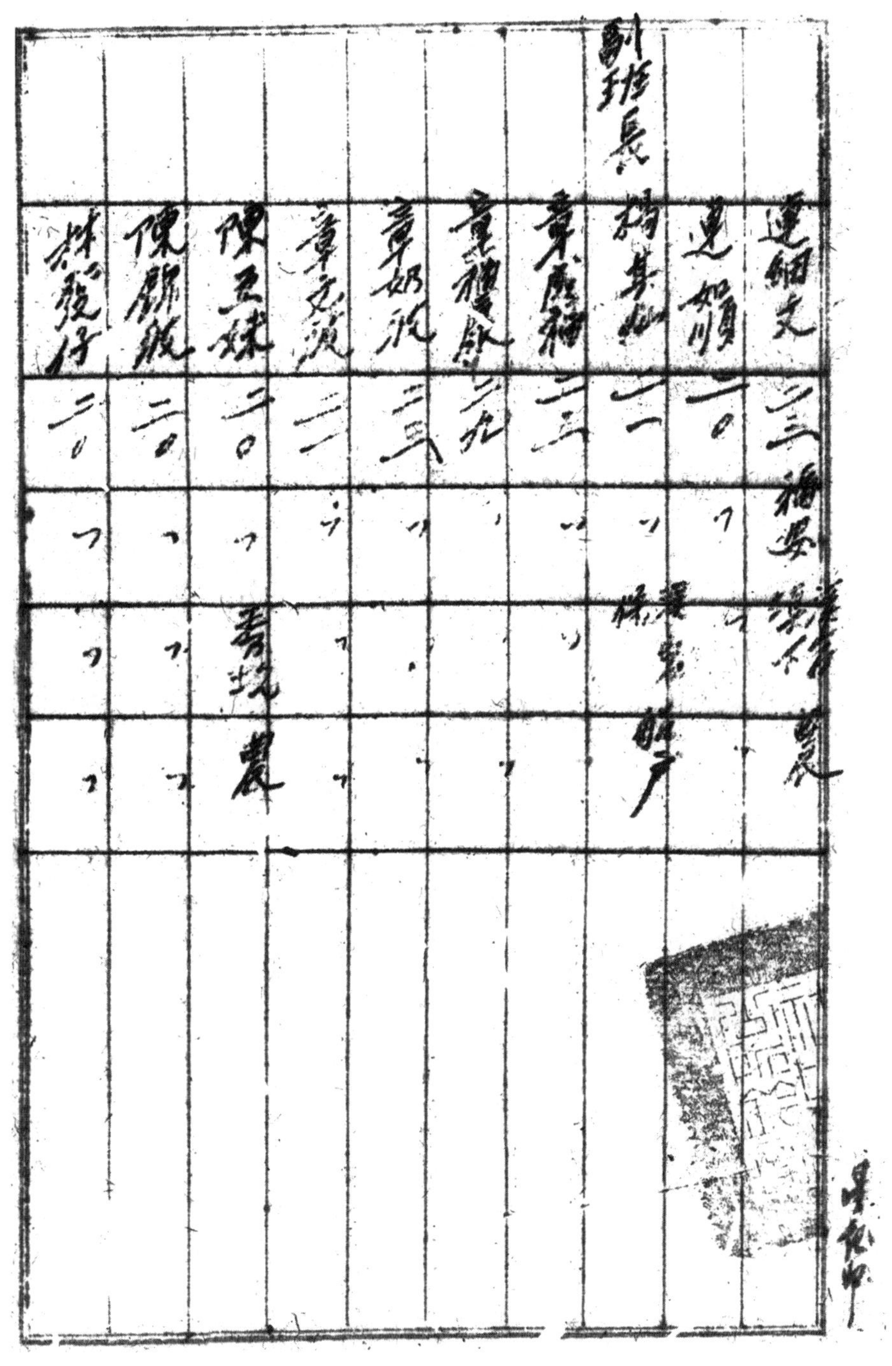

福安县国民兵团社口镇队警备、运输、工程、侦察国民兵各种任务分队名册

（中华民国三十三年五月）(1944 年 5 月)a 面　0159-001-0041

福安县国民兵团社口镇队警备、运输、工程、侦察国民兵各种任务分队名册
（中华民国三十三年五月）（1944年5月）b面　0159-001-0041

63

	鍾伏寶	二五	福安	〃	〃
	雷尚波	一九	〃	〃	〃
副班長	林仲仁	二四	〃	剥篠	〃
	林三弟	四五	〃	〃	〃
	林聯弟	四四	〃	〃	〃
	林德松	三一	〃	〃	〃
	林金寬	四五	〃	〃	〃
	阮日龍	二六	〃	泥篠	〃
	阮德龍	二二	〃	〃	〃
	阮豆様	四四	〃	〃	〃

福安县国民兵团社口镇队警备、运输、工程、侦察国民兵各种任务分队名册

(中华民国三十三年五月)(1944 年 5 月)a 面　0159-001-0041

福安县国民兵团社口镇队警备、运输、工程、侦察国民兵各种任务分队名册

（中华民国三十三年五月）（1944 年 5 月）b 面　0159-001-0041

64

職別	姓名	年齡	籍貫	住址	職業
運輸隊正班長	郭金生	二二	福安	社口保	農
	黃朝波	三〇	〃	〃	〃
	金加洋	三二	〃	〃	商
	童德達	二八	〃	〃	〃
	郭石長	三三	〃	〃	〃
	郭木生	二七	〃	〃	〃
	郭達太	二九	〃	〃	〃
	毛加齡	二三	〃	〃	〃
	余長春	二八	〃	〃	〃
	吳慶春	二二	〃	〃	〃

福安县国民兵团社口镇队警备、运输、工程、侦察国民兵各种任务分队名册
(中华民国三十三年五月)(1944年5月)a面 0159-001-0041

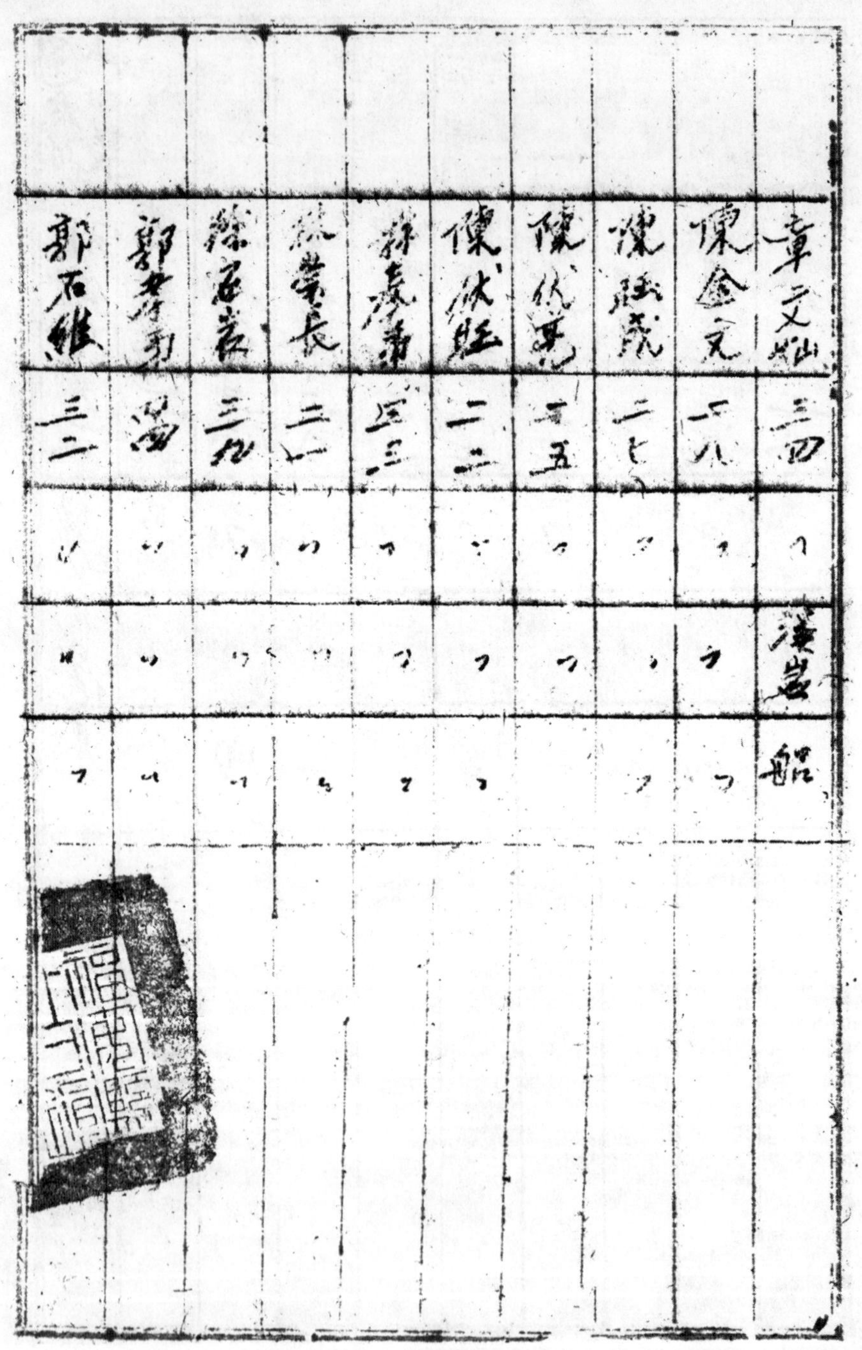

福安县国民兵团社口镇队警备、运输、工程、侦察国民兵各种任务分队名册
（中华民国三十三年五月）（1944 年 5 月）b 面　0159-001-0041

65.

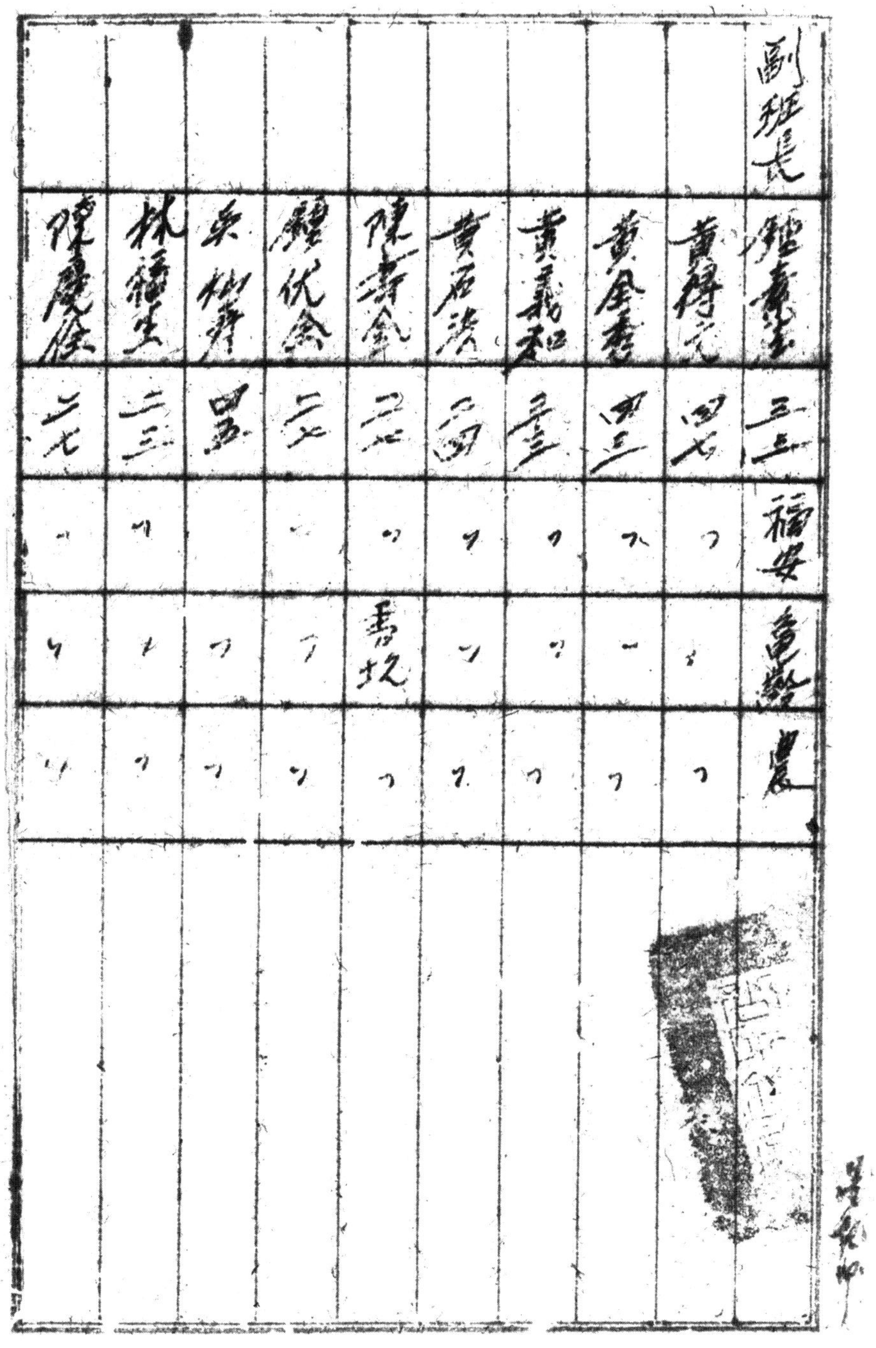

副班長	鍾春生	三三	福安	[illegible]	農
	黃得元	四七	〃	〃	〃
	黃金春	四三	〃	〃	〃
	黃義和	三三	〃	〃	〃
	黃居洪	四四	〃	〃	〃
	陳壽金	二六	〃	[illegible]	〃
	鍾伏余	二六	〃	〃	〃
	吳樹井	四四		〃	〃
	林福生	二三	〃	〃	〃
	陳慶[illegible]	二七	〃	〃	〃

福安县国民兵团社口镇队警备、运输、工程、侦察国民兵各种任务分队名册

(中华民国三十三年五月)(1944 年 5 月)a 面　0159-001-0041

福安县国民兵团社口镇队警备、运输、工程、侦察国民兵各种任务分队名册
(中华民国三十三年五月)(1944年5月)b面 0159-001-0041

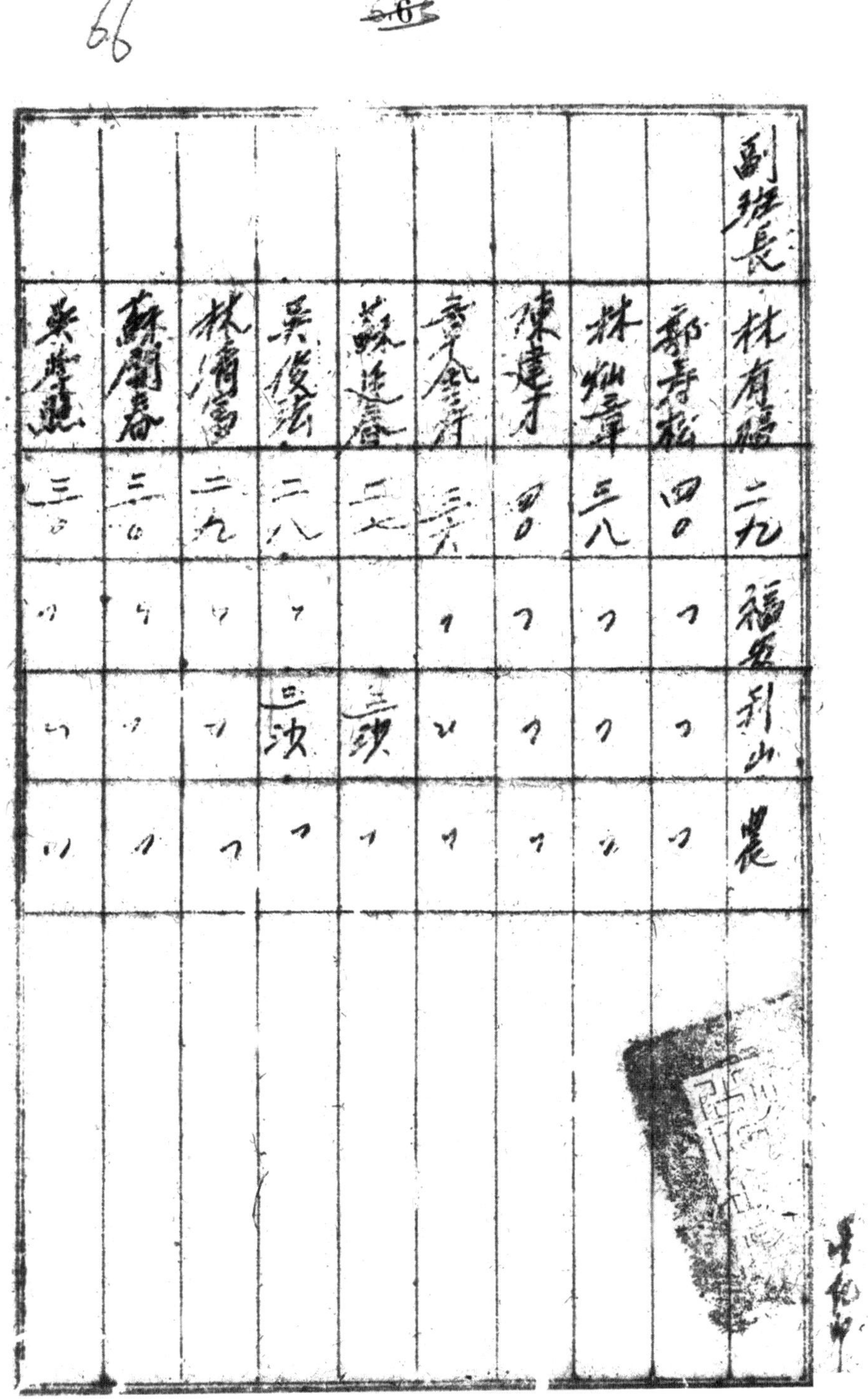

副班長	林有騰	二九	福安	杉山	農
	郭壽松	四〇	〃	〃	〃
	林灿章	三八	〃	〃	〃
	陳建才	四〇	〃	〃	〃
	章金行	三六	〃	〃	〃
	蘇進春	二七		三頭	〃
	吴俊宏	二八	〃	三沙	〃
	林清富	二九	〃	〃	〃
	蘇蘭春	三〇	〃	〃	〃
	吴紫聰	三〇	〃	〃	〃

福安县国民兵团社口镇队警备、运输、工程、侦察国民兵各种任务分队名册

(中华民国三十三年五月)(1944 年 5 月)a 面 0159-001-0041

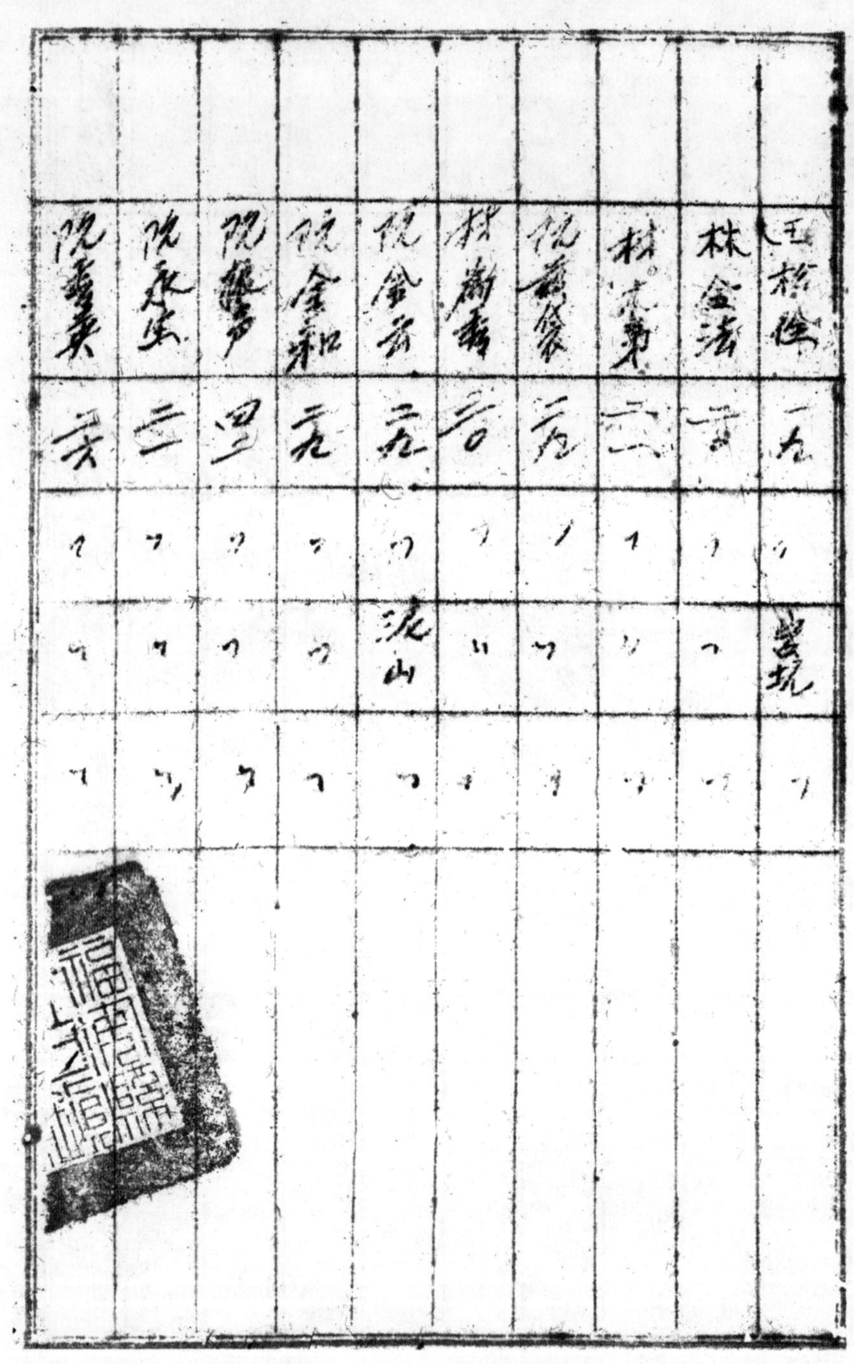

王松俤	林金法	林永弟	阮[illegible]	林[illegible]寿	阮金[illegible]	阮金和	阮[illegible]	阮永安	阮[illegible]英
一九	[illegible]	二[illegible]	[illegible]	[illegible]	二九	二九	四[illegible]	三[illegible]	三六
〃	〃	〃	〃	〃	〃	〃	〃	〃	〃
[illegible]坑	〃	〃	〃	〃	浓山	〃	〃	〃	〃
〃	〃	〃	〃	〃	〃	〃	〃	〃	〃

福安县国民兵团社口镇队警备、运输、工程、侦察国民兵各种任务分队名册
(中华民国三十三年五月)(1944 年 5 月)b 面 0159-001-0041

福安县国民兵团社口镇队警备、运输、工程、侦察国民兵各种任务分队名册

(中华民国三十三年五月)(1944年5月)a面　0159-001-0041

福安县国民兵团社口镇队警备、运输、工程、侦察国民兵各种任务分队名册

（中华民国三十三年五月）（1944 年 5 月）b 面 0159-001-0041

68

职务	姓名	年龄	籍贯	教育	职业
副班長	林春弟	四八	福安	略識	農
	黄順利	二八	〃	〃	〃
	林啟華	三〇	〃	〃	〃
	黄朗妹	三七	〃	〃	〃
	黄梧弟	四四	〃	〃	〃
	陳壽全	三五	〃	曾讀	〃
	鍾秋金	三六	〃	〃	〃
	吳興壽	四五	〃	〃	
	林福生	二三	〃	〃	〃
	陳[illegible]	二七	〃	〃	〃

福安县国民兵团社口镇队警备、运输、工程、侦察国民兵各种任务分队名册

(中华民国三十三年五月)(1944 年 5 月)a 面　0159-001-0041

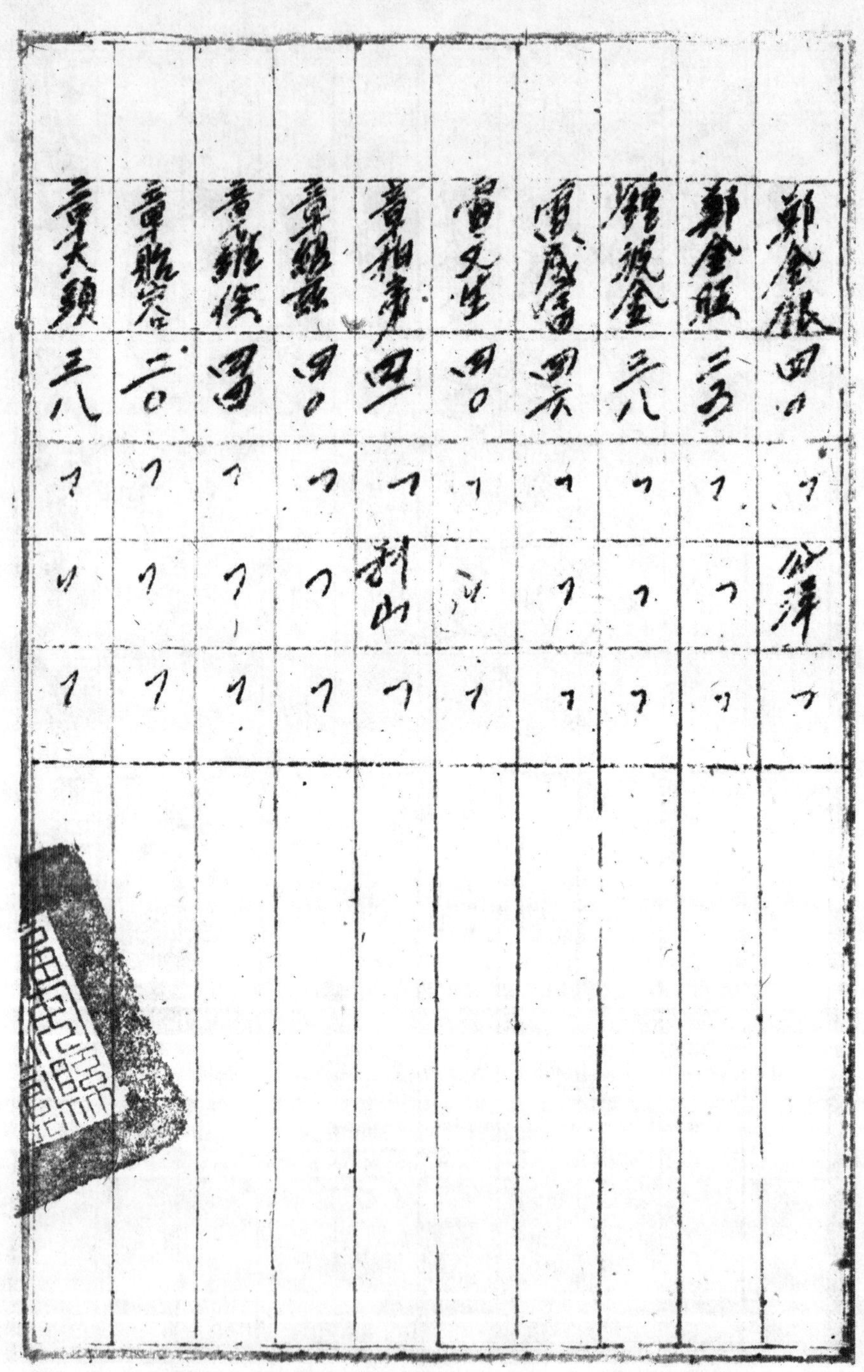

鄭金銀	四〇	〃	公洋	〃
鄭金旺	二五	〃	〃	〃
鍾發金	三八	〃	〃	〃
賈成富	四六	〃	〃	〃
雷文生	四〇	〃	〃	〃
章柏希	四一	〃	斜山	〃
章銀藏	四〇	〃	〃	〃
章維依	四四	〃	〃	〃
章聰容	二〇	〃	〃	〃
章大頭	三八	〃	〃	〃

福安县国民兵团社口镇队警备、运输、工程、侦察国民兵各种任务分队名册

（中华民国三十三年五月）（1944 年 5 月）b 面　0159-001-0041

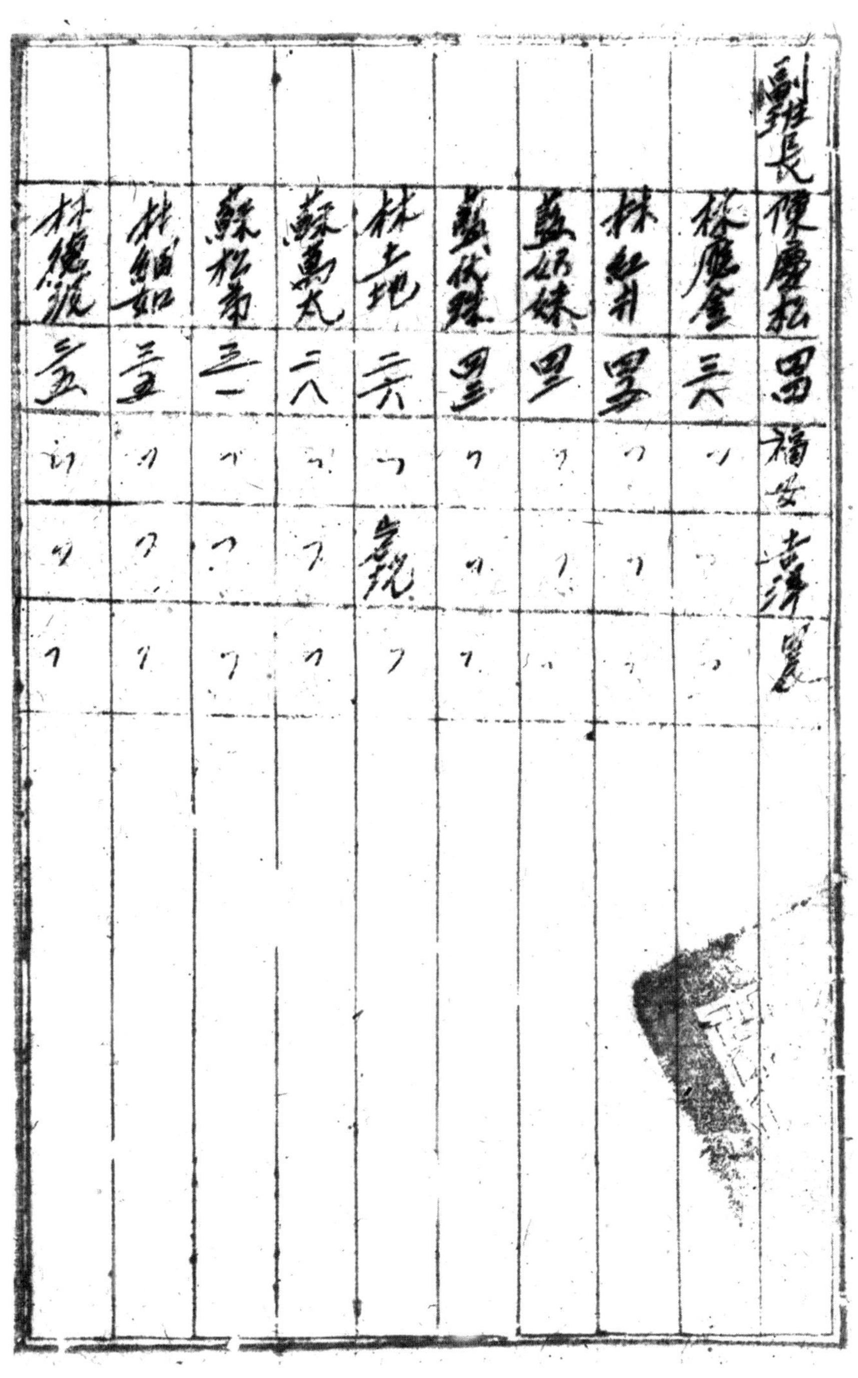

69

副班長	陳慶松	四四	福安	古洋	農
	林應金	三八	〃	〃	〃
	林[illegible]	四七	〃	〃	〃
	藍炳妹	四一	〃	〃	〃
	藍成珠	四三	〃	〃	〃
	林土地	二六	〃	岩湖	〃
	蘇萬太	二八	〃	〃	〃
	蘇松弟	三一	〃	〃	〃
	林細如	三五	〃	〃	〃
	林德旋	二五	〃	〃	〃

福安县国民兵团社口镇队警备、运输、工程、侦察国民兵各种任务分队名册

（中华民国三十三年五月）(1944 年 5 月)a 面　0159-001-0041

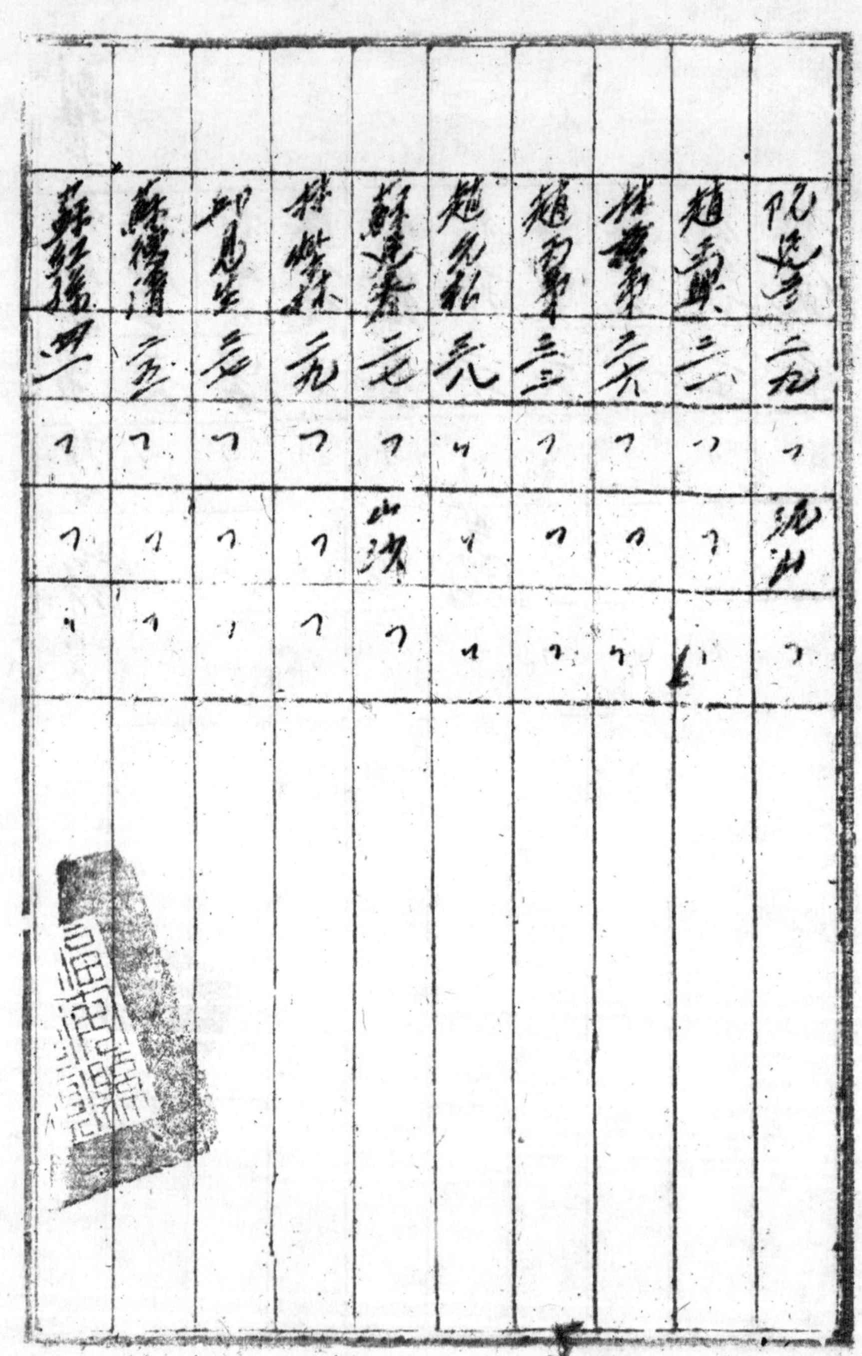

姓名	年龄			
阮[illegible]	二九	〃	泥洲	〃
赵[illegible]	二六	〃	〃	〃
林[illegible]弟	二六	〃	〃	〃
赵[illegible]	三三	〃	〃	〃
赵[illegible]	三八	〃	〃	〃
苏[illegible]春	二七	〃	山头	〃
林[illegible]林	二九	〃	〃	〃
邱[illegible]生	三五	〃	〃	〃
苏[illegible]清	三五	〃	〃	〃
苏[illegible]	四十	〃	〃	〃

福安县国民兵团社口镇队警备、运输、工程、侦察国民兵各种任务分队名册

(中华民国三十三年五月)(1944 年 5 月)b 面 0159-001-0041

70

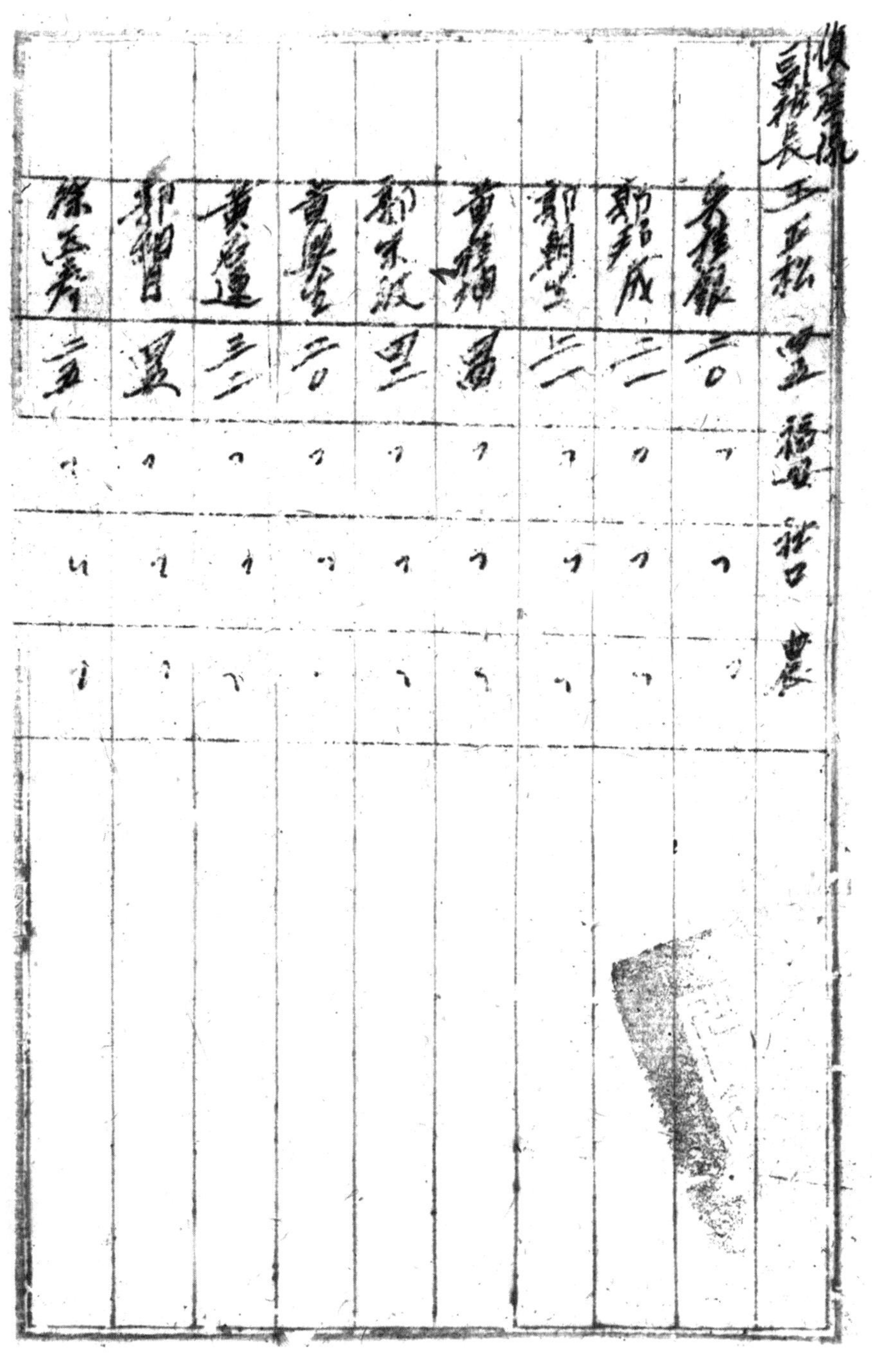

福安县国民兵团社口镇队警备、运输、工程、侦察国民兵各种任务分队名册

(中华民国三十三年五月)(1944年5月)a面　0159-001-0041

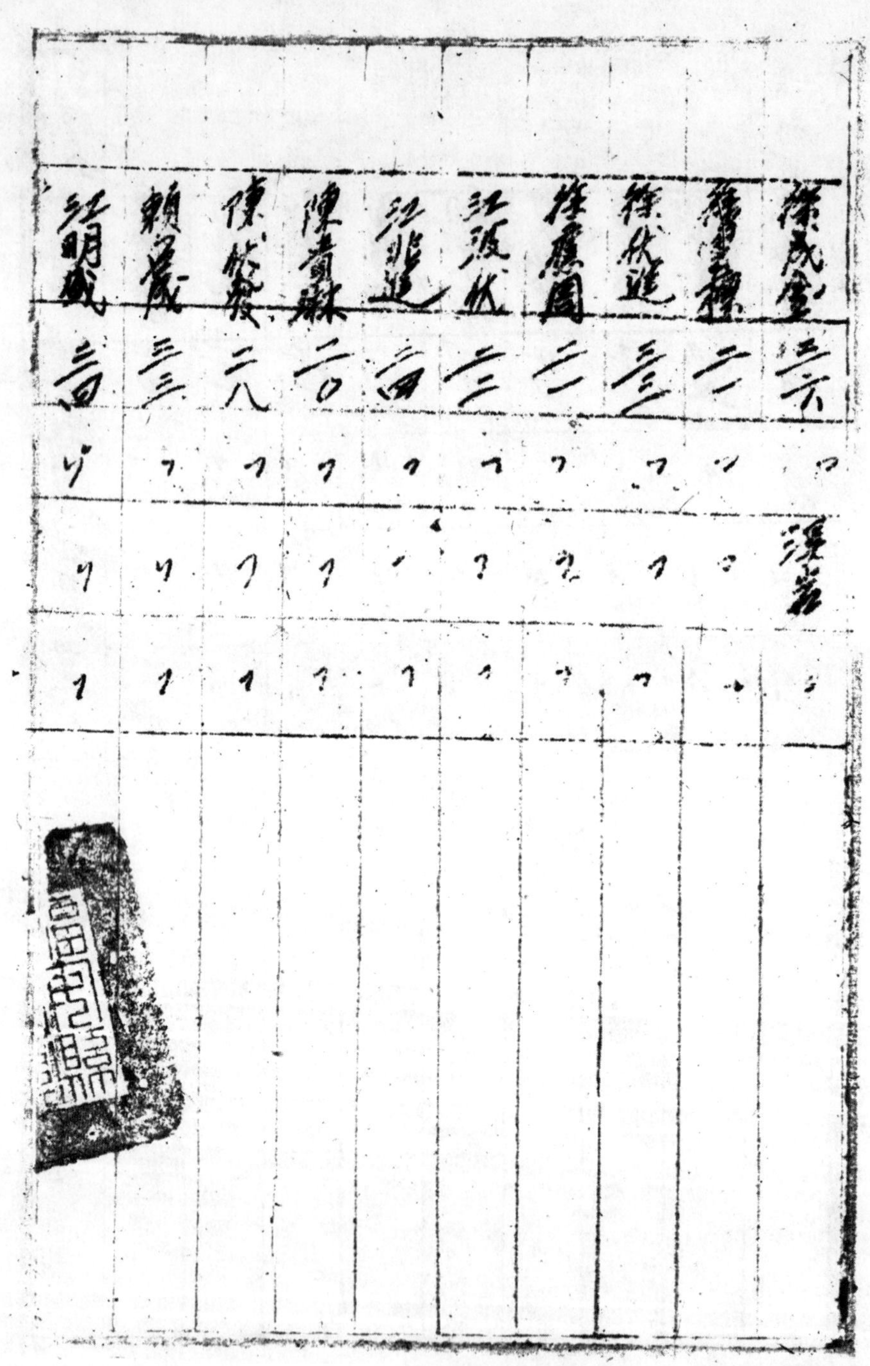

姓名	年龄			
陳成金	三六	〃	溪岩	〃
[illegible]	二二	〃	〃	〃
孫伏進	三三	〃	〃	〃
[illegible]	二二	〃	〃	〃
江[illegible]伏	二三	〃	〃	〃
江兆進	二四	〃	〃	〃
陳[illegible]	二〇	〃	〃	〃
陳伏發	二八	〃	〃	〃
賴[illegible]	三三	〃	〃	〃
[illegible]明盛	三四	〃	〃	〃

福安县国民兵团社口镇队警备、运输、工程、侦察国民兵各种任务分队名册
(中华民国三十三年五月)(1944 年 5 月)b 面 0159-001-0041

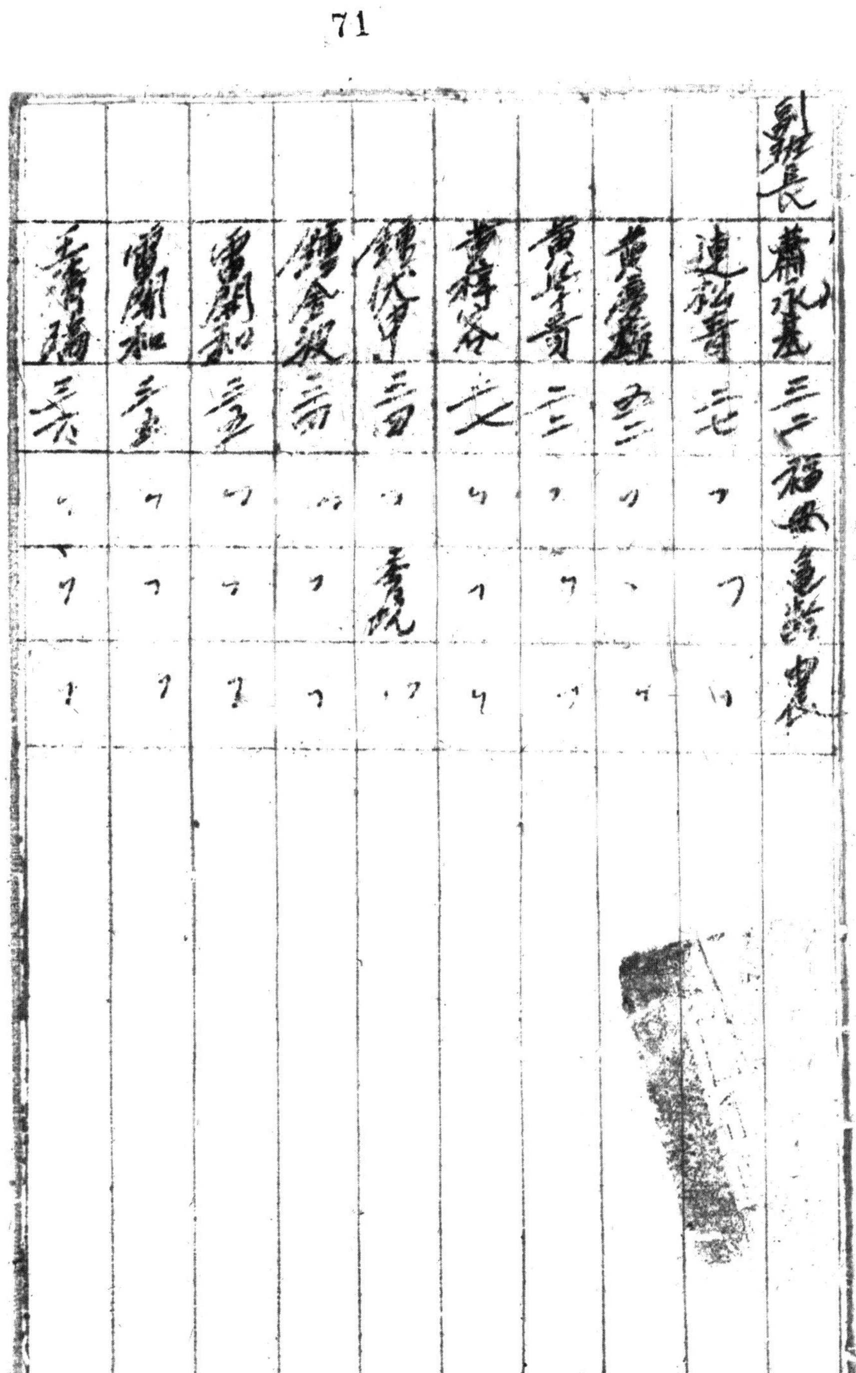

福安县国民兵团社口镇队警备、运输、工程、侦察国民兵各种任务分队名册

(中华民国三十三年五月)(1944 年 5 月)a 面　0159-001-0041

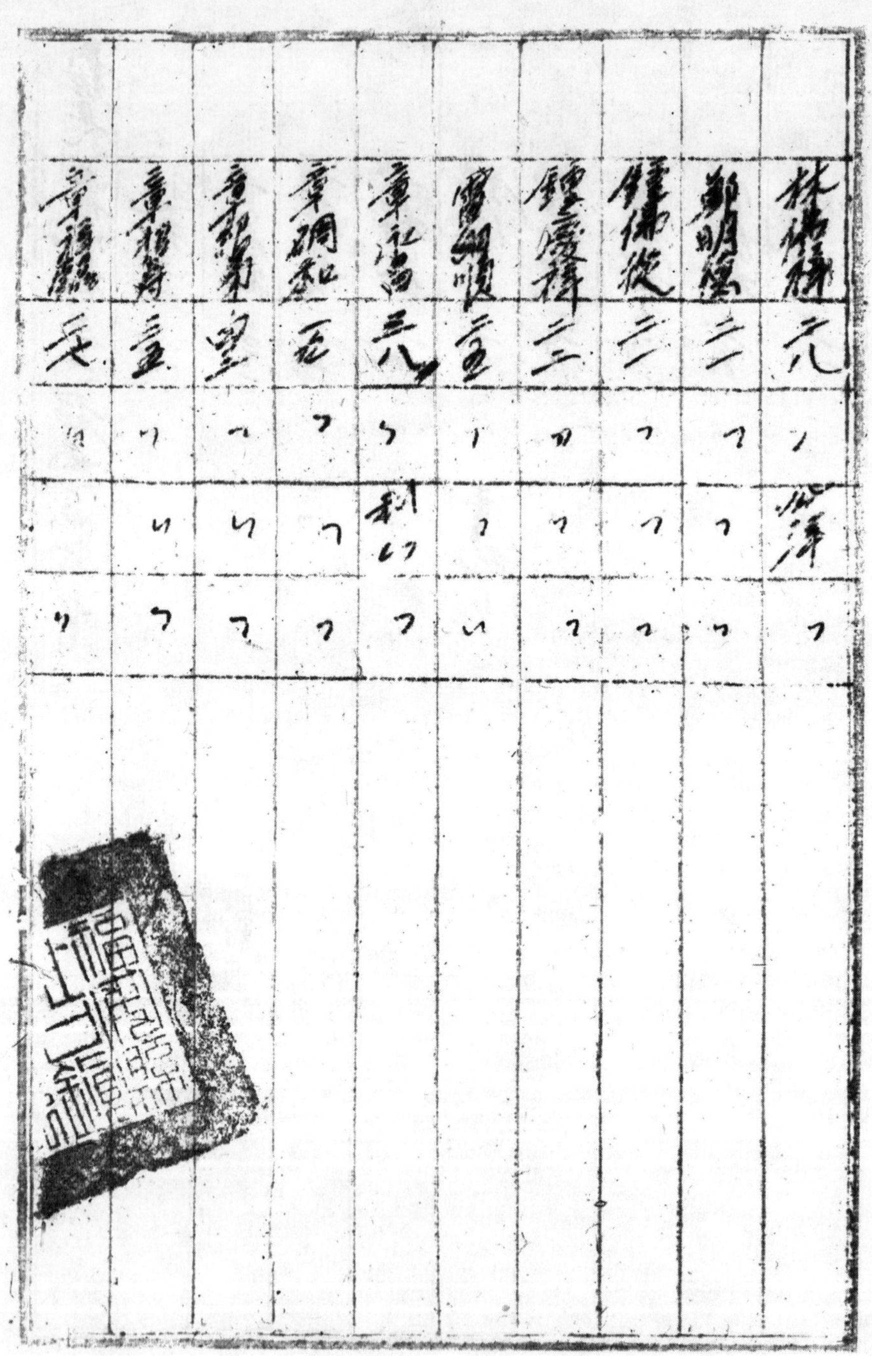

福安县国民兵团社口镇队警备、运输、工程、侦察国民兵各种任务分队名册
（中华民国三十三年五月）（1944 年 5 月）b 面 0159-001-0041

72

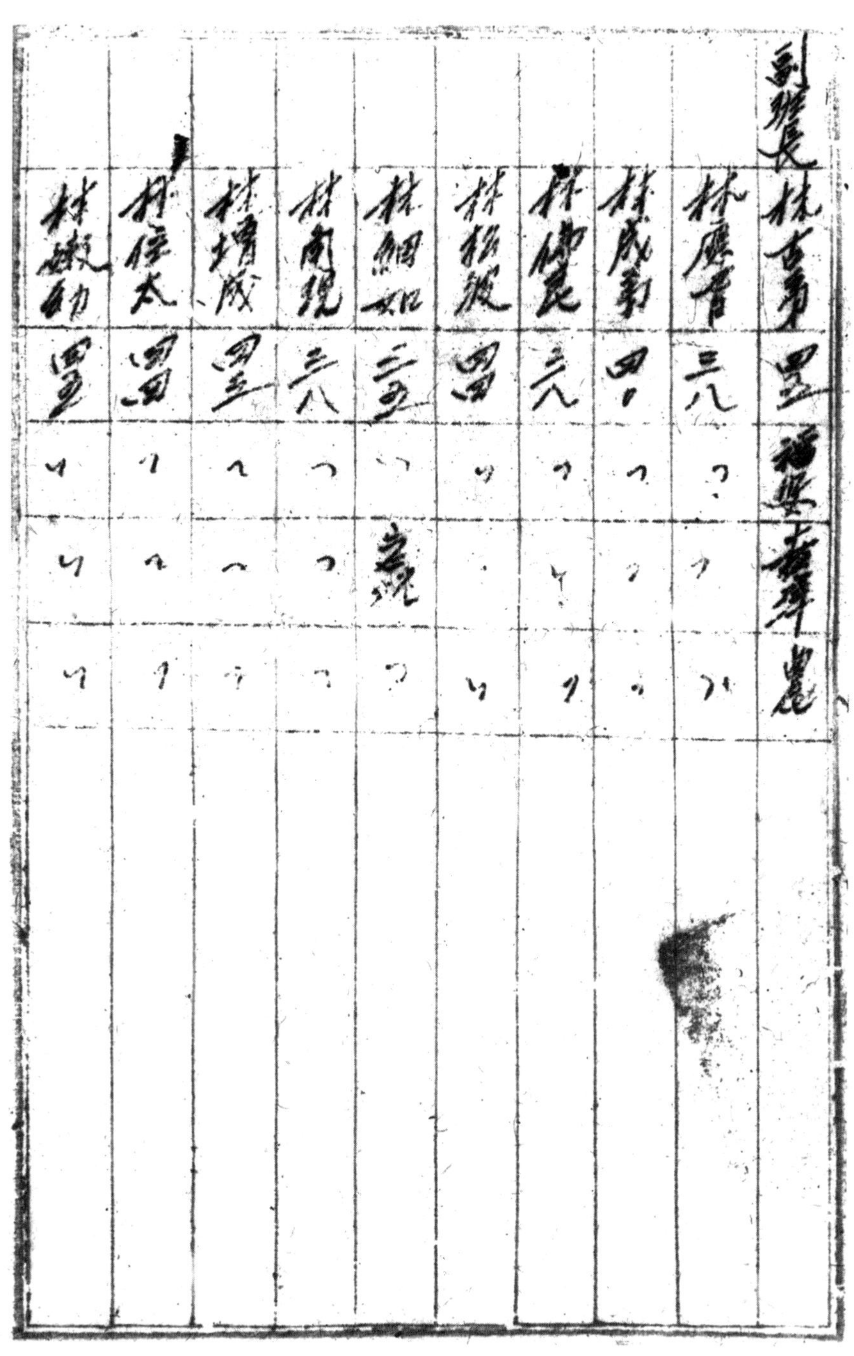

副班长	林吉弟	四五	福安	壮年	农
	林应官	二八	〃	〃	〃
	林成弟	四〇	〃	〃	〃
	林伙农	二六	〃	〃	〃
	林松波	四四	〃	〃	〃
	林细如	三五	〃	青年	〃
	林南俍	二八	〃	〃	〃
	林增成	四五	〃	〃	〃
	林仁太	四四	〃	〃	〃
	林嫩动	四五	〃	〃	〃

福安县国民兵团社口镇队警备、运输、工程、侦察国民兵各种任务分队名册

（中华民国三十三年五月）（1944年5月）a面　0159-001-0041

阮閩宦	一九	〃	泥山	〃
阮永吉	二七	〃	〃	〃
蘇成亨	二六	〃	〃	〃
蘇[illegible]	二一	〃	〃	〃
蘇永出	一九	〃	〃	〃
蘇冬秋	四一	〃		〃
林順武	[illegible]	〃	[illegible]	〃
吴炳金	二一	〃	〃	〃
陳仁相	[illegible]	〃	〃	〃
蔡也馬	二五	〃	〃	〃

福安縣社口鎮

福安县国民兵团社口镇队警备、运输、工程、侦察国民兵各种任务分队名册

(中华民国三十三年五月)(1944 年 5 月)b 面　0159-001-0041

73

中華民國三十三年五月

日社口鎮隊兼隊長陳鶴齡

福安县国民兵团社口镇队警备、运输、工程、侦察国民兵各种任务分队名册

（中华民国三十三年五月）（1944年5月） 0159-001-0041

福安縣社口鎮公所警備班隊兵花名冊

福安县社口镇公所警备班队兵花名册（1944 年 10 月） 0161-001-0082

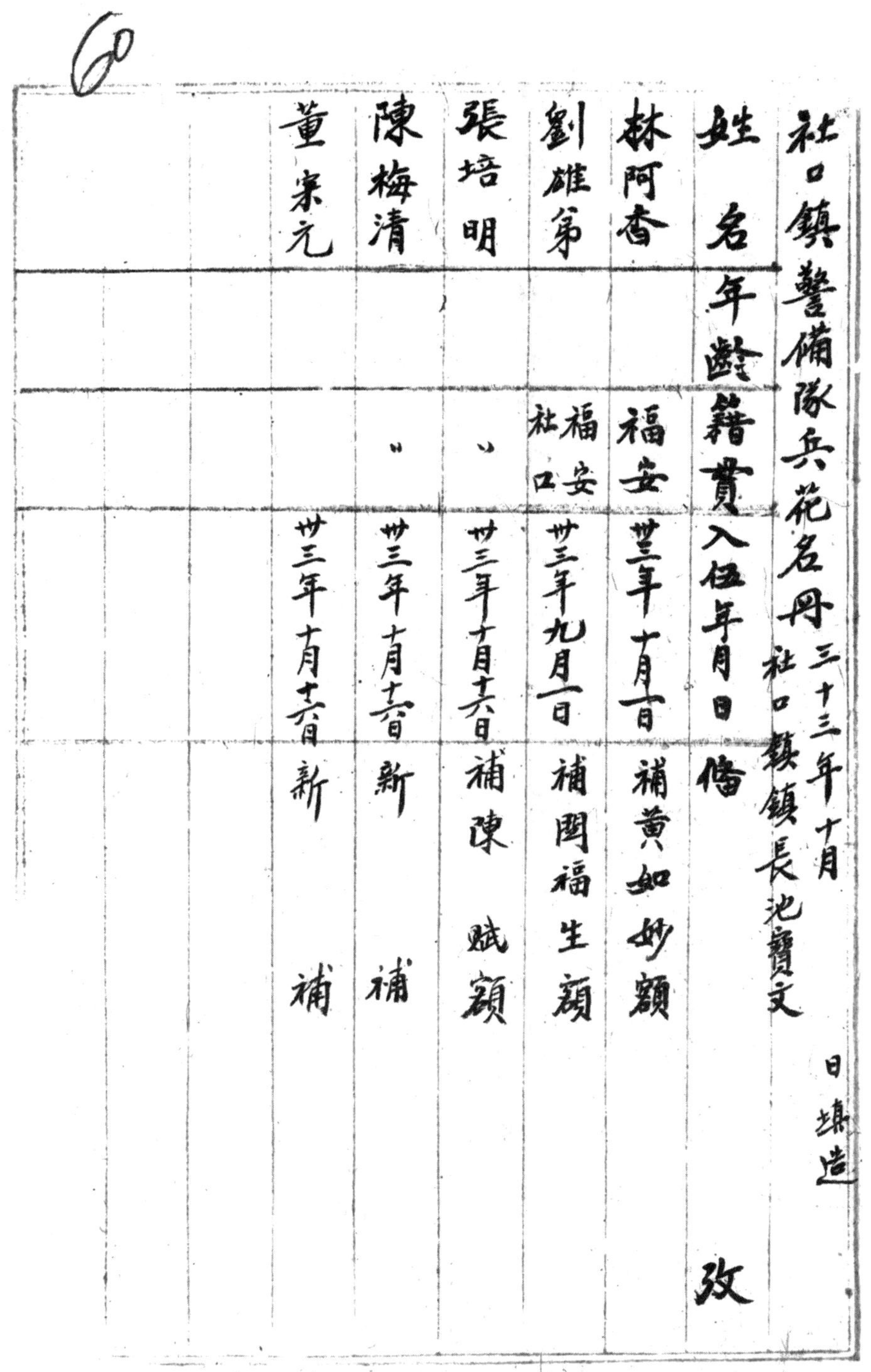
社口鎮警備隊兵花名冊 三十三年十月 日填造

社口鎮鎮長池寶文

姓名	年齡	籍貫	入伍年月日	備攷
林阿杏		福安	卅三年十月十日	補黃如妙額
劉雄弟		福安社口	卅三年九月一日	補周福生額
張培明		〃	卅三年十月十六日	補陳賦額
陳梅清		〃	卅三年十月十六日	新補
董宋元			卅三年十月十六日	新補

福安县社口镇公所警备班队兵花名册(1944 年 10 月)　0161-001-0082

中華民國三十三年十月

日社口鎮長池寶文

福安县社口镇公所警备班队兵花名册(1944 年 10 月)　0161-001-0082

福安縣社口鎮義務警備分隊名冊

64 63

福安縣……

福安县社口镇义务警备分队名册(1944年11月) 0161-001-0082

64

70

福安縣社口鎮義務警備分隊名冊

級職	姓名	年齡	籍貫	常住地址	職業	備攷
班長	劉太允	四一	福安	溪口村四甲	兵	
國民兵	徐應堂	二七	〃	四甫村四甲	農	
	徐應康	二〇	〃	〃	〃	
	劉伏弟	二六	〃	溪口村六甲	〃	
	劉伏兹	二六	〃	〃	〃	
	劉承章	二二	〃	溪口村三甲	〃	
	江明威	三二	〃	岩下村十三甲	〃	
	徐伏進	三三	〃	四甫村九甲	〃	

福安县社口镇义务警备分队名册(1944 年 11 月)a 面　0161-001-0082

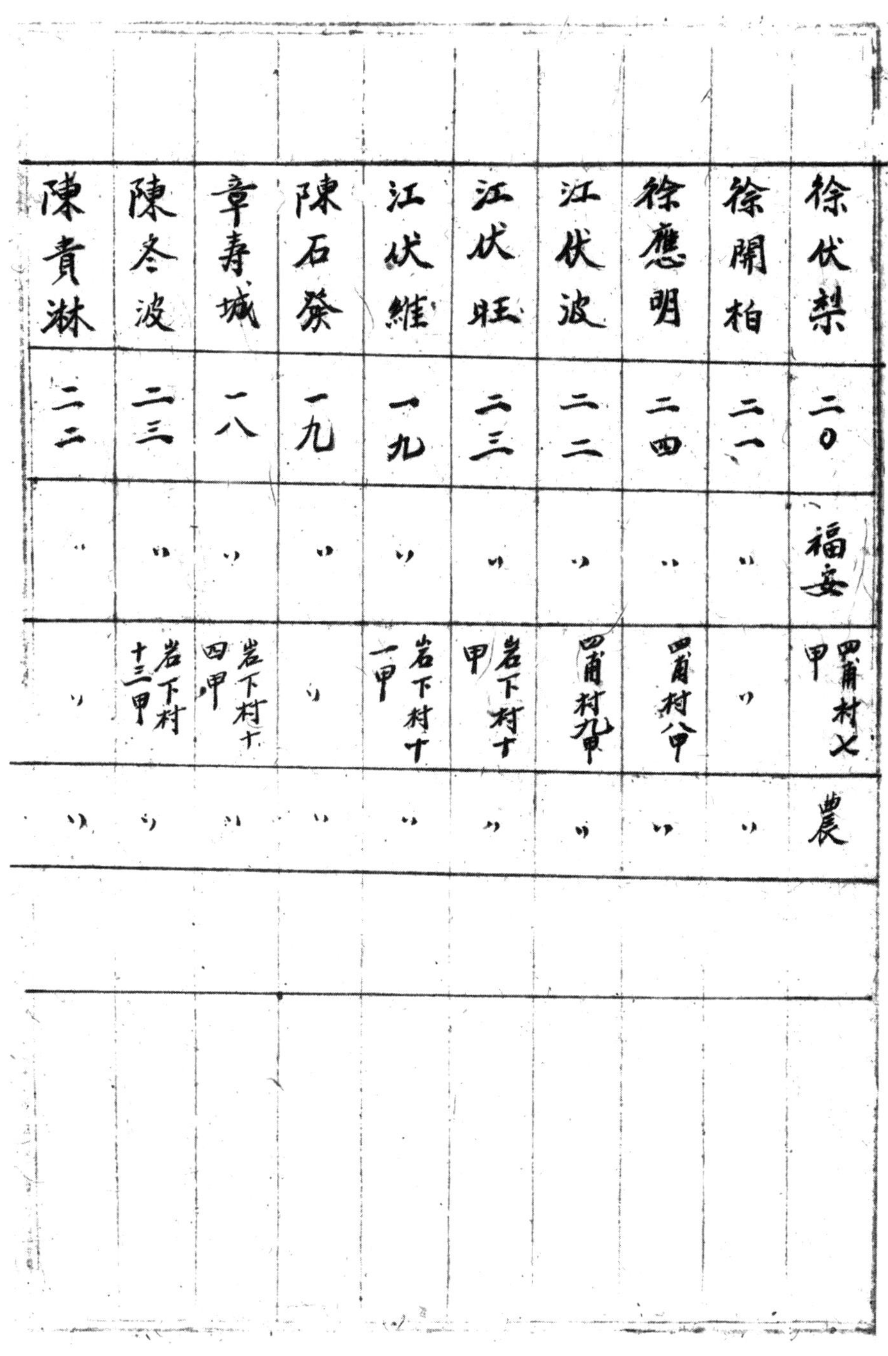
徐伏梁	二〇	福安	四甫村七甲	農
徐開柏	二一	〃	〃	〃
徐應明	二四	〃	四甫村八甲	〃
江伏波	二二	〃	四甫村九甲	〃
江伏旺	二三	〃	岩下村十甲	〃
江伏維	一九	〃	岩下村十一甲	〃
陳石癸	一九	〃	〃	〃
章寿城	一八	〃	岩下村十四甲	〃
陳冬波	二三	〃	岩下村十三甲	〃
陳貴淋	二二	〃	〃	〃

福安县社口镇义务警备分队名册(1944年11月)b面　0161-001-0082

7+65

姓名	年龄		住址		備攷
江兆進	二四	〃	岩下村十甲		
郭湖家	三一	〃	一甲	〃	
葉裕發	二四	〃	二甲	〃	
章建德	二九	〃	〃		
郭雲南	二九	〃	八甲	〃	
林加松	二三	〃	十甲	〃	
林應周	二七	〃	十甲	〃	
陳壽年	三三	〃	九甲	〃	
郭邦成	二三	〃	一甲	〃	
葉潤波	三五	〃	十四甲	〃	

福安县社口镇义务警备分队名册(1944年11月)a面　0161-001-0082

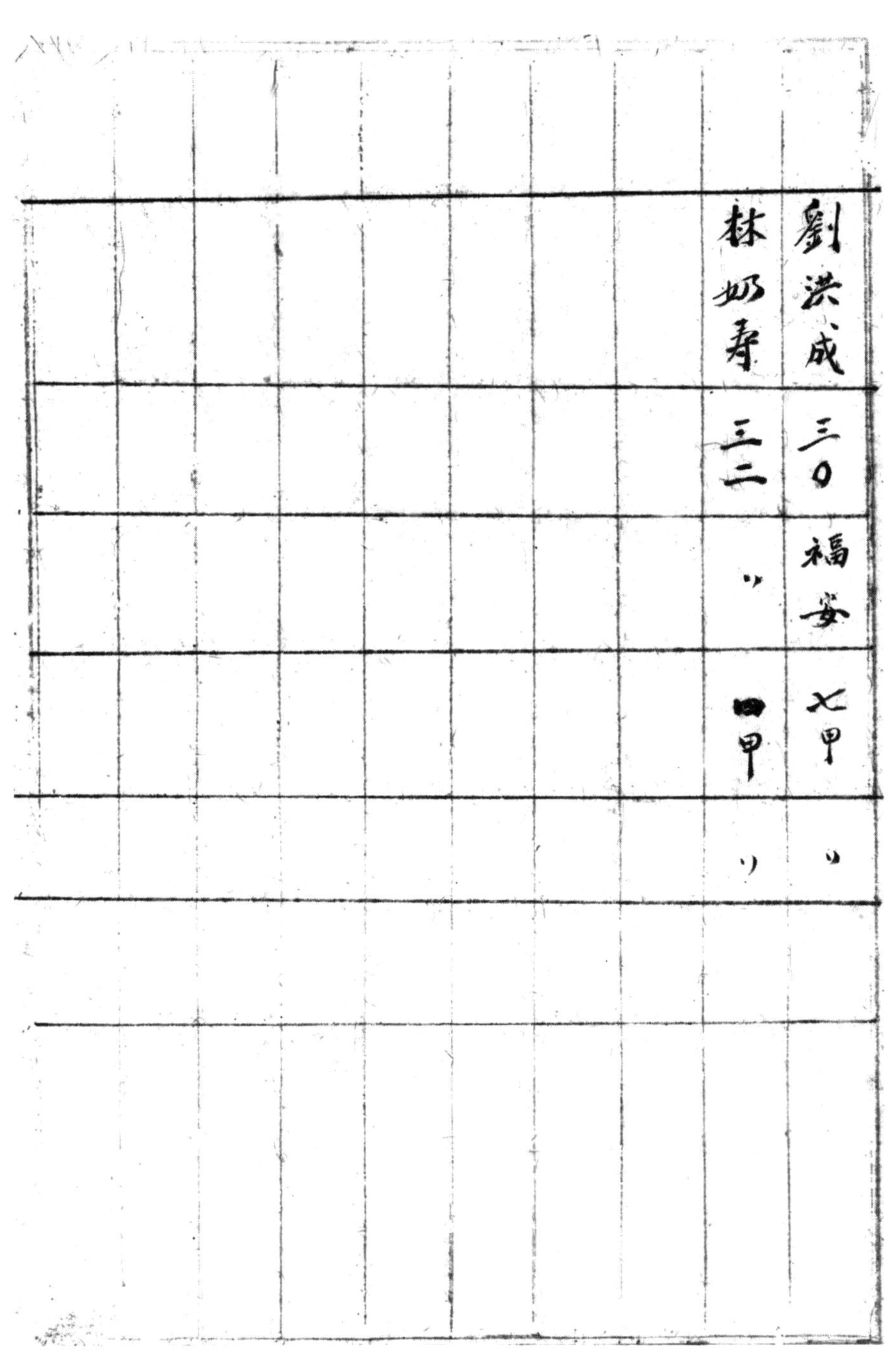

劉洪成	三〇	福安	七甲	〃
林奶寿	三二	〃	四甲	〃

福安县社口镇义务警备分队名册(1944 年 11 月)b 面　0161-001-0082

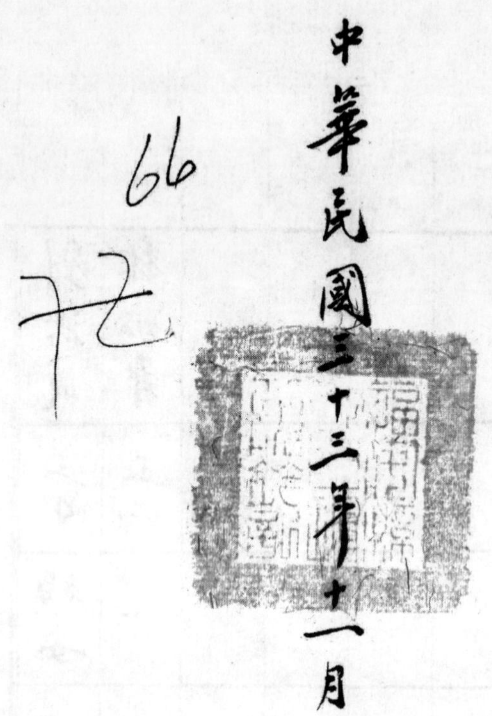
中華民國三十三年十一月

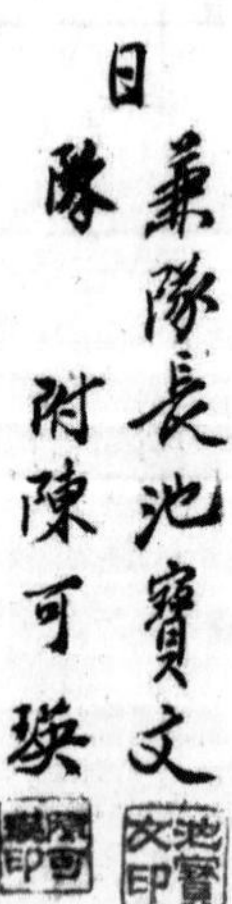
日

兼隊長池寶文

隊附陳可瑛

福安县社口镇义务警备分队名册(1944 年 11 月)　0161-001-0082

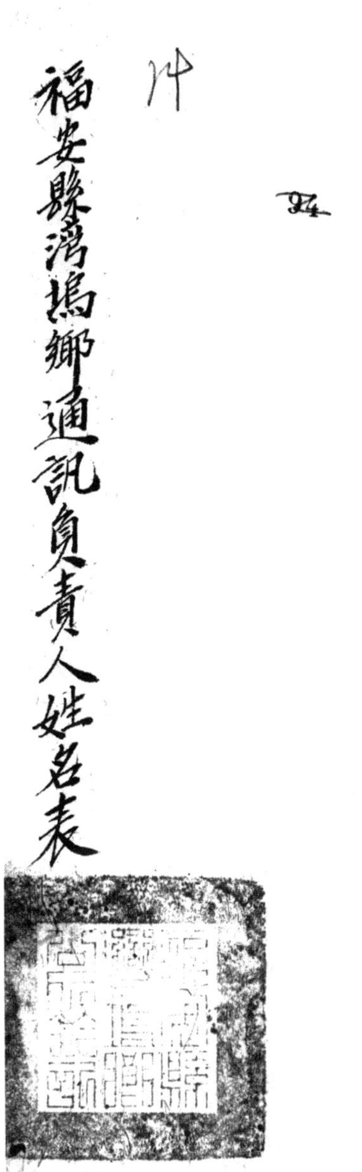

福安县湾坞乡通讯负责人姓名表(1944 年 6 月)　0159-001-0042

15

95

福安縣灣塢鄉通訊負責人姓名表

鄉保區分	姓名	代名	年歲	籍貫	職業	詳細住址（鄉保甲戶或街名門牌號數）	備攷
灣塢鄉	謝諳寬	振坤	四四	福安	政	灣塢鄉公所	灣塢鄉鄉長兼分站長
仝	連山	艸五	二七	〃	軍	仝	灣塢鄉隊附專負通訊員。
灣塢鄉灣前保	李成大	仰光	三九	〃	商	灣塢鄉灣前保一甲	
灣塢鄉第四甲	李增第	增光	四五	〃	農	灣塢鄉灣前保四甲五戶	
第六甲	趙虎奇	虎增	二二	〃	商	灣塢鄉灣前保六甲四戶	
十一甲	陳成發	發成	四二	〃	商	灣塢鄉灣前保十一甲六戶	
灣塢鄉灣後保	李書俊	康澤	二八	〃	商	灣塢鄉灣後保一甲五戶	
第六甲	李慶松	木生	二六	〃	農	灣塢鄉灣後保六甲六戶	

福安县湾坞乡通讯负责人姓名表(1944 年 6 月)a 面　0159-001-0042

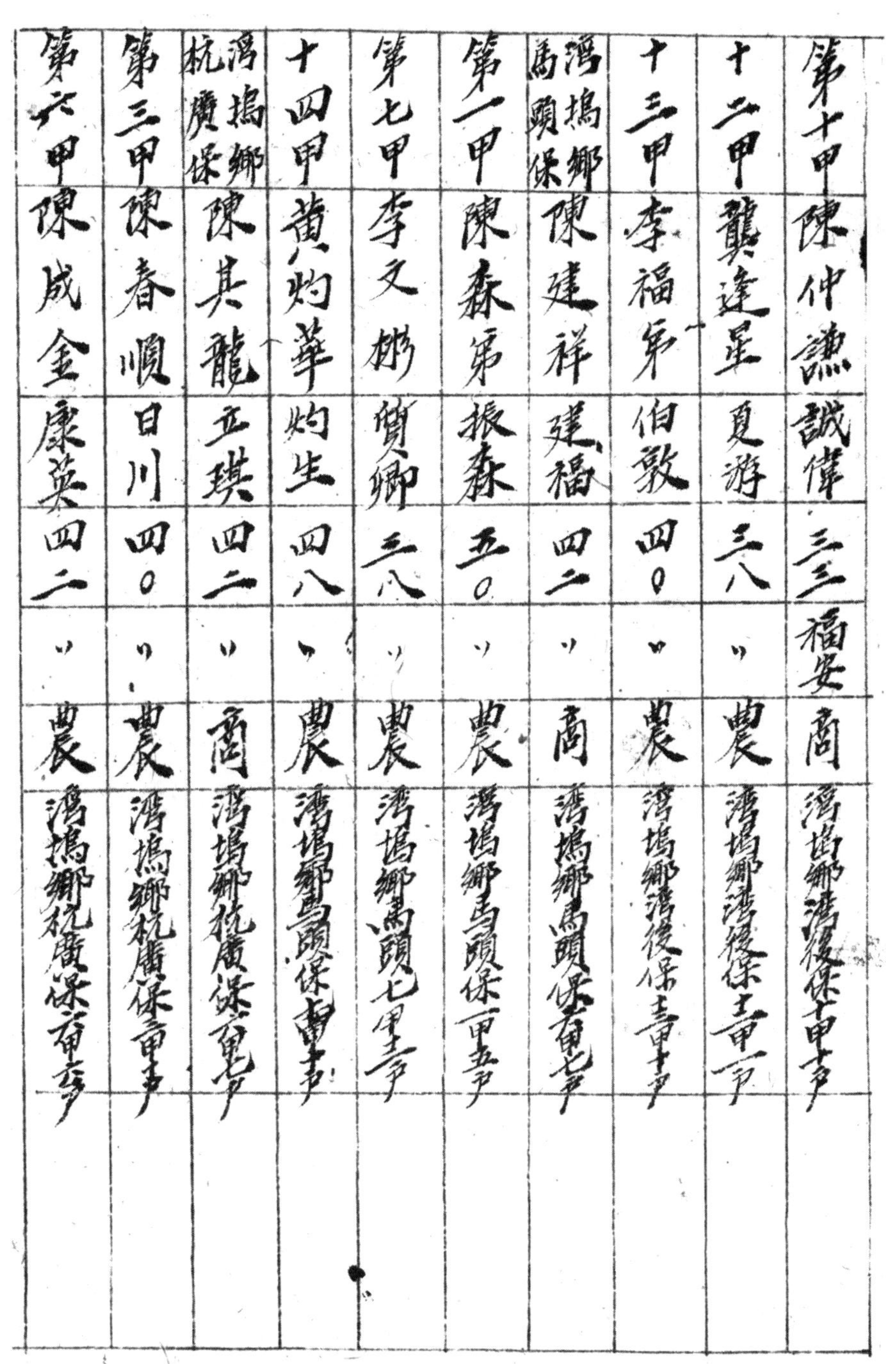

第十甲	陳仲譙	誠偉	三三	福安	商	灣塢鄉灣後保十甲十戶
十二甲	龔逢星	夏游	三八	〃	農	灣塢鄉灣後保十二甲一戶
十三甲	李福弟	伯敦	四〇	〃	農	灣塢鄉灣後保十三甲十戶
灣塢鄉馬頭保	陳建祥	建福	四二	〃	商	灣塢鄉馬頭保首甲七戶
第一甲	陳森弟	振森	五〇	〃	農	灣塢鄉馬頭保一甲五戶
第七甲	李文彬	質卿	三八	〃	農	灣塢鄉馬頭七甲十一戶
十四甲	黃灼華	灼生	四八	〃	農	灣塢鄉馬頭保十四甲十戶
灣塢鄉杭廣保	陳其龍	五琪	四二	〃	商	灣塢鄉杭廣保首甲七戶
第三甲	陳春順	日川	四〇	〃	農	灣塢鄉杭廣保三甲十戶
第六甲	陳成金	康英	四二	〃	農	灣塢鄉杭廣保六甲六戶

福安县湾坞乡通讯负责人姓名表(1944 年 6 月)b 面　0159-001-0042

16

96

福安縣灣塢鄉通訊負責人姓名表

鄉保區分	姓名	化名	年齡	籍貫	職業	詳細住址（鄉保甲戶數街名門牌號數）	備攷
十一甲	謝灼順	坤灼	四〇	福安	農	灣塢鄉杭廣保十一甲五戶	
十二甲	吳景惠	星惠	三八	〃	農	灣塢鄉杭廣保十二甲七戶	
灣塢鄉鳳塘保	吳漢民	族光	三〇	〃	商	灣塢鄉鳳塘保一甲二戶	
第一甲	吳周琨	訪	四二	〃	政	灣塢鄉鳳塘保一甲四戶	
第二甲	謝奶興	抱惠	二六	〃	商	灣塢鄉鳳塘保二甲六戶	
第三甲	雷邦成	協助	二三	〃	農	灣塢鄉塘保三甲十四戶	
灣塢鄉江兜保	林文成	紹英	三〇	〃	商	灣塢鄉江兜保三甲四戶	
第一甲	劉濟雄	明榮	三三	〃	商	灣塢鄉江兜保一甲三戶	

福安县湾坞乡通讯负责人姓名表(1944 年 6 月)a 面　0159-001-0042

第四甲	林澤雲	應機	四〇	福安	商	灣塢鄉江墘保四甲四户
第四甲	林萬奎	志其	三二	〃	商	灣塢鄉江墘保四甲十五户
灣塢鄉大盛保	林慶銳	銳明	四三	〃	農	灣塢鄉大盛保一甲一户
第一甲	張成棟	利第	三九	〃	商	灣塢鄉大盛保一甲四户
第四甲	張松第	步記	四九	〃	商	灣塢鄉大盛保四甲四户
第五甲	藍陳住	成順	四八	〃	農	灣塢鄉大盛保五甲六户
第七甲	吳京恩	東弟	四八	〃	農	灣塢鄉大盛保七甲三户
第九甲	吳義紹	義生	三七	〃	農	灣塢鄉大盛保九甲十二户
灣塢鄉半嶺保	謝應發	毓顏	三〇	〃	商	灣塢鄉半嶺保三甲
第四甲	謝成佺	昌懷	三四	〃	農	灣塢鄉半嶺保四甲五户

福安县湾坞乡通讯负责人姓名表(1944年6月)b面　0159-001-0042

福安縣灣塢鄉通訊負責人姓名表

鄉保區別	姓	名	化名	年齡	籍貫	職業	詳細住址（鄉保甲戶或街巷門牌號數）	備攷
第六甲	余	穀弟	春生	四二	福安	農	灣塢鄉半嶺保六甲四戶	
第七甲	蘇	振龍	昌江	二八	〃	農	灣塢鄉半嶺保七甲八戶	
十一甲	黃	灼仁	昌漢	三五	〃	農	灣塢鄉半嶺保十一甲五戶	
十四甲	鐘	得言	昌河	三五	〃	農	灣塢鄉半嶺保十四甲七戶	
灣塢鄉白蓮保	林	石蘭	信金	三八	〃	商	灣塢鄉白蓮保六甲十戶	
第五甲	林	細梅	梅波	三一	〃	農	灣塢鄉白蓮保五甲七戶	
第五甲	林	其寀	霖波	三八	〃	農	灣塢鄉白蓮保五甲十五戶	
第六甲	劉	細清	清波	四二	〃	農	灣塢鄉白蓮保六甲十戶	

福安县湾坞乡通讯负责人姓名表(1944年6月)a面　0159-001-0042

第八甲	劉清妹	清祥	四二	福安	農	灣塢鄉白蓮保八甲四戶
第九甲	翁勤弟	勤祥	三六	〃	農	灣塢鄉白蓮保九甲五戶
灣塢鄉上嶼保	謝進光	進英	三五	〃	商	灣塢鄉上嶼保六甲
第一甲	陳志松	志城	三六	〃	農	灣塢鄉上嶼保一甲十戶
第三甲	陳松生	松年	三二	〃	農	灣塢鄉上嶼保三甲十一戶
第五甲	陳朋其	朋元	五二	〃	農	灣塢鄉上嶼保五甲十二戶
十一甲	鄭謙允	謙如	二九	〃	農	灣塢鄉上嶼保十一甲五戶
十五甲	林高興	高春	三一	〃	農	灣塢鄉上嶼保十五甲十五戶
灣塢鄉浮溪保	陳阿進	大瓊	四五	〃	商	灣塢鄉浮溪保四甲七戶
第一甲	陳慶燕	樹枝	四八	〃	農	灣塢鄉浮溪保一甲十二戶

福安县湾坞乡通讯负责人姓名表(1944 年 6 月)b 面　0159-001-0042

福安縣灣塢鄉通訊負責人姓名表

鄉保區别	姓名	化名	年齡	籍貫	職業	詳細住址（鄉保甲户或街巷門牌号数）	備攷
第二甲	陳如章	元城	三四	福安	農	灣塢鄉浮溪保二甲十二户	
第四甲	陳慶森	立基	四八	〃	農	灣塢鄉浮溪保四甲六户	
第八甲	陳賢慶	方信	三八	〃	農	灣塢鄉浮溪保八甲三户	
第九甲	陳贈謙	可明	四一	〃	農	灣塢鄉浮溪保九甲五户	
第十甲	林白八	而存	四〇	〃	農	灣塢鄉浮溪保十甲五户	
（白馬保 灣塢鄉）	林細弟	文寶	四七	〃	農	灣塢鄉白馬保一甲十二户	
第七甲	林石祥	順興	三七	〃	農	灣塢鄉白馬保七甲一户	
第四甲	林步恭	步明	五〇	〃	農	灣塢鄉白馬保四甲五户	

福安县湾坞乡通讯负责人姓名表(1944 年 6 月)a 面 0159-001-0042

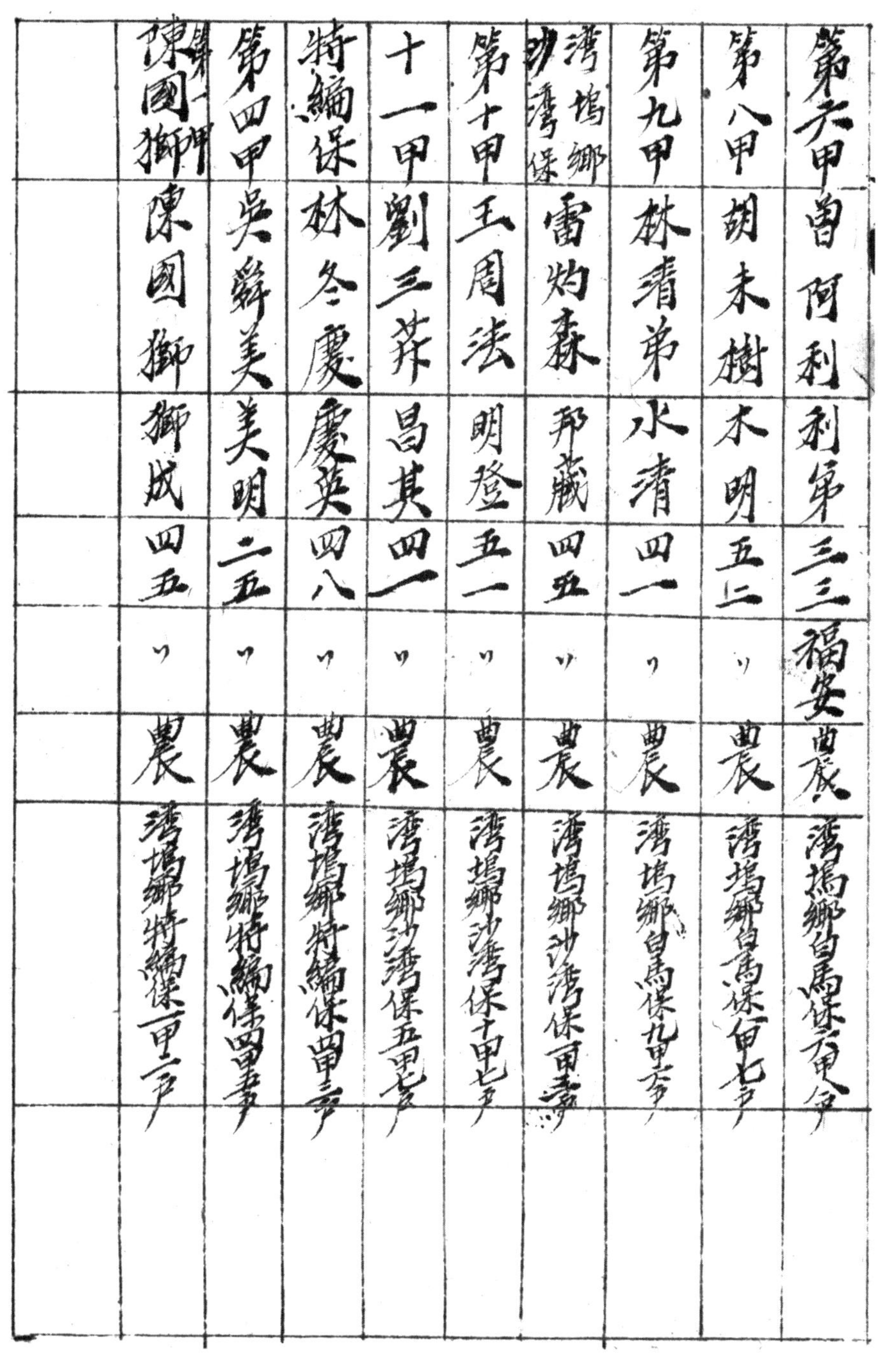

甲别	姓名	别字	年龄	籍贯	职业	住址	
第六甲	曾阿利	利第	三三	福安	農	灣塢鄉白馬保六甲八户	
第八甲	胡末樹	末明	五二	〃	農	灣塢鄉白馬保八甲七户	
第九甲	林清弟	水清	四一	〃	農	灣塢鄉白馬保九甲六户	
灣塢鄉 沙灣保	雷灼森	邦藏	四五	〃	農	灣塢鄉沙灣保[illegible]户	
第十甲	王周法	明登	五一	〃	農	灣塢鄉沙灣保十甲七户	
十一甲	劉三荐	昌其	四一	〃	農	灣塢鄉沙灣保五甲七户	
特編保	林冬慶	慶英	四八	〃	農	灣塢鄉特編保四甲二户	
第四甲	吳舜美	美明	二五	〃	農	灣塢鄉特編保四甲五户	
第一甲 陳國鄉	陳國鄉	鄉成	四五	〃	農	灣塢鄉特編保一甲二户	

福安县湾坞乡通讯负责人姓名表(1944年6月)b面 0159-001-0042

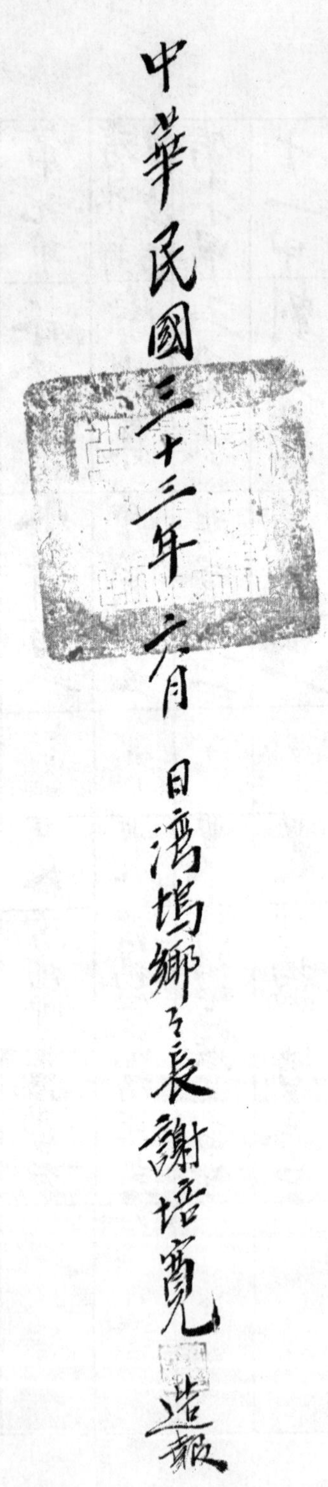

福安县湾坞乡通讯负责人姓名表(1944 年 6 月)　0159-001-0042

42

福安縣穆陽鎮偵察隊隊員名冊

福安县穆阳镇侦察队队员名册(1944 年 8 月 29 日)　0159-001-0041

43

福安縣穆陽鎮偵察隊隊員名冊

隊別	職別	姓名	年齡	籍貫	詳細住址
	兼隊長	王晉經	三二	福安	
	隊附	陳道航	二九		
	分隊長	繆岱榕	三〇		
第一小隊	小隊長	繆紹經	三二	〃	
	隊員	繆志謙	三〇	〃	
	〃	王壽年	二六	〃	
	〃	繆周連	二九	〃	
	〃	繆石頎	三七	〃	

福安县穆阳镇侦察队队员名册(1944 年 8 月 29 日)a 面　0159-001-0041

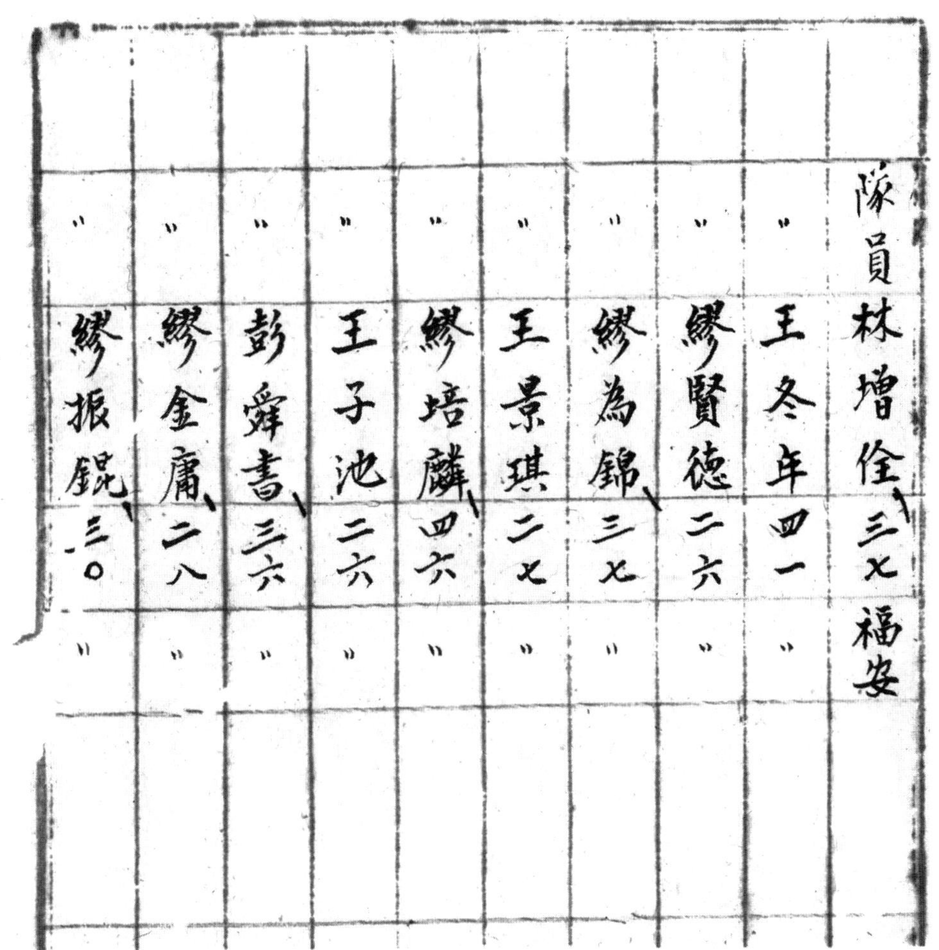

職別	姓名	年齡	籍貫
隊員	林增佺	三七	福安
〃	王冬年	四一	〃
〃	繆賢德	二六	〃
〃	繆為錦	三七	〃
〃	王景琪	二七	〃
〃	繆培麟	四六	〃
〃	王子池	二六	〃
〃	彭舜書	三六	〃
〃	繆金庸	二八	〃
〃	繆振鋭	三〇	〃

福安县穆阳镇侦察队队员名册(1944年8月29日)b面　0159-001-0041

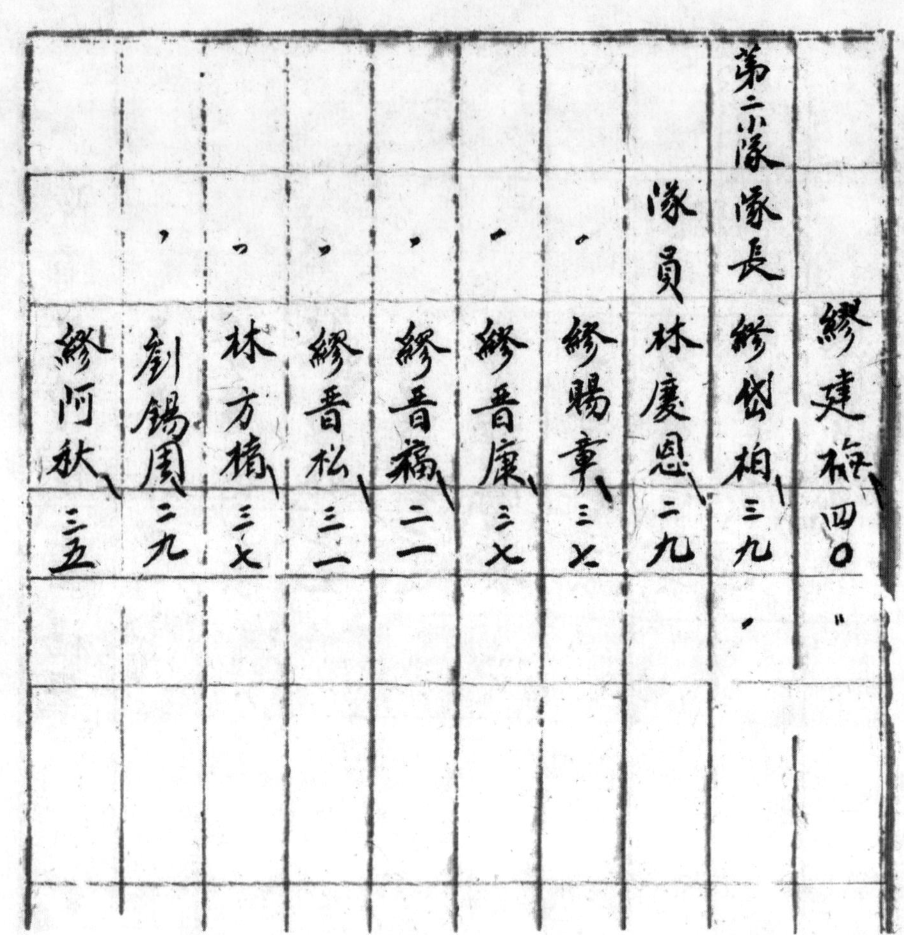

福安县穆阳镇侦察队队员名册(1944年8月29日)a面　0159-001-0041

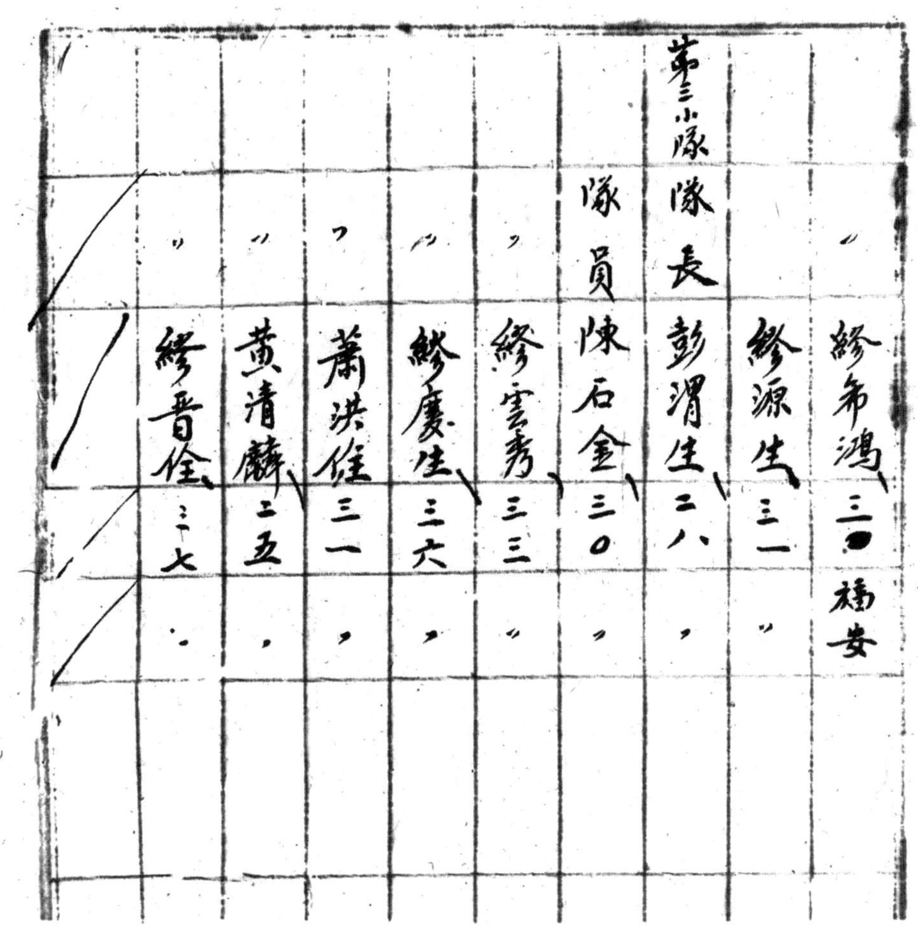
缪希鸿 三〇 福安
〃 缪源生 三一 〃
第三小队队长 彭渭生 二八 〃
队员 陈石金 三〇 〃
〃 缪云秀 三三 〃
〃 缪庚生 三六 〃
〃 萧洪佳 三一 〃
〃 黄清麟 二五 〃
〃 缪晋佺 二七 〃

福安县穆阳镇侦察队队员名册(1944 年 8 月 29 日)b 面　0159-001-0041

45

〃	葉容生	三六	〃
〃	繆長華	三二	〃
〃	繆振鴒	三九	〃
〃	繆布麟	三六	〃
〃	繆武弟	三〇	〃
〃	繆生昌	三二	〃

福安县穆阳镇侦察队队员名册(1944 年 8 月 29 日) 0159-001-0041

46

中華民國三十三年八月二十九日

兼隊長王晉經 填報

隊附陳道航

福安县穆阳镇侦察队队员名册(1944年8月29日) 0159-001-0041

福安縣國民兵團三江鎮隊偵察分隊官兵名册

108

福安县国民兵团三江镇队侦察分队官兵名册(1944 年 9 月 1 日)

0159-001-0042

福安縣國民兵團三江鎮隊偵察分隊官兵名册

職別	姓名	年齡	籍貫	住址 保	住址 甲	住址 户	職業	備考
中隊長	林幼琴	四十	福安	三江鎮公所			鎮長	兼任
中隊附	繆管生	三七	浙江松陽縣	〃			鎮隊附	〃
分隊長	毛春山	三七	福安	賽岐下街	12	1	賽下保保長	〃
班長	黄春金	二七	〃	〃	3	9	警察局探警	
隊兵	湯成倫	二拾	〃	〃	12	13	商	
〃	柯英喜	二一	〃	〃	15	9	〃	
〃	張細進	二一	〃	〃	11	11	〃	
〃	張登松	二二	〃	〃	15	9	〃	

福安县国民兵团三江镇队侦察分队官兵名册(1944年9月1日)

a面 0159-001-0042

〃	吳細珠	二三	〃	〃	1	5	〃
〃	繆振城	二四	〃	〃	3	5	〃
〃	趙成周	二六	〃	〃	1	9	工
〃	徐康成	二六	〃	〃	4	臨時	商
〃	蘇震章	二柒	〃	〃	7	13	學
〃	陳鴻翔	二八	〃	〃	3	11	商
〃	陳如霖	二八	〃	〃	4	5	〃
〃	鄭元瑞	二九	〃	〃	3	4	〃
〃	繆成章	二九	〃	〃	4	1	〃
〃	王奶妹	二九	〃	〃	13	7	工

福安县国民兵团三江镇队侦察分队官兵名册(1944年9月1日)

b面　0159-001-0042

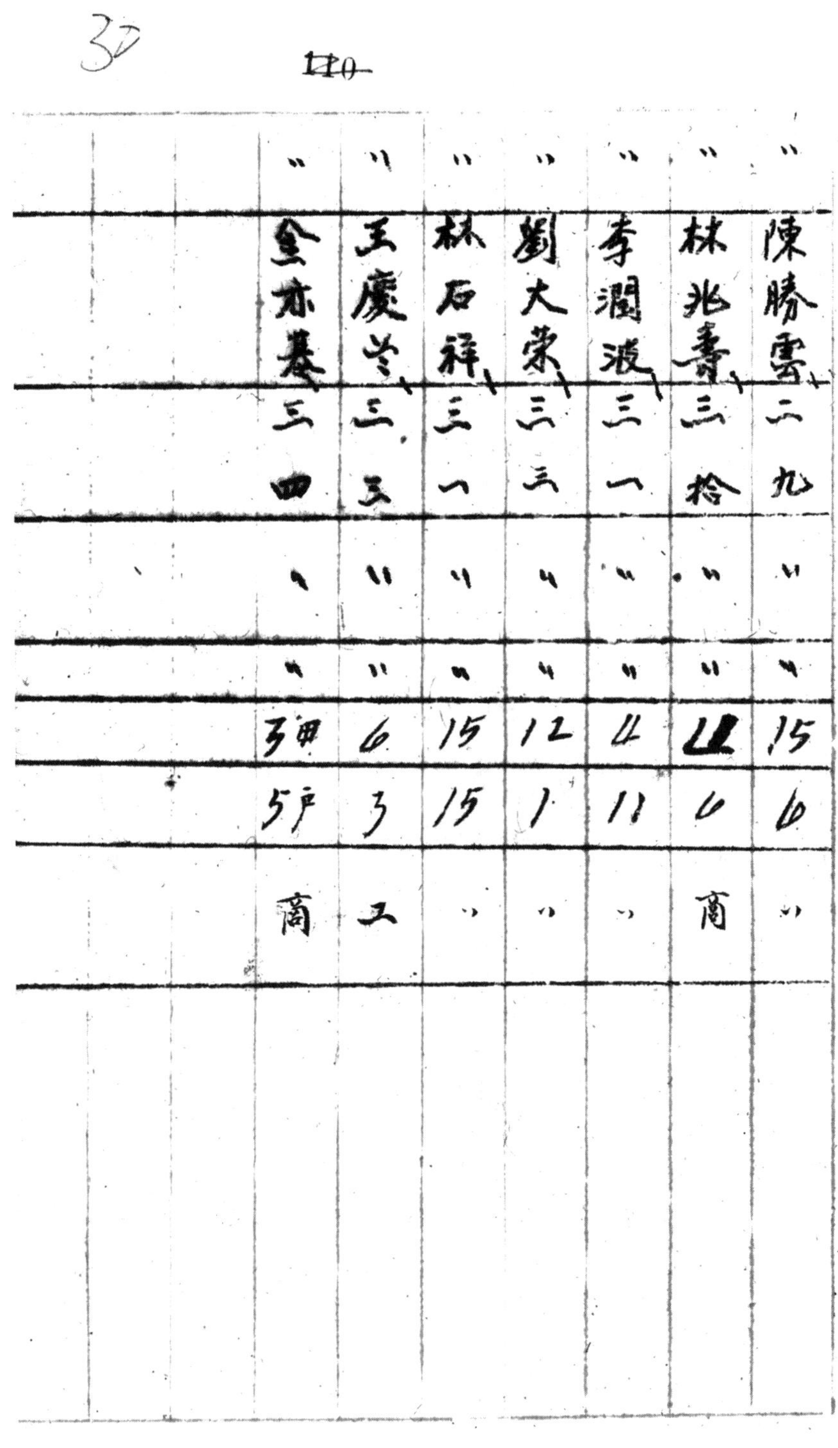

30

~~110~~

〃	陳勝雲	二九	〃	〃	15	6	〃
〃	林兆壽	三拾	〃	〃	4	6	商
〃	李潤波	三一	〃	〃	4	11	〃
〃	劉大棠	三三	〃	〃	12	1	〃
〃	林石祥	三一	〃	〃	15	15	〃
〃	王慶芝	三五	〃	〃	6	3	工
〃	金亦基	三四	〃	〃	3甲	5户	商

福安县国民兵团三江镇队侦察分队官兵名册(1944 年 9 月 1 日)

0159-001-0042

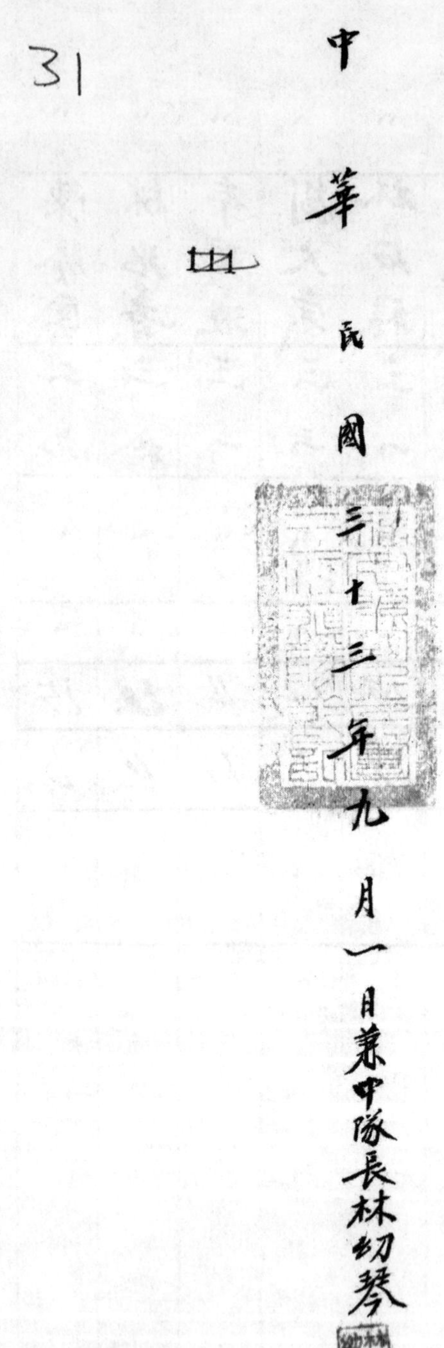

福安县国民兵团三江镇队侦察分队官兵名册(1944年9月1日)
0159-001-0042

福安县国民兵团三江镇队交通班士兵名册(1944年9月1日)

0159-001-0042

33

113

福安縣國民兵團三江鎮隊交通班士兵名冊

職別	姓名	年齡	籍貫	住址 保	住址 甲	住址 户	職業	備攷
班長	陳石現	二八	福安	蕃下保	4	3	商	
士兵	陳宋番	四三	〃	〃	3	15	〃	
〃	繆香塘	三四	〃	〃	〃	12	〃	
〃	郭潤賢	二六	〃	〃	〃	6	〃	
〃	陳月孫	四三	〃	〃	2	9	〃	
〃	卓蘇基	四弍	〃	〃	〃	8	〃	
〃	姚光儀	三三	〃	〃	〃	9	〃	
〃	黃滿金	四五	〃	〃	〃	〃	〃	

福安县国民兵团三江镇队交通班士兵名册(1944年9月1日)

a面　0159-001-0042

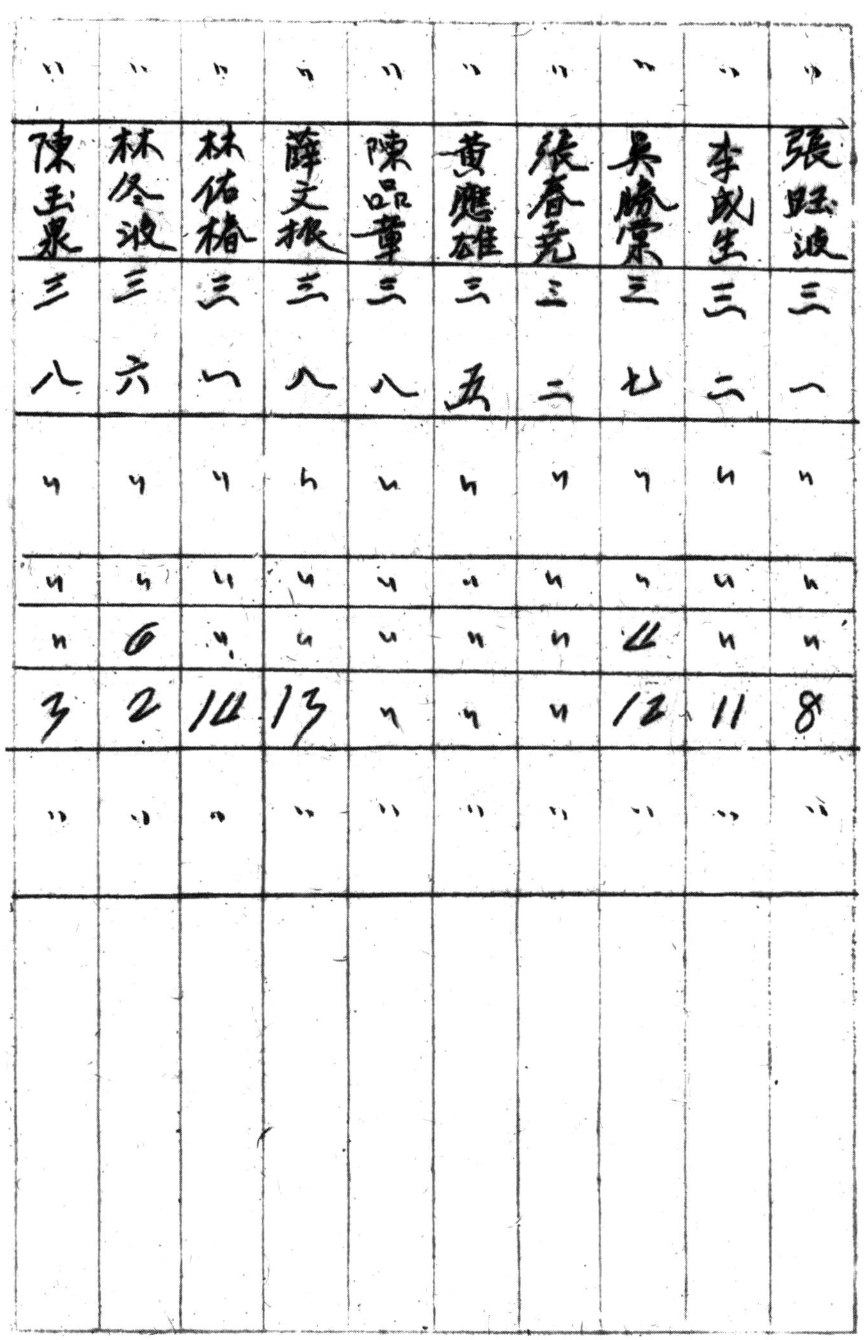

〃	張蹈波	三一	〃	〃	〃	8	〃
〃	李成生	三二	〃	〃	〃	11	〃
〃	吳勝棠	三七	〃	〃	11	12	〃
〃	張春堯	三二	〃	〃	〃	〃	〃
〃	黃應雄	三五	〃	〃	〃	〃	〃
〃	陳品章	三八	〃	〃	〃	〃	〃
〃	薛文振	三八	〃	〃	〃	13	〃
〃	林佑椿	三四	〃	〃	〃	14	〃
〃	林冬波	三六	〃	〃	6	2	〃
〃	陳玉泉	三八	〃	〃	〃	3	〃

福安县国民兵团三江镇队交通班士兵名册(1944年9月1日)

b面　0159-001-0042

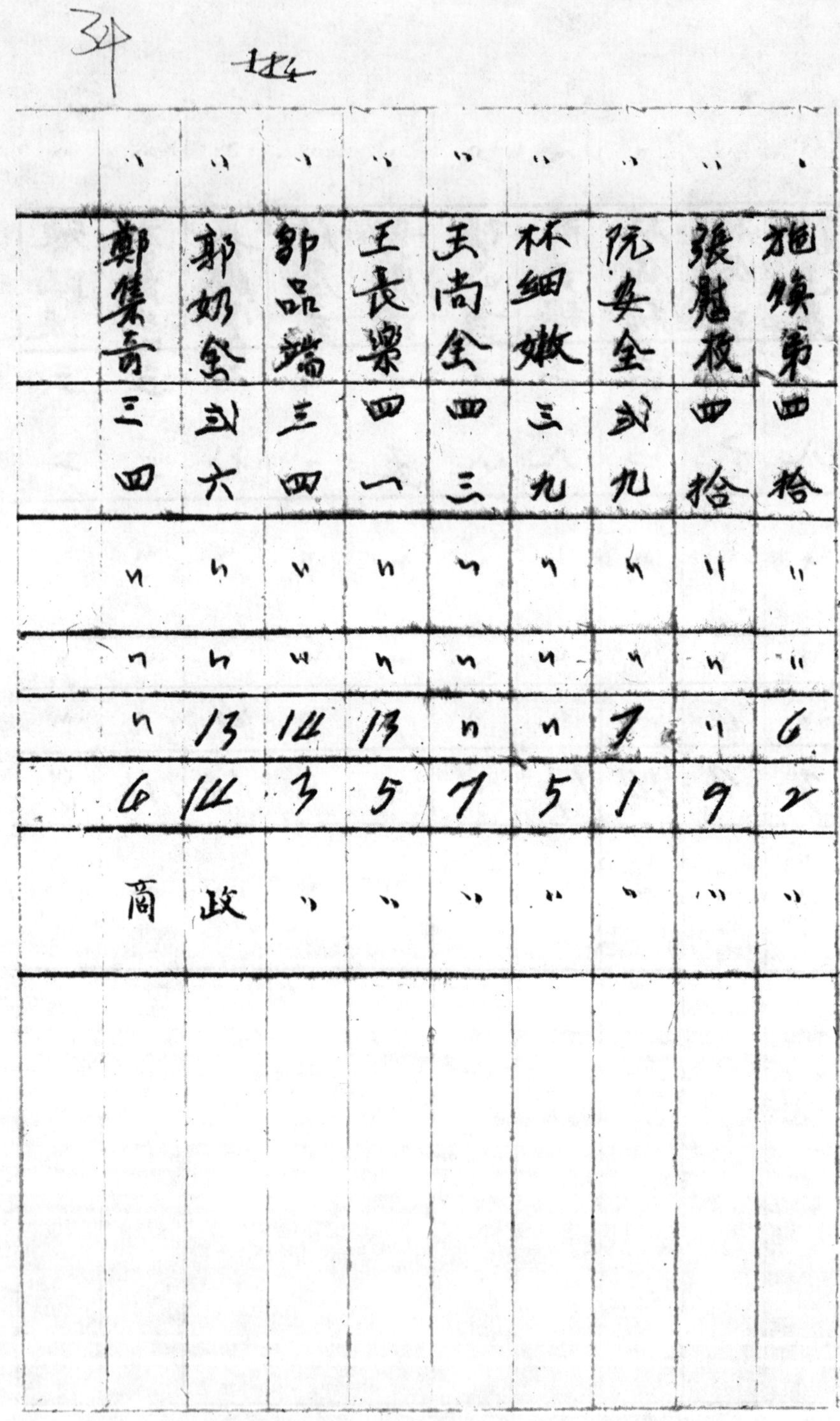

34

~~184~~

〃	施煥弟	四拾	〃	〃	6	2	〃
〃	張魁枝	四拾	〃	〃	〃	9	〃
〃	阮安全	贰九	〃	〃	7	1	〃
〃	林細嫩	三九	〃	〃	〃	5	〃
〃	王尚全	四三	〃	〃	〃	7	〃
〃	王長樂	四一	〃	〃	13	5	〃
〃	鄒品端	三四	〃	〃	14	3	〃
〃	鄭奶金	贰六	〃	〃	13	14	政
〃	鄭集喬	三四	〃	〃	〃	6	商

福安县国民兵团三江镇队交通班士兵名册(1944 年 9 月 1 日)

0159-001-0042

35

~~115~~

中華民國三十三年九月一日

兼中隊長林幼琴

林幼琴印

福安县国民兵团三江镇队交通班士兵名册(1944 年 9 月 1 日)

0159-001-0042

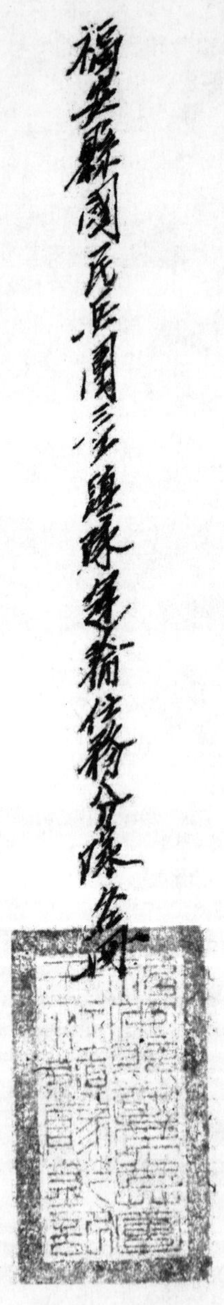
福安縣國民兵團三江鎮隊運輸任務分隊名冊

福安县国民兵团三江镇队运输任务分队官兵名册(1944 年 9 月 1 日)

0159-001-0042

91

福安縣國民兵團三江鎮隊運輸任務分隊官兵名冊

職別	姓名	年齡	籍貫	職業	住址 甲	住址 户	備攷
中隊長	林幼參	四〇	福安	鎮長	三江鎮公所		
中隊附	繆嘗生	三七	浙江杭縣	鎮隊附	〃		
分隊長	郭順書	二七	福安	軍属作寄[illegible]	〃		
第一班班長	詹細妹	四五	〃	工	詹厝樓	四十户	
隊兵	詹[illegible]	三六	〃	農		四十三户	
〃	劉[illegible]	三三	〃	〃		四十	
〃	詹德旺	三五	〃	〃		五一	
〃	詹[illegible]	三六	〃	〃		[illegible]	

福安县国民兵团三江镇队运输任务分队官兵名册(1944 年 9 月 1 日)

a 面　0159-001-0042

隊兵	詹奶俍	三[illegible]	福安	農	五	八
〃	詹生弟	[illegible]	〃	〃	[illegible]	[illegible]
〃	金兵弟	四二	〃	〃	六	十五
〃	陳紅妹	三五	〃	〃	六	十
〃	詹嫩仔	三九	〃	〃	四	八
〃	詹番仔	三九	〃	〃	四	五
〃	鄭三弟	四二	〃	〃	四	四
〃	詹奶囝	三三	〃	〃	三	六
〃	詹洪金	四五	〃	〃	三	七
〃	詹嫩妹	三七	〃	〃	四	三

福安县国民兵团三江镇队运输任务分队官兵名册(1944 年 9 月 1 日)

b 面　0159-001-0042

12 ~~32~~

職別	姓名	年齡	籍貫	職業		
隊兵	詹高弟	三六	福安	農	三	六
〃	王娘仔	三八	〃	〃	七	六
〃	高維法	三五	〃	〃	八	四
第[illegible]班班長	王奶妹	二七	〃	〃	一 壹保	五
隊長	陳加祿	三八	〃	〃	七	三
〃	陳長年	三六	〃	〃	六	[illegible]
〃	鄭[illegible]	三八	〃	〃	四	十五
〃	劉細現	三二	〃	〃	一	十[illegible]
〃	楊洪元	三三	〃	〃	四	五
〃	彭[illegible]	三五	〃		四	十三

福安县国民兵团三江镇队运输任务分队官兵名册(1944年9月1日)

a面 0159-001-0042

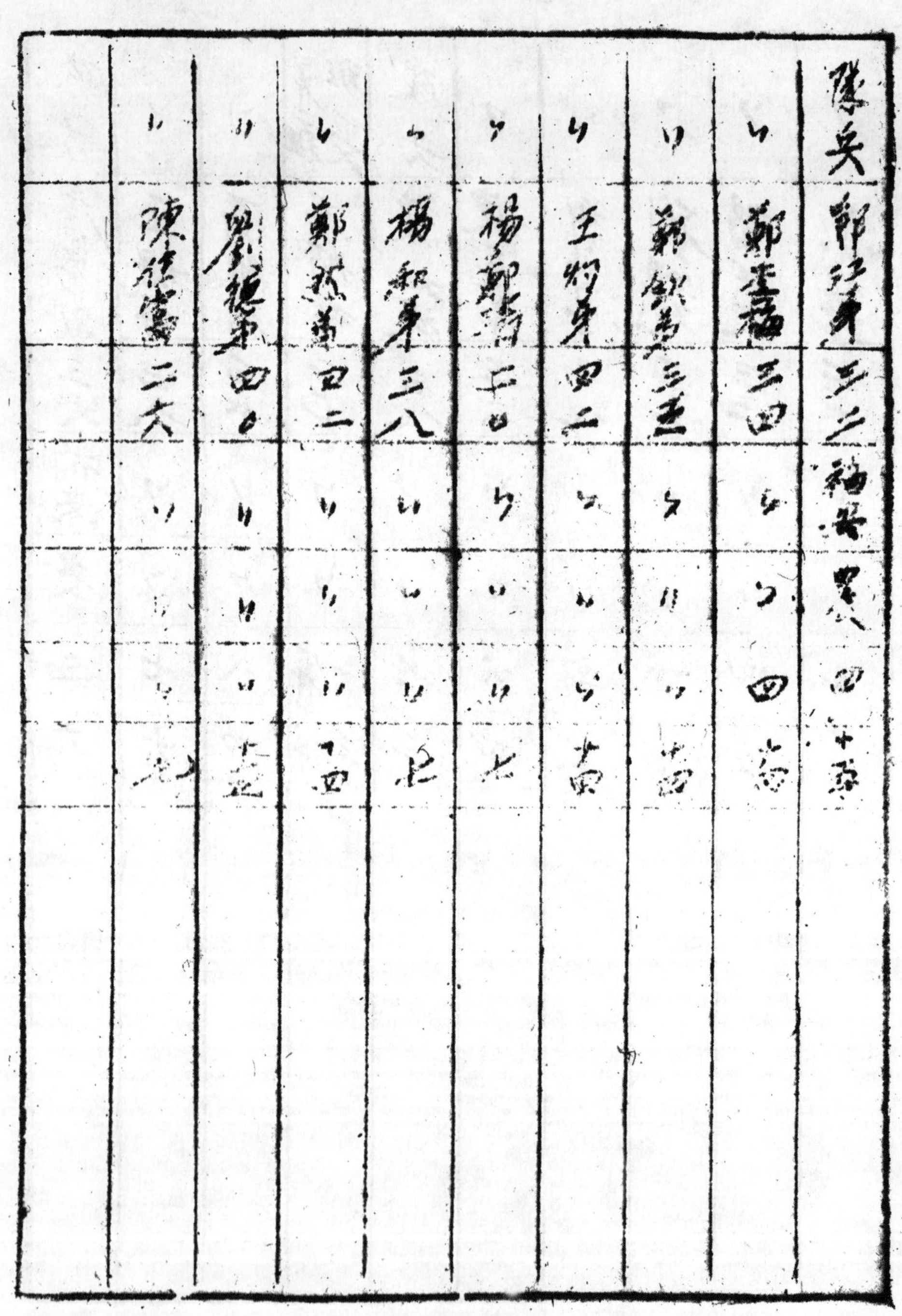

隊兵	鄭孖弟	三二	福安	農人	四	[illegible]
〃	鄭丕福	三四	〃	〃	四	[illegible]
〃	鄭欽弟	三五	〃	〃	〃	[illegible]
〃	王灼弟	四二	〃	〃	〃	[illegible]
〃	楊鄭[illegible]	五四	〃	〃	〃	[illegible]
〃	楊和弟	三八	〃	〃	〃	[illegible]
〃	鄭然萬	四二	〃	〃	〃	[illegible]
〃	劉穗弟	四〇	〃	〃	〃	[illegible]
〃	陳仕[illegible]	二六	〃	〃	〃	[illegible]

福安县国民兵团三江镇队运输任务分队官兵名册(1944 年 9 月 1 日)

b 面　0159-001-0042

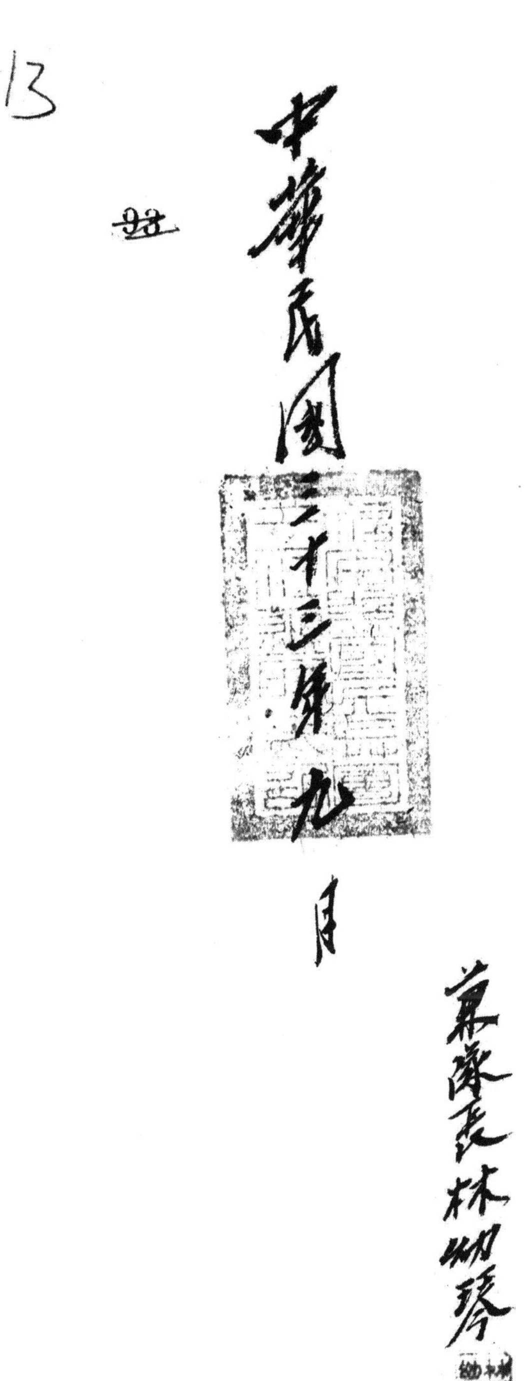

福安县国民兵团三江镇队运输任务分队官兵名册(1944 年 9 月 1 日)

0159-001-0042

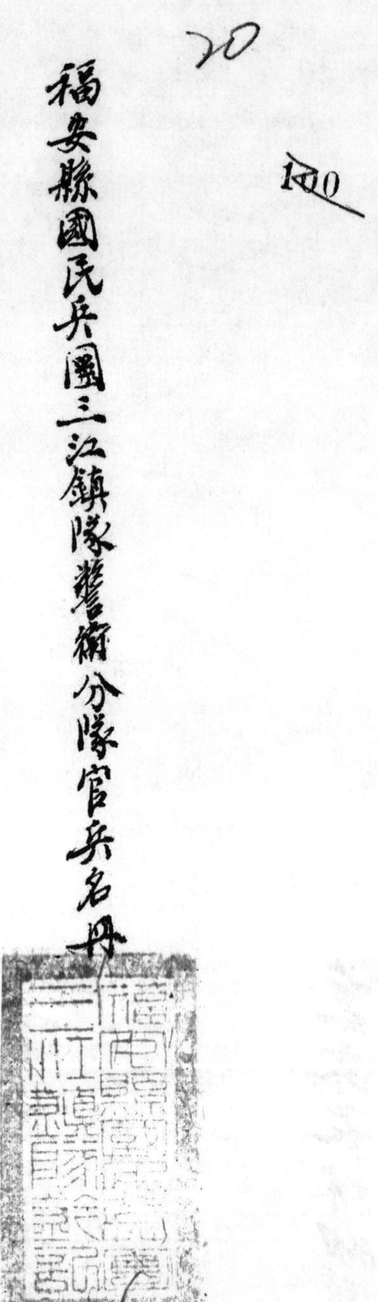

福安县国民兵团三江镇队警卫分队官兵名册(1944 年 9 月)　0159-001-0042

21

~~101~~

福安縣國民兵團三江鎮隊警衛分隊官兵名冊

職別	姓名	年齡	籍貫	住址 保	甲	户	職業	備攷
中隊長	林幼琴	駟拾	福安	三江鎮公所			鎮長	兼任
中隊附	繆管生	叁柒	浙江松縣	仝			鎮隊附	仝
分隊長	賴永珍	駟弍	福安	賽上保	1	12	賽上保保長	仝
班長	余良進	叁伍	仝	仝	10	1		
	毛只順	叁伍	仝	仝	9	9		
	金震声	叁捌	仝	仝	7	9		
	韓金成	叁捌	仝	仝	1	13		
	王富弟	叁柒	仝	仝	4	7		

福安县国民兵团三江镇队警卫分队官兵名册(1944年9月)a面　0159-001-0042

職別	姓名	年齡	籍貫			
	陳本源	叁叁	福安	賽保址	5	15
	王原生	叁壹	仝	仝	15	9
	彭生弟	叁拾	仝	仝	9	6
	呂丞應	叁拾	仝	仝	6	6
	彭光新	弍捌	仝	仝	仝	1
	林貴森	弍叁	仝	仝	1	4
班長	夏寶成	弍叁	仝	仝	14	5
	陳奶孫	弍叁	仝	仝	12	1
	范壽弟	叁弍	仝	仝	9	3
	羅光順	叁四	仝	仝	1	3

福安县国民兵团三江镇队警卫分队官兵名册(1944 年 9 月)b 面　0159-001-0042

22 ~~502~~

	范成發	弍四	福安	保上賽	2	13
	王梅光	叁拾	仝	仝	15	11
	蕭昌江	叁弍	仝	仝	15	15
	鄭梓英	叁叁	仝	仝	4	7
	陳章金	叁伍	仝	仝	8	4
	謝紹通	叁四	仝	仝	9	15
	陳子勝	叁六	仝	仝	6	2
班長	林亮莊	弍拾	仝	仝	8	1
	陳細弟	弍拾	仝	仝	15	4
	王秀章	弍拾	仝	仝	15	5

福安县国民兵团三江镇队警卫分队官兵名册(1944 年 9 月)a 面　0159-001-0042

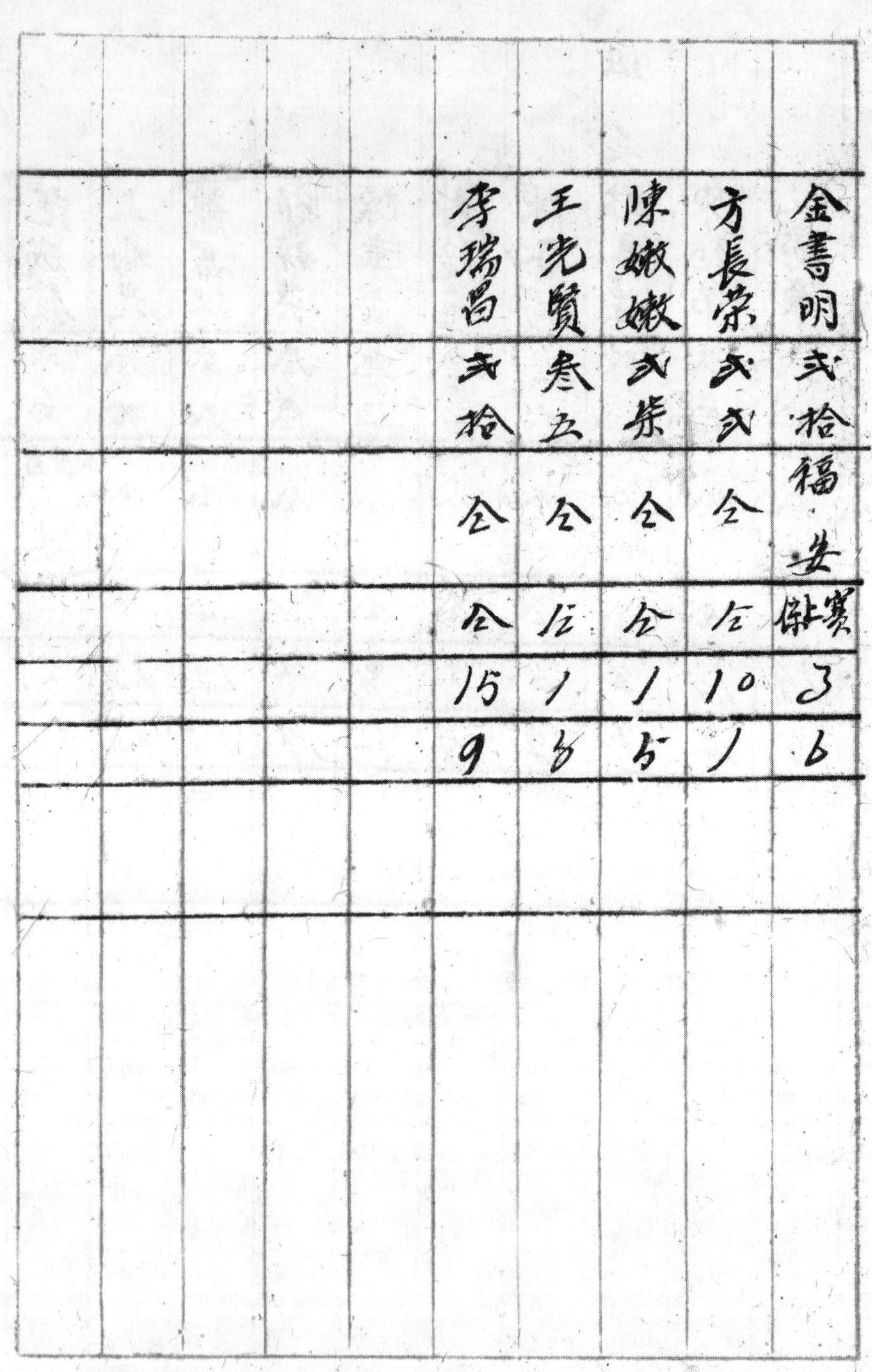

金書明	弍拾	福安	實業	3	6
方長榮	弍弍	仝	仝	10	1
陳嫩嫩	弍柒	仝	仝	1	5
王光贒	叁五	仝	仝	1	8
李瑞昌	弍拾	仝	仝	15	9

福安县国民兵团三江镇队警卫分队官兵名册(1944 年 9 月)b 面　0159-001-0042

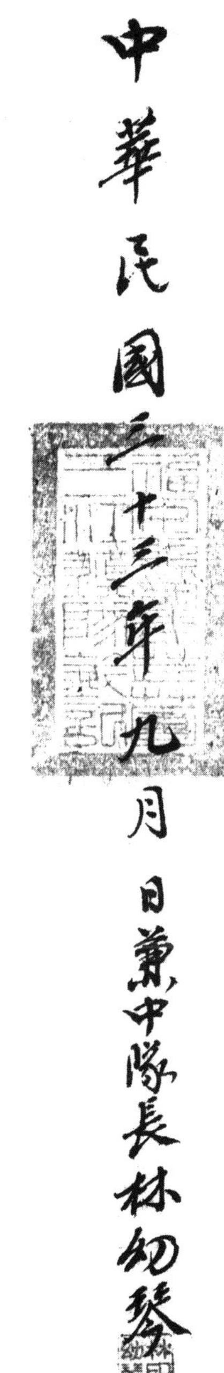

福安县国民兵团三江镇队警卫分队官兵名册(1944 年 9 月)　0159-001-0042

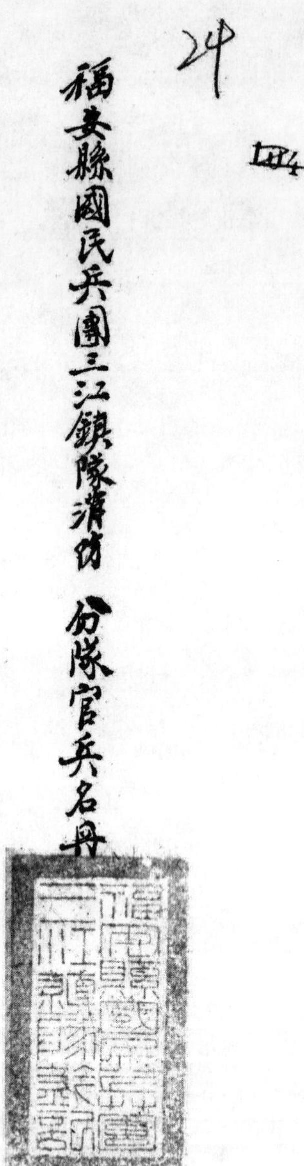

福安县国民兵团三江镇队消防分队官兵名册(1944 年 9 月) 0159-001-0042

25 ~~105~~

福安縣國民兵團三江鎮隊警衛分隊官兵名冊

職別	姓名	年齡	籍貫	住址 保	甲	户	職業	備攷
中隊長	林幼琴	駟拾	福安	三江鎮公所			鎮長兼任	
中隊附	繆詹生	叁柒	浙江松縣	仝			鎮隊附仝	
分隊長	金蔚麟	駟叁	福安	賽上保	3	13		
班長	余良友	叁叁	仝	仝	9	4		
隊兵	吳硐和	貳柒	仝	仝	4	12		
	阮錦洪	駟壹	仝	仝	2	2		
	林玉弟	貳捌	仝	仝	[illegible]	14		
	郭佬四	貳捌	仝	仝	9	10		

福安县国民兵团三江镇队消防分队官兵名册(1944 年 9 月)a 面　0159-001-0042

	劉則安	弍柒	福安	實業	1	
	郭水弟	弍捌	仝	仝	12	12
	陳夢懷	叁捌	仝	仝	11	15
	馮進祿	叁四	仝	仝	4	7
班長	陳鴻祺	叁拾	仝	仝	14	
隊兵	繆根誠	弍五	仝	仝	10	15
	金聚椿	叁五	仝	仝	3	11
	陳如川	叁玖	仝	仝	4	12
	張細進	弍壹	仝	仝	11	户籍隱
	金震声	叁捌	仝	仝	7	9

福安县国民兵团三江镇队消防分队官兵名册(1944年9月)b面 0159-001-0042

26

106

職別	姓名	年齡	籍貫	住址		
	陳美書	叁柒	福安	實上保	11	臨時户
	鄭連山	叁六	仝	仝	8	1
	李順成	弍五	仝	仝	12	臨時户
	錢生春	弍柒	仝	仝	10	6
班長	夏瑞興		仝	橋陽保		
隊兵	鄧細弟		仝	仝		
	高灼金	弍九	仝	實上保	11	臨時户
	王先祜	壹捌	仝	〃	7	11
	李六弟	肆六	仝	〃	3	1
	陳灼弟	壹拾	仝	仝	11	17

福安县国民兵团三江镇队消防分队官兵名册(1944 年 9 月)a 面　0159-001-0042

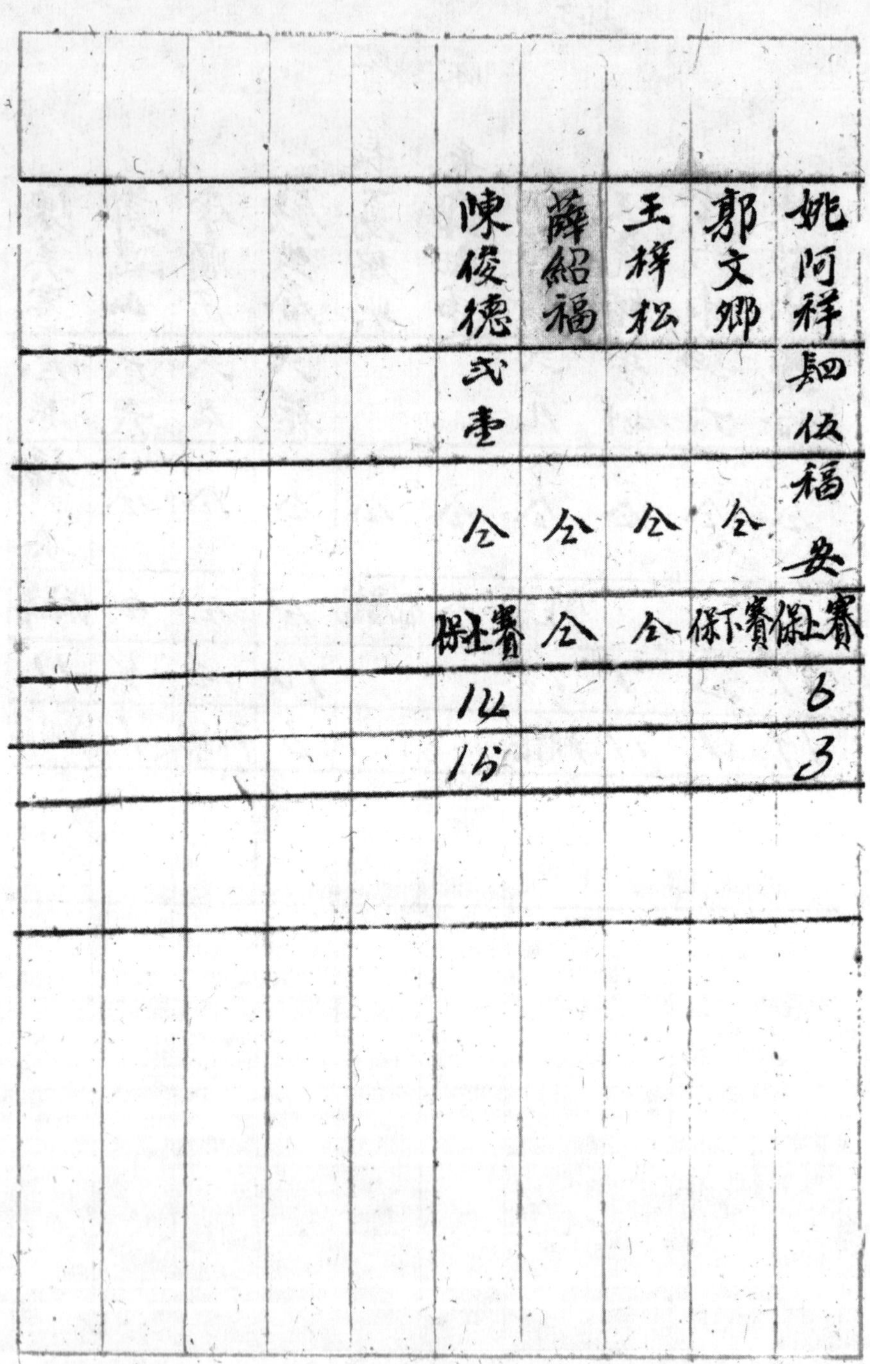

姚阿祥	卅伍	福安	賽上保	6	3
郭文鄉		仝	賽下保		
王梓松		仝	仝		
薛紹福		仝	仝		
陳俊德	貳壹	仝	賽上保	14	15

福安县国民兵团三江镇队消防分队官兵名册(1944 年 9 月)b 面　0159-001-0042

中華民國三十三年九月　日

兼中隊長林幼琴

福安县国民兵团三江镇队消防分队官兵名册(1944 年 9 月)　0159-001-0042

福安縣溪纏鄉國民兵任務工程隊員名册

~~81~~

福安县溪缠乡国民兵任务队工程分队队员名册(1944 年 9 月 9 日)

0159-001-0041

2

82

福安縣溪纏鄉國民兵任務工程隊隊員名冊

職別	姓名	年齡	職業	詳細住址	備考
分隊長	蕭慈賢	二四	農	港里	
分隊附	李奶壽	二四	〃	〃	
隊員	林成德	三四	〃	〃	
〃	林瑞現	三五	〃	〃	
〃	吳奶約	三四	〃	〃	
〃	俞興現	三二	〃	棠洋	
〃	俞神書	二三	〃	〃	
〃	俞壽生	三七	〃	〃	

福安县溪缠乡国民兵任务队工程分队队员名册(1944年9月9日)

a面　0159-001-0041

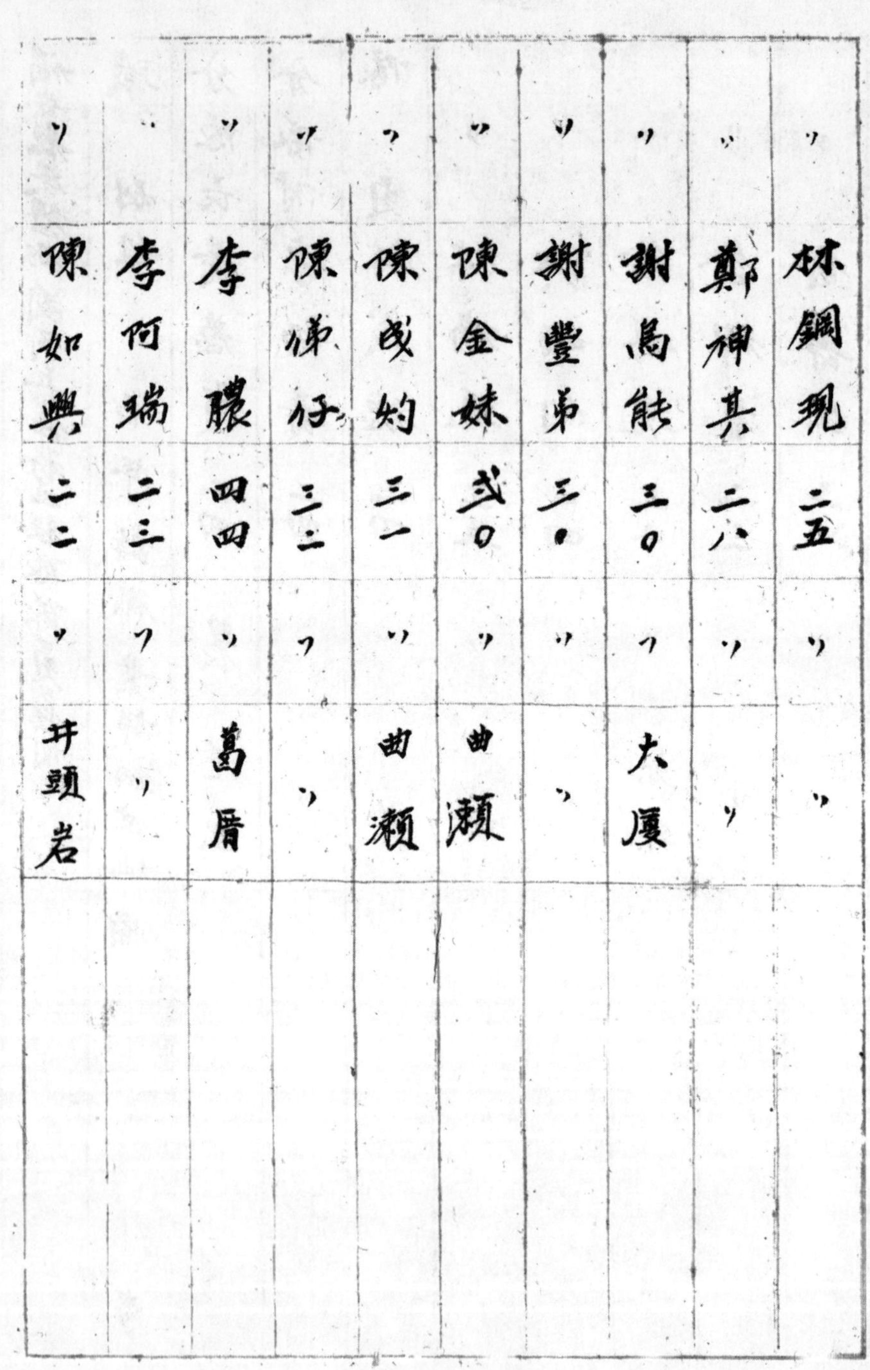

〃	林鋼現	二五	〃	〃
〃	鄭神其	二八	〃	〃
〃	謝爲能	三〇	〃	大厦
〃	謝豐弟	三〇	〃	〃
〃	陳金妹	弍〇	〃	曲瀨
〃	陳戊灼	三一	〃	曲瀨
〃	陳俤仔	三二	〃	〃
〃	李膿	四四	〃	葛厝
〃	李阿瑞	二三	〃	〃
〃	陳如興	二二	〃	井頭岩

福安县溪缠乡国民兵任务队工程分队队员名册(1944 年 9 月 9 日)

b 面　0159-001-0041

3

~~83~~

隊員	陳奶祿	三六	農	井頭岩
〃	張柏現	二〇	〃	馬埔
〃	葉旺現	二六	〃	宸山
〃	王允細	三八	〃	〃
〃	鄭則忠	四一	〃	〃
〃	王壽生	二九	〃	〃
〃	李奶春	四六	〃	〃
〃	葉成基	三九	〃	〃
〃	鄭富弟	四五	〃	〃
〃	楊松均	三九	〃	黄河

福安县溪缠乡国民兵任务队工程分队队员名册(1944年9月9日)

a面　0159-001-0041

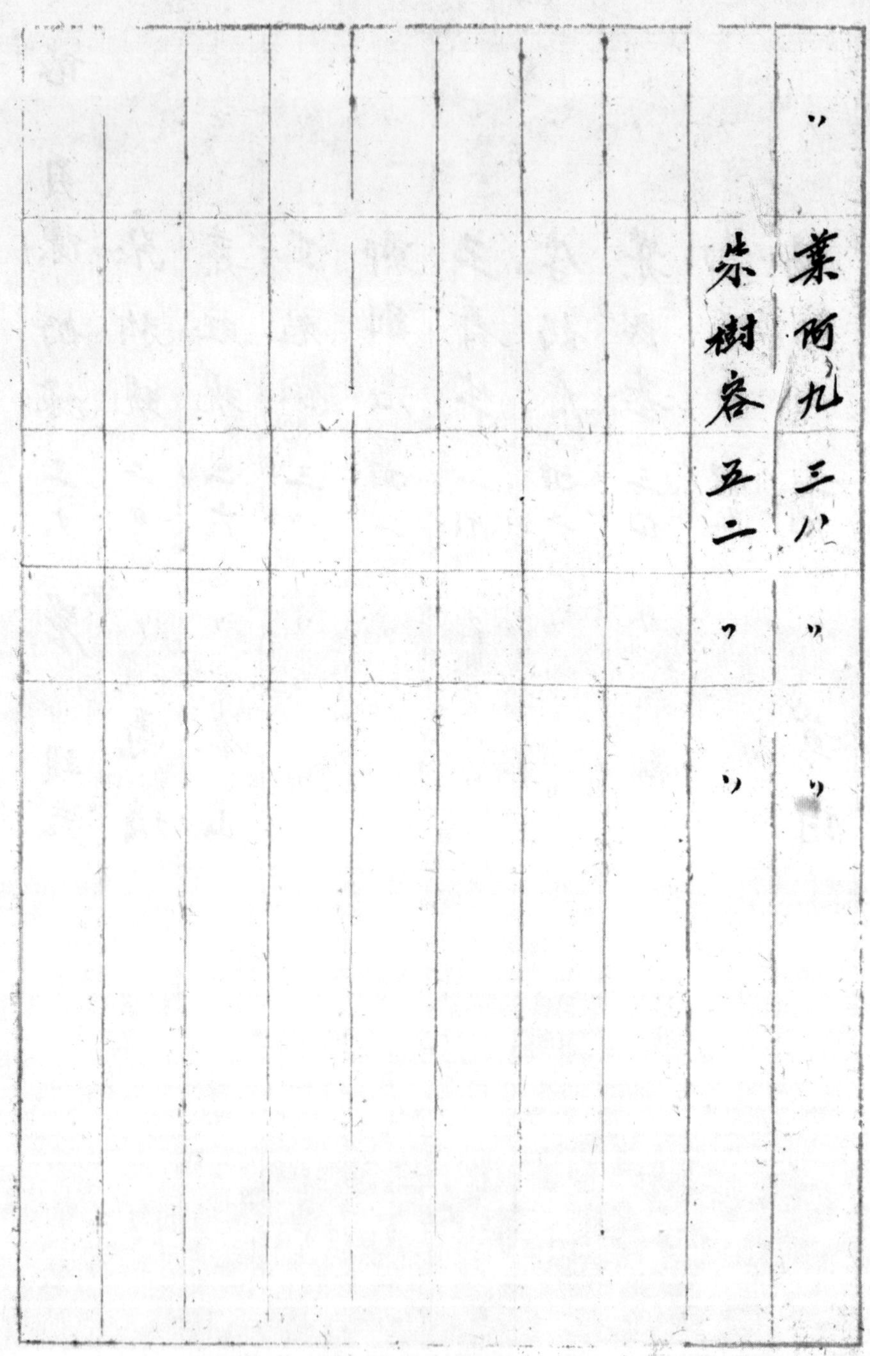
〃　葉阿九　三八　〃　〃
宗樹容　五二　〃　〃

福安县溪缠乡国民兵任务队工程分队队员名册(1944年9月9日)

b面　0159-001-0041

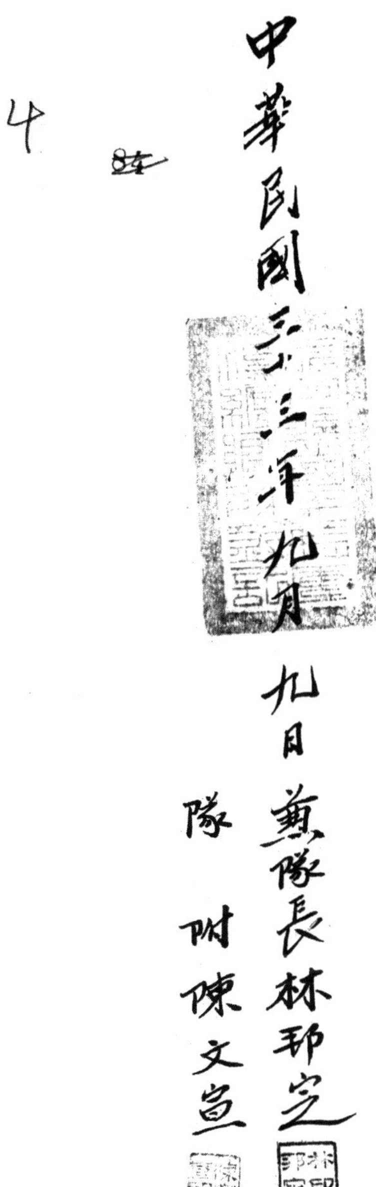

福安县溪缠乡国民兵任务队工程分队队员名册(1944 年 9 月 9 日)

0159-001-0041

38

福安縣溪纏鄉國民兵隊任務運輸隊隊員名册

福安县溪缠乡国民兵任务队运输分队队员名册(1944 年 9 月)

0159-001-0041

39

福安縣溪纏鄉國民兵隊任務運輸隊隊員名册

職別	姓名	年齡	職業	詳細住址	備考
分隊長	郭奶松	三七	農	溪下保十二甲	
分隊附	林壽波	三二	"	" 二	
隊員	陳如松	二八	"	" 八	
"	高發俤	二九	"	" 六	
"	邱紅紋	四五	"	" 二	
"	林雲俤	四五	"	" 五	
"	林癡現	三九	"	" 九	
"	李如減	三五	"	" 二	

福安县溪缠乡国民兵任务队运输分队队员名册(1944 年 9 月)

a 面　0159-001-0041

〃	卸紹和	三八	〃	〃	二
〃	王見法	三七	〃	〃	二
〃	李成基	三四	〃	溪上保	二
〃	王奶旺	三九	〃	〃	二
〃	李翰弟	四五	〃	〃	五
〃	何坤弟	四七	〃	〃	八
〃	林奕弟	四二	〃	〃	八
〃	林波城	二八	〃	〃	五
〃	鄭細猴	三二	〃	〃	二
〃	黄裕春	二八	〃	同沙保南岸村	

福安县溪缠乡国民兵任务队运输分队队员名册(1944 年 9 月)

b 面　0159-001-0041

40

〃	黄國祿	四五	〃	〃
〃	黄桂生	二十	〃	〃
〃	黄細妹	三三	〃	〃
〃	黄細弟	四三	〃	〃
〃	黄六弟	四三	〃	〃
〃	黄增賢	四十	〃	〃 白沙村
〃	劉妹細	四一	〃	〃
〃	陳金富	四五	〃	〃
〃	邱春慶	四三	〃	〃 同白村
〃	楊安芳	五二	〃	長仙保黄柯村

福安县溪缠乡国民兵任务队运输分队队员名册(1944 年 9 月)

a 面　0159-001-0041

〃 朱見積 四八 〃 〃
〃 楊大六 四二 〃 〃

福安县溪缠乡国民兵任务队运输分队队员名册(1944 年 9 月)

b 面　0159-001-0041

41

福安县溪缠乡国民兵任务队运输分队队员名册(1944 年 9 月)

0159-001-0041

福安縣范坑鄉工程隊隊兵名冊

福安县范坑乡工程队队兵名册(1944 年) 0159-001-0041

2

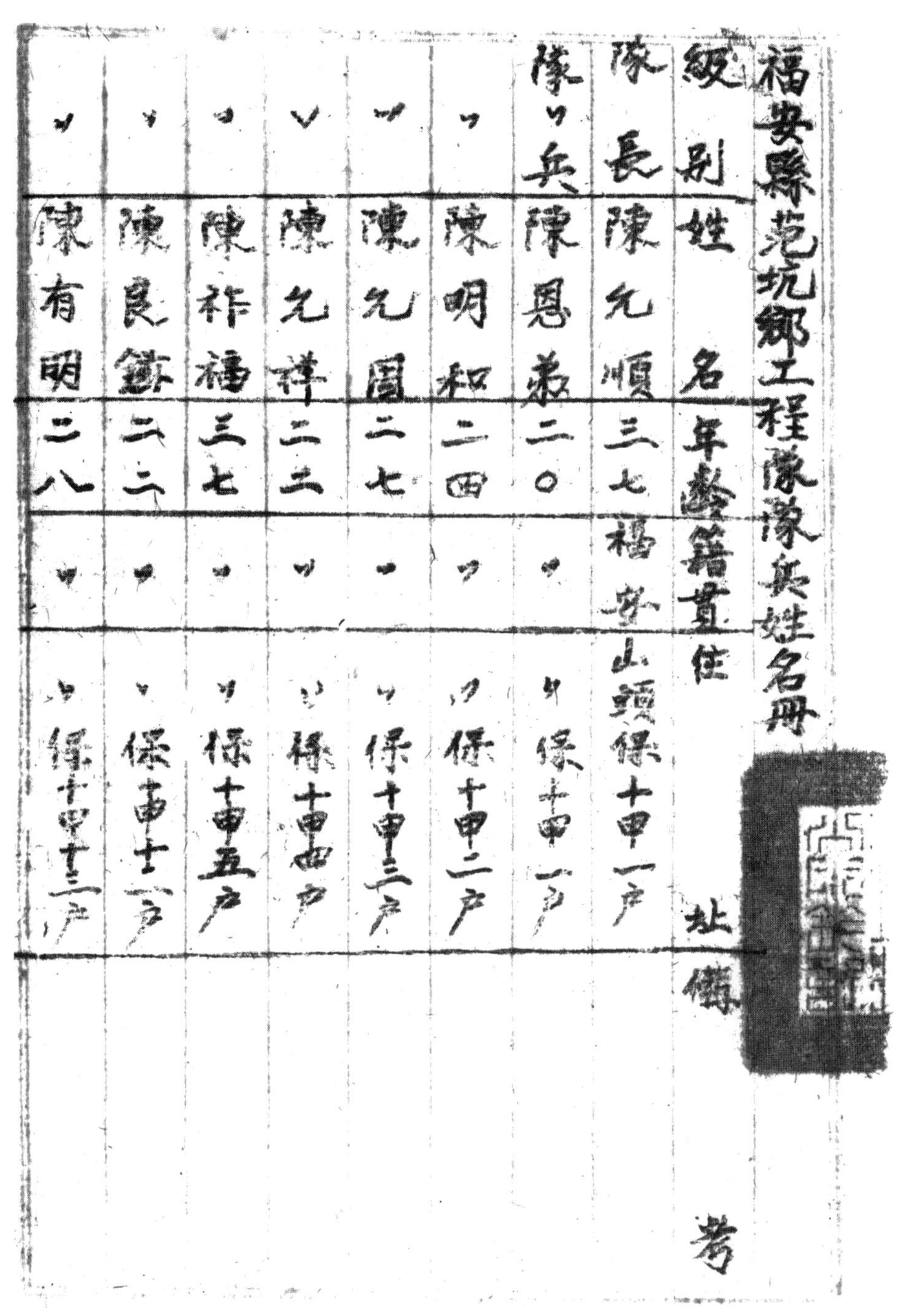

福安縣范坑鄉工程隊隊兵姓名冊

級別	姓名	年齡	籍貫	住址	備考
隊長	陳允順	三七	福安	山頭保十甲一户	
隊〃兵	陳恩兼	二〇	〃	〃保十甲一户	
〃	陳明和	二四	〃	〃保十甲二户	
〃	陳允周	二七	〃	〃保十甲三户	
〃	陳允祥	二二	〃	〃保十甲四户	
〃	陳祚福	三七	〃	〃保十甲五户	
〃	陳良鏘	二二	〃	〃保十甲十一户	
〃	陳有明	二八	〃	〃保十甲十三户	

福安县范坑乡工程队队兵名册(1944年)a面　0159-001-0041

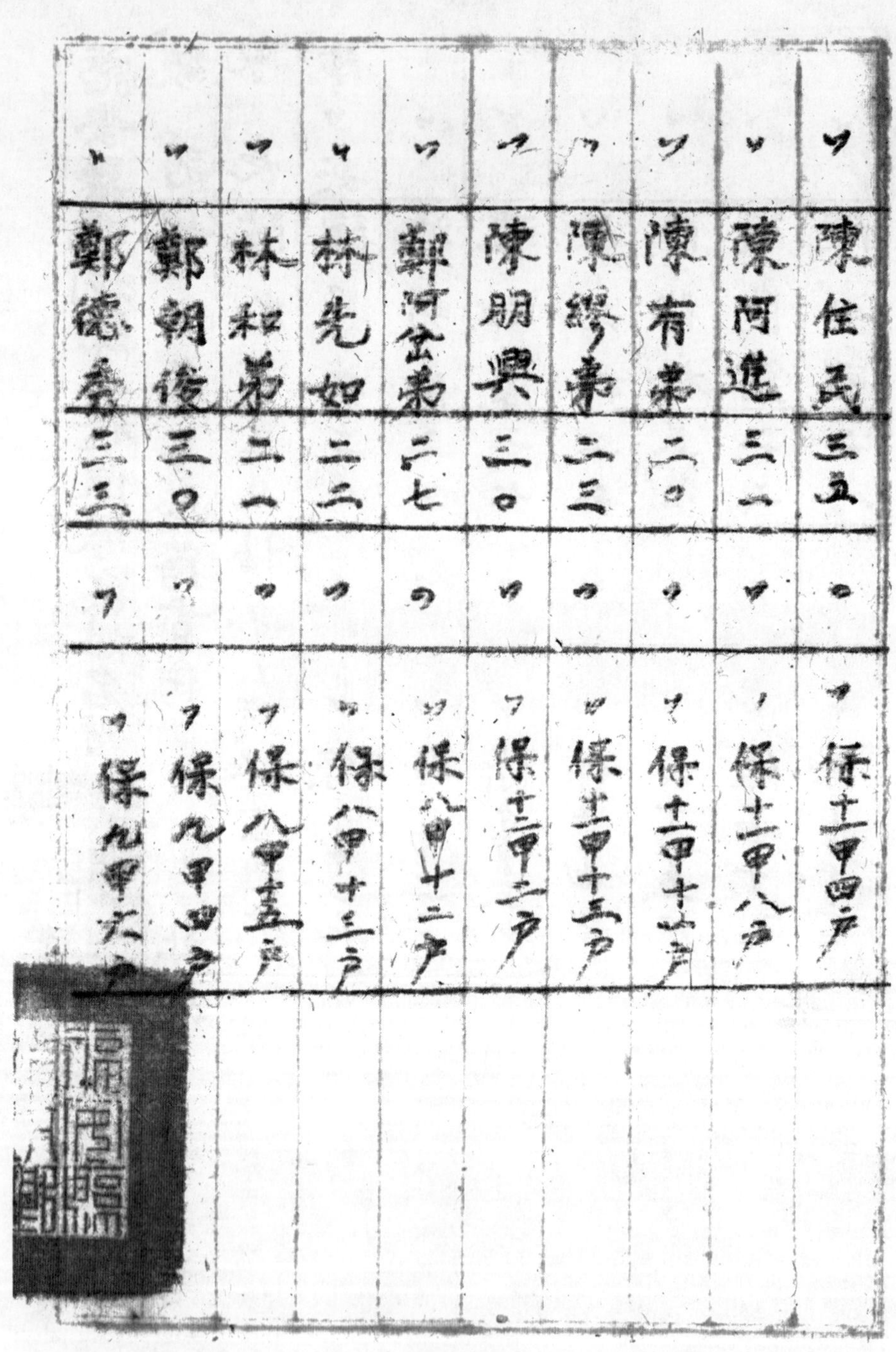

姓名	年龄	住址
陳任民	三五	保十一甲四户
陳阿進	三一	保十一甲八户
陳有来	二〇	保十一甲十一户
陳繆章	二三	保十一甲十五户
陳朋興	三〇	保十一甲二户
鄭阿宝弟	二七	保八甲十二户
林先如	二二	保八甲十三户
林和弟	二一	保八甲十五户
鄭朝後	三〇	保九甲四户
鄭德秦	三三	保九甲六户

福安县范坑乡工程队队兵名册(1944 年)b 面　0159-001-0041

3

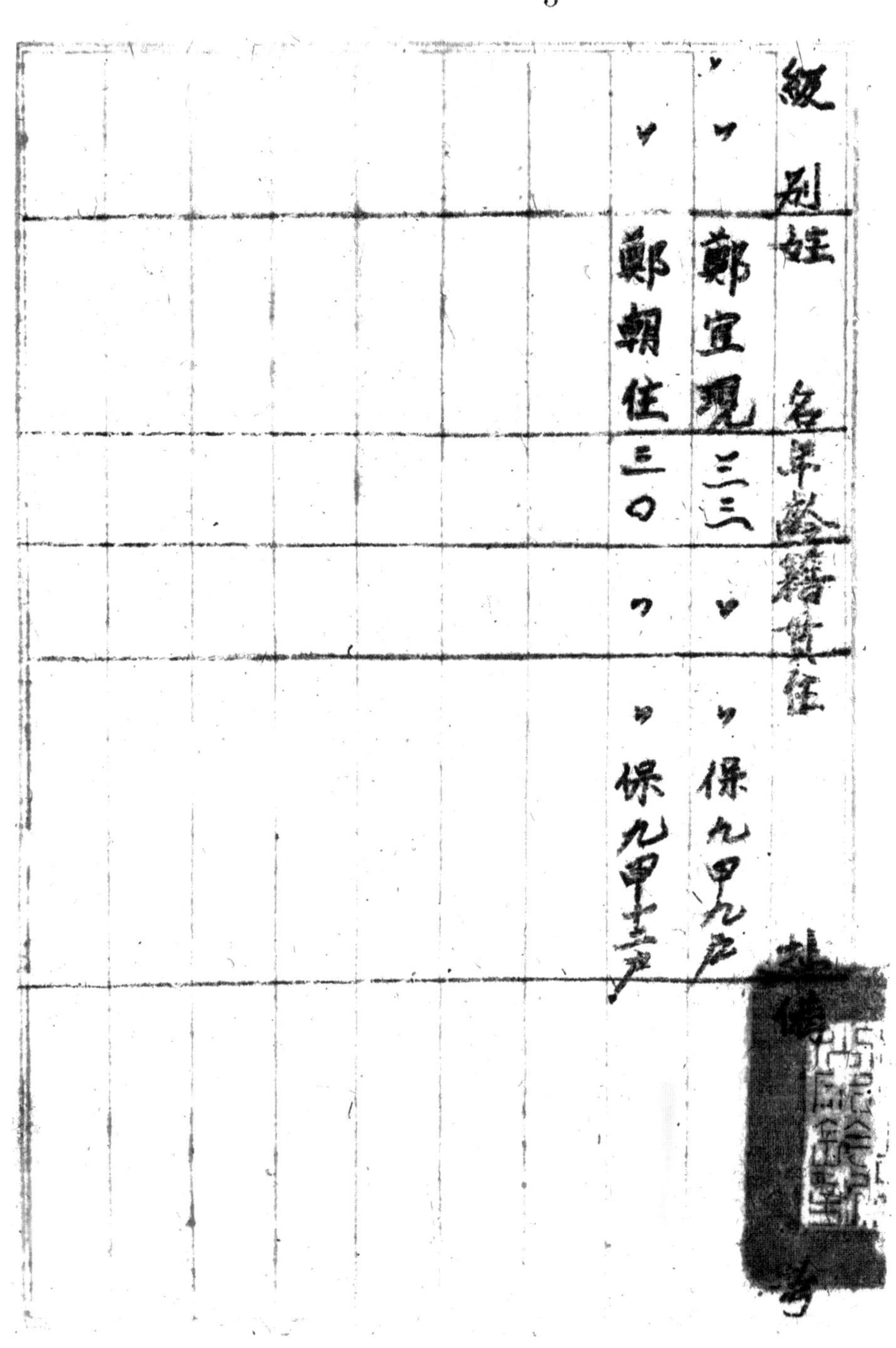

級別	姓名	年齡	籍貫	住址	備考
〃 〃	鄭宜現	三三	〃	〃 保九甲九戶	
〃	鄭朝住	三〇	〃	〃 保九甲十二戶	

福安县范坑乡工程队队兵名册(1944 年)　0159-001-0041

4
中華民國三十三年　月　日鄉長陸紹香造報

福安县范坑乡工程队队兵名册(1944年)　0159-001-0041

福安縣范坑鄉偵察隊隊兵名册

5

福安县范坑乡侦察队队兵名册(1944年) 0159-001-0041

6

福安縣范坑鄉偵察隊隊兵姓名冊

級別	姓名	年齡	籍貫	住址	備考
隊長	陳玉俊	三九	福安	范坑保五甲一户	
隊兵	陳長針	三〇	〃	范坑保十一甲五户	
〃	陳清城	四〇	〃	范坑保二甲九户	
〃	陳長輝	三一	〃	范坑保四甲三户	
〃	陳長春	三二	〃	范坑保三甲六户	
〃	陳紅和	二七	〃	范坑保八甲七户	
〃	陳明弟	四〇	〃	范坑保十二甲十四户	
〃	陳冬清	二六	〃	范坑保十甲八户	

福安县范坑乡侦察队队兵名册(1944 年)a 面　0159-001-0041

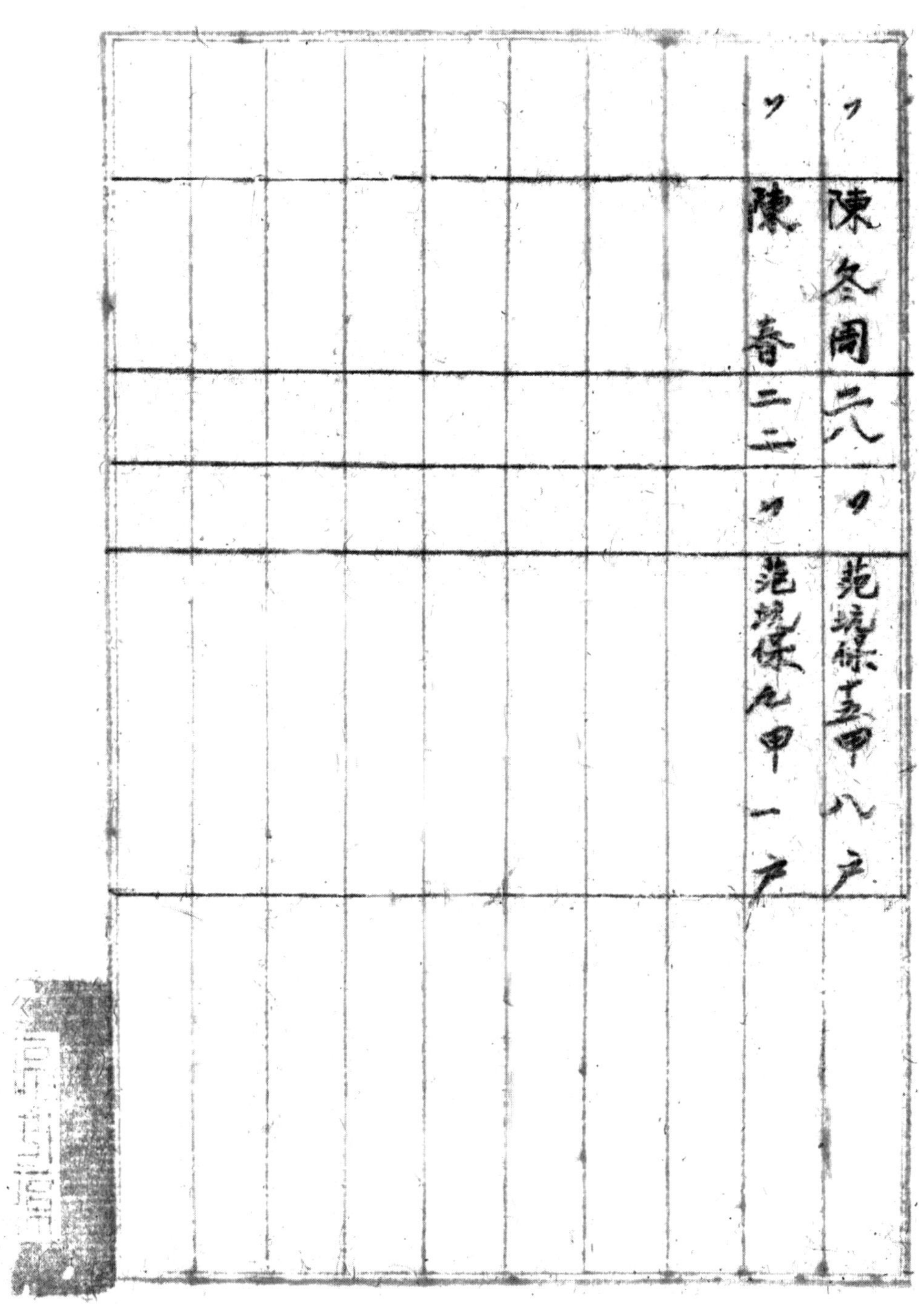

〃	陳冬周	卄八	〃	范坑保五甲八户
〃	陳　春	二二	〃	范坑保九甲一户

福安县范坑乡侦察队队兵名册(1944年)b面　0159-001-0041

福安县范坑乡侦察队队兵名册(1944 年)　0159-001-0041

福安縣范坑鄉運輸隊隊兵名册

8

福安县范坑乡运输队队兵名册(1944 年)　0159-001-0041

9

福安縣范坑鄉運輸隊兵姓名册

級別	姓名	年齡	籍貫	住址	備考
隊長	何家城	二八	福安	馬首保一甲四戶	
隊兵	何成奎	三七	〃	〃保一甲四戶	
〃	何長明	三八	〃	〃保一甲六戶	
〃	何道瑞	三八	〃	〃保一甲七戶	
〃	龔冬春	三八	〃	〃保一甲九戶	
〃	鄭春蘭	二九	〃	〃保一甲十戶	
〃	龔應佺	三二	〃	〃保一甲十一戶	
〃	龔應谷	二五	〃	〃保一甲十一戶	

福安县范坑乡运输队队兵名册(1944年)a面 0159-001-0041

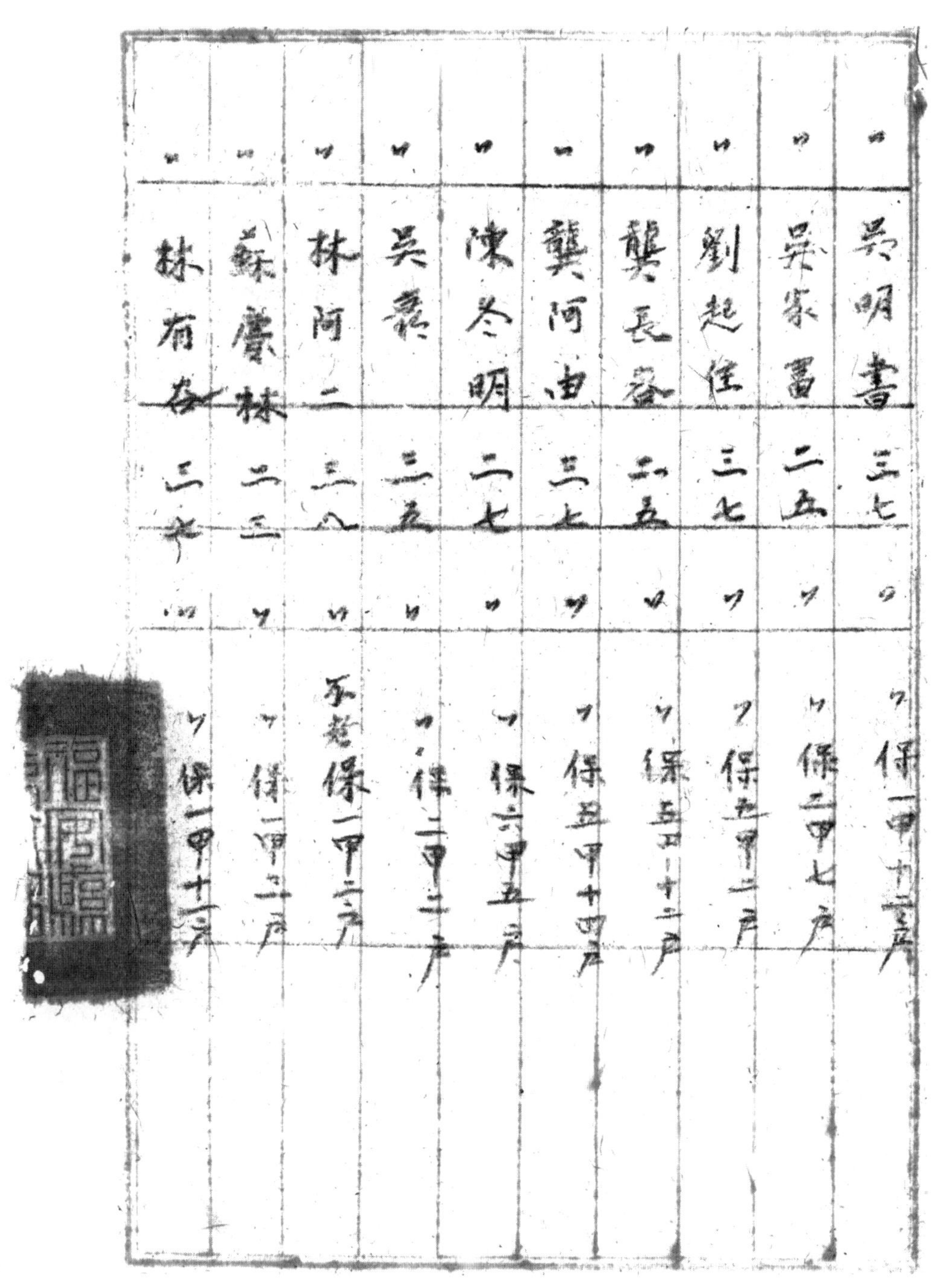

〃	吴明書	三七	〃	〃保一甲十三户
〃	吴家富	二五	〃	〃保二甲七户
〃	劉起佳	三七	〃	〃保五甲二户
〃	龔長春	二五	〃	〃保五甲十二户
〃	龔阿由	三七	〃	〃保五甲十四户
〃	陳冬明	二七	〃	〃保六甲五户
〃	吴衰	三五	〃	〃保二甲二户
〃	林阿二	三八	〃	不超保一甲三户
〃	蘇慶林	二三	〃	〃保一甲二户
〃	林有存	三六	〃	〃保一甲十二户

福安县范坑乡运输队队兵名册(1944年)b面　0159-001-0041

10

隊兵	林嫩和	二六	福安	不老保弍甲叁户
〃	鄭紅和	三一	〃	〃保三甲七户
〃	林明祿	三七	〃	〃保〃甲八户
〃	吳紅和	三七	〃	〃保四甲五户
〃	吳建清	二七	〃	〃保五甲一户
〃	鄭步雲	二二	〃	〃保〃甲六户
〃	郭信書	二四	〃	〃保〃甲八户
〃	陳阿命	三〇	〃	〃保六甲九户
〃	陳唐弟	三二	〃	〃保〃甲十户
〃	王春發	三〇	〃	〃保七甲六户

福安县范坑乡运输队队兵名册(1944 年)a 面 0159-001-0041

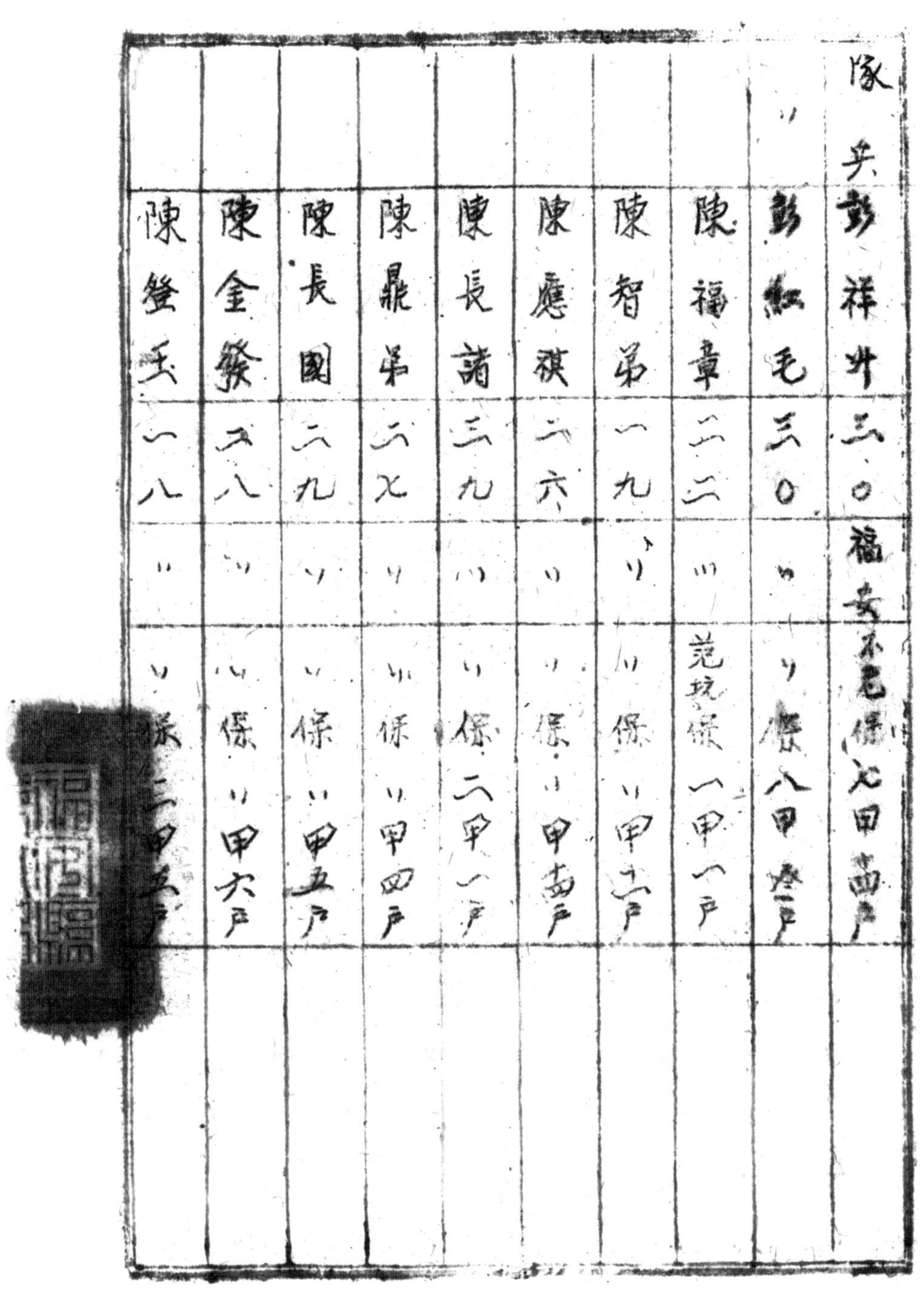

職別	姓名	年齡	籍貫	住址
隊兵	彭祥升	三〇	福安	[illegible]保七甲十四户
〃	彭紅毛	三〇	〃	〃保八甲叁户
	陳福章	二二	〃	范坑保一甲一户
	陳智弟	一九	〃	〃保〃甲十二户
	陳應祺	二六	〃	〃保〃甲十四户
	陳長諸	三九	〃	〃保二甲一户
	陳鼎弟	二七	〃	〃保〃甲四户
	陳長國	二九	〃	〃保〃甲五户
	陳金發	三八	〃	〃保〃甲六户
	陳登玉	一八	〃	〃保二甲五户

福安县范坑乡运输队队兵名册(1944年)b面　0159-001-0041

11

隊兵	陳阿石	二一	福安	范坑
〃	陳佬弟	三八	〃	〃保〃甲十八户
〃	陳南山	二八	〃	〃保〃甲十四户
〃	陳岔弟	三〃	〃	〃保四甲六户
〃	陳長議	三四	〃	〃保二甲七户
〃	陳細弟	二三	〃	〃保五甲十户
〃	陳長得	三八	〃	〃保八甲三户
〃	陳運元	三二	〃	〃保〃甲十户
〃	陳有瑞	二六	〃	〃保九甲九户
〃	陳登發	二八	〃	〃保十甲壹户

福安县范坑乡运输队队兵名册(1944年)a面 0159-001-0041

〃	陳長發	三七	福安	范坑保十甲六户
〃	陳景松	三九	〃	〃保西甲四户

福安县范坑乡运输队队兵名册(1944年)b面　0159-001-0041

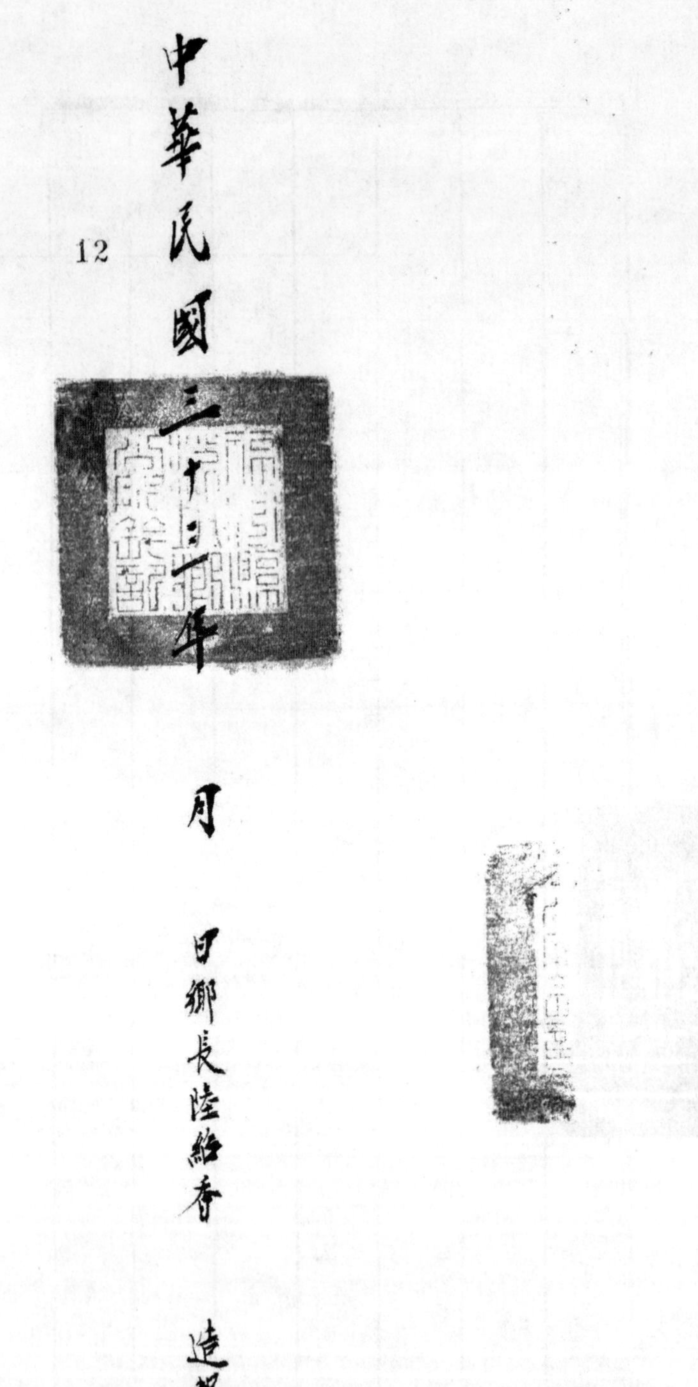
12
中華民國三十三年 月 日鄉長陸紹香 造報

福安县范坑乡运输队队兵名册(1944 年) 0159-001-0041

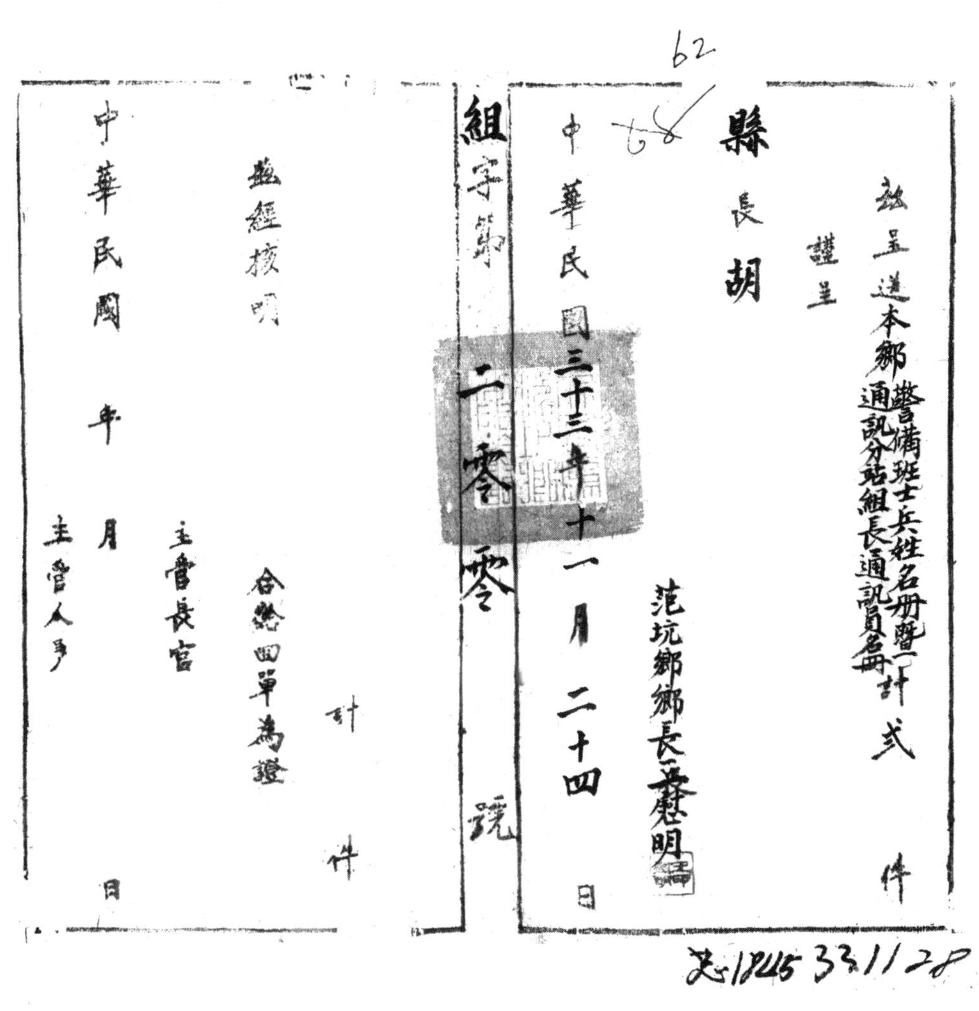

茲呈送本鄉警備班士兵姓名册暨通訊分站組長通訊員名册計弍件

謹呈

縣長胡

范坑鄉鄉長吳慰明

中華民國三十三年十一月二十四日

組字第二零零號

茲經核明

合給回單為證

計件

主管長官

主管人員

中華民國年月日

福安县范坑乡关于呈送本乡警备班士兵名册及通讯分站组长、通讯员名册的联单

（1944年11月24日） 0161-001-0082

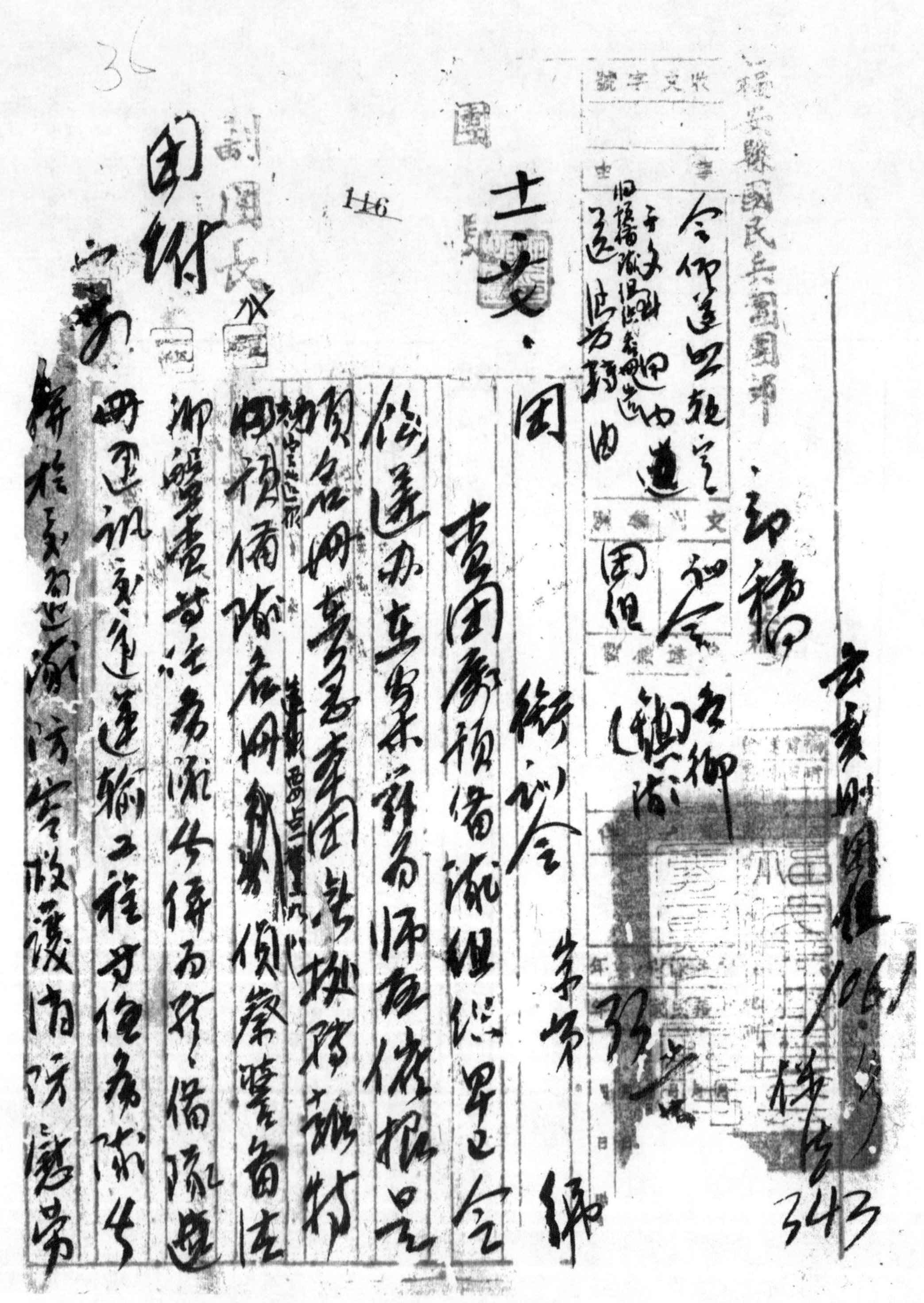

福安县国民兵团关于遵照规定将团属预备队组织名册造送汇转的训令

（1944 年 12 月 15 日）　0159-001-0042

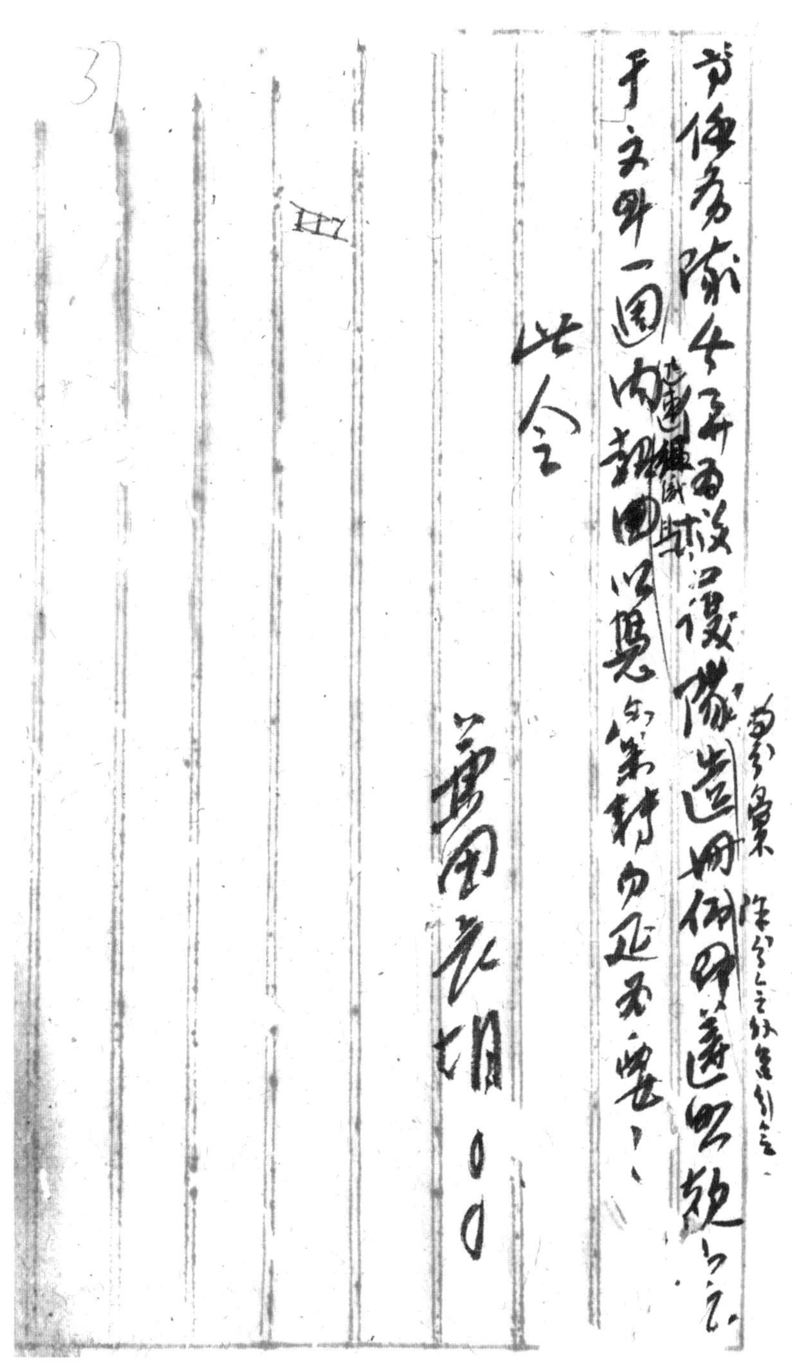

福安县国民兵团关于遵照规定将团属预备队组织名册造送汇转的训令

（1944 年 12 月 15 日） 0159-001-0042

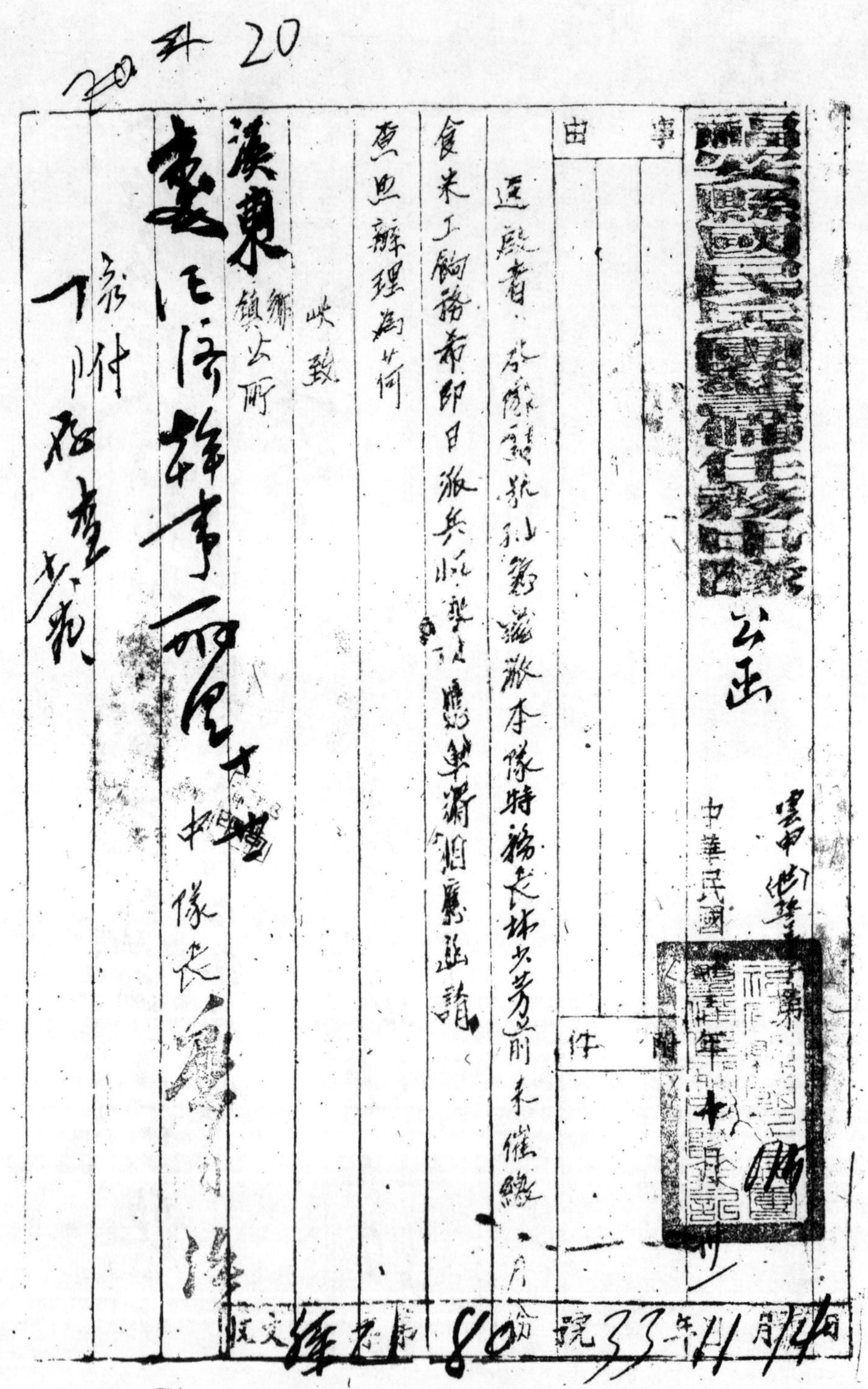

福安縣國民兵團警備任務中隊公函

事由

逕啟者：本隊……派本隊特務長林□芳前來催繳食米工餉，務希即日派兵……

查照辦理為荷

此致

溪東鄉鎮公所

中華民國卅三年十月卅一日

收文 字第 80 號 33年11月14日

福安县国民兵团警备任务中队关于本队派员前来催缴食米工饷务希办理为荷的公函

（1944 年 10 月 31 日） 0158-001-0477